普通高等教育“十四五”规划教材

文献检索与科技论文写作

（第四版）

主　编　黄军左　丁书江
副主编　周红军　李锦兰

中国石化出版社
·北京·

内 容 提 要

本书为第四版，是根据高等院校理工科专业学生文献检索及科技论文写作课程的要求而编写的教材；共10章，主要介绍了文献检索的基本知识、工具书类型及功用、网络信息资源、国内外全文数据库检索、著名外文文摘检索、专利文献检索、特种文献检索及人工智能助力文献检索等，为便于读者参考，本书还介绍了科技论文写作的相关内容。

本书可作为高等院校文献检索与科技论文写作课程的教材，也可供科研工作者检索文献信息时参考。

图书在版编目（CIP）数据

文献检索与科技论文写作 / 黄军左，丁书江主编. 4版. —北京：中国石化出版社，2025. 1. —（普通高等教育“十四五”规划教材）. —ISBN 978-7-5114-7791-0

Ⅰ. G252. 7；H152. 3

中国国家版本馆 CIP 数据核字第 2025S86B92 号

中国石化出版社出版发行

地址：北京市东城区安定门外大街 58 号
邮编：100011 电话：(010)57512500
发行部电话：(010)57512575
http://www. sinopec-press. com
E-mail：press@ sinopec. com
北京科信印刷有限公司印刷
全国各地新华书店经销

*

787 毫米×1092 毫米 16 开本 17. 5 印张 451 千字
2025 年 1 月第 4 版　2025 年 1 月第 1 次印刷
定价：45. 00 元

第四版前言

21世纪以来，信息化、网络化、数字化发展迅猛，文献检索从传统的查阅纸质资料到国际联机检索，再到如今的网络检索，人们获取信息的方式与手段发生了根本性的改变。本书顺应时代发展要求，结合现代文献检索特点，摒弃了过去传统教材注重检索基本理论及各种纸质工具书和纸质文献检索介绍的做法，着重介绍网络检索的相关知识，帮助读者了解数字信息资源，向读者传授网络检索方法与技巧。

本书自2010年8月出版以来，广为各校理工科有关专业所选用，2012年(第一版)和2020年(第三版)获中国石油和化学工业出版物奖(教材奖)一等奖。近几年网络检索有很大的发展，作者根据多年的教学积累和使用者的反馈信息，为顺应时代的发展和读者的需求，本书在第三版的基础上修订更新了相关内容。

改版后，本书分四部分，共10章。第一部分(第1章到第3章)是文献信息检索的基本知识与工具书介绍，包括文献信息的基本概念、检索原理、检索途径、网络信息资源的一些基本概念及工具书类型及功用，本次修订增补了百度学术和百度文库等内容；第二部分(第4章到第8章)主要介绍一些国内外数据库的检索方法，包括国内外全文数据库、文摘数据库、专利数据库及特种文献数据库的检索途径与检索方法以及如何检索 *Nature* 和 *Science Online* 等相关内容；随着人工智能技术的迅速发展，本书第三部分(第9章)新增了关于人工智能助力文献检索的相关内容，涵盖了人工智能技术概述、人工智能在文献检索中的应用及基于人工智能的文献检索工具等内容；第四部分(第10章)为科技论文写作部分，是将文献检索延伸到文献信息的利用。

本书第1章、第2章、第3章及第10章由李锦兰编写，第4章、第5章、第6章由黄军左和丁书江编写，第7章、第8章由周红军编写，第9章由丁书江编写。

在本书的编写过程中，参考和引用了相关教材、专著、网站的一些资料，在此表示衷心感谢，此次修订也感谢西安交通大学冯国栋老师的支持。同时，本书的出版得到了中国石油和石化工程教材出版基金的资助，在此，诚挚感谢中国石化出版社的大力支持。

由于水平的限制，本书在内容选择上和文字表达上均可能存在不足之处，敬请读者指正。

目录

1　文献信息检索概论

1.1　信息、知识、文献

1.1.1　信息

信息是物质的一种属性，是物质的一种存在形式。信息存在于自然界，也存在于社会，包含在任何物质之中。对于信息的概念，目前还没有统一的认识，不同的人，对信息的理解也不一样。如控制论的创始人维纳说："信息既不是物质，又不是能量"，"信息是人们在适应外部世界并且使这种适应反作用于外部世界的过程中同外部世界进行交换的内容的名称"。而现代信息论的创始人申农从研究通信理论出发，把信息定义为"用来减少随机不确定性的东西"。意大利学者朗高则把信息定义为："信息是反映事物的形成、关系和差别的东西，它包含在事物的差异之中，而不在事物本身"。中国学者钟义信则把信息概括成："信息是事物运动的状态以及它的状态改变的方式，是物质的一种属性"。美国的《韦氏字典》把信息定义为："信息是用来通信的事实，在观察中得到的数据、新闻和知识"。我国的《辞海》则对信息的定义为："信息是指对消息接受者来说预先不知道的报道"。

综上所述，信息不是事物的本身，而是存在于事物当中，是事物运动的状态与方式，是对事物运动方式的抽象反映。

1.1.2　知识

知识在词典中定义为："知识是人们在实践中获得的认识和经验"。知识是人们在改造客观世界的实践中所获得的认识和经验的总和，是人们在改造客观世界的过程中认识了的信息，是信息的一部分。知识依存于信息，信息是知识的载体，知识是信息的内核。知识是人们在实践的过程中经过提炼加工了的信息，信息是人脑思维的原始材料，知识是人脑对信息加工后的产物。

1.1.3　文献

文献一词，在我国最早出现于《论语·八佾》："子曰：夏礼吾能言之，杞不足征也；殷礼吾能言之，宋不足征也。文献不足帮也。"宋代朱熹将文献解释为："文，典籍也；献，贤也。"即记载和掌握知识的书籍和有学问的人是"文"和"献"。

中华人民共和国国家标准《文献著录 第1部分：总则》(GB/T 3792.1—2009)给文献下的定义是："文献是记录有知识的一切载体"。

1.1.3.1　文献的基本要素

文献的基本要素有知识、信息内容、信息符号、载体材料及记录方式。文献的基本要素在构成文献时，缺一不可。

① 知识、信息内容　是构成文献的核心要素，是文献所表达的思想意识、知识信息的含义和内容。

② 信息符号　是揭示和表达知识、信息内容的标识符号，是物化和标识文献信息内容的工具。现代文献采用的信息符号有文字、图形、编码、音频、视频等。

③ 载体材料　是记录文献信息符号，使信息内容有所依附并便于传播交流的物质

材料。

④ 记录方式　是指将包含信息内容的信息符号存储到载体材料上去的方式。如书写、雕刻、打字、印刷、拍摄、录制、复印和计算机录入等。

1.1.3.2　文献的类型

关于文献的分类，从不同的角度划分有不同的分类方法。文献的分类主要有按载体形式区分、按出版形式区分及按文献加工深度区分等三种分类方法。

（1）按载体形式区分

文献由于存在的物质形态不同，按载体材料区分，文献可分为四类：

① 印刷型或称纸型（Printed Form or Paper-Based）　是以纸张为载体，通过印刷手段而形成的文献。

② 缩微型（Micro Form）　以感光材料为载体，以缩微照相技术为记录手段而产生的一种比印刷型文献缩小若干倍的文献。

③ 机读型或称电子型（Machine Readable Form or Electronic Form）　以磁性材料为存储介质，以打字、穿孔或光学字符识别装置为记录手段，通过计算机处理而形成的一种文献形式。

④ 声像型（Audio-Visual Form）　又称视听型，是以磁性材料和感光材料为存储介质，借助特殊机械装置直接记录声音信息或图像信息而产生的一种文献形式。

（2）按出版形式区分

文献按出版形式分可分为图书、期刊、报纸、会议文献、政府出版物、学位论文、档案、专利文献、标准文献、产品资料等十种。

① 图书（Book）　国际文献标准草案（ISO/DIS 5217/Ⅱ）认为：凡篇幅达到 48 页以上并构成一个书目单元的文献叫图书。图书是最早的文献类型之一，在整个文献系统中占主导地位。其优点是内容全面而系统，观点较成熟，是求知解惑时主要利用的文献之一。缺点是由于出版周期长，不能及时、迅速地反映最新科研成果。

② 期刊（Journal，Magazine or Periodic）　又称杂志，指定期或不定期的连续出版物。在期刊上可刊登多位作者的文章，设置若干栏目，内容新颖广泛，是求知或开展科学研究的重要文献信息源。期刊具有报道速度快，出版周期短，数量大，品种多等特点。期刊按其报道的内容可分为学术性期刊、综述与述评性期刊、通信性期刊、资料性期刊和检索性期刊等。

③ 报纸（Newspaper）　按出版发行周期分，报纸有日报、晚报、双日报、周报、旬报等。

④ 会议文献（Conference Document）　是指在学术会议和专业会议上宣读或交流的论文、材料、讲座记录、会议纪要等文献。

⑤ 政府出版物（Government Publication）　是指各国政府部门及其专设机构出版的文献。如政府公报、会议文件、法规、法令、政府统计、调查报告等。

⑥ 学位论文（Dissertation，Thesis）　是指高等院校、科研机构的毕业生和研究生，为获取相应学位所提交的学术论文（如学士、硕士、博士论文等）。学位论文一般具有一定的独创性，内容系统详尽，是启迪思路，开创新研究领域的重要研究资料。

⑦ 档案（Files，Records）　是社会活动、生产建设和技术工作中所形成的文件的总称，有“第一手材料”“历史凭证”之美称。

⑧ 专利文献（Patent Document）　广义的专利文献是指一切与专利制度有关的文献，如专利说明书、专利公报、分类表、索引、专利的法律文件等；狭义的专利文献是指专利说明书。

⑨ 标准文献（Standard Literature）　标准是对工农业生产和工程建设的质量、规格、基

本单位及其检验方法等方面，由公认的权威部门批准的技术规定，是从事生产建设和管理的一种共同规范或依据。

⑩ 产品资料(Products Data or Products Literature) 是指国内外厂商为推销产品而出版发行的各种商业性宣传品。如公司介绍、产品目录、样本、说明书等。

(3) 按文献的加工深度区分

文献的加工是指对文献进行整理，使其处于可利用状态的工作。按文献的加工深度分，文献可分为零次文献、一次文献、二次文献、三次文献。

① 零次文献　指记录在非正规物理载体上未经任何加工处理的，未经公开发表或未交流的文献。如实验记录、文章草稿、私人日记、笔记、书信、设计草图、内部报告、技术档案等。这是一种零星的、分散的和无规则的信息，具有原始性、新颖性、分散性和非检索性等特征。

② 一次文献(又称原始文献) 是指以著者本人的研究或研制成果为依据，而将理论、设计、试验、生产、研究等成果记录在正规物理载体上的文献。如期刊论文、研究报告、会议论文、专利说明书、学位论文、技术标准等。

一次文献具有新颖性、创造性和系统性等特征。一次文献是检索的直接对象，文献检索的直接目标就是找出所需的一次文献。

③ 二次文献(又称检索性文献) 是指图书情报机构部门通过科学的方法，将大量的分散的无序的一次文献进行浓缩、整序、加工处理后，组织成系统的、有序的便于查找和利用的文献。二次文献具有存储、报道和检索的功能，提供查找一次文献的线索，所以又称检索性文献，即检索工具。如题录、书目、文摘、索引等。

二次文献具有浓缩性、汇集性、有序性等特点，是查找一次信息的工具。我们学习文献检索的方法，主要就是学习如何利用二次文献进行查找文献信息的方法。

④ 三次文献(又称参考性文献) 是指利用二次文献作工具，对一次文献进行分析研究的基础上，通过综合概括而编写出的文献，是文献信息研究的成果和产物，具有参考性和指导性。如综述、述评、学科年度总结、数据手册、百科全书等参考工具书等。

⑤ 零次文献、一次文献、二次文献、三次文献之间的关系　零次文献是最原始的文献，是形成一次文献的素材，一次文献是基本的形式，是检索和利用的主要对象，二次文献是对一次文献的集中提炼和有序化，是检索文献的工具，三次文献是将一次、二次文献按知识门类或专题重新组合高度浓缩而成，是人们查考数据信息和事实信息的主要文献源。

在查找文献时，一般是先对相关的三次文献和二次文献进行分析与研究，找到有关的三次文献和二次文献的线索，再利用线索获取所需要的一次文献，同时可通过一次文献的参考文献(又称引用文献)来获取文献，进一步扩大查找文献的范围，以找到有实用价值的文献。

1.1.4 信息、知识、文献之间的关系

信息中的一部分被人们大脑所感知、认识，由感性认识上升到理性认识，这种理性认识了的信息，便形成知识。文献则是记录了部分信息与知识的，便于存储与检索的信息与知识。

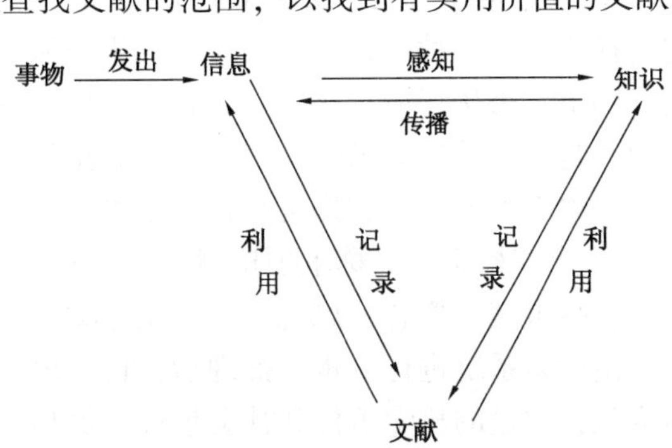

图 1-1　信息、知识、文献之间的关系

从图 1-1 可知，事物可以发出(或发生)信息，信息经过人的大脑加工、处理、创造可以形成知识，知识的传播可以形成新的信

息，知识、信息被载体所记录可以形成文献。文献有目的地利用可形成新的信息或知识。

1.2 文献信息检索基础知识

1.2.1 文献信息检索的概念

文献信息检索包括文献的存储与检索两个过程，文献信息检索过程如图 1-2 所示。图书馆、研究所是信息存储的主要机构。其主要职责是：通过各种渠道采集馆藏文献，按照《文献著录总则》对文献的内部特征与外部特征进行揭示，利用规范化的检索语言及其使用规则对文献信息进行加工、整理，形成可供读者检索、利用的书目、索引等二次文献，使得馆藏文献系统化、有序化，便于读者检索、利用，提高馆藏文献的利用率。文献信息的检索过程是读者根据检索课题要求，按照检索语言或名称规范提取规范化的词语，构成检索提问标识(表达式)的过程。

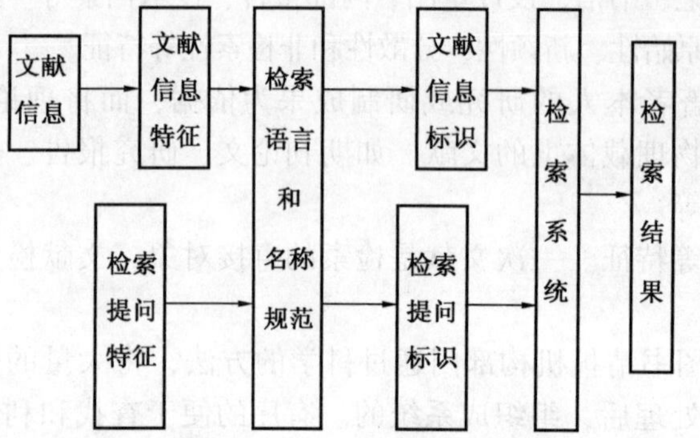

图 1-2　文献信息检索过程

1.2.2 文献信息检索的类型

(1) 根据检索的内容分类

文献信息检索是以文献(包括题录、文摘和全文)为检索对象，查找用户特定的时间和条件下所需文献的过程。其检索结果是关于某主题知识的文献线索，它是通过二次文献，包括传统的以纸张为存储介质的目录、索引及现代计算机检索系统，找出所需的一次文献或三次文献。如凡是查找某一主题、时代、地区、著者、文种的有关文献，以及回答这些文献的出处和收藏地点等，都属于文献信息检索的范畴。文献信息检索根据检索内容不同又可分为书目检索和全文检索。书目检索是以文献线索为检索对象的文献检索，即检索系统存储的是“二次文献”，用户通过检索系统获得的是与检索课题有关的一系列文献线索，然后再通过阅读决定取舍；全文检索是以文献所含的全部信息作为检索内容的，即检索系统存储的是整篇文章或整部图书的全部内容。

(2) 根据检索的目的、对象、结果分类

根据检索的目的、对象、结果不同，文献信息检索可分为数据信息检索、事实检索和概念检索。

① 数据信息检索　又称数值信息检索，是以数值或图表形式表示的数据为检索对象，它包括物质的各种参数、电话号码、银行账号、观测数据、统计数据等数字数据，也包括图表、图谱、市场行情、化学分子式、物质的各种特性等非数字数据，并提供一定的运算推导能力，是满足数据需求的检索过程。数据检索主要借助于各种数值数据库和统计数据库，信息用户检索到的各种数据是经过专家测试、评价、筛选过的，可直接用来进行定量分析。

② 事实检索　又称事项检索，是以从文献中抽取的事项为检索内容的检索。其检索对象既包括事实、概念、思想、知识等非数值信息，也包括一些数据信息，但要针对查询要求，由检索系统进行分析、推理后，再输出最终结果。即对特定的事件或事实的检索。事实内容包括大量的科学事件和社会事件。例如，对“我国建成最早的高速公路是哪条？何时建设？”进行的检索。

③ 概念检索　是查找特定概念的含义、作用、原理或使用范围等解释性内容或说明。最常见的概念检索是查找各种参考工具书，例如字典、词典、百科全书、名录、手册、指南等参考工具书。

1.2.3　文献信息检索语言

文献信息检索语言是应文献信息的加工、存储和检索的共同需要而编制的专门语言，它是表达一系列概括文献信息内容和检索课题内容的概念及其相互关系的一种概念标识系统。

文献信息检索的全过程包括文献信息的存储和检索。检索语言起着沟通这两个过程的桥梁作用，使文献信息检索的存储与检索过程的对比进行得顺利。对信息处理人员来说，它是表达检索课题内容、形成文献标识并赖以组织文献的依据；而对用户来说，它是表达检索课题，借以同检索系统中已经存储的文献标识进行比较进而获得所需文献的依据。检索语言在文献信息存储、处理以及文献检索之间起着桥梁沟通的作用，有助于准确、全面、迅速地从检索系统中获得所需的文献信息。如果没有检索语言作为标引人员和检索人员的共同语言，就很难使得文献的标引人员对文献信息内容的表达和文献信息检索人员对相同文献信息内容需求的表达取得一致。

1.3　文献信息检索的途径、方法与步骤

1.3.1　文献信息检索的途径

接到检索课题后，要根据自己所掌握检索知识或自己所能找的工具书来进行检索，一般情况下，专题文献的检索往往从三次文献开始，以了解学科动态和发展水平，然后再查二次文献，以便找到所需的一次文献(原始文献)。有时，当准备使用二次文献(书目、索引)，却不知道有哪些书、索引及其他工具书时，也要先查二次文献的目录或工具书手册等三次文献，来了解所能使用的工具书的情况。这种从“三次文献→二次文献→一次文献”的检索顺序来检索专题文献的途径是一个总体途径。

在掌握了总体途径以后，还应掌握各种具体的检索途径。而这些具体的检索途径都是根据文献的内容特征与外表特征来确定的。文献信息的内容特征有题名、主题、类属、文摘、引文(参考文献)等。可用分类语言即分类号、主题语言即主题词、关键词、自然语词等(关键词语言、单元词语言、标题语言、叙词语言)来描述。文献信息的外部特征有著者、来源(书刊名、会议名称、网址)、卷期、页次、年月、号码(专利号、标准号、国际标准书号ISBN、刊号ISSN)、文种、国别、出版发行单位、出版发行类型等。因而文献检索途径主要有如下几种：

① 题名途径　许多检索工具是根据文献的书名或篇名来排列编制的，如图书馆的馆藏书目等工具，因此，如果知道文献的书名或篇名时，即可从题名途径来查找文献。

② 著者途径　许多检索工具是根据文献的作者姓名标引排列起来的，如图书馆的馆藏书目等工具，因此，如果知道文献的作者姓名，即可从著者途径来查找文献。

③ 序号途径　有些检索工具书如《全国报刊目录索引》，根据整篇整件文献的编号特征来组织文献并提供检索线索的，如果知道文献的序号，即可从序号途径进行检索。

④ 分类途径　许多检索工具是根据文献内容所属学科性质来组织编排文献的，如果我们不了解文献的书名、篇名、作者或序号，只知道所要检索课题的学科性质，即可从分类途

径来查找。

⑤ 主题途径　某些检索工具(特别是国外的工具书)是根据文献内容所属主题来标引编排文献的，如果从检索课题的已知条件分析得出所检索的主题，则可从主题途径来查找。

⑥ 出版者途径　如果已知所要检索文献的出版机构名，则可从出版者途径来查找。

1.3.2　文献信息检索的方法

文献信息检索除了要掌握检索途径外，还要熟悉文献信息检索的基本方法。文献信息检索的基本方法主要有三种：常用法、追溯法、循环法。

（1）常用法

又叫直接法，即利用检索工具(系统)来查找文献信息的方法。常用法是人们检索文献信息时经常使用的方法，如利用工具书或图书馆馆藏书目等工具来检索文献信息的方法。常用法又分为顺查法、倒查法、抽查法。

① 顺查法　即按时间顺序由远而近地查找文献信息的方法。如文献普查时，先了解其渊源，而后了解其发展，最后了解其现状和当代水平。所以凡是对某一专题文献进行普查时，我们就可用顺查法。

② 倒查法　与顺查法相反，是指由近及远，从新到旧，逆时间顺序地查找文献的方法。如课题查新时，我们先要查某一课题在现在是否已经有人做过，如果没有再往前继续查找，查找时先查能够反映最先进水平的工具书，然后再查以往出版的工具书。在使用同一种工具书时(如《全国报刊目录索引》)也是由近而远。

③抽查法　是指针对检索课题的特点，选择有关该课题的文献信息最可能出现或最多出现的时间段，利用检索工具进行重点检索的方法。

（2）追溯法

是指不利用一般的检索系统，而是利用文献后面所列的参考文献，逐一追查原文，然后再从这些原文后所列的参考文献目录逐一扩大文献信息范围，一环扣一环地追查下去的方法。学术论文或著作的后面往往附有“参考文献”，利用文后的“参考文献”查找文献可以查到仅仅依靠工具书查不到的某些文献，因为每一篇论文的作者都曾不仅利用工具书查找资料，而且为了使文章根据充分而积累了一些工具书以外的文献资料；另一方面，工具书也往往不能把一切文献资料都收录齐全，总是有遗漏的，因此，利用追溯法查找文献资料，就成了一种重要的检索方法。

（3）循环法

又称分段法或综合法，它是分期分段交替使用直接法和追溯法，以期取长补短，相互配合，获得更好的检索结果。

此外，检索事实课题还有作为辅助方法的直查法，即直接从一次文献中查解某些事实课题的方法。它既不是常用法，也不是查一次文献的末尾或注释以追溯收集文献的方法，而是只查一次文献正文中的文献信息的方法，可分以下几种方法：

① 排除法　即排除那些明显与课题无关的文献区域，逐步缩小其查阅的范围，最后“竭泽而渔”的查找方法。

② 限定法　即凭检索者的知识和经验限定在某一明显的可能得解的范围内查找，然后“竭泽而渔”的查找方法。

③ 扩查法　即在确定的范围内未能达到目的，然后通过联想取得新的线索而扩大查找范围的方法。这些直查方法虽然不及上面提到的三大基本方法，但掌握好以后有时会起一定

的辅助作用。

1.3.3 文献信息检索的一般程序

在进行文献信息检索时，无论是用手工检索还是用计算机检索，其检索程序都是一样的，一般来说要经过以下基本程序：分析检索课题；制定检索策略；试验性检索和修改检索策略；正式检索；整理说明检索结果，按要求给予答复，或者进一步提供原文。

(1) 分析检索课题

当开始进行检索时，首先应分析、研究检索课题，全面了解课题的内容及用户对检索的各种要求。分析检索课题时应从以下几方面进行：弄清楚用户信息需求的目的和意图；分析课题涉及的学科范围、主题要求；课题所需信息的内容及其特征；课题所需信息的类型，包括文献类型、出版类型、年代范围、语种、著者、机构等；课题对查新、查准、查全的指标要求。

(2) 制定检索策略

在前面分析检索课题基础上，制定检索策略，检索策略包括：选择检索方式，即是用手工检索还是用计算机检索；根据用户要求选择检索工具(系统)或数据库；选择检索方法，即根据课题的已知条件及用户的特殊要求选定检索方法，选择检索途径和检索标识；构造检索表达式。

(3) 试验性检索和修改检索策略

根据前面制定的检索策略，选定好检索工具后，用已构造好的检索表达式进行试验性检索，再根据检索结果是否理想来修改检索策略。如检索结果太多，则检索标识所用的词太广泛，应改用专指度高一些的词。如果是两个以上检索词，则词与词之间应尽量不用逻辑“或”，而改用逻辑“与”或“非”。如果检索结果太少，则检索标识所用的词太专，应改用上位词，将同义词、近义词、相关词等尽量选全，以提高其查全率。如果是两个以上检索词，则词与词之间应不用逻辑“与”或“非”，而改用逻辑“或”。另外，在构建检索提问式时，还要注意位置算符、截词符等的使用方法。

(4) 正式检索

正式检索即用前面选择好的检索工具(系统)或数据库，输入检索表达式进行检索。

(5) 整理、说明检索结果

对检索结果进行整理，按要求给予答复，或者进一步提供原文。

2 工 具 书

文献信息检索，即通常所说的查资料。对某一学科某一专题的资料进行查找，需使用一定的工具和设备。这里所说的工具就是检索工具。检索工具的形态大体有以下几个类型：按手段与设备相对应的检索工具划分，可分为手工检索工具、计算机检索工具；按文献信息收录范围划分，检索工具又可分为综合、专科、专题等形式。

2.1 工具书的特点

工具书是根据一定的查阅需要，系统汇集有关的知识资料或文献信息，按便于检索的方法编排的特种图书。

工具书也是一类文献，但比起一般文献又有其特殊性。工具书的作用不是用于某一学科或专题的系统阅读，而是为了查找，是阅读时的一种辅助工具，也就是供查找和检索文献线索，解决阅读中产生的疑难问题的一类图书，属于二次或三次文献，是最重要的检索工具之一。

由以上可知，工具书的特点为：一是内容上的概括性与浓缩性。工具书不是一次文献，而是对一次文献的加工，依照特定的需要，广泛地将相关的知识或文献汇编，不能脱离一次文献，但又不是对一次文献的复制，而是对一次文献的概括与浓缩。二是具有检索与参考性。工具书不是用于系统阅读，而是提供查找资料的线索或给出某个疑难问题的答案，所以具有检索和参考性。

2.2 工具书的类型

根据对工具书的性质和功用等总的考察，一般将工具书分为三种类型，即参考工具书、检索工具书和边缘工具书。

参考工具书是根据特定的社会需要，广泛汇释一定范围内比较成熟的知识，按一定的规则编排组织的工具书。它主要向读者提供可资参考的知识内容，如数据、史实、观点、结论、定义、公式、分子式、人物简介等数据和事实信息。参考工具书又细分为字典、词典、百科全书、类书、政书、年鉴、手册、名录、表谱、图录等。

检索工具书又称为线索性工具书，主要提供查找文献线索，包括书目、索引、文摘。

边缘工具书指形式上不是工具书但具有查考和检索作用的图书，它是阅读性图书和工具书相互交融、渗透的结果，又称“广义工具书”“参考书”“资料书”。

2.2.1 参考工具书

参考工具书按不同的功用又可划分为以下几种类型：

(1) 字典、词典

字典是按一定的检索方法编排，解释字的形、音、义及其用法的工具书。

词典是收录汇集词语，把词语作为条目，用特定方法编排，并解释意义的工具书。

字典、词典的主要功用为：一般性的文字字典、词典，是阅读学习，提高文化素养必备的工具书；是帮助正确了解字的形、音、义及各类词语的含义，普及科学知识，进行自学的良师益友。各类专科词典及综合词典，有助于解决查考各类名词术语及文句、成语、典故、人名、地名等方面的问题。

(2) 百科全书

百科全书为概述一切学科领域或者某一学科领域基本知识的，具有权威性、知识性、检索性的大型工具书，百科全书被称为"工具书之王"。

百科全书的功用为：供查找有关知识及系统学习，并可供阅读或浏览。

(3) 年鉴、年刊、年报

年鉴、年刊、年报是系统汇集一年内的重要进展文献、学科进展和各项统计资料，按年度连续出版的工具书。

年鉴、年刊、年报的功用为：可供查找最新资料及数据；了解学科发展历史、线索、研究动态及研究热点；具有检索功能；可扩大知识面。

(4) 手册

手册是把某一专题、某一学科需要经常查用的基本知识和基本资料系统地汇编在一起，以供随时翻阅查找的工具书。

手册的功用为：可用于查找基本知识和各类统计资料。

(5) 名录

名录是提供有关人名、地名、机构名称等简要资料的工具书。

名录的功用为：可提供人物、地名、机构等基本资料。机构名录可为机构之间的联系、协作、交流提供方便，为了解产品生产情况提供信息。

(6) 资料汇编

资料汇编是围绕某一学科或专题辑集的文献资料的总汇。一般来讲是原始资料的汇集。

资料汇编的功用为：具有资料性，资料汇编在性质上比较接近手册，但与手册不同的是资料汇编一般采用原始资料而汇编，客观性很强；具有参考性，为读者提供系统资料，形式上不能完全和其他类型工具书等同，但客观上起到了工具书的作用，提供了系统可查资料，具有一定的参考性；具有检索性，将散见的资料汇集在一起，为利用、查找提供了线索和方便。

(7) 表谱

表谱是采用图表、谱系形式编写的工具书，大多按时间顺序排列。

表谱的功用为：可用来查检时间、事件和人物资料。

(8) 图录

图录是以图像表示事物形象的工具书。

图录的功用为：可以增加形象的认识。

2.2.2 检索工具书

检索工具书主要用于提供文献出处和内容线索，又称为检索工具。包括目录、索引、文摘三种主要类型。

(1) 目录

目录又称为书目，是揭示与记录一批相关文献的工具。书目具有著录文献的基本特征，并以一定的次序编排而成。有些书目可提供文献内容，有些书目只能提供查找文献的线索。

目录的功用为：一是帮助了解一定历史时期文献出版概况及一定历史时期文化学术兴衰；二是进行导读，书目是指导学习和研究的工具，被称为“读书治学的门径”；三是检索，书目通过一定的著录和编排方式，为读者提供书目信息和检索，是检索与利用图书文献不可缺少的工具。

（2）索引

索引或称“引得”或“通检”，是将书中内容或文集、报刊资料篇目、字句、主题、人名、地名等，按照一定的方法编排，并指明出处以供检索的工具书。

索引的功用为：检索篇名、文句、词语与专题论述出处；提供文献线索；增加检索途径。

（3）文摘

文摘是以简明扼要的文字对文献主要内容所作的摘要，是原始文献的浓缩。概括地陈述其内容，并注明其出处，按一定的方法编排后就成为文摘这种检索工具。

文摘的功用为：帮助迅速了解文献内容及价值；帮助选择文献；帮助查明文献出处；获得某一学科或相关学科最新学术信息；具有参考价值，通过文摘可采用相关文献。

2.3 工具书的排检方法

工具书的排检法包括工具书的编排方法和检索方法，目前，人们一般将工具书的排检方法归纳为五种主要类型，每一类型又包括若干不同方法。这样，工具书的排检方法便可总结为如图 2-1 所示的体系结构。

- 工具书的排检方法
  - 字顺法
    - 中文字顺法
      - 形序法——部首法、笔画法、笔形法
      - 号码法——四角号码法、中国字庋擷法、其他各种号码法
      - 音序法
        - 汉语拼音字母法
        - 注音字母法
        - 韵部法
        - 声部法
    - 外文字顺法
      - 逐词排列法
      - 彻底字母排列法
  - 分类法
    - 学科体系分类法
    - 事物性质分类法
  - 主题法
    - 标题法
    - 叙词法
    - 关键词法
  - 时序法
  - 地序法

图 2-1

2.3.1 字顺法

字顺法按文种分为中文字顺法和外文字顺法。

中文字顺排检法是根据汉字形体结构和声韵规律排检单字或复词的方法，字典、词典、百科全书、某些类书、索引、手册等多采用这种方法。中文字顺法又可分形序法、音序法和号码法。

（1）形序法

形序排检法是根据汉字的形体结构，按照字形的某一共同性将汉字序列化的排检方法。形序法包括部首法、笔画法和笔形法。

部首法　是我国工具书中传统的排检方法，首创于东汉许慎《说文解字》，分为540部首。由于这种方法比较适应汉字形体结构的特点，几千年长盛不衰，直到今天仍然是中文工具书基本的、常用的排检方法之一。

笔画法　是按照汉字笔画数目的多少为排列次序，笔画少的字在前，笔画多的字在后；同笔画的汉字，再按部首或起笔笔形分先后。笔画法的特点是原理简单，只要会数笔画就可以检字，因此，工具书大多采用这种方法编排。

笔形法　也称笔顺法，是根据汉字的形体结构，按笔形为序的一种排检方法。这种方法不论笔画多少，只看笔形和笔顺。笔形法有的用"元亨利贞"的起笔为序，即按"横、点、撇、竖"为序；有的用"江山千古"的起笔为序，即按"点、竖、撇、横"为序；有的用"寒来暑往"的起笔为序，即"点、横、竖、撇"为序。

（2）音序法

音序法是按字音顺序排列汉字的方法。有汉语拼音字母法、注音字母法和韵部法等，其中使用最普遍的是汉语拼音字母法。

汉语拼音字母法　是按汉语拼音字母（A～Z）顺序排列汉字的方法。

1958年《汉语拼音方案》公布以后，按汉语拼音排检成为一种最主要的方法。汉语拼音字母法在排列时，先以汉字拼音的第一个字母为据确定汉字的顺序，第一个字母相同的，再按第二个字母排序，依此类推下去。拼音字母完全相同的，再按声调即阴平、阳平、上声、去声、轻声顺序排列。

注音字母法　是按照注音字母顺序编排单字或复词的一种排检方法。注音字母法是在《汉语拼音方案》制订之前通行的汉字注音符号。1958年以后已被汉语拼音法所取代。但我国台湾、香港出版的部分工具书，仍使用该法编排。

韵部法　古代将汉字按韵母归类，称作"韵部"。按韵部的次序排列，就成为古代一种常用的音序排检法。

（3）号码法

号码法是根据汉字的形体结构，用数码代表一定部位的笔形并按数码大小为序的排检方法。号码法实际上是形序法的一种变形。号码法有四角号码法、中国字庋撷法及其他各种号码法。下面主要介绍四角号码法。

四角号码法　是根据汉字方块形式的特点，以字的四角笔形取代号，并按号码大小为序的一种排检方法。

四角号码法将汉字的笔形归纳为10种类型，分别用零到九共10个数字作为代码，并编口诀以方便记忆。口诀为"横一垂二三点捺，叉四插五方框六，七角八八九是小，点下有横变零头。"每个字按四角笔形取号，其顺序为左上角、右上角、左下角、右下角，将所取四个数字联结为四角号码，再按四角号码从小到大编排。同码字再按符号加以区分，符号为右下角上方的一个笔形。

（4）英语字顺法

① "Word by Word"，逐词排列法。即以各排检标目中的各个独立词为排检单位，逐词相比，凡第一个词相同比第二个词，第二个词相同再比第三个词。如此类推。

② "Letter by Letter"，一贯排列法或彻底字母排列法。即以字母为实际排检单位逐个相比。所有参与相比的款目，无论是单词、词组还是句子，也不管其字数有多少、长短如何，均视为一个排比单位。

2.3.2 分类排检法

分类排检法是把文献或知识内容，按照学科体系或事物性质分门别类加以组织的排检方法。分类排检法大体分为两类，一类为学科体系分类法，另一类为事物性质分类法。

(1) 学科体系分类法

学科体系分类法是把文献或知识内容，按照学科属性和知识系统性分类的一种排检方法。书目、索引、文摘、年鉴等工具书，多按此方法排检。

(2) 事物性质分类法

事物性质分类是把知识内容按事物属性分类的一种排检方法。类书、政书、年鉴、手册等类工具书，多采用这种排检方法。

2.3.3 主题排检法

主题排检法是根据代表事物或概念的名词术语的字顺进行排检的方法。用主题法排检的工具书已渐趋普遍，特别是国外有相当数量的工具书用主题法编排正文或辅助索引。

2.3.4 时序排检法

按照时间特征区分次第的排检法，简称时序法，又称“年代排检法”“编年排检法”。年表、历表、大事记、年谱、年鉴、史书、传记等文献中常采用此法。

2.3.5 地序排检法

按照地理特征区分文献次第的排检法。主要用于地图和地方文献等地区性较强的文献，有利于突出文献的出版地或内容所涉及的地理区域。

2.4 工具书选介

2.4.1 参考工具书

参考工具书包含字(词)典、百科全书、类书、政书、年鉴、手册、名录、表谱、图录等类型，主要用于数据、事实信息的检索。下面介绍字典、词典、百科全书、类书政书三类工具书。

2.4.1.1 字典、词典

(1) 字典、词典概述

字典、词典在英语中通称为 dictionary，是人们经常使用的工具书。汉语里，字和词是不同的概念，因此有字典和词典之分。一般说来，字典是汇集单字，注明其字形、读音、意义和用法；词典主要解释词语的概念、意义和用法。

按所收内容字(词)典一般分为语文性和知识性两大类。

语文性字(词)典，主要供学习语言文字之用，又可分为综合性字(词)典和专门性字(词)典。综合性字(词)典，是对字的音、形、义和词汇的意义、用法全面加以解释。如《新华字典》《汉语大字典》《现代汉语词典》等。专门性字(词)典，只收某一类的字、词，或只解释字或词形、音、义的某个方面。如《成语词典》《汉语虚词词典》《简明同义词典》《中国民间方言词典》。

知识性词典包括百科词典和专科词典。百科词典，汇集各学科重要的术语和概念，加以解释，提供最基本的知识。如《辞海》《中国百科大辞典》等。专科词典，收录一个学科或专门领域的术语、概念、专名，加以解释，系统地反映专业知识的概要。专科词典所提供的知识往往比百科词典更为详尽。如《哲学大辞典》《中国艺术家辞典》《中国古今地名大辞典》等。

字(词)典还可以按语种划分为单语词典和多语词典。如上述各种字(词)典都属于单语词典。多语词典是两种或两种以上语种间的对译词典。如《英汉大词典》《汉英科技大辞典》等。

(2) 字典、词典举例

① 汉语字典、词典举例

《说文解字》,东汉许慎撰,中华书局1963年、1984年据清陈昌治改刻本缩印出版,这是我国第一部正规字典。

《说文解字》分为540个部首,汇集9353个当时通用汉字,另有重文1163个字。每字首先说解字义,然后分析文字形体构造,最后注音。《说文解字》是我国系统分析字形从而考究文字本义的重要著作,至今仍是研究古文字学和古汉语重要的工具书。

《新华字典》(商务印书馆1993年7月第8版),自1953年出版第1版以来,经过多次修订,内容日趋丰富和完善,是我国目前最通用的一部小型普通字典。本字典所收单字包括异体、繁体字在内共计11100个,复音词、词组3500个,附录8种,综合插图9幅,分部首检字和四角号码检字两种本子出版。

《汉语大字典》,徐中舒主编,于省吾、王力、吕叔湘等17位国内语言文学专家任学术顾问,四川辞书出版社、湖北辞书出版社1986~1990年出版。全书共8卷,1993年出版合订缩印本。收单字54678个,是我国历史上收字多、解释最全面的大型历史性详解汉语字典。《汉语大字典》由于收字多,注释详,再加上用汉语拼音字母标注今音,因而它是我国查检生僻字和古代文献用字的理想字典。

《辞海(1999年版)》,《辞海》编辑委员会编,上海辞书出版社1999年出版,收词12万条,近2000万字,《辞海》已成为一部兼收单字、一般词语和百科条目的著名大型综合性辞典。

《汉语大词典》,《汉语大词典》编纂处编,罗竹风主编,上海辞书出版社1986年出版第1卷,自第2卷起,改由《汉语大词典》出版社出版。全书正文12卷,另有《附录·索引》1卷,至1994年全部出齐。1997年出版3卷缩印本。同年,《汉语大词典》出版社和香港商务印书馆又联合推出了《汉语大词典》光盘版。《汉语大词典》在内容上,突出的特点是注重"语文性"和"历史性"。对古今一般汉语语词,系统清理,全面收录。而对没有进入一般语词范围的专科词汇不收录。对词语的解释,义项完备,释义确切,层次清楚,着重从词语的历史演变过程加以全面阐述。对大量在意义上、形式上具有内在联系的词目,还做了关联处理,全面系统地展现了语词在发展过程中的演化与变异。《汉语大辞典》共收录古今汉语语词37万条,是当今世界上收录汉语语词数量最多的汉语语文词典。

② 英语词典举例

《牛津英语词典》(*Oxford English Dictionary*, OED),原名为*New English Dictionary on Historical Principles*。初版125分册,装订成10卷。1993年重印为12卷,外加补编一卷,共13卷,改称现名。它收录了12世纪中期以来见于文献记载的几乎全部英语词语,包括只出现一次的罕见词、现代书面和口语中的普通词汇、主要专业词汇、大量的方言、俚语和稳定的科技用语,通过定义和例证追溯英语发展的历史。

OED在美国英语的收录上略显不足,可以作为其补充的有美国和加拿大按历史原则编纂的词典,如《美国英语历史原则词典》(*Dictionary of American English on Historical Principles*)和《历史原则美语词典》(*Dictionary of Americanisms on Historical Principles*)等。

此外收词量在 26 万以上的大型词典还有《韦氏三版新国际英语词典》（*Webster's Third New International Dictionary of the English Language*），其收词量为 45 万条。

《蓝登书屋足本词典》（*The Random House Unabridged Dictionary*）是《蓝登书屋英语词典》（*The Random House Dictionary of the English Language*）第 2 版（1984 年）的增订版。共收词 32 万条，包括人名、地名、事件和作品名称。

除上述大型词典以外，还有一些著名的中小型词典，比如：《世界图书词典》（*World Book Dictionary*），它是英美很受欢迎的两卷本词典；《牛津现代英语高级学生词典》（*Oxford Advanced Learner's Dictionary*）；《朗曼当代英语词典》（*Longman Dictionary of Contemporary English*）。

2.4.1.2 百科全书

（1）百科全书概述

百科全书被称为参考性工具书之王。它是概述人类一切门类或某一门类知识的完备工具书，是知识的总汇。它是对人类已有知识进行汇集、浓缩并使其条理化的产物。百科全书一般按条目（词条）字顺编排，另附有相应的索引，可供迅速查检。

百科全书既可用于查寻事实性信息，如学科理论、流派、分支、术语、人物、事件、机构、地名等，也可用来查寻某些数据，还可用来查找各领域基本的文献书目。

（2）百科全书举例

① 中文百科全书举例

《中国大百科全书》，是我国第一部具有权威性、世界性的综合大百科全书。全书内容包括哲学、社会科学、文学艺术、文化教育、自然科学、工程技术等 66 个学科和知识门类。共 74 卷，共收 77859 个条目，约 12568 万字，总插图 49765 幅，其中彩图 15103 幅。《中国大百科全书》采用了分类与字顺相结合的编排方法，即全书按学科分类分卷（一学科或数学科辑成一卷或数卷），同一卷别内的条目按条头的汉语拼音字母顺序并辅以汉字笔画、起笔笔形顺序排列。

《简明中华百科全书》，中国大百科全书出版社，1994 年出版。它是我国一部有代表性的小型百科全书。该书共 3 卷，收录 8000 多个条目，概述文章约 15 万字，插图 1700 幅，全书共约 500 万字，分正文、附录和索引三大部。本书内容以全面、系统、简明地介绍中国古今文化为主。

《简明不列颠百科全书》，中国大百科全书出版社、美国不列颠百科全书公司合作编译，中国大百科全书出版社 1985～1986 年出版。它是我国编译出版的国外百科全书中最有代表性的一种，是中型综合性百科全书。除中国部分外，主要根据第 15 版《不列颠百科全书》的《百科简编》部分编译而成。全书 10 卷，1～9 卷是正文及附录，第 10 卷为索引，共收条目 71000 余条，附图片约 5000 幅。其内容包括社会科学、自然科学、工程技术、文学艺术等各学科的概述，各类专名、术语、事件的介绍，侧重西方文化、科技成就和当代知识。

专科性百科全书有《中国医学百科全书》《中国农业百科全书》《世界经济百科全书》《中国企业管理百科全书》《中国劳动人事百科全书》《中国军事百科全书》《中国水利百科全书》《中国电力百科全书》《中国冶金百科全书》《中国商业百科全书》《国际经济贸易百科全书》《中国青年百科全书》《中国证券百科全书》《关贸总协定百科全书》《城市问题百科全书》《行为科学百科全书》《中国保险百科全书》《中国公共关系百科全书》《中国教育百科全书》《中国税务百科全书》等。此外，地方性百科全书也从 20 世纪 90 年代初开始出现，如《北京百科全书》《黑龙江百科全书》等。

② 英文百科全书举例

《新不列颠百科全书》(*The New Encyclopedia Britannica*)简称 EB15，是原《不列颠百科全书》的第 15 版。它是世界上最著名的百科全书，它将全部知识按条目字顺编排，全书由四个部分，32 卷组成。第一部分为 *Micropedia*：*Ready reference and index*(《简编百科：便捷参考和索引》)，由简明的短小条目组成，共约 9 万条目，按条目字顺排列，既是独立的简明百科全书，又是后一部分的"索引"。第二部分为 *Macropedia*：*Knowledge in depth*(《详编百科：知识深义》)，这是该百科全书的主体，由长篇大条目组成，按字顺排列，对主要学科、人物、事件等都有详细介绍，条目后附有相关参考文献。第三部分为 *Propedia*：*Outline of Knowledge and Guide to the Britannia*(《类目百科：知识纲要和不列颠学科指南》)，它相当于前两部分的分类索引，在有关类目下列举前两部分的相应条目。第四部分为 *Index*(《索引》)，按主题、人名字顺混排，指向各部分的相应条目。另外，还有作为年度补篇出版的 *Britannica World Data Annual*(《不列颠世界资料年鉴》)。我国已有中文的《简明不列颠百科全书》可供利用。

《美国百科全书》(*The Encyclopedia American*，EA)，它是美国第一部大型综合性百科全书。在英语百科全书中，其权威性仅次于 EB，于 1829～1833 年问世，至今已有近 200 年历史。

《科利尔百科全书》(*Collier's Encyclopedia*，EC)，该书为 20 世纪中叶才问世的一部大型综合性百科全书，属成人通俗百科全书，以非专业人员、青年学生等广大普通读者为对象，选材广泛，尤为注重广大读者感兴趣的实用性材料。

除上述三大著名英文百科全书之外，较重要综合性的英文百科全书有《钱伯斯百科全书》(*Chamber's Encyclopedia*)、《美国学术百科全书》(*Academic American Encyclopedia*)、《世界图书百科全书》(*World Book Encyclopedia*)；单双卷本百科全书有《哥伦比亚百科全书》(*The Columbia Encyclopedia*)、《蓝登书屋百科全书》(*The Random House Encyclopedia*)、《剑桥百科全书》(*The Cambridge Encyclopedia*)；专业性、地方性百科全书有《国际社会科学百科全书》(*International Encyclopedia of the Social Sciences*)、《麦格劳·希尔科技百科全书》(*McGraw-Hill Encyclopedia of Science and Technology*)、《范·诺斯特兰德科学百科全书》(*Van Nostrand's Scientific Encyclopedia*)、《国际教育百科全书》(*The International Encyclopedia of Education*)、《梅里亚姆·韦氏文学百科全书》(*Merriam Webster's Encyclopedia of Literature*)、《新科学百科全书》(*New Encyclopedia of Science*)、《美国宪法百科全书》(*Encyclopedia of American Constitution*)、《哥伦布百科全书》(*The Christopher Columbus Encyclopedia*)、《剑桥俄罗斯和前苏联百科全书》(*The Cambridge Encyclopedia of Russia and the Former Soviet Union*)等等。

2.4.1.3 类书、政书

类书、政书是我国特有的一种具有资料汇编性质的工具书。

(1) 类书

类书，是辑录古籍资料，按类别或韵目编排，以供寻检、引用或辑佚之用的工具书。被视为我国古代的"百科全书"，但它只摘录汇集古籍中的部分内容，并不进行加工，也不求知识体系的完整。

我国最早的类书是三国时魏文帝曹丕命王象等编的《皇览》，可惜已经失传。历史上最大的类书是明代解缙等编的《永乐大典》，但已不全。现存最大的类书是清代的《古今图书集成》。

利用类书可以查考事物的起源、典故的出处，查检诗词文字、查寻史料、校勘古籍等。

（2）政书

政书，是专门记载历代典章制度的沿革变化，以及政治、经济、文化发展情况的工具书。可用于查检古代的法律、法令、规章等信息。政书有“十通”“会要”之分。“十通”是通代的，包括唐代杜佑的《通典》、宋代郑樵的《通志》、元代马端临的《文献通考》以及清代官修的《续文献通考》《续通典》《续通专》《清通典》《清通志》《清通考》及清末刘锦藻的《清朝续文献通考》。

“会要”和“会典”是断代的。上海古籍出版社编辑出版了《历代会要丛书》。

2.4.1.4　年鉴　手册　名录

年鉴、手册、名录等几类工具书，一般都具有内容具体、叙述简明、信息密集、编排得当等基本特点，通常适用于迅速查阅简明的实质信息。

（1）年鉴、手册、名录概述

① 年鉴　是按年度系统汇集上年度一定范围内的重大事件、新进展、新知识和新资料，供读者查阅的工具书。它可用来查阅特定领域在当年发生的事件、进展、成果、活动、会议、人物、机构、统计资料、重要文件或文献等方面的信息。依据收录的内容，年鉴可分为综合性年鉴、专科性年鉴、统计性年鉴和地方性年鉴等。

综合性年鉴　是汇集世界、某地区、各国的概况、人物、事件、活动、统计资料，反映其政治、经济、文化、科技发展动态和成果的一种年鉴。如《中国百科年鉴》《中国年鉴》《世界知识年鉴》《世界年鉴》《惠特克年鉴》《欧罗巴年鉴》等。

专科性年鉴　是反映某一专业范围年度性的基本信息和文献的一种年鉴。如《中国经济年鉴》《中国工业年鉴》《中国农业年鉴》《中国乡镇企业年鉴》《中国对外经济贸易年鉴》等。

统计性年鉴　是专门汇集统计资料的年鉴。如《中国统计年鉴》《广州统计年鉴》《中国人口统计年鉴》《联合国统计年鉴》等。

地方性年鉴　是反映特定区域范围内的全面或某一方面年度信息的年鉴。如《广东年鉴》《中国特区年鉴》《广州经济年鉴》等。

② 手册　是汇集经常需要查询的文献、资料、信息及有关专业知识的工具书。手册的名称很多，有指南、便览、一览、必读、必备、大全等。手册按所收录的内容一般分类三种类型，即综合性手册、专门性手册和常识性手册。

综合性手册　是汇集所有学科或多个学科的专业知识、常用文献、基本数据、定义公式等使用频率较高的资料，供人们随时查检。如《各国概况》《吉尼斯世界纪录大全》等。

专门性手册　是反映内容仅涉及某一专门领域知识的手册。如《外贸知识手册》《最新经济合同法全书》《学校教务工作实用手册》等。

常识性手册　是以介绍人类日常生活实用知识为主要内容的手册，如《家庭日用大全》《育儿手册》等。

③ 名录　是汇集人物、事物、组织机构、地域等名称，并按一定顺序排列起来的工具书。名录还有其他称谓，如：录、集录、名册、通讯录等。名录按其内容一般可分为人名录、地名录、物名录和机构名录等不同类型。

人名录　是汇集一定范围人物的姓名及简况的名录。主要收录某一地域、时代或专业有关人物的姓名、简历、专业方向、学术成就、社会职务、通讯地址、电话号码等信息，在编排上多以人名为目、简介为文、字顺为序来组织内容。如《世界名人录》《世界科学家名人录》《美国名人录》《中国当代名人录》等。

地名录　是汇集一定范围地名及简况的名录。其特点是收录地名数量大，但只提供地理位置、所属国别、经纬度等简单资料。如《世界地名录》《中国地名录》等。

机构名录　是汇集一定范围的组织、机构、企业、单位的名称及简介性资料的名录，又称“组织机构指南”。内容一般包括机构全称(简称)、简况、业务类型及范围、人员情况、负责人、单位地址、电话号码、邮政编码等。如《中国工商名录》《世界跨国公司便览》等。

(2) 年鉴、手册、名录举例

① 年鉴举例

《中国年鉴》，新华社主办，中国年鉴社编辑出版。本年鉴是中华人民共和国国家年鉴，1983 年创刊。本年鉴除“概况”(主要介绍中国地理、历史、行政区域和民情风俗)、“特载”(主要刊载中国领导人的重要讲话和文章)、“大事纪要”之外，主要以“部类”为单元，共设政治、法制、经济、军事、外交、科学、文化、教育、卫生、体育、社会生活、宗教、人物和省、自治区、直辖市等 23 个部类，全面反映了上一年度中国各方面的新情况。它提供的各种数字均经国家统计局和有关部委确认，资料可靠，数据权威。

《世界知识年鉴》，世界知识出版社编辑出版，1953 年创刊，原名《世界知识手册》，1958 年起改用今名。它是一部系统反映国际形势及世界各国政治、经济、文化等情况的综合性年鉴。内容按类编排，一般分为各国概况、国际组织和国际会议、世界大事记、便览及专题统计资料等部分。

《中国百科年鉴》，该书编辑部编，中国大百科全书出版社出版，它是我国第一部大型百科年鉴，属于《中国大百科全书》系列。全书分为概况、百科、附录 3 个部分。“概况”以介绍基本情况为主，包括中国概况、各省、自治区、直辖市概况、各国概况、国际会议；“百科”是全书主体，记载了一年来各个领域的进展和成就，按学科排列；“附录”主要提供与国内外形势发展有关的资料或其他有关资料。《中国百科年鉴》按类编排，卷首有详细的分类目录，书末还附有内容分析索引。

《世界年鉴》(*The World Almanac and Book of Facts*)，是美国出版的历史最长，也是最有代表性的一种 Almanac 类年鉴。它提供关于人、地、物、事件、统计以及其他各类资料。内容涉及社会、政治、财政、宗教、教育、文化、文学、艺术、体育、农业、工业以及其他许多学科。内容范围是国际性的，涉及世界各国的历史和现状，其中以美国的材料最为丰富，材料类别繁多。

《惠特克年鉴》(*Whitaker's Almanac*)，由英国人约瑟夫·惠特克于 1868 年创刊。它被誉为英国最好的年鉴，也是一部微型百科全书。收录的内容上至天文，下至地理、旁及世界各国基本情况，兼收并蓄。与其他年鉴比较，该书有关英国和英联邦成员国的内容比较充实，占五分之二。

《联合国统计年鉴》(*U. N. Statistical Yearbook*)，是现有最全面、综合的国际统计年鉴，广泛地汇集了全世界 280 多个国家和地区的统计部门按预定的统计方法和格式搜集起来的各个方面的统计资料。

② 手册举例

《中华人民共和国资料手册(1949~1985)》，寿孝鹤等主编，社会科学文献出版社1986年出版。这是一部综合性的手册，全面反映了新中国成立以来的历史进程和建设成就，着重反映了党的十一届三中全会以来各方面的情况。

《吉尼斯纪录全书》(*Guinness Book of Records*)，该书较全面地收录了各类事物的世界之最，5000多项世界极端纪录。

《美国事物之最》(*Famous First Facts*)，它记录了9000项在美国历史上发生的重大事件、发明和发现，材料丰富。凡遇“美国某某之最”这类问题，一般都可以从该书获得简明答案。

《化学物理手册》(*CRC Handbook of Chemistry and Physics*)，该书为世界上最著名的化学和物理手册，有学者称之为“化学家和物理学家的《圣经》”。它将研究者共同需要的参考数据以表格形式编辑在一起，并加以说明，基本上每年更新一次，每版均有增删。该书内容较深，信息密集，检索方便。

③ 名录举例

《中国当代名人录》，中外名人研究中心编，上海人民出版社1991年出版。本书收录当代中国各界有杰出贡献、地位重要以及知名度较高的人物7564人，逐一介绍其生平、籍贯或出生地、主要经历、主要贡献。依据的资料绝大部分由其本人提供，个别部分则参照相关资料或研究成果而编写。该书为连续出版物，每年出一版。所收人物以姓氏笔画为序，书后附有按传主姓氏笔画为序编排的人名索引。

《国际名人录》(*The International Who's Who*)，它是一部常用的国际性名人录，信息密集。每年出版一次，修订及时。每版有世界各国政治、经济、文艺、法律、外交、教育、宗教、科学界著名人士约20000名，列举其出生年、国籍、父母亲、配偶、子女、学历、职衔、著作、荣誉称号及通讯地址等。由于其收录的广泛性，可代替十多种其他国家的名人录，如德国和意大利等国的名人录等。该书正文按姓名字顺排列，正文前有“在位皇室名录”等专栏。

《世界名人录》(*Who's Who in the World*)，隔年出版。收录当前国际事务和各重要领域中的著名人物约28500人，主要是各国政府首脑、外交官员、新闻工作者、慈善事业和文体界人士，基本上以职位和个人成就为主要收选标准。收录人数比《国际名人录》多，且有彼此不收的人物，因此两者可配合使用，互为补充。

《中国政府机构名录》，本书编辑部编，新华出版社1996年出版。该书是一部不定期更新内容的政府机构名录。1996年版分上、下两卷。上卷收录国务院及各部委办局、国务院直属部分全国性公司、人民团体、事业单位以及北京、天津、上海人民政府所属的司局处室机构；下卷收录各省、自治区、副省级市及直属司局级机构和处室机构。列举的信息项包括机构名称、地址、邮政编码、电话、传真、负责人、主要职能。资料截止于1996年3月至6月。该书是目前我国权威性较高的一种政府机构名录。

2.4.2 检索工具书

目录、索引、文摘是进行文献检索时最常用的工具，各具特殊的功能，它们都是对一种或一批相关文献资料的揭示与记录，但分别以不同的方式记录文献的外表特征和内容特征，为读者提供各种检索途径和文献信息。

(1) 检索中文古籍

查现今存世的古代图书，可利用《四库全书总目》[(清)永瑢、纪昀等撰，中华书局

1965年影印出版，1981年重印)]、《钦定四库全书总目》(《四库全书》研究所整理、编著，团结出版社1995年出版)、《四库全书目录索引》(上海古籍出版社1989年出版)、《贩书偶记》(孙殿起编，上海古籍出版社，1982年出版)、《书目答问补正》范希曾编，上海古籍出版社，1983年出版)等。

(2) 检索近现代中文图书

查辛亥革命至建国前出版的图书，主要利用《民国时期总书目》(北京图书馆编，书目文献出版社1986~1997年出版)、《(生活)全国总书目》(平心编，上海生活书店1935年出版)、《解放区根据地图书目录》(中国人民大学图书馆编，中国人民大学出版社，1989年出版)。

查建国后出版的图书，主要可用《全国总书目》(原由中国版本图书馆编辑，中华书局出版，现由新闻出版总署信息中心编辑出版)、《中国国家书目》(北京图书馆《中国国家书目》编委会主编，书目文献出版社出版)。

查内部发行的图书可用《全国内部发行总目(1949~1986)》(中国版本图书馆编，中华书局1988年出版)；查新出版的图书可用《全国新书目》(原为版本图书馆编辑，现由新闻出版总署信息中心主办，全国新书目杂志社编辑出版)；查询近期出版和正在出版的图书，可利用出版社或新华书店编印的出版物征订目录。如由新闻出版总署主管、新华书店总店主办的《新华书目报(社科新书目版)》《新华书目报(科技新书目版)》《新华书目报(标准新书目版)》。

(3) 检索中文报刊的出版和馆藏

报刊检索主要分两个方面：

一是报刊种期检索，主要是了解报刊名称、刊期、出版机构、出版沿革等情况。首先，查找国内报刊可用报刊介绍、报刊征订目录、回溯目录、报道目录、馆藏目录、联合目录等，如《五四时期期刊介绍》《中国当代期刊总览》《中文科技期刊联合目录》等。其次，检索国外报刊可用国内出版的目录，如《外国报刊目录》，也可利用国外出版的目录，如《乌利希国际期刊指南》《国外科技核心期刊手册》《中文核心期刊要目总览》等。

二是报刊论文的检索。首先，可利用报道报刊论文的检索工具，如《全国报刊索引》《中国近代期刊篇目汇录》《中国史学论文索引》、美国《化学文摘》、日本《杂志记事索引》等；其次，可利用相关报刊文献题录，如《新华文摘》每期后附“报刊文章篇目辑览”；第三，可利用计算机检索系统查找，如《中国学术期刊网》《维普中文期刊数据库》《世界科学出版社全文电子期刊》等。

3 网络信息资源检索

3.1 网络信息资源概述

网络信息资源是以电子计算机技术、通信技术、多媒体技术相互融合而形成的以电子网络为传输载体和传输媒介的信息资源。

互联网是世界上最大的信息宝库，它已成为全球范围内传播和交流科研信息、教育信息、商业和社会信息的主要渠道。互联网是个开放的信息传播、信息检索的平台，任何机构、任何人都可以将自己的信息上传至互联网上。在这个庞大的信息资源中，要查找出有利用价值的信息并不是一件易事。本章着重介绍网上学术信息。

3.2 网络信息资源分类

网络信息资源的分类没有统一的分类方法，但是归纳各种观点认为，目前网络信息资源基本上可分为四大类，即新闻信息、动态信息、规范出版的全文信息和书目数据库。

新闻信息是各种专门性电子媒体以及传统新闻媒介的网络版发布的各种新闻中对学术研究有参考价值的部分信息。

动态信息是充斥网络最广泛的信息资源，可以说每一台与网络相连的计算机都蕴含着这类信息，其中具有学术价值的部分主要是一些学术机构发布的有关学术活动信息、学术研究个人的某些可以公开的信息、企业有关产品研发和技术支持信息等等。

规范出版的全文信息和书目数据库是通过正规发行的图书、期刊、会议文献、专利、学位论文、产品样本、科技报告、标准文献、科技档案等文献信息以及对以上各种文献编目加工而成的书目数据库。

3.3 网络信息资源检索基本方法

要获取网络信息，用户必须先找到提供信息源的服务器。所以，首先以找到各个服务器在网上的地址为目标，然后通过该地址访问服务器提供的信息。网络信息的一般检索方法有以下几种：

(1) 浏览。浏览又分偶然发现与顺“链”而行。偶然发现是在互联网上查找信息的原始方法。即在日常的网络阅读、漫游过程中，意外发现一些有用信息的方法。这种方法目的性不强，整个检索过程充满了不可预见性、偶然性。顺“链”而行是指用户在阅读超文本文档时，利用文档中的链接从一网页转向另一相关页面的方法。这种方法类似于传统文献检索中的“追溯法”。

(2) 通过网络资源指南来查找信息。专业人员利用自身对网络信息资源的产生、传递和利用机制的广泛了解和对网络信息资源分布状况的熟悉，以及对各种网络信息资源的采集、组织、评价、过滤、控制、检索等手段的全面把握，开发了可供浏览和检索的网络资源主题指南。综合性主题分类树体系的网络资源指南如：Yahoo！专业性的网络资源指南更多，几乎每一个学科专业、重要课题、研究领域的网络资源指南都可以在互联网上找到。这类网络资源指南类似于传统的文献检索工具——书目或专题书目。这类资源通常是由专业人员在网络信息资源进行鉴别、选择、评价、组织的基础上编制而成，对于有目的的网络信息发现具有重要的指导、导引作用。局限性在于，由于其管理、维护跟不上网络信息的增长速度，导致其收录范围不够全面，新颖性、及时性可能不够强；且用户还要受标引者分类思想的控制。

(3) 通过搜索引擎来查找信息。这是较为常用、普遍的网络信息检索方式。搜索引擎是一个用来查询搜索世界各地 Internet 网络资源的 Web 服务器。它就像一本书的目录，Internet 上各个站点的网址就像是页码。可以通过关键字或者主题分类的方式查找感兴趣的信息所在的 Web 页面。搜索引擎是提供给用户进行关键词、词组或自然语言检索的工具。用户提出检索要求，搜索引擎代替用户在数据库中进行检索，并将检索结果提供给用户。

搜索引擎提供的信息通常是由专业人员在对网络信息资源进行鉴别、选择、评价、组织的基础上编制而成的，对于有目的的网络信息检索具有重要的作用。

3.4 网络信息资源检索基本技术

因特网信息资源检索是由计算机来操作完成的，所以计算机信息检索技术就是互联网信息资源检索基本技术，下面介绍几种常用的信息检索技术方法。

3.4.1 布尔逻辑检索

布尔逻辑是表达不同概念之间关系的符号逻辑系统。利用布尔逻辑算符进行检索词语或代码的逻辑组配，是计算机文献检索系统中最常用的一种检索方法。

布尔逻辑运算，是采用逻辑或、逻辑与、逻辑非等算符，指定文献标引词中必须存在或不能出现的条件。

(1) 逻辑与(and 或 *)

逻辑与用 and 或 * 表示，两个检索词用 and 或 * 相连表示被检索的文献必须同时含有这两个检索词才能被命中。

例如：检索儿童教育的文献，则检索式为：children and education

A = children

B = education

命中文献 = A 与 B 的交叉部分(如图 3-1 所示)

(2) 逻辑或(or 或+)

逻辑或用 or 或+表示，两个检索词以 or 或+相连，表示被检索的文献只要含有其中一个检索词或者同时含有这两个检索词，那么它将被命中。

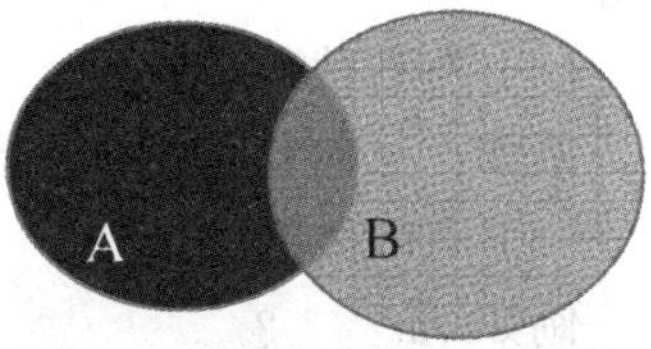

图 3-1　命中文献 = A 与 B 的交叉部分

例如：要查找计算机或机器人文献的文献，则检索式为：computer or robot

A = computer

B = robot

命中文献=A+B+A 与 B 的交叉部分（如图 3-2 所示）

(3) 逻辑非（Not 或-）

逻辑非用 Not 或-表示，检索词 A，B 若用逻辑非相连：A Not B（或 A - B），这表示被检索文献在含有检索词 A 而不含有检索 B 时才被命中。

例如：要查找有关能源方面的文献，但涉及原子能方面的文章不要，则检索式为：energy Not nuclear（或 energy-nuclear）

A= energy

B= nuclear

命中文献=A-B（如图 3-3 所示）

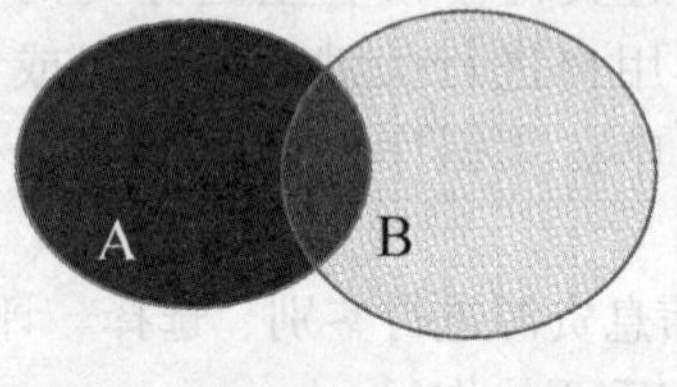

图 3-2　命中文献=A+B+A 与 B 的交叉部分

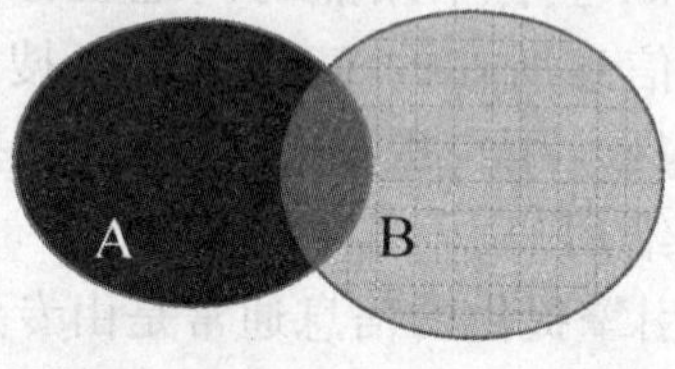

图 3-3　命中文献=A-B

3.4.2　截词检索

截词检索就是在检索词中保留相同的部分，用相应的截词符代替可变化部分并代表许多同词干检索用词的一种检索方法。截词符号的使用，既可减少检索词的输入量，又可简化检索步骤，扩大查找范围，提高检全率。计算机截词符号通常用＊或？作为有限截断与无限截断符号。

截词的方式有多种，按截断的位置分，截词可有右截断、左截断、中间截断、左右截断四种。

按字段的字符数量来分，可分为有限截断和无限截断两种。有限截断规定了截去字符的数量，无限截断对截去字符数量不作规定。

(1) 右截断

例如：环境＊，检索结果有：环境变化、环境保护、环境评价等。

(2) 左截断

例如：＊催化，检索结果有：工业催化、加氢催化等。

(3) 中间截断

例如：污水＊技术，检索结果有：污水处理技术、污水净化技术、污水处理装置操作技术等。

(4) 左右截断

例如：＊加氢装置＊，检索结果有：炼油加氢装置改造、炼油加氢装置设计等。

(5) 有限截断

例如 cat?　?

在上例中，cat 后紧跟？号，空一格，再加一个？号。前一个？是限定一个字符的变化，后一个是停止符。上例可检索 cat，cats 等词。

(6) 无限截断

例如：cat?

允许 cat 后面有任何个字符的变化，本例可检索 cat，cats，catch，category…。

3.4.3 限制检索

在信息检索系统中，为了满足某种检索条件或达到某种精确度，通常使用一些缩小或限定检索结果的方法，这些方法称为限制检索。限制检索的方式很多，这里主要介绍字段限定检索。

什么叫字段？组成数据库的最小单位称为记录。一篇完整记录中的每一个著录事项称为字段。在检索系统中，数据库设置的可供检索的字段通常有两种：表达文献内容特征的基本索引字段和表达文献外部特征的辅助索引字段。基本索引字段包括篇名字段、文摘字段、叙词字段、自由词字段。辅助索引字段包括作者字段、作者机构字段、文献类型字段、语种字段等。字段限定检索就是把检索词限定在某一字段内进行检索。

文献书目型数据库的字段标识基本包括如下字段：存取号字段(AN)、篇名字段(TI)、文摘字段(AB)、叙词字段(DE)、自由词字段(ID)、作者字段(AU)、作者机构字段(CS)、刊名字段(JN)、出版年字段(PY)、文献类型字段(DT)、语种字段(LA)、分类号字段(CC)。在 DIALOG 检索系统中，使用字段限制时，基本索引字段用后缀"/"与基本索引字段标识符组成，例如：环境保护/TI。表示在该检索式中，环境保护是检索词，TI 是字段标识符——篇名字段，检索式表示在篇名字段中查找含有"环境保护"一词的文献。辅助索引字段用前缀"="表示，即由辅助索引字段标识符与"="组成。例如：AU=陈景润。在该检索式中，陈景润是检索词，AU 是字段标识符——作者字段，该检索表示在作者字段中查找含有"陈景润"一词的文献。

3.4.4 加权检索

加权检索是一种定量检索方式，它的基本方法是在每个提问词后面加上一具体数值表示其重要性的程度，即该提问词的"权"。在检索中，先在数据库中查找这些检索词，对查获的检索进行权值总和计算。只有当权值之和达到或超过预先规定的数值时，该记录才算命中，这个预定的数值被称为阈值。

例如：检索词　　权值

计算机　　5

科技文献　　4

文献检索　　3

阈值=7

根据上述检索要求，符合条件的检索结果如表 3-1 所示。

表 3-1　检索词命中情况与权和

序号	检索词命中情况	权和
1	计算机 科技文献 文献检索	12>7
2	计算机 科技文献	9>7
3	计算机 文献检索	8>7
4	科技文献 文献检索	7=7

3.4.5 词位置检索

文献记录中词语的相对次序或位置不同，所表达的意思可能不同，同样检索表达式中词语的相对次序不同，其表达的检索意图也不一样。

词位置检索又叫邻接检索，它是表示所连接的各个单元词之间位置关系的一种检索方式。较常用的词位置检索有(W)算符和(N)算符等。

(1) (W)算符和(nW)算符

(W)是 with 的缩写，(W)算符表示其两侧的检索词必须按前后顺序出现在记录中，在两词之间不允许插入其他词，只可能有空格或一个标点符号；(nW)中的 n 表示两侧的检索词中允许插入的词量少于或等于 n 个。

例 1：double(W)digit

检索结果：double digit 和 double-digit

例 2：socialist(1W)economy

socialist commodity economy;

socialist planned economy ;

socialist national economy

(2) (N)算符和(nN)算符

N 是 nearn 的缩写，(N)表示其两侧的检索词位置可以倒置，但必须彼此邻接且在两词之间不能插词，(nN)中的 n 表示允许插词的词量小于或等于 n 个。

例 1：money(N)supply

检索结果：money supply 和 supply money

例 2：financ??? (2N)crisis

检索结果：financial crisis ; crisis of the finance; crisis in Asian financial

(3) (L)算符

L 是 link 的缩写。(L)表示其两侧的检索词之间有主从关系，前者为主，后者为副。L 可用来连接主、副标题词，它们被列在记录的规范词字段。

例：air pollution(L)control

检索结果：air pollution——control，air pollution 是主标题词，control 是副主标题词。

3.5 网络信息资源检索策略

网络信息资源检索策略是指利用计算机进行互联网检索时，为实现检索目标而制订的检索方案或对策。网络信息资源检索是利用计算机进行检索的，因而用户输入的检索提问式与数据库之间的对比匹配是通过计算机来完成的，因此网络信息资源检索时，检索策略的正确与否直接关系到检索结果的准确率。

3.5.1 检索策略的制定

检索策略的制定应包括以下几个程序：

(1) 认真分析课题，明确自己的情报需求和检索目的，同时还要弄清所需文献信息的类型、文种、时间范围等；制定检索策略时要明确是保证查全率高还是查准率高。

(2) 根据上述分析选择数据库或检索文档，并确定检索途径。数据库的选择主要考虑其收藏范围是否能满足检索要求即可，检索途径的选择是根据课题的已知条件来定。

(3) 根据上述分析确定检索词。从课题的已知条件，选择能正确表达课题，又要与所选数据库相匹配的检索词。检索词的选择是根据检索需求来进行，如检索是要保证检全率高，则选择检索词时，应尽量选择上位词，同时还应把同义词、近义词都选上；如检索是要保证检准率高，则选择检索词时，则要求选择专指度高的词，而少用或不用同义词、近义词。

(4) 运用逻辑运算符将各检索单元词组配起来，构造出计算机可识别、执行的检索表达式。如果检索词多于两个以上，就必须用逻辑运算符将检索词组配成检索表达式。逻辑运算符的选择也取决于检索需求，如检索要保证检全率高，则多用逻辑或而不用逻辑与或逻辑非，相反，如检索要保证检准率高，则多用逻辑与、逻辑非而不用逻辑或。

(5) 试验性检索。将检索表达式输入到数据库执行检索指令，并对数据库或文档进行查找，并输出检索结果。对检索结果进行分析，如检索结果满意则提供检索结果即可；如检索结果不满意，则根据检索结果的多少，不断筛选检索词，不断更换检索词之间逻辑运算符，进一步完善检索表达式，直到获得满意的结果。

3.5.2 检索表达式的制定

检索表达式也称“提问式”“检索式”。检索式是检索策略的具体表现。检索式是用逻辑运算符将课题的检索词组配而成的，检索式的正确与否直接影响到检索结果，检索表达式的制定要遵循以下几个步骤：

(1) 切分。切分即是对课题包含的词进行最小单元的分割，例如：课题“生物制氢的研究现状及前景”，进行词的最小单元切分后为：生物 制氢 研究 现状 前景。

(2) 删除。对过分宽泛或过分具体的词、无实质意义的边词、虚词应予以删除。如“生物制氢的研究现状及前景”中“的”“及”就删除。

(3) 替换。对表达不清晰或容易造成检索误差的词加以替换。如“绿色包装”中的“绿色”应替换成“环保”。

(4) 补充。这一步是将课题筛选出的词进行同义词、近义词、相关词的扩充，这些词加入检索款目会避免漏检。

(5) 组合。即把检索词用逻辑符连接组合成检索式。

检索表达式的制定应符合以下要求：检索表达式应能准确地反映课题的主题内容；检索表达式应符合所选数据库的检索语法法则。

3.6 网络信息检索工具——搜索引擎

搜索引擎是一种利用网络自动搜索技术，对网络各种资源进行标引，并为检索者提供检索的工具。本节主要介绍搜索引擎的工作原理、特点及一些有代表性的搜索引擎。

3.6.1 搜索引擎的工作原理

搜索引擎的工作原理主要包括以下几个过程：

(1) 信息的采集和存储。搜索引擎一般采用自动方式收集和存储信息，即运用网络自动运行的软件 Robit 、Spider 等，到互联网上追寻信息，找到 Web 页并将它们调出，搜索引擎将自动给该 Web 页上的某些字或全部字作索引，形成目标摘要格式文件后，再形成网络可访问的数据库。

(2) 信息索引的建立。信息采集和存储后，要建立索引查询系统，它是同建库系统配套的子系统，决定索引时空比、布尔逻辑操作、表达式匹配、结构化和非结构化文件处理、词词匹配、匹配相关性排序等。建立信息索引就是创建文档信息的特征记录，使检索者能够快速地检索到所需的信息。

(3) 检索界面的建立。搜索引擎检索界面接受检索者提交的查询请求，搜索引擎根据检索者所输入的检索表达式在其索引中查找，并寻找相应的 Web 页地址。

(4) 检索结果的相关性处理。搜索引擎的检索结果通常很庞大，大量的文件使得检索者无法逐一浏览。搜索引擎可以按文件的相关程度进行排列，最相关的文件通常排在最前面；也可按时间顺序来排列，即最新的文件通常排在最前面。

每个搜索引擎评判结果相关性的方法均有不同。一般而言，搜索引擎确定相关性的方法有概率方法、位置方法、摘要方法、分类或聚类方法等。概率方法是根据关键词在文中出现的概率来判定文件的相关性，认为关键词出现的次数越多，该文件与查询的相关程度就越高；位置方法是根据关键词在文中出现的位置来判定文件的相关性，认为关键词出现得越靠前，文件的相关程度就越高；摘要方法是指搜索引擎自动地为每个文件生成一份摘要，让检索者自己判断结果的相关性，以便检索者进行选择；分类或聚类方法是指搜索引擎采用分类或聚类技术，自动把查询结果归入到不同类别中。

3.6.2 中文搜索引擎选介

目前网络上的中文搜索引擎较多，本节选择性介绍几个主要的、常用的搜索引擎。

3.6.2.1 百度(http://www.baidu.com)

百度，2000 年 1 月创立于北京中关村，其首页如图 3-4 所示。

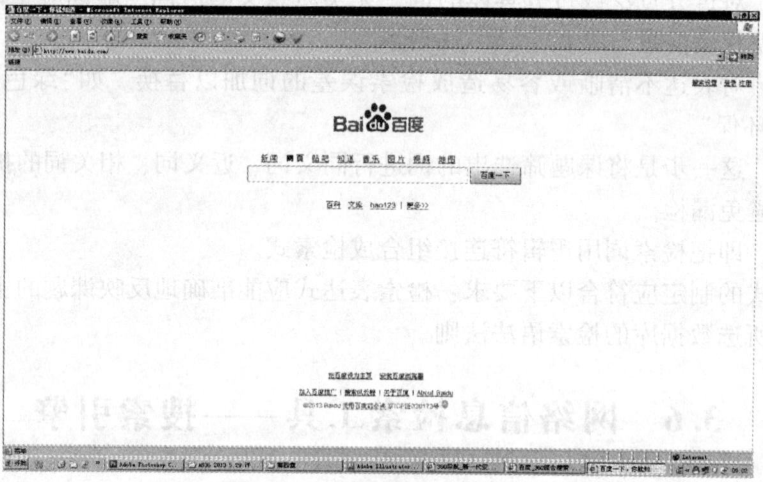

图 3-4

2000 年 1 月 1 日，公司创始人李彦宏、徐勇从美国硅谷回国，创建了百度。创立之初，百度便将“让人们更便捷地获取信息”作为自己的使命，并为此始终如一、不懈地努力奋斗。

2000 年 5 月，百度首次为门户网站——硅谷动力提供搜索技术服务，之后迅速占领中国搜索引擎市场，成为最主要的搜索技术提供商。2001 年 8 月，发布 Baidu.com 搜索引擎 Beta 版，从后台技术提供者转为面向公众独立提供搜索服务，并且在中国首创了竞价排名商业模式，2001 年 10 月 22 日正式发布 Baidu 搜索引擎。

百度一直致力于为用户提供“简单，可依赖”的互联网搜索服务。

百度每天响应来自 138 个国家超过数亿次的搜索请求。用户可以通过百度主页，在瞬间找到相关的搜索结果，这些结果来自于百度超过百亿的中文网页数据库。

百度除网页搜索外，还提供 MP3、图片、视频、地图等多样化的搜索服务，率先创造了以贴吧、知道、百科、空间为代表的搜索社区，将无数网民头脑中的智慧融入了搜索。“百度一下”已经成为了人们进行搜索的新动词。

同时，用户不必访问百度主页，也可以搜索信息。超过20万个搜索联盟网站，通过各种方式将百度搜索结合到自己的网站，使用户在上网的任何时候都能进行百度搜索。百度还提供WAP与PDA搜索服务，使用户可以通过手机或掌上电脑等无线平台进行百度搜索。

(1) 百度的搜索方法

搜索时只需要在搜索框内输入需要查询的内容按回车键，或者鼠标点击搜索右侧的“百度搜索”图标，就可以得到最符合查询需求的网页内容。如无限定，默认以关键词精确匹配方式搜索。输入多个词语搜索(不同字词之间用一个空格隔开)可以获得更精确的搜索结果。例如想了解“广州文化公园”的相关信息，即可在搜索框内输入“广州文化公园”。

(2) 百度的检索结果

检索结果标示丰富的网页属性(如标题、网址、时间、大小、编码、摘要等)，并突出用户的查询串，便于用户判断是否阅读原文。百度支持二次检索，即可在上次检索结果中继续检索，逐步缩小查找范围，直至达到最小、最准确的结果集。

(3) 百度主要搜索语法

① 双引号——精确匹配。输入的查询词很长，百度在经过分析后，给出的搜索结果中的查询词，可能是拆分的。用户可以给查询词加上双引号而让百度不拆分查询词。

② intitle——关键词在网页标题中。网页标题通常是对网页内容提纲挈领式的归纳。把查询内容范围限定在网页标题中，有时能获得良好的效果。使用的方式是把查询内容中特别关键的部分，用“intitle”引起来。但intitle：和后面的关键词之间不要有空格。例如要找雷锋的事迹，检索式为：事迹 intitle：雷锋。

③ filetype——对搜索对象作格式限制。使用方法是在“Filetype：”后跟文件格式。“Filetype：”可以跟以下文件格式：DOC、XLS、PPT、PDF、TXT、RTF、ALL，其中，ALL表示搜索所有这些文件类型。例如：想搜索含有“霍金”“黑洞”的PDF文档，检索式为：霍金 黑洞 filetype：PDF。

④ inurl——限定在URL链接中搜索。网页URL中的某些信息常常有某种价值的含义，用户可通过对搜索结果的URL做某种限定来获得良好的效果。使用的方法是用“inurl：”后跟需要在URL中出现的关键词。URL(Uniform Resource Locator)统一资源定位器，是用于确定所需文档在因特网上的位置。例如要查找关于photoshop的使用技巧，检索式为：photoshop inurl：jiqiao。上面这个检索式中的photoshop是可以出现在网页的任何位置，而jiqiao则必须出现在网页URL中。注意inurl：和后面所跟的关键词不要有空格。

⑤ site——限定搜索目标范围。如果用户已经知道某个站点上有自己需要找的东西，可以把搜索范围限定在这个站点中，提高查询效率。使用的方式是在查询内容的后面加上“site：站点域名”。例如：检索式“MP3 播放器 site：samsung. com. cn”搜索结果为samsung. com. cn这个网站上含有关键字“MP3播放器”的网页。注意“site：”后面跟的站点域名，不要带“、”和“/”符号。另外site：和站点名之间不要带空格。

⑥ 减号(-)——不含特定关键字。如果用户想除去包含特定关键词的网页，可以用减号语法。注意：前一个关键词和减号之间必须有空格，否则减号会被当成连字符处理，而失去减号语法功能。减号和后一个关键词之间，有无空格均可。例如：想搜索有关武侠小说《神雕侠侣》方面的内容而不希望出现关于其电视剧方面的网页，则检索式为：神雕侠侣-电视剧。

⑦ 书名号(《》)——精确匹配。书名号是百度独有的一个特殊查询语法。在其他搜索引擎中，书名号会被忽略。而在百度，中文书名号是可被查询到的。加上书名号的查询词，有两层特殊功能，一是书名号会出现在搜索结果中；二是被书名号括起来的内容，不会被拆分。书名号在某些情况下特别有效果，例如查名字很通俗和常用的那些电影或者小说。比如要查电影“手机”，如果不加书名号，很多情况下出来是通讯工具——手机，而加上书名号后，《手机》结果就都是关于电影方面的了。

⑧ 管道符号“|”——并行搜索。可以使用“A | B”来搜索“或者包含词语 A，或者包含词语 B”的网页。例如要查询“图片”或“写真”相关资料，无须分两次查询，只要输入检索式“图片 | 写真”即可。百度会提供跟“|”前后任何字词相关的资料，并把最相关的网页排在前列。

(4) 百度的特色功能

① 百度快照

如果无法打开某个搜索结果，或者打开速度特别慢，该怎么办？“百度快照”能帮您解决问题。每个未被禁止搜索的网页，在百度上都会自动生成临时缓存页面，称为“百度快照”。当您遇到网站服务器暂时故障或网络传输堵塞时，可以通过“快照”快速浏览页面文本内容。百度快照只会临时缓存网页的文本内容，所以那些图片、音乐等非文本信息，仍是存储于原网页。当原网页进行了修改、删除或者屏蔽后，百度搜索引擎会根据技术安排自动修改、删除或者屏蔽相应的网页快照。

下面是搜索“金庸”的一个结果摘要，请点击右下角的“百度快照”链接，感受一下百度快照带来的便利！“金庸”检索词的检索结果如图 3-5 所示。

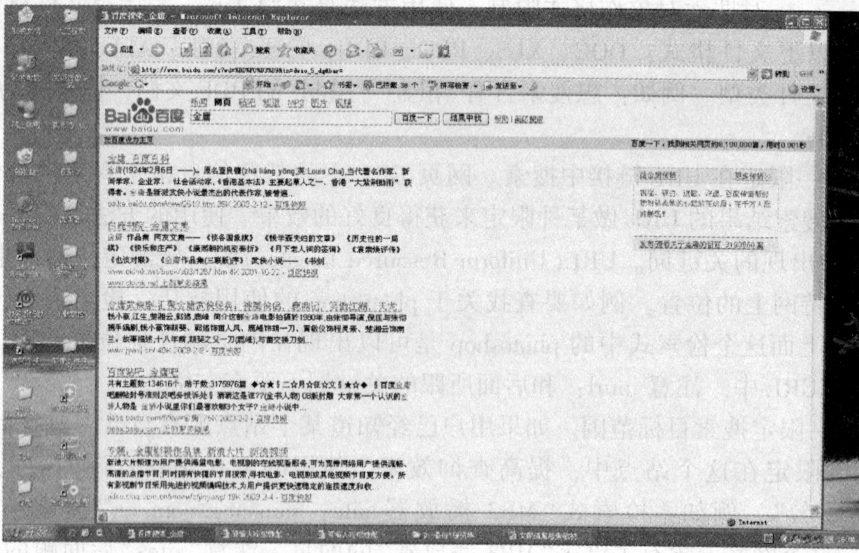

图 3-5

检索结果中的百度快照如图 3-6 所示。

② 相关搜索

搜索结果不佳，有时候是因为选择的查询词不是很妥当。您可以通过参考别人是怎么搜的来获得一些启发。百度的“相关搜索”，就是和您的搜索很相似的一系列查询词。百度相关搜索排布在搜索结果页的下方，按搜索热门度排序。

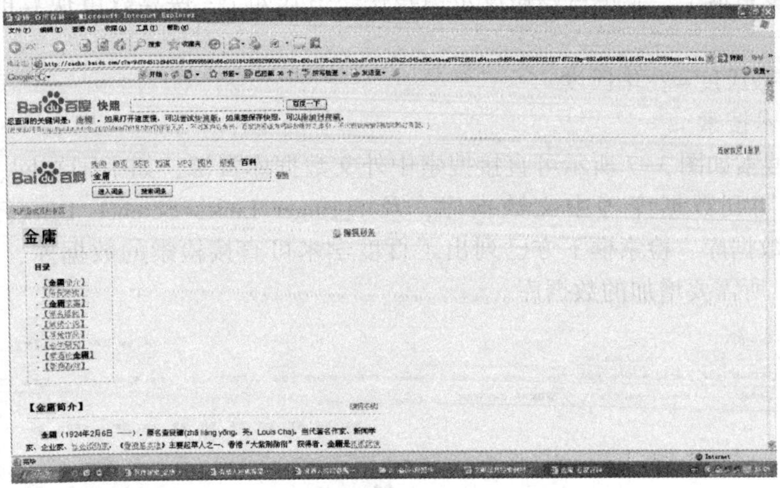

图 3-6

下面是“小说”的相关搜索。点击这些词，可以直接获得搜索结果。

相关搜索	言情小说	小说阅读网	玄幻小说	小说网	小说下载
	网游小说	小说网	武侠小说	网络小说	txt 小说下载

③ 拼音提示

如果只知道某个词的发音，却不知道怎么写，或者嫌某个词拼写输入太麻烦，该怎么办？百度拼音提示能帮您解决问题。只要您输入查询词的汉语拼音，百度就能把最符合要求的对应汉字提示出来。它事实上是一个无比强大的拼音输入法。拼音提示显示在搜索结果上方。

如，输入“zhurongji”，提示如下：“您要找的是不是：朱镕基”。

④ 错别字提示

由于汉字输入法的局限性，我们在搜索时经常会输入一些错别字，导致搜索结果不佳。别担心，百度会给出错别字纠正提示。错别字提示显示在搜索结果上方。

如，输入“唐醋排骨”，提示如下：“您要找的是不是：糖醋排骨”。

⑤ 英汉互译词典

百度还有线上英汉互译词典？没错。随便输入一个英语单词，或者输入一个汉字词语，留意一下搜索框上方多出来的词典提示。如，搜索“apple”，点击结果页上的“词典”链接，就可以得到高质量的翻译结果。百度的线上词典不但能翻译普通的英语单词、词组、汉字词语，甚至还能翻译常见的成语！您也可以通过“百度词典搜索 界面(http：//dict. baidu. com)”，直接使用英汉互译功能。

⑥ 计算器和度量衡转换

Windows 系统自带的计算器功能过于简陋，尤其是无法处理一个复杂计算式，很不方便。而百度网页搜索内嵌的计算器功能，则能快速高效地解决您的计算需求。您只需简单地在搜索框内输入计算式，回车即可。看一下这个复杂计算式的结果：

log((sin(5))^2)-3+pi。

如果您要搜的是含有数学计算式的网页，而不是做数学计算，点击搜索结果上的表达式链接，就可以达到目的。

在百度的搜索框中，您也可以做度量衡转换。格式如下：换算数量换算前单位=？换算后单位。

例如：-5 摄氏度=？华氏度

⑦ 百度学术搜索

百度学术搜索如图 3-7 所示可直接搜索中外文数据库资源，如中国知网、万方数据库、重庆维普科技期刊数据库等中文数据库，及 Springer Link，Science Direct，Wiley Online Library 等外文数据库。检索框下方已列出了百度学术可直接检索的数据库，读者还可以点击“+”添加自己所需要增加的数据库。

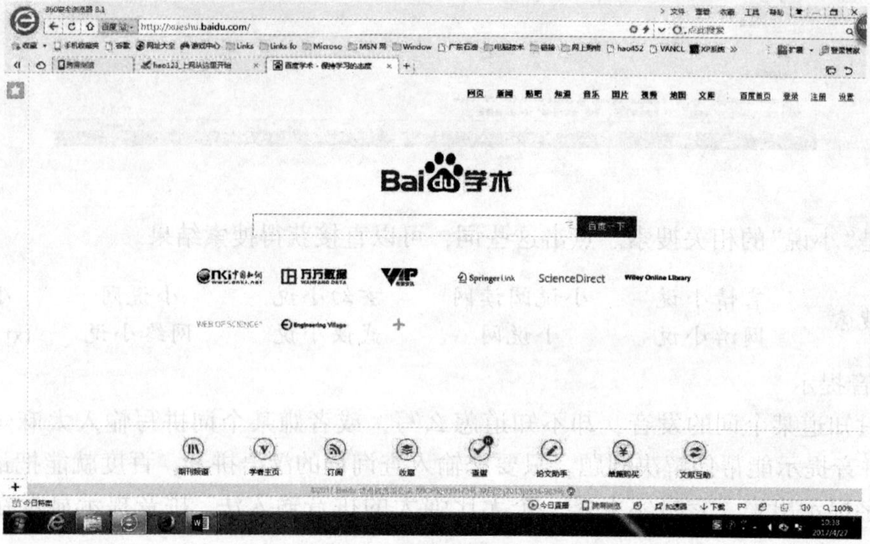

图 3-7

百度文库如图 3-8 所示可上传自己愿意跟大家分享的文档，也可直接从搜索框中搜索所需要的文库。但是必须先注册，然后进行登录即可。注册与登录程序如下：

图 3-8

A. 注册

第一步：新用户注册按钮在阅读页面的右上角，请点击该链接。如图 3-9 所示。

图 3-9

第二步：在注册页面填写注册信息后，点击“注册”按钮就注册成功了！如图 3-10 所示。

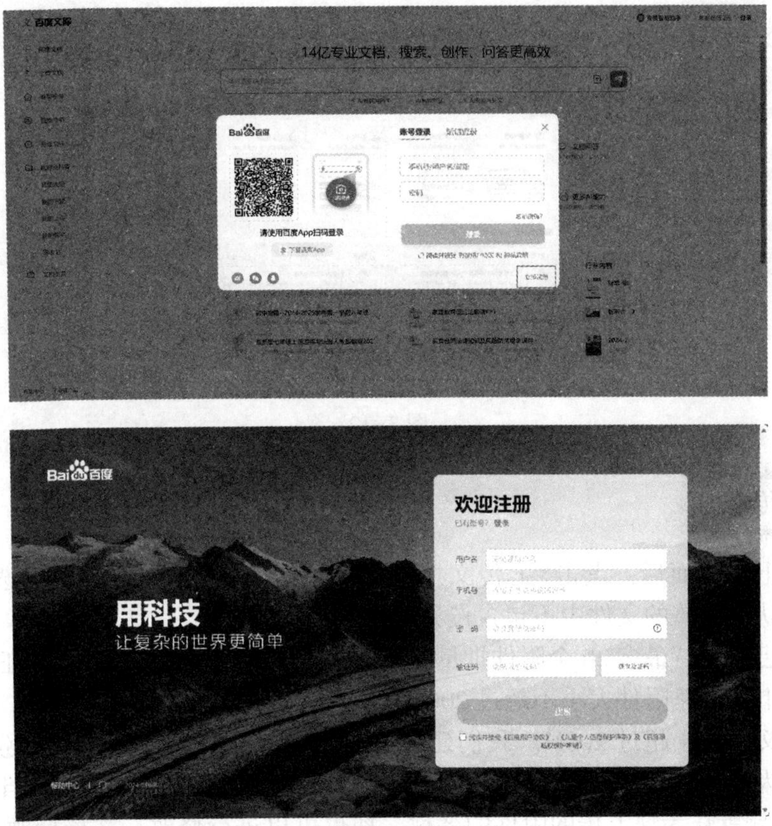

图 3-10

B. 登录

有百度账号的用户登录：百度公司旗下的用户产品（文库、贴吧、知道、MP3、图片、视频、地图、百科等）的账号是通用的。如果您在任意一个百度用户产品注册过，可以直接点击页面右上角的“登录”，链接如图 3-11 所示，填写您的用户名和密码，就可以登录到百度文库了。

图 3-11

C. 上传文档

在文库首页、阅读页、个人中心等位置均有上传按钮，位于页面的显著位置。如文库首页的上传按钮如图 3-12 所示。

图 3-12

如何上传文档

进入文档上传页面后，点击“上传文档”按钮，然后从自己本地电脑上选择文档上传。上传前，请确认您上传的文件中不包含侵犯他人版权的内容。

文库现在已经支持最多 20 个附件批量上传，如图 3-13 所示。但为了保证用户的上传速度，文库允许上传的总附件大小不超过 200M。

如果您的文档大小超过 200M。我们建议您对文档进行分拆，例如将一份 Word 文档中的内容，分拆为上下两部分进行上传。然后，您需要填写文档简介，完成文档上传。

a）文档标题默认为您上传的附件的名称。您也可以进行修改。文档标题不能为空，最长可以输入 50 个汉字。

b）对文档进行简要的介绍，能够方便其他用户快速了解您文档中所包含的主要内容。文档介绍不能为空，最长可以输入 200 个汉字。

c）每一份文档都有所属的正确分类，我们建议您为自己的文档选择合适的分类，这能够让您的文档得到更多的浏览和下载。

d）您可以在上传时，选择您的文档被下载时对方所需付出的财富值，也即文档的售价。

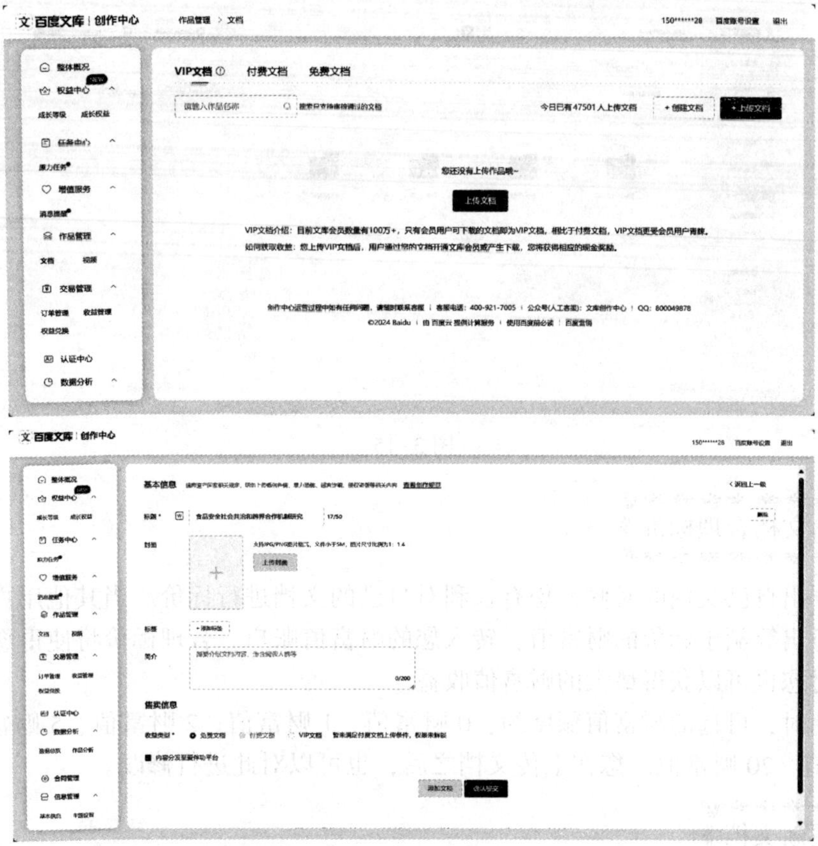

图 3-13

提交文档后，您可以在“我的文库”中的相应位置看到您正在提交的文档，如图 3-14 所示。

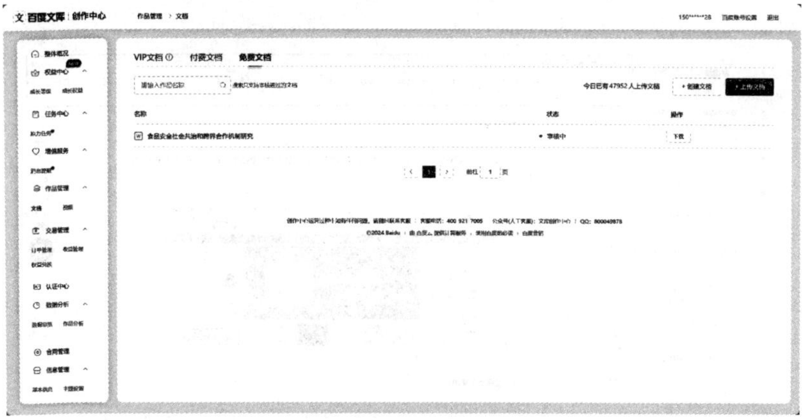

图 3-14

接下来，您只需耐心等待，您的文档提交成功后，会在“公开文档”中显示，您可以在此看到您的文档被下载、评分的相关情况。

如果您的文档没有提交成功，将会被转至“私有文档”，可以查看未通过原因并藉此修改文档相关内容，如图 3-15 所示。

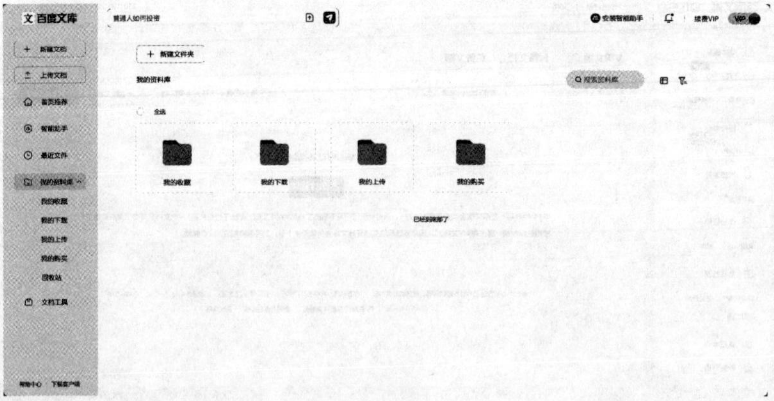

图 3-15

如何给文档合理标价

在您分享出自己文档的时候，您有权利对自己的文档进行标价。当其他用户下载您的文档时，将会付出等额于标价的财富值，转入您的财富值账户。合理标价将使得您的文档被广泛下载，同时您也可以获得最大的财富值收益。

上传文档时，可选的财富值额度为：0 财富值、1 财富值、2 财富值、5 财富值、8 财富值、10 财富值、20 财富值。您在上传文档之后，也可以对此进行修改。

怎么更新文档

文档在提交成功之后，可以对文档的标题、简介、分类以及财富值信息进行修改。

a）在文档阅读页面修改文档的分类、标题、简介

在自己上传文档的阅读页面，点击对应按钮进行相应的操作，如图 3-16 所示。

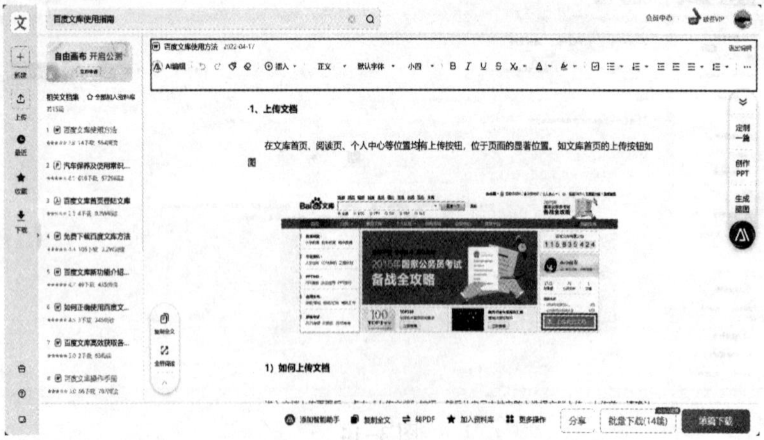

图 3-16

b）在“个人文库”中更新文档

登录之后，在“我的文库”-“我的贡献”-“公开文档”处，选择需要更新的文档，点击“修改”，即可进入文档更新的页面，然后进行对应的操作。

文档提交不成功的可能原因

如果是侵权文档则会发生提交不成功的情况。

侵权文档是指未经权利人或权利人的合法代理人授权，用户上传的侵犯他人著作权在内的知识产权及其他合法权利的文档。

常见侵权文档类型：一是用户上传的侵犯包括他人的著作权在内的知识产权及其他合法权利的文档；二是未经著作权人同意擅自对他人的作品进行改编、翻译、注释、整理等，可能侵犯他人的著作权。

D. 下载文档

如何下载文档

对于您想要保存到自己电脑上的文档，您可以选择下载文档，点击文档阅读器右下方的“下载”按钮，如图 3-17 所示，即可下载文档。

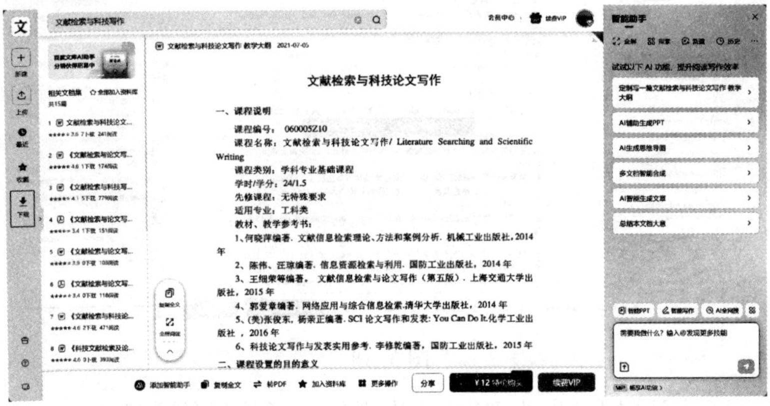

图 3-17

下载文档需要满足以下条件：

a）登录

您需要登录百度账号，并且您的账号未被封禁。

b）下载券足额

您所拥有的文库下载券能够满足所下载的文档的标价，若下载券不足可以在下载时实时兑换。例如：下载一份标价为 4 张下载券的文档，下载前，您需要至少拥有 4 张下载券或兑换 4 张下载券所需的财富值。

您可以通过不定期举行的活动提前兑换下载券，或者是在下载文档的时候，实时使用财富值兑换所需下载券。

c）购买阅读会员

如果您的财富值不足可是又急需下载文档怎么办呢？可以购买阅读会员，不同时长的阅读会员会赠送您每个月不同数量的免费下载特权。

为什么会下载失败或下载后无法阅读

有可能是以下几种情况导致您无法下载或下载后的文档无法正常使用：

a）下载券或财富值不足；

b）使用了迅雷、快车等下载软件或以此类软件为内核的下载工具（解决方法详见：http：//hi. baidu. com/wenkuduxiaoyue/item/3fc50659e87b2b19aaf6d7e4）；

c）下载频率过快导致系统限制；

d）杀毒软件更改了下载后的文档；

e）打开 word 文档失败，提示“word 无法启动转换器 mswrd632 wpc”（解决方法详见：http：//wenku. baidu. com/view/b2c243e2524de518964b7d1d. html）。

E. 收藏文档

如果您在文库找到了需要的文档，又觉得下载到本地比较杂乱，还要花费财富值，怎么办？您可以选择免费收藏该文档。

点击文档阅读器左下方的“收藏”心形按钮，即可立即收藏该文档，如图 3-18 所示。

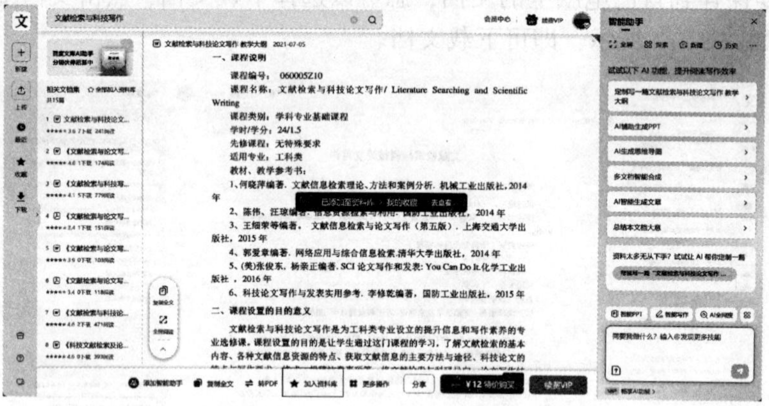

图 3-18

收藏成功后，点击浮层上“我的文库”，出现您已经建好的文件夹列表，您可以将文档收藏到某个文件夹中，让您的文档管理更加有序，如图 3-19 所示。您还可以在“我的文库”中找到您收藏的文档，并对其进行管理。

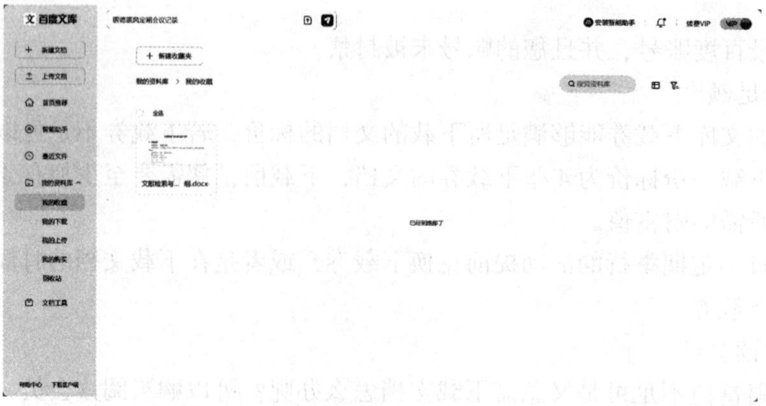

图 3-19

F. 浏览文档

如何查找文档

文库提供了对文档标题、说明、文档内容的全文检索，您可以利用我们的搜索功能，查找自己需要的文档。

如果你需要特定格式的文档(DOC、PDF、PPT、XLS、TXT)，可以先按照文档的类型进行选择，再点击搜索，如图 3-20 所示。

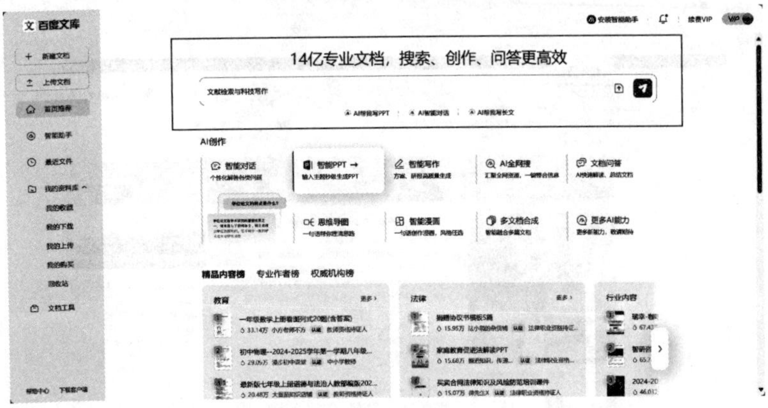

图 3-20

⑧ 专业文档搜索

很多有价值的资料，在互联网上并非是普通的网页，而是以 Word、PowerPoint、PDF 等格式存在。百度支持对 Office 文档(包括 Word、Excel、Powerpoint)、Adobe PDF 文档、RTF 文档进行了全文搜索。要搜索这类文档，很简单，在普通的查询词后面，加一个“filetype:”文档类型限定。“Filetype:”后可以跟以下文件格式：DOC、XLS、PPT、PDF、RTF、ALL。其中，ALL 表示搜索所有这些文件类型。例如，查找张五常关于交易费用方面的经济学论文。“交易费用 张五常 filetype：doc”，点击结果标题，直接下载该文档，也可以点击标题后的“HTML 版”快速查看该文档的网页格式内容。您也可以通过“百度文档搜索界面(http：//file. baidu. com)”，直接使用专业文档搜索功能。

⑨ 股票、列车时刻表和飞机航班查询

在百度搜索框中输入股票代码、列车车次或者飞机航班号，您就能直接获得相关信息。例如，输入深发展的股票代码“000001”，搜索结果上方，显示深发展的股票实时行情。也可以在百度常用搜索中，进行上述查询。

⑩ 天气查询

百度支持全国多达 400 多个城市和近百个国外著名城市的天气查询。在百度搜索框中输入要查询的城市名称加上天气这个词，就能获得该城市当天的天气情况。例如搜索“北京天气”，就可以在搜索结果上面看到北京今天的天气情况。

⑪ 高级搜索、地区搜索和个性设置

如果用户对百度各种查询语法不熟悉，可以使用百度集成的高级搜索界面，可以方便地做各种搜索查询。百度还支持对某个地区的网页进行搜索。进入高级搜索，进入地区搜索，选中希望查询的地区，就可以在该地区搜索了。用户还可以根据自己的习惯，改变百度默认的搜索设定，如每页搜索结果数量，搜索结果的页面打开方式等。先进入高级搜索，然后点击下方的个人设置，就可以进行设定了。

3.6.2.2　搜狐(http：//www.sohu.com)

搜狐门户矩阵包括门户网站 sohu.com；畅游 changyou.com：提供网络游戏的开发和运营服务；17173：中国最大的游戏信息和社区网站，提供游戏新闻、电子论坛和在线视频等服务；焦点房地产网(focus.cn)：提供在线房地产信息和服务；图行天下(go2map.com)：提供地图服务。搜狐的首页如图 3-21 所示。

图 3-21

(1) 分类浏览查询。如果你不清楚你要找的网站的主题，则可以用分类查询方法。搜狐将信息分成娱乐休闲、工商经济等 18 个大类。该搜索引擎以分类查询见长。

(2) 关键字查询。如果你很清楚你要找的网站主题，你可以在检索框内键入关键字(Keyword)，并单击旁边的搜索按钮，搜狐中文检索引擎会返回以下 5 方面(搜狐类目、网站搜索、网页搜索、新闻搜索、中文网址搜索)的检索结果。可在 5 个分类中任意切换，得到你需要的搜索结果。

3.6.2.3　新浪(http：//www.sina.com.cn)

新浪是一家服务于中国及全球华人社群的领先在线媒体及增值资讯服务提供商。新浪拥有多家地区性网站，以服务大中华地区与海外华人为己任，通过旗下五大业务主线：提供网络新闻及内容服务的新浪网(SINA.com)、提供移动增值服务的新浪无线(SINA Mobile)、提供 Web 2.0 服务及游戏的新浪互动社区(SINA Community)、提供搜索及企业服务的新浪企业服务(SINA.net)以及提供网上购物服务的新浪电子商务(SINA E-Commerce)，向广大用户提供包括地区性门户网站、移动增值服务、搜索引擎及目录索引、兴趣分类与社区建设型频道、免费及收费邮箱、博客、影音流媒体、网络游戏、分类信息、收费服务、电子商务和企业电子解决方案等在内的一系列服务。公司收入的大部分来自网络广告和移动增值服务，小部分来自搜索及其他收费服务。新浪网的首页如图 3-22 所示。

(1) 一般搜索功能

新浪搜索提供“分类检索”和“关键词查询”两种查找方法。

“分类检索”是从搜索首页按照树型的主题分类逐层点击来查找所需信息的方法，也即目录查询方式。例如：我们想看“小说”，但又不是很明确具体是哪一部小说，就可以采用分类检索。在新浪网首页点击“读书”，如图 3-23 所示，再点击下一级类目“原创文学”，再点“分类导航”……直到找到自己喜欢看的小说。

图 3-22

图 3-23

“关键词查询”是用所需信息的主题(关键词)进行查询的方法。具体做法如下：在检索框内键入关键词，并单击旁边的“搜索”按钮即可。

(2) 二次查询(进阶查询)

在网站查询结果页面中继续查找信息，有三种选择，即重新查询、在结果中再查、在结果中去除。重新查询是指用本次键入的关键词重新进行查询；在结果中再查是指在上一次的关键词查询结果中再用本次键入的关键词进行查询，相当于是这两次的关键词是逻辑与的关系，也就是说这样的查询结果同时包括这两次的关键词；在结果中去除是指在上一次的关键词查询结果中去除本次键入的关键词再进行查询，相当于是这两次关键词是逻辑非的关系，也就是说这样的查询结果是包括上一次关键词同时一定不包括本次的关键词。

（3）查询时逻辑操作符的使用

新浪搜索支持多个关键词的查询。对网站进行多个关键词查询采用逻辑“与”的关系时，使用空格、逗号（,）、加号（+）和 &，例如要查找赵丽颖的照片，则输入：“赵丽颖照片”或“赵丽颖，照片”或“赵丽颖+照片”；采用逻辑“非”的关系时，使用（-）搜索，例如想查询“彩票”，但不包含体育彩票，则输入“彩票-体育彩票”。表示表达式是一个整体单元，使用字符“（）”。

新浪搜索引擎的检索语法使用 Google 检索语法。

3.6.2.4 必应搜索

必应（Bing）是一个全新的搜索引擎，是微软公司根据中国用户搜索特点而提供的网络搜索引擎，2009 年才在中国上线。其搜索特色中：“快捷直达”；图片搜索无止境，以图搜索；视频悬停预览；搜索结果页的“沉浸式”用户体验等让人耳目一新。必应地图搜索、必应词典、跨平台智能搜索等核心功能为用户搜索网络信息提供了贴心的服务，是用户搜索网络信息的好帮手，必应搜索首页如图 3-24 所示。

图 3-24

（1）必应简介

必应（英文名：Bing）是微软公司于 2009 年 5 月 28 日推出，用以取代 Live Search 的全新搜索引擎服务；是针对中国用户的搜索特点而提供的互联网搜索引擎；主要提供图片、视频、词典、资讯、地图、影响力、必应导航、当前热点、图片故事等。每一天，必应会搜引到来自 Twitter 上的 5 亿条微博和 Facebook 上超过 20 亿条状态更新，索引到 80 万部电影，必应的广告会在顶部与底部出现，用亮色框起来，并在其右上角的明显位置标明广告。

（2）必应搜索引擎特色

必应搜索引擎于 2009 年才在中国正式上线，故其搜索特色并不像百度一样被用户所熟知。必应的搜索特色主要体现在如下几个方面：①首页美图。将来自世界各地的高质量图片设置为首页背景，并配上与图片紧密相关的热点搜索提示。必应缤纷桌面每天帮助用户更换桌面壁纸，还可查看热门资讯，让用户在体验美图的过程中学习相关知识。必应壁纸每天更新，并且可以分享到微博、微信等地方。Windows 10 用户则通过 Windows Spotlight 功能享受类似的必应美图体验，自动更新美图至锁屏和桌面。②图片搜索无止境 。一般的搜索引擎都是以“页”为单位，看完一页翻一页。必应的图片搜索引擎结果是无论如何也拖不到底的。

而当我们需要更多结果时，只需滑动滚轮或直接拖拽滚动条，就会有更多的图片显示出来。而且随着每一次拖拽，必应都会自动加入更多的内容，使得搜索结果完全能够满足用户需要。③视频悬停预览。必应的视频搜索结果可以让读者体验悬停预览的功能，当我们对结果中的某一视频感兴趣时，只需将鼠标悬停到影片缩略图上，当前影片内容提要便可一览无遗，用户通过阅读其提要可判断该视频是否是自己所要的。④以图搜图。当你用必应搜索框查找图片时，能够快速查找到一组与当前图片接近的图片资源。如当你搜索到一张自己想要的图片时，可将鼠标悬停到照片上，点击“显示类似图片”即可。⑤“侧边栏”。在必应搜索引擎结果的很多模块中，我们都能见到一个出现在页面右侧的“侧边栏”。而它的作用是将Google的搜索建议与分类筛选功能合二为一，其中“智能化”就是它的最大亮点。⑥新闻做成RSS。这项功能就是将用户感兴趣的资料直接制成RSS链接，然后再由专业的RSS阅读器进行解读。当用户进入必应资讯版块，找到或搜索到自己感兴趣的内容资料时，可点击左下角的RSS订阅按钮，该资讯就会添加到“常见源列表”中生成RSS链接，来获取实时新闻了。⑦影响力。所谓“影响力”，是指一个人对他人产生影响的能力。随着互联网的普及，许多人的影响力都通过网上行为大量体现。必应影响力就是根据来自多个社交网络、搜索引擎和媒体网站的海量数据，运用科学的方法进行分析，从而产生的影响力分数和排名。⑧必应导航。必应导航是根据用户在互联网上访问的习惯，把必应所有信息分成热门、视频、新闻、购物、游戏、邮箱、军事、音乐、小说、生活等十个大类，每一个大类里都分别列出用户使用最多的15个网站，方便用户从分类途径进行网络检索。如想了解有关军事方面的网站，则可点击军事大类，在其二级类目中可再点击中华网军事，则可打开该网站。必应导航中还有我的导航，用户可在我的导航里调整必应首页我的导航上面列出的网站，把自己不经常用的网站取消，更换上自己经常使用的网站。

(3) 必应搜索引擎的核心搜索功能

① 必应地图搜索驾车出游的好帮手

必应地图推出全国范围跨城市的多点驾车方案搜索，以及在Messenger上与好友分享地图等创新功能。必应地图搜索还加强了与Windows Live Messenger的结合，用户可以通过Messenger“活动”功能中的“共享地图”选项，与好友在IM聊天窗口中共同搜索、浏览、标注和分享相同内容的地图信息，还可与Messenger好友即时沟通。必应地图搜索不仅提供了详尽的城市内驾车方案，而且能够帮助用户搜索不同城市之间的驾车路线，方便用户规划长途旅游出行线路。用户如需自驾游，在出游前只需在必应地图的搜索界面的起点和终点搜索框中输入城市的地名，便可得到城市内和城市间的行车路线。信息细致并完善，包括城市内的道路线路、高速公路的选择、重要立交桥指示、收费路段信息等诸多行车细节。此外，多点驾车方案搜索功能能够提供多个目的地行车路线的无缝融合，用户一次可以输入多个目的地，轻点鼠标，便可得到一整套行车方案，免去了重复输入起点和终点的烦冗，大大简化了用户搜索活动。与其他在线地图的驾车方案搜索相比，必应地图更为贴心地提供了“最优距离”“最优时间”“避免高速公路”“避免收费路段”“往返”等五种驾车方案搜索方式供用户选择。如想从广东省茂名市出发去江苏省苏州市，则可在微软地图搜索框A输入“广东省茂名市”，在B中输入“江苏省苏州市”，选择最优时间，点击搜索即可获得最优化的行车路线图。搜索结果如图3-25所示。

② 必应词典——学习英语的好帮手

让用户学习更地道的英语一直是必应词典最重要的目标，为了实现这一目标，必应词典

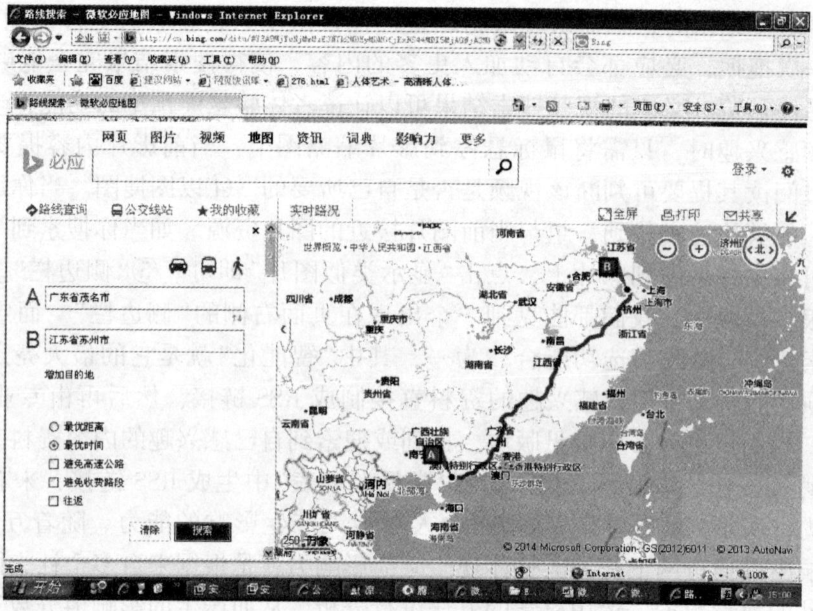

图 3-25　茂名到苏州的自驾游行车路线图

不仅可以提供中英文单词和短语查询，还可提供词条对比、近音词搜索等功能。如点击必应搜索引擎主页中的词典，在搜索框中输入任意单词、词组或句子，点击搜索按钮，则可搜索到用户想要的结果，如在搜索框中输入“图书馆”这个单词，在搜索结果中则有检索词的拼音及英文拼写、图书馆图片及例句。如果输入一句话，如“我们想去看电影”，点击搜索按钮，检索结果中有网络释义、例句。所有例句的下端都有一个喇叭按钮，点击该按钮，则可听到地道的英语朗读。有些例句还有视频的按钮，点击视频按钮则可看该例句的朗读合成视频，让用户不仅能听到地道英语还能直观地欣赏到朗读人的口型。必应词典可以实现对网络单词及句子英译中和中译英的地道翻译，便于用户浏览英文网站。自必应词典上线以来，凭借其可靠、地道及轻松愉悦的英语学习方式而广受用户的青睐。

此外必应搜索还提供即指即译服务。为了方便中国用户更加直接地在搜索过程中学习英语，微软于 2010 年 4 月 7 日正式推出融合了微软亚洲研究英库（Engkoo）创新技术，中英文垂直翻译搜索服务，让用户在搜索与中英文翻译中进行无障碍切换。当用户搜索目标检索词时，不但可以在结果页中找到与之相对应的网页、视频、图片或地图等信息，还可以同时查询与该检索词相对应的最地道的中英文翻译。当用户使用必应海外版进行搜索时，还可实现鼠标即指即译的功能。当用户搜索任意一个单词，搜索结果页面会提示国内版、海外版的选择，如选择海外版，当鼠标针停留在某英语单词时，必应搜索页面内会自动显示必应词典的译文，该译文还可复制粘贴下来。

③ 必应跨平台智能搜索功能

跨平台是必应服务应用的产品，必应搜索引擎通过学习用户搜索习惯与喜好，为用户推荐定制化的内容。由于必应与 Windows Spotlight 深度融合，故它可出现在用户可能使用的任何设备中。如 PC、平板电脑、智能手机、XBOX。它与以上平台深度整合。必应搜索贴近中国用户工作与生活的各个方面，提供更加安全、高效与卓越体验服务。必应的智能搜索功能已与多个微软产品和服务（如 Office 365 和 Microsoft Edge 浏览器）深度集成，为用户提供无缝的跨平台体验。无论是在办公、浏览网页还是其他场景中，用户都能够获得一致且高效的搜索体验。

④ 必应搜索语法

必应逻辑算法：逻辑“与”用“AND”或者“&”表示，默认所有搜索都是AND(逻辑“与”)，故逻辑与在搜索时一般都无需输入。逻辑“非”用“NOT”或“-”表示，逻辑“或”用“OR”或“|”表示。但是，逻辑“或”(OR)、“非”(NOT)都要用大写。必应还提供了非常丰富的高级搜索语法，使用关键字高级搜索可获取更好的搜索结果，让你快速找到真正需要的内容。a. 如contains：只搜索包含指定文件类型的链接网站。若要搜索含Microsoft Windows Media Audio(.wma)文件链接的网站，则键入：“音乐 contains：wma”。b. filetype：仅返回以指定文件类型相同的网页。若要查找“霍金黑洞”的PDF格式文档，请键入“霍金黑洞 filetype：pdf”。c. inanchor：、inbody：、intitle：搜索结果只在定位标记、正文或标题等的网页。为每个搜索条件指定一个关键字，您也可以根据需要使用多个关键字。如若要查找正文中包含“数字图书馆功能”，在标题中包含“数字图书馆”的网页，则输入“inbody：Digital Library Function intitle：Digital Library”即可返回满意的结果。d. IP：查找托管在特定IP地址的网站。IP地址必须是以英文句点分开的地址。键入关键字IP：后面加网站的IP地址。如键入“IP：210.38.240.38”即可返回广东石油化工学院的网站。e. language：返回指定语言的网页。在关键字language：后面直接指定语言代码。如若只需查看有关陶瓷的英文网页，请输入“china language：en”即可。f. loc：或location：返回特定国家或地区的网页。在关键字loc：后面直接指定国家或地区代码。若要搜索两种或两种以上语言，请使用逻辑运算符OR对语言分组。如要查看有关美国或英国建筑标准的网页，请键入“building standard (loc：US OR loc：GB)”即可。国家或地区代码可查看必应的语言代码列表中的国家、地区的语言代码。g. prefer：着重强调某个搜索条件或运算符，以限定搜索结果。如要查找彩票的相关网页，但搜索内容主要限定在体育彩票，请键入“彩票 prefer：体育彩票”即可。h. site：返回属于指定网站的网页。若要搜索两个或更多域，请使用逻辑运算符OR对域进行分组。您可以使用site：搜索不超过两层的Web域、顶级域及目录。您还可以在一个网站上搜索包含特定搜索字词的网页。

⑤ 准确率较高的搜索结果

目前，主流搜索引擎的搜索结果并不能为用户提供满意的搜索结果和服务，在搜索结果中有25%指向了毫不相关的网站，有多达40%的用户在搜索时，需要修正关键词重新搜索，有72%的用户认为搜索结果页面太混乱，不能较快找到自己所需要的信息。必应的搜索结果页的“沉浸式”用户体验令人耳目一新。超级搜索依据用户认知心理对搜索结果进行重新排布，使用户最需要的优质结果得到更大篇幅的展现。必应自动扫描(或“抓取”)互联网，建立和维护一个索引，以生成和显示一组搜索结果。通过使用计算机算法创建特定的显示搜索结果，使输入的搜索词与索引中的结果相匹配。通常情况下，必应提供一批最具相关性且最有用的搜索结果，并根据任何特定搜索确定哪些搜索结果显示。对于不利于儿童成长的信息内容的链接，则会在搜索结果中给予删除。必应提供“安全搜索”设置，用于过滤儿童不宜的信息内容。默认情况下，在大多数国家、地区中，所有搜索都设置为中等，在中等级别中能限制可视化的色情搜索结果，但不限制色情文字。当设置为“严格”时，“安全搜索”会对涉及到色情的图片、视频和文字的搜索结果进行过滤。

利用必应关键词进行搜索，其搜索结果中不仅有普通搜索引擎都有的搜索结果，而且在其搜索结果左下方还有该网页的搜索框及用户在该网站使用最多的几个大类的列表，当鼠标移到该大类时则可以打开该大类的网站，实现无缝链接。如果想用关键词进行搜索则可直接在搜索框中输入用户所要查找的关键词，而无需点击该网站。此外，在搜索结果的右侧有相关搜索的建议，帮助用户优化其检索结果。

4 国外全文数据库检索

4.1 EBSCO 外文期刊网

4.1.1 数据库简介

EBSCO 是美国的一家私营公司名称的首字母的缩写，该库为一站式文献服务机构，是世界上最大的期刊和全文数据库的生产、代理商，能为全球文献资料收藏者提供订购、收藏、使用和检索等一系列完整的解决方案。EBSCO 公司成立于 1944 年，是世界上专门经营纸本期刊、电子期刊发行和电子文献数据库出版发行业务的集团公司。该公司从 1986 年开始出版一系列基于 EBSCOhost 检索系统的数据。

文献来源：主要以美国为主的期刊、报纸及电视和收音机的全文新闻副本，其中期刊全文为 6000 余种，且相当一部分期刊分为 SCI \ SSCI 的来源期刊。

覆盖范围：涉及商业、贸易、金融、企业管理、市场及财会、人文社科、教育、计算机、工程、艺术、文化、医学、种族等多学科领域。目前，EBSCO 公司所经营的数据库常见的有 ASC(Academic Source Complete，综合学科参考类全文数据库)、BSC(Business Source Complete，商管财经类全文数据库)、ERIC(Educational Resource Information Center，教育资源信息中心)、MEDLINE(医学文献数据库)、NS(Newspaper Source，期刊资源库)、RBN(Regional Business News，地区商业出版物)等等。

ASC 为 ASP 数据库的升级版本，100%涵盖 ASP，并在全文文献收录种类和内容上作了大幅度升级与扩展。包括社会科学、教育、法律、医学、语言学、人文、工程技术、工商经济、信息科技、通讯传播、生物科学、教育、公共管理、社会科学、历史学、计算机、科学、传播学、法律、军事、文化、健康卫生医疗、宗教与神学、生物科学、艺术、视觉传达、表演艺术、心理学、哲学、妇女研究、各国文学等。收录自 1887 年至今超过 13700 多种期刊之索摘，9000 多种全文期刊［其中 7900 多为专家评审(peer-reviewed)］及 860 多种非期刊类全文出版物(如书籍、报告及会议论文等)。特别是 ASC 有 2955 种全文期刊收录在 Scopus，2000 种全文期刊在 ISI-Web of Science，480 种全文期刊在 E. I. Compendex，1000 种全文期刊在 CAB Abstracts，580 种全文期刊在 Inspec；在人文社科方面，720 种全文期刊在 PsycINFO，790 种全文期刊在 MLA International Bibliography，700 种在 SSCI。目前有 1000 种全文期刊提供可查找引文参考的功能(searchable cited references)。

此数据库通过 EBSCOhost 每日进行更新(见表 4-1)。

表 4-1　ASP 期刊分类统计

期刊名称	种类	期刊名称	种类	期刊名称	种类
航空和空间科学	52	经济	118	法律与犯罪	182
农业	77	教育	639	图书馆和信息科学	68
健康	273	电学	64	文学和文艺评论	261
人类学	184	能源	21	海洋学	60
考古学	57	工程技术	289	数学	126

续表

期刊名称	种类	期刊名称	种类	期刊名称	种类
建筑设计	44	环境科学	264	医学	775
区域研究	256	种族和文化研究	204	音乐	35
艺术	114	食品与营养学	77	护理学	163
天文学	37	同性恋研究	40	哲学	133
生物学	511	性学	107	物理学	133
商业	106	科学通论	106	政治与政治学	357
化学	159	地理学	63	种族研究	38
通信和媒体	130	地质学	100	心理学和精神病学	402
计算机科学	269	历史	356	宗教和神学	199
消费者健康	89	国际关系	172	社会学和社会工作	612
军事和防御	77	语言学	112	职业研究	17

用户可通过图书馆主页中“查找资料-网络数据库导航-外文数据库”栏目下的内容链接直接进入，也可以直接访问服务器的 IP 地址 http://search.ebscohost.com，如图 4-1、图 4-2所示。

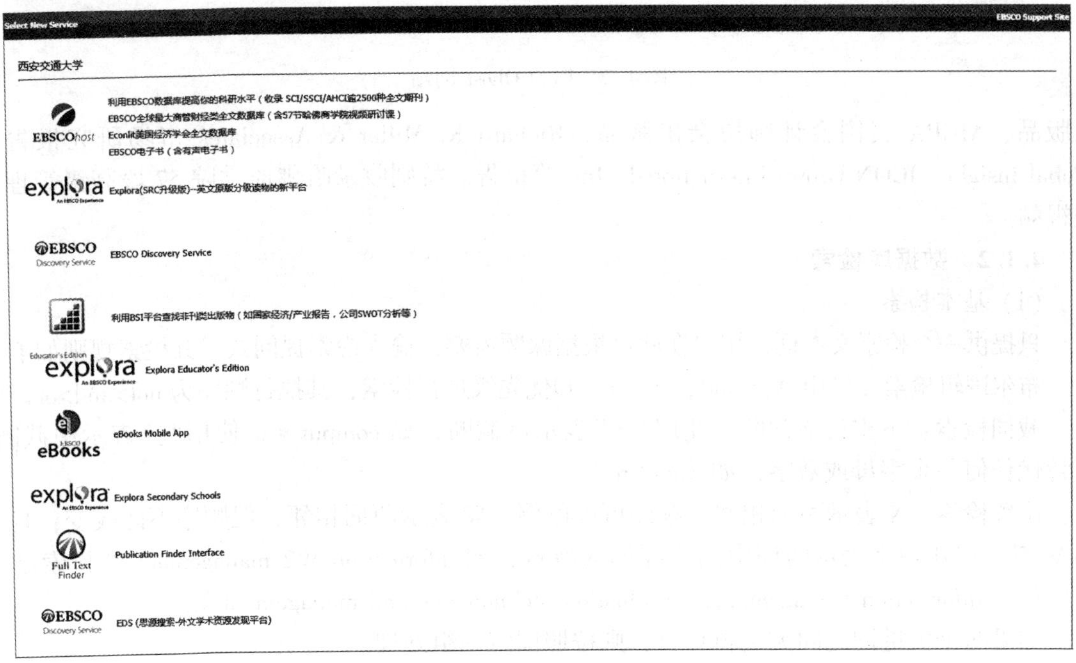

图 4-1 EBSCO 外文期刊超链接

BSC 为 EBSCO 最完整之商管财经全文数据库，收录 5100 多种期刊索引及摘要，其中 3800 多种全文期刊，近 2000 种为同行评审；另外 BSC 中包括近千种书籍专著，超过 100 万份的企业背景介绍，1400 多种国家经济报告，7600 多份行业报告，7800 多份对全球知名企业高层管理人员以及财经分析家的访谈录，2500 多份市场研究报告，3600 多份 SWOT 分析等等。涵盖商业相关领域之议题，如行销、管理、管理信息系统（MIS）、生产与作业管理（POM）、会计、金融、经济。除此之外，BSC 数据库亦收录非期刊的全文数据包含图书、专题论文、参考工具资料、书摘、会议论文、个案研究、投资研究报告、产业报告、行销研究报告、国家报告、企业公司档案、SWOT 分析等，收录年限可追溯 1886 年。还包括 Bernstein Financial Data 伯恩斯坦财务分析报告、EIU272 种全文出版品、8 种晨星基金股票分析

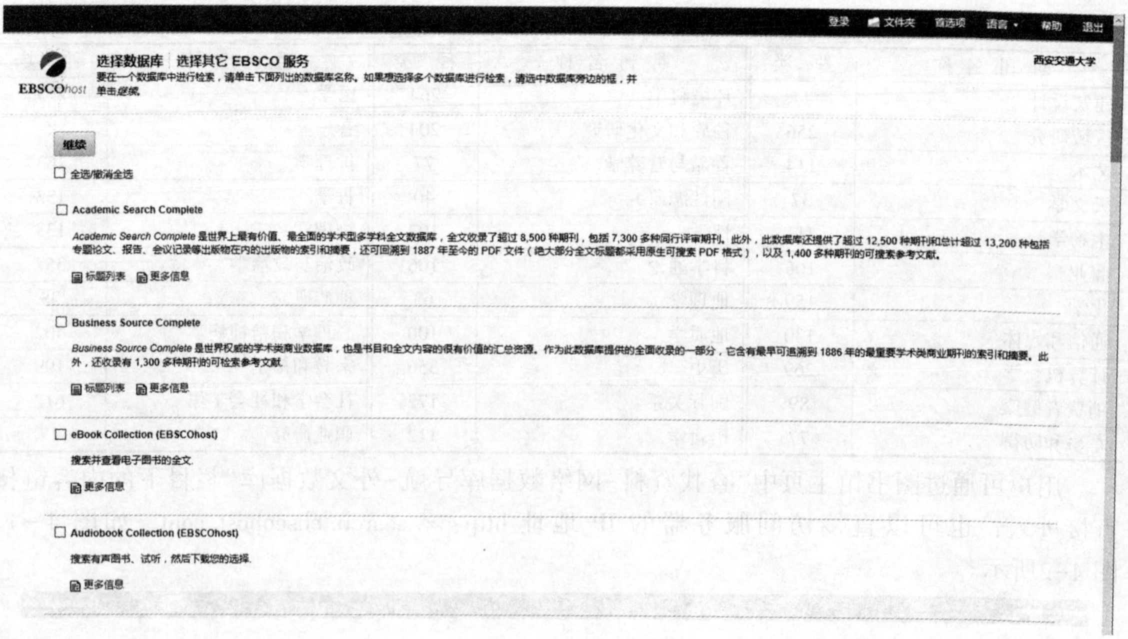

图 4-2　EBSCOhost 网站

出版品、AICPA 美国会计师协会出版品、Richard K. Miller & Associates 市场研究报告及 Global Insight、ICON Group International，Inc 等报告。特别收录哈佛商学院 57 段高级管理课程视频。

4.1.2　数据库检索

（1）基本检索

只提供一个检索文本框，用户在此可根据课题需要，输入检索提问式。其检索规则如下。

布尔逻辑检索：可用算符 and、or、not 和优先级进行检索，其执行顺序为 not>and>or。

截词检索：不支持前截断；使用“ * ”表示后截断，如 comput *；使用“?”表示中截断，可替代任何一个字母或数字，如 wom？n。

位置检索：N 表示两词相邻，顺序可以颠倒；W 表示两词相邻，但顺序不能改变；且 N 和 W 都可以用数字表示两词中间相隔词的数量，如 information W2 management 的检索结果可以包括 information management，information technologies and management 等。

如果两个关键词之间无逻辑算符，则按照固定词组处理。

字段限制检索：可以使用字段代码进行限制检索，例如作者——AU、文章题名——TI、文摘——AB、主题——SU、数据库存取号——AN、国际统一刊号——IS、图像——FM、作者提供文摘——AS。作者的输入按“姓，名”格式，如 AU Wiley，Ralph。

例如输入检索表达式 ti econom * and su(recovery or resumption)，如图 4-3 所示。

限制结果选项如图 4-4 所示。包括：

① 全文：只检索有全文的文章；

② 有参考：只检索有参考文献的文章；

③ 学术(同行评审)期刊：检索有专家评审的期刊中的全文；

④ 出版日期：在限定的出版时间中检索；

⑤ 出版物：在限定的出版物中检索；

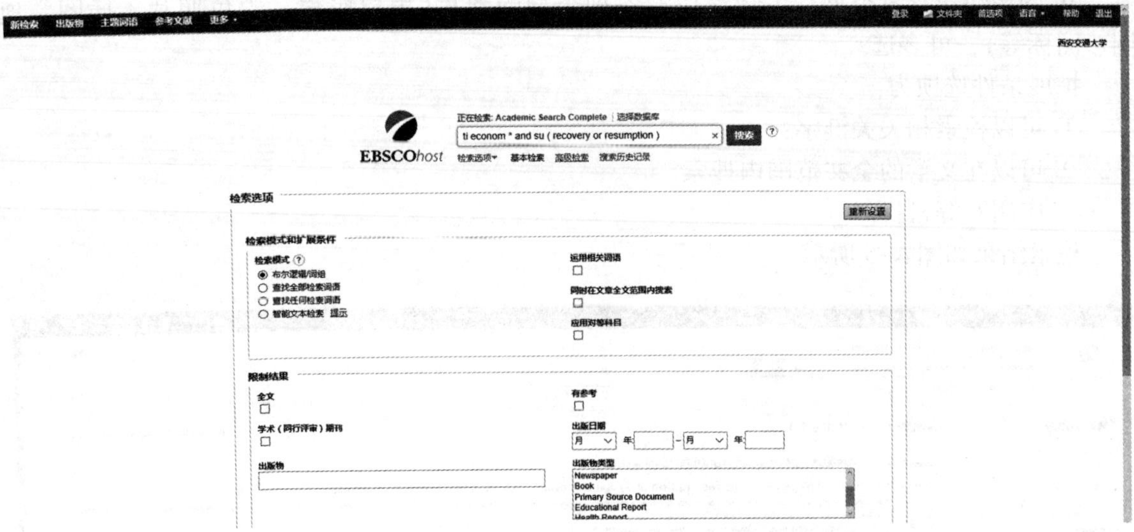

图 4-3　检索界面

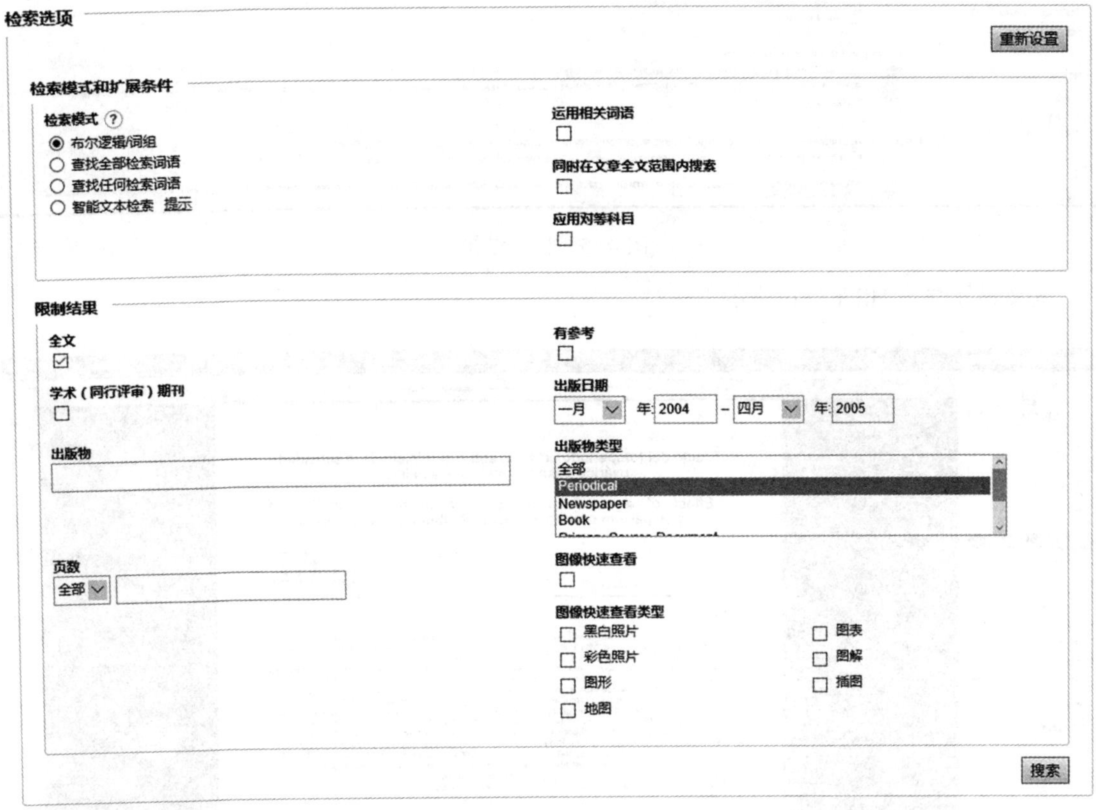

图 4-4　限制结果选项

⑥ 出版类型：限定出版物的类型(全部、期刊、报纸、书等)；

⑦ 页数：限定全文页数；

⑧ 图像快速查看：检索有图片的文章；

⑨ 图像快速查看类型：可选择检索各种类型的图片（黑白照片、彩色照片、插图、地图、图标等），可多选。

扩展条件选项为：

① 可以检索相关关键字；

② 可以在文章的全文范围内搜索。

③ 应用对等科目。

检索结果如图 4-5 所示。

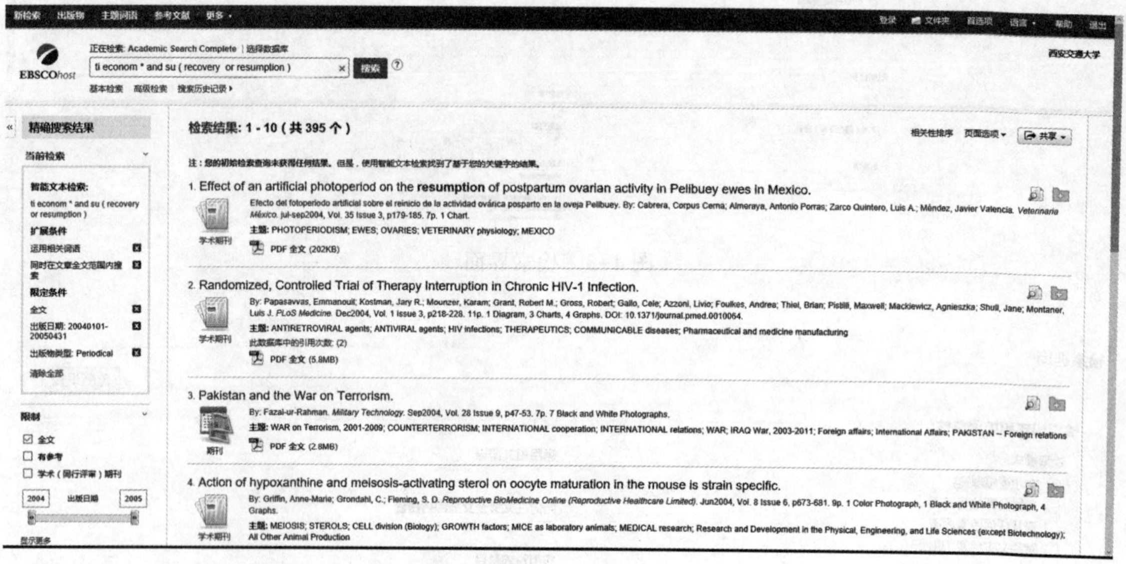

图 4-5 检索结果

全文显示情况如图 4-6 所示。

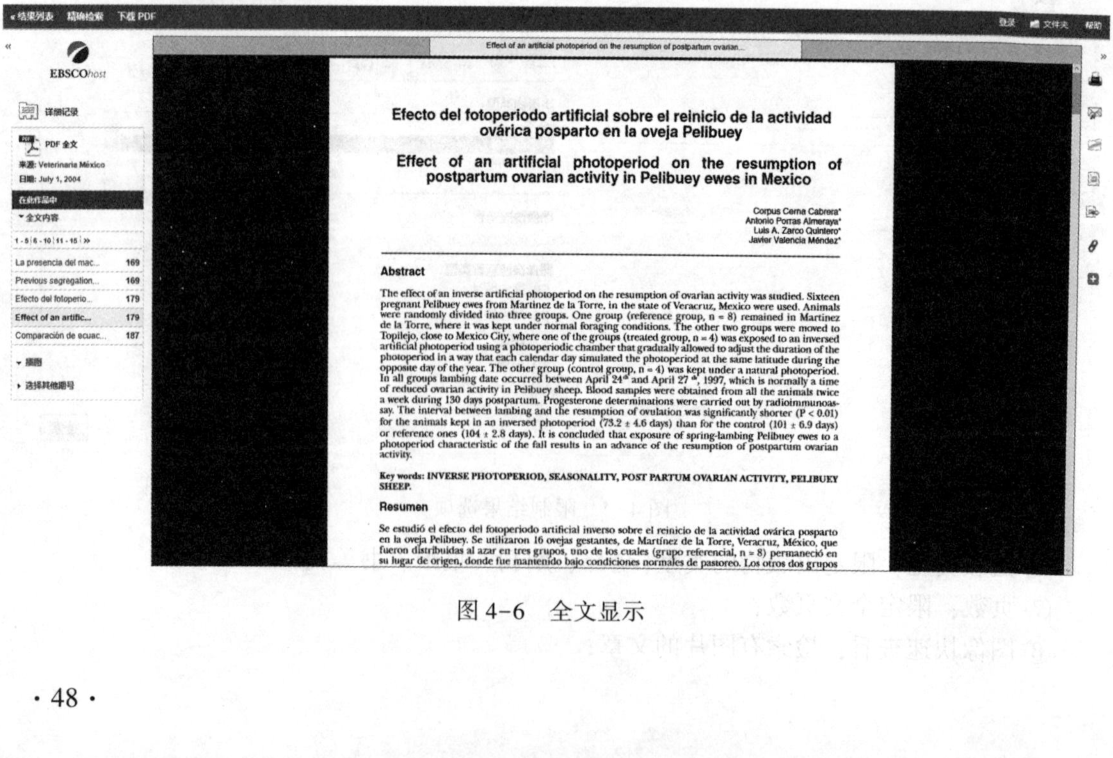

图 4-6 全文显示

要浏览 PDF 格式的全文，需要先安装 Netscape 或 Acrobat Reader 5.0 以上版本的 PDF 浏览器。

还可以直接查询国内馆藏及全文链接的情况。

(2) 高级检索

提供三个关键词文本框，可输入三个关键词或检索提问式，并可为每组关键词限定检索字段，指定各关键词之间的逻辑运算关系。

检索方法：在检索文本框中根据需要的选择检索字段，输入检索词或检索提问式，选择逻辑算符，最后单击“检索”按钮。

例如查找有关莎士比亚戏剧方面的资料，方法为：

在题名字段，分别输入 theat * 和 drama，如图 4-7 所示。

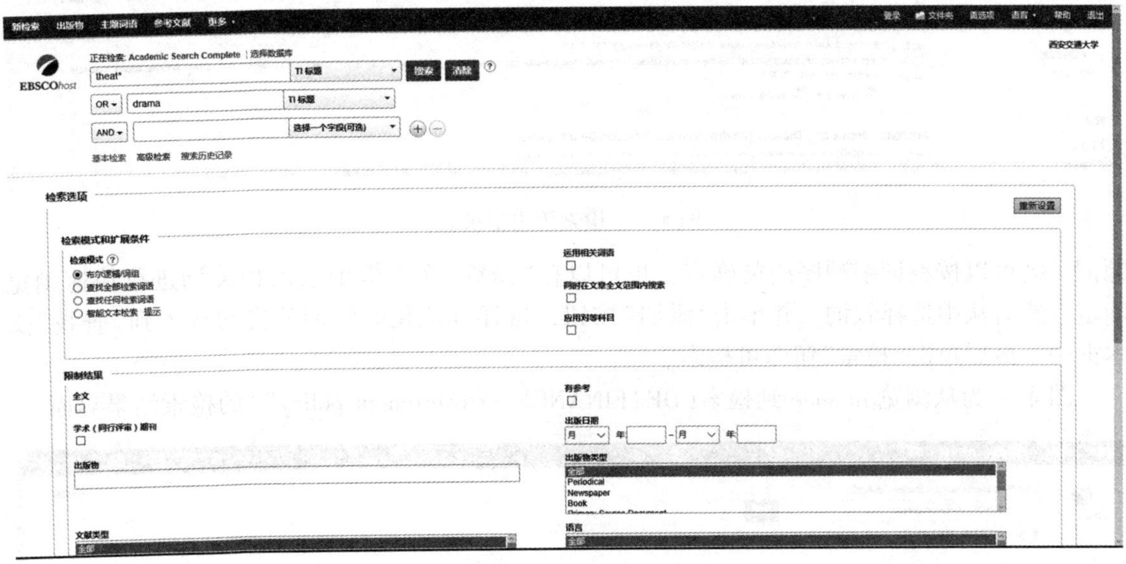

图 4-7 高级检索

在题名字段，重新输入 Shakespeare。

打开“搜索历史记录”页面，分别选中 S1 和 S2 前面的复选框并单击“AND 检索”按钮，命中 481 项。

此题也可直接在第一框中输入 shakespeare and(theat * or drama)，命名结果同上。

注意，在高级检索中，基本检索的检索规则、限制结果选项同样适用。当使用 3 个以上词且用两种以上算符进行检索时，不可同时在 3 个框中输词检索。

检索历史记录表如图 4-8 所示。

每次在高级检索中单击“检索”按钮进行新的检索，都会在历史表中产生一条新的检索历史记录。每一条历史记录有一个编号，可以用这个编号代替检索命令用于构建检索提问式。

用历史记录构建提问式也会在历史记录表中产生一条新的历史记录，可以打印和保存历史记录表，以便再次检索时使用。

保存检索历史前，用户必须申请个人账号。

(3) 主题检索

所谓主题检索就是在正规的叙词表中检索。首先，为帮助用户准确地确定叙词表中的主

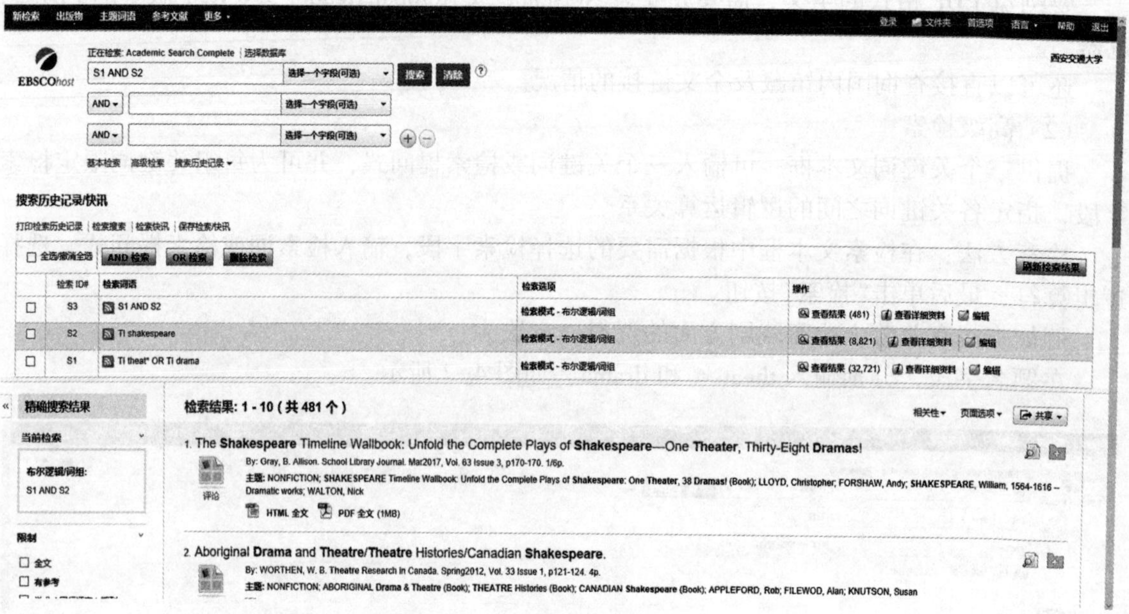

图 4-8　检索历史记录表

题词，既可以按叙词字顺序浏览确定，也可以在“浏览”文本框中输入相关词进行快速浏览确定。然后从中选择叙词，并单击“添加”按钮，这样规范化的叙词就自动输入到“查找”文本框中。最后单击“检索”钮即可检索。

图 4-9 为从浏览 finance 到检索(DE“FINANCE—Government policy”)的检索结果界面。

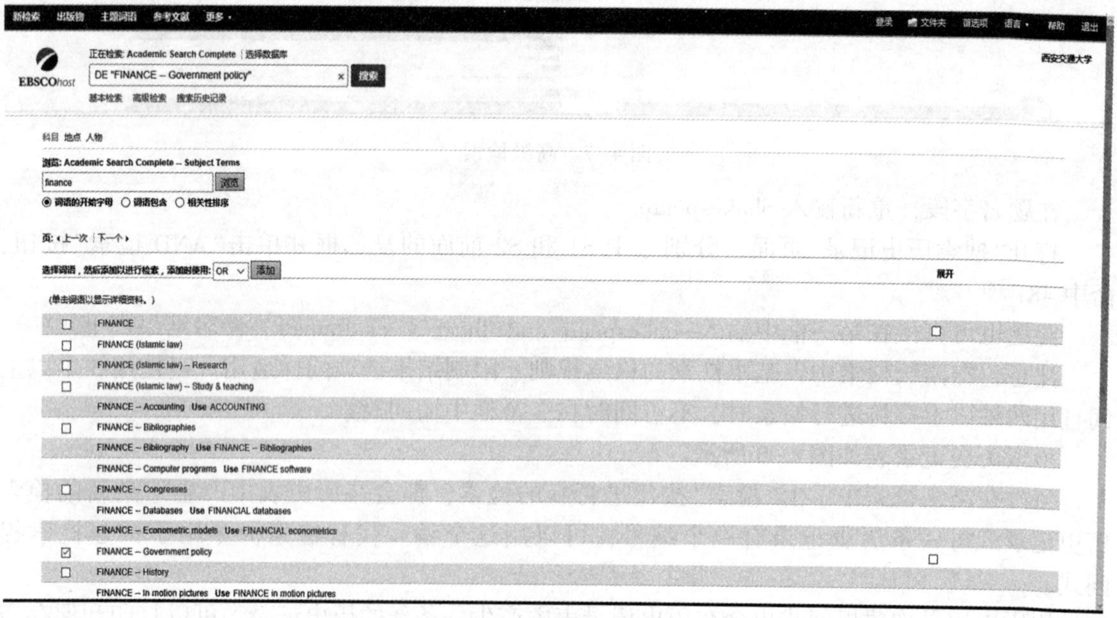

图 4-9　检索界面

（4）出版物检索

出版物检索有 3 种方式：按字母顺序检索、按主题和说明检索、按匹配任意关键字检索。

例如检索有关小说方面的出版物，方法为：

第一步，选中“主题和说明”检索方式。

第二步，在“浏览出版物”文本框中输入 fiction，单击“浏览”按钮，如图 4-10 所示。

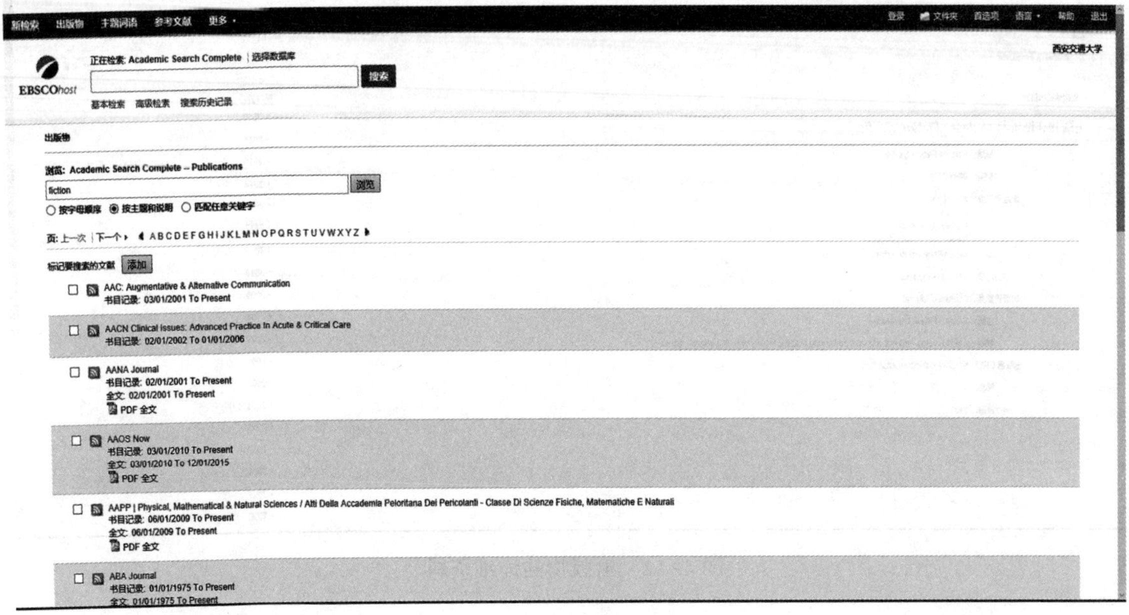

图 4-10　出版物检索界面

图 4-11 为检索结果，命中 72 篇。

第三步，单击第一条出版物链接，可看到该出版物的详细资料，在其标题中涉及 fiction，如图 4-12 所示。

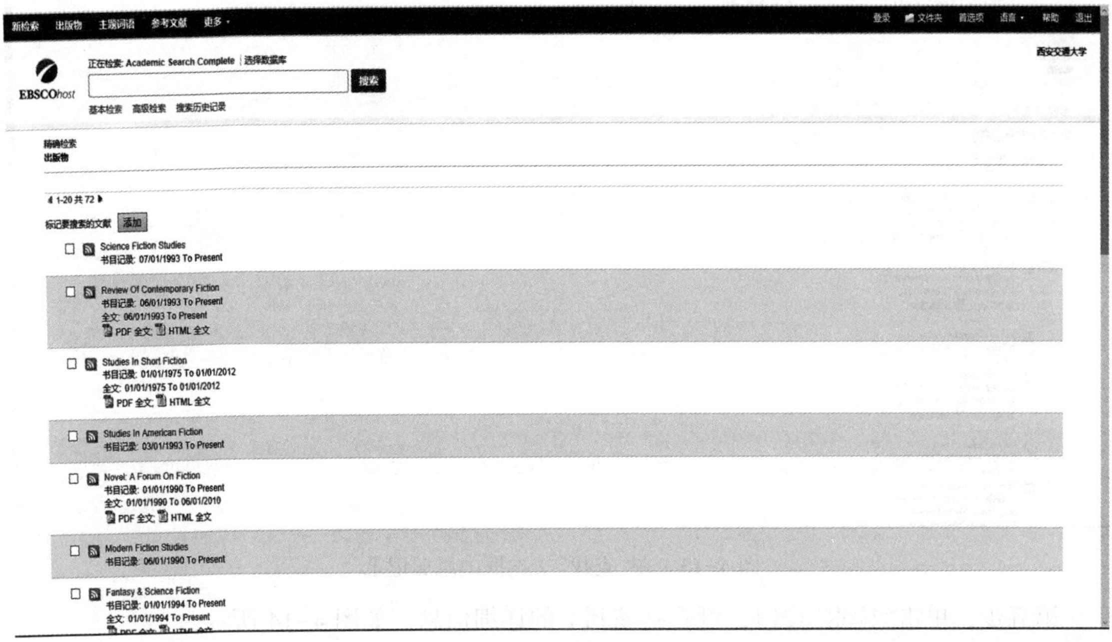

图 4-11　检索结果

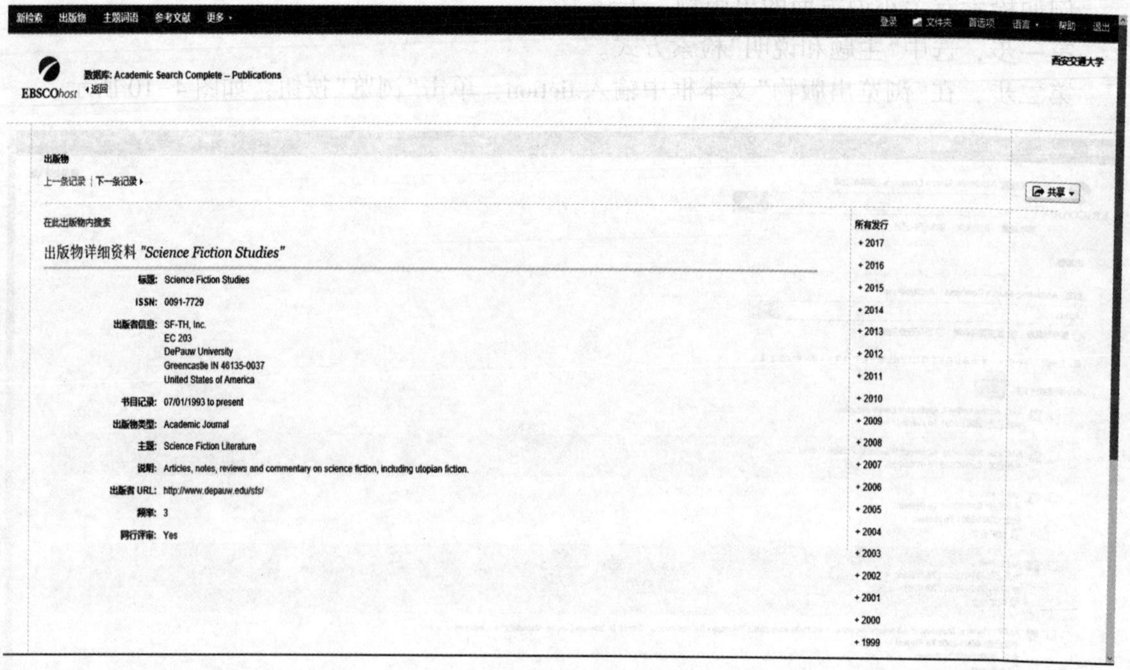

图 4-12　出版物的详细资料

第四步，在图 4-10 中选中第一条记录，并单击“添加”按钮，就会把第一条出版物自动添加到上方的“查找”文本框中，如图 4-13 所示。

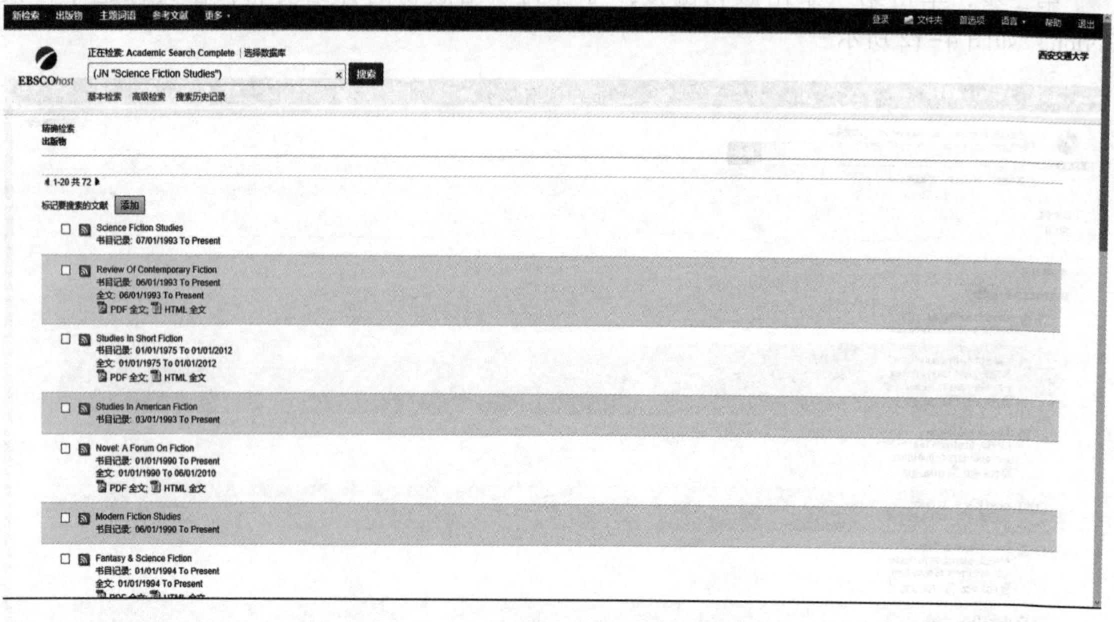

图 4-13　在“查找”文本框中添加记录

第五步，单击“检索”按钮，可看到该刊上的详细信息，如图 4-14 所示。

(5) 图像检索(图 4-15、图 4-16)

方法：在“查找”文本框中输入检索词或检索表达式，如 China。

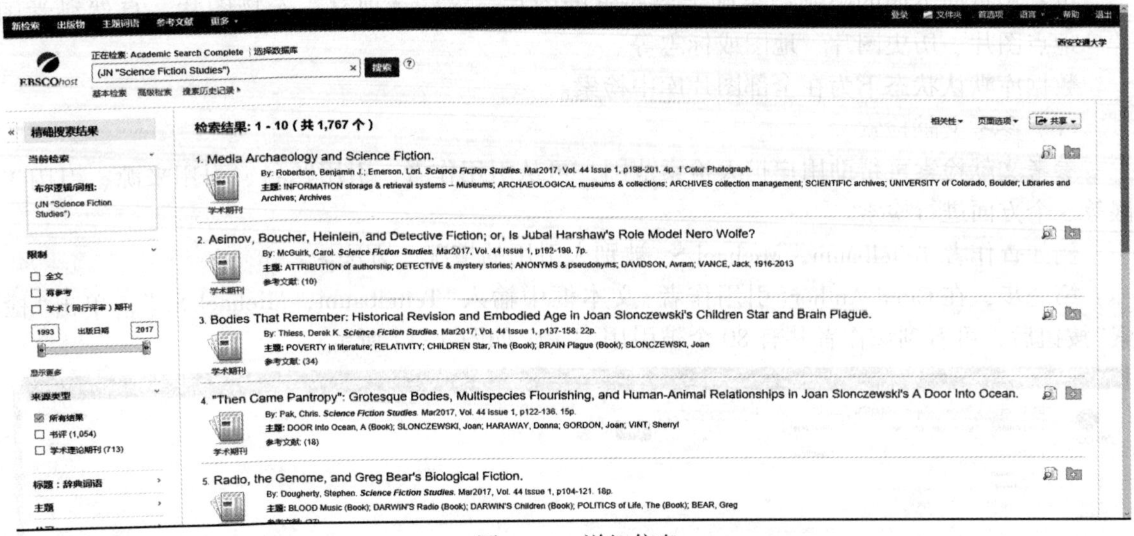

图 4-14　详细信息

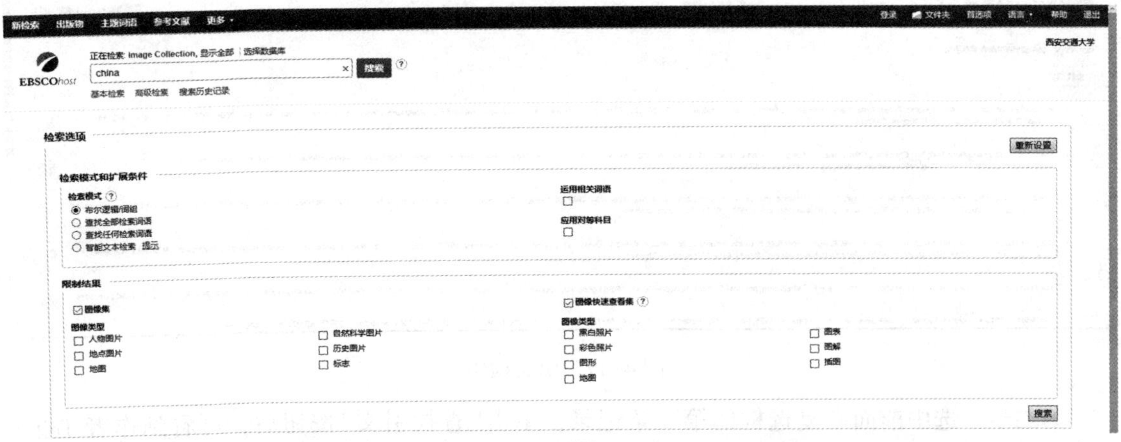

图 4-15　图像检索界面

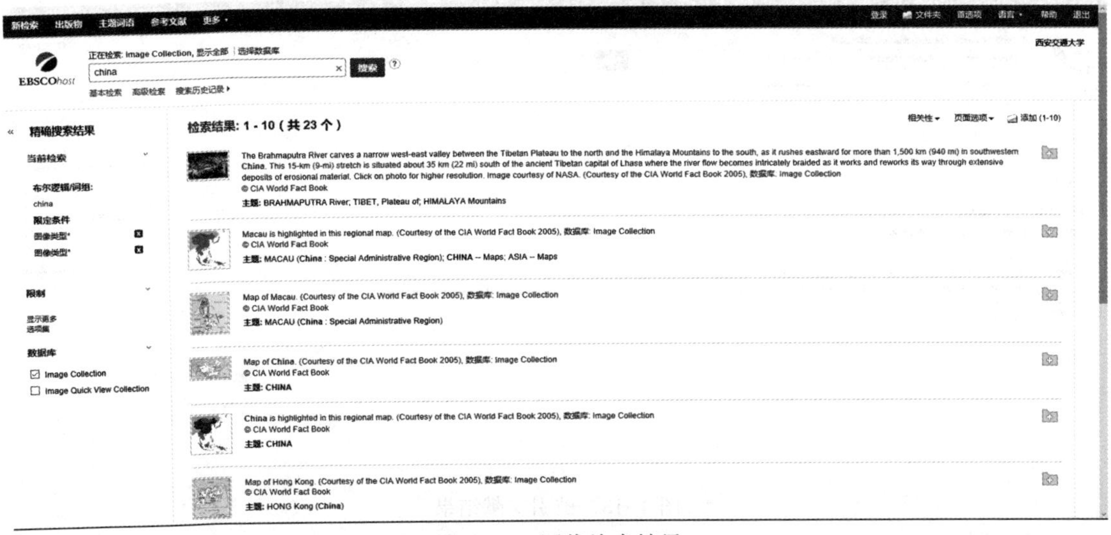

图 4-16　图像检索结果

可利用页面下面的限制结果确定要检索的图片，这些选项有：人物图片、自然科学图片、地点图片、历史图片、地图或标志等。

数据库默认状态下为在全部图片库中检索。

（6）参考文献检索

参考文献检索可帮助用户扩大检索范围，可从引用作者、引用题名、引用来源、引用年限等5个方面进行检索。

例如查作者 Teitelbaum，Michael S. 被别人引用的情况，方法为：

第一步，在 Cited Author（引用作者）文本框中输入“Teitelbaum，Michael S.”，单击“检索”按钮后，可看到该作者共有80个被引用记录，如图4-17所示。

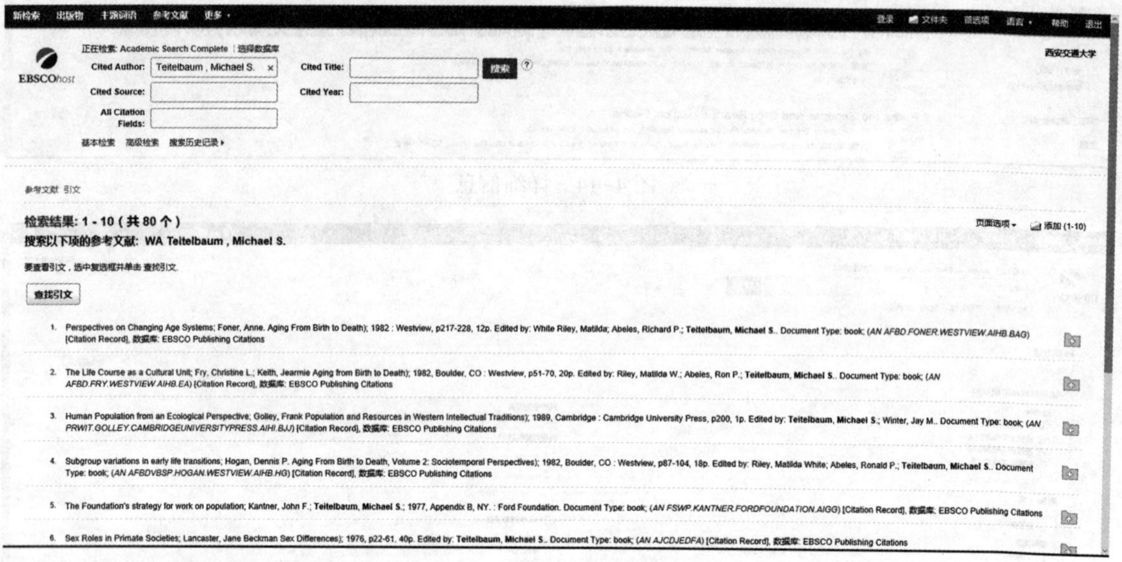

图4-17　引文检索

第二步，选中前面有复选框的第一条记录，单击“查找引文”按钮后，可看到作者 Teitelbaum，Michael S.的第一篇文献被别人引用的情况，结果如图4-18所示。

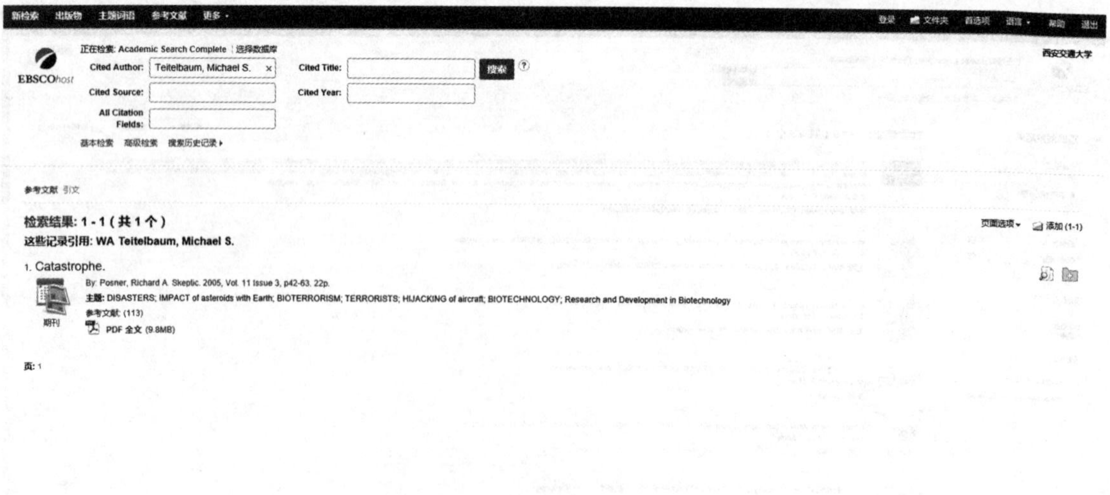

图4-18　被引文献结果

第三步，单击“参考文献”链接，又可看到《Catastrophe》这篇文章所参考的113篇文献，其中第 99 篇即为 Teitelbaum，Michael S. 所编之书，如图 4-19 所示。

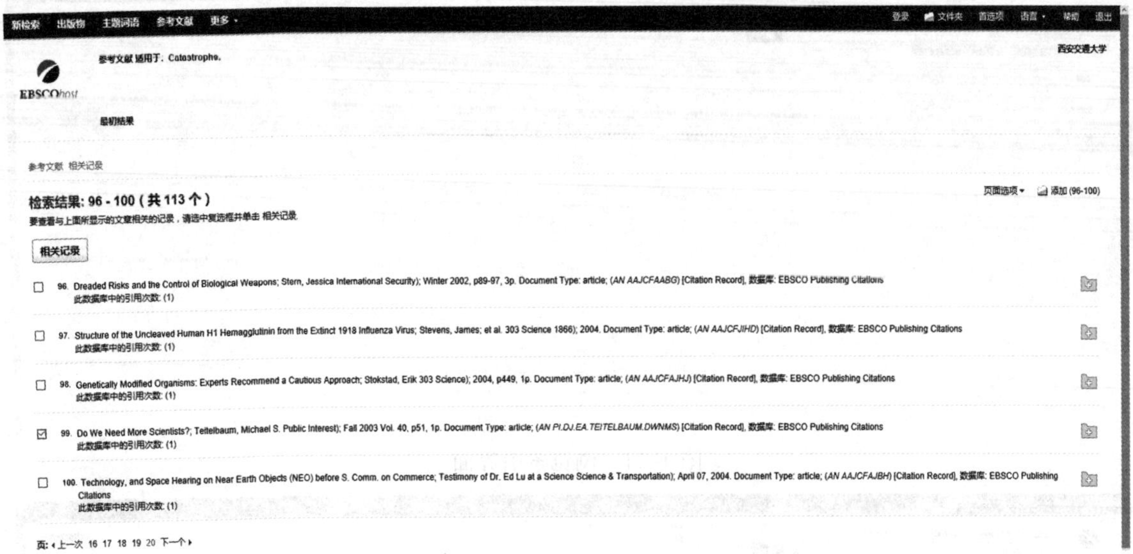

图 4-19　参考文献显示结果

第四步，单击图 4-18 中的“PDF 全文”链接，可看到《Catastrophe》这篇文章的全文内容，如图 4-20 所示。

同样可查看作者 Teitelbaum，Michael S. 的其他文献被引用情况。由此看来，用户可借助“参考文献”链接收集某一主题的大量文献，而这些文献就可组成某一个庞大的专题书目。

图 4-20

（7）索引

索引可从著者、标题、公司实体、地理术语、登记日期、刊名等 18 个方面进行浏览并检索，图 4-21、图 4-22、图 4-23 是从 Ticker Symbol 入手，进行浏览并检索的界面。

图 4-21　浏览索引界面

图 4-22　索引检索

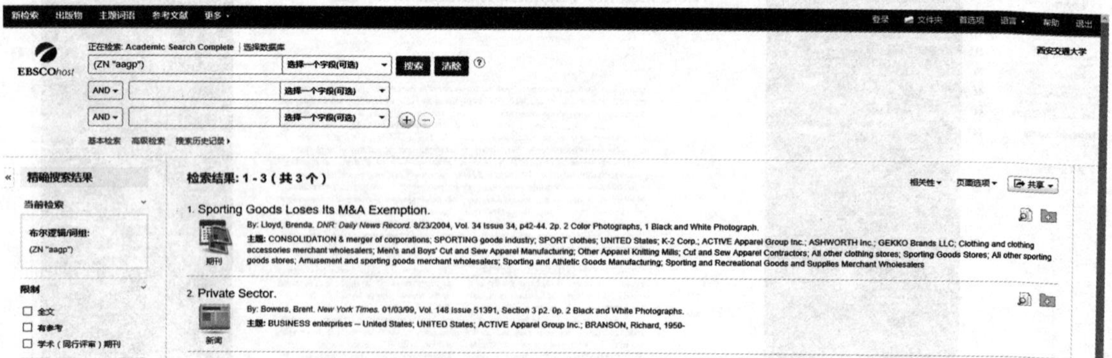

图 4-23　检索结果

(8) 二次检索(Refine Search)

在进行基本检索(Basic Search)或高级检索(Advanced Search)后，如果检索结果过于庞大，可以重新限定检索词和检索范围，进行二次检索，修正检索结构。检索步骤为(图4-24)：

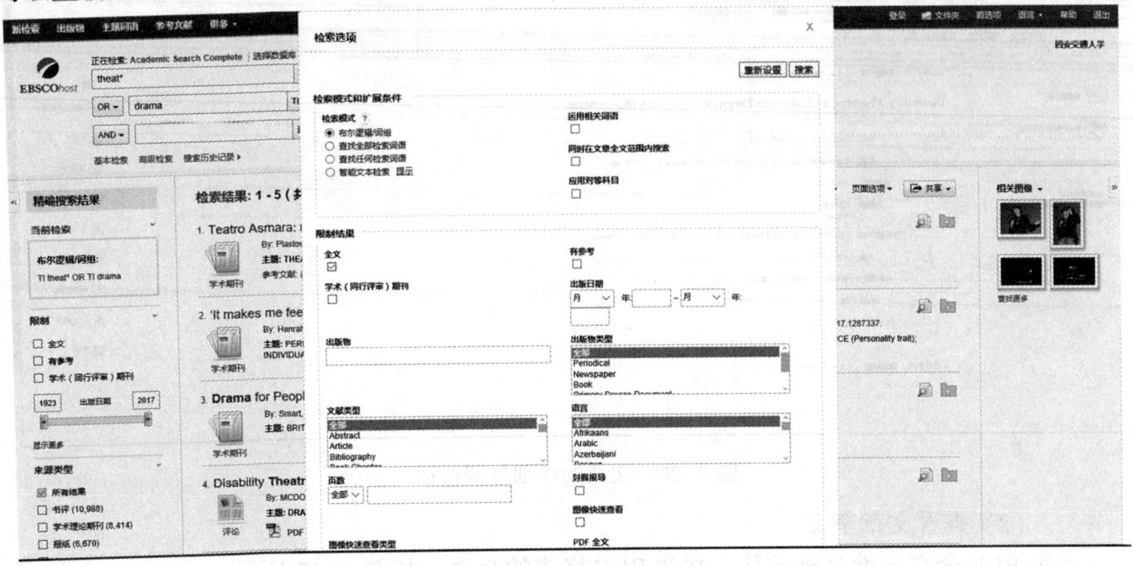

图 4-24　二次检索界面

步骤 1：在“精确搜索结果”处点击“显示更多”，进入限定检索范围界面。

步骤 2：重新输入检索词或增加新的限定条件。

步骤 3：点击“搜索”或“更新”按钮进行检查。

4.1.3　检索结果处理

检索结果界面如图 4-25 所示。

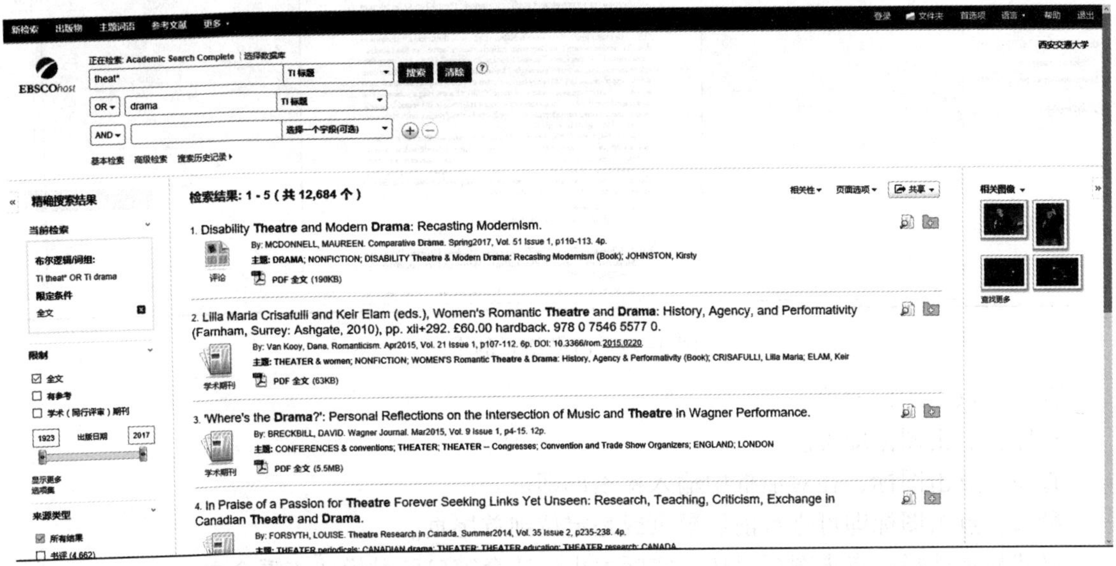

图 4-25　检索结果界面

(1) 查看文章详细信息

点击某一文章提名，显示该文章的详细外部特征，如图 4-26 所示。

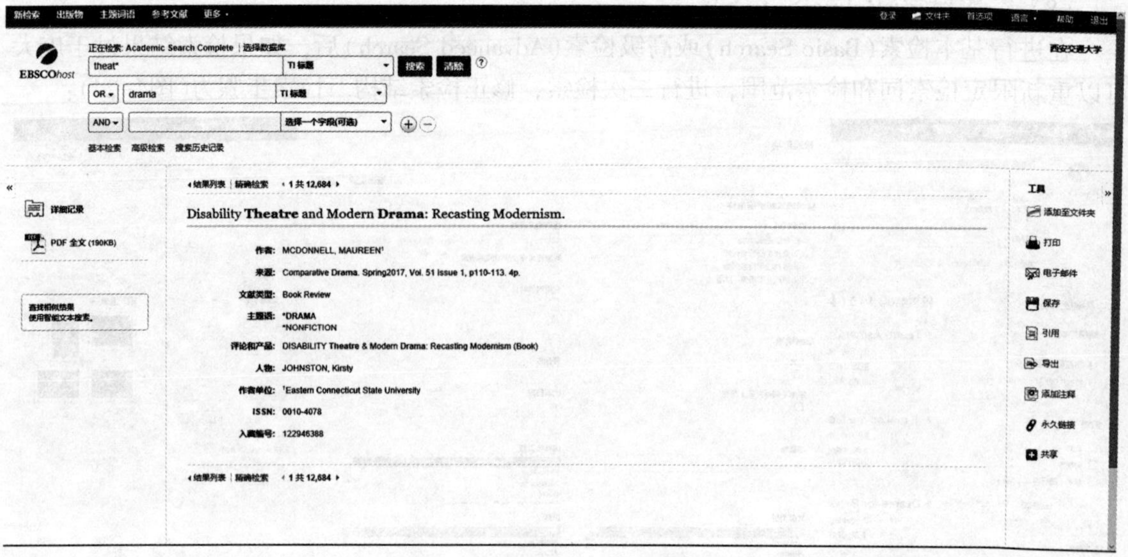

图 4-26　文章的详细外部特征

（2）查看文章全文

点击 PDF 全文，就会显示某一文章 PDF 格式的全文，如图 4-27 所示。

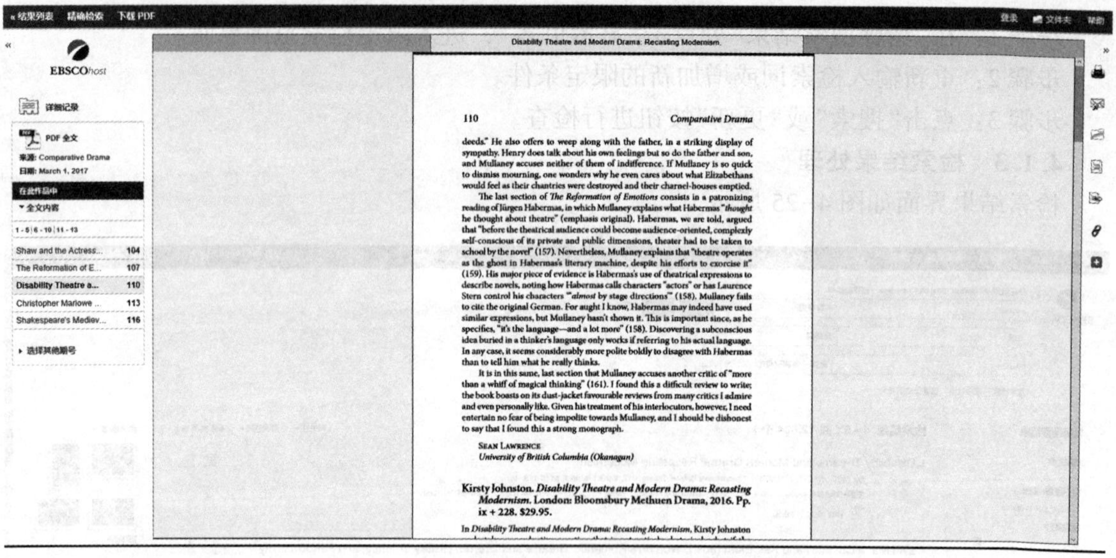

图 4-27　PDF 格式的全文

存盘：点击图标即可。

打印：点击图标即可。

查找：点击图标，在对话框中输入检索词即可。

翻页：点击图标即可进行前后翻页或是定位到首尾页。

格式显示选择：点击图标可按照实际大小、适合窗口两种模式查看全文。

选择文本，转换为 word 格式：点击图标，用鼠标选定某些 PDF 格式的全文，单击鼠标右键，复制，然后可以以 word 格式粘贴到文档中。

4.1.4 检索算符说明(表 4-2)

表 4-2 检索算符说明

算 符	符 号	含 义	举 例
逻辑算符	and	两个检索词必须同时出现	education and college
	or	两个检索词出现任一即可	education or college
	not	两个检索词不能出现后一个	education not college
通配符	?	只替代一个字符	ne? t=neat, nest, next
	*	可替代一个字符串	comput * =computer, computing
位置算符	N	N 算符表示检索词之间可以加入其他词，词的数量根据需要而定，词的顺序任意	tax N5reform 表示在 tax 和 reform 之间最多可以加入 5 个任意词，检索出：tax reform，reform of income tax 等
	W	W 算符表示检索词之间可以加入其他词，词的数量根据需要而定，词的顺序不可变	tax W8 reform 可以检索出 tax reform，但不能检索出 reform of income tax 注："-"等同于空格，"waste NO water" = waste-water，waste water

4.2 SpringerLink 电子期刊全文库

4.2.1 数据库简介

德国施普林格(Springer-Verlag)是世界上著名的科技出版社，该社通过 SpringerLink 系统发行电子图书并提供学术期刊检索服务。截至 2009 年 7 月，SpringerLink 除包含 2100 多种全文学术期刊外，还包括丛书、图书、参考工具书及回溯文档，全文文献超过 500 万篇。

SpringerLink 电子期刊(全文)的学科覆盖生命科学 Life Science、化学 Chemical Science、地球科学 Geo science、计算机科学 Computer Science、数学 Mathematics、医学 Medicine、物理与天文学 Physics and Astrology、工程学 Engineering、环境科学 Environmental、经济学 Economics 和法律 Law 等(由于一些期刊内容在学科上的交叉，故存在同一种期刊被划分在多个学科的情况)，其中大部分期刊是被 SCI、SSCI 和 EI 收录的核心期刊，是科研人员的重要信息源。

2002 年年初，Springer 公司向中国推出了 SLCC(SpringerLink China Consortium)集团采购计划，国内许多单位已成为机构用户，使得 SpringerLink 数据库成为国内使用最广泛的数据库之一。

SpringeLink 通过国内的清华大学镜像站(http://Springer. lib. tsinghua. edu. cn)和德国主站点(http://Springer. de)提供服务，数据同步更新。国内用户可登录 SpringerLink 的国内外站点浏览和检索文献的卷期、文章题录和文摘、阅读全文需以团体户订购 Springer 的产品和服务，获得通过 IP 控制获得使用权。

4.2.2 数据库检索

SpringerLink 如图 4-28 所示。通过纯数字模式的专家评审编辑程序，从以卷期为单位的传统印刷出版标准过渡到以单篇文章为单位的网络出版标准，现在已有超过 200 种期刊优先以电子方式出版（OnlineFirst），大大提高了文献网上出版的速度和效率，并保持了文献的高质量要求，Springer 的发展目标是把 OnlineFirst 出版方式应用到所有 SpringerLink 提供全文服务的期刊上。

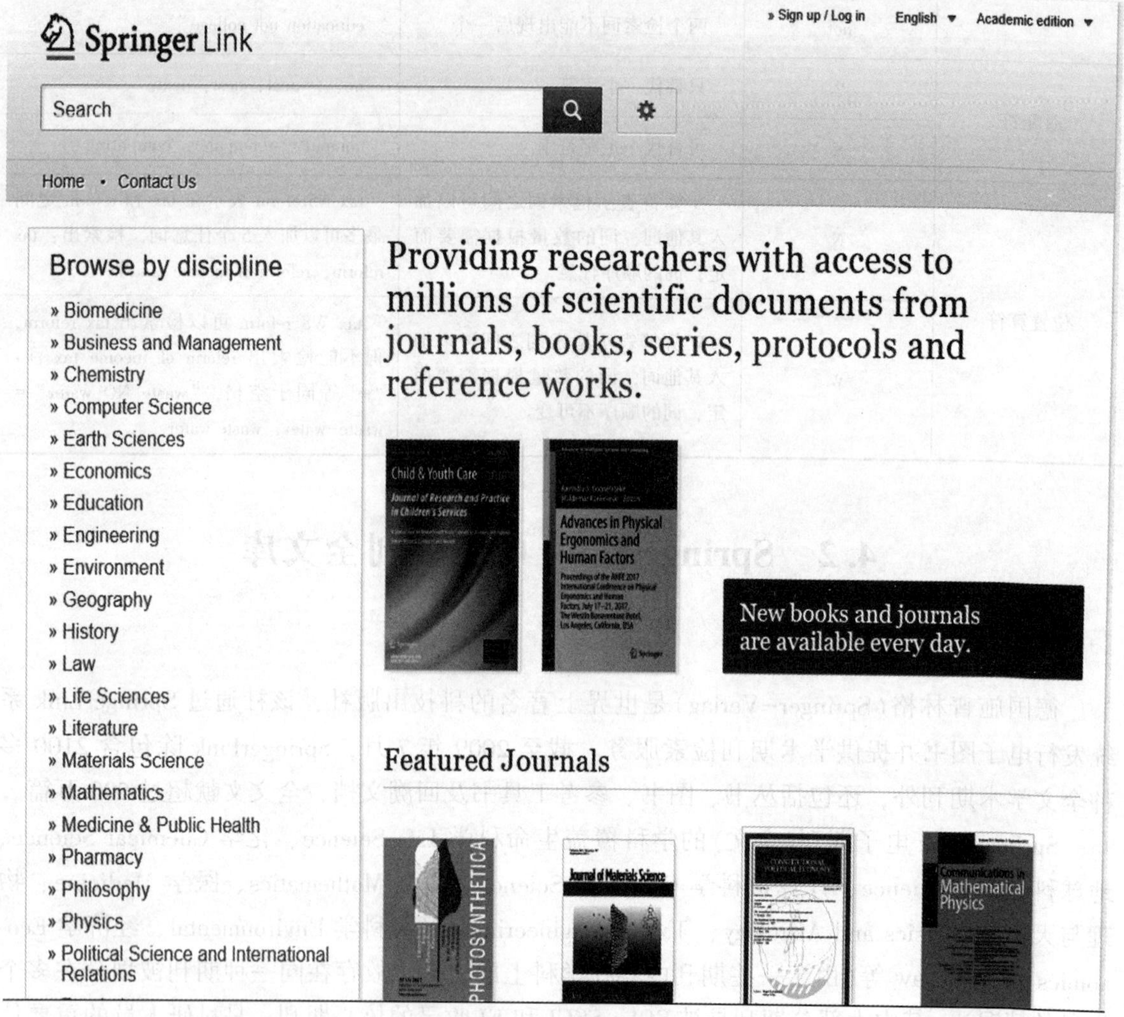

图 4-28

SpringerLink 服务系统实现了与重要的二次文献检索数据库的全文链接，目前已经与 SS-CI、EI 建立了二次文献直接到 SpringerLink 全文的链接。

4.2.2.1 简单检索

在数据库首页的检索框内直接输入检索词，点击“搜索”按钮，开始全文搜索，在检索结果界面左侧的“Content Type”中选择“Aticle”时，得到图 4-29 所示检索结果。文章的详细信息页面如图 4-30 所示。

文章的详细信息页面如图 4-30 所示。

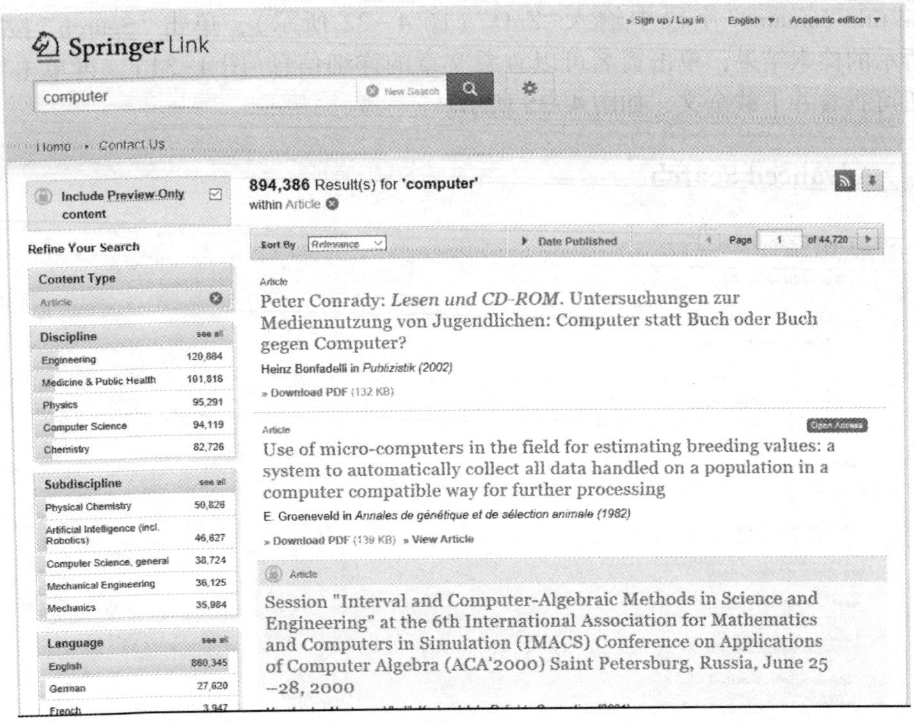

图 4-29

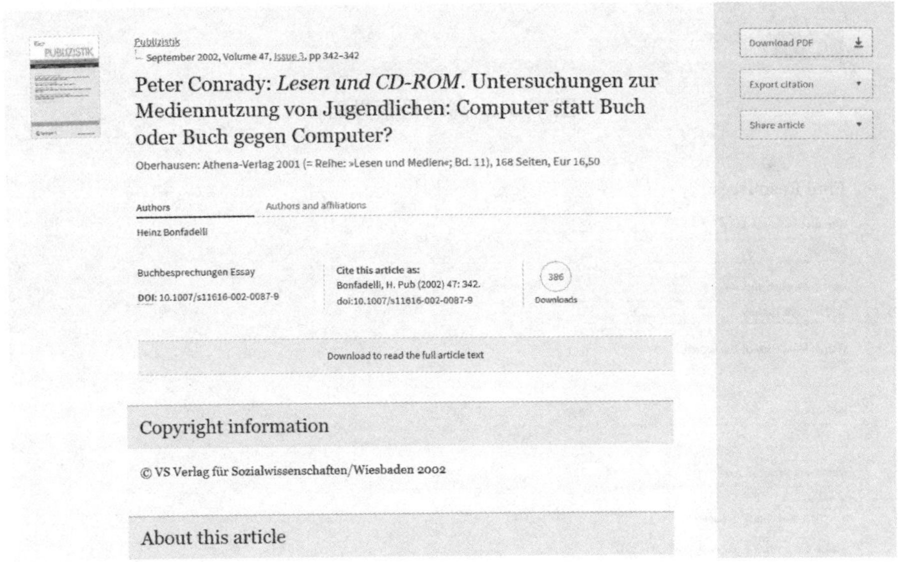

图 4-30

4.2.2.2 高级检索(ADVANCED SEARCH)

在数据库首页上方的检索框右侧点击齿形按钮，选择“Advanced Search”单击，即可进入高级检索界面。如图 4-31 所示，在高级检索中，可以对标题、作者/编者的检索内容进行单独限定，同时，在全文范围内，可以限定包含某些词、完全匹配式包含某些词、至少包含某个词、不包含某些词，最后，还可限定出版时间。在高级检索中，支持布尔逻辑运算符、截词符和优先级运算符等的运用，检索算符的详细说明如表 4-3 所示。如在“with all of the words”字段中输入“anode”，在“with the exact phrase”字段中输入“Lithium ion battery”，在

“where the title contains”字段中输入“ZnO”（图 4-32 所示），单击“Search”按钮，得到图 4-33所示的检索结果，单击篇名可以查看文章的详细信息（图 4-34），再单击“Download PDF”按钮可查看并下载全文，如图 4-35 所示。

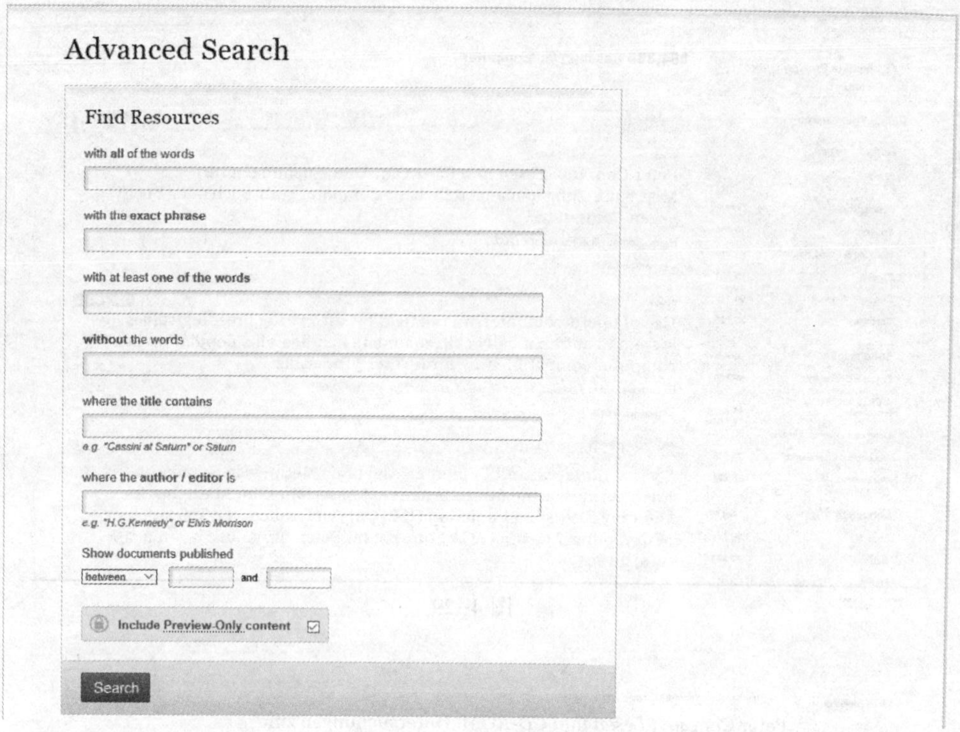

图 4-31　高级检索界面

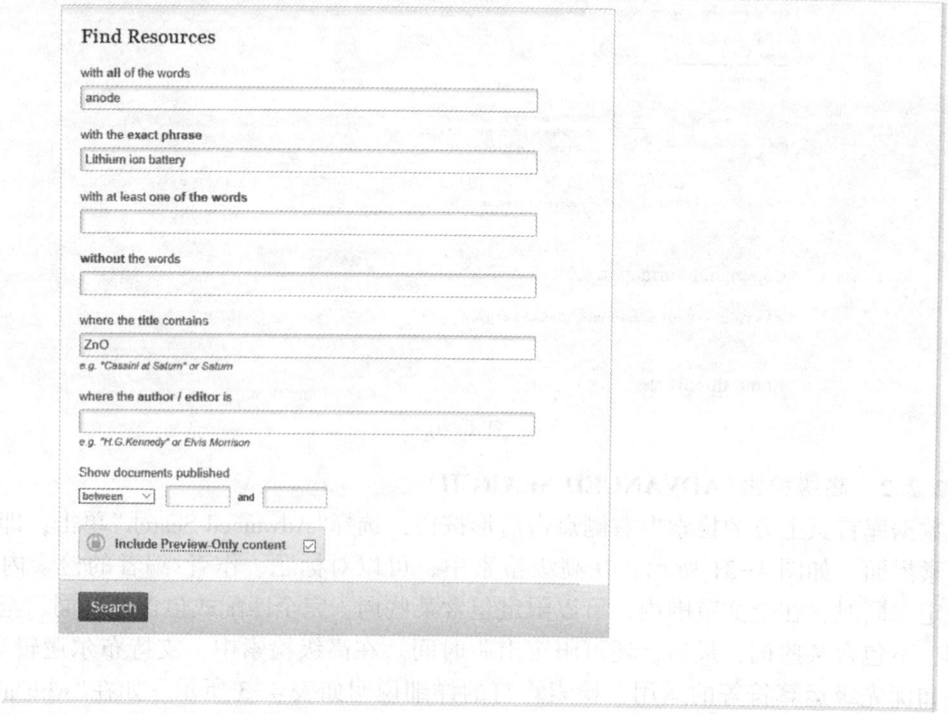

图 4-32

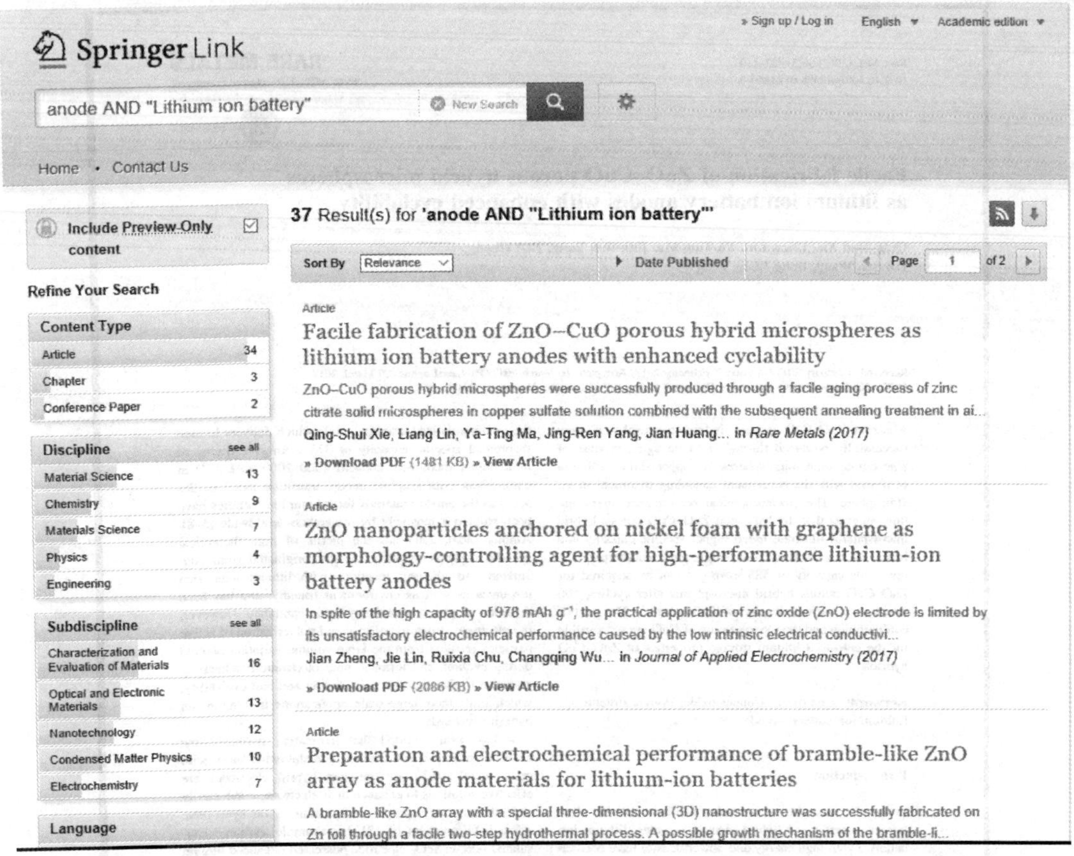

图 4-33

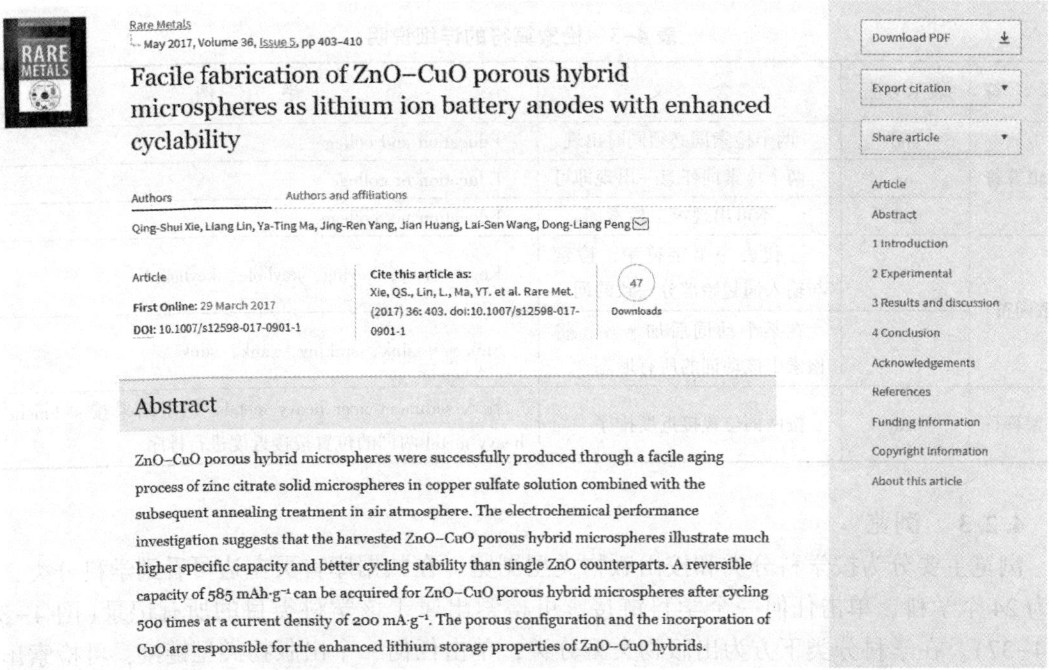

图 4-34 文章详细信息

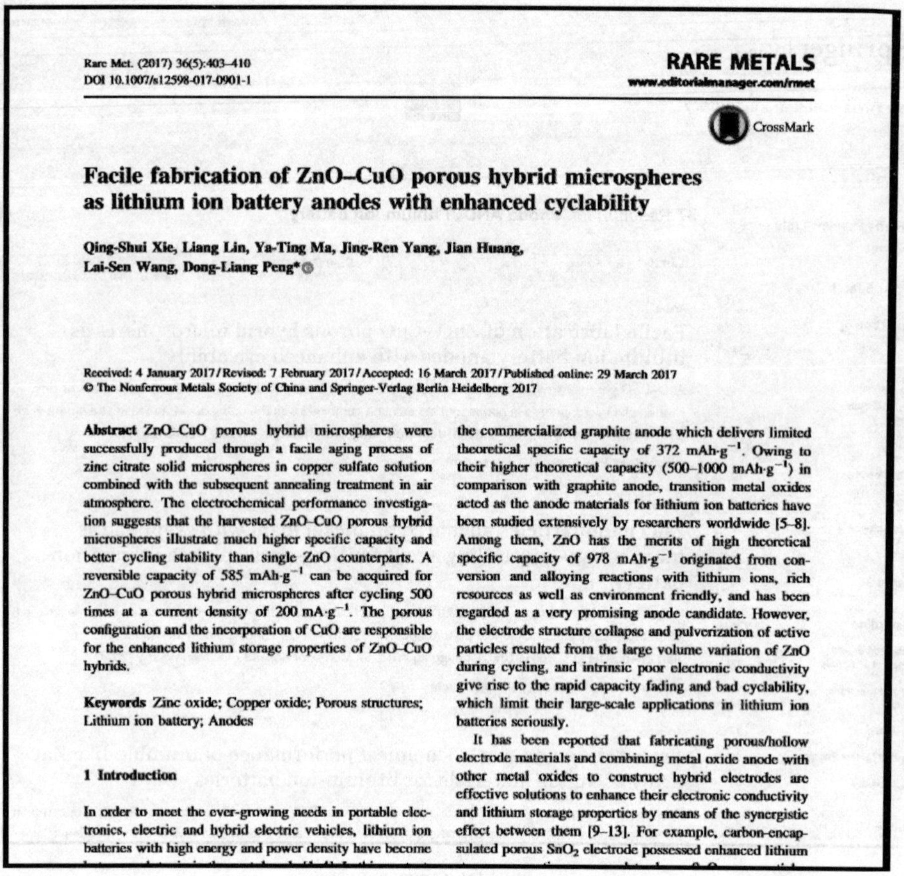

Rare Met. (2017) 36(5):403–410
DOI 10.1007/s12598-017-0901-1

RARE METALS
www.editorialmanager.com/rmet

CrossMark

Facile fabrication of ZnO–CuO porous hybrid microspheres as lithium ion battery anodes with enhanced cyclability

Qing-Shui Xie, Liang Lin, Ya-Ting Ma, Jing-Ren Yang, Jian Huang, Lai-Sen Wang, Dong-Liang Peng*

Received: 4 January 2017 / Revised: 7 February 2017 / Accepted: 16 March 2017 / Published online: 29 March 2017
© The Nonferrous Metals Society of China and Springer-Verlag Berlin Heidelberg 2017

Abstract ZnO–CuO porous hybrid microspheres were successfully produced through a facile aging process of zinc citrate solid microspheres in copper sulfate solution combined with the subsequent annealing treatment in air atmosphere. The electrochemical performance investigation suggests that the harvested ZnO–CuO porous hybrid microspheres illustrate much higher specific capacity and better cycling stability than single ZnO counterparts. A reversible capacity of 585 $mAh \cdot g^{-1}$ can be acquired for ZnO–CuO porous hybrid microspheres after cycling 500 times at a current density of 200 $mA \cdot g^{-1}$. The porous configuration and the incorporation of CuO are responsible for the enhanced lithium storage properties of ZnO–CuO hybrids.

Keywords Zinc oxide; Copper oxide; Porous structures; Lithium ion battery; Anodes

1 Introduction

In order to meet the ever-growing needs in portable electronics, electric and hybrid electric vehicles, lithium ion batteries with high energy and power density have become ... the commercialized graphite anode which delivers limited theoretical specific capacity of 372 $mAh \cdot g^{-1}$. Owing to their higher theoretical capacity (500–1000 $mAh \cdot g^{-1}$) in comparison with graphite anode, transition metal oxides acted as the anode materials for lithium ion batteries have been studied extensively by researchers worldwide [5–8]. Among them, ZnO has the merits of high theoretical specific capacity of 978 $mAh \cdot g^{-1}$ originated from conversion and alloying reactions with lithium ions, rich resources as well as environment friendly, and has been regarded as a very promising anode candidate. However, the electrode structure collapse and pulverization of active particles resulted from the large volume variation of ZnO during cycling, and intrinsic poor electronic conductivity give rise to the rapid capacity fading and bad cyclability, which limit their large-scale applications in lithium ion batteries seriously.

It has been reported that fabricating porous/hollow electrode materials and combining metal oxide anode with other metal oxides to construct hybrid electrodes are effective solutions to enhance their electronic conductivity and lithium storage properties by means of the synergistic effect between them [9–13]. For example, carbon-encapsulated porous SnO_2 electrode possessed enhanced lithium

图 4-35　PDF 全文

表 4-3　检索算符的详细说明

算　符	表示方法	含　义	举　例
逻辑算符	and	两个检索词必须同时出现	Education and college
	or	两个检索词任意一出现即可	Education or college
	not	不可出现第二检索词	Education not college
截词符	*	*代表一个字符串，检索与输入词起始部分一致的词	Key * =Key，keying，keyhole，keyboard
	**	在某个动词后加**，将检索出该动词的所有形态	Sink **-sink，sinking，sank，sunk
位置算符	near	按两词位置接近度排序	输入 sediment near heavy metal，检索结果按 sediment 和 heavy metal 两词的位置按接近度进行排序

4.2.3　浏览

浏览主要分为按学科分类和按出版物类型浏览。在数据库首页左边可看到学科分类，共分为 24 个学科，单击任何一个学科链接，可检索出属于该学科类目的所有记录(图 4-36、图 4-37)。在学科分类下方为出版物类型分类，单击任何一个出版物类型链接，可检索出属于该出版物类型的所有记录(图 4-38)。同时，在该数据库首页还可以按特色期刊、特色图书浏览(图 4-39)。

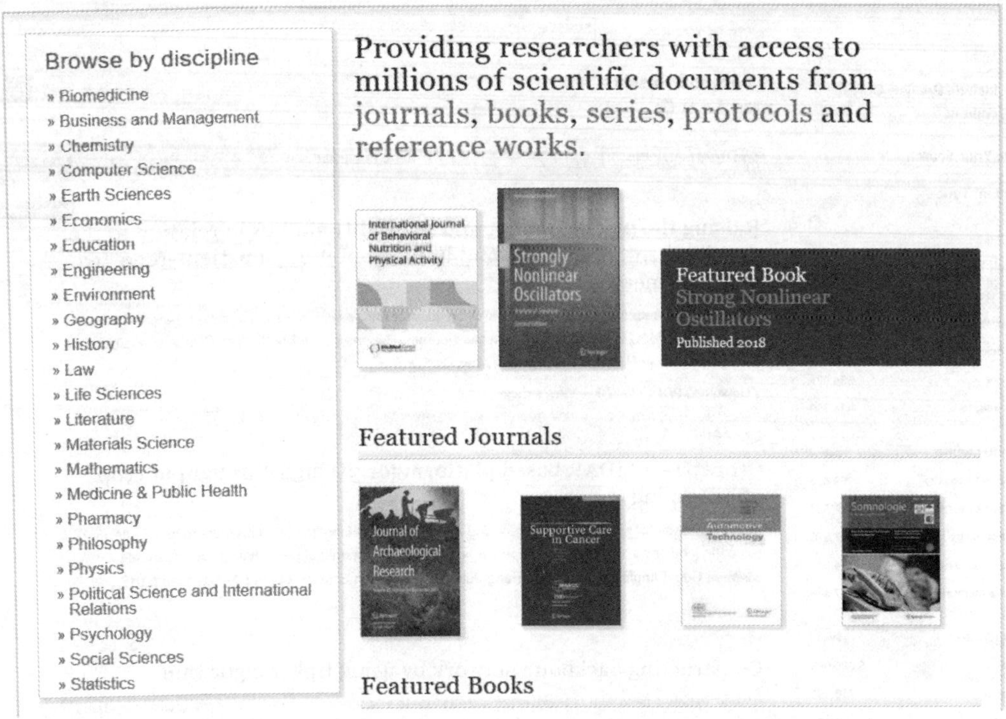
Browse by discipline
» Biomedicine
» Business and Management
» Chemistry
» Computer Science
» Earth Sciences
» Economics
» Education
» Engineering
» Environment
» Geography
» History
» Law
» Life Sciences
» Literature
» Materials Science
» Mathematics
» Medicine & Public Health
» Pharmacy
» Philosophy
» Physics
» Political Science and International Relations
» Psychology
» Social Sciences
» Statistics
Providing researchers with access to millions of scientific documents from journals, books, series, protocols and reference works.
International Journal of Behavioral Nutrition and Physical Activity
Strongly Nonlinear Oscillators
Featured Book
Strong Nonlinear Oscillators
Published 2018
Featured Journals
Journal of Archaeological Research
Supportive Care in Cancer
Automotive Technology
Somnologie
Featured Books

图 4-36

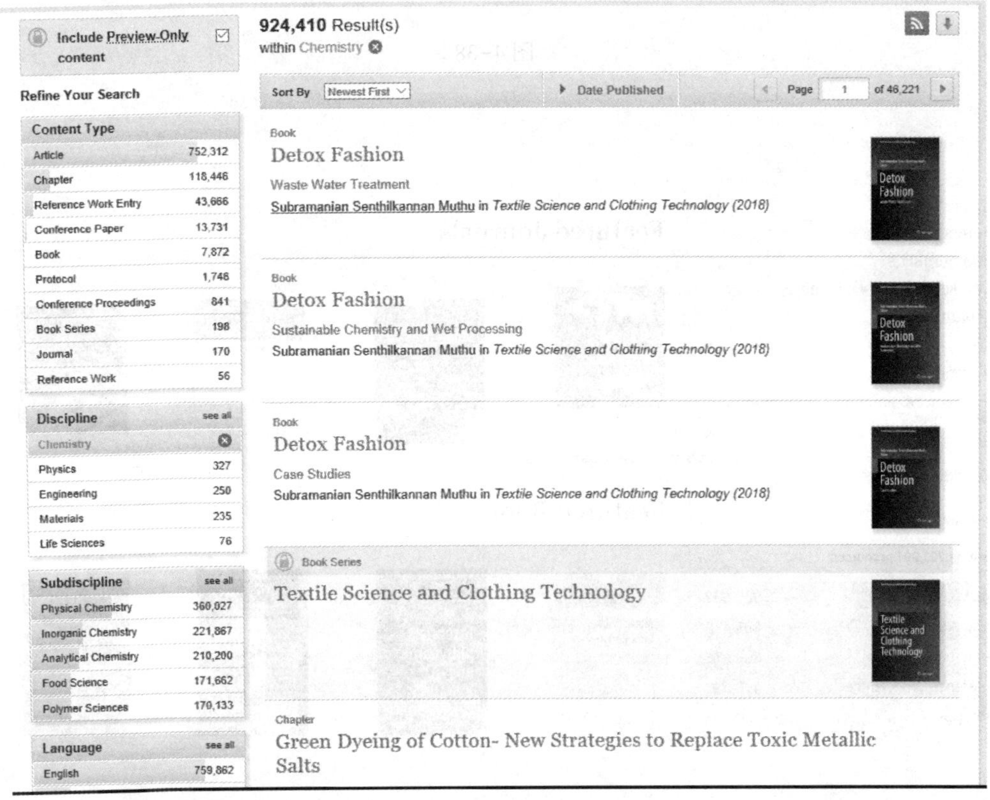
Include Preview-Only content
Refine Your Search
Content Type
Article 752,312
Chapter 118,446
Reference Work Entry 43,666
Conference Paper 13,731
Book 7,872
Protocol 1,748
Conference Proceedings 841
Book Series 198
Journal 170
Reference Work 56
Discipline see all
Chemistry
Physics 327
Engineering 250
Materials 235
Life Sciences 76
Subdiscipline see all
Physical Chemistry 360,027
Inorganic Chemistry 221,867
Analytical Chemistry 210,200
Food Science 171,662
Polymer Sciences 170,133
Language see all
English 759,862
924,410 Result(s)
within Chemistry
Sort By Newest First
Date Published
Page 1 of 46,221
Book
Detox Fashion
Waste Water Treatment
Subramanian Senthilkannan Muthu in Textile Science and Clothing Technology (2018)
Book
Detox Fashion
Sustainable Chemistry and Wet Processing
Subramanian Senthilkannan Muthu in Textile Science and Clothing Technology (2018)
Book
Detox Fashion
Case Studies
Subramanian Senthilkannan Muthu in Textile Science and Clothing Technology (2018)
Book Series
Textile Science and Clothing Technology
Chapter
Green Dyeing of Cotton- New Strategies to Replace Toxic Metallic Salts

图 4-37

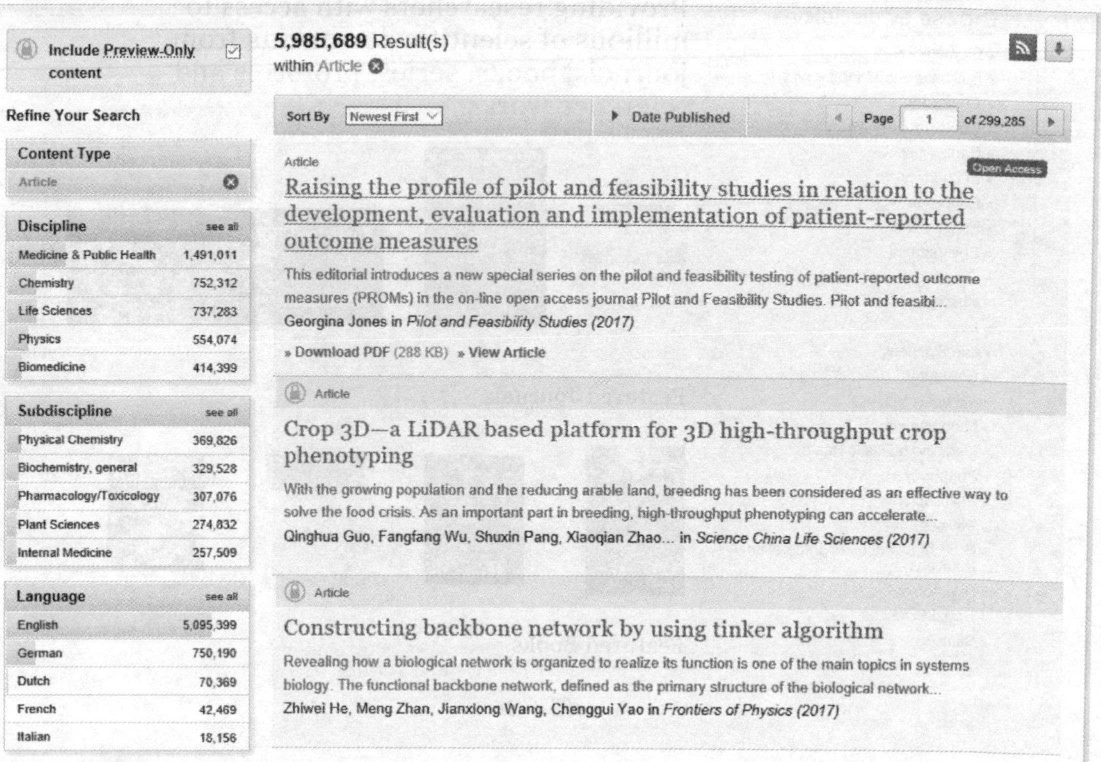

Include Preview-Only content
5,985,689 Result(s)
within Article
Refine Your Search
Sort By Newest First
Date Published
Page 1 of 299,285
Content Type
Article
Discipline see all
Medicine & Public Health 1,491,011
Chemistry 752,312
Life Sciences 737,283
Physics 554,074
Biomedicine 414,399
Subdiscipline see all
Physical Chemistry 369,826
Biochemistry, general 329,528
Pharmacology/Toxicology 307,076
Plant Sciences 274,832
Internal Medicine 257,509
Language see all
English 5,095,399
German 750,190
Dutch 70,369
French 42,469
Italian 18,156
Article
Open Access
Raising the profile of pilot and feasibility studies in relation to the development, evaluation and implementation of patient-reported outcome measures
This editorial introduces a new special series on the pilot and feasibility testing of patient-reported outcome measures (PROMs) in the on-line open access journal Pilot and Feasibility Studies. Pilot and feasibi...
Georgina Jones in Pilot and Feasibility Studies (2017)
» Download PDF (288 KB) » View Article
Article
Crop 3D—a LiDAR based platform for 3D high-throughput crop phenotyping
With the growing population and the reducing arable land, breeding has been considered as an effective way to solve the food crisis. As an important part in breeding, high-throughput phenotyping can accelerate...
Qinghua Guo, Fangfang Wu, Shuxin Pang, Xiaoqian Zhao... in Science China Life Sciences (2017)
Article
Constructing backbone network by using tinker algorithm
Revealing how a biological network is organized to realize its function is one of the main topics in systems biology. The functional backbone network, defined as the primary structure of the biological network...
Zhiwei He, Meng Zhan, Jianxiong Wang, Chenggui Yao in Frontiers of Physics (2017)

图 4-38

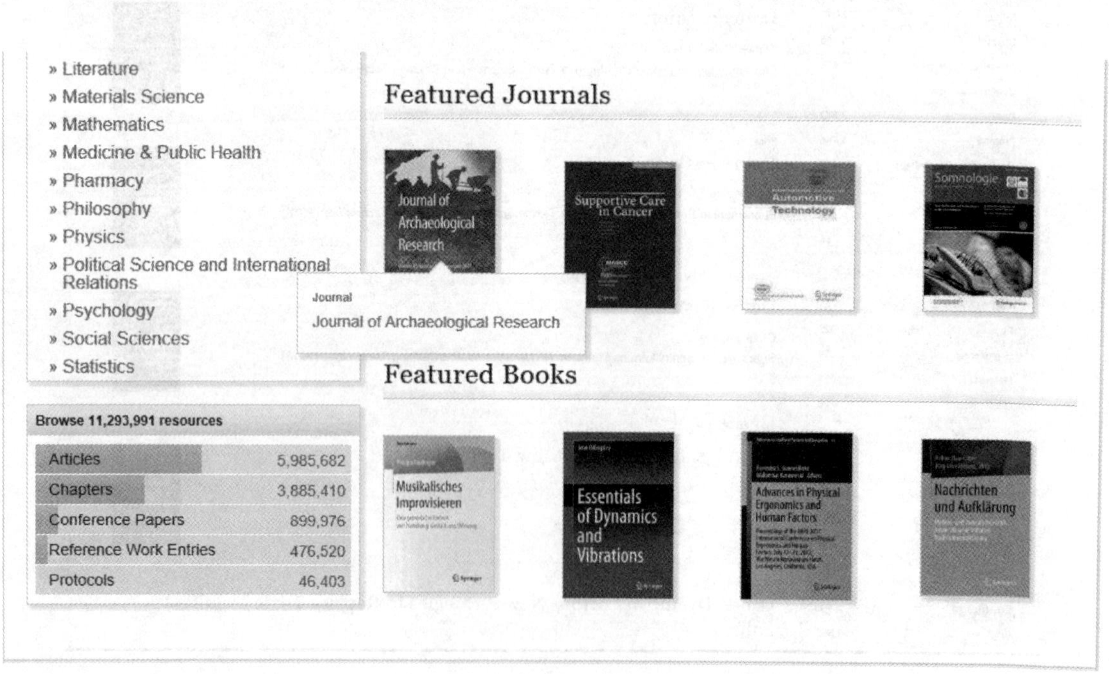

» Literature
» Materials Science
» Mathematics
» Medicine & Public Health
» Pharmacy
» Philosophy
» Physics
» Political Science and International Relations
» Psychology
» Social Sciences
» Statistics
Browse 11,293,991 resources
Articles 5,985,682
Chapters 3,885,410
Conference Papers 899,976
Reference Work Entries 476,520
Protocols 46,403
Featured Journals
Journal of Archaeological Research
Supportive Care in Cancer
Automotive Technology
Somnologie
Journal
Journal of Archaeological Research
Featured Books
Musikalisches Improvisieren
Essentials of Dynamics and Vibrations
Advances in Physical Ergonomics and Human Factors
Nachrichten und Aufklärung

图 4-39

4.2.4 检索结果

出现检索结果后，可以对检索结果进行二次检索。文章格式为 PDF 格式，需先安装 Acrobat阅读器，到软件下载网站下载，安装后使用。利用 Acrobat Reader 的功能进行存盘、打印、复制文字及图片，在页面上进行查找等操作。见图 4-40。

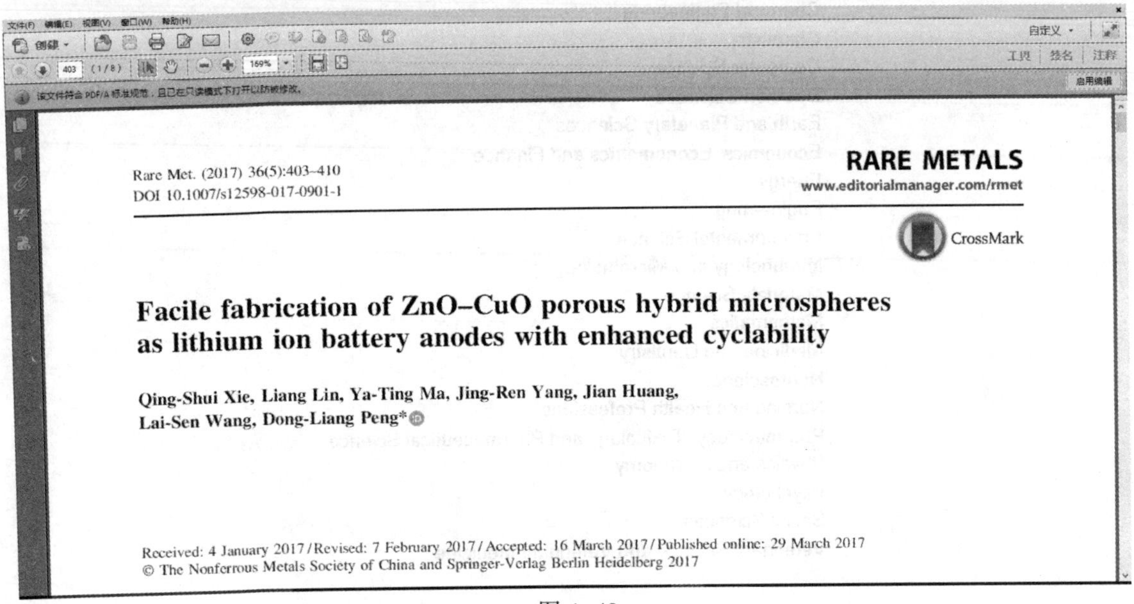

Rare Met. (2017) 36(5):403–410
DOI 10.1007/s12598-017-0901-1

RARE METALS
www.editorialmanager.com/rmet

CrossMark

Facile fabrication of ZnO–CuO porous hybrid microspheres as lithium ion battery anodes with enhanced cyclability

Qing-Shui Xie, Liang Lin, Ya-Ting Ma, Jing-Ren Yang, Jian Huang, Lai-Sen Wang, Dong-Liang Peng*

Received: 4 January 2017 / Revised: 7 February 2017 / Accepted: 16 March 2017 / Published online: 29 March 2017
© The Nonferrous Metals Society of China and Springer-Verlag Berlin Heidelberg 2017

图 4-40

4.3 Elsevier Science 电子期刊

4.3.1 数据库简介

荷兰 Elsevier Science 公司是世界知名的出版商，其出版的期刊是世界上公认的高品位学术期刊。从 1997 年开始，Elsevier Science 公司推出名为《Science Direct》的电子期刊计划，将该公司的全部印刷版期刊转换为电子版，并使用基于浏览器开发的检索系统 Science Server。这项计划还包括了对用户的本地服务措施 Science Direct On Site(简称 SDOS)，即在用户本地服务器上安装 Science Server 系统和用户购买的数据，同时每周向用户邮寄光盘更新数据库。在我国从 2000 年 1 月开始，诸多高校和科研单位图书馆采用集团购买的形式分别在清华大学和上海交通大学建立了 SDOS 镜像服务器，向用户提供 Elsevier Science 电子期刊的服务。授权用户既可通过图书馆首页上的 Science Direct Onsite 电子期刊数据库超链接进入，也可直接访问镜像服务器的 IP 地址：//www. sciencedirect. com。

文献来源：2200 余种期刊。

收录年限：最早可追溯至 1823 年。

覆盖范围：以理工为主，兼收社会科学学术期刊，其学科覆盖了 24 个大类，如图 4-41 所示。

Science Direct Onsite 电子期刊库既有浏览功能又有检索功能，并可建立个性化的收藏夹，定制喜爱的期刊，设置各种 E-mail 提示等个性化服务。其全文显示格式有两种：HTML 和 PDF 格式，可直接打印，也可电邮传递或存盘。用户可以选择按照学科类型、内容类型及出版物进行浏览，也可以通过关键词、作者、题目等信息进行检索浏览，如图 4-42 所示。

SDOL数据库涉及众多学科,包括：
Agricultural and Biological Sciences
Arts and Humanities
Biochemistry, Genetics and Molecular Biology
Business, Management and Accounting
Chemical Engineering
Chemistry
Computer Science
Decision Sciences
Earth and Planetary Sciences
Economics, Econometrics and Finance
Energy
Engineering
Environmental Science
Immunology and Microbiology
Materials Science
Mathematics
Medicine and Dentistry
Neuroscience
Nursing and Health Professions
Pharmacology, Toxicology and Pharmaceutical Science
Physics and Astronomy
Psychology
Social Sciences
Veterinary Science and Veterinary Medicine

图 4-41　Elsevier Science 电子期刊覆盖的 24 个类目

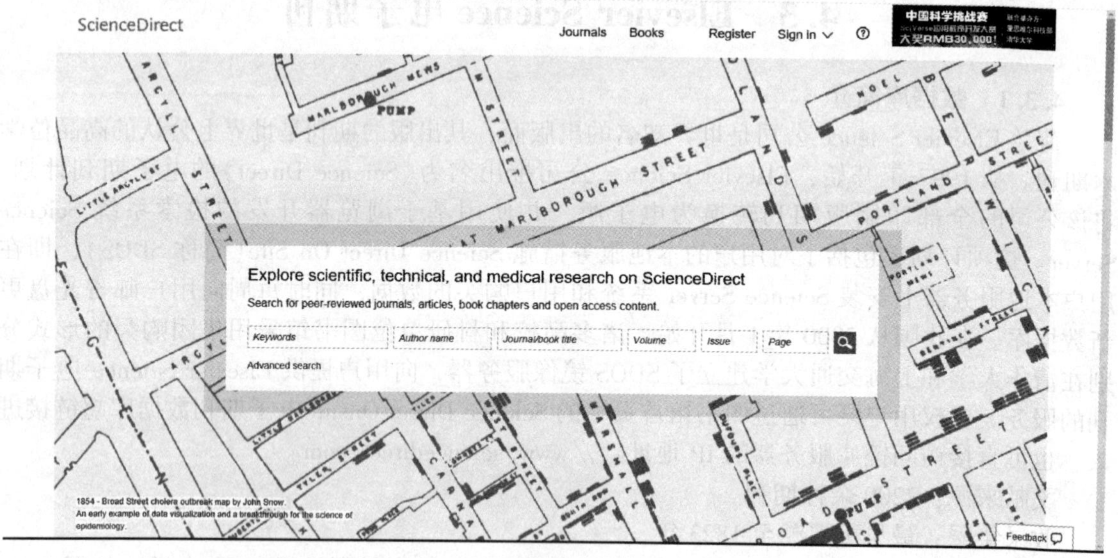

图 4-42　Science Direct Onsite 主页

4.3.2　期刊阅览

Science Direct Onsite 提供了 2200 余种联机期刊，既可按刊名字顺浏览，也可按刊名关键词浏览，还可按刊名学科浏览。

在其主页上部为内容类型浏览，分别选择“Journals”和“Books”得到的页面如图 4-43、图4-44所示的按字顺浏览的界面；中间为检索框，可按关键词、作者、题目、卷号等信息进行检索，图 4-45 为按关键词“management”检索得到的界面；下部为期刊按学科字顺浏览，图 4-46 分为“物理和工程学、生命科学、医科及社会和人文学科”四类。注意系统在每种期刊前面都放置了一种文本图标，分别为绿、黄、白、红 4 种颜色，表示已订购期刊、免费赠阅期刊、未订购期刊和合作网站期刊，对于冠有白色图标的期刊，只能通过信用卡订购的形式获取期刊全文。

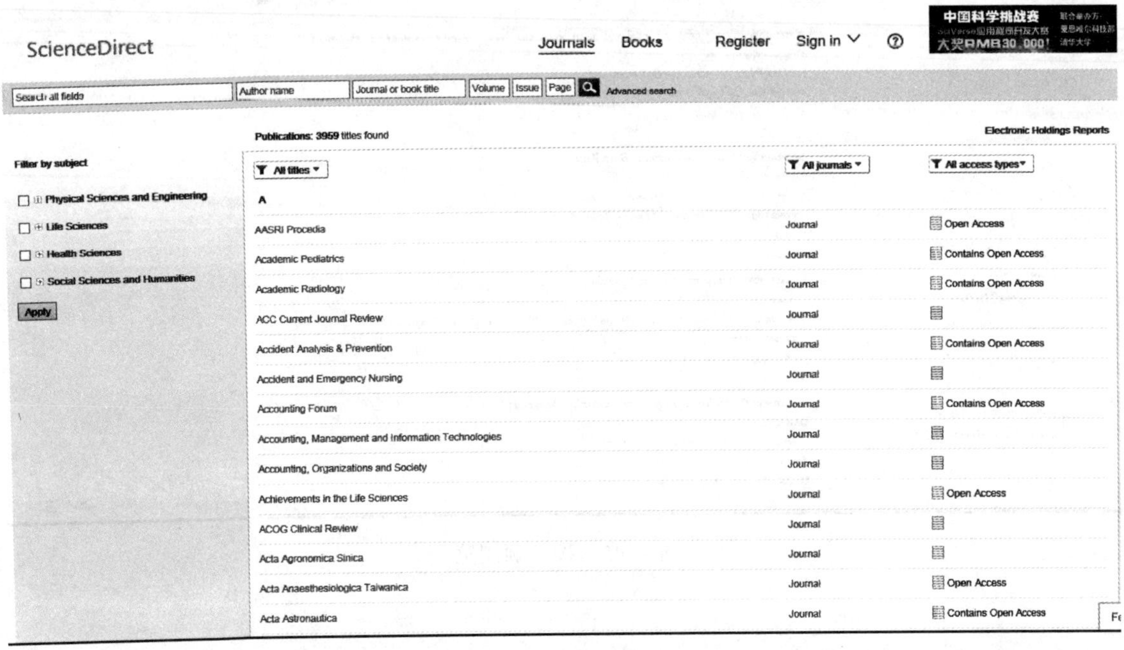

图 4-43　刊名关键词检索

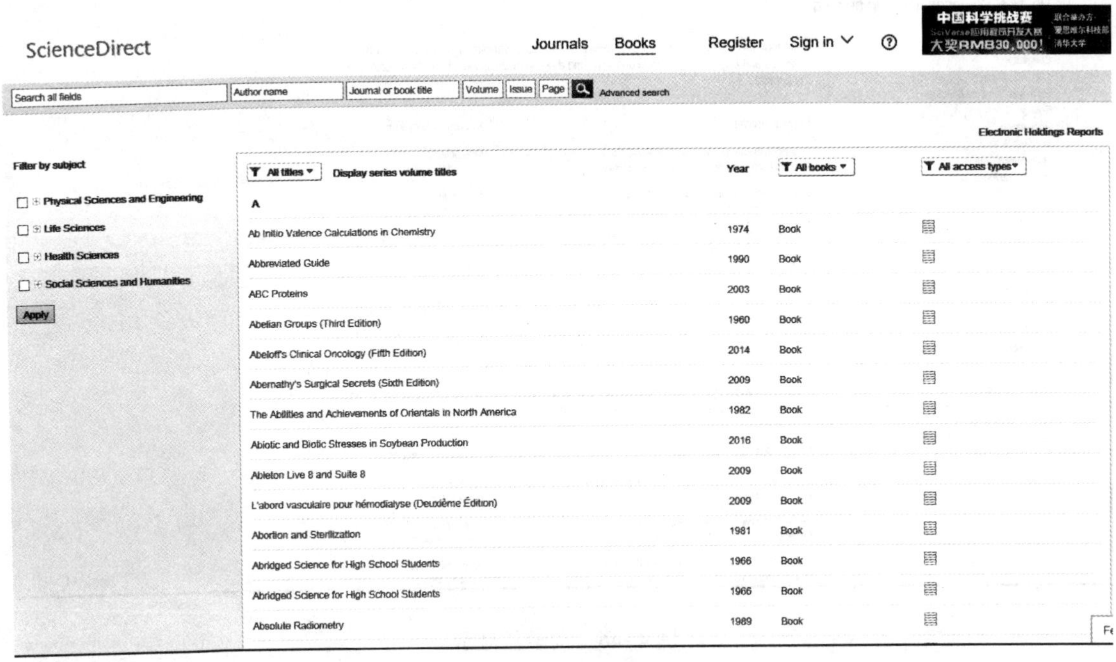

图 4-44　检索结果

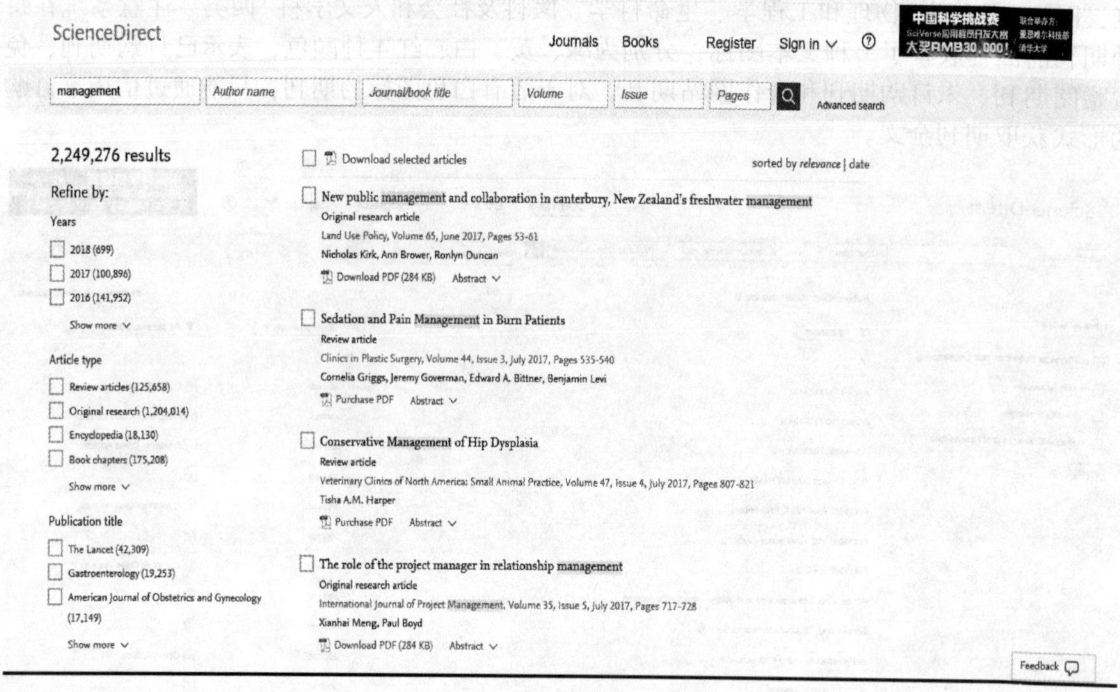

图 4-45　按字顺浏览

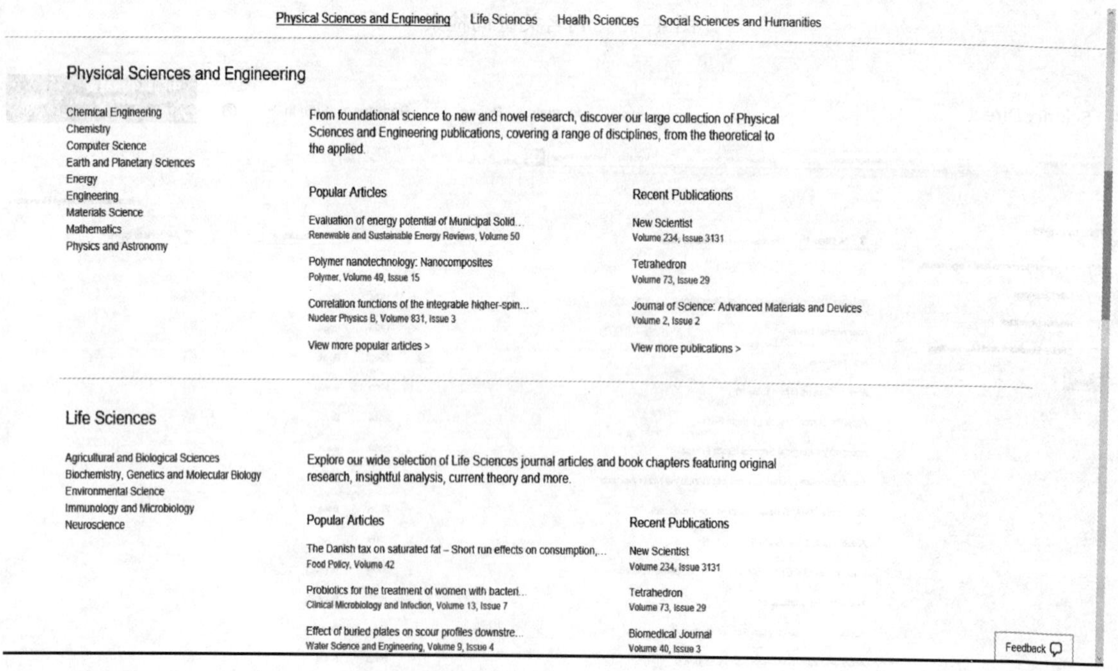

图 4-46　按学科显示

无论为何种浏览方式，单击刊名后，都可进入该刊所有卷期的列表，进而逐期浏览。图 4-47 为 Journal of Environmental Economics and Management 的显示界面。

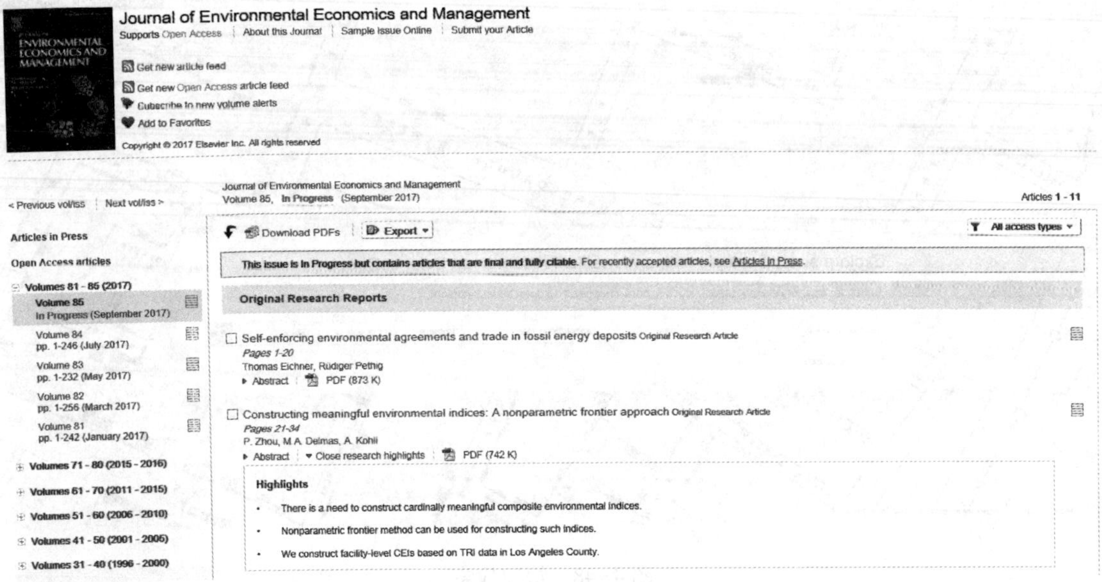

图 4-47 Journal of Environmental Economics and Management 的显示界面

4.3.3 禁用词表

所谓禁用词就是在检索系统中不能用来作为检索的词。Science Direc 系统中的系统禁用词包括经常使用的冠词(a、the、an 等)、人称代词(he、she、we、they 等)、动词(be、is、was 等)和部分连词(as、because、if、when 等)。

但要注意以下几种情况:

① and 和 or 为组配算符，目前已列入禁用词表，在用 and 或 or 连接的词组进行检索时，为了与组配算符区别，可用空格。如查找 profit and loss，可这样输入 profit loss。

② not 不是禁用词，但在检索中要用引号将其保留下来，例如要查找词组 not contested，可这样输入“not” contested。

③ in 和 a 不列入禁用词表，为了检索出含有这些词的词组，应全部照输，如检索 one in a million ，按原样输入 one in a million 即可。

④ 如果在检索过程中，无法确定一个词是否是禁用词，可在检索词中省略或用相邻位置算符“W/nn”。

4.3.4 检索方法

系统提供快速检索、高级检索和专业检索 3 种检索方式。

(1) 快速检索

快速检索区位于 Science Direct 页面的中部，随时可进行快速检索。快速检索方式提供了关键词、作者、书名/刊名、卷、期、页数等检索项。在 Key words 文本框中输入检索词，点击“Search”按钮，就可以快速查找到相关的文献。

① 支持 AND(与)、OR(或)、AND NOT(非)检索。

② 如果在 Quick Search 文本框中输入多个词，系统默认它们的关系为 AND 算符，如输入 Foreign relation，系统分别按逻辑 AND 执行检索，如图 4-48、图 4-49 所示。

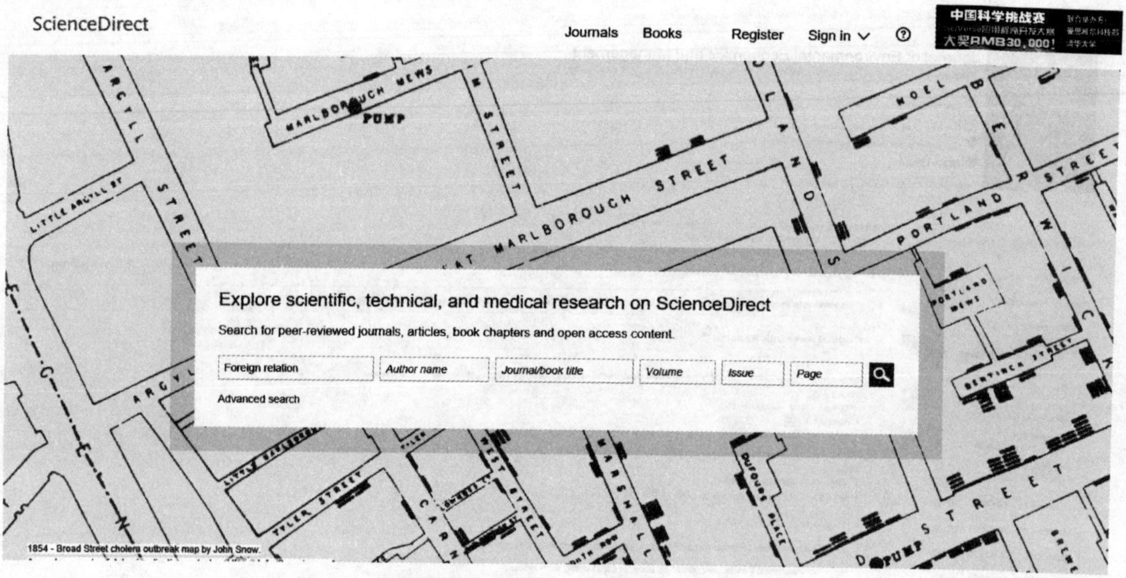

图 4-48　快速检索

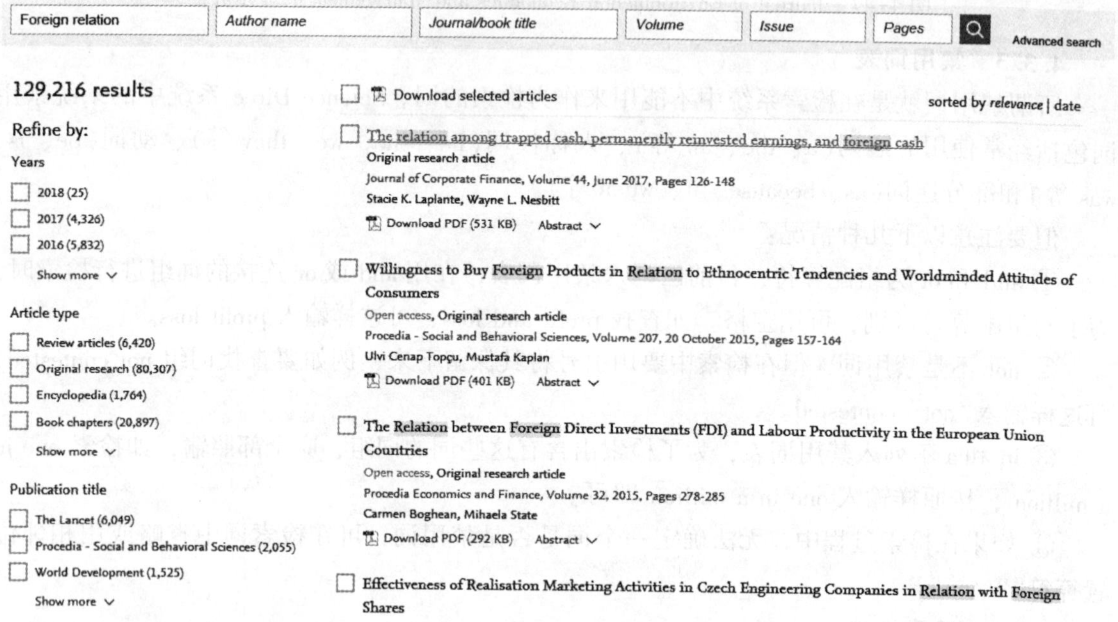

图 4-49　检索结果

③ 为了精确地检索某一词组，需使用引号标记，如“cat food”。

（2）高级检索

点击页面上方的 Search 标签，或在快速检索区点击“Advanced Search”按钮，即可进入检索界面，如图 4-50 所示。首先确定各种条件限定：字段限定（文摘、题目、关键词、著者等）；数据源（期刊、图书）；学科（全部学科即 24 个学科），可选其中的一个或多个；年限限定（从 1823 年开始至今）。然后在检索文本框中输入检索词，最后单击 search 按钮即可。

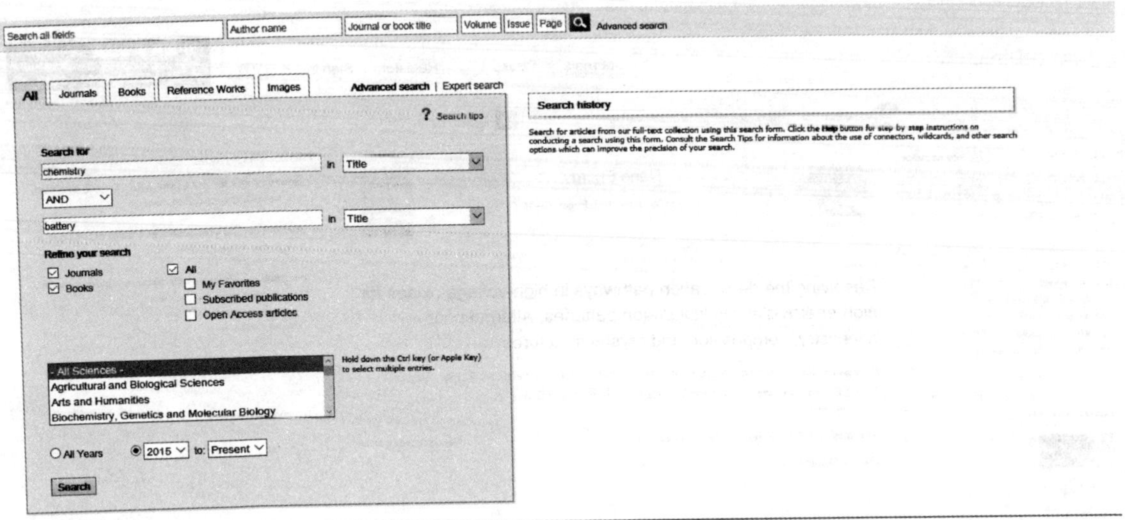

图 4-50 高级检索

例如查找化学电池方面的文献，构造的检索表达式如图 4-50 所示，显示界面如图 4-51、图 4-52 所示。

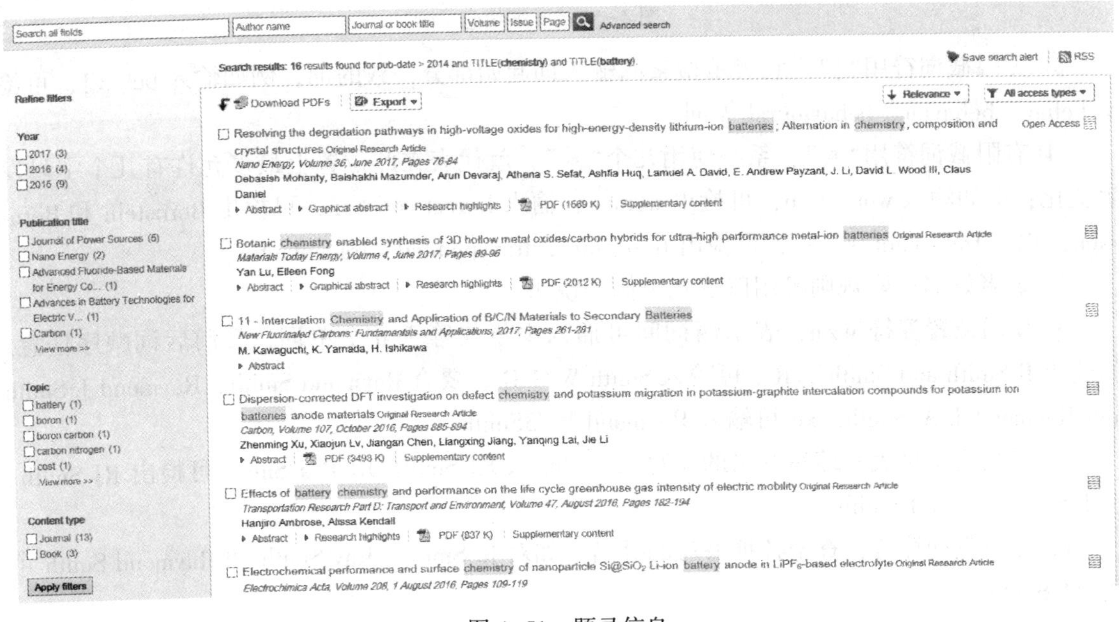

图 4-51 题录信息

检索显示页面按序号、题目、出处、著者以及内容摘要、全文和链接、PDF 格式(需先下载 Acrobat Reader 5.0 以上阅读器)的超链接显示。

高级检索除具备快速检索的一些功能以外，还应按照下列规则。

① 可用布尔逻辑算符 AND(与)、OR(或)、AND NOT(非)构造检索提问式。

② 对于大多数词，只使用单数形式就可以检出单复数，如输入 city，可检出 city、city's 和 cities。但系统却查不出词尾以 us、is 或其他不规则形式的词，如输入 bonus，就检不出 bonuses，对于这类词只能用 OK 算符组配。

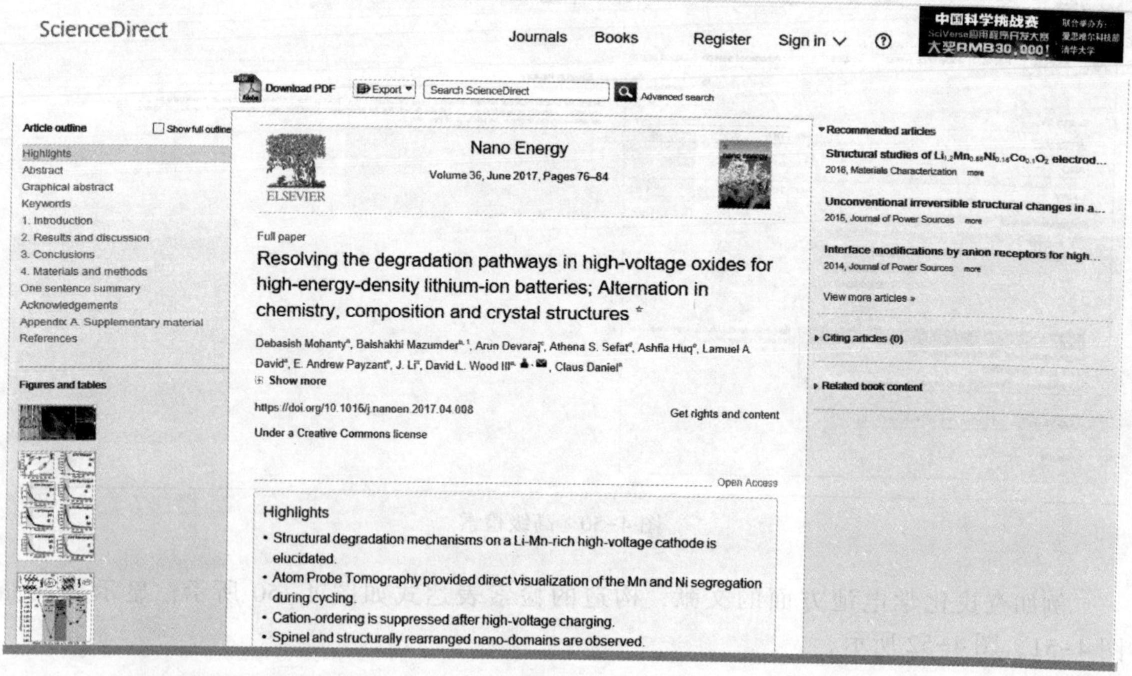

图 4-52　详细信息

③ 无限截词符用“!”，它表示检索同输入词起始部分一致的词，例如输入 behav!，可检出 behav、behavior、behavioural 等词。

④ 有限截词符用“*”，系统使用几个“*”，就代表在此位置上最多允许有几个字母发生变化；例如输入 wom * n，可检出 women；输入 Bernst * * n，可检出 Bernstein 和 Bernstien；输入 transplant * * ，可检出 transplant，transplanted，transplanter。

⑤ 著者姓名检索规则可用以下几个例子说明：

a. 使用位置算符 W/n，表示两词间可插入少于或等于 n 个单词，且前后词顺序任意。如要查 R Smith and Smith ，R ，可输入 Smith W/1 R ；要查 Raymond Smith、Raymond J. Smith and Raymond J. A. Smith，ke 可输入 Raymond W/3Smith。

b. 系统用空格表示缩写姓名的缩写点。如输入 RJ Smith OR R J Smith 可检出 RJ Smith、R. J. Smith and R J Smith。

c. 使用截词算符，查全各种书写的姓名。如对 R. Smith、Ray Smith 和 Raymond Smith 可用 R! Smith。

⑥ 特殊书写字体或分子式的查询规则：

a. 检索希腊字母，可用英语拼写字母代替。如希腊字母 κ，输入 Kappa。

b. 对于签名、题字或分子式的查询，均在一行内输入。如要查化学分子式 H_2O，可输入 H2O。

c. 检索带有音调标记的单词和没有音调标记的单词一样对待。如要检 Fürst，只需输入 Furst 即可。

d. 对没有阿尔法字母的特殊符号，如连字符、括号、星号、箭头、加减号等，就没有一定的规则而言，在检索中可被忽略。如检索 high-risk，可输入 high risk。

(3) 专业检索

在高级检索界面点击“Expert search”按钮，即可进入专业检索模式(如图 4-53)。高级检索只能限定在某一字段内进行检索，如果要在两个或两个以上的字段进行检索，就必须使用专业检索，即专业检索不受字段限制，但数据源、学科、年限限定均同高级检索。

例如查找莎士比亚或福楼拜传记方面的文献时：

如果用快速检索，命中两篇，其限定条件为题目、文摘、关键词、著者字段；

如果使用基本检索并限定在全文字段中，则命中 83 篇；如果限定在文摘、题目、关键词字段中，则命中 1 篇；

使用专业检索，构造的检索表达式如图 4-53 所示，则命中 457 篇，这是因为专业检索不受字段限定，可在所有的字段中查找。专业检索的显示界面如图 4-54、图 4-55 所示。如果在专业检索文本框中这样构造检索表达式 shakespeare or flaubert W/SEG biography，则命中 88 篇。

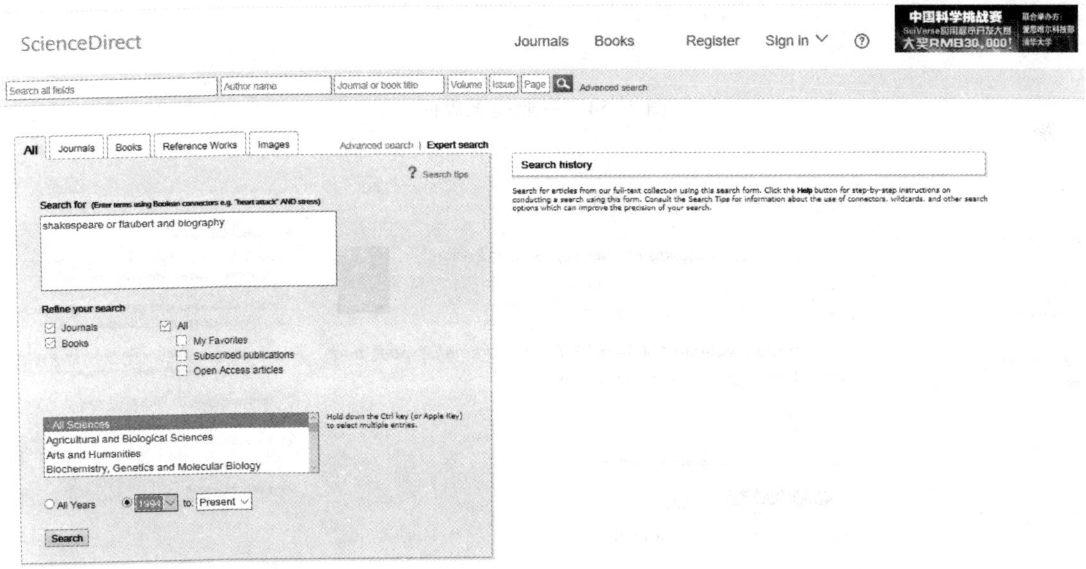

图 4-53 专业检索

专业检索除与基本检索一样的功能以外，还应该遵守以下检索规则：

① 由于无字段限定，因此使用了许多位置算符弥补。

a. 用 W/nn 算符表示两词间可插入少于或等于 nn 个单词，且前后词序任意。W 表示 within，nn 代表 1~255 个词序位置。如 pain W/15 morphine。

为了确定 nn 的数字，下列经验可供参考：

在同一词组中查找，可用 W/3、W/4 或 W/5；

在同一句话中查找，可用 W/15；

在同一段落中查找，可用 W/50。

b. 用 NOT W/nn 算符查找，表明查找的两词不在指定的词位置内出现。如“impaired circulation”NOT W/5 diabetes。

c. 用 PRE/nn 算符表示，查找的两词前后位置固定，并保持相差在 nn 个单词以内。PRE

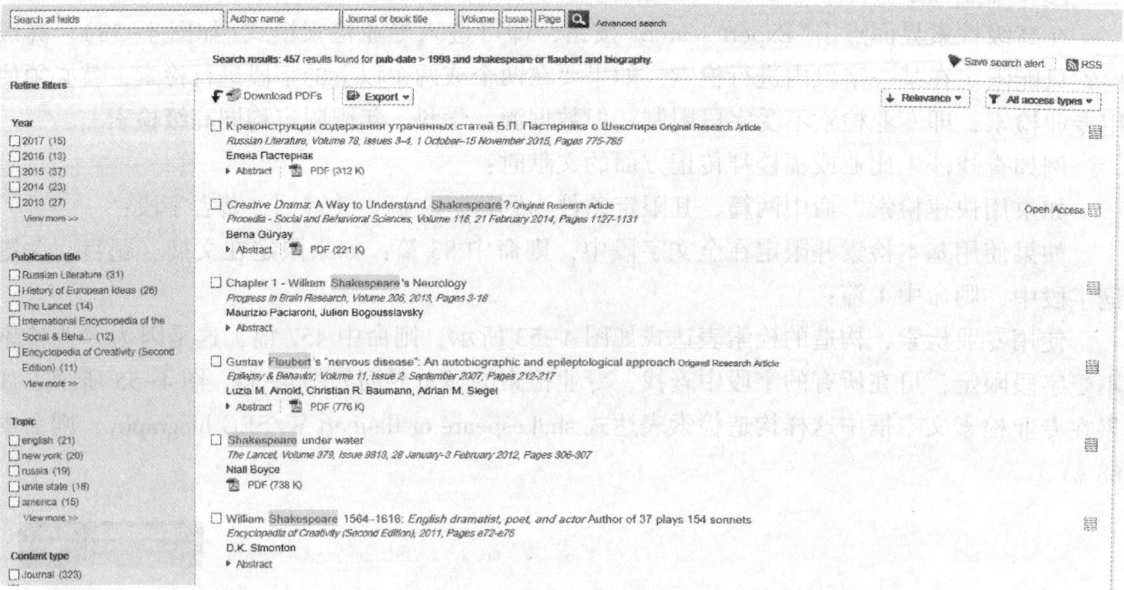

图 4-54　专业检索界面

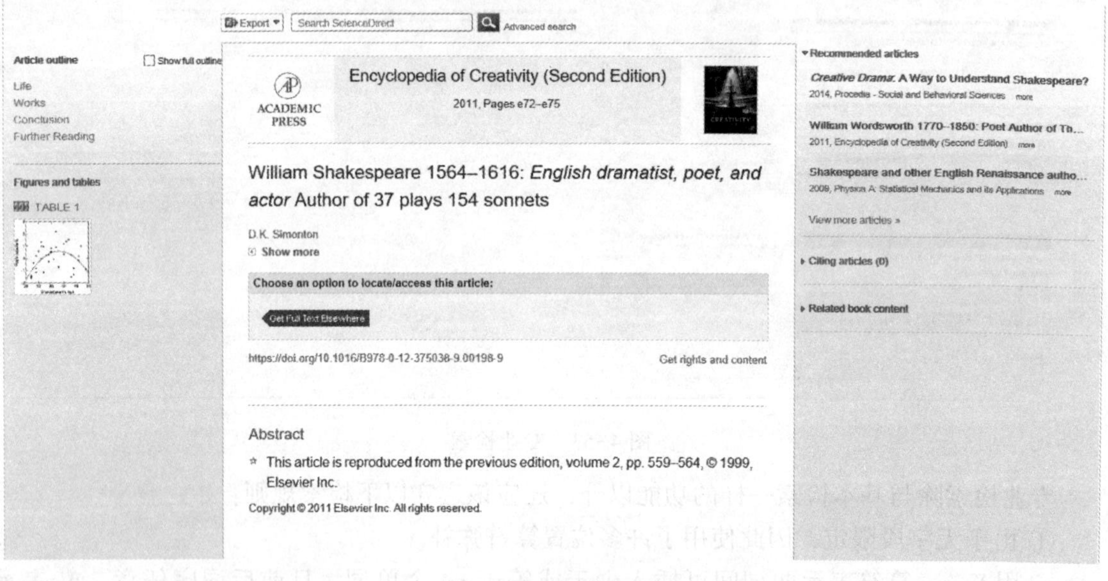

图 4-55　检索结果

表示优先执行，nn 代表 1~255 个词序位置。如 behavioural PRE/3 disturbances，表示查出的文献中，behavioural 在前，且 behavioural 与 disturbances 之间插入的词小于或等于 3 个词。

d. 用 W/Seg 算符表示查找的两词出现在同一字段内。此处的字段可以是题目、作者、参考文献等等。如 lesion W/SEG pancreatic。

② 检索结果执行顺序为：在专业检索过程中，当使用多一个以上的检索算符时，按 OR；W/nn；PRE/nn；NOT W/nn；W/SEG；NOT W/SEG；AND；AND NOT 的先后顺序执行。

此外，还要按下列规则执行：

如果使用了两到多个相同的算符，检索顺序从左到右；

如果使用了不同的 nn 算符时，较小的数字先执行（如果数字相同，其执行顺序从左到右）。

例如确定 pani W/15 morphine AND ganglia OR tumor OR lesion W/5 malignant 执行顺序为：

首先执行 OR，系统先查找 ganglia、tumor 或 lesion；

其次执行 W/5，可查到位于 5 个词以内出现的有关 malignant 的文章；

然后执行 W/15，它可以查找到 pani 和 morphine 相差 15 个词之内的文献，最后执行 AND。

最后要说明的是使用圆括号可改变检索算符的执行顺序，且嵌套在最里层的括号先执行，外层的后执行。

4.4 ACS 期刊全文库

4.4.1 数据库简介

美国化学学会（American Chemical Society，ACS）成立于 1876 年，现已成为世界最大的科技协会之一。多年来，ACS 一直致力于为全球化学研究机构、企业及个人提供高品质的文献资讯及服务，在科学、教育、政策等领域提供了多方位的专业支持，成为享誉全球的科技出版机构。该库受国家科技图书文献中心的资助，高校及科研单位图书馆以联合购买方式，采用 IP 地址控制访问权限，通过 CERNET 专线访问，授权用户既可通过图书馆主页上的 ACS 期刊全文库超链接进入，也可直接访问 http：//pubs. acs. org，如图 4-56 所示。

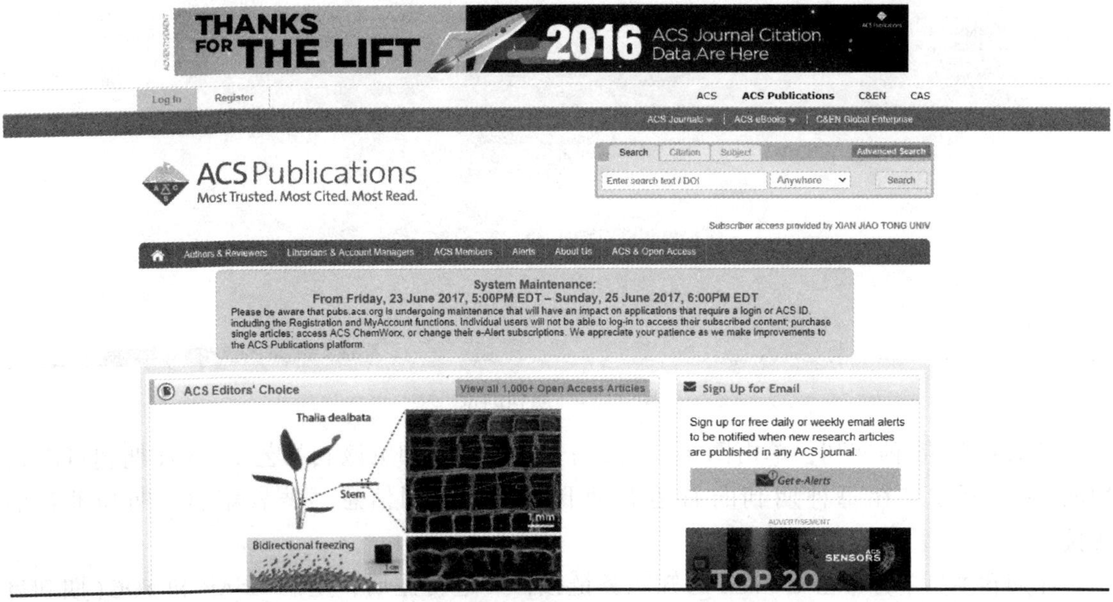

图 4-56　ACS 主页

文献来源：目前该库虽只有 55 种期刊，但被 ISI 的 Journal Citation Report（JCP）评为化学领域中被引用次数最多的化学期刊。

覆盖范围：内容几乎涵盖化学及应用的所有领域，包括生化研究方法、药物化学、有机化学、普通化学、环境科学、材料科学、植物学、毒物学、食品科学、物理化学、环境工程学、工程化学、应用化学、分子生物化学、分析化学、无机与原子能化学、资源系统计算机科学、学科应用、科学训练、燃料与能源、药理与制药学、微生物应用生物科技、集合物、农业学。

收录年限：很多期刊可回溯到创刊年，最早可追溯至 1879 年。

ACS Journal Archives 除具有一般的检索、浏览等功能外，还可在第一时间内查阅到被作者授权发布、尚未正式出版的最新文章（Articles ASAPsm）；用户也可定制 E-mail 通知服务，以了解最新的文章收录情况；ACS 期刊还设有许多智能链接功能，如 Article References 可直接链接到 Chemical Abstracts Services（CAS）的资料记录，也可与 PubMed、Medline、GenBank、Protein Data Bank 等数据库相链接。此外，ACS 期刊具有增强的图形功能，含 3D 彩色分子结构图、动画、图表等；全文具有 HTML 和 PDF 两种格式可供选择。

4.4.2 阅览期刊

单击图 4-57 左栏上方的 Acs Journals 按钮，即可浏览期刊。

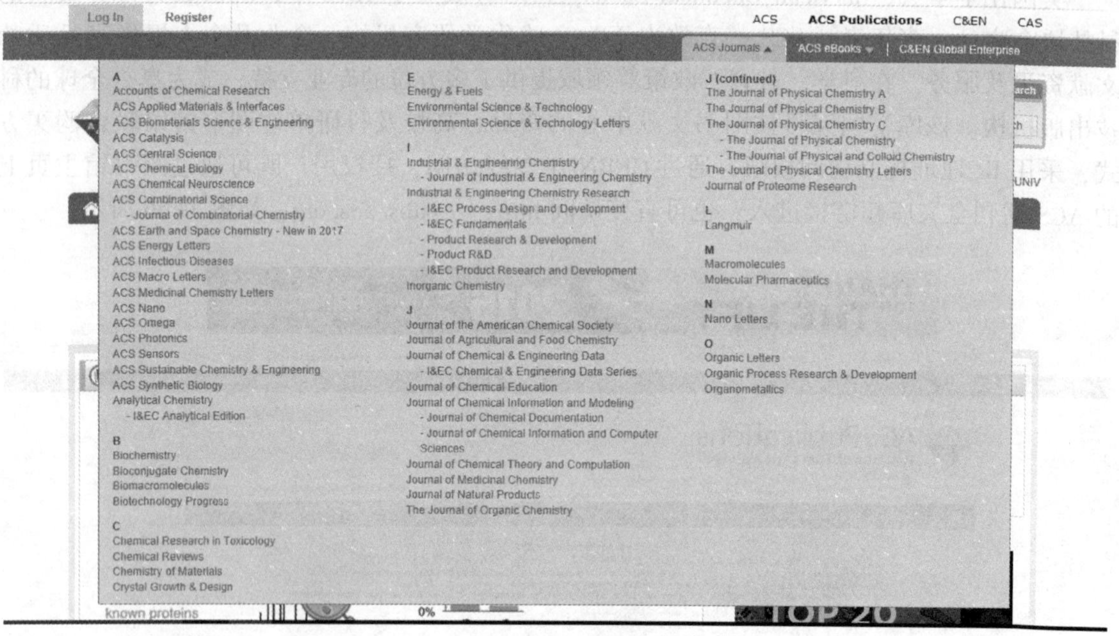

图 4-57　期刊浏览

目前共有 55 种期刊，单击图 4-57 的期刊刊名即可浏览该刊的艺术封面（期刊目次），如图 4-58 所示。在每种期刊的右边有期刊编委、期刊信息、著者索引、期刊推荐的链接。

在期刊主页下方单击 E-mail 通知服务链接，可进行注册，定制 ASAP 和 TOC（期刊目次）通知服务；单击 Articles ASAP 链接，可在第一时间内阅读到被作者授权发布、尚未正式出版的最新文章的题目、样图及全文，如图 4-59、图 4-60 所示；同时，可以通过导航栏上的"Browse the Journal"或右侧的"Browse By Issue"链接，可浏览以前的期刊，也可单击"Search"按钮对本期刊内的文章进行检索。

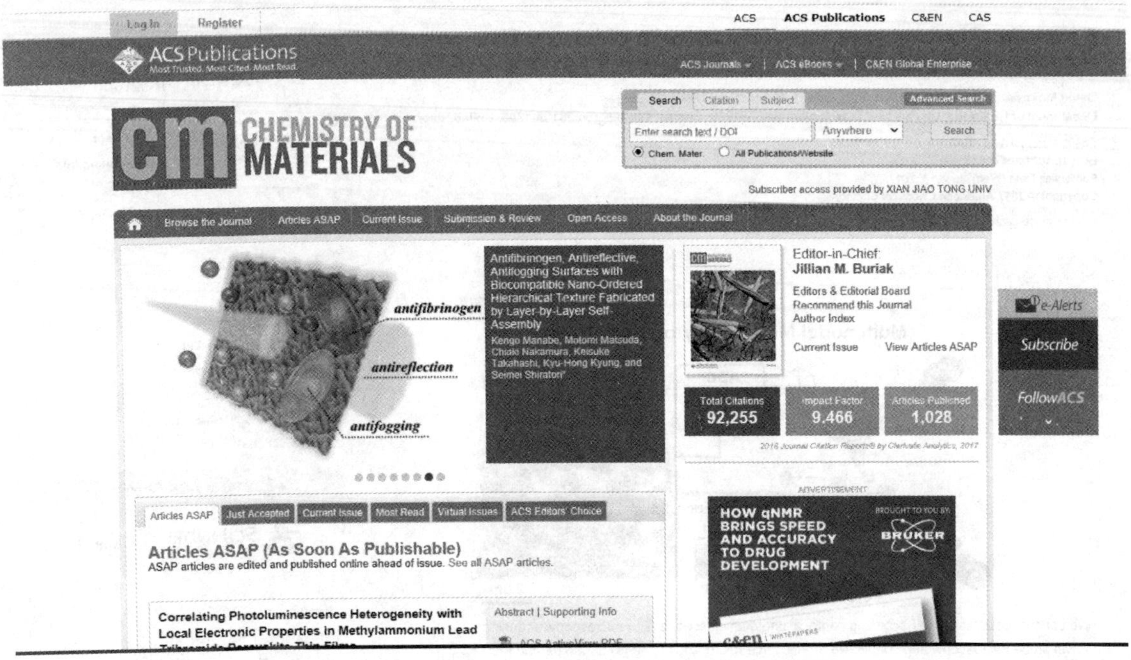

图 4-58　期刊信息

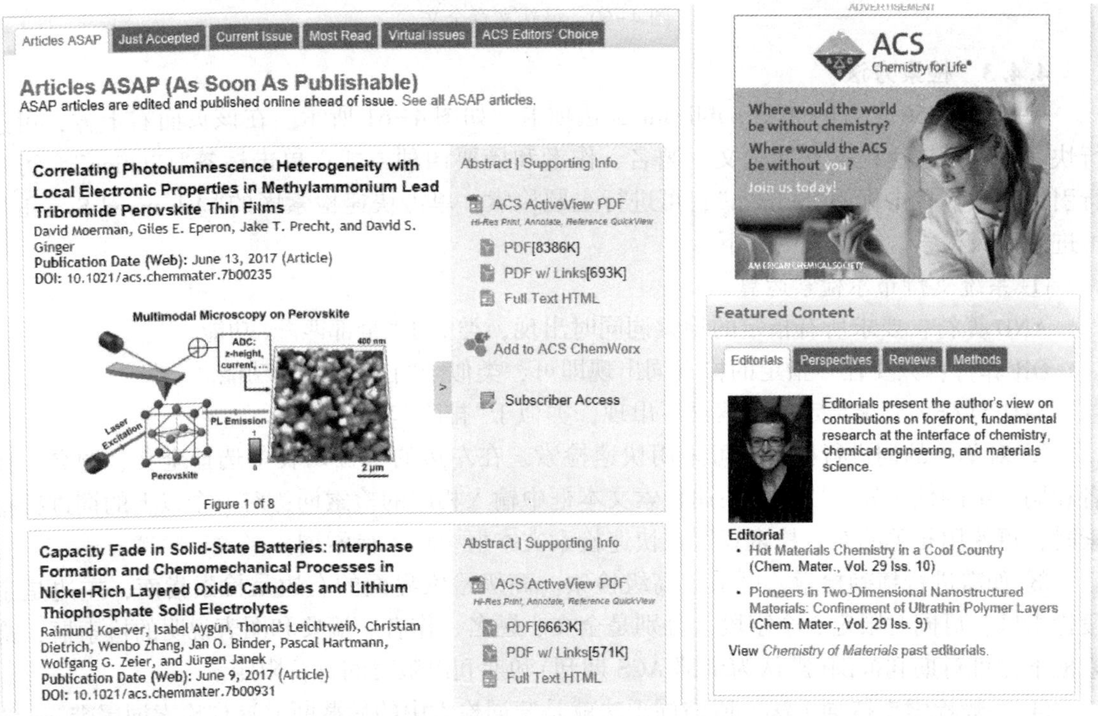

图 4-59　最新文章信息

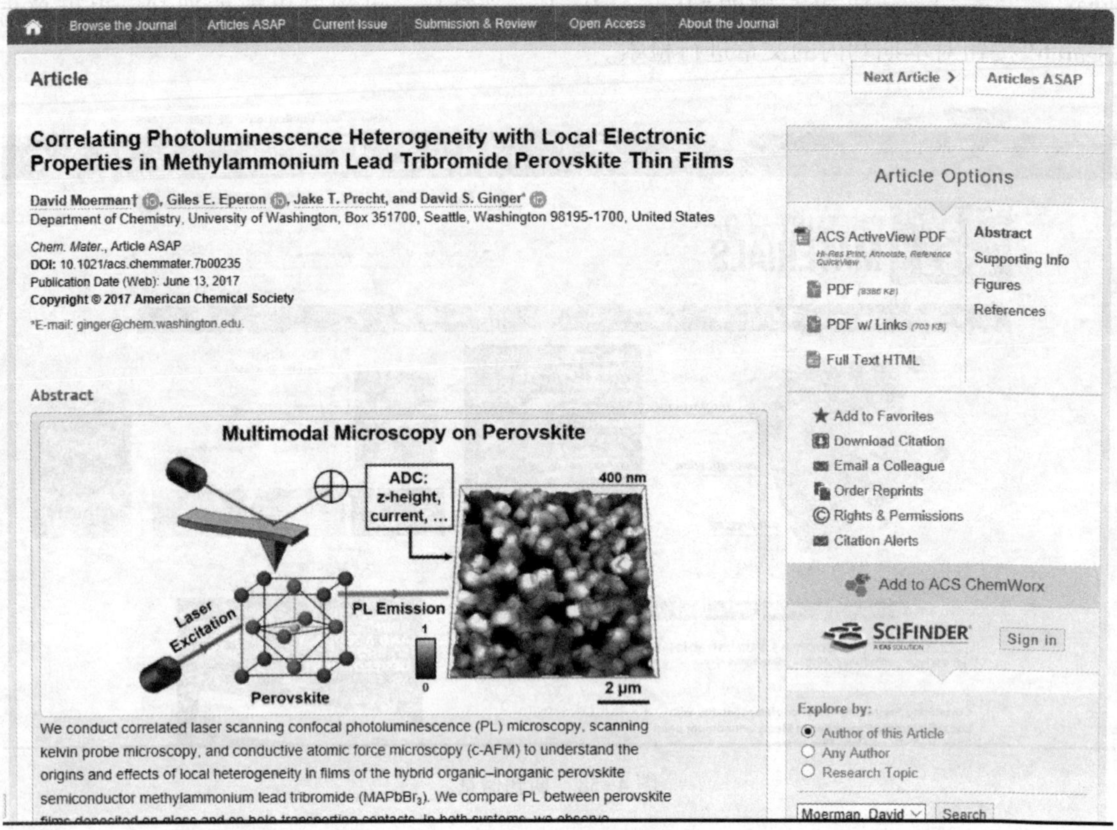

图 4-60 最新文章全文

4.4.3 检索方法

单击图 4-56 上方的 ACS publications 选项卡，如图 4-61 所示。在该页面右上方，可进行快速检索，快速检索支持全文、题名、作者和摘要四种方式；单击标签“Citation”，可进行引用检索；单击标签“Subject”，可进行主题检索；单击快速检索区的“Advanced Search”，可进入高级检索。检索规则如下：

① 系统支持布尔检索运算。

AND 算符：要求所有指定的检索词同时出现，类似于“全部匹配”功能。

OR 算符：只要任一指定的检索词出现即可，类似于“任一匹配”功能。

NOT 算符：要求指定的检索词不出现，类似于“排除”功能。

② 对单一的词进行检索，可采用快速检索，在左边的下拉列表中选择全文、题名、作者和摘要中的任一处字段，在快速检索文本框中输入相应的检索词；对一个以上的词进行检索时，可使用相关的布尔检索算符在快速检索文本框中输入检索词。

③ 如需进行精确检索，可采用高级检索。高级检索界面的右边是检索指南，左边是字段检索区，可同时限定 5 个字段，分别是全文、题名、作者、摘要和图表说明的检索框，检索框下方可对期刊范围（默认为全部 ACS 期刊）和期刊出版时间进行限定。

④ 一般检索支持词干法，所谓词干法就是截词检索中的后截断，这样检索词尾带 ing 的词可以省略。

词干法在全文检索中是很有用的，可检索出各种相关匹配的词。但在著者检索中却

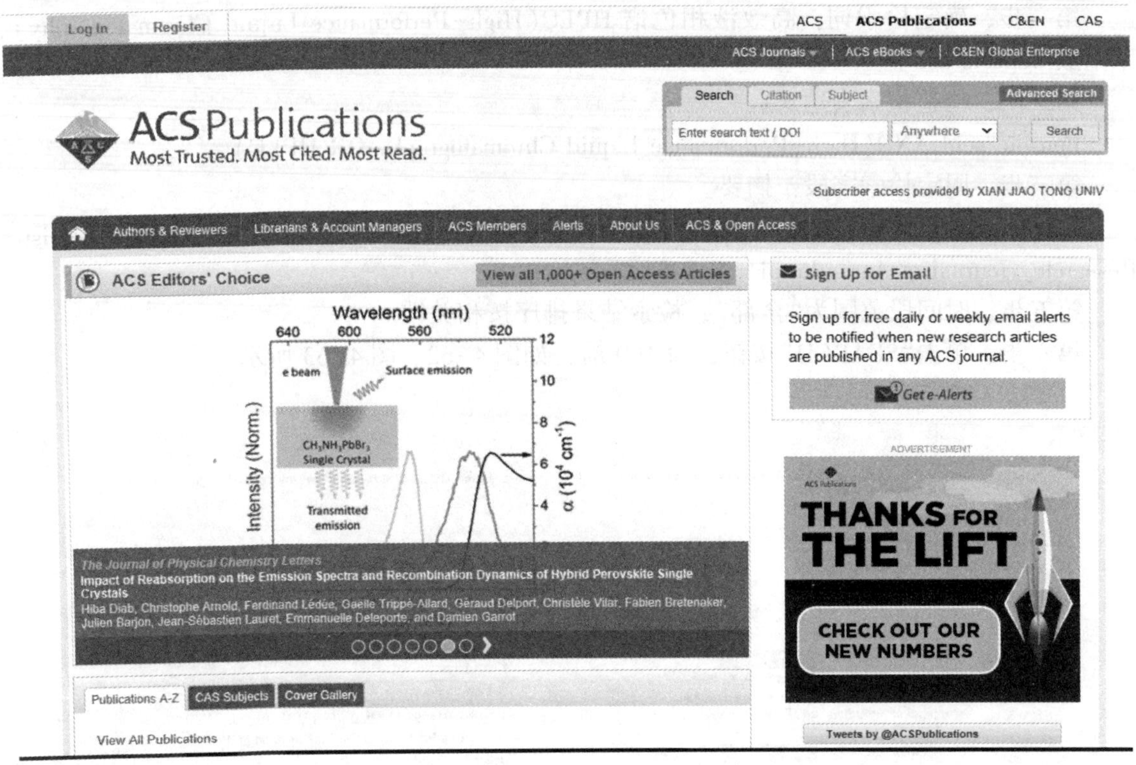

图 4-61　期刊搜索

没什么帮助，例如检索名为 pauling 的著者，在返回的结果中可出现各种各样含有 paul 的词干，如 paul、Paul、Pauling 和 Pauline，然而，著者名第一个字母如用大写字母开头则忽略词干法这一功能，这样检索的结果中仅出现带有大写字母开头的 Pauling 文章，见表4-4。

表 4-4　词干法在著者检索中的应用对比

著者检索	检索原则	检索结果
pauling	使用词干法，可将各种各样含有 paul 词干的著者都检出	命中 11000 余条，检出各种各样含有 paul 词干的著者，如 paul，Paul，Pauling，Pauline
Pauling	不考虑词干法	命中 62 条，将著者名第一个字母改用大写字母 P 开头，只检出含有著者 Pauling 的文章
johning	使用词干法，可将各种各样含有 john 词干的著者都检出	命中 24000 条，检出各种各样含有 john 词干的著者，如 john，Johning
Johning	不考虑词干法	如将著者名第一个字母改用大写字母 J 开头，则检索结果为 0

在检索结果页中，每条检索结果都是按照检索结果相关性百分比排列的，这个相关数字是根据加权参数来计算的，最为重要的是“密度”计算，它按下列公式计算：

密度 = 检索词出现的次数/文章中所有词的数量

如检索“酸”，一篇 100 个词的文章中只出现一个“酸”，就比一篇 1000 个词文章中出现两个“酸”的密度高。即为什么附录、刊物常有较高的相关性，就是因为这些文章非常短，因此词的密度相对高。

例如用高效液相色谱测定苯甲酸的含量，步骤为：

第一步，确定检索词：高效液相色谱 HPLC(High-Performance Liquid Chromatography)、苯甲酸 Benzoic acid。

第二步，构造检索表达式：

Benzoic acid AND(High-Performance Liquid Chromatography OR HPLC)。

第三步，限定检索字段：摘要。

第四步，期刊限定：Industrial & Engineering Chemistry、Industrial & Engineering Chemistry Research、Journal of Agricultural and Food Chemisriy。

第五步，时间段范围为“全部”，检索结果排序按相关性。

第六步，单击“SEARCH”按钮，命中 9 篇，如图 4-62、图 4-63 所示。

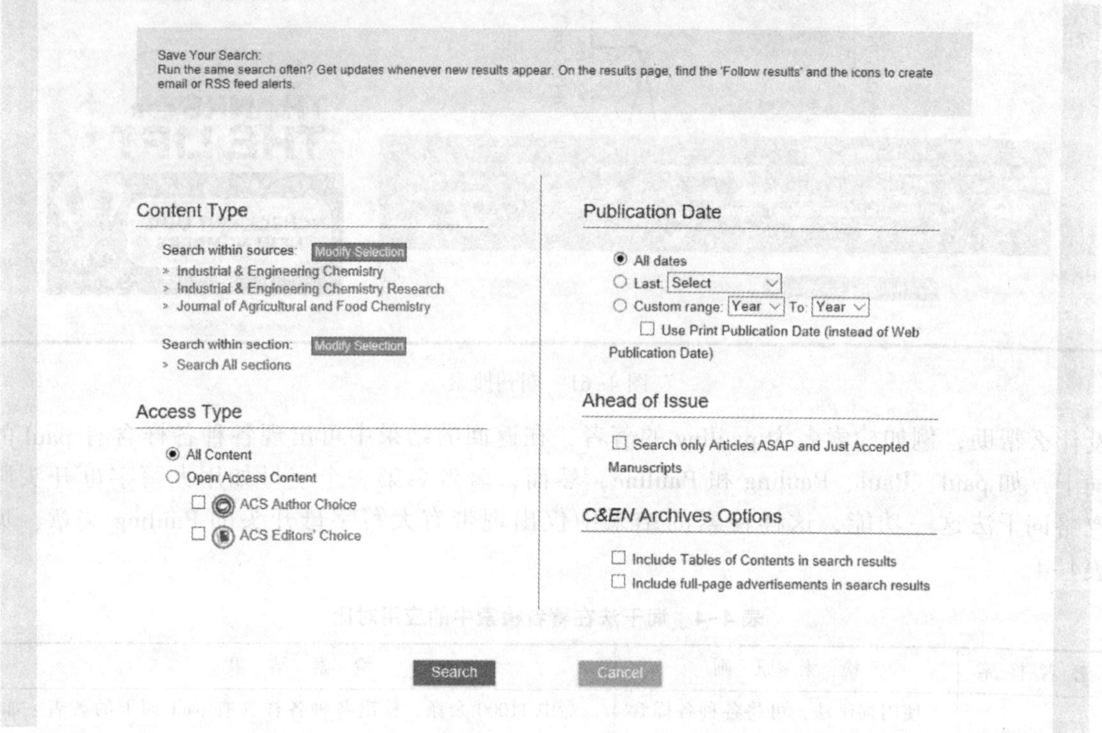

图 4-62 检索过程

最后，单击图 4-63 中某篇的 HTML 或 PDF(需事先安装 Acrobat Reader 5.0 以上版本的 PDF 浏览器)链接，即可打开全文显示格式，如图 4-64、图 4-65 所示。

4.4.4 E-mail 通知服务

E-mail 通知服务是美国化学学会期刊库的一个特色，用户通过定制 E-mail 通知服务，可阅读到最新的期刊论文。用户若想定制 E-mail 栏目链接，其下设有 ASAP 通知服务和 TOC 通知服务。

(1) ASAP 通知服务

ASAP(As Soon As Publishable)的字面意思为最新出版物，在此的含义是在第一时间内查阅到被作者授权发布、尚未正式出版的最新文章。

用户若要定制 ASAP 通知服务，首先要在其下单击 REGISTER FOR ASAP ALERTS 进行注册，然后填写注册内容：有姓名、地区、电子邮箱、职业、感兴趣的领域、喜爱的期刊以

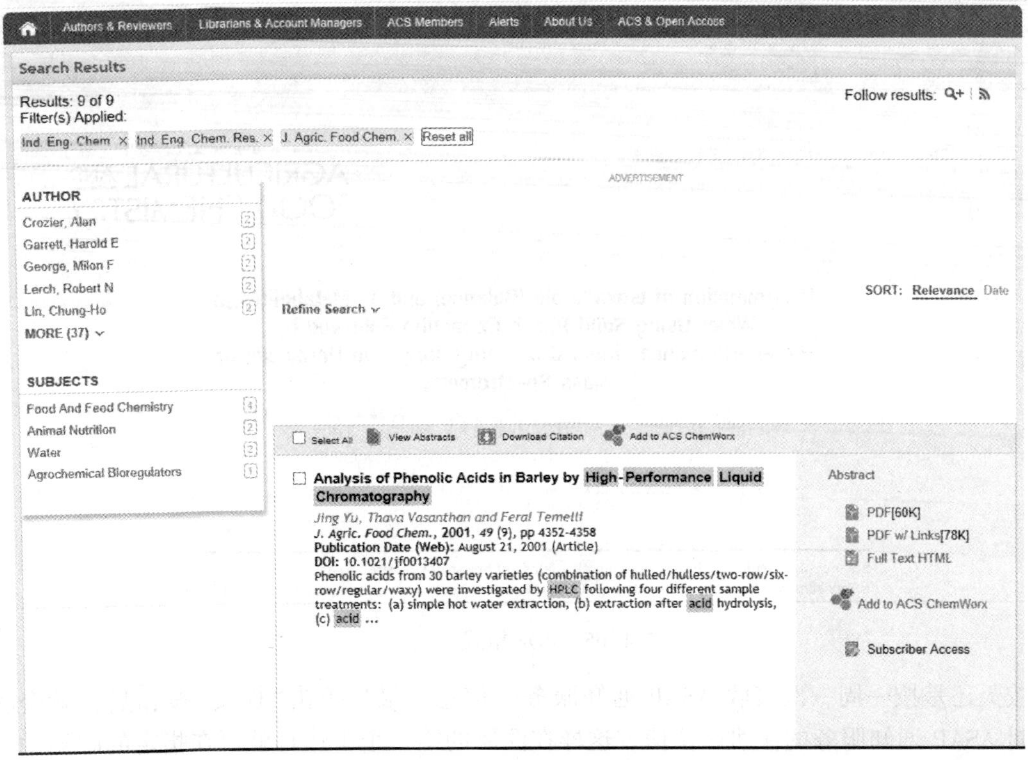

图 4-63　检索结果

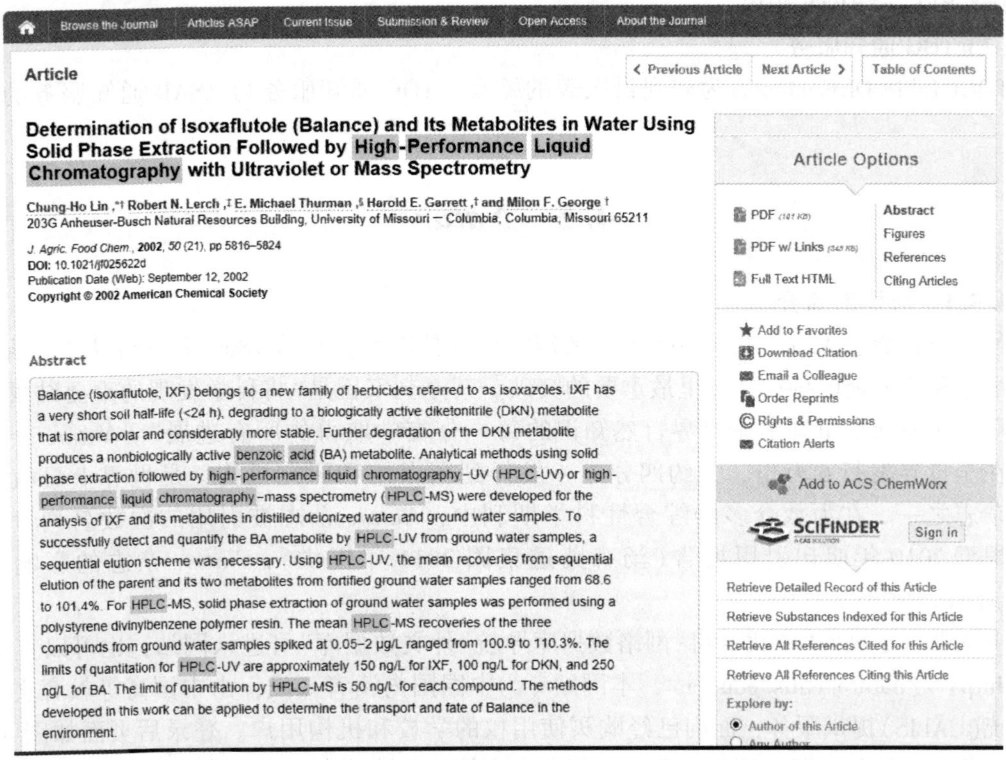

图 4-64　全文显示

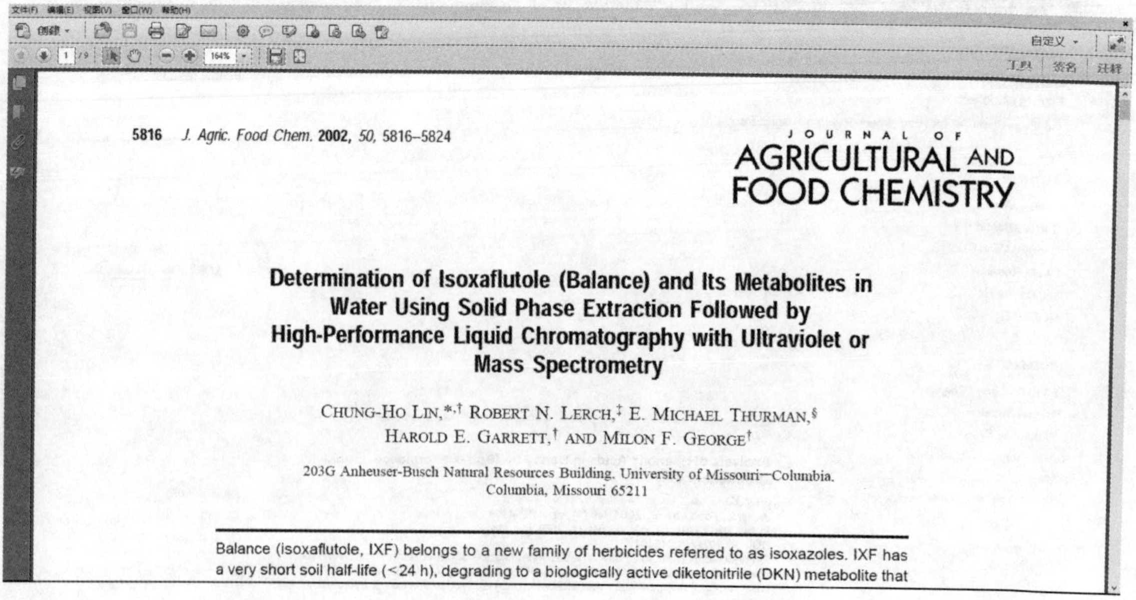

5816 J. Agric. Food Chem. 2002, 50, 5816–5824

JOURNAL OF AGRICULTURAL AND FOOD CHEMISTRY

Determination of Isoxaflutole (Balance) and Its Metabolites in Water Using Solid Phase Extraction Followed by High-Performance Liquid Chromatography with Ultraviolet or Mass Spectrometry

CHUNG-HO LIN,*,† ROBERT N. LERCH,‡ E. MICHAEL THURMAN,§ HAROLD E. GARRETT,† AND MILON F. GEORGE†

203G Anheuser-Busch Natural Resources Building, University of Missouri—Columbia, Columbia, Missouri 65211

Balance (isoxaflutole, IXF) belongs to a new family of herbicides referred to as isoxazoles. IXF has a very short soil half-life (<24 h), degrading to a biologically active diketonitrile (DKN) metabolite that

图 4-65　PDF 格式的全文

及是按天还是按一周一次接收 ASAP 通知服务等信息，最后单击“提交”按钮后，就会收到第一封 ASAP 通知服务的注册确认信。这样在注册的第二个工作日就可在指定的邮箱中定期接收到所订购期刊的最新信息。如不想订购或要修订某种期刊，则单击 UNSUBSCRIBE OR MODIFY REGISTRION 按钮。

（2）TOC 通知服务

TOC（Table Of Contents）为期刊目次表的缩写。TOC 通知服务与 ASAP 通知服务的定制类似。

4.5　*Nature*

4.5.1　数据库简介

英国著名杂志 *Nature* 是世界上最早的国际性科技期刊，自从 1869 年创刊以来，始终如一地报道和评论全球科技领域里最重要的突破。其办刊宗旨是“将科学发现的重要结果介绍给公众，让公众尽早知道全世界自然知识的每一分支中取得的所有进展”。*Nature* 杂志每星期在全世界发行 6 万份，大约四分之一发行到图书馆和研究机构，是世界上最权威的科学杂志之一。在为数众多的综合性科学期刊中，*Nature* 杂志被引用的次数名列世界第一。根据 2010 年期刊引用报告（汤森路透集团 2011 年提供），*Nature* 杂志的影响因子为 36.101。

由图书馆主页的“查找资料-网络数据库导航-外文数据库”可进入网站，也可以直接 IP 登录 http：//nature. calis. edu. cn/，本网站专为中国国内读者而设，由中国高等教育文献保障系统（CALIS）提供服务，面向已经购买使用权的学校和机构用户。登录后页面如图 4-66 所示，网页上部分为期刊浏览及简单、复杂查询等功能选项，既有浏览功能又有检索功能。

Nature 主网站网址为：http：//www. nature. com/nature/，其主页如图 4-67 所示。

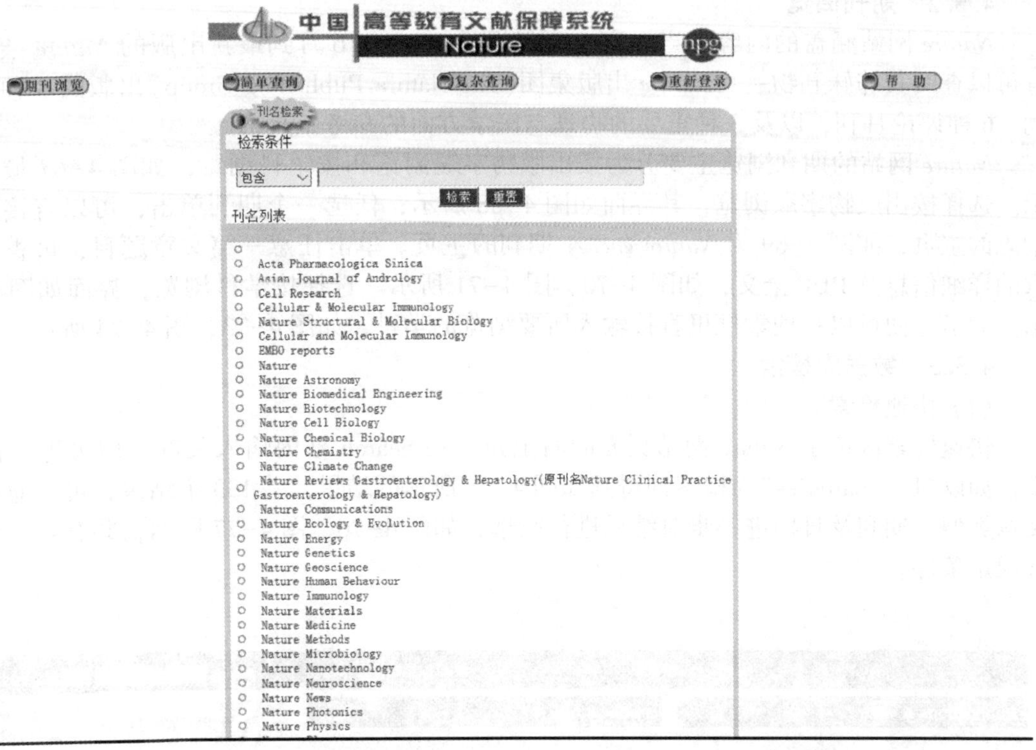
中国高等教育文献保障系统
Nature
npg
期刊浏览
简单查询
复杂查询
重新登录
帮 助
刊名检索
检索条件
包含
检索
重置
刊名列表
Acta Pharmacologica Sinica
Asian Journal of Andrology
Cell Research
Cellular & Molecular Immunology
Nature Structural & Molecular Biology
Cellular and Molecular Immunology
EMBO reports
Nature
Nature Astronomy
Nature Biomedical Engineering
Nature Biotechnology
Nature Cell Biology
Nature Chemical Biology
Nature Chemistry
Nature Climate Change
Nature Reviews Gastroenterology & Hepatology(原刊名Nature Clinical Practice Gastroenterology & Hepatology)
Nature Communications
Nature Ecology & Evolution
Nature Energy
Nature Genetics
Nature Geoscience
Nature Human Behaviour
Nature Immunology
Nature Materials
Nature Medicine
Nature Methods
Nature Microbiology
Nature Nanotechnology
Nature Neuroscience
Nature News
Nature Photonics
Nature Physics

图 4-66

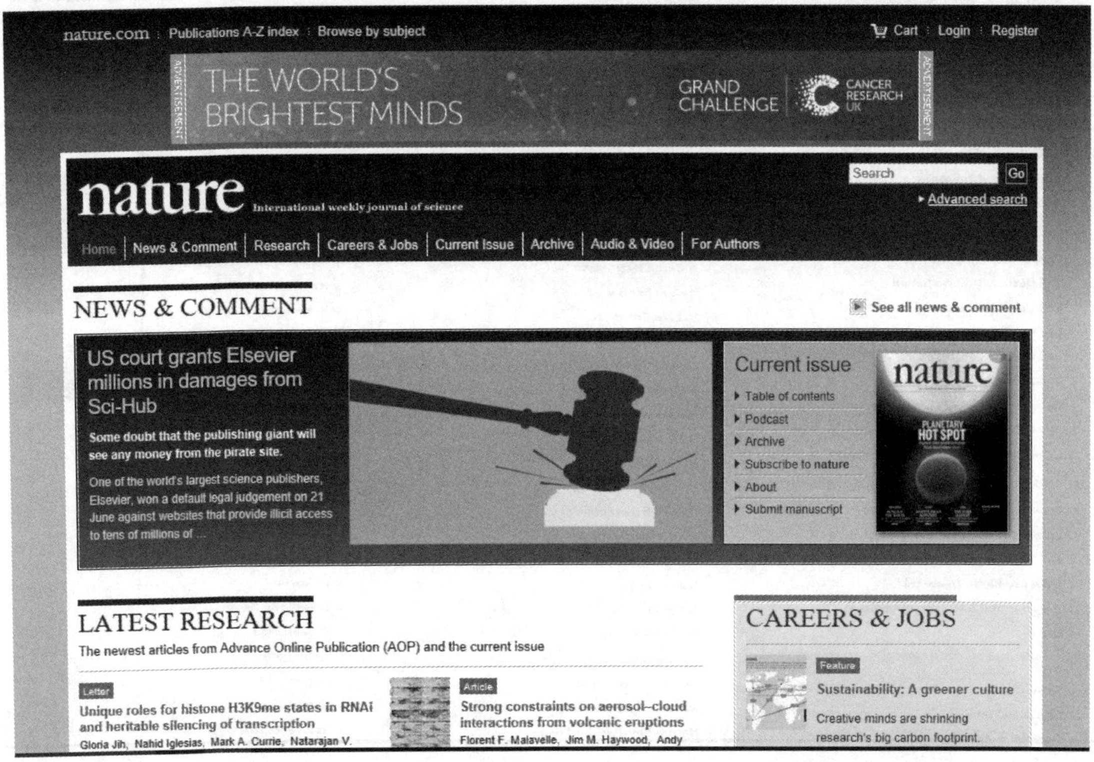
nature.com
Publications A-Z index
Browse by subject
Cart
Login
Register
ADVERTISEMENT
THE WORLD'S BRIGHTEST MINDS
GRAND CHALLENGE
CANCER RESEARCH UK
nature
International weekly journal of science
Search
Go
Advanced search
Home
News & Comment
Research
Careers & Jobs
Current Issue
Archive
Audio & Video
For Authors
NEWS & COMMENT
See all news & comment
US court grants Elsevier millions in damages from Sci-Hub
Some doubt that the publishing giant will see any money from the pirate site.
One of the world's largest science publishers, Elsevier, won a default legal judgement on 21 June against websites that provide illicit access to tens of millions of ...
Current issue
Table of contents
Podcast
Archive
Subscribe to nature
About
Submit manuscript
nature
PLANETARY HOT SPOT
LATEST RESEARCH
The newest articles from Advance Online Publication (AOP) and the current issue
Letter
Unique roles for histone H3K9me states in RNAi and heritable silencing of transcription
Gloria Jih, Nahid Iglesias, Mark A. Currie, Natarajan V.
Article
Strong constraints on aerosol–cloud interactions from volcanic eruptions
Florent F. Malavelle, Jim M. Haywood, Andy
CAREERS & JOBS
Feature
Sustainability: A greener culture
Creative minds are shrinking research's big carbon footprint.

图 4-67

4.5.2 期刊阅览

Nature 网站涵盖的内容相当丰富，不仅提供 1997 年 6 月到最新出版的 *Nature* 杂志，而且可以查阅其姊妹刊物——*Nature* 出版集团(The Nature Publishing Group)出版的 8 种研究月刊、6 种评论月刊，以及 3 种重要的物理与医学方面的参考工具书。

Nature 网站的期刊浏览主要分为按出版物字顺浏览和按学科浏览，如图 4-67 最上部所示。选择按出版物字顺浏览，其界面如图 4-68 所示；任选一个期刊单击，可以直接进入该杂志的主页，如图 4-69 为 *Nature energy* 期刊的主页。单击任意一篇文章题目，可查看该文章的详细信息及 PDF 全文，如图 4-70、图 4-71 所示。选择按学科浏览，界面如图4-72所示。为了方便可以在搜索框里直接输入所要浏览的学科，如图 4-73、图 4-74 所示。

4.5.3 数据库检索

(1) 快速检索

快速检索区位于 *Nature* 网站页面的右上角，在 Search 框内输入关键词即可进行快速检索，如以“L-S batteries”为检索词得到如图 4-75 所示的结果，共 133 个结果，可以通过限定文章类型、期刊及日期进一步对结果进行筛选，如图 4-76、图 4-77 所示，共有 4 个结果符合限定条件。

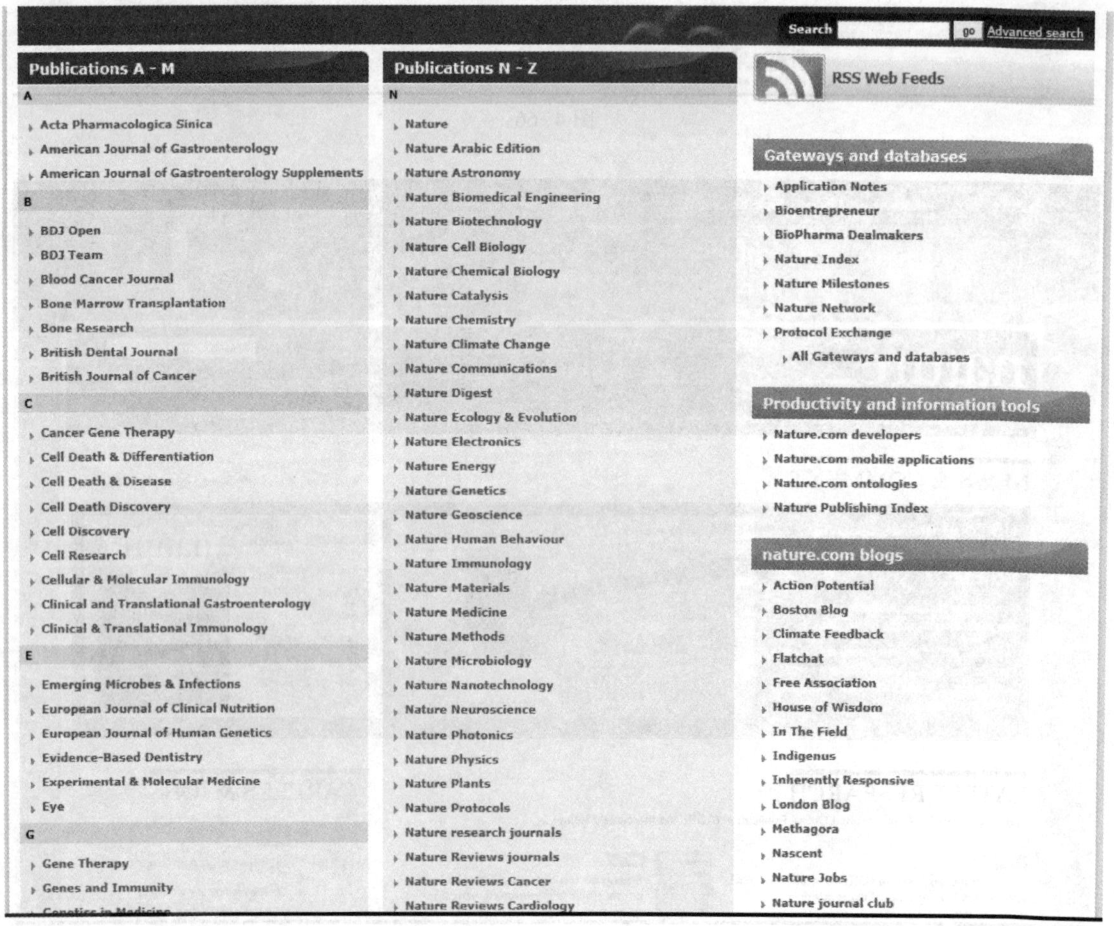

图 4-68

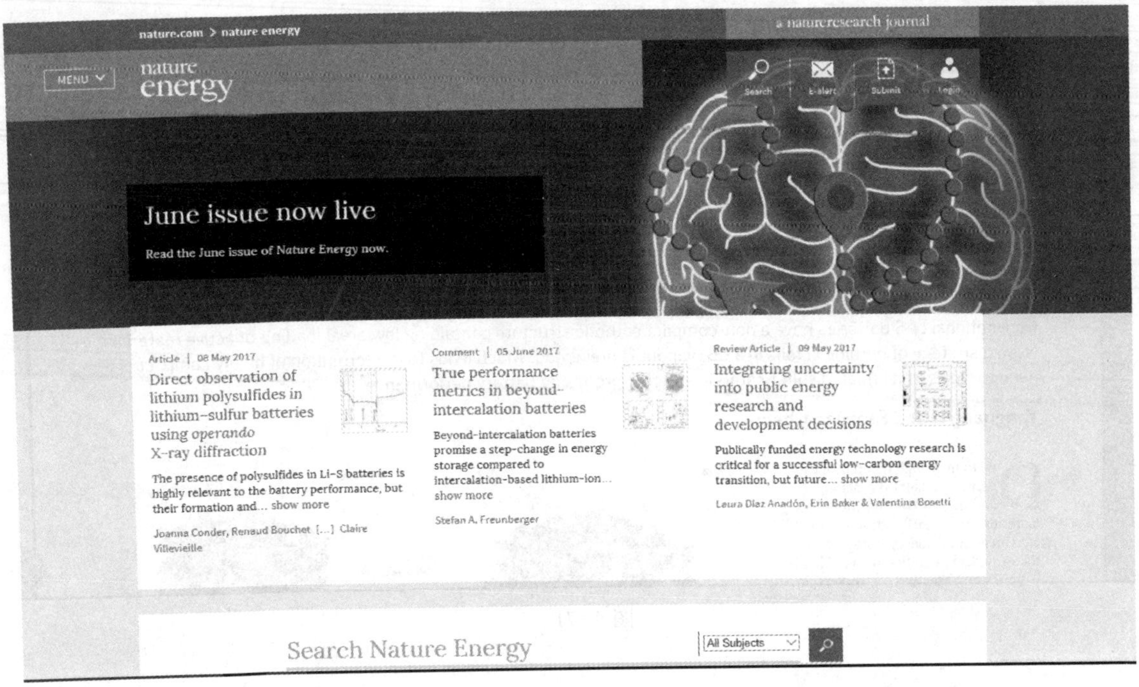
nature.com > nature energy
a natureresearch journal
MENU
nature energy
Search
E-alert
Submit
Login
June issue now live
Read the June issue of Nature Energy now.
Article | 08 May 2017
Direct observation of lithium polysulfides in lithium–sulfur batteries using operando X-ray diffraction
The presence of polysulfides in Li–S batteries is highly relevant to the battery performance, but their formation and... show more
Joanna Conder, Renaud Bouchet [...] Claire Villevieille
Comment | 05 June 2017
True performance metrics in beyond-intercalation batteries
Beyond-intercalation batteries promise a step-change in energy storage compared to intercalation-based lithium-ion... show more
Stefan A. Freunberger
Review Article | 09 May 2017
Integrating uncertainty into public energy research and development decisions
Publically funded energy technology research is critical for a successful low-carbon energy transition, but future... show more
Laura Díaz Anadón, Erin Baker & Valentina Bosetti
Search Nature Energy
All Subjects

图 4-69

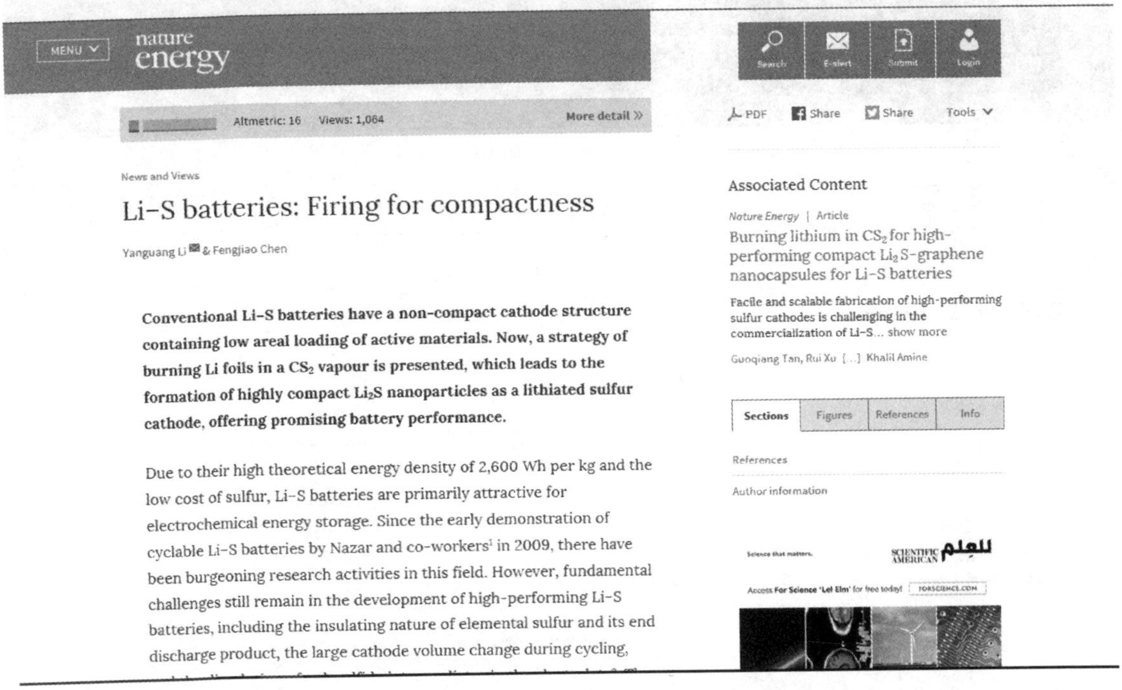
MENU
nature energy
Search
E-alert
Submit
Login
Altmetric: 16 Views: 1,064
More detail »
PDF
Share
Share
Tools
News and Views
Li–S batteries: Firing for compactness
Yanguang Li & Fengjiao Chen
Conventional Li–S batteries have a non-compact cathode structure containing low areal loading of active materials. Now, a strategy of burning Li foils in a CS2 vapour is presented, which leads to the formation of highly compact Li2S nanoparticles as a lithiated sulfur cathode, offering promising battery performance.
Due to their high theoretical energy density of 2,600 Wh per kg and the low cost of sulfur, Li–S batteries are primarily attractive for electrochemical energy storage. Since the early demonstration of cyclable Li–S batteries by Nazar and co-workers1 in 2009, there have been burgeoning research activities in this field. However, fundamental challenges still remain in the development of high-performing Li–S batteries, including the insulating nature of elemental sulfur and its end discharge product, the large cathode volume change during cycling,
Associated Content
Nature Energy | Article
Burning lithium in CS2 for high-performing compact Li2S-graphene nanocapsules for Li–S batteries
Facile and scalable fabrication of high-performing sulfur cathodes is challenging in the commercialization of Li–S... show more
Guoqiang Tan, Rui Xu [...] Khalil Amine
Sections
Figures
References
Info
References
Author information
SCIENTIFIC AMERICAN

图 4-70

PUBLISHED: 12 JUNE 2017 | VOLUME: 2 | ARTICLE NUMBER: 17096
news & views
LI-S BATTERIES
Firing for compactness
Conventional Li-S batteries have a non-compact cathode structure containing low areal loading of active materials. Now, a strategy of burning Li foils in a CS2 vapour is presented, which leads to the formation of highly compact Li2S nanoparticles as a lithiated sulfur cathode, offering promising battery performance.
Yanguang Li and Fengjiao Chen
Due to their high theoretical energy density of 2,600 Wh per kg and the low cost of sulfur, Li-S batteries are primarily attractive for electrochemical energy storage. Since the early demonstration of cyclable Li-S
a
S in carbon
LiPS escape
Li2S in carbon
Discharge
Volume expansi
图 4-71

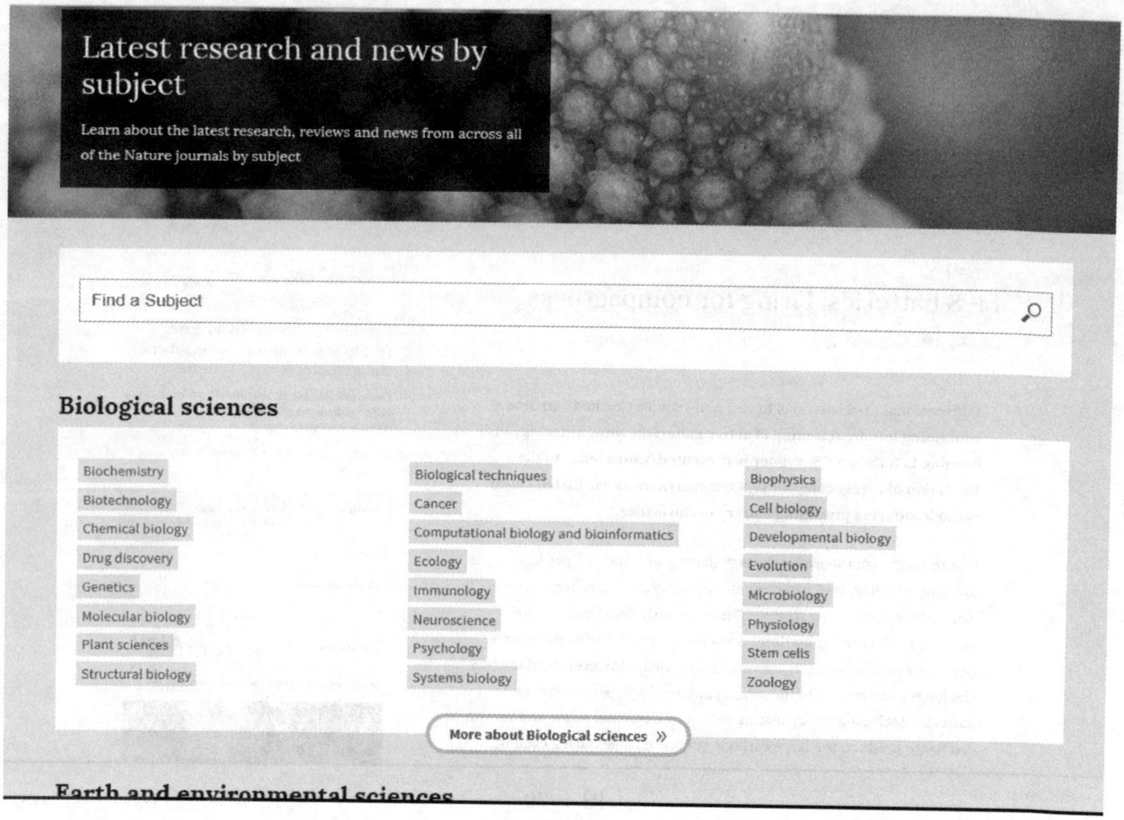
Latest research and news by subject
Learn about the latest research, reviews and news from across all of the Nature journals by subject
Find a Subject
Biological sciences
Biochemistry
Biotechnology
Chemical biology
Drug discovery
Genetics
Molecular biology
Plant sciences
Structural biology
Biological techniques
Cancer
Computational biology and bioinformatics
Ecology
Immunology
Neuroscience
Psychology
Systems biology
Biophysics
Cell biology
Developmental biology
Evolution
Microbiology
Physiology
Stem cells
Zoology
More about Biological sciences »
图 4-72

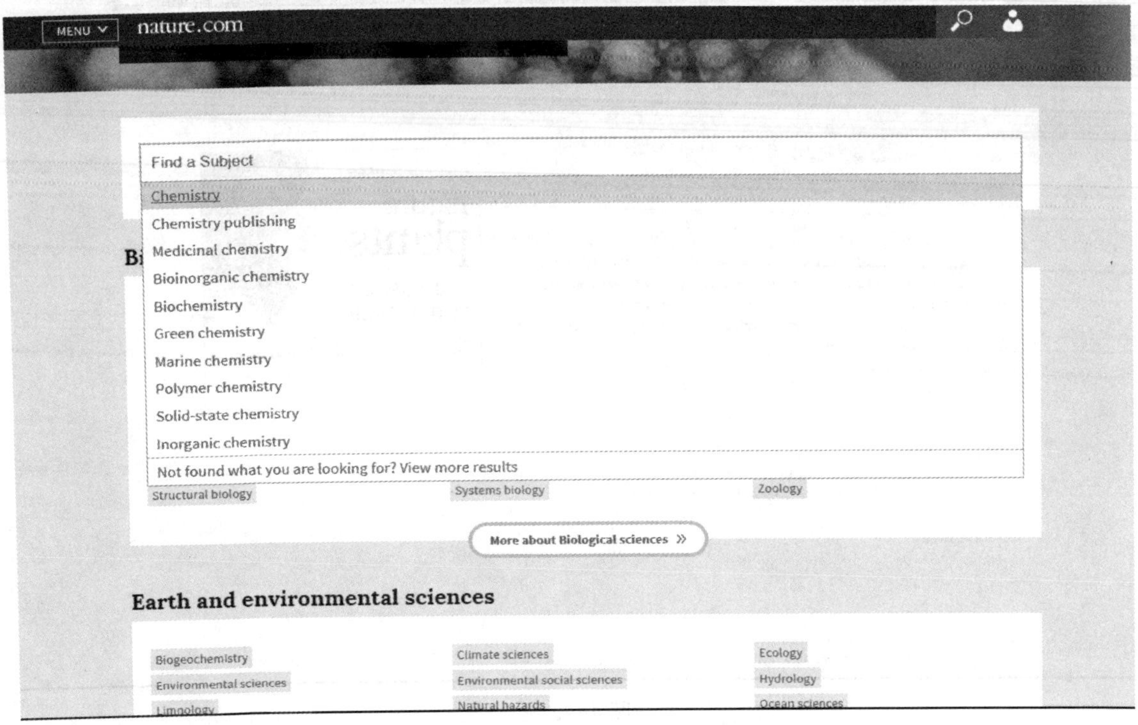
MENU
nature.com
Find a Subject
Chemistry
Chemistry publishing
Medicinal chemistry
Bioinorganic chemistry
Biochemistry
Green chemistry
Marine chemistry
Polymer chemistry
Solid-state chemistry
Inorganic chemistry
Not found what you are looking for? View more results
Structural biology
Systems biology
Zoology
More about Biological sciences
Earth and environmental sciences
Biogeochemistry
Climate sciences
Ecology
Environmental sciences
Environmental social sciences
Hydrology

图 4-73

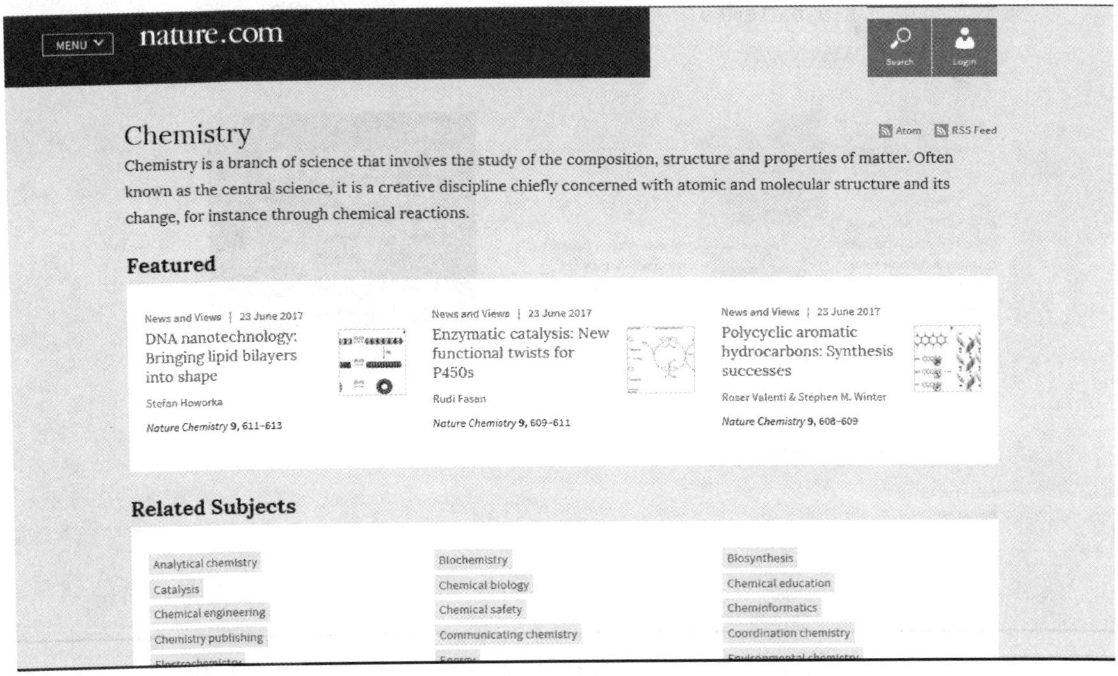
MENU
nature.com
Search
Login
Chemistry
Atom
RSS Feed
Chemistry is a branch of science that involves the study of the composition, structure and properties of matter. Often known as the central science, it is a creative discipline chiefly concerned with atomic and molecular structure and its change, for instance through chemical reactions.
Featured
News and Views | 23 June 2017
DNA nanotechnology: Bringing lipid bilayers into shape
Stefan Howorka
Nature Chemistry 9, 611–613
News and Views | 23 June 2017
Enzymatic catalysis: New functional twists for P450s
Rudi Fasan
Nature Chemistry 9, 609–611
News and Views | 23 June 2017
Polycyclic aromatic hydrocarbons: Synthesis successes
Roser Valenti & Stephen M. Winter
Nature Chemistry 9, 608–609
Related Subjects
Analytical chemistry
Biochemistry
Biosynthesis
Catalysis
Chemical biology
Chemical education
Chemical engineering
Chemical safety
Cheminformatics
Chemistry publishing
Communicating chemistry
Coordination chemistry

图 4-74

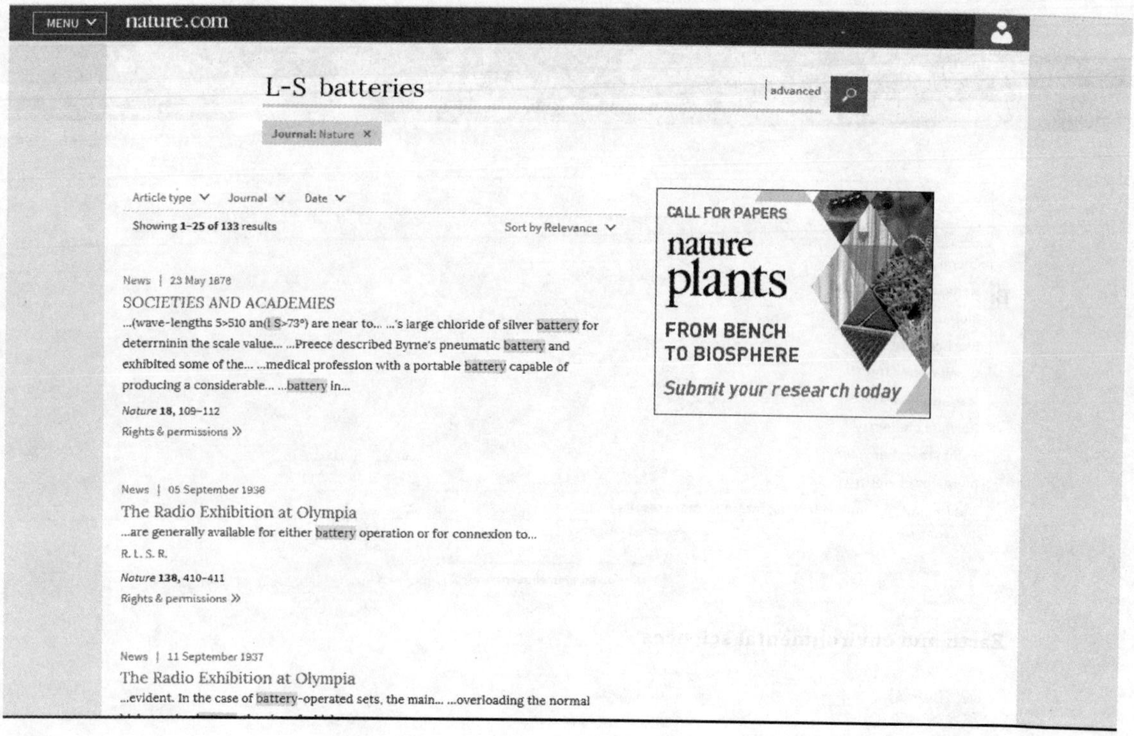
MENU
nature.com
L-S batteries
advanced
Journal: Nature ×
Article type
Journal
Date
Showing 1–25 of 133 results
Sort by Relevance
News | 23 May 1878
SOCIETIES AND ACADEMIES
...(wave-lengths 5>510 an(l S>73°) are near to... ...'s large chloride of silver battery for determinin the scale value... ...Preece described Byrne's pneumatic battery and exhibited some of the... ...medical profession with a portable battery capable of producing a considerable... ...battery in...
Nature 18, 109–112
Rights & permissions
News | 05 September 1936
The Radio Exhibition at Olympia
...are generally available for either battery operation or for connexion to...
R. L. S. R.
Nature 138, 410–411
Rights & permissions
News | 11 September 1937
The Radio Exhibition at Olympia
...evident. In the case of battery-operated sets, the main... ...overloading the normal
CALL FOR PAPERS
nature plants
FROM BENCH TO BIOSPHERE
Submit your research today

图 4-75

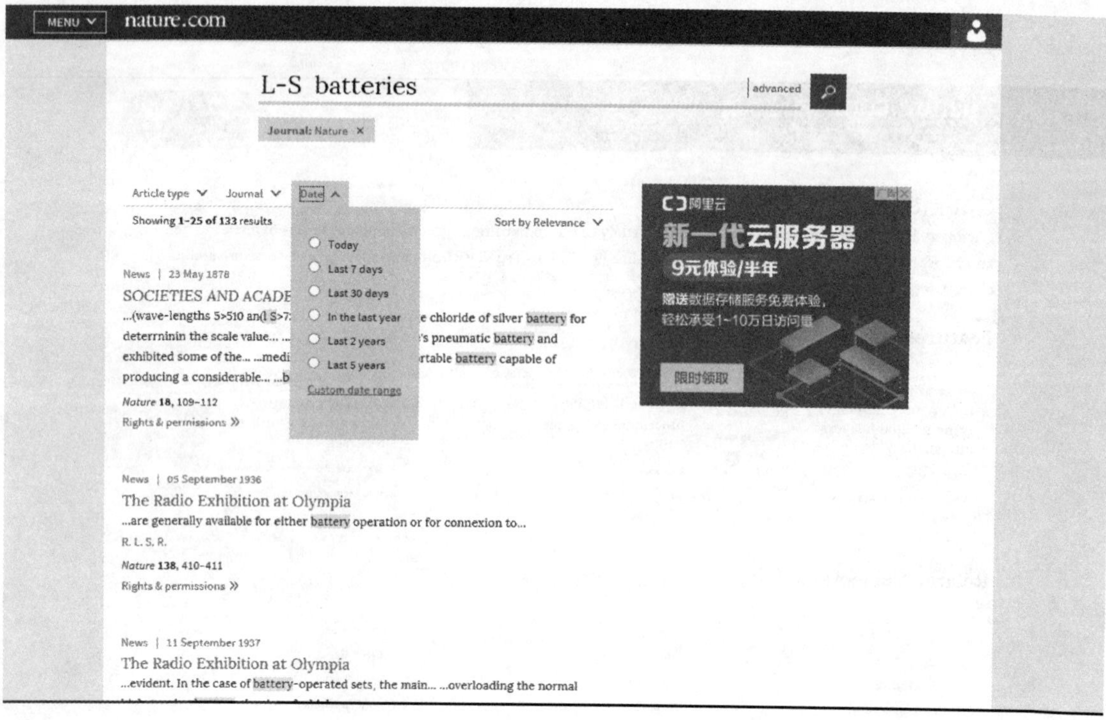
MENU
nature.com
L-S batteries
advanced
Journal: Nature ×
Article type
Journal
Date
Showing 1–25 of 133 results
Sort by Relevance
Today
Last 7 days
Last 30 days
In the last year
Last 2 years
Last 5 years
Custom date range
News | 23 May 1878
SOCIETIES AND ACADE
Nature 18, 109–112
Rights & permissions
News | 05 September 1936
The Radio Exhibition at Olympia
...are generally available for either battery operation or for connexion to...
R. L. S. R.
Nature 138, 410–411
Rights & permissions
News | 11 September 1937
The Radio Exhibition at Olympia
...evident. In the case of battery-operated sets, the main... ...overloading the normal
阿里云
新一代云服务器
9元体验/半年
赠送数据存储服务免费体验，
轻松承受1~10万日访问量
限时领取

图 4-76

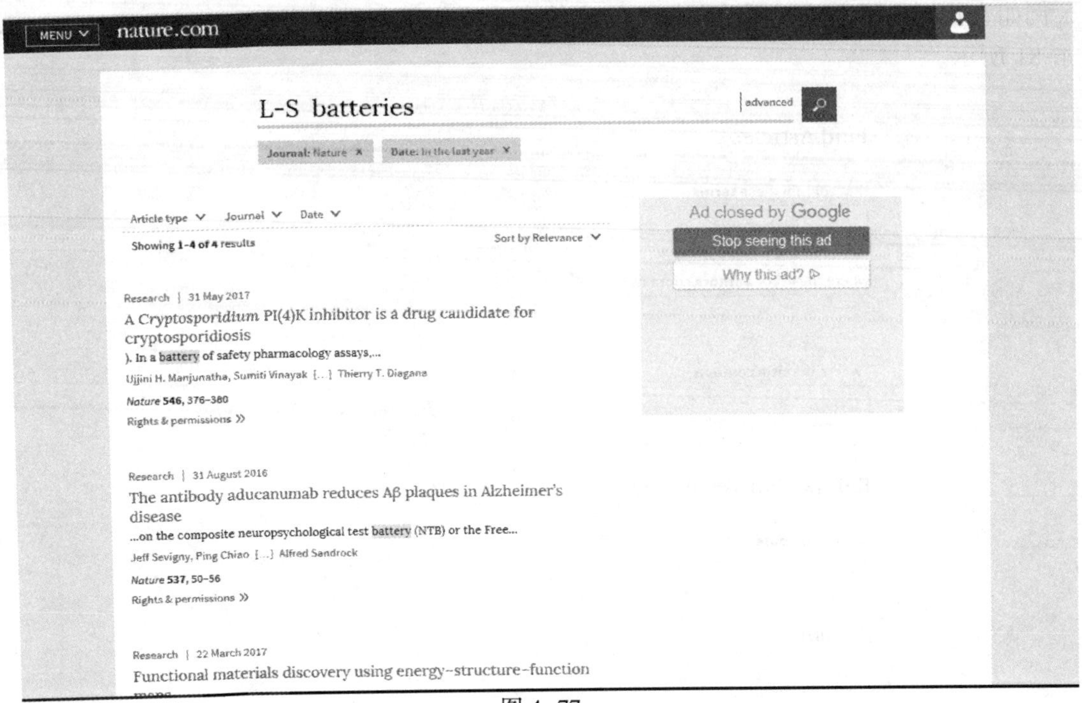

图 4-77

(2) 高级检索

点击快速检索框下方的"Advanced Search"按钮，即可进入高级检索界面，如图 4-78 所示。首先确定各种限定条件：字段限定(关键词、作者、题目等)；年限限定(1845 年至今)；期刊类型等。然后在检索文本框中输入检索词，最后单击 Search 按钮即可。

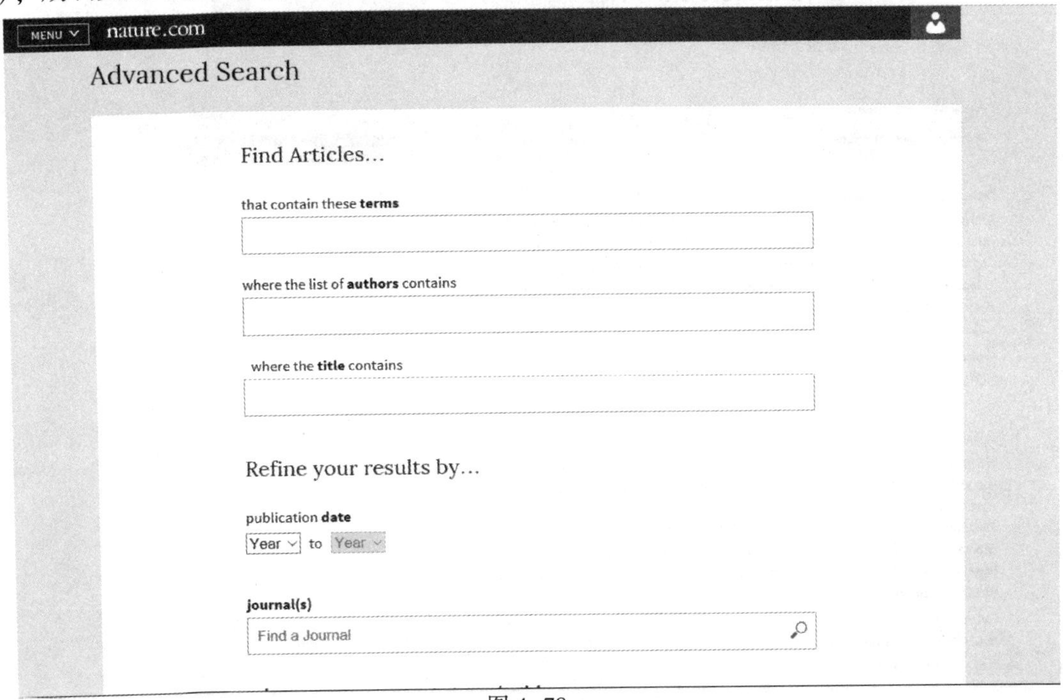

图 4-78

例如查找锂离子电池方面的文献，构造的表达式如图 4-79 所示，显示界面如图 4-80、图 4-81 所示。

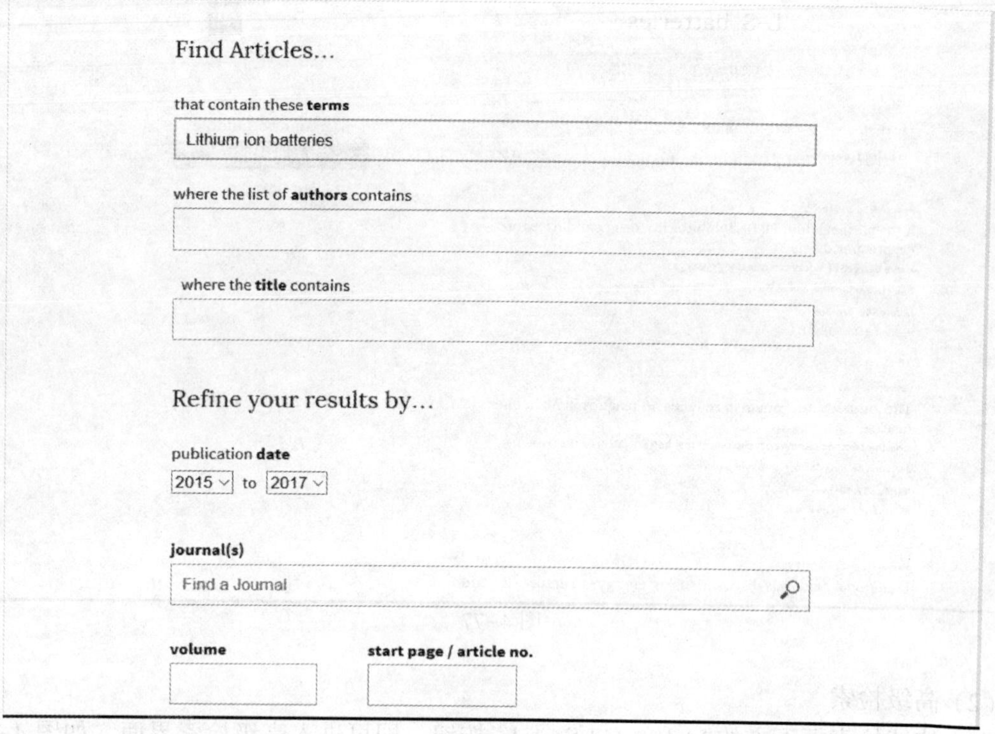

图 4-79

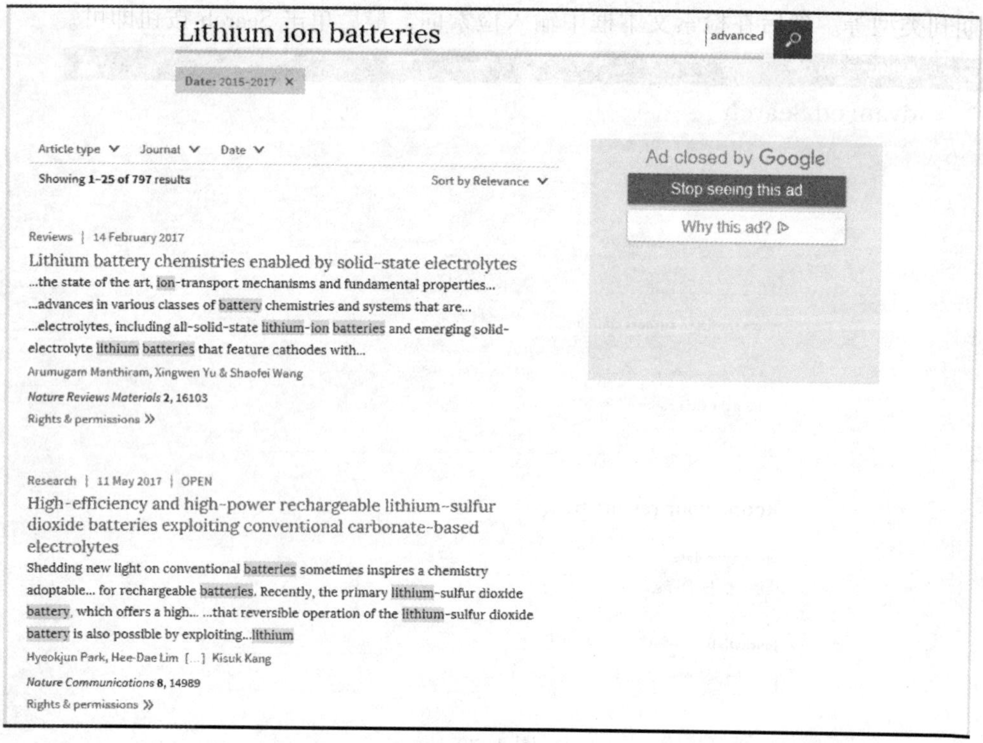

图 4-80

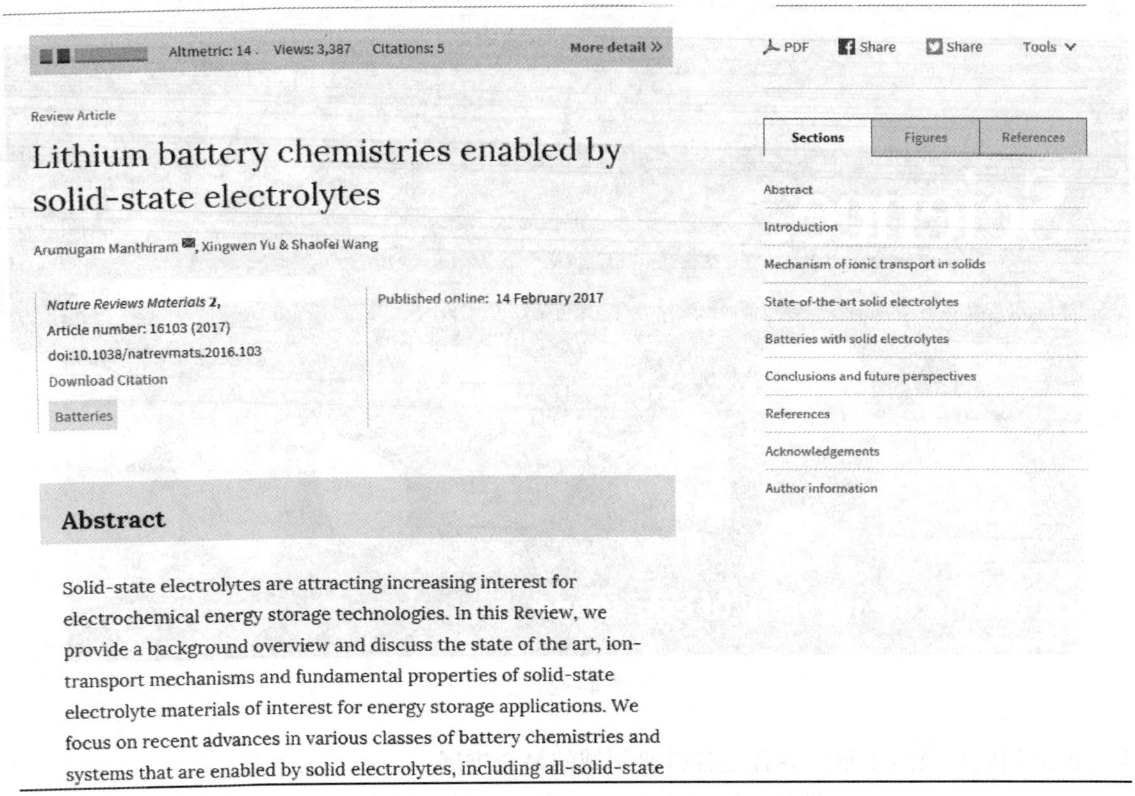

图 4-81

4.6 *Science Online*

4.6.1 数据库简介

美国《科学》周刊(*Science*)由爱迪生于 1880 年创建，现由美国科学促进会(American Association for the Advancement of Science，AAAS)出版，是在国际学术界享有盛誉的综合性科学期刊。《科学在线》(*Science Online*)是《科学》通过 Highwire 平台呈现的系列电子出版物，其主页如图 4-82 所示。

Science Online 系列数据库包括五种。

(1) *Science*(《科学》周刊)。它是 *Science Online* 最主要的部分。每周五，当《科学》周刊最新一期的印刷版向世界各地的订户投寄时，电子版的最新一期已经可以通过网络获得。现刊部分收录了自 1997 年以来的所有期刊数据。

(2) *Science Classic*。*Science Classic* 是《科学》周刊的过刊集合，收录了自创刊 1880 年至 1996 年的所有全文数据。*Science Classic* 的推出完善了 *Science Online* 的内容，让全世界的科学家通过一个简单易用的平台在所有的《Science》内容里进行搜索，并可访问到自创刊以来的所有全文内容。

(3) *Science Now*(《今日科学》)。每个工作日，《科学》周刊的新闻组都会为网上用户提供几篇 3、4 段长的、有关科研成果或科学政策的最新消息。这些消息短小精炼，使读者花

图 4-82

不多的时间就能及时了解世界各地各科研领域的最新进展。

（4）*Science Express*（《科学快讯》）。*Science Express* 是一种先进的在线出版物，*Science* 通过此来特别提供及时的研究报告，平均每周发行三篇，*Science Express* 所有的文章最终会在大约 6~8 周后，以在线和纸本形式同时出现。*Science* 现在有 15%的内容通过 *Science Express* 来出版，这些通常是最重要的文章。例如，所有关于 SARS 的内容都会最先由 *Science Express* 出版。

（5）*Science Knowledge Environment*（《科学知识环境》）。《科学》的编辑人员在《科学在线》上开辟的新服务，专为一些特殊领域的研究人员提供丰富的、互联的、可检索的信息和知识资源，包括读者自己的虚拟电子刊物、研究人员的网上社区和研究所需的资源等。目前已经运行的知识环境有两个："信号转导"（*Signal Transduction Knowledge Environment*，STKE）和"衰老科学"（*Science of Aging Knowledge Environment*，SAGE KE）。

4.6.2 期刊阅览

如图 4-82 所示，上方为导航栏，包含"News""Journals""Topics""Careers"选项，每个导航下面会有具体的指示，如图 4-83 为"Journals"导航下的具体选项，点击"Journals"即可进入 Journals 的主界面，如图 4-84 所示，*Science* 等杂志的本期内容及主要文章题目都可一目了然。

图 4-82 导航栏下方为各刊物最新一期主要文章及插图，点击图片即可查看文章的详细信息及图文简介，如图 4-85 所示。主页下拉会出现如图 4-86 所示界面，这一部分为最近新闻及本期杂志内容目录，点击题目即可查看文章详情，如图 4-87 所示。

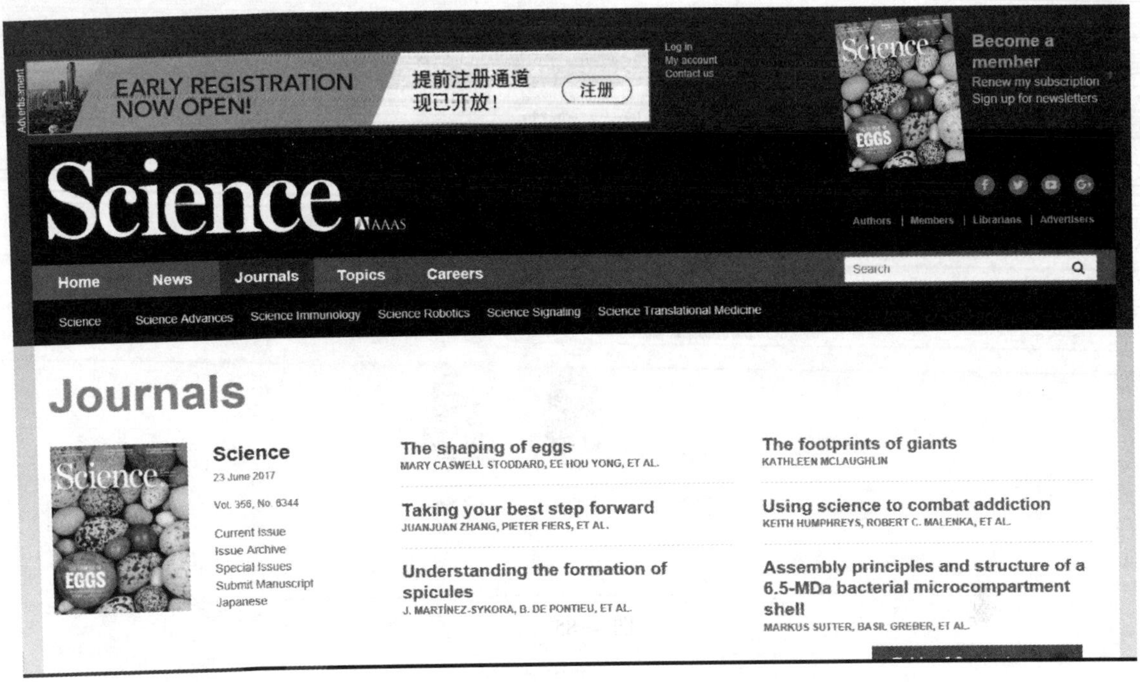
EARLY REGISTRATION NOW OPEN!
提前注册通道现已开放！
注册
Log in
My account
Contact us
Become a member
Renew my subscription
Sign up for newsletters
Science AAAS
Authors | Members | Librarians | Advertisers
Home
News
Journals
Topics
Careers
Search
Science
Science Advances
Science Immunology
Science Robotics
Science Signaling
Science Translational Medicine
Journals
Science
23 June 2017
Vol. 356, No. 6344
Current Issue
Issue Archive
Special Issues
Submit Manuscript
Japanese
The shaping of eggs
MARY CASWELL STODDARD, EE HOU YONG, ET AL.
Taking your best step forward
JUANJUAN ZHANG, PIETER FIERS, ET AL.
Understanding the formation of spicules
J. MARTÍNEZ-SYKORA, B. DE PONTIEU, ET AL.
The footprints of giants
KATHLEEN MCLAUGHLIN
Using science to combat addiction
KEITH HUMPHREYS, ROBERT C. MALENKA, ET AL.
Assembly principles and structure of a 6.5-MDa bacterial microcompartment shell
MARKUS SUTTER, BASIL GREBER, ET AL.

图 4-83

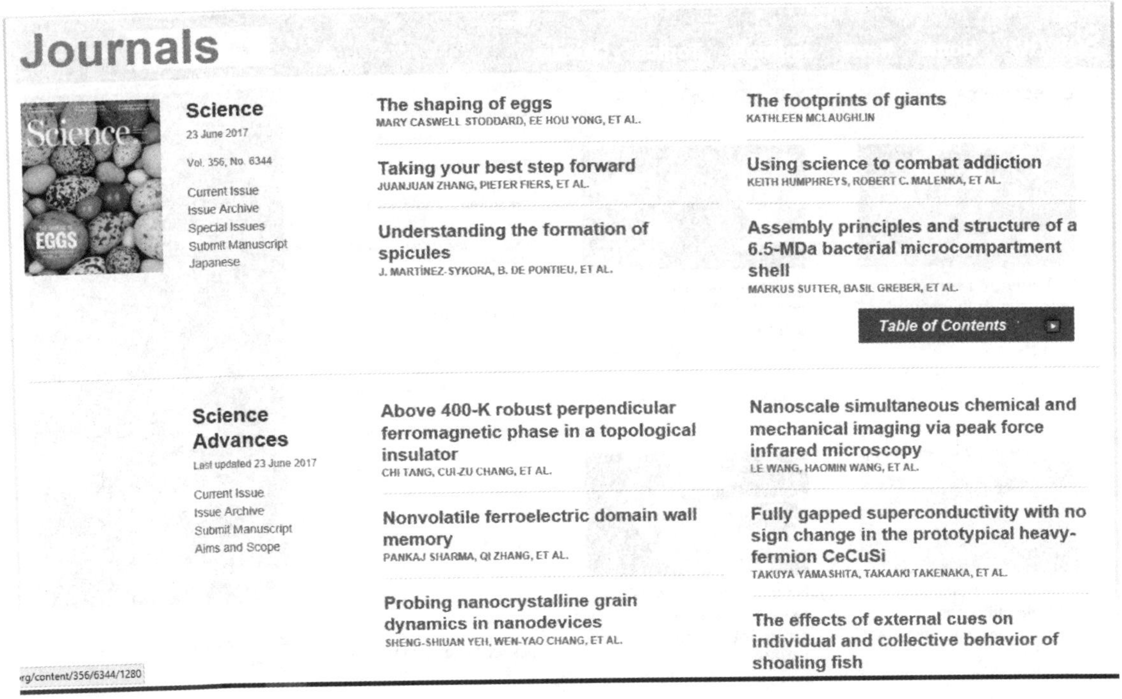
Journals
Science
23 June 2017
Vol. 356, No. 6344
Current Issue
Issue Archive
Special Issues
Submit Manuscript
Japanese
The shaping of eggs
MARY CASWELL STODDARD, EE HOU YONG, ET AL.
Taking your best step forward
JUANJUAN ZHANG, PIETER FIERS, ET AL.
Understanding the formation of spicules
J. MARTÍNEZ-SYKORA, B. DE PONTIEU, ET AL.
The footprints of giants
KATHLEEN MCLAUGHLIN
Using science to combat addiction
KEITH HUMPHREYS, ROBERT C. MALENKA, ET AL.
Assembly principles and structure of a 6.5-MDa bacterial microcompartment shell
MARKUS SUTTER, BASIL GREBER, ET AL.
Table of Contents
Science Advances
Last updated 23 June 2017
Current Issue
Issue Archive
Submit Manuscript
Aims and Scope
Above 400-K robust perpendicular ferromagnetic phase in a topological insulator
CHI TANG, CUI-ZU CHANG, ET AL.
Nonvolatile ferroelectric domain wall memory
PANKAJ SHARMA, QI ZHANG, ET AL.
Probing nanocrystalline grain dynamics in nanodevices
SHENG-SHIUAN YEH, WEN-YAO CHANG, ET AL.
Nanoscale simultaneous chemical and mechanical imaging via peak force infrared microscopy
LE WANG, HAOMIN WANG, ET AL.
Fully gapped superconductivity with no sign change in the prototypical heavy-fermion CeCuSi
TAKUYA YAMASHITA, TAKAAKI TAKENAKA, ET AL.
The effects of external cues on individual and collective behavior of shoaling fish
rg/content/356/6344/1280

图 4-84

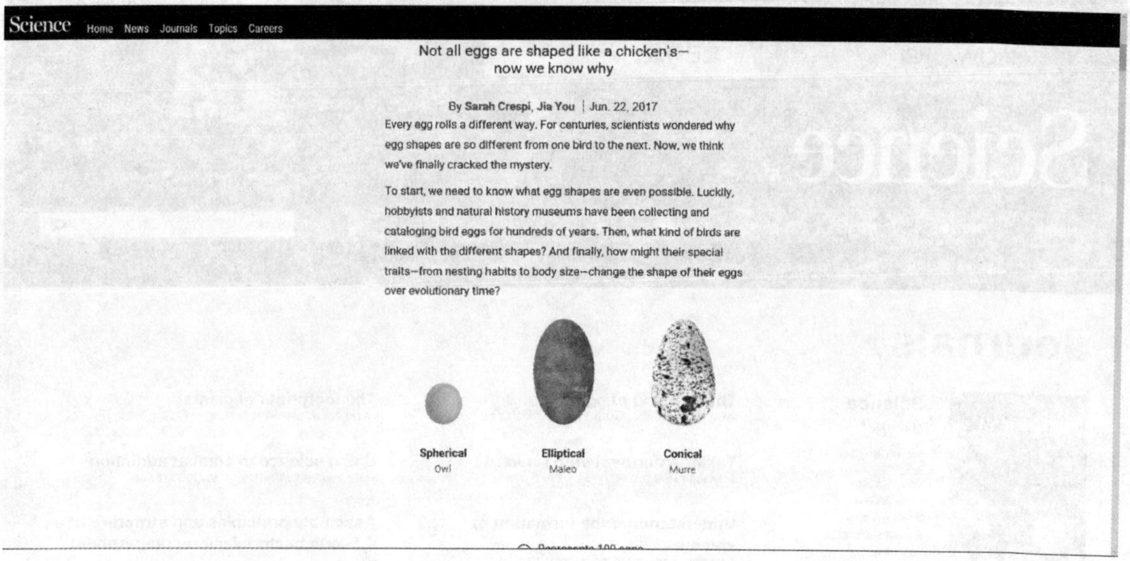
Science Home News Journals Topics Careers
Not all eggs are shaped like a chicken's—now we know why
By Sarah Crespi, Jia You | Jun. 22, 2017
Every egg rolls a different way. For centuries, scientists wondered why egg shapes are so different from one bird to the next. Now, we think we've finally cracked the mystery.
To start, we need to know what egg shapes are even possible. Luckily, hobbyists and natural history museums have been collecting and cataloging bird eggs for hundreds of years. Then, what kind of birds are linked with the different shapes? And finally, how might their special traits—from nesting habits to body size—change the shape of their eggs over evolutionary time?
Spherical
Owl
Elliptical
Maleo
Conical
Murre

图 4-85

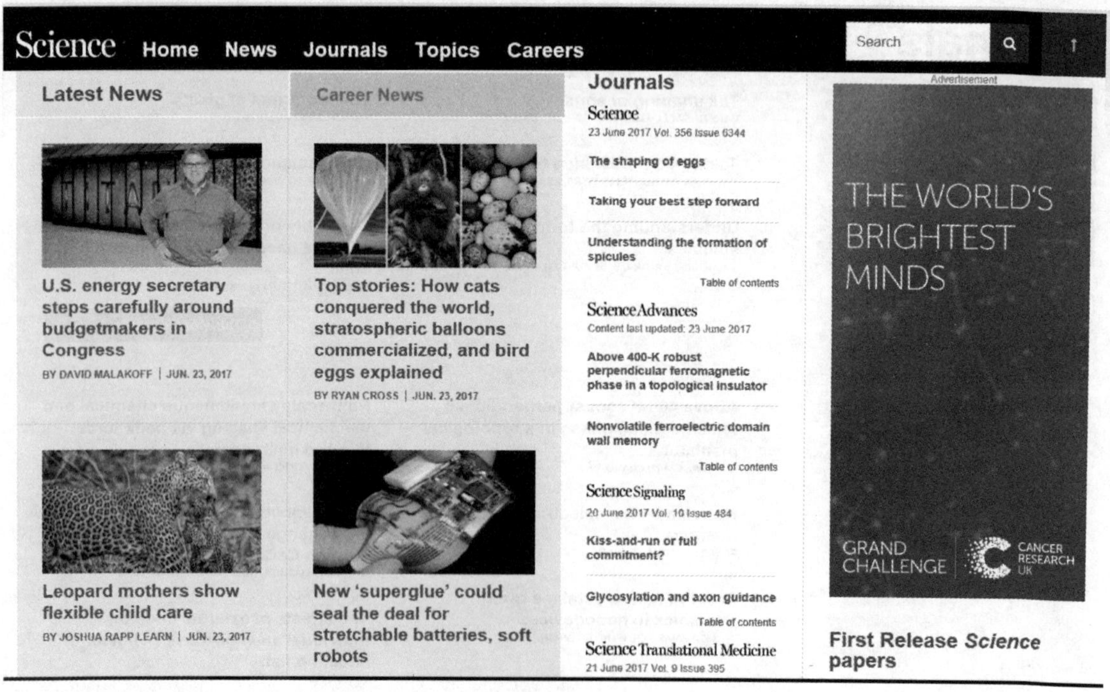
Science Home News Journals Topics Careers
Search
Latest News
Career News
Journals
Science
23 June 2017 Vol. 356 Issue 6344
The shaping of eggs
Taking your best step forward
Understanding the formation of spicules
Table of contents
Science Advances
Content last updated: 23 June 2017
Above 400-K robust perpendicular ferromagnetic phase in a topological insulator
Nonvolatile ferroelectric domain wall memory
Table of contents
Science Signaling
20 June 2017 Vol. 10 Issue 484
Kiss-and-run or full commitment?
Glycosylation and axon guidance
Table of contents
Science Translational Medicine
21 June 2017 Vol. 9 Issue 395
U.S. energy secretary steps carefully around budgetmakers in Congress
BY DAVID MALAKOFF | JUN. 23, 2017
Top stories: How cats conquered the world, stratospheric balloons commercialized, and bird eggs explained
BY RYAN CROSS | JUN. 23, 2017
Leopard mothers show flexible child care
BY JOSHUA RAPP LEARN | JUN. 23, 2017
New 'superglue' could seal the deal for stretchable batteries, soft robots
Advertisement
THE WORLD'S BRIGHTEST MINDS
GRAND CHALLENGE
CANCER RESEARCH UK
First Release Science papers

图 4-86

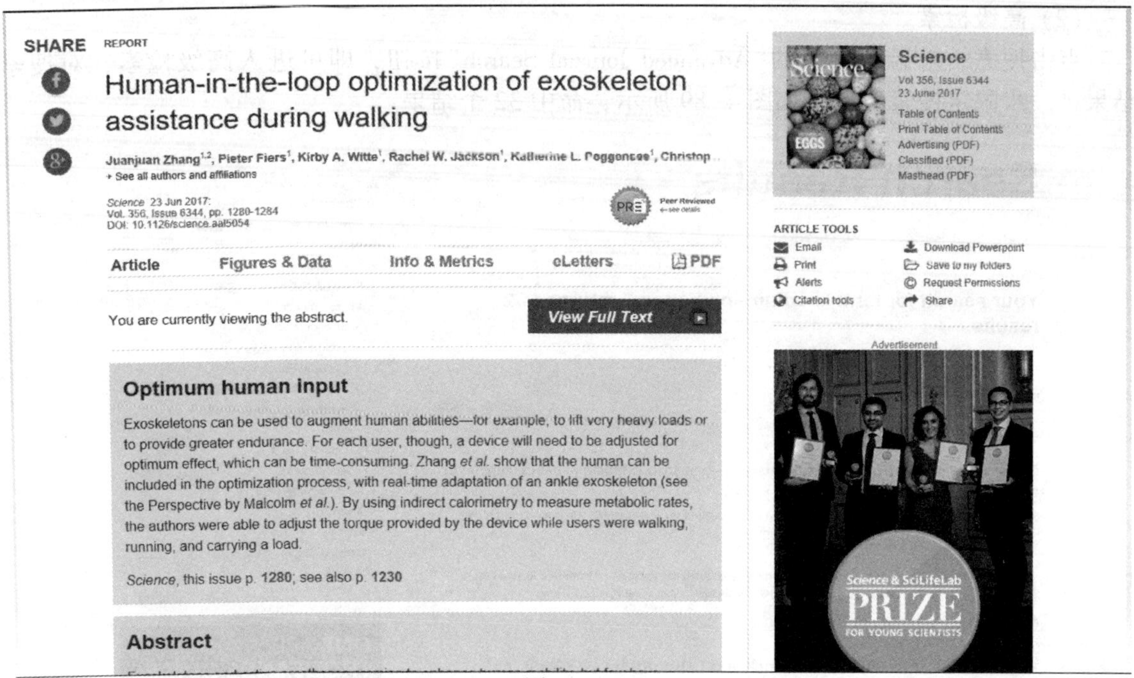

图 4-87

4.6.3 数据库检索

(1) 快速检索

快速检索区位于 *Science* 网站页面的右上角，在 Search 框内输入关键词即可进行快速检索，如以"sodium-ion battery"为检索词得到如图 4-88 所示的结果。

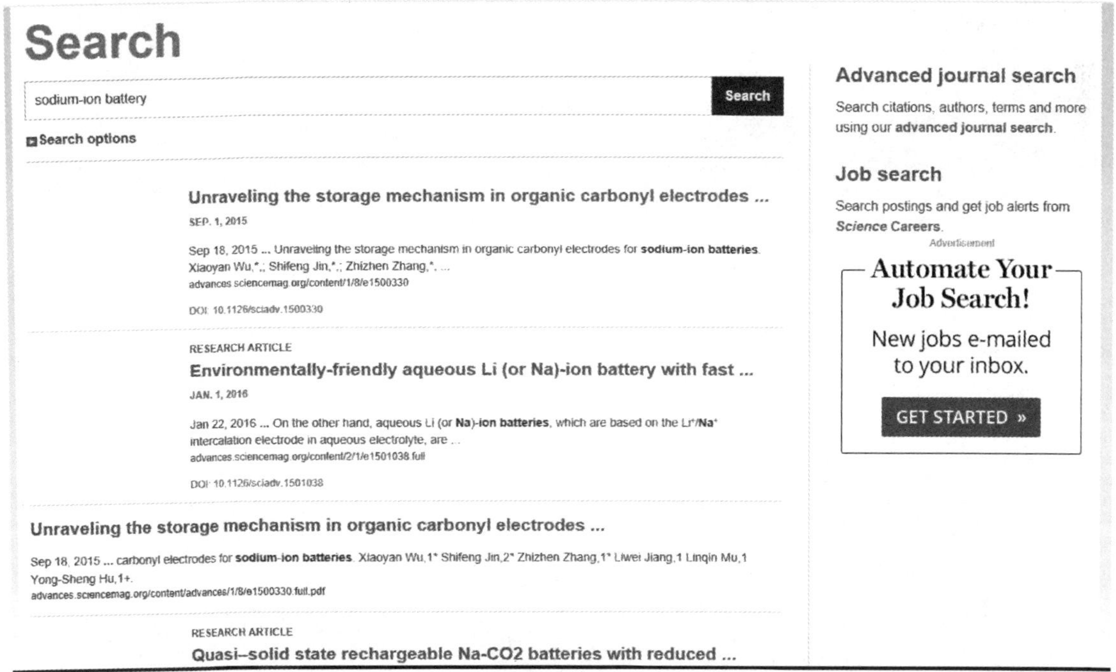

图 4-88

（2）高级检索

点击搜索结果界面右侧的“Advanced Journal Search”按钮，即可进入高级检索，对搜索结果进一步限定搜索条件，如图 4-89 所示，命中 32 个结果。

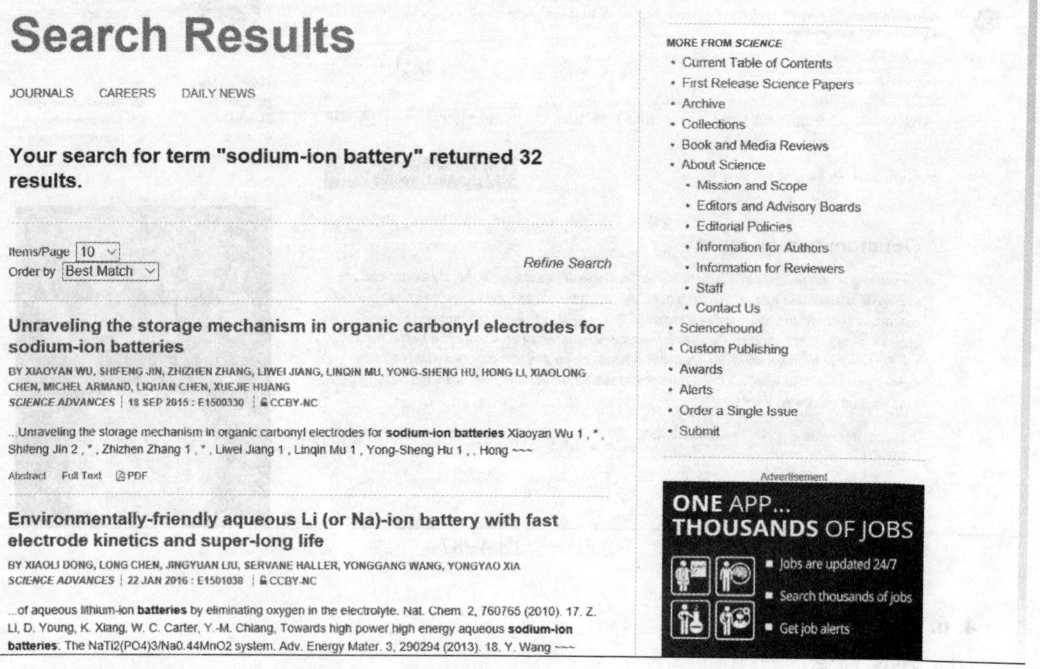

图 4-89

5 中文全文数据库检索

5.1 CNKI中国期刊全文数据库

5.1.1 数据库简介

中国期刊全文数据库是CNKI中国知网中最特色的一个文献数据库。CNKI即中国知识基础设施(China National Knowledge Infrastructure)工程，是由清华同方光盘股份有限公司、中国学术期刊(光盘版)电子杂志社、光盘国家工程研究中心等单位，于1999年6月在《中国学术期刊(光盘)》(CAJ-CD)和中国期刊网(CJN)全文数据库建设的基础上研制开发的一项规模更大、内容更广、结构更系统的知识信息化建设项目。

CNKI工程于1995年正式立项。1996年底，清华大学国家光盘中心(现名中国学术期刊电子杂志社)发行了中国第一个大型综合性的全文数据库光盘——《中国学术期刊(光盘版)》，收录了我国学术类中英文期刊3800种，包括理工A、理工B、理工C、农业、医药卫生、文史哲、政治军事与法律、教育与社会科学综合、电子技术与信息科学、经济与管理十大专辑。

1999年，中国学术期刊电子杂志社在CERNET、CHINANET上建立了两个CNKI中心网站，并在全国多家图书馆、情报咨询单位建立了镜像站，将CAJ-CD的全部数据送上了Internet，数据每天更新，24小时提供服务。到2000年年底，CNKI中心网站的期刊全文增至5000种，期刊题录也将接近7000种。2001年实施中国期刊“世纪光盘”工程，精选4000种重要期刊，对其从创刊至今的全部全文文献进行数字化建库；提供《中国期刊网专题全文数据库》、《中国学术期刊(光盘版)》和《中国学术期刊专题全文数据库光盘》三种形式的产品。

CNKI主要包括知识创新网和基础教育网。知识创新网设有国内通用知识库、海外知识库、政府知识库、企业知识仓库、网上研究院和中国期刊网。中国期刊全文数据库是在《中国学术期刊(光盘)》的基础上开发的基于因特网的一种大规模集成化、多功能动态学术期刊检索系统，是目前世界上最大的连续动态更新的中国期刊全文数据库。

CNKI内容覆盖理工A、理工B、理工C、农业、医药卫生、文史哲、政治军事与法律、教育与社会科学综合、电子技术与信息科学、经济与管理十大专辑，168个专题类目，如表5-1所示。

表5-1 十大专辑及包括内容

专辑名称	专辑内容
理工A	自然科学综合，数学，非线性科学与系统科学，力学，物理学，生物学，天文学，地理学、测绘学，气象、水文与海洋学，地质学，地球物理学，资源科学
理工B	化学，无机化工，有机化工，材料科学，燃料化工，一般化学工业，石油、天然气工业，矿业工程，金属学，冶金及其他金属工艺，轻工业，手工业，传统服务业，劳动保护，环境科学与资源利用，新能源技术
理工C	工业通用技术及设备，机械工业，仪器仪表工业，航空、航天技术，军事技术与工程，交通运输，水利工程，农业工程，建筑科学与工程，动力工程，原子能技术，电工技术

续表

专辑名称	专辑内容
农业	农业基础科学，农田水利工程，农艺学，植物保护，农作物，园艺，林业、野生动物保护，畜牧，动物医学，狩猎，蚕蜂，水产、渔业
医药卫生	医学科学综合，预防医学与卫生学，中医学，中药学，中西医结合，基础医学，临床医学，内科学基础，传染病等感染性疾病，心血管系统疾病，呼吸系统疾病，消化系统疾病，内分泌腺及全身性疾病，外科学基础及全身性疾病，骨科、整科外科，泌尿科学，妇产科学，儿科学，神经病学，精神病学，肿瘤疾病与防治，眼科、耳鼻咽喉科，口腔科学，性病与皮肤病，特种医学，急救医学，军事医学与卫生，药学，生物医学工程
文史哲	文学史及创作理论，世界各国文学，中国文学，汉语与语言学，外语研究与教学，艺术理论，音乐、舞蹈，戏剧、电影及电视艺术，书画美术等艺术，人文地理，旅游文化，各国历史，史学理论，中国通史，中国民族志，中国地方史志，中国古代史，中国近、现代史，人物传记，哲学，逻辑学，伦理学，心理学，美学，宗教，文化学
政治军事与法律	政治学，行政学，政党及群众组织，中国政治、国际政治，思想政治教育，军事，国家行政管理，法理、法史，国际法，宪法、行政法及地方法制，民法、商法，刑法，诉讼法、司法
教育与社会科学综合	社会科学综合，社会学，民族学，人口学与计划生育，人才学，教育理论，教育管理，幼儿教育，初等教育，中等教育，高等教育，职业教育，继续教育，体育
电子技术与信息科学	无线电电子学，电信技术，计算机硬件技术，计算机软件及计算机应用，互联网技术，自动化技术，新闻与传媒，出版事业，图书情报与数字图书馆，档案及博物馆学
经济与管理	宏观经济管理与可持续发展，经济理论及经济思想史，经济体制改革，农业经济，工业经济，交通运输经济，文化经济，信息经济，服务业经济，贸易经济，财政与税收，金融，证券，保险，投资学，会计，审计，统计，企业经济，市场研究与信息，管理学，领导学与决策学，系统学，科学研究管理

专辑和专题：包括十大专辑(理工 A、理工 B、理工 C、农业、医药卫生、文史哲、政治军事与法律、教育与社会科学综合、电子技术与信息科学、经济与管理)和 168 个专题文献数据库，各个专辑所对应的学科内容见表 5-1。

收录年限：1994 年至今(部分刊物回溯至 1979 年，部分刊物回溯至创刊)。

产品形式：WEB 版(网上包库)、镜像站版、光盘版、流量计费。

更新频率：CNKI 中心网址及数据库交换服务中心每日更新，各镜像点通过互联网或卫星传送数据可实现每日更新，专辑光盘每月更新，专题光盘年度更新。

5.1.2 资源介绍及免费资源

目前，CNKI 共正式出版了 22 个数据库型电子期刊，使 CNKI 数字图书馆所囊括的资源总量达到全国同类资源总量的 80%以上。在此基础上，CNKI 工程集团开发了大量的用于教育教学的多媒体素材库和多媒体知识元库。

在拥有大量资源的基础上，CNKI 工程研究中心正组织各学科专家将多文献中的知识进行提炼，建成“知识元数据库”，并通过知识元链接、引文链接等技术，将文献间的知识关联起来，使所有知识资源形成具有内在联系的知识网络整体，加以先进的数字图书馆管理技术，CNKI 正在逐步发展成为一个中国知识资源总库。

5.1.3 数据库检索方法

5.1.3.1 登录全文数据库检索系统

登录网址：http：//www.cnki.net 进入 CNKI 首页(见图 5-1)，该页内“数据库”中列出 13 种数据库，分别为中国期刊全文数据库、中国优秀博硕士学位论文全文数据库、中国重要会议论文全文数据库、中国重要报纸全文数据库、中国图书全文数据库、中国年鉴全文数据库、中国引文数据库、中国期刊信息与知识数据库、中国核心期刊要目总揽 2000 版、中国学术期刊引证报告数据库。这 13 种数据库都提供免费题录检索，用户直接点击数据库名，进入题录检索，检索结果只显示到文献的题录，看不到全文。

图 5-1　CNKI 首页

也可以通过学校图书馆网页进入(网址：http：//www. lib. xjtu. edu. cn)，见图 5-2。

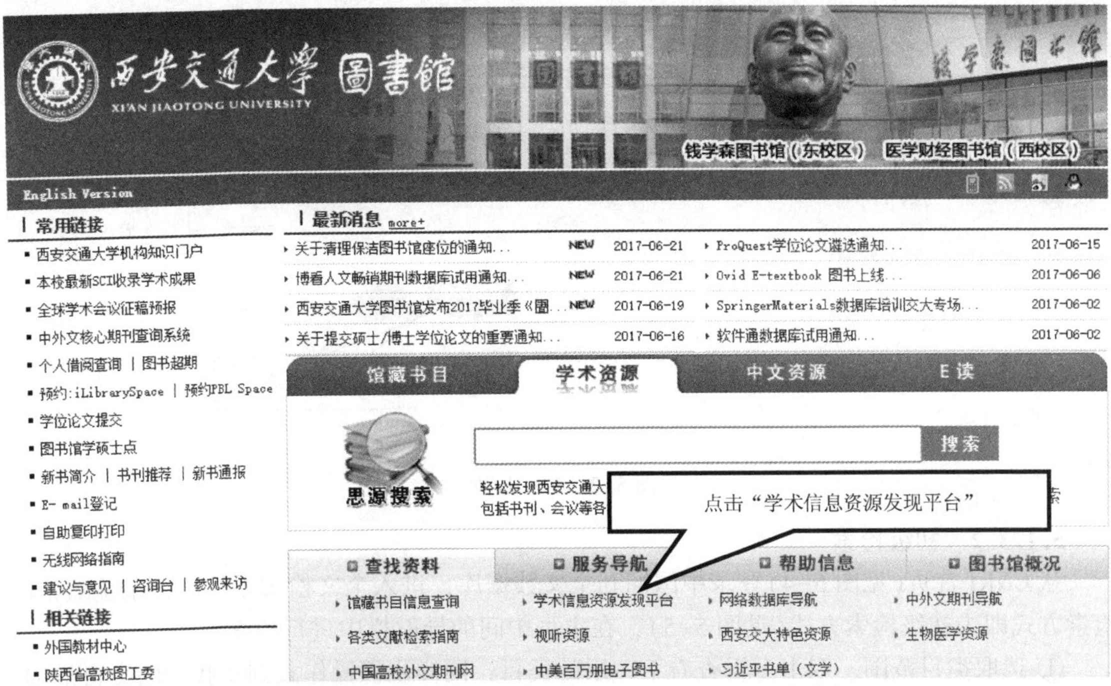

图 5-2(a)

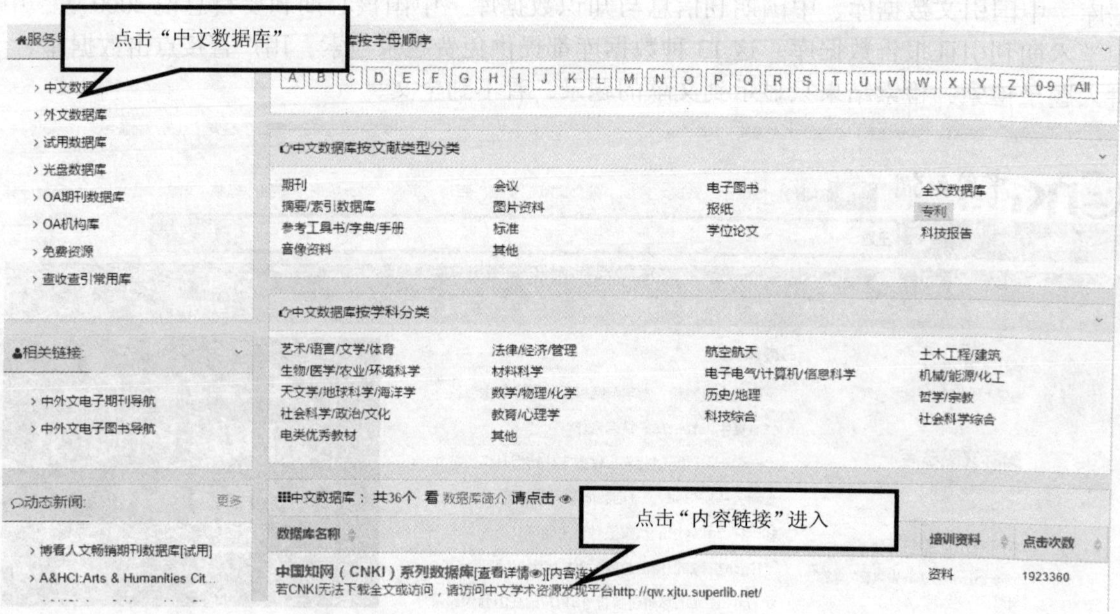

图 5-2(b)

由于 CNKI 的全文数据库均为收费检索数据库，对于购买了使用权的用户可以从中国期刊网中心网站注册到账号和密码。在首页填入正式注册的账号和密码，选中购买了使用权的全文数据库，点击“登录”按钮确认，进入单库检索页(见图 5-3)。单库检索页是从检索首页上点击单个数据库名称(如中国期刊全文数据库)所进入的单库检索页面。

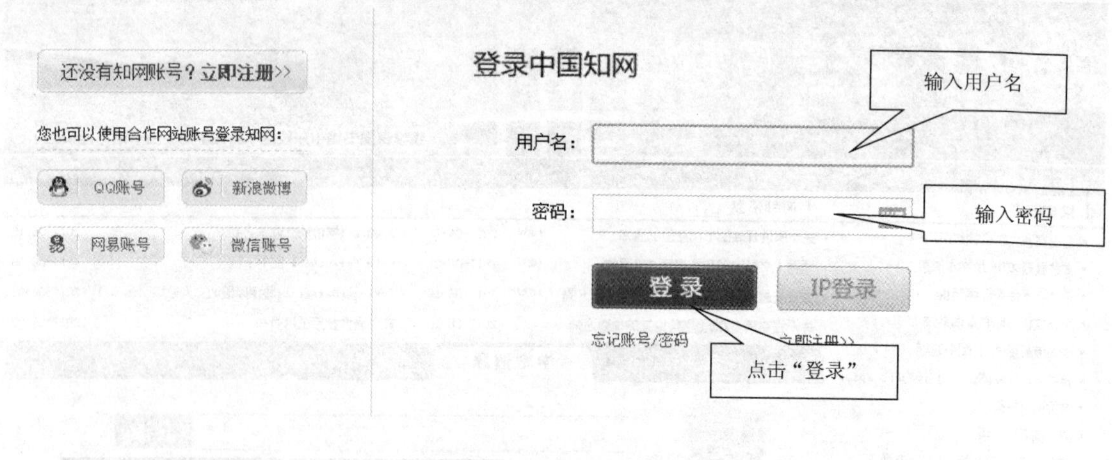

图 5-3　单库检索

5.1.3.2　初级检索

从 CNKI 首页(见图 5-4)登录中国期刊全文数据库，进入全文检索系统后，系统默认的检索方式即为初级检索方式(见图 5-5)，在主页中间的导航栏中进行检索。

① 选取类目范围。双击专辑查看下一层的类目，同样步骤操作直到要找到的类目范围。在要选取的类目范围“✓”。例如，点击“理工 A 专辑专栏目录”，出现“数学”“力学”等类目，再点击“数学”，又出现相应的下级类目……直到最后，出现数学历史与数学范畴、数

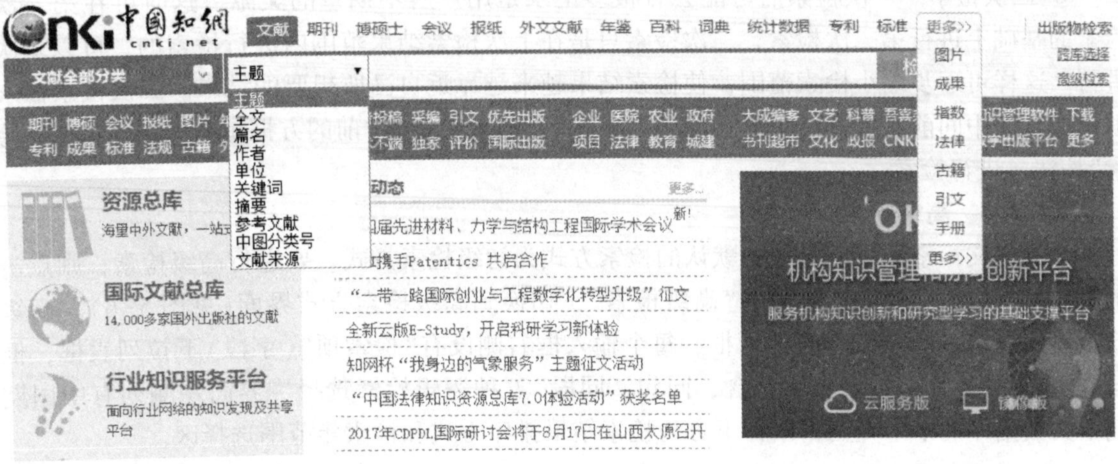

图 5-4　CNKI 首页

图 5-5　初级检索界面

学理论、计算工具三个最后的类目。双击末级类目后，系统自动进行检索，结果显示该类目所包括的全部文献。点击过程中的目录，返回其上一层目录。点击“全选”，则每个类目都被选择。点击“清除”，清空所有选项。

②选取检索字段。在检索项的下拉框里选取要进行检索的字段，这些字段有主题、篇名、关键词、摘要、作者、第一作者、单位、刊名、参考文献、全文、年、期、基金、中图分类号、ISSN、统一刊号。完成选择后，以下的检索将在选中的字段中进行。

③ 选择时间范围。可以选择在一段时间内进行检索(如选择从“1999”年到“2000”年)的十个专栏目录，右方为检索结果排序方式和检索年限范围选择区。

④ 选择排序方式。此为对检索结果的排列。排序方式有时间、默认、相关度、篇名、作者、中文刊名、被引频次、浏览频次、下载频次、年期十个选项。

⑤ 输入检索词。在“检索词”文本框里输入关键词。关键词为文章检索字段中出现的关键单词，当按相关度排列时，其出现的词频越高，文献记录越靠前排列。

⑥ 二次检索。一次检索后可能会有很多记录是用户所不期望的文献，这时可在第一次检索的基础上进行第二次检索，二次检索只是在上次检索结果范围内进行检索的，可以多次进行。这样可逐步缩小检索范围，使检索结果越来越靠近自己所想要的结果。二次检索输入框设在页面中间前次检索结果显示的上方，在“在结果中检索”前的方框里打“√”。点击“检索”按钮，进行检索。

5.1.3.3 高级检索

登录全文检索系统后，系统默认的检索方式为初级检索方式。要进行高级检索，则点击主页右上方页面转换工具条中的“高级检索”，切换到高级检索方式界面(见图 5-6)。高级检索界面列出多个“检索词”输入框，每个输入框右侧设有“检索项”(字段)下拉列表框，框与框之间有“并而、或者、不包含、同句、同段”五种逻辑检索选择。界面左侧列有中国期刊全文数据库的十个专栏目录，下方为检索结果排序方式和检索年范围选择区。

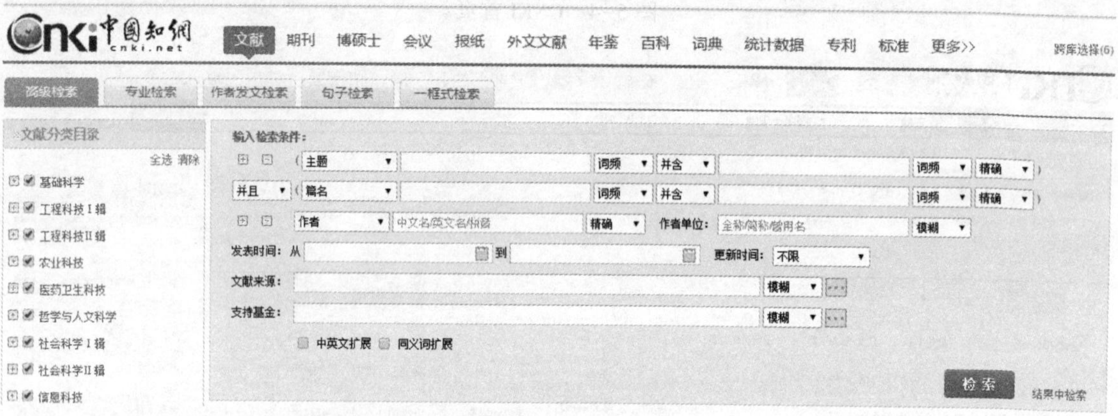

图 5-6 高级检索界面

以 CNKI 知识网络服务平台 KNS3.6 为例说明：

① 选取类目范围。双击界面下方的专栏目录查看下一层的类目，同样步骤操作直到要找的类目范围。在要选取的类目范围前打“✓”。例如，点击理工 A 辑专栏目录，出现数学、力学的选项。点击数学，又出现相应的下级选项类目……直到最后，出现数学历史与数学范畴、数学理论、计算工具三个最后的类目。双击末级类目后，系统自动进行检索，结果显示该类目所包括的所有收录文献。

点击过程中的目录，返回其上一层目录。点击“全选”，则每个类目都被选择。点击“清除”，清空所选的专题类目。

② 选取检索字段。在“检索项”的下拉框里选取要进行检索的字段，这些字段有篇名、关键词、摘要、作者、第一作者、单位、刊名、参考文献、全文、年、期、基金、中图分类号、ISSN、统一刊号”。完成选择后，以下的检索将在该字段中进行。

③ 输入检索词。高级检索界面中列有多个检索词输入框，用户可以依次在各个检索词文本框内输入关键词，并选择要检索的字段及条件，进行快速准确的组合检索。

④ 确定各检索词之间的逻辑关系。各个检索词输入框之间设有逻辑算符下拉框，其逻辑算符选项有“并且”“或者”“不包含”“同句”“同段”。

⑤ 选择时间范围和排序方式。从检索词输入框下面的时间范围和排序方式中选择需要

的选项，选择方法与初级检索方式相同。

⑥ 进行检索。点击“检索”按钮进行检索。出现检索结果显示页面(见图 5-7)，列出了每个记录的篇名、作者、刊名、年/期”、被引次数、下载次数、热度。

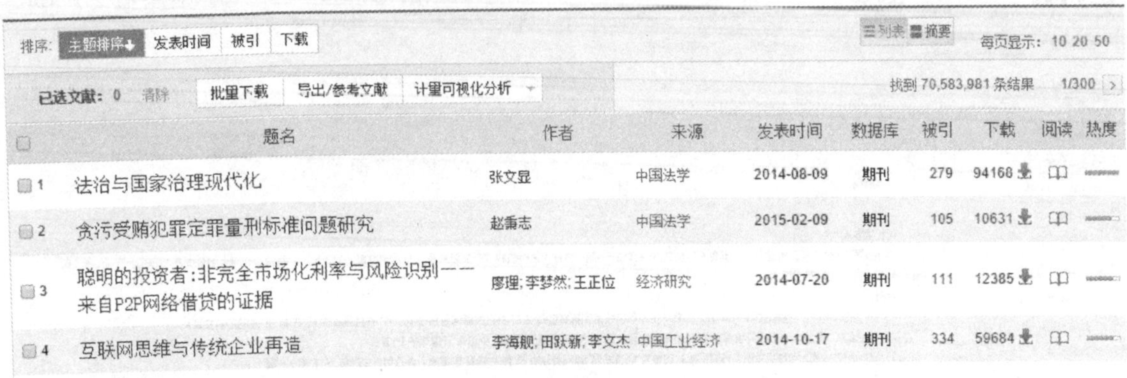

图 5-7 高级检索结果显示页面

⑦ 二次检索。在高级检索方式中同样设置二次检索功能。检索方式同初级检索。

5.1.3.4 专业检索

专业检索比高级检索功能更强大，但需要检索人员根据系统的检索语法编制检索式进行检索。适用于熟练掌握检索技术的专业检索人员。

KNS 系统提供的专业检索分单库和跨库。单库专业检索执行各自的检索语法表，跨库专业检索原则上可执行所有跨库数据库的专业检索语法表，但由于各库设置不同会导致有些检索式不适用于所有选择的数据库。专业检索语法表可以在该检索系统“操作指南”中的“专业检索语法表”查到。

“中国期刊网全文数据库”的专业检索属单库专业检索，可使用该数据库的所有检索项构造检索式。

(1) 专业检索说明

① 检索项　可用下列 17 个检索项构造检索表达式：主题、题名、关键词、摘要、作者、第一责任人、机构、中英文刊名、引文、全文、年、期、基金、分类号、ISSN、CN。

② 逻辑组合检索　使用“专业检索语法表”中的运算符构造表达式，使用前请详细阅读其说明：多个检索项的检索表达式可使用“AND”“OR”“NOT”逻辑运算进行组合；三种逻辑运算符的优先级相同；如果改变组合的顺序，请使用英文半角圆括号“( )”将条件括起；检索项示例请参见跨库专业检索项功能及示例。

③ 符号　所有符号和英文字母(包括专业检索语法表操作符)，都必须使用英文半角字符，逻辑关系符号[与(and)、或(or)、非(not)]前后要空一个字符。字符计算时要按真实字符(不按字节)计算字符数，即一个全角字符、一个半角字符均算一个字符。使用“同句”“同段”“词频”时，请注意：用一个西文单引号将多个检索词及其运算符括起来，如'流体#力学'；运算符前后需要空一个字节，如:'流体#力学'。

(2) 专业检索方法

要进行专业检索，则点击主页右上方页面转换工具条中的“专业检索”按钮，切换到专业检索方式界面(见图 5-8)。其专业检索表达式中可用检索名称检索框上方的“可检索字段”，构造检索式请采用“( )”前的检索项名称，而不要用“( )”括起的名称。“( )”内的名称是在初级检索、高级检索的下列检索框中出现的检索项名称。

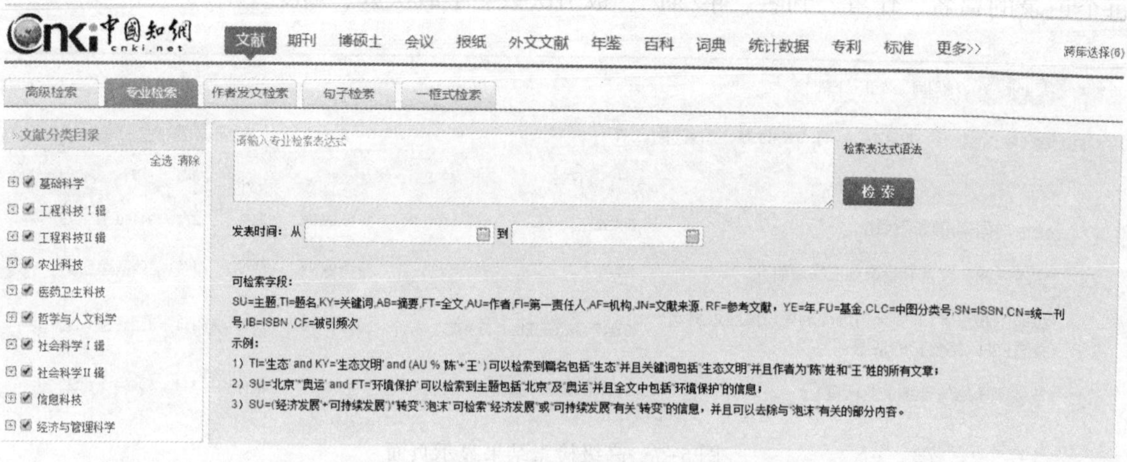

图 5-8　专业检索页面

如在“中国期刊全文数据库”中检索钱伟长在清华大学以外的机构工作期间所发表的、题名中包含“流体”“力学”的文章。检索步骤如下：

第一步：选择进入“中国期刊全文数据库”；

第二步：选择页面上方的专业检索；

第三步：在检索框输入检索式：题名='流体#力学'and（作者=钱伟长　not　机构=清华大学）；

第四步：点击“检索”。

5.1.3.5　题录保存

“题录”是指文献的基本信息，也称为目录。包括题目、作者、关键词、作者机构、文献来源、摘要等。选择保存题录是当获得检索结果后，如需要检索结果的目录保存以供他用时，可在检索结果的简单页面上选择条目录进行保存。

系统提供四种保存格式，分别为简单格式、详细格式、引文格式、自定义格式。题录保存操作全过程在检索结果单页完成。系统允许在一个题录文件中最多保存 50 条题录。

选择题录可采取“全选”和“单选”。“全选”只要点击有页面的“全选”按钮，即可将当前页面的题录全部勾选，“单选”则是一一勾选所要保存的题录。系统允许在一次检索页面中连续勾选 50 条题录。

保存题录操作步骤：选择题录(全选、单选)→存盘→选择导出/参考文献格式(简单、详细、引文、自定义)→预览→打印(或复制保存)

全选：点击（全选），将当前页面上显示的文献记录全部选中，点击（清除），将取消前次所选文献记录。

单选：在当前页分别勾选所要保存的文献记录，点击题名前的冒号(:)。

存盘：点击导出/参考文献，系统弹出一个窗口将选中的文献记录以默认格式显示，并提供四种格式选择，即简单、详细、引文格式、自定义。当选择“自定义”时，则系统提供以下信息项供选择，即题名、作者、关键词、单位、摘要、基金、刊名、ISSN、年、期、第一责任人。

预览：点击不同的保存格式，再点击预览，可分别查看格式是否符合要求。

打印：点击打印将所选中的题录保存格式输出到纸载体上，如要复制保存，则将页面复制另存在文件上。

清除设定：只是对“自定义”起作用。点击清除设定，将清除原所选择的题录信息保存项，可重新勾选自定义信息项。

（1）选择题录

全选　点击全选，选择当前页上的全部文献记录（见图5-9）。

单选　分别勾选题名前的方框，选择需要保存的记录。

（2）保存题录

在选择好保存文献记录后，点击页面右上方的导出/参考文献（见图5-10），则系统显示默认的引文格式。系统提供十种题录保存格式，即CAJ-CD引文格式、查新（引文格式）、查新（自定义引文格式）、CNKI E-Study、CNKI桌面版个人数字图书馆、Refworks、EndNote、NoteExpress、NoteFirst、自定义，见图5-11～图5-13。如果改变题录保存格式，可选择上述四种格式中任意一种，再点击，可显示相应格式题录信息。

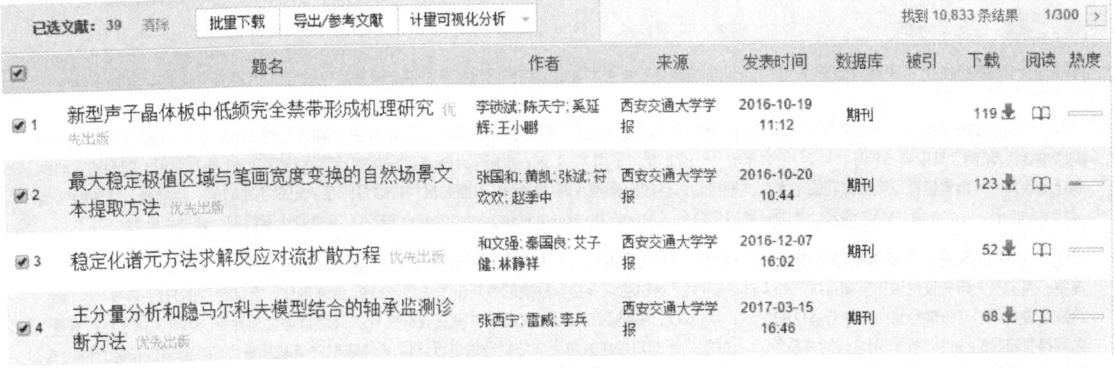

图5-9

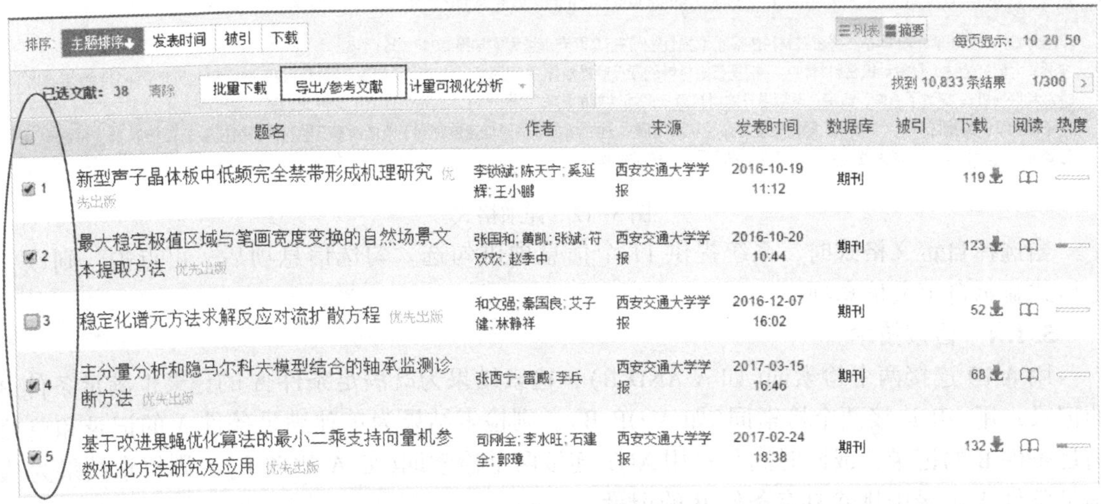

图5-10

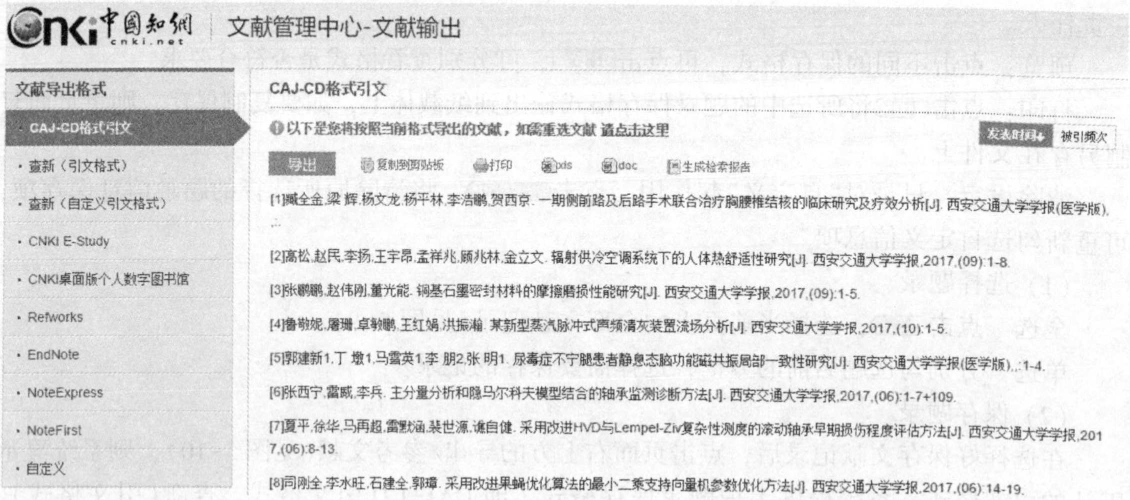

图 5-11　简单格式

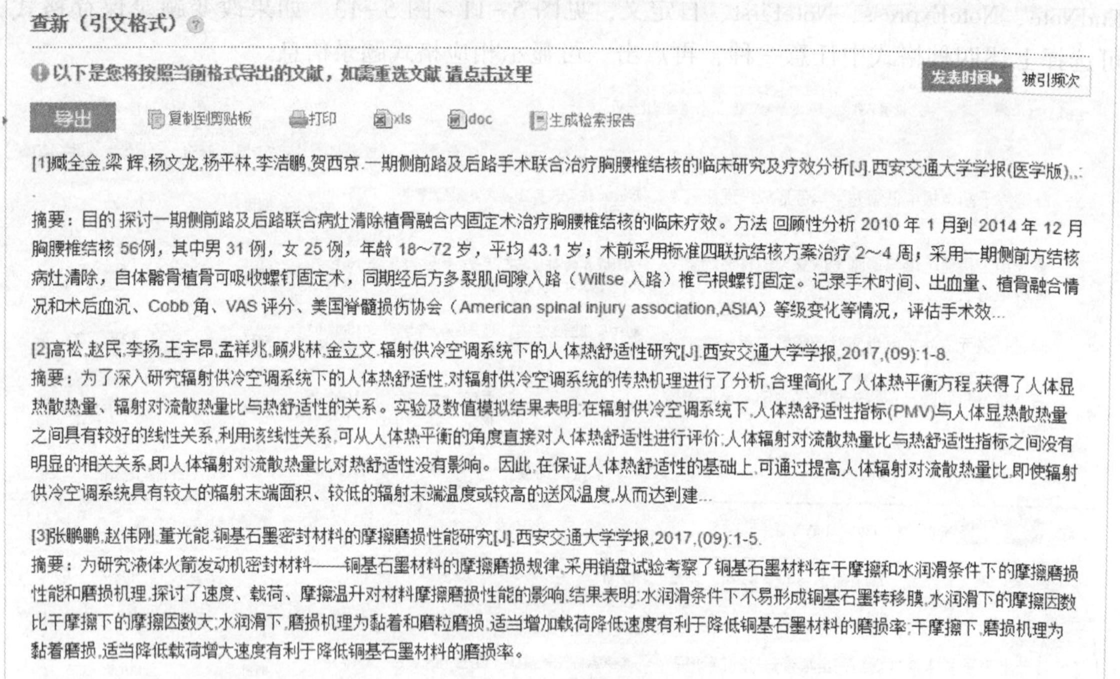

图 5-12　详细格式

当选择自定义格式时，系统提供 11 个信息项供勾选。勾选信息项后，再点击，则以一定格式显示自定义信息项。

5.1.4　检索技术

用 AND 连接两个检索词(如 A AND B)，检索结果为既满足条件 A 的记录也满足条件 B 的记录；用 OR 连接两个检索词(如 A OR B)，则检索结果为单独满足条件 A 的记录和单独满足条件 B 的记录，或同时满足；用 NOT 连接两个检索词(如 A NOT B)，则检索结果为从满足条件 A 记录中排除具有条件 B 的记录。

无论是初级检索方式还是高级检索方式，在检索出的每条记录中都列出“中文刊名”字段，该字段显示刊物名称及卷(年)期，用户可据此链接到文章所在期刊的所有文章，根据

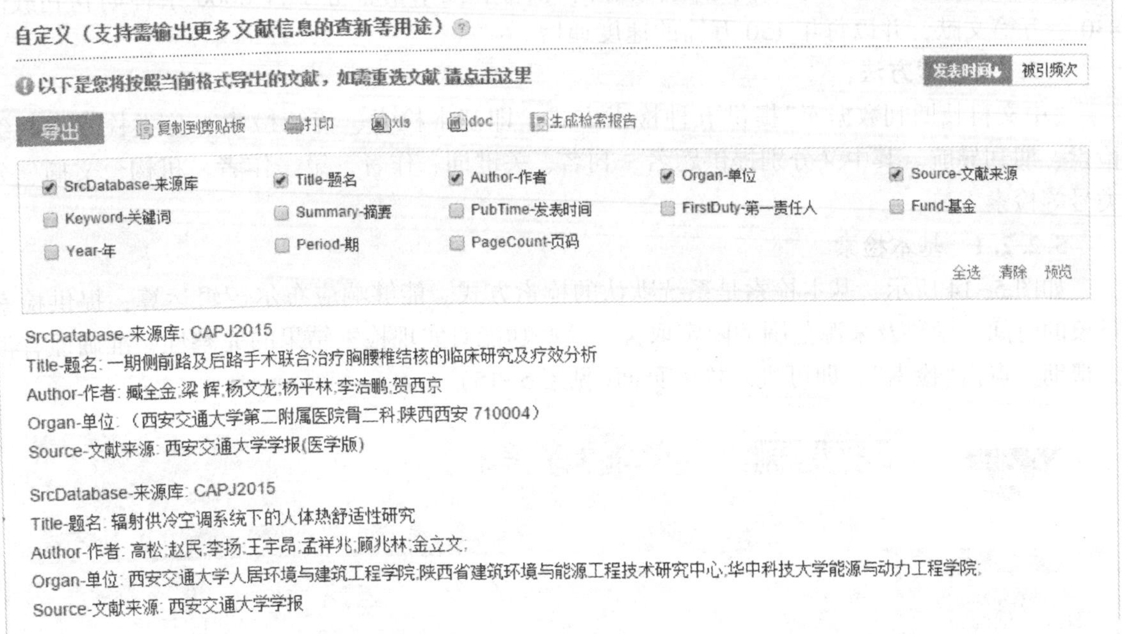

图 5-13　自定义格式

已经检索出的一篇文章“卫星地面站计算机监控系统”而链接到《计算机应用》期刊 2002 年 02 期所刊登的 43 篇文章。

5.1.5　检索结果

如果用户需要浏览、下载和打印检索的文章的全文，需要预先下载 CNKI 提供的专用全文浏览器软件 CAJViewer。系统将全文浏览软件以压缩文件格式存放在 CNKI 主页中，用户可以点击全文浏览图标进行下载并安装。

用户一般可通过检索结果显示的篇名、作者、中文摘要、刊名等信息对文章进行初步筛选和取舍。如果要浏览和下载文章的原文，系统提供的方法是：一是直接点击结果显示页面上方的 CAJ下载 或者 PDF下载 。若选择“将该文件保存到磁盘”，则出现保存文件的窗口，系统会提示用户输入路径和文件名。确定后，全文被保存入磁盘的指定位置。

打印当前正在浏览的全文时，可直接点击打印图标或 IE 浏览器“文件”菜单选择打印命令进行打印。

5.2　中文科技期刊数据库

5.2.1　数据库简介

“中文科技期刊数据库”是维普信息资源系统中的一个重要数据库。该系统是由重庆维普资讯有限公司研制开发的网络信息资源。维普资讯有限公司是科技部西南信息中心下属的一家大型企业的专业数据公司，自 1989 年以来，一直致力于报刊等信息资源的深层次开发和推广应用，集数据采集、数据加工、光碟制作发行和网上信息资源服务于一体；收录有中文报纸 1000 种，中文期刊 12000 种，外文期刊 4000 种。重庆维普信息资源系统中的三个重要数据库是“中文科技期刊数据库”“中文科技期刊引文数据库”“外文科技期刊数据库”。其中“中文科技期刊数据库”是国内目前收录期刊最多的数据库，它收录了 1989 年以来国内自然科学、工程技术、农业、医药卫生、经济、教育和图书情报等学科 8000 余种期刊刊载的 830 余万篇文献，并以每年 150 万篇的速度递增。

5.2.2 检索方法

“中文科技期刊数据库”提供五种检索方式，即基本检索、传统检索、分类检索、高级检索、期刊导航。其中又分别提供题名、刊名、关键词、作者、第一作者、机构、文摘、分类号等检索入口。

5.2.2.1 基本检索

如图 5-14 所示，基本检索是系统默认的检索方式。能够响应布尔逻辑运算；提供检索对象的时间、学科及来源范围的限定取舍。这些功能对实现检索结果的完整性、准确性有很大帮助。点击“检索”，即可进入检索页面(见图 5-15)。

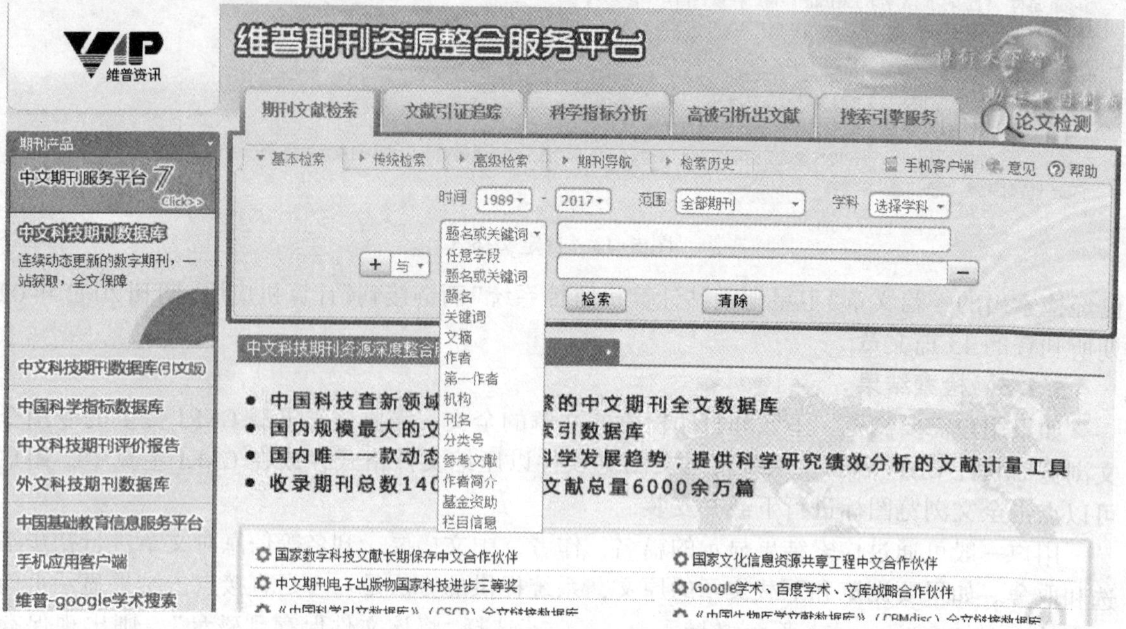

图 5-14　基本检索是系统默认的检索方式

进入快速检索结果页面后，用户可以进行时间、范围、学科的选定。用户还可以在下面选择重新检索、在结果检索、在结果中添加、在结果中去除二次检索项，从而更加准确地锁定用户所需要的数据。

（1）选择检索入口

“中文科技期刊数据库”提供了 14 个检索入口，即“题名或关键词”“作者”“机构”“文摘”等，用户可根据自己的实际需求选择检索入口，输入检索方式进行检索。

（2）限定检索范围

用户可根据需要来限制检索范围，从而更精确地得到自己所需要的数据，如进行范围限制(如核心期刊、重要期刊、全部期刊)和数据库年限限制(如 1989~2006 年)。

（3）显示方式设定

根据用户喜好，可设置文章的屏幕显示方式(如摘要显示、文摘显示、全记录显示)和每页显示的篇数(如 10 条、20 条、50 条)。

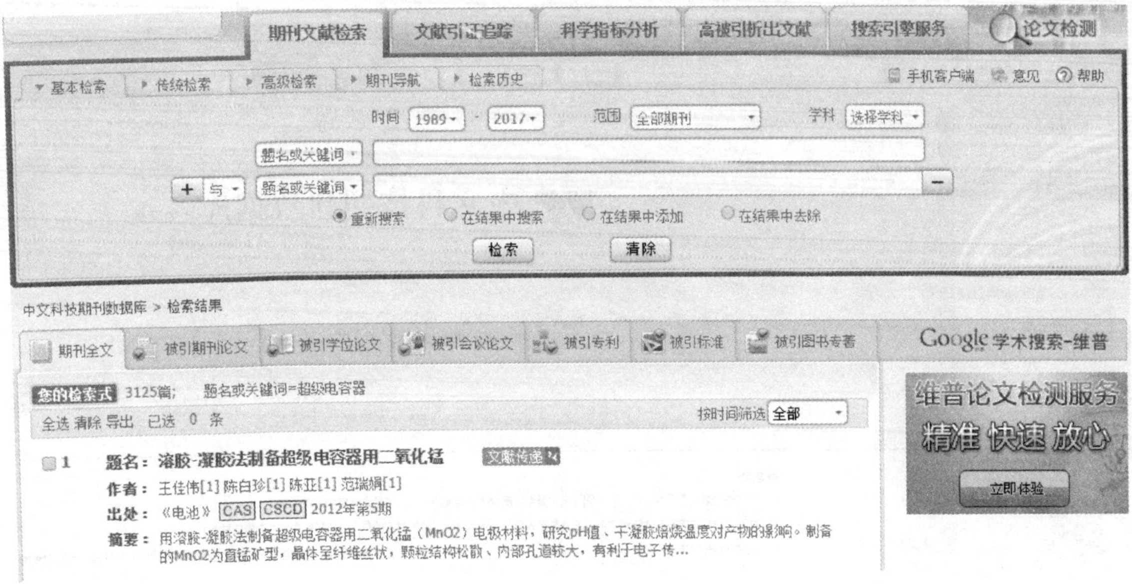

图 5-15　检索结果页面

（4）二次检索

用户直接输入关键词检索到数据往往是比较多的，可能有些数据是不需要的，这就说明用户检索条件过宽可以考虑二次检索。

二次检索是在一次检索的检索结果中运用“与”“或”“非”进行再限制检索，其目的是缩小检索范围，最终得到期望的检索结果。

二次检索方式有在结果中检索、在结果中添加和在结果中去除等几种。在结果中检索指检索结果中必须出现所有检索词，相当于布尔逻辑的“与”“and”“ * ”；在结果中添加指检索结果至少出现任一检索词，相当于布尔逻辑的“或”“or”“+”。在结果中去除指检索结果中不应该出现包含某一检索词的文章，相当于布尔逻辑的“非”“not”“-”。

例如：如果第一次的检索条件为 A，第二检索条件为 B，则选择几种二次检索的检索结果用图 5-16 表示为(灰色部分为命中结果)：

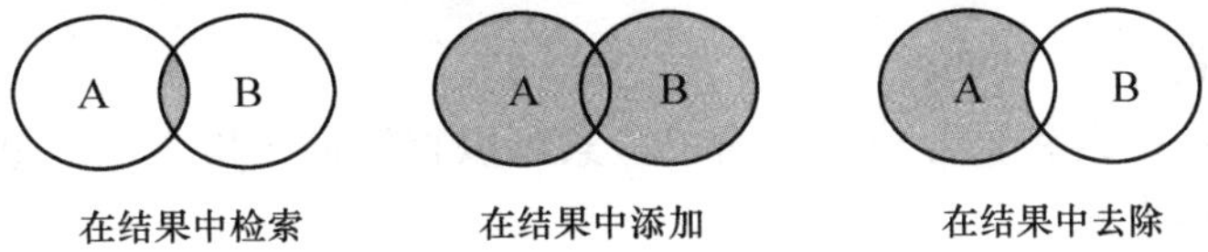

图 5-16

5.2.2.2　传统检索

单击“传统检索”按钮，进入传统检索页面，如图 5-17 所示。

传统检索的使用方法如下：

（1）限定检索范围

包括导航系统、年限、期刊范围、同义词、同名作者等选项。

导航系统：包括分类导航和期刊导航。科学分类导航是树状结构的，参考《资料法》进行分类。选中某学科结点后，任何检索都局限于此类别下的数据。

年限：用户检索时可在 1989 年至今任意年间限定。

期刊范围：有全部期刊、重要期刊、核心期刊选项，默认为全部期刊。

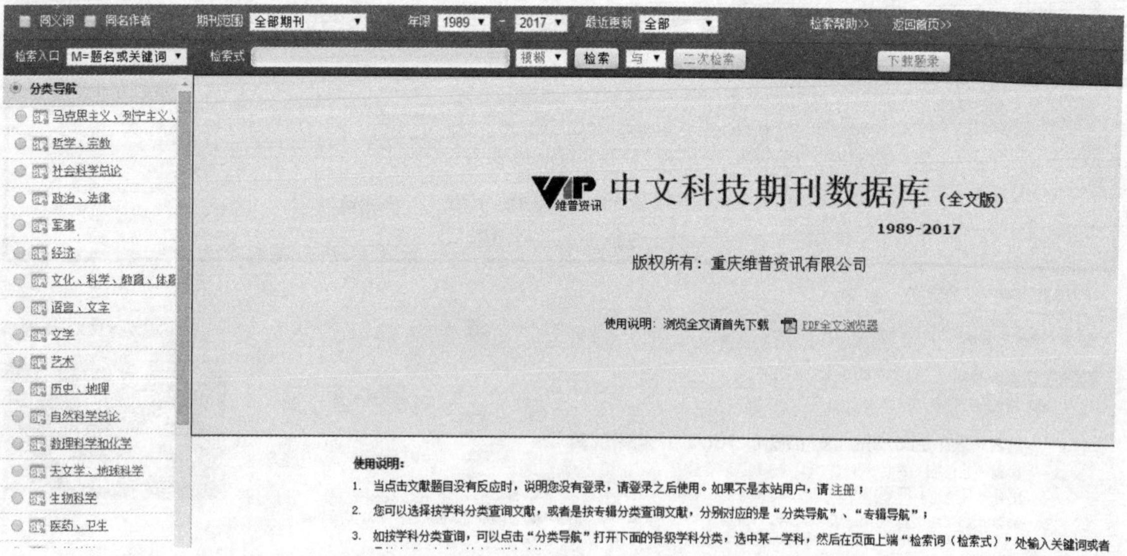

图5-17　传统检索界面

同义词：选框默认为关闭，选中前面的复选框即打开(只有在选择了关键词检索入口时才生效)。例如输入关键词"土豆"，单击"检索"按钮，系统会指出同义词"马铃薯""洋芋"等，用户可以选择是否同时作为检索条件。

同名作者：选框默认为关闭，选中前面的复选框即打开(只有在选择了作者或第一作者检索入口时才生效)。输入作者姓名检索时，提示同名作者的单位列表，用户可以选择单位作为检索条件(一次最多只能选择5个单位)，这样可以精确检索到结果。

(2) 选择检索途径

单击"检索入口"下拉列表框，有9种检索字段可供选择(见图5-17)。其中"任意字段"检索指在所有字段内检索。字段名前的英文名字母为字段代码，复合检索中将要用到。例如K代表关键词、J代表刊名等。所以检索途径的代码必须用英文大写字母。这些代码可直接在刊名字段中检索。

(3) 输入检索式

检索可分为简单检索和复合检索。简单检索可以直接输入检索词，复合检索有二次检索式和复合检索式两种方式。

① 二次检索式　一次检索后可能有很多不需要的记录，可在一次检索的基础上进行二次检索(见图5-18)，这样可以逐步缩小检索范围，使检索结果越来越靠近自己想要的结果。二次检索可以多次使用，以实现复合检索。

例如选用"关键词"检索途径并输入"K=电子商务"一词，输出结果为21867条文献，再选择题名途径，输入"T=数字图书馆"，在"与"或"非"的可选项中选择"与"，单击"二次文献检索"按钮，然后输入的结果就是题名中含有"数字图书馆"、关键词为"电子商务"的文献，共26条。

② 复合检索式　在检索文本框中直接输入复合检索式，检索词之间用"与""或""非"算符连接。例如输入"K=电子商务 * T=数字图书馆"，即检索出在关键词字段含有"电子商务"，题名中含有"数字图书馆"的文献。

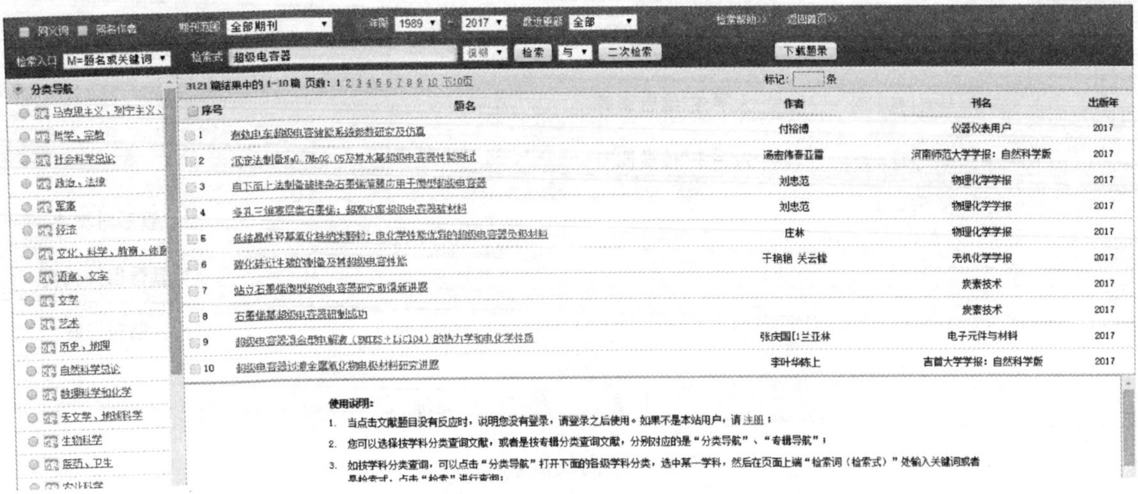

图 5-18　二次检索界面

（4）检索

在检索文本框中输入检索式后，单击“检索”按钮，即实现相应的链接。

（5）模糊和精确检索

在“检索式”文本框的右侧提供了“模糊”“精确”检索方式的下拉列单框。只有在选定“关键词”“刊名”“作者”“第一作者”和“分类号”这五个字段进行检索时，该功能才生效。系统默认“模糊”检索。例如检索字段选择“关键词”，然后输入“建筑”一词，在“模糊”（默认）检索方式下，将查到的关键词字段含有“建筑技术”“建筑科学”“建筑理论”“建筑学”等词的相关文献；而在“精确”检索方式下，就只能查到含有“建筑”一词的相关文献。

5.2.2.3　高级检索

点击首页上的“高级检索”按钮，即可进入高级检索页面。高级检索提供了两种方式，即向导式检索和直接输入检索式检索。

（1）向导式检索

① 检索界面。见图 5-19~图 5-21，向导式检索为读者提供分栏式检索词输入方法，除可选择逻辑运算、检索项、匹配度外，还可以进行相应字段扩展信息的限定，最大程度地提高“检准率”。

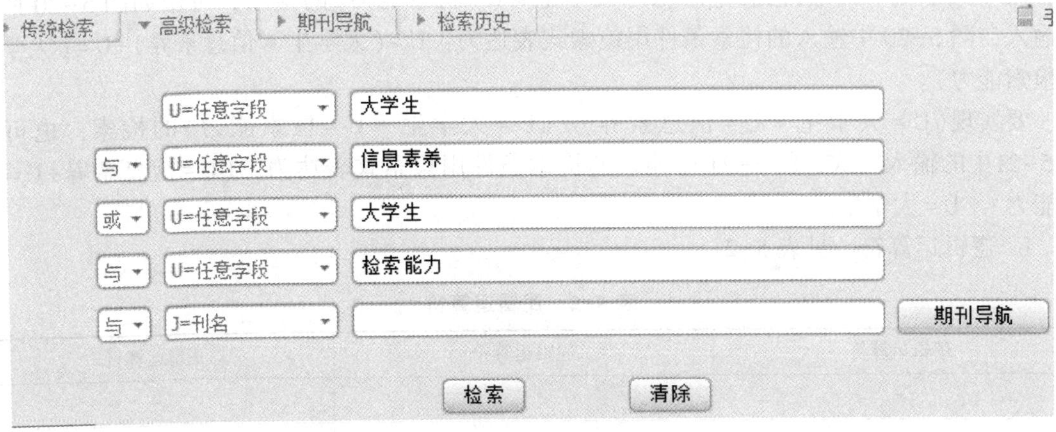

图 5-19　高级检索(一)

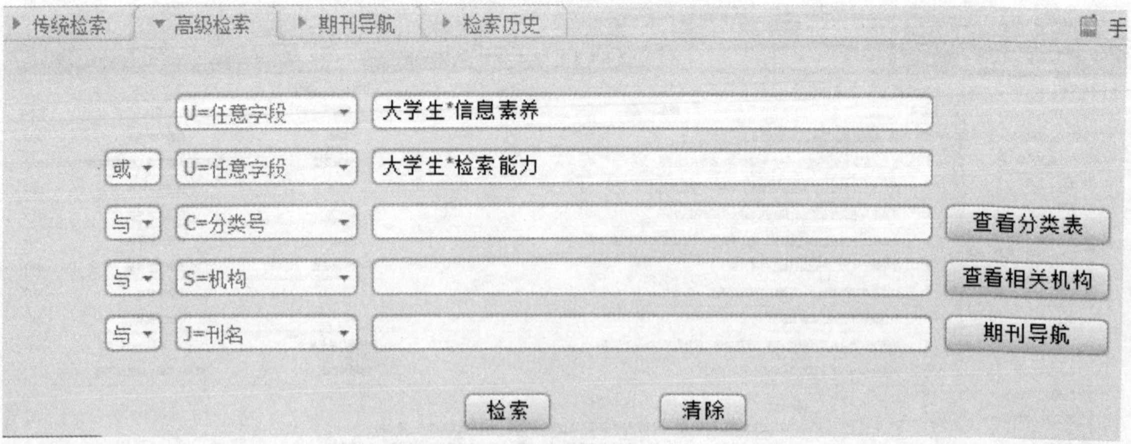

图 5-20　高级检索(二)

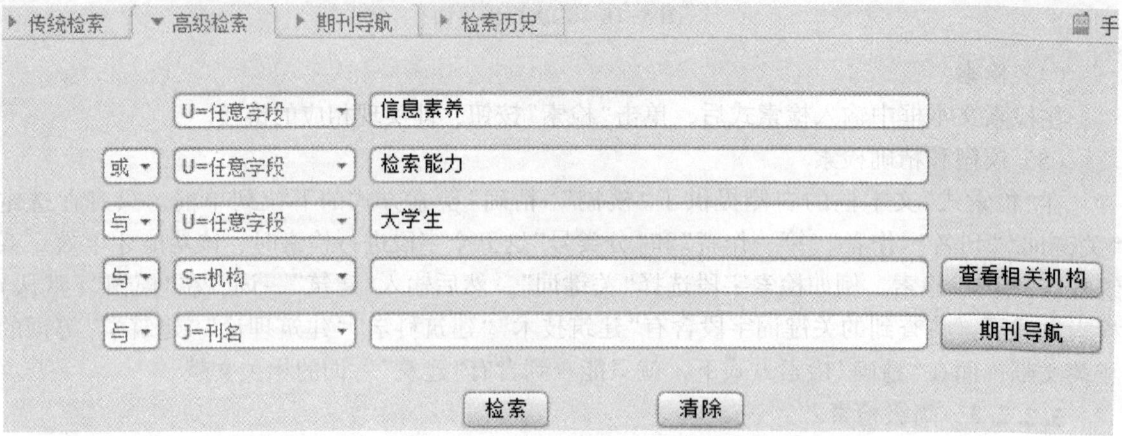

图 5-21　高级检索(三)

② 检索规则有以下几类：

a. 检索执行的优先顺序　向导式检索的检索操作严格按照图 5-19 所示的界面由上到下的顺序进行，用户在检索时可根据检索需求进行检索字段的选择。

以图 5-19 所示为例进行检索规则的说明。图 5-19 中显示的检索条件得到的检索结果为：(U=大学生 * U=信息素养)+(U=大学生 * U=检索能力)的检索，可做如图 5-20 所示的输入，图 5-20 中输入的检索条件用检索式表达为：U=(大学生 * 信息素养)+U=(大学生 * 检索能力)。

要实现(U=大学生 * U=信息素养)+(U=大学生 * U=检索能力)的检索，也可用图 5-21中的输入方式，图 5-21 中输入的检索条件用检索式表达为：(U=信息素养+U=检索能力) * U=大学生。

b. 逻辑运算符　见表 5-2。

表 5-2　逻辑运算符

逻辑运算符	逻辑运算符	逻辑运算符
*	+	-
并且、与、and	或者、or	不包含、非、not

在检索表达式中，以上运算符不能作为检索词进行检索，如果你的检索需求包含有以上逻辑运算符，请调整检索表达式，用多字段或多检索词的限制条件来替换掉逻辑运算符号。例如：如果你要检索 C++，可组织检索式(M=程序设计 * K=面向对象) * K=C 来得到相关结果。

c. 检索字段的代码　见表 5-3。

表 5-3　检索字段代码对照表

代　码	字　段	代　码	字　段
U	任意字段	S	机构
M	题名或关键词	J	刊名
K	关键词	F	第一作者
A	作者	T	题名
C	分类号	R	文摘

③ 扩展功能。图 5-22 中所有按钮均可以实现相对应的功能。读者需要在前面的输入框中输入需要查看的信息再点击相应的按钮，即可得到系统给出的提示信息。

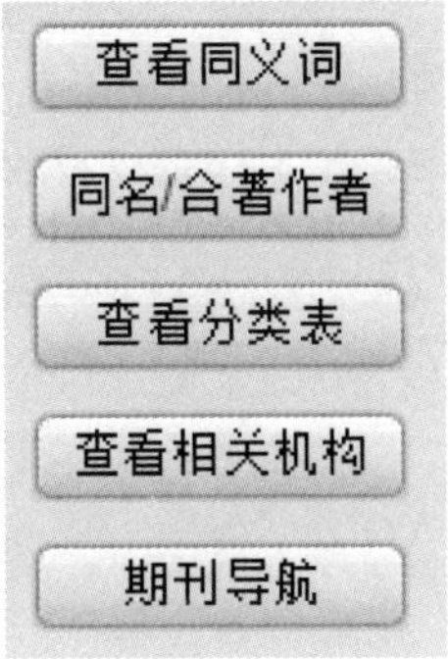

图 5-22

查看同义词：比如用户输入"土豆"，点击查看同义词，即可检索出土豆的同义词：马铃薯、洋芋，用户可以全选，以扩大搜索范围。

查看变更情况：比如读者可以输入刊名"移动信息"，点击查看变更情况，系统会显示出该期的创刊名"新能源"和曾用刊名"移动信息，新网络"，使用户可以获得更多信息。注意，此处需要输入准确的刊名才能进行查看期刊的变更情况。

查看分类表：读者可以直接点击按钮，会弹出分类表页，操作方法同分类检索。

查看同名作者：比如用户可以输入"张三"点击查看同名作者，即可以列表形式显示不同单位同名作者，用户可以选择作者单位限制同名作者范围。为了保证检索操作的正常进行，系统对该项进行了一定的限制：最多勾选数据不超过 5 个。

查看相关机构：比如用户可以输入"中华医学会"，点击查看相关机构，即可显示以中华医学会为主办(管)机构的所属期刊列表。为了保证检索操作的正常进行，系统对该项进行了一定的限制：最多勾选数据不超过 5 个。

④ 检索词表。读者选择某一字段后，可查看对应字段的检索词表来返回检索词，如关键词对应的主题词表，机构对应的机构信息表，刊名对应的是期刊名列表。此功能正在完善中。

图 5-23

⑤ 更多检索条件。用户可以点击图 5-23 中的"更多检索条件"按钮，以进一步地减小搜索范围，获得符合检索需求的检索结果。

在"扩展检索功能"部分(图 5-24)，用户可以根据需要以时间条件、专业限制、期刊范围进一步限制检索范围。

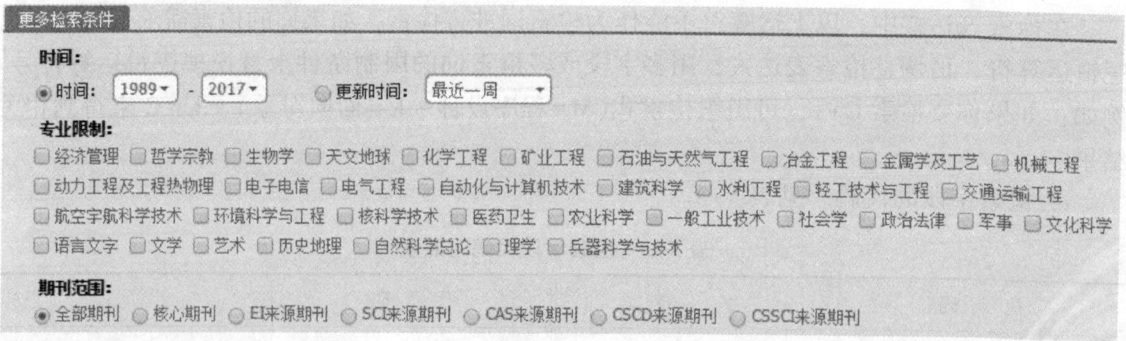

图 5-24

读者在选定限制分类，并输入关键检索后，页面自动跳到搜索结果页面，后面的检索操作同一般搜索。

（2）直接输入检索式检索

① 检索界面。见图 5-25，读者可在检索框中直接输入逻辑运算符、字段标识等，点击“扩展检索条件”并对相关检索条件进行限制后点击“检索”按钮即可。

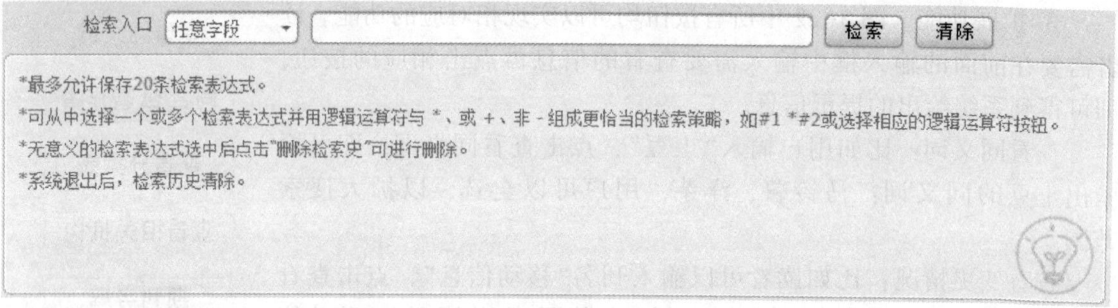

图 5-25

检索式输入有错时检索后会返回“查询表达式语法错误”的提示，看见此提示后使用浏览器的“后退”按钮返回检索界面重新输入正确的检索表达式。

② 扩展检索条件。与“向导式检索”中的“扩展检索条件”相同。

③ 检索规则。逻辑运算符，如表 5-2 所示；检索代码，如表 5-3 所示。检索优先级为：无括号时逻辑与“ * ”优先，有括号时优先括号内后括号外。注意：括号( )不能作为检索词进行检索。

④ 检索范围。

范例一：K＝维普资讯 * A＝杨新莉

此检索式表示查找文献：文摘含有“维普资讯”并且作者为杨新莉的文献。

范例二：(K＝(CAD+CAM)+T＝雷达) * R＝机械-K＝模具

此检索式表示查找文献：文摘含有“机械”，并且关键词含有“CAD 或 CAM”或者题名含有“雷达”，但关键词不包含“模具”的文献。

此检索式可以写成：(K＝(CAD+CAM) * R＝机械)+(T＝雷达 * R＝机械))-K＝模具或者(K＝(CAD+CAM) * R＝机械)+(T＝雷达 * R＝机械)-K＝模具

（3）高级检索的检索技巧

① 利用“同名作者”功能进行作者字段的精确检索。在向导式检索中，提供了“同名作

者功能”，由于同名作者功能中限制了勾选的最大数目(5个)，如果碰巧需要选择的单位又超过5个，此时你可以考虑采用模糊检索的方式来提高检全率检准率。

例如：查询目标为浙江大学高分子科学与工程系作者名为王立的文献，通过同名作者查看到相似的单位有13个，这时就可以采用检索式“A=王立 * S=浙江大学高分子科学”来限制作者以得精确的检索结果。检索式的更改方法：可在向导式检索的同名作者添加以后修改，也可用直接输入检索式的检索方式。

② 利用“查看相关机构”提高检全检准率。向导式检索中提供了“查看相关机构”的功能，用于读者需要精确查询的目标机构，由于相关机构功能中限制了勾选的最大数目(5个)，如果碰巧你需要检索的机构超过5个，在实际检索时就需要考虑采用模糊检索的方式实现检全检准率。

例如：要查找“重庆大学建筑城规学院”这一机构，如果以“重庆大学”作为基准查看得到相关机构2074个机构，通过筛选，选择出符合检索结果的共有词还有“建筑”，此时就可以调整检索式为“重庆大学 * 建筑”，调整后再次查看相关机构，得到144个机构，很明显筛选出的机构的准确度大大地提高了。这样就可以直接在机构字段输入“重庆大学 * 建筑”进行检索了。

5.2.2.4 分类检索

该数据库中的分类检索方式有两种情形：

第一种情形表现为——在“传统检索”方式下可以完全通过系统提供的分类体系来检索某类目下的所有文献，在检索输入栏中不必输入任何检索词。如前所述，这种情形往往在进行系统文献统计、调研时采用。

第二种情形表现为——进入数据库后，选定系统提供的“分类检索”。选中相关类目，作为限制条件，把检索目标锁定在某个或者某些学科领域范围，再通过在检索输入栏中输入相关的检索词进行检索。如前文所介绍的，这种情形往往在进行相关学科背景下的文献调研时采用，旨在提高检索效率，避免不相干内容的检索，减少检索结果的不准确性。

5.2.2.5 期刊导航

点击首页上“期刊导航”按钮，即可进入期刊导航页面。

期刊导航页以三种搜索方式来查看所需期刊。

① 期刊搜索，见图5-26。用户如果知道准确的刊名或ISSN号，再输入刊名或ISSN号，点击搜索，即可进入期刊名列表页。用户只需点击即可进入期刊内容页。

图5-26

② 按字母顺序查，见图5-27。用户点击字母A，即可列出拼音字母A为首字母的所有期刊列表。

图5-27

③ 按学科查。用户可以根据学科分类查找需要的期刊。点击学科分类，即可列出该学科分类下的所有期刊的刊名。

5.2.3 检索技术

(1) 布尔逻辑检索

系统支持布尔逻辑运算，包括"与"(＊)、"或"(+)、"非"(-)。布尔逻辑算符既可用于同一字段的不同检索词之间，也可用于不同的检索式的组配。

(2) 同义词检索

选中"同义词"选项，执行检索后，如果同义词表中有该检索词的同义词，系统就会显示出来同义的关键词，让用户决定是否用这些同义词检索，以扩大检索范围。例如，检索式中输入"电脑"选中"同义词"，检索后会提示是否也将它的同义词"电子计算机"和"微电脑"等关键词选中作为检索条件，从而可提高检索的查全率。

(3) 同名作者检索

选中"同名作者"选项，输入作者姓名，系统会在简要结果区显示不同机构的同姓名的作者的索引，用户挑选后选择想要的单位，点击"确定"即可检出该单位的该姓名作者的文章，这样可将检索结果范围缩小到具体单位的作者。

(4) 模糊和精确检索

在"检索式"输入框的右侧提供了"模糊"和"精确"检索方式的可选项，以便用户进行更准确的检索。该功能在选定"关键词""刊名""作者"和"第一作者"和"分类号"这五个字段进行检索时，该功能才生效。系统默认"模糊"检索，用户可选"精确"。例如，检索字段选择"关键词"，然后输入"基因"一词，在"模糊"(默认)检索方式下，将查到关键词字段含有"基因结构""基因表达""眼基因""人类基因计划""线粒体基因"等词的相关文献；而在"精确"检索方式下检索，就只能查到含"基因"一词的相关文章。

(5) 刊名浏览

在检索结果显示(细览区)处，点击"刊名"中显示期刊名称的链接，可以看到这种期刊的本数据库中的收录年限，点击其中一个选项(如 2001)，就可以查看到这种期刊在本年度中的所有各期(如 2001 年总共有 12 期)，然后点击任意一期就可以看到这一期的主要文章信息了。

5.2.4 检索结果及处理

(1) 显示检索结果

检索结果显示区域(图 5-28)上方显示了本次检索命中的文献记录总数。中间概览区的检索结果只有文献记录。单击概览区中的题名，在细览区中显示的是光盘号、篇名、作者、机构、关键词、文摘、刊名等文献详细信息。

(2) 检索结果标记

选中结果记录前的复选框，以便对选择想要的篇目进行打印和下载，对选中的记录只能下载题录。

(3) 刊名浏览

单击刊名链接，可以看到这种期刊在本数据库中的收录年限列表。选择其中一个选项(例如 2003)，就可以查到这种期刊在本年度中的所有期，然后单击其中任一期，就可以看到这一期的主要文章信息。

(4) 浏览器

显示结果只是论文的篇名，单击细览区中篇名，在出现的对话框内选择"在文件的当前位置打开"选项，如果计算机安装有维普全文浏览器，即可浏览该篇文献全文。

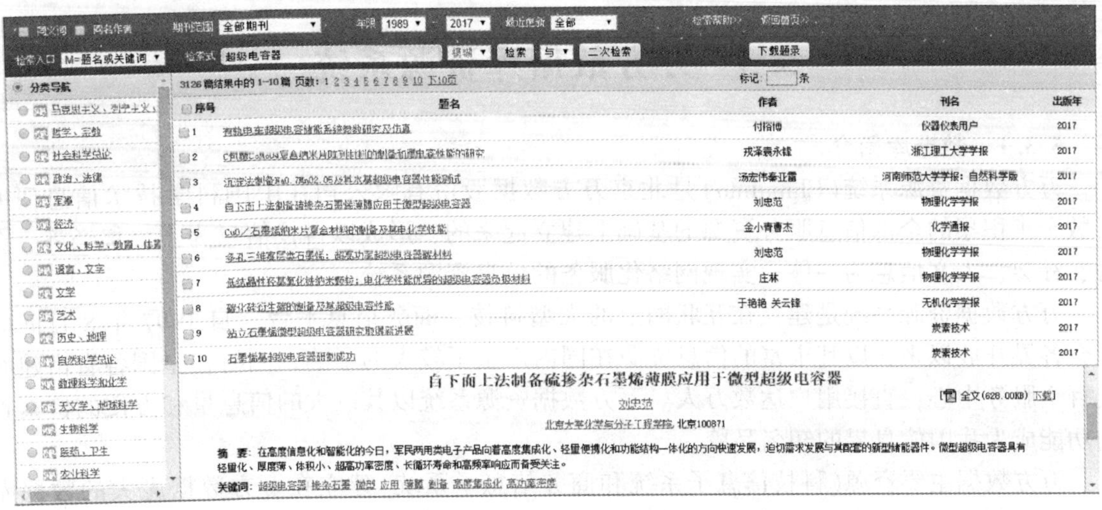

图 5-28　二次检索界面

（5）检索结果保存

方法一：单击细览区中的篇名，在出现的对话框内选择“全文下载”选项，可将原文文献下载到本地磁盘中。如果不出现“全文下载”提示，用鼠标右键单击“全文下载链接”则出现快捷菜单，选择“目标另存为”命令下载全文。

方法二：将文献全文打开浏览后，可使用维普全文浏览器提供的保存功能将文章保存下来，如图 5-29 所示。

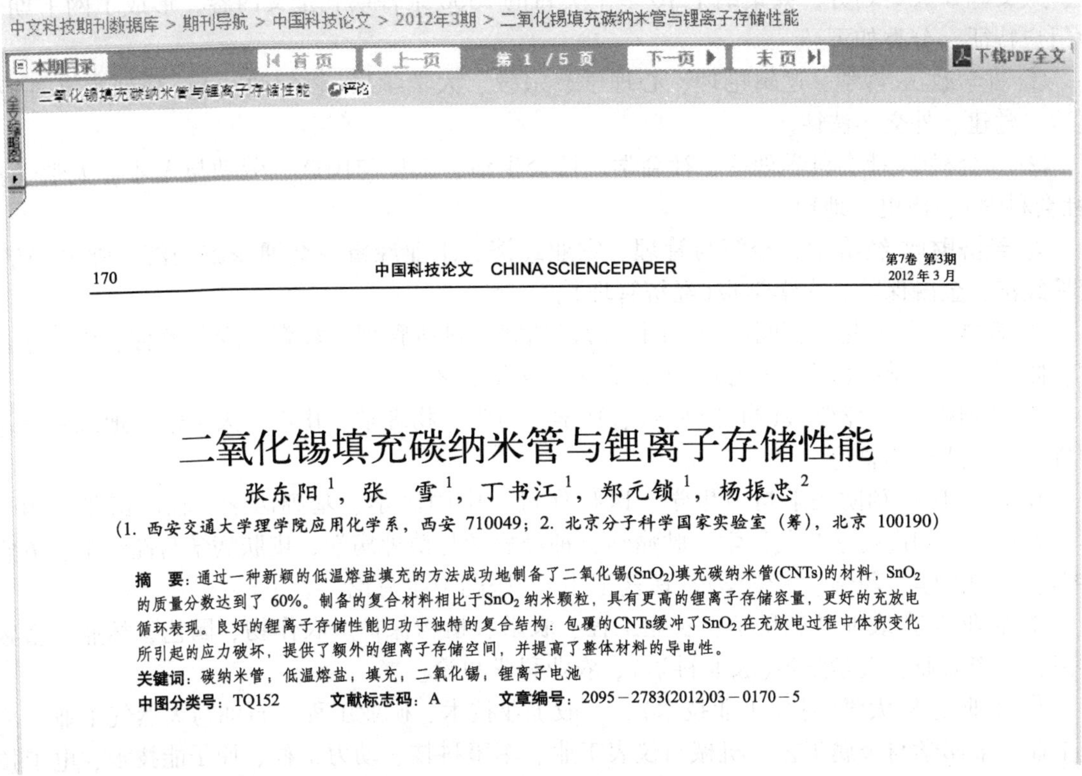

图 5-29　原文显示界面

5.3 万方数据库资源系统

5.3.1 数据库简介

万方数据资源系统(ChinaInfo)是北京万方数据股份有限公司在中国科学技术信息研究所数十年积累的全部信息服务资源的基础上建立起来的，形成以科技信息为主，集经济、金融、社会、人文信息为一体，实现网络化服务的信息资源系统。

万方数据资源系统是建立在互联网上的大型科技、商务信息平台。自1997年8月面向社会各界开放以来，以其丰富的信息资源在国内产生了较大的影响，同时在全国各省市建有几百个服务中心，直接用户达数万人。万方数据资源系统以其巨大的信息量和方便的检索查询功能成为我国信息界的知名品牌。

万方数据主要资源(科技信息子系统和商务信息子系统)建立在万方数据庞大的数据库群之上。迄今为止，万方数据自有版权以及合作伙伴共同开发的数据库总计120多个，归属于8个类别，内容涉及自然科学和社会科学各个专业领域，收录范围包括期刊、会议、文献、书目、题录、报告、论文、标准专利、连续出版物和工具书等。用户既可以单库、跨库检索，也可以在所有数据库中检索，同时还可以实现按行业需求的检索功能。

以下着重介绍数字化期刊子系统。

整个子系统以刊为单位上网，保留了刊物本身的浏览风格和习惯。期刊全文内容采用HTML和PDF两种国际通用的格式，方便读者随时阅读和引用。所有期刊按理、工、农、医、人文等8大类划分，共集纳了70多个类目的2500余种期刊全文内容，形成了网上期刊的门户特征。分类如下：

① 哲学政法 哲学、逻辑伦理、心理学、宗教、大学学报(哲学政法)、马列主义理论、政治、党建、外交、法律。

② 社会科学 社会科学理论、社会学、社会生活、人口与民族、劳动与人才、大学学报(社会科学)、历史、地理。

③ 经济财政 经济学、经济与管理、农业经济、工业经济、交通旅游经济、邮电经济、贸易经济、金融保险、大学学报(经济管理)。

④ 教科文艺 文化、新闻出版、图书情报档案、科研管理、教育、少儿教育、中学生教育、体育、大学学报(教科文艺)、语言文字、文学、艺术。

⑤ 基础科学 大学学报(自然科学)、数学、力学、物理学、化学、天文学、地球科学生物科学、自然科学总论。

⑥ 医药卫生 预防医学与卫生学、医疗保健、中国医学、基础医学、临床医学、内科学、外科学、妇产科学与儿科学、肿瘤学、神经病学与精神病学、皮肤病学与性病学、五官科学、特种医学、药学、大学学报(医药卫生)、医药卫生总论。

⑦ 农业科学 农业基础科学、农业工程、农学、植物保护、农作物、园艺、林业、畜牧兽医、水产渔业、大学学报(农业科学)、农业科学总论。

⑧ 工业技术 大学学报(工业技术)、一般工业技术、矿业工程、石油与天然气工业、冶金工业、金属学与金属工艺、机械与仪表工业、军事科技、动力工程、原子能技术、电工技术、无线电电子学与电信技术、自动化技术与计算机技术、化学工业、轻工业与手工业、建筑科学、水利工程、环境科学与安全科学、航空航天、交通运输。

此系统包括查询刊物、网上投稿、在线订购、网上邻刊、数字论坛、期刊引文、国际版、繁体中文、英文版期刊等功能，通过该系统可查询期刊全文。界面如图 5-30 所示。

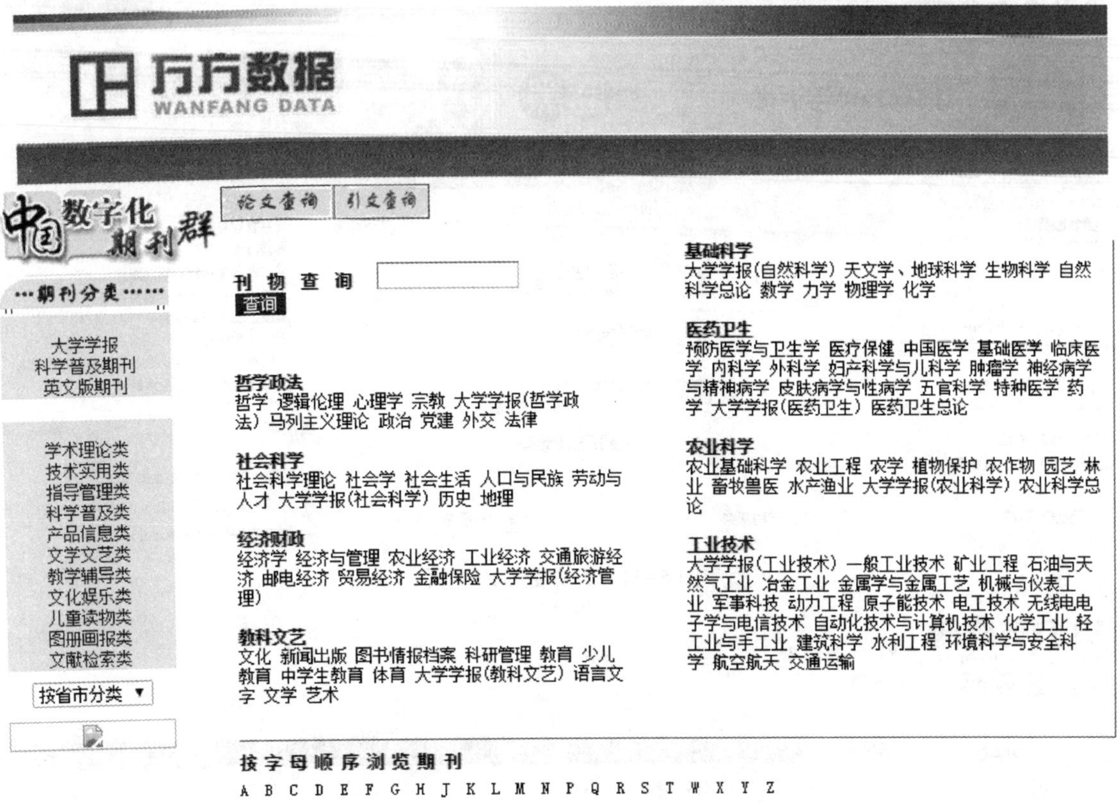

图 5-30　万方科技期刊子系统界面

5.3.2　数据库检索

万方数据库资源系统各个数据库的检索方法基本相同，数据库的检索可以分为一般检索和跨库检索，一般检索可以采用字段检索、全文检索以及高级检索(逻辑检索)；跨库检索支持布尔检索、相邻检索、截断检索、同字段检索、同句检索和位置检索等全文检索技术，具有较高的查全率和查准率。

5.3.2.1　一般检索

用户可以按照需要，选择相应的数据库进行检索。单击数据库名称后，进入该数据库检索页面，在首页检索词框内，直接输入检索词或者检索运算式，点击“检索”，即可获得结果，检索结果默认按照相关度排序，如图 5-31 所示。

5.3.2.2　跨库检索

跨库检索是万方数据知识服务平台统一服务系统检索业务集成系统，它几乎囊括了分布于系统各处的检索业务功能，同时系统还提供了跨库检索服务，用户可按照数据库、行业、学科、地区、期刊同时检索多个平台上的多种资源，输入一个检索式，便可以看到多个数据库的检查结果，并可进一步得到详细记录和下载全文。与此同时，用户也可选择单个数据库，针对某种具体资源进行个性化检索，如图 5-32 所示。

检索界面主要由检索入口区、变更检索范围区和检索结果显示区三个部分组成。

(1) 在变更检索范围区选择检索数据库。用户只需在所需数据库前的复选框中打“√”，

图5-31 万方数据库主页

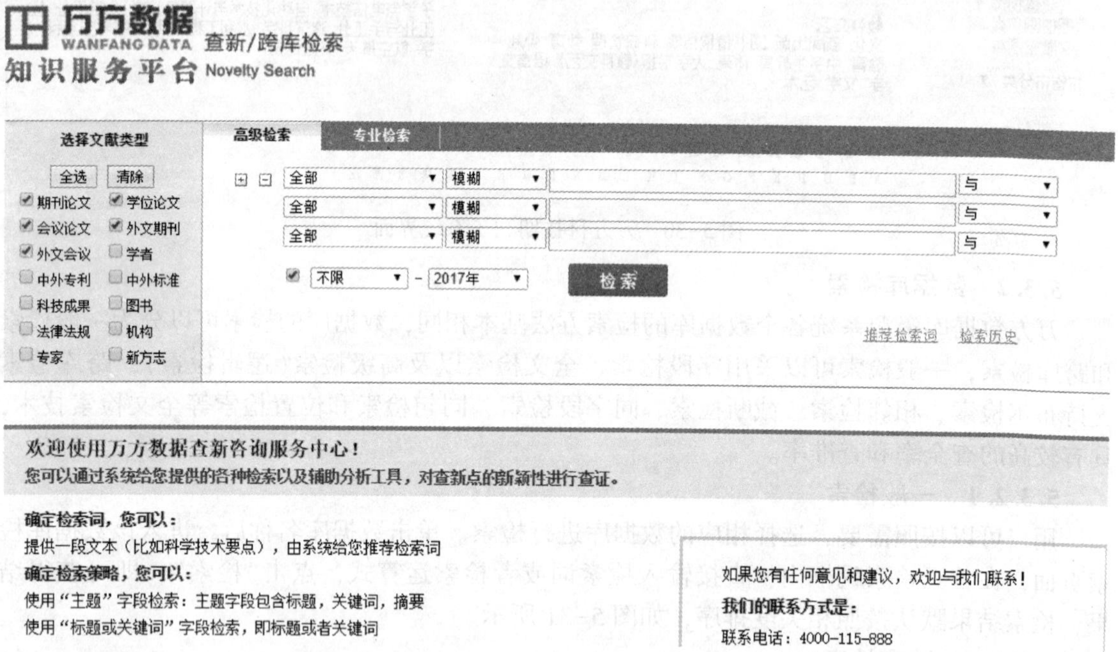

图5-32 跨库检索界面

系统自动将所选择的数据库添加到检索范围中，并提供所选数据库中的所有资源。用户可以在界面上输入检索条件进行检索，系统将根据用户输入的检索条件在选定的数据库中查找满足条件的记录。

（2）选择检索字段。点击检索项的下拉列表，选择按某一字段（如题名、关键词、作者、摘要、刊名等）来检索。

（3）输入检索词。在文本框中输入您所需的检索词。

（4）选择逻辑运算符。用于确定两个检索词之间的逻辑关系。选项有“与”“或”“非”。

（5）执行检索。当所有的检索信息都填写完毕后，点击“检索”按钮，执行检索。

5.3.2.3　高级检索

点击万方数据知识服务平台首页上的“高级检索”按钮，进入高级检索界面，如图 5-33 所示。高级检索提供 12 个检索限定条件：“标题中包含”“作者中包含”“来自”“关键词中包含”“摘要中包含”“全文”“发表，出版日期”“文献类型”“被引用次数”“有无全文”“排序”“每页显示”，可以通过限制多个字段进行检索。

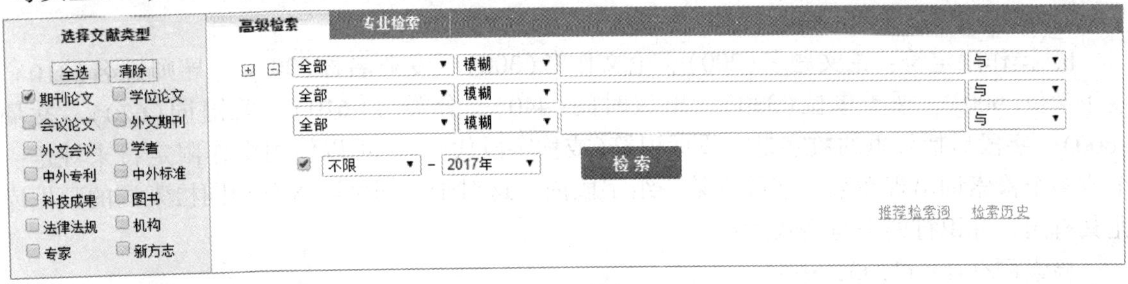

图 5-33　高级检索界面

5.3.2.4　专业检索

单击高级检索界面中的“专业检索”，即可进入专业检索界面，如图 5-34 所示。专业检索页面需用户建立检索表达式。

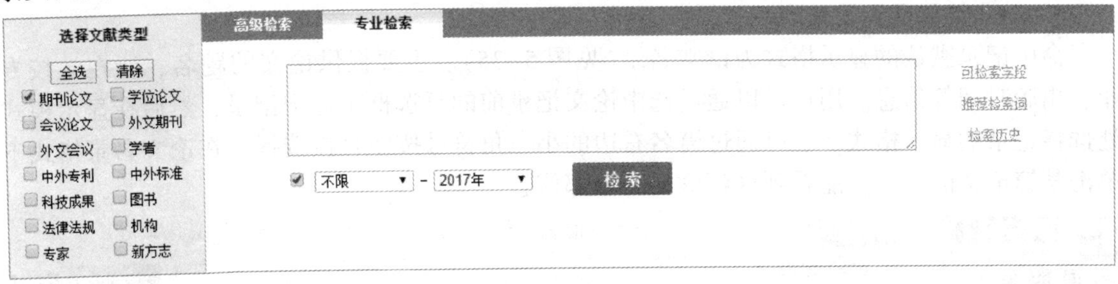

图 5-34　专业检索界面

（1）检索表达式说明

教授：检索含有检索词“教授”的记录。

教授 * 英语：检索词中同时含有检索词“教授”和“英语”的记录。

教授+英语：检索含有检索词“教授”或“英语”的记录。

教授/(60)：检索字段 60 中含有检索词“教授”的记录。

教授(a)英语：检索同一字段中既含有“教授”又含有“英语”的记录。

张 $：右截断检索，以“张”字开始的记录字段值。

（2）检索词的类型

可以使用两种类型的检索词来形成一个检索式。这两种检索词是精确检索和右截断检索词。

① 精确检索词　其可以是某一数据库的任一可检索词(项)。另外必须注意：如果检索词中含有括号或逻辑运算符“ * ”“+”“-”“(G)”“(F)”“ $ ”或以数字开始的检索词必须用双引号引起来，以免引起错误。

例如当检索词为 American(united states)时就必须按下面的方式输入：“America(united states)”，否则就会出错。

② 右截断检索词　由于某种原因，用户可能不知道某一检索词的精确写法，而只知道一个词根。这种情况下，用户只需要给出一个检索词词根，而不必给出一个准确的检索词。右截断检索词用在词根后紧跟一个“＄”符来表示。例如输入检索词 weapon ＄，可以检索到 weapon、weapon aiming、weapon Carrier、weapon delivery 等。

③ 检索运算符　在一个检索式中可以利用检索运算符把两个或两个以上的检索词连接起来，检索运算符指出了词与词之间的相互关系。

a. 布尔逻辑运算符：OR、AND、NOT。

b. 操作限定符：论文题名(200)、论文作者(300)、专业名称(201)、导师姓名(310)、授予学位(900)、授予单位(330)、出版时间(440)、分类号(610)、关键词(620)、文摘(600)。字段后括号里的数字是字段标识符(或称字段代码)。可以使用操作限定符来规定一个或多个检索词出现在某一字段或某一组字段内，这对于不同字段含有相同检索词的数据库尤其有用，标识符的书写格式为：

检索词/(t1，t2，t3，…)

其中，t1，t2，t3，…是一组字段标识符，它限定检索词出现在这些字段中。例如“数字图书馆/(200)”表示在论文题名中查找含有检索词“数字图书馆”的记录。操作限定符与逻辑运算符连用，以限制检索在规定的字段内运行。此外，还可以将字段标识符用于右截断检索词中。

5.3.3　结果显示及处理

命中记录默认的显示格式为论文名录(见图 5-35)。主要提供论文的题名、所在学校专业、出版时间等信息。用户可以通过选中论文记录前的复选框来标记记录，然后在显示模式处选择记录的显示格式，也可通过篇名右边的小三角符号按钮直接选择。在论文名录格式下单击某篇论文的篇名，能看到这篇论文的全部信息。

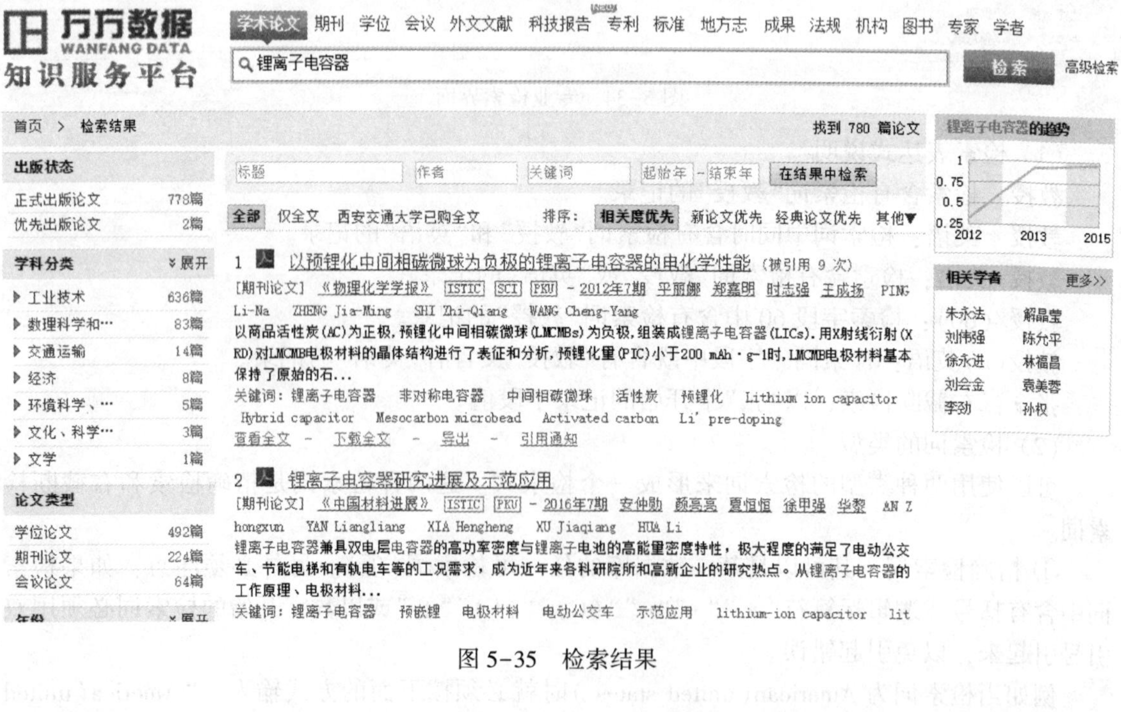

图 5-35　检索结果

5.4 维普中文科技期刊数据库

5.4.1 数据库简介

维普信息资源系统是由重庆维普资讯有限公司研制开发的网络信息资源。维普资讯有限公司是科学技术部西南信息中心下属的一家大型的专业化数据公司，自1989年以来，一直致力于报刊等信息资源的深层开发和推广应用。集数据采集、数据加工、光盘制作发行和网上信息服务于一体；收录有中文报纸1000余种、中文期刊12000种、外文期刊6000余种，拥有固定客户5000余家。目前已成为中国最有影响力的数据库建设者之一。

(1)《中文科技期刊数据库》(全文版)

该数据库源于1989年创建的《中文科技期刊篇名数据库》，经过13年的推广使用和完善。其全文和题录版一一对应，全面解决了文摘版收录量巨大但索取原文繁琐的问题。全文版的推出成为国内各省市高校文献保障系统的重要组成部分。该数据库包含1989年以来的自然科学、工程技术、农业、医药卫生、经济、教育和图书情报等学科8000余种期刊刊载的分类。所有文献被分为8个专辑，即自然科学、工程技术、农业科学、医药卫生、经济管理、社会科学、教育科学和图书情报。

(2)《中文科学期刊数据库》(文摘版)

该数据库源自《中文科技期刊篇名数据库》，是国内最大的综合性文献数据库。从1989年开始建设，在1992年制作了世界上第一张中文光盘。数据库包含从1989年以来的自然科学、工程技术、农业科学、医药卫生、经济管理、教育科学和图书情报等学科8000余种期刊的500余万篇文献，并以每年100万篇的速度递增。文摘版还是《中文科技期刊数据库》(全文版)的索引，能独立工作也可建立本地或远程全文下载链接。

(3)《中文科技期刊数据库》(引文版)

该数据库是由重庆维普资讯有限公司在十几年的专业化数据库生产经验的基础上开发的又一新产品。该库可查询论著引用与被引情况。机构发文量、国家重点实验室和部门开放实验室发文量、科技期刊被引情况等，是进行科技文献检索、文献计量研究和科学活动定量分析评价的有力工具。以《中文科技期刊数据库》(文摘版)为依托，收录1990年以来公开出版的科技类期刊5000多种，其中包括《中文核心期刊要目总览》中的核心期刊1500余种。

《中文科技期刊数据库》(引文版)引进了《中文科技期刊数据库》(文摘版)的检索系统，同时还针对此数据库的特点专门设计开发了多种功能。整个检索系统平台包括两个检索界面：源文献检索界面和被引文献检索界面。两个检索界面的切换可通过检索系统平台左角的切换按键来实现。

(4)《外文科技期刊数据库》(文摘版)

维普资讯有限公司联合国内数十家著名图书馆以各自订购和收藏的外文期刊为依托，于1999年成功开发出《外文科技期刊数据库》(文摘版)。该库的推出满足了国内科研人员对国外科技文献的检索需求。同时，还提供文献的全文服务，让用户轻轻松松获得第一手的外文原始文献资源。该数据库收录了1995年以来出版的外文期刊6000多种，文献语种以英语为主。数据量以每年超过80万条的速度递增。

(5)《中国科技经济新闻数据库》

该数据库是由重庆维普资讯有限公司在1992年开发成功的又一大型科技类数据库，它是国内第一家电子全文剪报，综合了传统文字传媒(报纸和期刊)，新闻性强、信息量大、信息面广的优点，同时弥补了传统传媒系统和累积性差的不足。集系统性、新闻性、实用性和情报检索的专业性于一体，从而使传媒的信息资源得到充分的利用。

《中国科技经济新闻数据库》具有快捷、高效的专业检索系统，具有全面、准确的信息资源，是课题查新、科研教学、企业决策和获取竞争信息的重要工具。它提供最新的行业动态和科研动态以及发展历程，使用户能有效地掌握现在，展望未来。其信息来源于 1992 至今的 400 种重要报纸和 5000 多种科技期刊，包括工业、农业、医药、商业、经济等各行业科研动态、企业动态、发展趋势、政策法规等方面的信息资源，累计数据量达 100 多万条，并以每年 15 万条的速度递增。

(6) 中国企业及产品广告数据库

该数据库报道国内市场上最新推出的新产品信息以及其生产、销售企业的基本信息。现有产品信息 8 万余条。每周增加 4000 余条。

5.4.2 维普信息资源系统检索

5.4.2.1 中文科技期刊数据库检索

用户登录以后，在首页的左侧点击“数据库检索”下的“中文科技期刊数据库”进入检索界面。

(1) 选择检索途径

打开检索界面会看到左边的窗口。点击下拉菜单，里面有十四种检索字段可供选择。包括：关键词、刊名、作者、第一作者、作者简介机构、题名、文摘、分类号、参考文献、基金资助、栏目信息、任意字段。其中“任意字段”检索指在所有字段内检索。选定某一检索字段后，可在检索输入框输入检索词，点击检索按钮后，即可实现相应的检索。字段名前的英文字母为检索途径代码，在复合检索中将要用到。例如 k 代表关键词，T 代表题名等等。这些代码可直接加在检索标识前进行相应的字段限定，如 k=线粒体表示在关键词字段中检索“线粒体”。

(2) 限定检索范围

限定检索范围(导航树学科范围、年限、期刊范围及同义词库、同名作者库)界面左方的窗口是《中文科技期刊数据库》学科分类导航和刊名导航系统。学科分类导航是树形结构的，参考《中国图书资料分类法》进行分类。选中某学科类别后，任何检索都局限于此类别以下的数据，例如：选择根目录下的“自然科学”一级类，展开后再选“数理科学”二级类，那么检索范围就局限于“数理科学”类别的信息。直接点击最底层类别就可以在概览区域中直接显示出该类别的记录，年限默认为 1989 年至当前年份。用户也可根据需要选择限定年份，期刊范围默认为全部期刊。可选择只检索核心期刊、重要期刊。同义词库功能只有在选择了关键词检索入口时才生效。默认为关闭，选即打开。

同义词库的使用方法是：

① 进入《中文科技期刊数据库》的检索界面在其右上角有“同义词”选择框，点击查看；

② 在“检索入口”选项内，选“关键词”；

③ 在检索框内输入您的关键词；

④ 如果同义词表中，有该关键词，系统就会显示出来，让用户决定是否用这些同义词检索。例：输入关键词“土豆”检索时，会提示“马铃薯、洋芋”等是否同时选中作为检索条件，从而可提高检索的查全率。同名作者库功能与上类似，默认关闭，选中即打开。只有在

选择了作者、第一作者检索入口时才能生效，输入作者姓名检索时系统会提示同名作者的单位列表。选择想要的单位，点击“确定”即可检出该单位的该姓名作者的文章。

检索范围的限定功能(年限、期刊范围、所输入的检索式)在进行导航数学科范围浏览时始终生效。所以在概览区显示的文章篇数并不是一定是该学科的文章记录总数。

(3) 检索式和复合检索

简单检索请直接输入检索词。

复合检索有两种方式：

① 利用“二次检索”。在第一次结果的基础上再次检索。例如先选用“关键词”检索途径并输入“电脑”一词，输出结果，再选择“刊名”途径，输入“南京大学学报”。在“与、或、非”的可选项中选择“与”，点击二次检索。然后输出的结果就是刊名为“南京大学学报”含关键词“电脑”的文献。二次检索可以多次应用。以实现复杂检索式。

② 直接输入复合检索式。例如：输入“K=电脑 * J=南京大学学报”，和以上输出结果一样。检索词前面的英文字母是各字段的代码，可在检索选择框中查看。本数据库检索符号的对应关系为“ * ”=与、“+”=或、“-”=非。在选用“任意字段”途径时可按布尔运算的规则写复合检索式，例“输入检索式为“(CAD+CAM) * 服装”，检出结果等同用“CAD”检后，输入“CAM”并选“或”选项进行二次检索，共三步的操作。

(4) 刊名浏览功能(仅对包题录库和包全文库用户开放)

在检索结果显示(细览区)处，点击“刊名”中表示期刊名称的链接，可以看到这种期刊在本数据库收录年限，点击其中一个选项(例如 2001)，那么就可以查看到这种期刊在本年度中的所有期(例如 2001 年总共有 12 期)，然后点击其中任意一期就可以看到这一期主要文章信息了。

(5) 模糊与精确检索功能

在“检索式”输入框的右侧提供了“模糊”和“精确”检索方式的可选项，以便进行更准确的检索。该功能在选定“关键词”“刊名”“作者”“第一作者”和“分类号”这五个字段进行检索时，该功能才生效。系统默认“模糊”检索，用户可选“精确”。例如：检索字段选择“关键词”，然后输入“基因”一词，在“模糊”(默认)检索方式下，将查到关键词字段含有“基因结构”“基因表达”“癌基因”“人类基因组计划”“线粒体基因”等词的相关文献；而在“精确”检索方式下，就只能查到含“基因”一词的相关文献。

5.4.2.2 中文科技期刊引文数据库检索

本数据库可以实现两种功能的检索，源文件的检索和被引文献的检索。源文件的检索即检索本数据库所收录的文献及其引用他人文献的情况，点击左上角“切换到被引用文献入口”按钮，转换到被引文献的检索，即检索该文献被别人引用的情况。

(1) 原文献的检索

① 选择检索入口。点击检索入口右边的下拉菜单，里面有八种检索字段可供选择，包括：关键词、刊名、作者、第一作者、机构、题名、文献、分类号。选定某一检索字段后，可在检索式输入框输入检索词，点击检索钮后，即实现相应的检索。字段名前的英文字母为检索途径代码，在复合检索中将要用到。例如：K 代表关键词、T 代表提名等等。这些代码可直接加在检索标识前进行相应的字段限定，如“K=线粒体”表示在关键词字段中检索“线粒体”。

② 限定检索范围(导航树学科范围、年限、期刊范围)。左方所示的窗口是《中文科技

引文期刊数据库》学科分类导航和刊名导航系统。学科分类导航是树形结构的，参考《中国图书资料分类法》进行分类。选中某学科类别后，任何检索都局限于此类别以下的数据。例如选择根目录下的“自然科学”一级类，展开后再选“数理科学”二级类，那么检索范围就局限于“数理科学”类别的信息。

直接点击底层类别就可以在概览区域中直接显示出该类别的记录。

年限默认为1989~2012年。

期刊范围默认为全部期刊，可选择重要期刊或核心期刊。

检索范围的限定功能(年限、期刊范围、所输入的检索式)在进行导航树学科范围浏览时始终生效，所以在概览区显示的文章篇数并不一定是该学科的文章记录总数。

③ 检索式和复合检索。简单检索请直接输入检索词。

复合检索有两种方式：

a. 利用“二次检索”

在第一次结果的基础上再次检索。例如先选用“关键词”检索途径并输入“汽车”一词，点击检索；再选择“刊名”途径，输入“机械与电子”，在“与、或、非”的可选项中选择“与”，点击二次检索。输出的结果就是刊名为“机械与电子”，含关键词“汽车”的文献。二次检索可以多次应用，以实现复杂检索。

b. 直接输入复合检索式

例如：输入“K=汽车*J=机械与电子”，和以上输出结果一样。检索词前面的英文字母是各入口途径的代码，本数据库检索符号的对应关系为“*”=与、“+”=或、“-”=非，可按布尔运算的规则写复合检索式，例如：输入检索式中输入“汽车”检索后，输入“GPS”并选“或”选项进行二次检索，再在检索入口中选择刊名，在检索式中输入“机械与电子”并选“与”选项二次检索共三步的操作。

④ 索引。点击检索界面的索引，可以实现按“关键词”“刊名”“作者”“第一作者”“分类号”检索的统计功能。

(2) 被引文献的检索

① 选择检索入口。点击检索入口右边的下拉菜单，里面有三种字段可供选择，包括“题名”“刊名”“作者”，用户可按选择的字段检索被引文献。

② 检索式和复合检索。与“原文献的检索”方法类似。

③ 索引。与“原文献的检索”类似，可以实现按“刊名”“作者”检索的统计功能。

5.4.2.3 外文科技期刊数据库检索

《外文科技期刊数据库》的检索与《中文科技期刊数据库》方法类似，在首页的数据库检索栏选择“外文科技期刊数据库”进入检索界面。

(1) 选择检索途径

打开检索界面，会看到左边的窗口，点击下拉菜单，里面有七种检索字段可供选择。包括作者、题名、文摘、刊名、刊号、ISSN号、任意字段。其中“任意字段”检索指在所有字段内检索。选定某一字段后，可在检索输入框输入检索词，点击检索按钮后，即实现相应的检索。字典名前的英文字母为检索途径代码，在复合检索中将要用到。例如：J代表刊名，T代表题名等等。这些代码可直接加在检索标识前进行相应的字段限定，如“T=incinerator”表示在题名字段中检索“焚烧炉”。

(2) 限定检索范围(导航树学科范围、年限)

界面左方的窗口是《外文科技期刊数据库》学科分类导航。学科分类导航是树形结构的，参考《中国图书资料分类法》进行分类。选中某学科类别后，任何检索都局限于此类别以下的数据。以学科分类导航为例，选择根目录下的"自然科学"一级类，展开后再选"数学"二级类。那么检索范围就局限于"数学"类别的信息。直接点击最底层类别就可以在概览区域中直接显示出该类别的记录。

年限默认为1995~2003年也可以逐年限定。

(3) 检索式和复合检索

简单检索请直接输入检索词。

复合检索有两种方式：

① 利用"二次检索"。在第一次结果的基础上再次检索。例如：先选用"题名"检索途径并输入"incinerator"一词，输出结果；再选择"刊名"途径，输入"waste management"，在"与、或、非"的可选项中选"与"，点击二次检索，然后输出的结果就是刊名为 waste management、题名中出现 incinerator 的文献。二次检索可以多次应用，以实现复杂检索。

② 直接输入复合检索式。例如：输入"T=(incineration+incineration) * J=-waste management"，和以上输出结果一样。检索词前面的英文字母是各字段的代码，可在检索选择框中查看。本数据库检索符号的对应关系为" * "=与、"+"=或。但逻辑非不能用"-"，因为它易与英文的连字符混淆，可以采用二次检索来实现逻辑非的功能。在选用"任意字段"途径时可按布尔运算的规则写复合检索式，例如：输入检索式为"(CAD+CAM) * machine"，检出结果等同于用"CAD"检后，输入"CAM"并选"或"选项进行二次检索，再输入"machine"并选"与"选项进行二次检索共三步的操作。

输入英文单词同义词要尽量输全(垃圾常见的单词有 waste. rubbish. rust. garba-ge. refuse 等，它们在检索式中用逻辑或"+"链接)，输入不全易漏检；同一单词的各种形式也要尽量输全(如 incinerate，其他形式有 incinerates，incinerator，incinerators，incineration，incinertating，incinerated 等，也要在检索式中用逻辑或"+"连接)以免信息漏检。

5.4.3 维普浏览器

(1) 下载

在使用维普系列数据库时，为了保证题录文摘的正常下载和正确阅读，打印《中文科技期刊数据库》的全文，每个用户端都需要下载并安装"维普浏览器"。在网站首页左侧中部放置了四个版本的"维普浏览器"以供下载，其中 OCR 版与简化版的区别在于：提供了图片文件识别成文本文件的功能，并提供了 PDF 格式的转化功能。

下载方法有二：

① 当前位置运行该程序。程序将自动下载。运行安装结束后浏览器便装在本机系统里并在桌面上生成一个"维普浏览器"图标。但是，如果用户更新或重装计算机操作系统，相应地也需要重新下载"维普浏览器"，因为浏览器在系统更新或重装时可能会丢失。所以建议用户采取第二种方法下载。

② 将该程序保存到磁盘。选择保存位置以后，浏览器将被下载并保存到磁盘，用户不仅可在本机上安装也可以拷贝到其他计算机进行安装。这样的备份是有好处的。

(2) 安装

浏览器下载以后，还需要安装。用户如果是第一次安装。只需双击下载的浏览器图标，按默认设置点击“下一步”执行，直至“完成”即可；如果你的机器以前安装过“维普浏览器”。在安装新版本时，会出现三个选项：“modify”“repair”“remove”。此时选择“remove”。按提示操作顺序执行即可。安装完成后桌面会重新出现“维普浏览器”图标。安装好“维普浏览器”的计算机就可以阅读和打印所获取的题录文摘和中文期刊全文了。

（3）功能

维普浏览器具有以下特殊功能：

① 设置“题录下载”的输出选项。所下载的题录文摘通过“维普浏览器”打开后，选择“工具”下拉菜单中的“输出选项设置”，就能根据需要设置所下载题录的输出项。

② 全文页面的反向显示功能。由于扫描处理问题，你有时会遇到黑底白字的页面，选择“工具”菜单中的“黑白反向”，可将它转成白底黑字以供清楚识别。

③ OCR 图文转换功能（此功能只能在 OCR 版中可以实现，简化版不具有该功能）。在“工具”菜单中有“选择 OCR 区域”和“识别选定区域”，先点击“选择 OCR 区域”快捷图标，再去框定你要转换的文字，然后点击“识别选定区域”快捷图标，就会出现转换成文本格式的提示框。其中可直接修改错误，并可复制。粘贴到其他处理软件，如 Word 中去。

④ 全文另存为 PDF 格式功能（此功能只能在 OCR 版中可以实现，简化版不具有该功能）。通过“维普浏览器”打开的全文可以另存为 PDF 文件，便于用户更方便地使用。

5.5 超星数字图书馆

5.5.1 数据库简介

超星数字图书馆是国家“863”计划中国数字图书馆示范工程项目，由中国北京超星公司研制。该公司主要致力于电子图书馆扫描、浏览、OCR 识别和远程传输技术的研究和应用。超星数字图书馆设文学、历史、法律、军事、经济、科学、医药、工程、建筑、交通、计算机和环保等几十个分馆。目前拥有数字图书数十万种，是全球最大的中文数字图书馆。其资源每天都在增加。

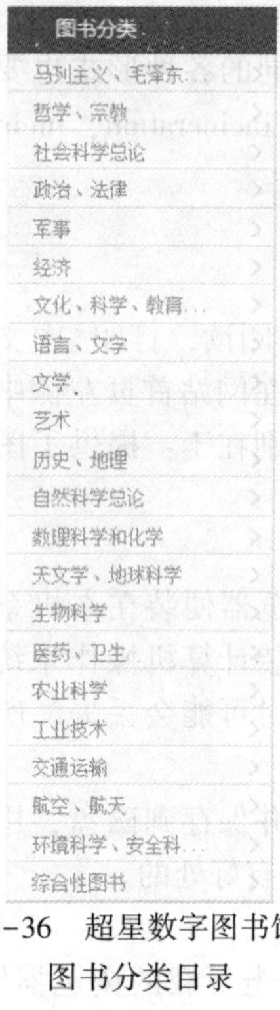

图 5-36 超星数字图书馆的图书分类目录

读者下载了超星阅读器（SSReader）后，即可通过互联网阅读超星数字图书馆中的图书馆资料。凭超星读书可将馆内图书下载到用户本地计算机进行离线阅读。专用阅读软件超星图书浏览器是阅读超星数字图书馆图书的必备工具，可从超星数字图书馆网站和其镜像站点免费下载，也可以从世纪超星公司发行的任何一张数字图书光盘上获得。

5.5.2 检索方法

系统提供浏览和检索两种方式查询所要图书。检索又分为一般检索和高级检索。

（1）分类浏览

在“图书分类”栏（图 5-36）里选择某一主题图书馆即可进入学科领域二级类内容，依次类推直到找到具体的图书。

（2）一般检索

在“检索”栏（图 5-37）里选择检索字段“书名、作者、全文检索”并输入相应的关键字，点击“检索”，就可查询到所要的图书(图 5-41)。

(3) 高级检索

点击“检索”右边的“高级检索”，进入高级检索界面(见图 5-38)，在“书名、作者、主题词”项中选择“并且”或“或者”并输入对应文字，点击“检索”即可查到所需要的图书，点击书名下面的“阅读”即可浏览全书。

超星数字图书馆检索系统使用的检索算符有“＊”：表示逻辑“与”；“%”：表示通配符，代表一个或多个字；“+”：表示逻辑“或”。

图 5-37 检索字段

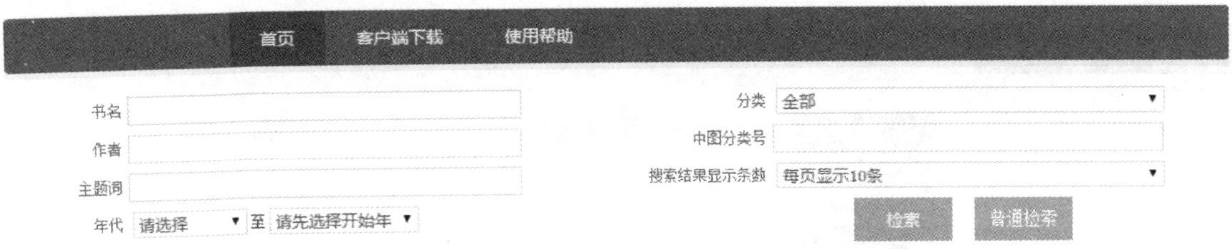

图 5-38 超星数字图书馆的高级检索界面

5.5.3 检索技术

(1) 通配符

? 表示一个任意的字符串。

% 表示一个或多个任意的字符串。

通配符可出现在检索词的首部、尾部和中间的任意位置。

例如：

表达式“作者=%国庆”将检索出所有作者为“张国庆”“欧阳国庆”“国庆”等的记录；

表达式“作者=张%”将检索出所有作者为“张国庆”“张三”“张”的记录；

表达式“作者=张%庆”将检索出所有作者为“张国庆”“张大庆”“张庆”等的记录；

表达式“作者=张？庆”将检索所有作者为“张国庆”“张大庆”等记录，而作者为“张庆”的记录不会被检索出来。

（2）逻辑关系符

① and(*)。两个条件同时满足。比如：“计算机 and 电脑 and 微机”，可以查出同时包含“计算机”“电脑”和“微机”的文章。

② or(+)。满足条件中的任意一个。比如：“计算机 or 电脑”，可以查出包含“计算机”或者“电脑”的所有文章。

③ not(-)。不满足条件。比如：“not 计算机”“计算机 not 网络”分别查出不包含“计算机”和只包含“计算机”而不包含“网络”的文章。

说明：表达式中的 and，or，not 分别可以用 *，+，_ 代替。比如：“计算机+电脑”。

（3）特殊符号的检索

对图书内容中有?,%，(,)，/，@，=，>，<,!，&，*，^，-，+和标点符号的检索，需要在前面加一“\”。比如：“\?”“\%”“\;”“\/”等。

5.5.4 检索结果

如果需要查阅、浏览《平凡的世界》的具体内容(全书)，只需要单击该书名即可。然后，读者可以根据自己的需要进行前后翻页或者特定页码的操作并得到所要浏览的具体页面内容。检索结果如图 5-39 所示。用户还可以对具体图书中的内容进行网上全文下载或者部分摘要，并且通过数据库所嵌入的汉王 OCR 识别系统，将需要的部分内容从原来的图像格式转化为 Word 文本，以便进一步利用。

图 5-39 检索结果显示

5.5.5 电子图书的阅览及下载

第一次使用超星数字图书馆的电子图书资源之前，都必须在本地计算机中安装超星浏览器，并注册浏览器。

(1) 超星图书阅读器

超星的注册用户可以阅读和下载其中的电子图书，而使用超星中文电子图书需要下载超星图书阅读器(SSReader)。超星阅读器是超星公司拥有自主知识产权的图书阅览器，是专门针对数字图书馆的阅览、下载、打印、版权保护和下载计费而研究开发的，在超星数字图书馆网站可以免费下载，也可单击镜像站点上的“阅读器”下载(如图 5-40 所示)并安装在电脑上，此时就可以阅读电子图书了。

图 5-40　阅读器下载

使用超星阅读器 SSReader 4.11 可以实现以下功能：

① 可阅读超星数字图书馆的数字图书资料；

② 符合传统图书阅读习惯，有上页、下页和目录等书页的概念，显示页面可以随意放大、缩小和移动。

③ 浏览下载方便，实现了图像文档的 Web 方式浏览，可以边下载边浏览，自动下载下一页，并且应用了自动滚屏显示和多线程浏览等技术，保存阅读进度，美化阅读界面(如图 5-41 所示)。

④ 嵌入了汉王 OCR 识别系统，用户可以将图像格式的图书资料转换成文本加以利用。

⑤ 以超星数字图书阅读器为核心的技术手段实现了网上出版和版权保护。SSReader 图书阅览器进行了系统限制，只有用户注册后才能进行图书下载。

(2) 注册运行

如前文所述，从超星阅读器中下载图书以及第一次使用超星数字图书馆的电子图书资源之前，都必须先注册。输入用户名和密码后，即可成为注册用户，此时就可以阅读并下载图书资源了。

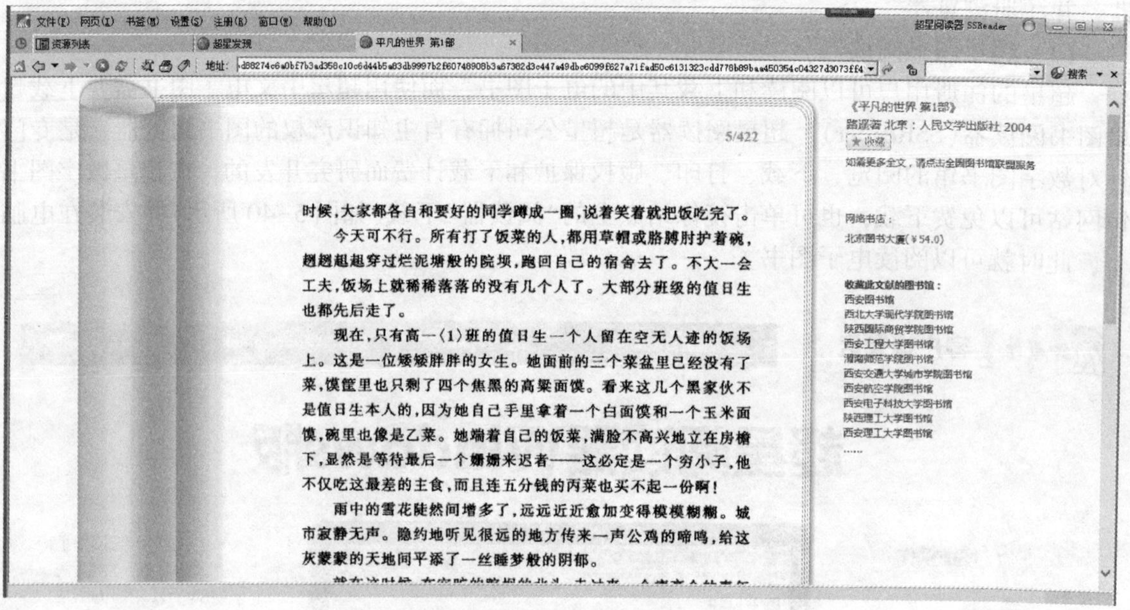

图 5-41 检索结果显示

通过阅读器下载的图书资料是加密数据，与用户名相关，只有注册该用户名的阅读器才能阅读。因此如果将下载资料移动到其他机器，需要同一用户名重新注册才能阅读。

（3）添加个人书签

对于一些阅读频率较高的图书，在超星数字图书镜像站点中可以添加“个人书签”，免去了每次检索的麻烦。具体步骤如下：

① 注册并成为登录用户；

② 作为注册用户登录后，就可以添加个人书签了，在每一本图书书目的下方有一个“添加个人书签”的按钮，单击此按钮就可以把此图标添加为自己个人书签；

③ 回到主页刷新一次页面就可以看到此书签，并且在下次阅读图书的时候用自己的用户名和密码登录页面时就可以看到以前添加的个人书签；

④ 单击该书签就可以直接进入此书的阅读状态，如果想删除该书签，直接单击书签左侧的删除标记即可。

6 著名外文文摘检索

6.1 美国《工程索引》(EI)数据库

6.1.1 概述

《工程索引》(*The Engineering Index*, EI)创刊于1884年，是世界上著名的工程技术类综合性大型文摘型检索刊物，由美国工程信息公司(The Engineering Information Inc.)编辑出版，该公司的网址为http://www.ei.org。主要收录工程技术领域的文献(主要为科技期刊和会议论文)，数据覆盖了核技术、生物工程、计算机和数据处理、应用物理、电子和通信、机械工程、材料工程、机电工程、船舶工程、制造技术、矿业、冶金、金属材料、有色金属、陶瓷、塑料及聚合物工程、土木工程、建筑工程、结构工程、海洋工程、水利工程等学科领域。年文献报道量在16万余条。报道工程技术各学科的期刊、会议论文、科技报告等文献。

《工程索引》的出版形式有工程索引年刊本(The Engineering Index Annual)、工程索引月刊本(The Engineering Index Monthly)、工程索引缩微胶卷(The Engineering Index Microfilm)、工程索引机读磁带(EI Compendex)、只读光盘(EI Compendex Plus)以及浏览器下检索EI Compendex Web数据库系统。

6.1.1.1 EI特点

① 收录报道的学科范围广泛。EI全面报道了工程技术领域内的主要文献，及时报道高新技术和新兴学科，其广度和深度涉及各个学科领域，但对各学科纯理论方面的文献不作报道。

② 报道文献的数量大，覆盖范围广。目前EI收录了50多个国家、15种文字的4万多种期刊，多种世界范围内的会议记录以及学术报告、科技图书、年鉴、标准等各种出版物。

③ 文献质量高。EI名为"索引"，实际上是一种文摘刊物。EI报道的文献资料是经过有关专家精选的，具有较高的参考价值。EI报道有永久保留价值的文献。

6.1.1.2 工程主题词表

《工程索引》中的各条文摘是按照主题词的字顺编排的，这些主题词选自美国工程信息公司编的"工程主题词表"(Subject Headings for Engineering, SHE)。"工程主题词表"由主题词表SHE和一些附录组成。主题词表按主题词字顺排列，主题词下再展开以字顺排列的各个副主题词。EI的文摘条目遵循SHE的排列顺序。主题词的构成采取了正叙式、倒叙式和并列式等多种形式，并设置许多参见事项和注释说明，以扩大检索范围和正确使用词表查找文摘。但实际上在查阅年刊和月刊本时，主题词是按SHE选定的，而副主题词变化大，故在选用时应扩大副主题词选词范围，SHE仅作参考用。

6.1.2 印刷版《工程索引》

EI印刷版是EI数据库的母版本。它收录50多个国家近20种文种，2200多种科技期刊和2000多种世界范围内的会议录以及各种机构的论文集、学术专题报告、科技图书、年鉴、标准等各种出版物，年收录文献量达50万条。EI名为"索引"，实际上是一种文摘型检索刊物。文摘比较简单，一般是一两百字的指示性文稿，用于指明文章的目的、方法、结果和应用。

印刷版又有两种版式，一种是月刊本，另一种是年刊本。

EI 月刊本，每月出一期，每年出一卷。每期包括按《工程序词表》所列主题词字顺排列的文摘正文，文摘条目按其内容分别排列在相关的叙词词条下，文摘正文后为辅助索引，有主题索引和作者索引。EI 年刊本年末出一次，是将全年 12 期月刊中报道的文献，按其内容重新集中编排，刊印成一套年刊本。一般分为 10 册左右，前半部分为文摘正文，后半部分为作者索引、主题索引等。

EI 印刷版中每条文摘都有一个唯一性标识，即文摘号，位于每条文摘条目的起始位置，每年从 1 号开始，同一条文摘在两种版式中的文摘号是不同的。从 1980~1986 年，在年刊的辅助索引部分增设有文摘号对照索引，按月刊文摘号和年刊文摘号，取代了以前的文摘号对照索引，年刊文摘号前加 A，月刊文摘号前加 M。

印刷版《工程索引》分为年刊和月刊两种版本，同年的月刊与年刊内容相同，编辑格式与检索方法也相同，但各条记录的编排顺序不同。下面以月刊为例，介绍印刷版《工程索引》的著录格式与检索方法。

6.1.2.1 结构编排与著者格式

(1) 结构

《工程索引》由正文和一些辅助索引(Supplemental Index)组成，正文按主题词及其副题词进行排列。EI 的辅助索引主要有著者索引、著者单位索引、出版物目录、会议目录和主题索引等。

(2) 文摘正文

下列是文摘正文的著录格式与说明，月刊以 EI 2000(12)为例。

MOBILE ROBOTS①

059595② **Hardware and network configuration.** ③ CUSTOM is a giant system, and… be called CUSTOM's nervous system. (Author abstract) ④ 5Ref. ⑤

Haga, Mitsuo(NTT, Tokoy, Jpn)⑥; South, Jsamu⑦. NTT Rev 6 Nov 1994 NTT, Tokyo, Jpn, p 73-76⑧

059596 Integrated approach to predictive…

说明:

① 主题词，黑体大写;

② 文摘号，黑体；通过文摘号可以向 EI 编辑部索要原文(该文摘号为当年文摘记录的流水号，也是每一条记录的唯一标识);

③ 文献题名，用黑体印刷;

④ 该文献的文摘，并指明是否是作者自撰的文摘;

⑤ 该篇文献原来引用的参考文献数，如果没有此项，则表明该原文没有引用参考文献;

⑥ 第一作者，括号里是该作者的单位或地址;

⑦ 第二作者、第三作者等，各作者间以分号相隔，该例只有两位作者;

⑧ 原文出处，原文刊登的期刊名、会议录名等，以及相应的年卷期页号；或者会议召开的时间、地点，以及主办单位的信息，出处均用斜体缩写印刷。

(3) 辅助索引

① 著者索引(Author Index) 在 EI 年刊与月刊中均有著者索引，根据著者姓氏的英文字母排列，姓在前，名缩写在后。而且不论第一或第二、第几著者，所有著者姓名均会排在

该索引中，然后给出相应的文摘号。

② 著者单位索引(Author Affiliation Index) 按著者所在单位的缩写名称字顺编排，后注明单位所在地和文献号，在已知著者单位的情况下可直接通过本索引查找文摘内容。

③ 出版物目录(Publication List) 在 EI 年刊的后面还列出了当年收录的期刊、图书、报告、会议系列等全部出版物目录，特别是在该目录中给出了出版物缩写与全称的对照，以及相应的代码和 ISBN 号、ISSN 号，利用它可以查出出版物的全称，以便索取原文。

④ 会议目录(Conference List) 该目录也只在年刊后面有，给出 EI 收录的会议名称、会议主办单位、会议召开的时间、地点、会议录的出版单位、EI 的会议录号等信息。

⑤ 主题索引(Subject Index) 从 1987 年开始 EI 新增了年度主题索引。它按主题词的字顺排列，在每一主、副题词后给出有关文献的题目和相应的文摘号。在主题索引中由于一篇文献可出现在若干个主题词下(可以是主题词，也可以是自由词)。使用自由词，减少了选词的时间和复杂性，同时扩大检索入口也有效地避免了漏检和误检。主题索引的著录项目有主题词、文摘号(年刊本还给出了文献的题名)。

6.1.2.2 检索途径与方法

检索《工程索引》有主题、著者、机构等途径，著者和机构名称途径需要在已知著者和机构的前提下使用，所以，主题途径是查阅《工程索引》的最主要途径。

(1) 主题途径

利用正文进行检索；

① 分析课题，初选主题词；

② 核对工程词表，确定主题词；

③ 按主题词字顺，利用正文检索，阅读有关文摘；

④ 索取原始文献。

利用“主题索引”进行检索：

如果利用主题索引进行检索，可直接按常用的专业术语作为检索标识，在主题索引中检索，得到相关文摘号，并在正文中找到相应的文摘，最后索取原始文献。

(2) 著者途径

按著者姓名查“著者索引”，再根据查到的文摘号转查文摘，其余步骤同上。

6.1.3 光盘版《工程索引》

Dialog 公司数据库包括 Advanced Materials 和 EI Compendex Plus。EI 光盘数据库是由“工程信息公司”根据印刷版制作而成，内容完整的一种版式是 EI Compendex Plus 数据库。它于 1989 年开始发行，由工程索引磁带(EI Compendex)和工程会议(EI Engineering Meeting)两个数据库合并而成，覆盖时间从 1987 年至今，每季度库更新，每年一张光盘，收录 2600 多种期刊的文献，每年有大约 22 万条记录增加到数据库中，其收录文献与印刷版基本相同。另外，工程信息公司在此基础上还出版了一些专业性光盘数据库。主要有：Advanced, Materials，EI ChemDisc，EI EEDisc，EI Energy&Environment，EI Manufacturing ，EI CechDisc，Engineering Conferences&Reports 等。

工程信息公司除在印刷版收录文献的基础上制作了以 EI Compendex Plus 为主的系列版式光盘数据库外，另外选录了 2500 多种工程类出版物中的文献编制成工程文献目录表，并制成光盘数据库，命名为 EI Page One。它是一种题录型数据库，每条记录只包含文献的书目信息，没有文献和主题标引。

EI Compendex Plus 数据库覆盖了世界上有关工程及技术方面的重要文献，主要范围包括工程、应用物理、电子和设备、光技术等重要领域。该数据库所引用的参考文献及文摘分别出自期刊、科技报告、图书、会议论文，另外还有各种协会和机构的出版物、科技报告，不收专利。

通常可以通过两种方法得到 EI Compendex Plus 的信息：一是本地数据链接；二是访问 Dialog 公司的镜像站点。

6.1.3.1 Quick Search(快速检索)

快速检索方式其界面允许用户从一个下拉菜单中选择要检索的字段后输入检索词，并可以进行组配检索。Quick Search(图 6-1)中系统最多可以执行三个检索途径的组配检索。使用步骤如下：

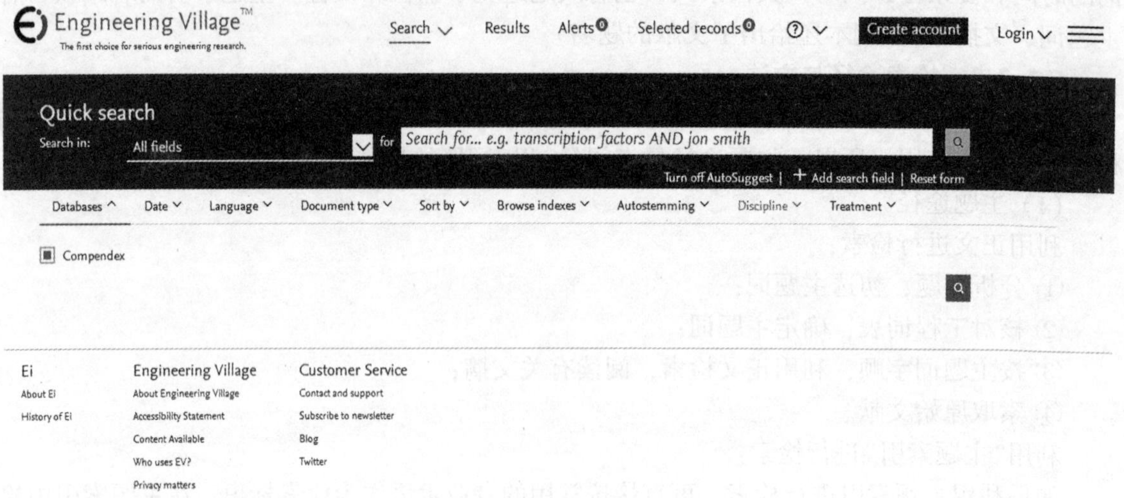

图 6-1 Quick Search 界面

（1）选择检索字段

在下拉菜单中除 All fields(所有字段)外还有如图 6-2 所示的 19 个字段可供选择。

All fields(所有字段)：得到的检索结果比较广泛。

Subject/Title/Abstract（主题/标题/摘要）：将检索下列字段，Abstract(摘要)、Title(题目)、EI controlled terms（EI 受控词）、EI main heading（EI 主标题）、Uncontrolled terms（自由词）。要精确检索一个短语，可以用括号或者引号将此短语括进去。选择联合检索，一次就能比较全面地找到相关文献，可以省去文献的去重操作。

Abstract(摘要)：可在摘要中检索特定词语。

Author（作者/编者）：EI 引用的作者姓名为原文中所使用的名字。其书写格式有一定的规范，即以“姓+逗号/AND+名”的方式输入作者/编者姓名编辑或者整理人也放在作者栏，并在名字后用带括号的符号(ed.)或(compiler)以示区别。

Author affiliation(作者单位)：EI Compendex 收录了每篇文献的第一作者或者通信作者单位，同一单位其名称可能有不同的写法，或者有时候某些机构的名称会有所改变。作者单位检索时可以仅输入作者单位中的几个关键词或用截词符“＊”代替一些词或者字母。

Serial title（来源文献名称）：可以是期刊、专著、会议录、会议文集的名称，可输入刊

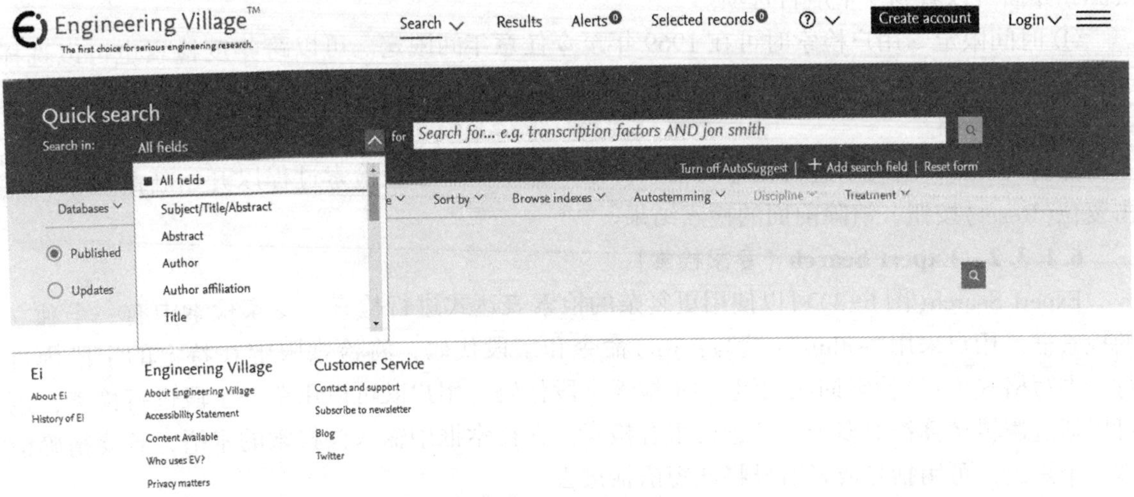

图 6-2　检索途径选择菜单

名全称或部分。如要检索某个特定期刊，用括号或者引号把刊名括起来。当查找中文刊名时，在检索框中输入中文刊名前几个字的拼音，系统反馈中文刊名的表达方式为“中文刊名拼音/英文刊名”。

Title（标题）：若已知文献的确切标题，可以用括号或者引号把标题括起来。也可以在检索框中输入某些特定的词语表示在标题中检索这些词。

EI controlled terms（EI 受控词）：是用来描述文献内容的规范词。受控词的使用使得同一主题的文献汇集在同一个主题词下，能够避免自由词检索导致的漏检，同时有效地提高了文献的查准率。

EI main heading（EI 主标题）：Compendex 数据库中每个记录均有一个受控词作为主标题词来表示文献的主题。

EI classification code（EI 分类码）分类码是数据库赋予某一篇文献指定的分类代码。

（2）输入检索式

在检索式文本框中输入检索词，最多只能选择 3 个词，并且分别输入到三个文本框中，检索词之间可以选择 AND、NOT、OR 相连。

（3）利用系统词典浏览索引检索

对于作者、第一作者、刊名、出版社等字段，系统提供了相应的索引词条供检索使用。

（4）限定检索范围

在检索限定下有四种下拉菜单，分别用于文件类型、处理类型、语种和时间的限定。

① 文献类型　所提供的选项有：期刊论文、会议论文、核心期刊、会议论文集、专题论文等 11 个选项。

② 处理类型　指文献的研究方法及所探讨主题的类型，提供的选项有：传记、应用、经济、管理、数值、理论等 11 个选项。数据库中一条记录可能有不止一个处理类型。而且并非所有的记录都有处理类型。

③ 语种限定　Compendex 数据库中无论原文使用的是何种语言，所有的摘要和索引均

用英语编写。如果某篇文章不是英文文献，在其引文的最后将标识出所用的语言。在 Quick Search 界面可以看到 9 个语言选项。

④ 时间限定　用户检索时可在 1969 年至今任意年间限定。可以跨年度检索也可以选择某年度检索。

(5) 检索

点击“Search”就可以进行相应的检索，用户如果需要中止检索过程以开始新的检索，点击复位(Reset)按钮，清除前面的检索结果。

6.1.3.2　Expert Search（专家检索）

Expert Search(图 6-3)可以使用更复杂的检索表达式进行检索。专家检索中有一个独立的检索框。用户采用“within”(缩写：wn)命令和字段代码，将检索限定在特定的字段内进行。书写格式为：{检索词或词组} wn 检索字段代码。用户既可以用单一字段进行检索，也可以通过逻辑运算符对多个字段进行组合检索。在检索框中输入要检索的术语，若要精确检索一个短语，可用括号或者引号将此短语括进去。

在专家检索模板中也可以对文件类型、处理类型、语种进行限定，用户可以直接在检索框中限定处理类型。在专家模板下，系统不会自动进行词根运算，检索出的文献结果将严格与输入的检索词匹配。

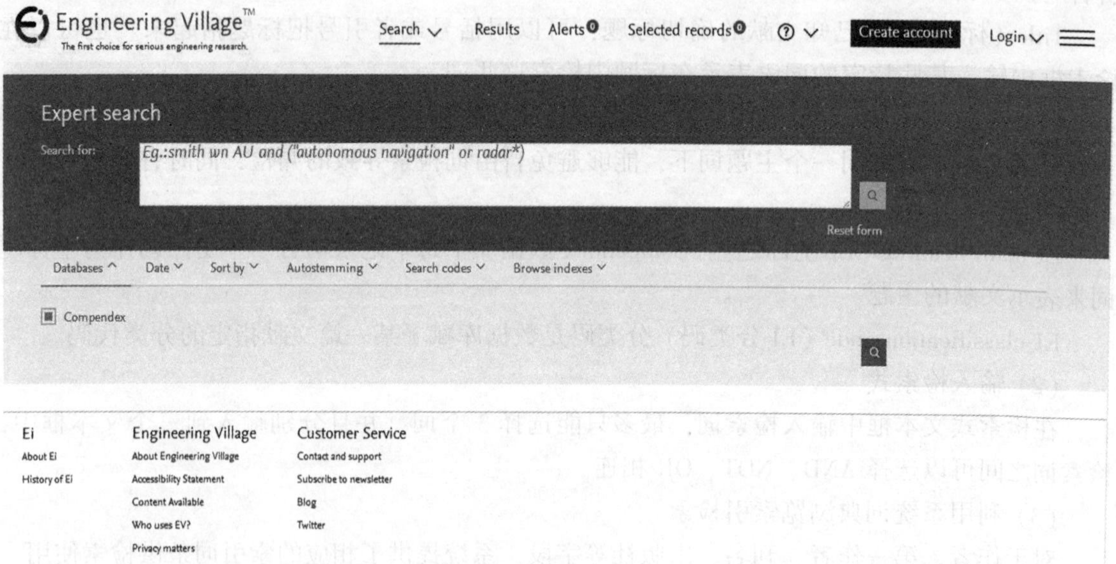

图 6-3　Expert Search 界面

6.1.3.3　Easy Search（简单检索）

简单检索用于关键词检索，在检索框中输入检索词，点击“Search”，进行相应的检索。

6.1.3.4　检索结果及处理

(1) 显示检索结果

检索结果首先以列表的形式显示。每个页面上显示 25 条记录，在检索结果界面上，系统显示了本次检索的检索策略和命中记录数，如图 6-4 所示。

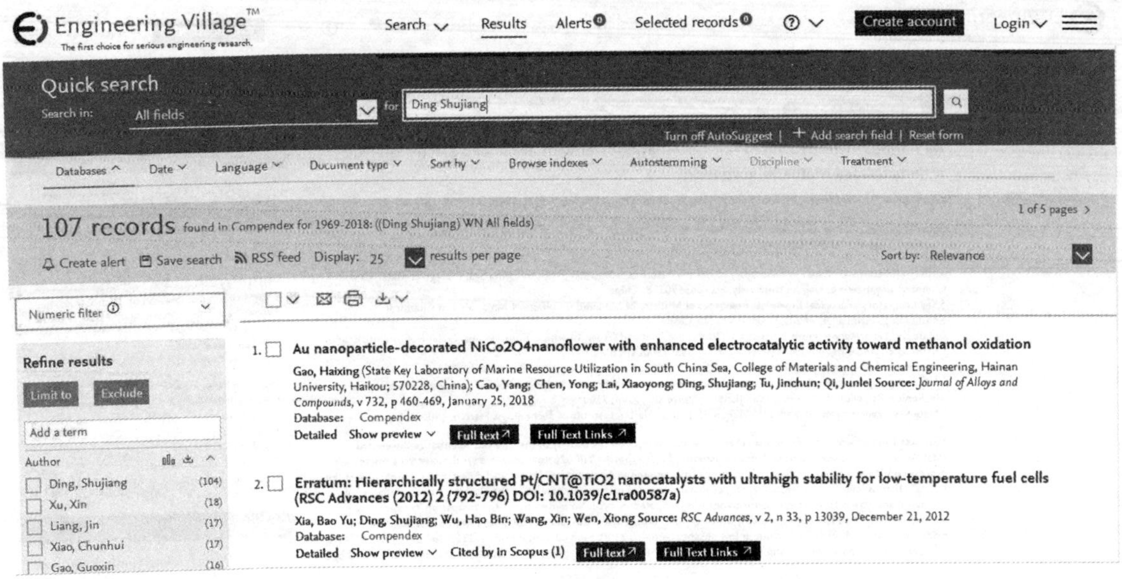

图 6-4　检索结果列表

点击每条记录下的“Detailed”超级链接，显示单条记录的详细信息(图 6-5)。点击“Abstract”，则仅显示记录的文摘(图 6-6)。点击受控词及作者姓名均为超级链接形式。点击受控词，系统将检索出数据库中用户最初检索时所选定的时间范围内含有该受控词的所有记录。点击作者姓名，系统将检索出数据库中自数据库建立以来该作者的所有记录。

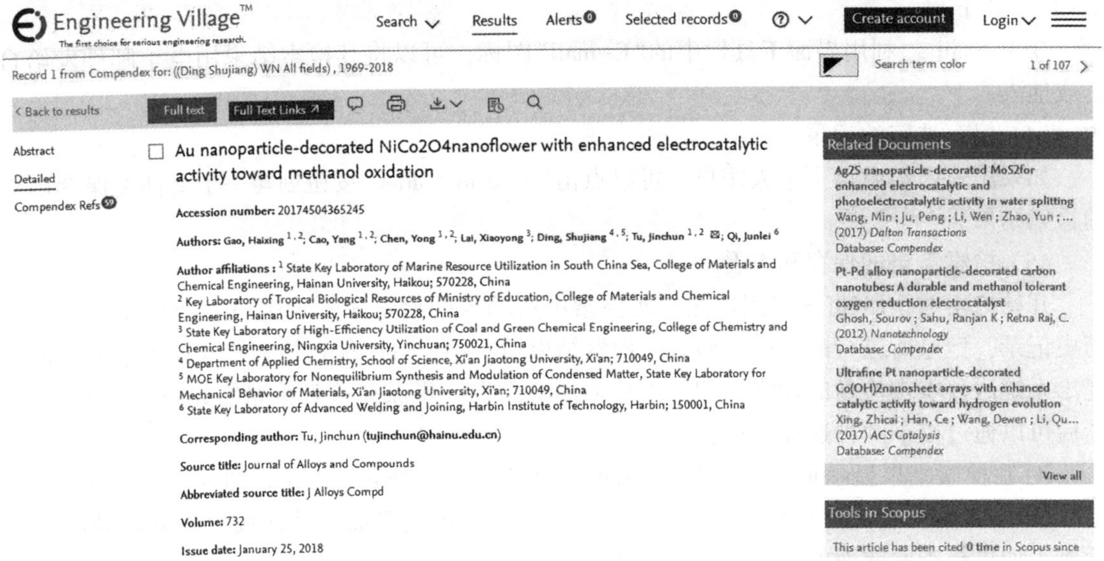

图 6-5　Detailed 显示界面

(2) 标记检索记录

在检索结果列表显示页面，点击记录前方的复选框，或者点击“Select all page”链接，标记本页中的所有记录，或者在“Select range”文本框中输入所要标记的记录序号范围，点击“GO”按钮来标记记录。用户通过“Clear all page”“Clear all selections”来清除对记录做的标记。

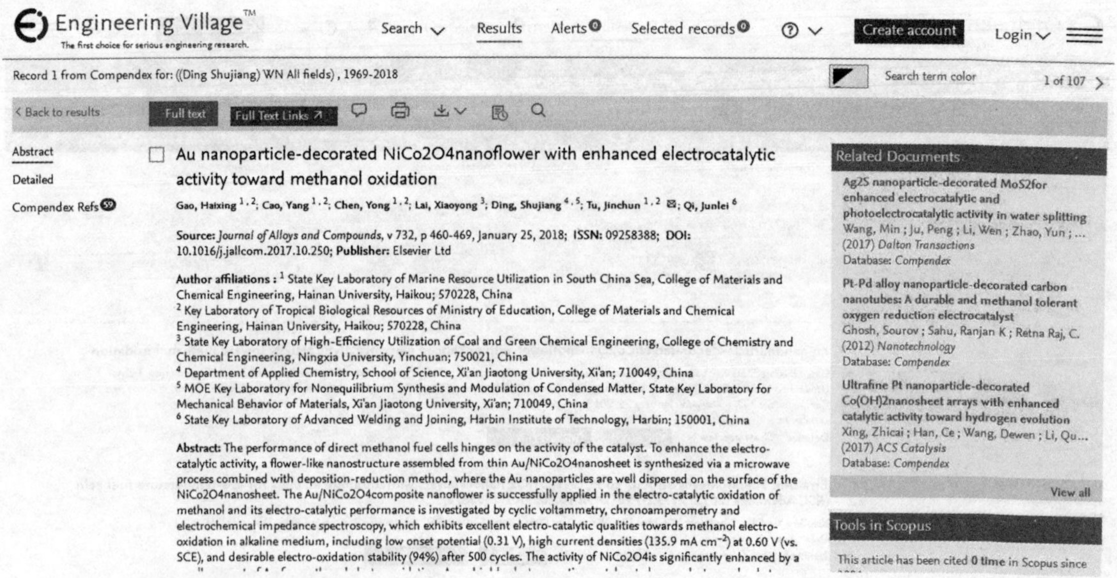

图 6-6 Abstract 显示界面

(3)输出检索结果

在检索结果列表页面，对于已标记的检索记录可以直接输出。

① 打印：利用界面工具栏中的“Print”图标，可以打印检索结果。

② 存盘：利用界面工具栏中的“Download”图标，可以将选定的记录以 RIS 格式或者 ASCII 格式下载。

③ E-mail ：利用界面工具栏中的“E-mail”图标，可以将其检索结果用电子邮件发给自己或他人。

(4) 保存选定的记录

如果用户已经申请了个人账户，可以点击“Save to Folder”按钮创建一个文件夹保存用户的检索结果。

(5) 检索策略的保存和查看

开始检索时，EI 将跟踪用户在本次检索中所输入的检索式，为用户自动建立一个检索历史记录，记录所进行的每一次检索。检索结束后，用户可以保存检索式和检索结果，否则退出系统后，本次检索的检索式和检索结果都将丢失。要保存检索策略需先登录个人账户，然后可以通过以下两种途径保存：

① 在检索结果显示页面，点击“Search results”右边的“Save Search”即可。

② 点击导航条右上方的“Search History”进入检索历史界面，默认设置为显示最近三次检索，如果想查看前面的所有检索，点击“View Complete Search History”。点击检索式，则重新执行检索；点击检索式右端的“Save”按钮则可保存检索策略，已保存的则会显示“Saved”；如果想查看保存的检索式，点击 My Profile 项下的“View / Update Saved Search”。

6.1.4 网络版《工程索引》

6.1.4.1 EI 数据库简介

《工程索引》初创时由美国工程协会(The Association of Engineering Society)联合下设的工程索引公司编辑出版，以副刊“索引专栏”(Index Notes)的形式发表在该协会会刊的后面。

后来该协会把1884~1891年所发表的索引汇集出版了第一卷，定刊名为《近期工程文献叙述索引》(*Descriptive Index of Current Engineering Literature*)，把1892~1895年所发表的索引汇集起来出版了第二卷，并改刊名为《工程索引》(*The Engineering Index*)。从1906年起，由美国工程杂志公司出版，并将EI改为年刊，刊名为《工程索引年刊》(*The Engineering Index Annual*)，从1919年起，美国机械工程师学会(American Society of Mechanical Engineer)购买了《工程索引》的所有权，以工程科学图书馆(The Engineering Science Libruary)定期收到的工程技术出版物作为收录报道的来源文献。从1934年起，由工程情报公司负责编辑出版至今。1962年起，创办了《工程索引月刊》(*The Engineering Index Monthly*)，每月一期，每年一卷，同时每年年终又集中月刊内容出一套年刊。

EI全面报道了世界上工程技术领域的主要文献，主题范围包括土木工程、建筑材料、材料性能与实验、运输、水与供水工程、污染、卫生工程、生物工程、海洋与水下技术、地质学、矿业工程、石油工程、燃料技术、冶金工程、机械工程、工气体力学与真空、热与热力学、航空航天工程、汽车工程、造船与航海工程、铁路工程、材料处理、化学工程、加工工业、农业工程与食品技术、工程管理、工程数学、工程物理、仪表与测量等。并注意及时报道尖端科学与新兴学科，但对各学科纯理论方面的文献一般不予报道，也不报道专利文献。

EI自1884年创办至今，均按时出版传统的印刷月刊及年刊。随着计算机技术的发展，20世纪70年代末开始出版磁带版电子数据库，并可通过DLALOG、DAT-STAR、ESA-IRS、OCLC等大型联机系统提供检索服务。20世纪80年代，开始出版光盘版电子数据库，1995年以来，提供网络版电子数据库，并推出了综合性项目——工程信息村(Engineering Information Village)。1998年，EI公司在我国清华大学图书馆建立了EI中国镜像站；2000年底，EI又推出功能强大的工程信息村新版本，即Engineering Information Village-2(简称EIVillage-2或EV2)。

6.1.4.2 EI工程信息村

(1) 概述

随着Internet的不断普及和急剧扩大，为了及时提供周到的在线服务，使读者通过Internet使用EI和其他科技信息资源，EI公司于1995年在Internet网上建立了“工程信息村”(Engineering Information Village)。EI工程村是一个EI Compendx Web为核心的集多种数据库检索、多种信息服务为一体的基于Interne平台的大型信息检索集成系统。2000年底，EI公司推出功能强大的Engineering Information Village-2新版本。

(2) EI Village-2的特点

与第一版相比，EI Village-2具有如下特点：

联合检索(Combined Compendex &INSPEC)：Compendex和INSPEC数据库可以同时被检索，而且重复的结果可删除；

快速检索(Quick Search)：提供更多检索字段；

高级检索(Expert Search)：更灵活，更广泛；

个人化信息；

检索过程和检索结果的存储和管理；

提供全文链接点。

(3) 检索过程(Search session)

开始一个检索时，EV2将跟踪用户在检索中所输入的检索式，而且用户有一个在检索过程所选择文件的列表。用户如想保存检索式和检索结果，则必须将其保存在个人的账户中。

用户可以点击位于屏幕右上角的"End Session"按钮结束检索。如果一个检索处非激活状态超过 20min，将自动结束。

(4) 工程信息村的主要信息资源

工程信息村有一些对于工程技术人员来说极有价值的网络地址和资源，并提供与世界范围内大量数据库的平滑链接，在世界范围内收集、筛选、组织工程类型的网络信息资源，使大量无序的信息增值后成为产品，向用户提供快捷式服务。其主要信息资源包括：

① 数据库检索服务。除了提供 EI 网络数据库(Compendex)的检索服务外，还提供包括 INSPEC USPTO Patents 等在内的 40 余个技术与商业数据库的检索。

② 技术人员及专家参考咨询服务。工程信息村中有专门技术人员解答用户的提问和疑难问题，许多资深专家都参与工程信息村的用户咨询服务，用户可以用 E-mail 与他们联系，提出自己的问题。用户还可以根据学科分类加入各个类的讨论组，讨论自己所关心的问题。

③ 新闻热线服务。提供最新的商业、工业和科技新闻及工程技术学科的最新进展情况。

④ 原文服务。EI 将工程技术领域各学科有代表性的期刊的原文放在工程信息村上，用户通过付费可以得到从 Compendex 数据库中查到的文献的原文，或由用户直接从网上下载。

⑤ 网络资源导航服务。工程信息村搜索 16000 多个工商业和工程技术方面的网址，并将其按专业分类，同时对网址的内容做了说明和介绍，还把各专业一些重要的站点列为编辑推荐站点，放在醒目的位置，以供应用户链接。

6.1.4.3　EI 数据库核心与外围文献的识别

(1) EI Compendex Web

EI Compendex Web 是 2003 年以前的"EI Compendex"光盘数据库和"EI Page One"光盘数据库而成，无文字版和光盘版。EI Compendex 数据库即为通常所说的 EI 光盘数据库，EI Page One数据库是 EI Compende 数据库扩展，在 EI Compendex Web 中，过去 EI Page One 部分只有题录而无文摘，但从 2002 年开始，也提供文摘项。

EI Compendex Web 包括 1970 年至今的 EI Compendex 数据和 1990 年至今的 EI Page One 数据，该数据每年新增约 50 万条工程类文献。其数据来自 5400 种工程期刊、会议文集和技术报告，其中约 2600 种 EI 核心期刊(EI Compendex 部分)。20 世界 90 年代以后，该数据库又增加了约 2500 种 EI 外围文献来源(EI Page One 部分)。

2000 年，EI Village 升级为 EI Village2.，2003 年，EI Village2 检索平台的 EI 网络版数据库(Compendex)集成 EI Compendex 光盘数据库和 EI Page One 数据库，为用户提供功能更强大的工程信息检索服务。

(2) Compendex 数据库

Compendex 是目前全球最全面的工程领域二次文献数据库。它收录了 700 多万篇论文的参考文献和摘要。这些论文出自 5000 多种工程类期刊、会议论文集和技术报告。其范围涵盖了工程和应用科学领域的各学科，涉及机械工程、土木工程、环境工程、电气工程、结构工程、材料科学、固体物理、超导体、生物工程、能源、化学和工艺工程、照明和光学技术、空气和水污染、固体废物的处理、道路交通、运输安全、控制工程、工程管理、农业工程和食品技术、计算机和数据处理、电子和通信、石油、宇航、汽车工程以及这些领域的子学科和其他主要的工程领域。用户在网上可检索到1970年至今的文献。数据库每年增加选自175个学科和工程专业的25万条新纪录。Compendex的数据库每周更新，以确保用户掌握其所在领域的最新进展。

（3）Compendex中核心文献和外围文献区分

EI Village2系统中，检索EI文献的数据库为Compendex数据库，其数据库与原来的EI Compendex Web一致，包括核心（EI光盘数据库）和外围（EI Page One数据库）两部分数据资源。

① 核心文献　Compendex数据库文字出版物即为印刷版《工程索引》，凡是核心文献的论文都可以检索到。Compendex数据库的核心文献的内容全面，主要包括论文标题（Title）、作者（Authors）、卷（Volume）、期（Issue）、论文页码（Pages）、分类码（EI classification codes）、主题词（EI main heading）、受控词（EI controlled terms）、自由词（Uncontrolled terms）等等，见图6-6。

其中分类码（EI classification codes）、主题词（EI main heading）、受控词（EI controlled terms）、自由词（Uncontrolled terms）需要专业人员单独给出。

② 外围文献　EI Page One是一个不对文献进行标引的目次数据库，目前已不再作为独立的数据库存在，它的所有文献记录被加进Compendex数据库中，也就是说，1990年以后的Compendex数据库中包含了EI Page One内容。

③ Compendex数据库中核心文献和外围文献识别准则　若按通俗说法，将收录内容对应于书本式检索工具《Engineering Index》的称为“EI核心文献”，被EI Page One收录的则称为“EI外围文献”。则由以上分析，可得如下“EI核心文献”识别原则：

EI书本式、国际联机数据库以及光盘数据库检索结果均为“EI核心文献”；

Compendex数据库所收录的1990年以前文献，属于“EI核心文献”；

Compendex数据库所收录的1990年以后文献，有可能是“外围文献”，需再利用下述原则进行判别：

对“EI Engineering Village2”检索结果，如果“Abstract”记录中含有EI受控项（EI controlled terms）. 或者“Detailed Record”记录中含有EI主题词（EI heading）和EI受控词（EI controlled terms）项，则为“EI核心文献”，否则为“EI外围记录”。

6.1.4.4　Compendex数据库的核心文献和外围文献示例

（1）EI核心文献示例

“Abstract”记录

Improving optimization speed for genetic algorithms

Yang，Q，W.（Electr . Eng Sch，Zhejiang.）；Jiang，J. P.；Zhang，G. H.. Source：Ruan Jian Xue Bao/Journal of Software，v12，n2，February，2001，p270-275，Language：Chinese

ISSN：1000-9825**CODEN**：RUXUEW

Publisher：Chinese Academy of Sciences

Abstract：The disadvantage of the traditional mutation operator Gas was analyzed，and a DMO（dyadic mutation operator）was presented to take the place of the traditional one…the optimization speed of GA is speeded up greatly

EI controlled terms：Genetic algorithms | Optimization | Convergence of numerical methods Mathematical operators | Chromosoes | Decoding | Binary codes | Testing

Database: Compendex

"Detailed Record"记录

（2）EI 外围文献示例

"Abstract"记录

Comparison on agricultural development status quo and future trends between two provinces Zhejiang and Taiwan

Zheng jiang-ping (Zhejiang Univ.); Xu, Tong, **Source**: zhejiang Nongye Daxue Xuebao/Journal of the Zhejiang Agricultural University, v25, n2, 1999, p221-224, Language; Chinese

ISSN: 1000-2111 CODEN: ZNDXEE

Abstract: This paper a comparison of the similarities and differences of agricultural productive elements constructive developing strategies between Zhejiang and Taiwan provinces since 1990's, the trends of constructive development of both sides are also explored. It is suggested that the differences of agriculture in whole level and the difference of starting point and emphasis on further developing strategies, there are still rooms for agriculture communication and cooperation between the two provinces in the future (Author abstract).

Database: Compendex

"Detailed Record"记录

Accession number: 99084731541

Title: Comparison on agricultural development status quo and future trends betweent two provinces Zhejiang and Taiwan

Authors: Zheng, Jiang-ping; Xu, Tong

First author: Zhejiang Univ. Hangzhou, China

Serial title: Zhejiang Nongye Daxue Xuebao/Journal of the Zhejiang Agricultural University

Abbreviated serial Title: Zhejiang Nongye Daxue Xuebao

Volume: V25

Issue: n2

Publication year: 1999

Pages: p221-224

Language: Chinese

ISSN: 1000-2111

CODEN: ZEDXEE

Document type: Journal article (JA)

Abstract: this paper gives a comparison of the similarities and differences of agricultural producticve element, constructive, developing strategies between Zhejiang and Taiwan provinces since 1990's, The trends of agricultural development of both sides are also explored. It is suggested that the differences of agricultural in whole level and the differences of starting point emphasis on further developing strategies, there are still rooms for agriculture communication and cooperation between the two provinces in the future.

Abstract type (Author abstract)

Database: Compendex

6.1.4.5 Compendex 数据库的检索方法

(1) Compendex 数据库记录结构

Compendex 数据库记录结构如图 6-7 所示。

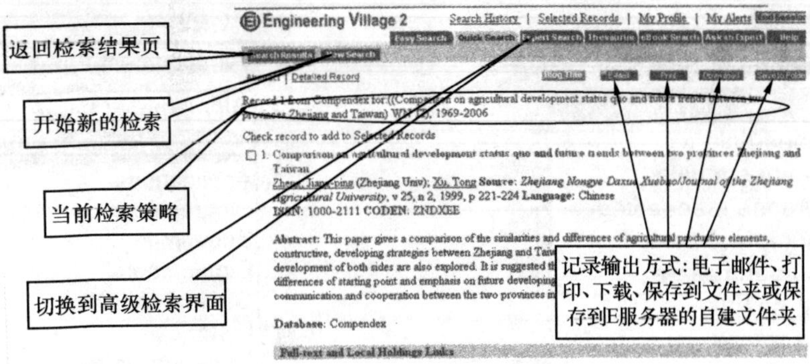

图 6-7

(2) 检索功能

Compendex 数据库有两种主要检索方式：快速切换(Quick Search)和高级检索(Expert Search)。点击 Compendex 数据库检索界面上的提示条即可在两种检索方式之间进行切换。

① 进入 Compendex 数据库(见图 6-8)。

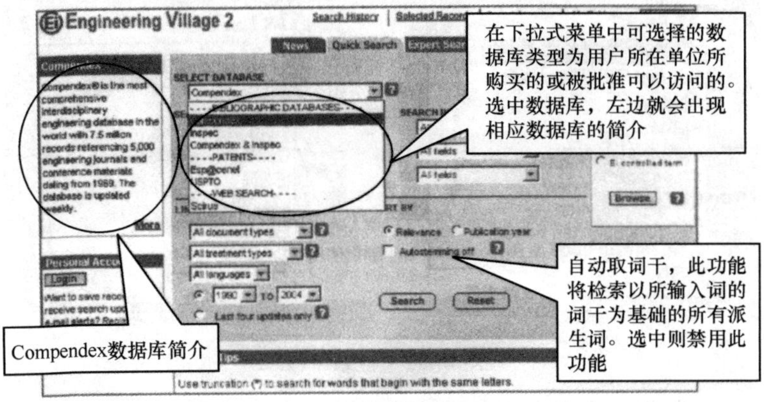

图 6-8

② 快速检索。Compendex 数据库默认检索界面为快速检索，能够进行直接简单快速检索，其检索界面见图 6-9。

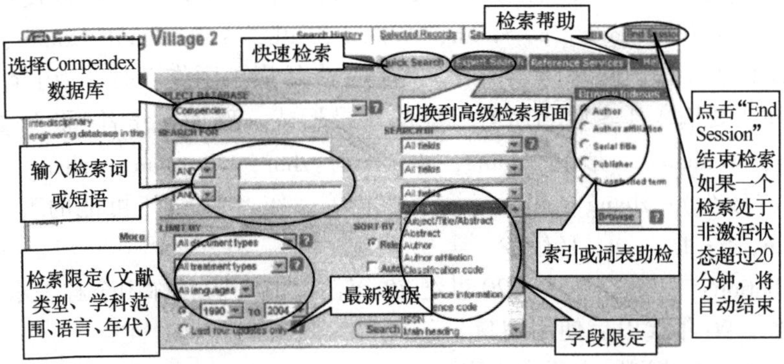

图 6-9

快速检索方式允许用户选择字段后键入检索词，并可进行组配检索，即用户可以选择 AND 、OR、或 NOT 逻辑算符链接快速检索界面上的 3 个检索窗口。

a. 菜单选项，见图 6-10、图 6-11。

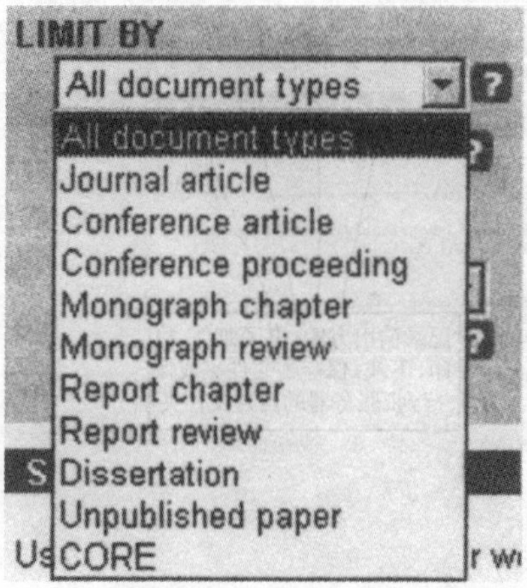

图 6-10　文献类型

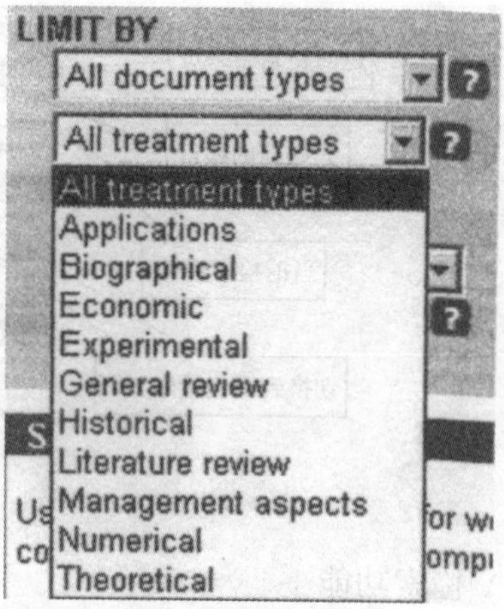

图 6-11　处理类型

b. 检索字段说明。参见图 6-12。

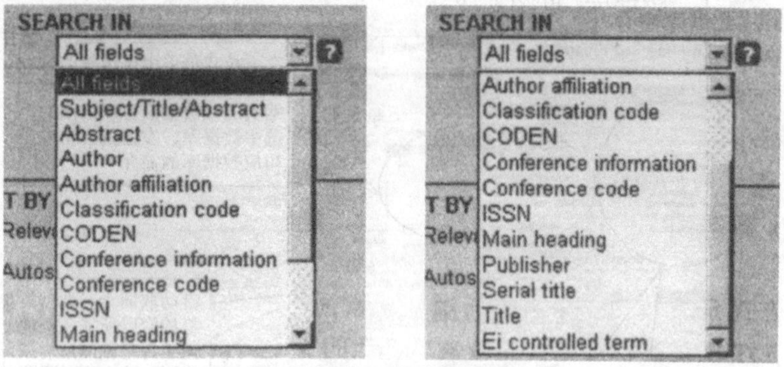

图 6-12　检索字段

All fields：指 EI 数据库全部著录，该字段为系统默认字段。

Subject/Title /Abstract：检索将在文摘、标题、标题译文、主题词表、标引词、关键词等字段中进行；检索词可以为词、词组或短语。

Author ：作者指论文作者，输入时姓在前，名在后；作者名后可以使用截词符，如：Smith，A＊表示系统将就 Smith，a，Smith，A. A.，Smith，A. B，Smith，Smith，Aaron C 等作者进行检索；用作者字段时可参考索引表。但是，在检索中国作者时，为了查阅某作者全部的文献线索，往往要输入作者姓名所有可能的著录形式。例如，作者“张文豪”可能的著录形式有：zhang，wenhao（一般）；zhang，wen-hao；zhang，wenhao ；zhang，w. h.；zhang，w；wenhaozhang(较少)；zhang wenhao ；zhangwh 等，作者“李岩”可能的著录形式有：Li，yan(一般)；yan，li；li；yan，l(较少)等。

Author affiliation：EI 数据库中，20 世纪 70 年代以前机构名称用全称表示，80~90 年代使用缩写加全称，90 年代以后使用缩写。

Publisher：可以直接浏览出版者索引。

Serial title：包括期刊、专著、回忆录、会议文集的名称。

Title：文章的标题。检索时可以输入词、词组或短语，如 radio frequency；如果标题是其他语种，则译成英文。

EI controlled term ：受控词来自 EI 叙词表，它从专业的角度将同一概念的主题进行归类，因此使用受控词检索比较准确。

c. 浏览索引(Browse Indexes)。

该检索平台提供“EI 受控词(EI Controlled Term)”“作者(Author)”“第一作者单位(Author Affiliations)”“刊名(Serial Titles) ”和“出版者(Publisher)”5 个字段的索引词表，选中一个字段，点击“Browser”可以到相应的索引词表中查看，然后将选定的索引词表粘贴到检索窗口进行检索，粘贴到检索窗口内的检索词默认用 OR 连接，也可人工把 OR 编辑成 AND 或 NOT。

d. 检索规则。

输入规则：检索词书写大小均可，输入框顺序键入。

逻辑算符：逻辑算符用 AND、OR 、NOT 表示。

词根检索：在快速检索中，系统自动执行词根检索(作者字段除外)。如：输入 management 后，系统会将 managing、manager、manage、managers 等检出，取消该功能，需点击“Autostemming off”(见图 6-13、图 6-14)。

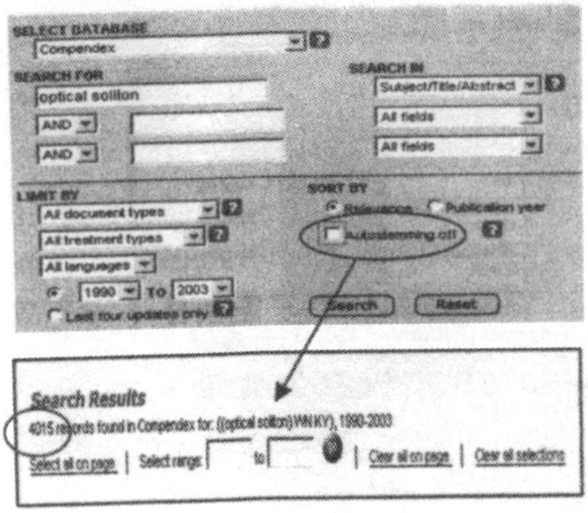

图 6-13　使用词根检索功能

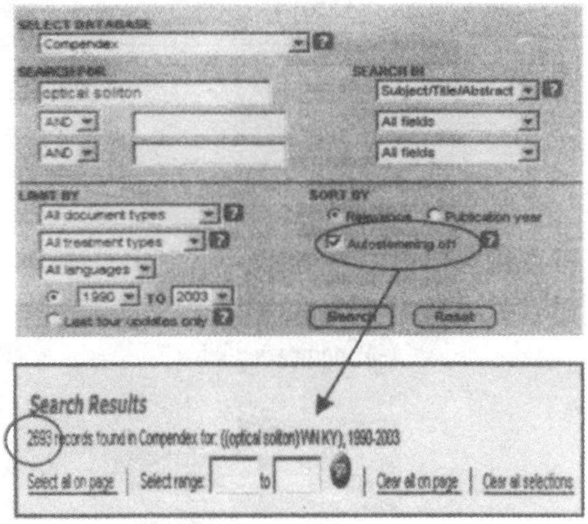

图 6-14　取消词根检索功能

截词符：用星号“ * ”表示，位置在词尾如：comput * 可以将 computer、computerized、computation、computational、computabiliy 等检索词。

精确检索词：做精确检索时，词组或短语需用引号或大括号括起(见图 6-15)。

特殊字符：除了 a-z，A-Z，0-9，?，#，( ) 或 { } 等符号外，其他符号均视为特殊符号，检索时被忽略，除非用引号或大括号将其括起，如：{n<7}。

停用词：如果用短语检索时，允许句中使用停用词(and、or、not)。但该语句必须用引号或大括号括起。如：{block and tackle }“water craff parts equipment”。

e. 检索实例。

例如：检索 carbon nanotubes。

第一步：输入检索词“carbon nanotubes”；

第二步：点击 Search”按钮，出现检索结果显示界面(见图 6-16、图 6-17)；

第三步：查看某一文摘记录，可点击“Abstact/Links”按钮；全著录显示某一条记录，可点击“Detailed Record/Links”按钮(见图 6-18 和图 6-19)。

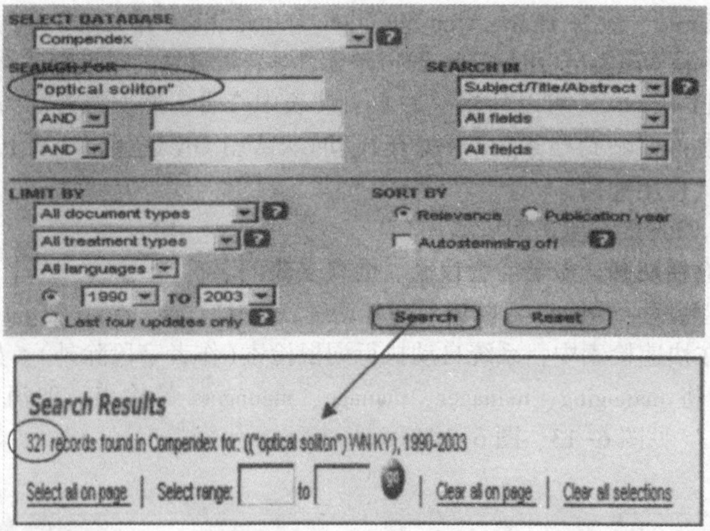

图 6-15　精确检索功能

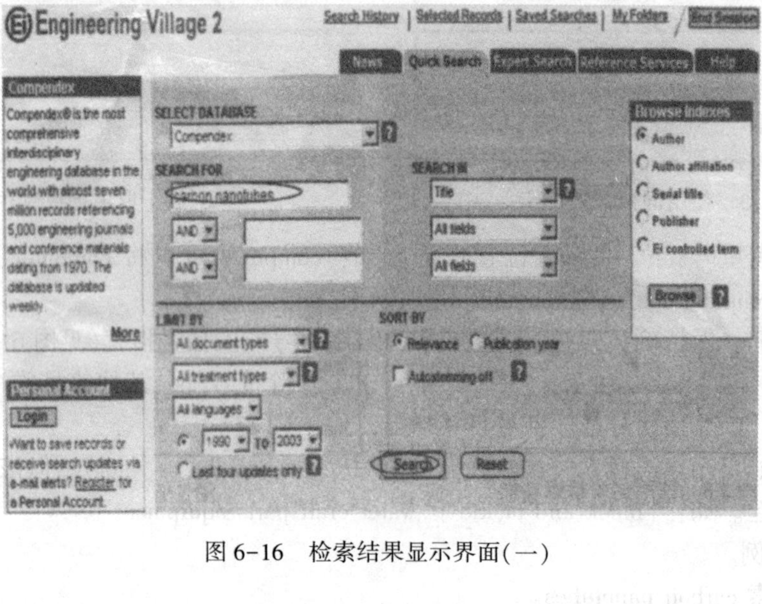

图 6-16　检索结果显示界面(一)

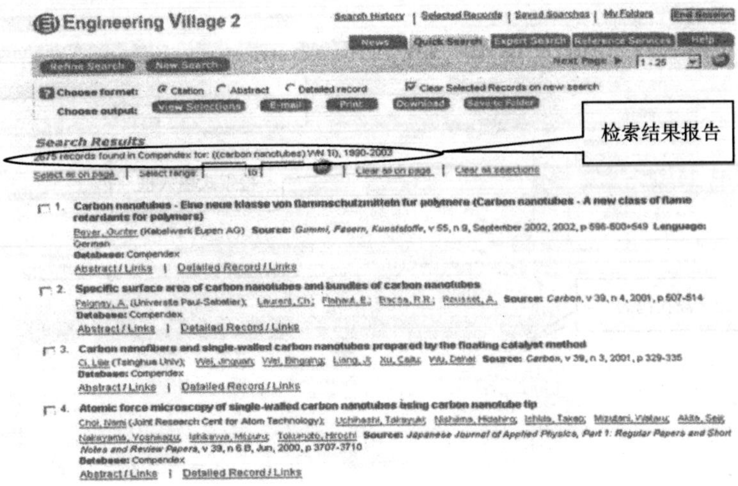

图 6-17 检索结果显示界面(二)

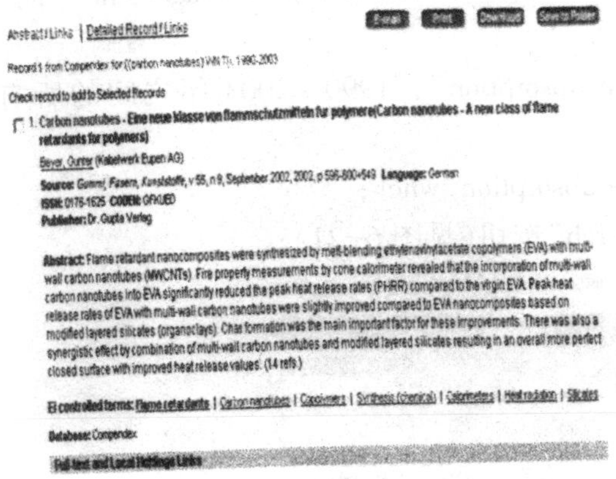

图 6-18 文摘显示

图 6-19 全著录显示

③ 高级检索。高级检索方式允许用户将检索词限定在某一特定字段进行，同时可以使用逻辑算符，括号、位置算符、截词符和词根符等；也允许用户使用逻辑算符同时在多个字段中进行检索。系统将严格地按输入的检索式进行检索，不自动进行词根运算。

a. 高级检索界面见图 6-20。

b. 检索规则。

使用高级检索时，应在检索词后加入字段说明，否则系统默认在全字段检索，高级检索输入格式为：

"linear induction motors" wnKY

"Bers, D * " wnAU

{X-ray spectrometry} wnST

检索式中，可以同时完成各种限定。例如：

Diodes wn TI and ca wn DT

"International space station" and French wn LA

Apr13 1992wnCF

在高级检索中，系统不自动进行词干检索。若做词干检索，需在检索词前加上" $ "符

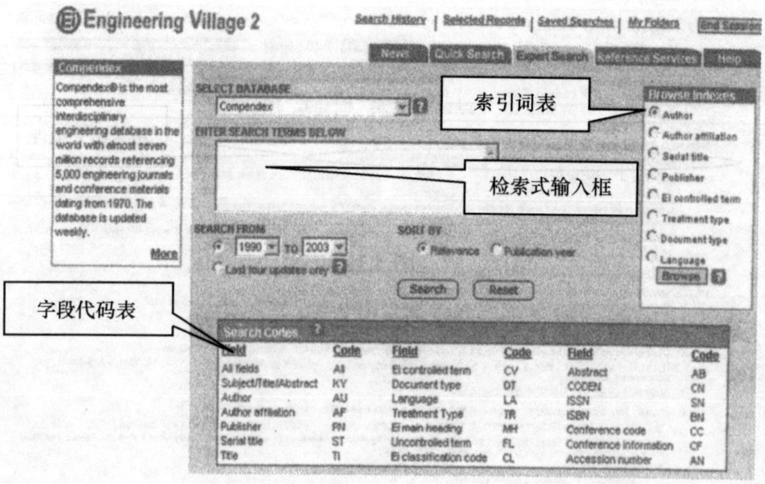

图 6-20

号，如：$management 可检到 managed ，manager，managers，managering，management 等词。

c. 检索实例。

例如：检索 EI 受控词为“electromagnetic wave absorption”，1990～2003 年之间的所有文献。

第一步：确定检索式为：“electromagnetic wave absorption”wncv；

第二步：在检索框输入检索式，然后点击“Search”按钮(见图 6-21)；

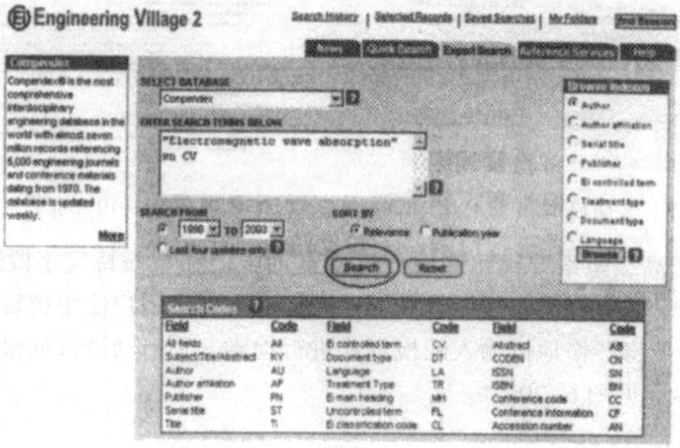

图 6-21

第三步：在显示的检索记录中选择要浏览的记录，然后点击“Selected Records”按钮(见图 6-22)；

第四步：浏览选择记录(见图 6-23)。

④限定检索。EI 网络数据库的快速检索和高级检索均提供限制检索的功能，一般有 4 种限制选项，分别是“文献类型(Document Type)”“EI 学科分类范畴(Treatment Type)”“语种(Language)”和“年代(Year)”。

“文献类型”提供“期刊论文(Journal Article)”“会议论文(Conference Article)”“核心期刊(Core)”等共有 11 个选项，其中“Core”选项是限制检索数据库中的核心文献；

“EI 学科分类范畴“提供“Applications ”“General Review”等 11 个选项；

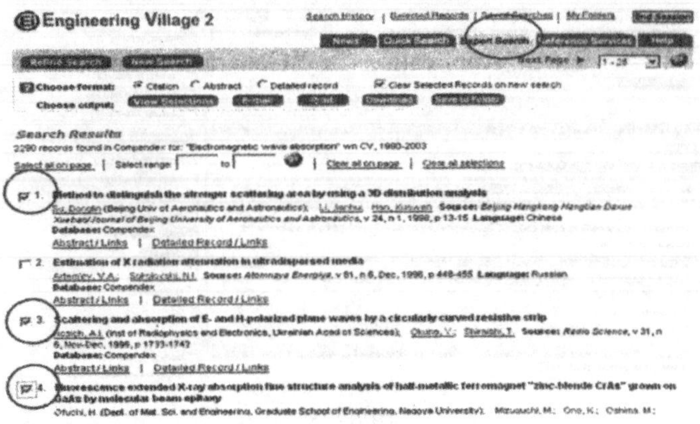

图 6-22

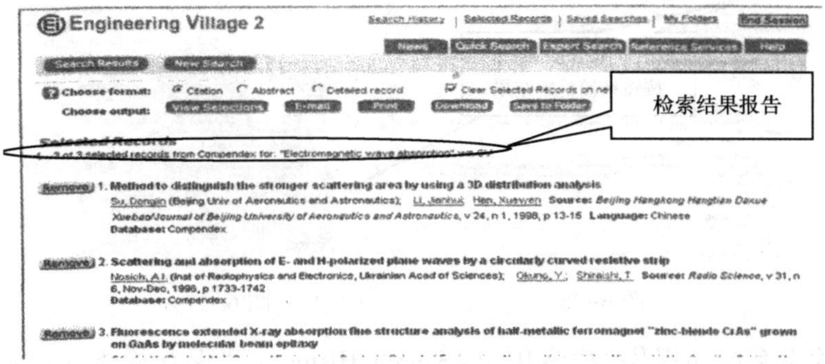

图 6-23

“语种”提供英文、中文、德文等 9 个选项；

“年代”选项可提供自 1970 年至今的任意年代范围的选择。

例如：检索张文豪 1990 年以来被 EI 核心期刊收录的所有文献。

该例的限制检索步骤见图 6-24。

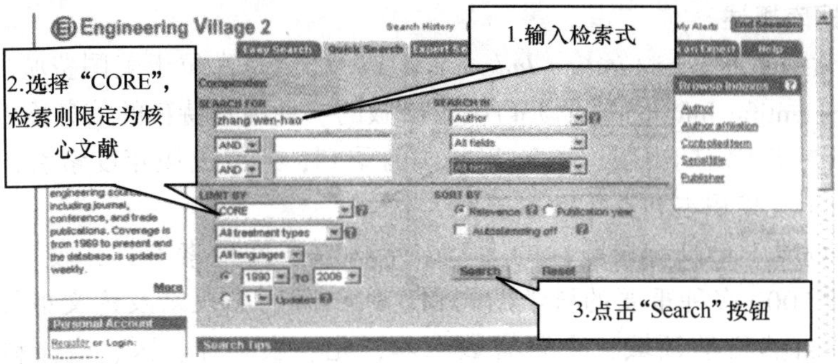

图 6-24

检索的结果显示页面见图 6-25。

⑤ 精简检索结果。在检索结果页的左上角有一个“精简检索(Refine Search)”按钮(见图 6-26)，点击此按钮用户可以定位到检索结果页面底部的“精简检索(Refine Search)”框(见图 6-27)。用户当前的检索式将出现在精简检索框中，根据用户检索的需要对其做进一步的改动，再点击“Search”按钮即可。

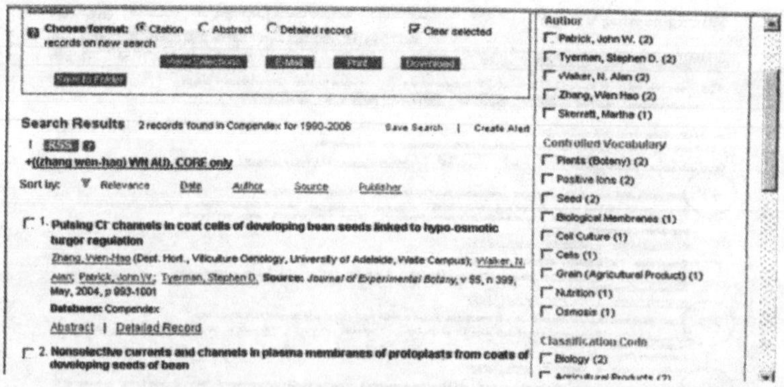

图 6-25

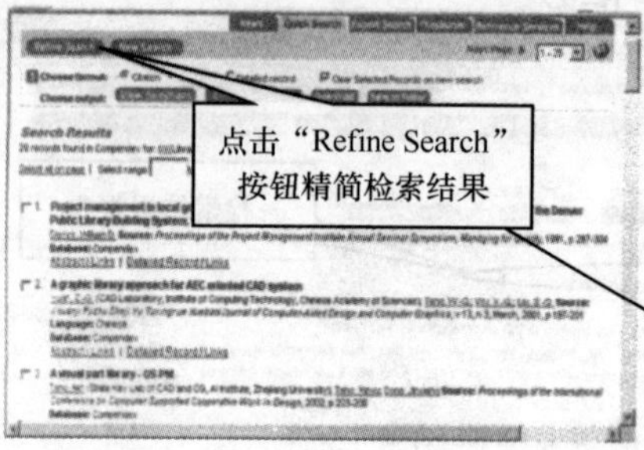

图 6-26

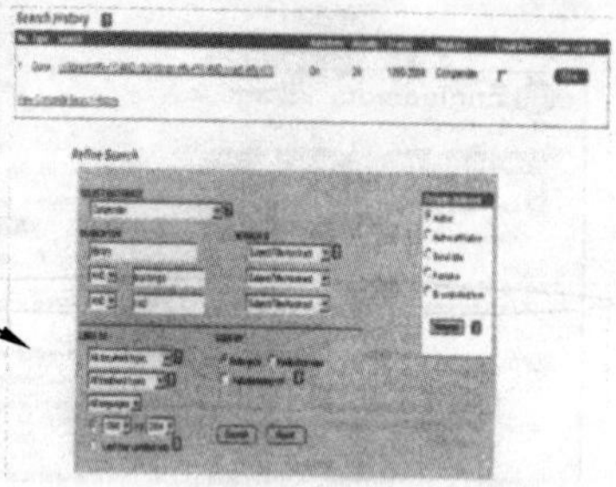

图 6-27

另外，该检索系统还提供“检索历史（Search History）”“保存检索式（Saved Searches）”“我的文件夹（My Folders）”等页面。进入这些页面，可进行：检索式保存；组合新的检索式；浏览已保存的检索式；“我的文件夹”注册；个人文件夹进入等操作。

6.2 美国《科学引文索引》(SCI)网络数据库

6.2.1 数据库概述

《科学引文索引》（*Science Citation Index*），简称 SCI，是由位于美国费城的科学情报研究所（Institute for Scientific Information，ISI）编辑出版的一种独具特色的信息检索工具，1961 年创刊，1961~1965 年不定期出版，1966 年起改为季刊，年终出版年度索引，1979 年起改为双月刊，并出版年度累积本和五年度累积本。

SCI 是目前世界上最具有权威性的大型多学科综合性检索工具，收录了世界上 40 多个国家和地区的 5000 多种重要的科学期刊和正式出版的会议录及论文集等。收录报道的学科范围重点在自然科学领域，主要有数、理、化、农、林、医、生命科学、天文、地理、环境、材料、工程技术等自然学科，对工程技术及应用科学方面的文献报道相对较少。

（1）SCI 出版形式

目前，SCI 出版发行三种载体版本：印刷版（Print）、光盘版（SCI CDE）和网络版（SCI Expanded）。

① 印刷版。SCI 印刷版为双月刊，每期分 A、B、C、D、E 五个分册。A、B、C 三个分册为“引文索引”（Citation Index）部分；D 册为“来源索引”（Source Index）部分；E 册为“轮排

主题索引”(Permuterm Subject Index)部分。印刷版中收录的论文没有文摘著录项目，只报道相关的书目信息，实际上是一种题录型检索工具。

② 光盘数据库。SCI 光盘数据库(SIC CDE with Abstracts)为月更新，每年一张光盘，它不仅包括了印刷版中的全部索引，而且还在“来源索引”(Source Index)的每条文献著录项目中增加了“文摘”(Abstracts)项，使 SCI 由印刷版的题录型检索工具变形为更受欢迎的文摘型检索工具。光盘版不但能检索到被当前文献引用的参考文献篇数(No. Cited References)，还可了解到与当前文献共同引用了至少一篇引文的相关的文献数(No. Cited Records)。

③ 网络数据库。SCI 网络数据库(SCI Expanded)收录期刊 5600 余种，每周更新一次，可通过两种网络途径检索。一种是 Web 版的 ISI Web of Science；另一种是联机版(Online Version)的 SCI Search ，可在美国 DLALOG 信息服务系统中进行联机检索。Web 版的数据库可以追溯到 1945 年，联机版的数据库可以追溯到 1980 年。SCI 网络数据库不仅包括完整的书目信息，还带有由作者提供的文摘。

(2)SCI 收录的出版物

SCI 作为权威的引文索引检索工具，涵盖了当今世界上自然科学各学科的重要文献，选收了全世界各学科最具权威的核心期刊。其引文索引本身的属性、选刊的严格、数据的可靠及编辑人员的高素质，使它成为世界公认的评价科研成果水平的重要指标之一。

《科学引文索引》编辑部 ISI 选用来源期刊是以著名科学情报专家、ISI 前所长加菲尔德(Garfield)博士首创的引文分析法为理论依据，认为精选 20%有代表性的刊物可以获取 80%的有用信息，只要选刊正确就可以做到以部分代全体，花少量精力，得到尽可能多的信息。ISI 依据上述理论，制定了一套严密的选刊技术体系，统一选刊条件。选刊主要依据下面三方面的信息综合确定。

① 引文数据。ISI 选刊依据的引文数据是期刊的影响因子(Impact Factors)，即被引次数与发文量之比，影响因子=前两年所发论文在第三年被引用次数/该刊前两年所发论文总数。期刊影响因子越大表明受重视程度越高，影响越大。ISI 每年出版的《期刊引证报告》(*Journal Citation Report*，JCR)上刊载着全部选录期刊的影响因子。

② 期刊出版标准。期刊应该遵循国际通用的编辑规范，具有富含信息的刊名，描述性的论文题目，每位作者的详细通讯地址，所有引用参考文献应有完整的书目信息，按时出版。还必须有英文题目、作者姓名与地址、引用参考文献、论文摘要与关键词。

③ 专家评审。ISI 编委会 21 名成员中有两名是诺贝尔奖得主，编委会每年根据订户、期刊编辑、出版者等各方面的意见，对期刊进行综合评审。专家评审意见也作为 ISI 收录期刊标准中的又一重要指标。

SCI 依据严格的选刊原则，选出全世界各学科中最具权威性的期刊组成 ISI 资料库。ISI 将收录的期刊以《现期期刊目次》(*Current Contents*，CC)的形式出版，共 7 个分册，其中自然科学方面的有物理、化学与地学；生命科学；临床医学；工程、技术与应用科学；农学、生物学与环境科学 5 个分册。据 1996 年统计，共收录 5220 种自然科学期刊。SCI 就是从 CC 中再精选出大约 3300 种期刊构成 SCI 印刷版和光盘版收录的来源期刊范围。随着科学技术的发展，SCI 每年都要根据期刊的影响因子、引文率等因素更换 3300 种期刊中大约 150~200 种期刊。网络版选用的来源期刊要比印刷版和光盘版收录范围广得多，几乎是《现期期刊目次》中收录的全部5000多种自然科学方面的期刊。据ISI网站2001年最新资料介绍，SCI网络版（SCI expanded）收录5700多种期刊。

SCI收录的期刊主要取自美、英等发达国家，以1995年第6期印刷版为例，美国期刊占38%，美、英两国期刊占56.8%，来自发展中国家的期刊很少，即使他们当中有的还是采用英语的国家，如印度，1985年共收15种，而巴西仅有4种。中国内地期刊由于科研水平、语言障碍及不重视引文等原因被SCI收录的数量也很少，1983~1995年平均每年被收录10种，只占收录期刊总数的0.3%，2000年SCI光盘版收录中国期刊达到14种。SCI网络版由于其收录期刊数量猛增，相应对中国期刊收录也有较多增加，达67种之多。表6-1列出了2004年SCI EXPANDED收录的中国期刊。

表6-1　SCI EXPANDED收录的中国期刊一览（共计67种）

刊　名	ISSN
ACTA BIOCHIMICA ET BIOPHYSICA SINICA 生物化学与生物物理学报	0582-9879
ACTA BOTANICA SINICA 植物学报	0577-7496
ACTA CHEMICA SINICA 化学学报	0567-7351
ACTA GEOLOGICA SINICA-ENGLISH EDITION	1000-9515
ACTA MATHEMATICA SCIETIA	0252-9602
ACTA METHEMATICA SINICA-ENGLISH SERIES	1439-8516
ACTA METHEMATICA SINICA	0567-7718
ACTA METHEMATICA SOLIDA SINICA	0894-9166
ACTA METALLURGICA SINICA	0412-1961
ACTA PETROLOGICA SINICA 岩石学报	1000-1569
ACTA PHARMACOLOGICA SINICA	1671-4083
ACTA PHYSICA SINICA 物理学报	1000-3290
ACTA PHYSICO-CHIMICA SINICA 物理化学学报	1000-6818
ACTA POLYMERICA SINICA 高分子学报	1000-3304
ADVANCES IN ATMOSPHERIC SCIENCES	0256-1530
ALGEBRA COLLOQUIUM	1005-3867
APPLIED MATHEMATICS AND MECHANICS -ENGLISH	0253-4827
ASLAN JOURNAL OF ANDROLOGY	1008-662X
BIOMEDICAL AND ENVIRONMENTAL SCIENCES	0895-3988
CELL RESEARCH	1001-0602
CHEMICAL JOURNAL OF CHINESE UNIVERSITIES-CHINESE 高等学校化学学报	0251-0790
CHEMICAL RESEARCH IN CHINESE UNIVERSITIES	1005-9040
CHINA OCEAN ENGINEERING	0890-5487
CHINESE ANNALS OF MATHEMATICS SERIES B	0252-9599
CHINESE ASTRONOMY AND ASTROPHYSICS	0275-1062

续表

刊名	ISSN
CHINESE CHEMICAL LETTERS	1001-8417
CHINESE JOURNAL OF ANALYTICAL CHEMISTRY 分析化学	0253-3820
CHINESE JOURNAL OF ASTRONOMY AND ASTROPHYSICS	1009-9271
CHINESE PHYSICS LETTERS	0256-307X
CHINESE JOURNAL OF CATALYSIS	0253-9837
CHINESE JOURNAL OF CHEMICAL ENGINEERING	1004-9541
CHINESE JOURNAL OF CHEMISTRY	1001-604X
CHINESE JOURNAL OF GEOPHYSICS-CHINESE EDITION	0001-5733
CHINESE JOURNAL OF INORGANIC CHEMISTRY 无机化学学报	1001-4861
CHINESE JOURNAL OF ORGANIC CHEMISTRY 有机化学	0253-2786
CHINESE JOURNAL OF STRUCTURAL CHEMISTRY 结构化学	0254-5861
CHINESE MEDICAL JOURNAL	0366-6999
CHINESE PHYSICS	1009-1963
CHINESE SCIENCE BULLETIN	1001-6538
COMMUNICATIONS IN THE ORETICA PHYSICS	0253-6102
EPISODES	0750-3797
FUNGAL DIVERSITY	1560-2745
HIGH ENERGY PHYSICS AND NUCLEAR PHYSICS-CHINESE EDITION 高能物理与核物理(中文版)	0254-3052
JOURNAL OF CENTRAL SOUTH UNIVESITY OF TECHNOLOGY	1005-9784
JOURNAL OF COMPUTATIONAL MATHEMATICS	0254-9409
JOURNAL OF COMPUTER SCIENCE AND TECHNOLOGY	1000-9000
JOURNAL OF ENVIRONMENTAL SCIENCES-CHINA	1001-0742
JOURNAL OF INORGANIC AND MILLMETER WAVES 红外与毫米波学报	1001-9014
JOURNAL OF INORGANIC MATERIALS	1001-324X
JOURNAL OF IRON AND STEEL RESEARCH INTERNATIONAL	1006-706X
JOURNAL OF MATERIALS SCIENCE&TECHNOLOGY	1005-0302
JOURNAL OF RARE EARTHS	1002-0721
JOURNAL OF UNIVERSITY OF SCIENCE AND TECHNOLOGY BEIJING	1005-8850
JOURNAL OF-WUHAN-UNIVESITY-OF-TECHNOLOGY-MATERIALS SCIENCE EDITOION	1000-2413
PROGRESS IN BIOCHEMISTRY AND BIOPHYSICS	1000-3282
PROGRESS IN CHEMISTRY	1005-281X
PROGRESS IN NATURAL SCIENCE	1002-0071

续表

刊　　名	ISSN
RARE METAL MATERIALS AND ENGINEERING 稀有金属材料与工程	1002-185X
RARE METALS	1001-0521
SCIENCE IN CHINA SERIES A-MATHEMATICS PHYSICS ASRONOMY	1006-9283
SCIENCE IN CHINA SERIES B-CHEMISTRY	1006-9291
SCIENCE IN CHINA SERIES C-LIFE SCIENCES	1006-9305
SCIENCE IN CHINA SERIES D-EARTH SCIENCES	1006-9313
SCIENCE IN CHINA SERIES E-TECHNOLOGICAL SCIENCES	1006-9321
SPECTROSCOPY AND SPECTRAL ANALYSIS 光谱学与光谱分析	1000-0593
TRANSACTIONS OF NONFERROUS METALS SOCIETY CHINA	1003-6326
WORLD JOURNAL OF GASTROENTEROLOGY	1007-9327

④ SCI 主要作用。人们习惯使用的检索工具多是从文献的主题、分类或著者等角度编制检索途径，而引文索引却提供了一种从文献后所附的参考文献出发检索相关文献的新颖而实用的检索途径，用以反映文献之间的相互引证关系。人们在科学研究成果的著述过程中，为给自己的论述提供佐证或是某些必要的背景资料，往往要参考或引用他人的著作。论文之间的这种互相引证和被引证关系，使许多论文联系起来，构成一个论文网络。通过追溯这种关系，常常可以查到一系列内容相关的文献。据此人们编制了以被引用文献的著者为标目的索引，提供一种不同于分类、主题及其他方法的检索途径。例如，文献 A 引用或参考了文献 B，人们便称文献 B 是文献 A 的参考文献，即"引文"(Citation)。因为文献 A 提供了包括文献 B 在内的若干引文，故又将文献 A 称为"来源文献"(Source item 或 Source document)。某著者在他们的论文中引用了若干篇其他著者的著作，而这些著作又分别引用了另一批著者的著作，以此追溯，便构成了"著者网络"，他们在相关学科领域发表的一系列文章也就形成了"文章网络"。人们借助"著者网络"，便可检索出"文献网络"中的文献，并通过其中的内在联系获取所需的信息，这就是建立引文索引的理论基础。在这种索引中，每个著者之下不但列出了其论文发表的年代和出处，还列出了他被引用的文献的著者和出处。只要手头有一篇较早时期发表的文献为起点，就可借助"引文索引"(Citation index)检索到所有引用过该文献的文章，了解文献与文献之间的引证和被引证关系，从而发现科学研究之间的内在联系。人们可以通过这种方法追寻某一学术观点或某项科学发现的发生、发展过程，了解这一观点或发现是否被人引用过，是否被人修改过，是否被人运用过以及是否被人向前推进，从而揭示科学研究活动的发展过程。由于引文索引打破了习惯用的学科分界，在某种程度上可以反映各学科之间相互交叉、相互渗透的关系。因此，对那些新学科、新领域的课题，尤其是边缘学科交叉领域的课题，利用引文索引查找文献的效果比一般检索工具要好得多。

引文索引的出版，为文献计量学在人才评价方面的应用开拓了广阔的前景。利用引文分析方法评价人才的原理主要是根据科学文献与科技人才之间的内在联系。具体来说，就是科技人员的成就和学术造诣不仅与其发表的文献数量有关，而且与其文献的被引数量有着更重要的联系。文献的被引用次数越多，不仅在一定程度上反映了文献的质量和价值，同时也能说明该文献作者在学术界的影响和地位以及对社会的贡献。而且，对于某一作者来说，发表的文献越多，被引用的次数可能越多。因此，作者文献的被引率既从质量上也从数量上反映了文献价值，因而可以作为衡量和评价作者学术水平高低的一种重要的参考依据。加菲尔德于1977年利用储存于《科学引文索引》数据库中的近3千万条引证索引(1961~1975年)，选出其文献被引次数超过4000次的作者250人。其中获诺贝尔奖者42人，占其总数的16.8%；获中国科学院院士称号者150人，占总数的60%；只有57人未获得上述荣誉，但他们都取得了举世公认的科学成就。

通过统计某个研究、学术机构的成员发表文章的收录量和被引用的总次数来作为评价该机构学术成就的一种参考依据。中国科技信息所曾通过《科学引文索引》1983~1986年的引文统计数据，统计出中国论文按高校和科学院系统的分布情况。具体为：高等院校所占的比例最大，是4年总数的45%；中国科学院系统各个研究所次之，占30%；其余的25%主要是中央各部委的有关院(所)。在全国论文篇数最多的50所院校中，著名的院校无论从发表论文的人数或篇数来看，均遥遥领先，北京大学、中国科技大学、南京大学列前三位，而中国科学院系统中上海有机所的发表量为最多，物理所、高能物理所分列第二位、第三位。以上统计结果大体上反映了这些高等院校、科研机构的整体研究实力。

SCI除上述作用外，还可应用于以下研究、管理领域：分析某一国家的综合性或学科性研究水平及其地位；预测某一学科的未来发展方向及其应用；探讨学科横向的内在结构和纵向的发展变化规律；测定核心期刊和评价期刊、图书、论文质量；研究用户的情报需求特点；研究文献老化现象；研究作者引用行为等。

6.2.2 检索方式

(1) 一般检索(GENERAL SEARCH)

一般检索可分别通过主题、标题、作者、团体作者、编者、出版物名称等17种途径检索来源文献，如图6-28所示。图6-29为一般检索界面。

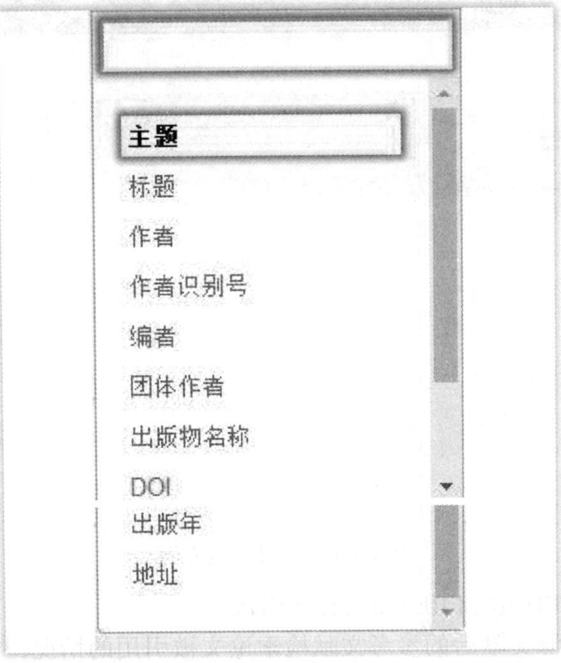

图6-28 检索字段

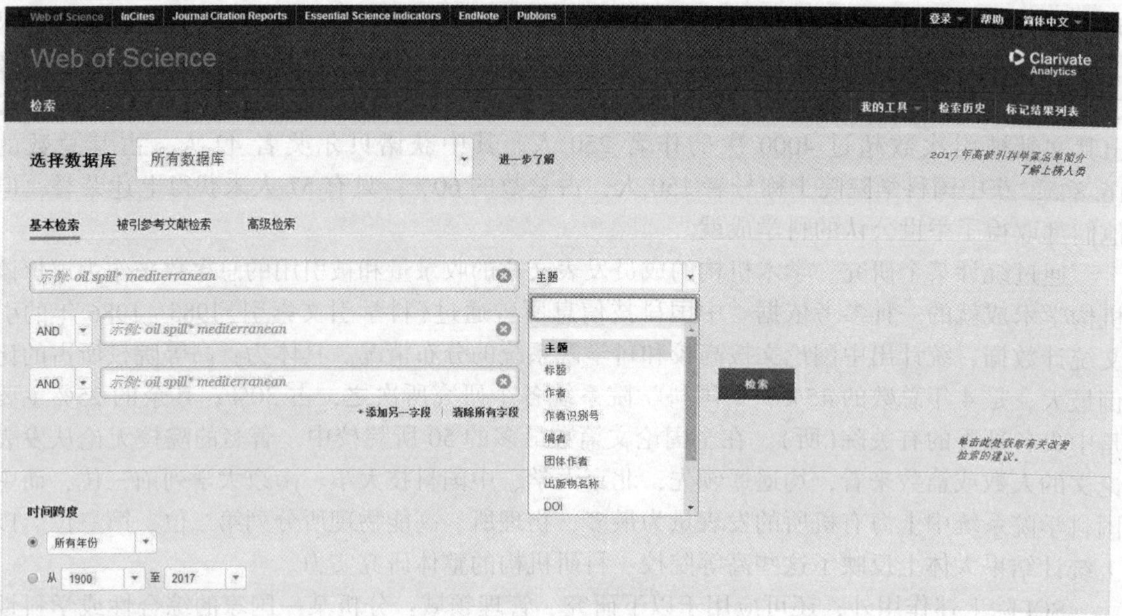

图 6-29　一般检索界面

（2）高级检索(ADVANCED SEARCH)

高级检索界面提供独立的检索文本输入框(见图 6-30)，用户可在文本框中直接输入一个较为复杂的检索提问式。检索提问式可由前置字段代码的检索词或前次结果的集合号组成，检索词之间可以用逻辑算符连接，检索词中也可用截词算符。示例：TS=(nanotub * AND carbon) NOT AU=Smalley RE #1 NOT #2。各种检索限制设置与一般检索方式相同。

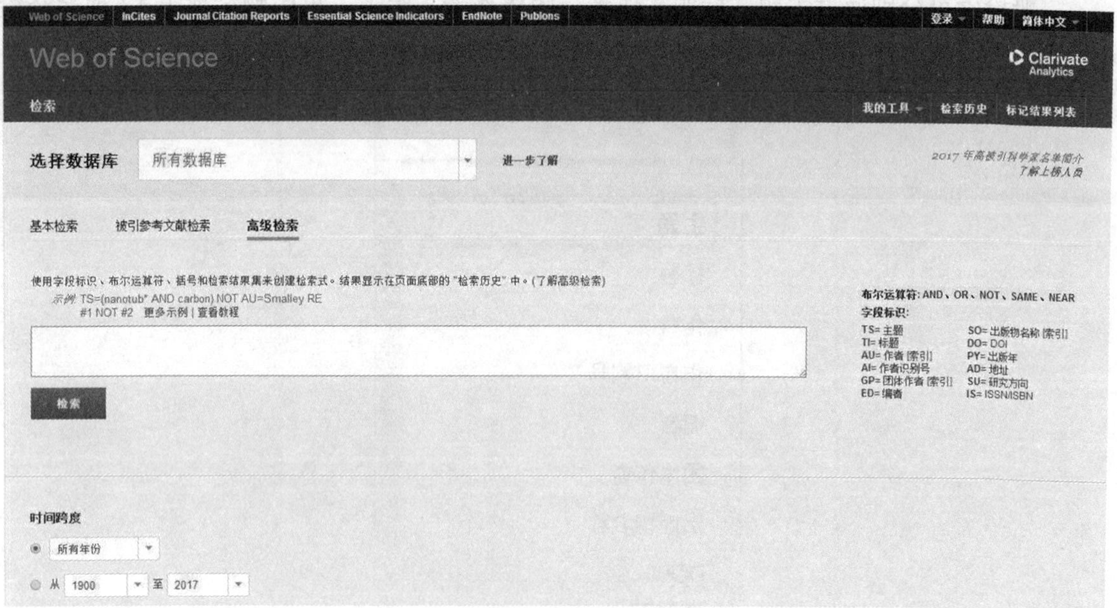

图 6-30　高级检索界面

（3）引文检索(CITED REFERENCE SEARCH)

引文检索是通过来源文献后的参考文献检索论文被引用的情况(见图 6-31)。

① 引文著者检索(CITED AUTHOR)。输入被引文献第一著者姓名，如果引文涉及 Web

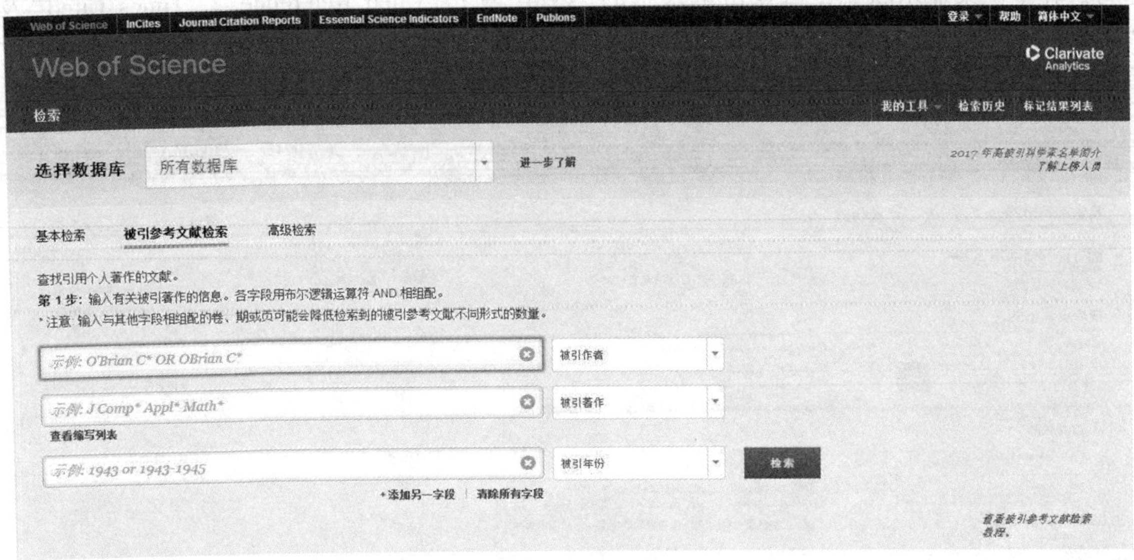

图 6-31　引文检索界面

of Science 收录为来源文献的期刊论文，可以输入被引用文献著者中任何著者姓名。著者姓最长不能超过 15 个字符，15 个字符后进行截词，姓后跟空格和最多 3 个名的首字母，第一个首字母后可用截词符。

② 引文出版物检索(CITED WORK)。通过刊登被引文文献的期刊名称检索被引文献。被引出版物名称最多只能输入 20 个字符，期刊名使用缩写，图书可以输入书名中前面一些重要的字符。对于专利，可以在被引出版物框中输入专利号。

③ 引文年代检索(CITED YEAR)。通过引文出版物的出版年代检索文献。输入 4 位数字的出版年，或者输入用 OR 逻辑运算符连接的一系列出版年。专利文献使用专利公布日期。

6.2.3　检索技术

(1) 布尔逻辑检索

系统使用 AND、OR、NOT 三种逻辑运算符。

(2) 位置检索

位置算符“SAME”规定其前后连接的两个词在检索记录中出现在同一句子中或同一个词组中(Keyword 字段)。

(3) 截词检索

系统允许“ * ”和“ ? ”两种截词符号用在检索词的中间和末尾。“ ? ”代表一个字符，“ * ”代表若干个字符。

(4) 字段限定检索

字段限定检索仅限于在高级检索方式中使用，其格式为：字段代码-检索词，例如，Ti = Computer-system。

6.2.4　检索结果

(1) 显示浏览检索结果

执行检索后命中的记录在页面中以精炼结果(Refine Results)显示(见图 6-32)，该格式显示每条记录的内容，包括文献篇名、前三位著者及来源期刊的名称、卷、期、页码。点击简单格式中的文献篇名可以浏览该篇文献在 ISI 数据库中的全记录(Full Record)(见图 6-

33)。在全记录显示状态，可点击记录中的“热键”项；“Cited Reference”、”Times Cited”及“Reference”查看引文文献、被引用次数以及相关文献。

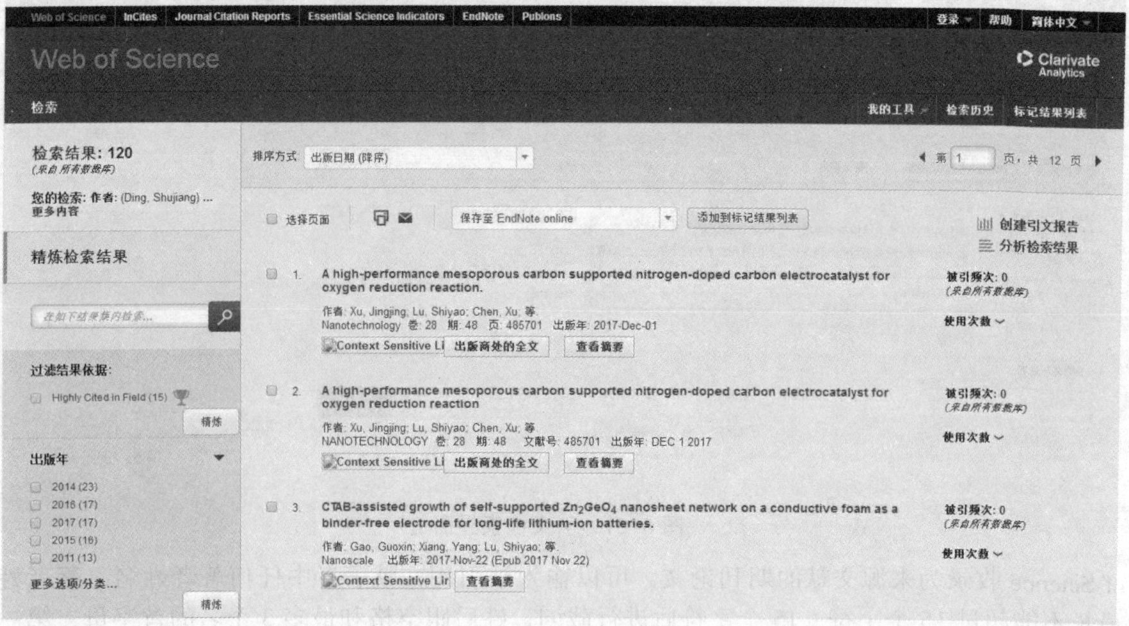

图 6-32　简单格式显示界面

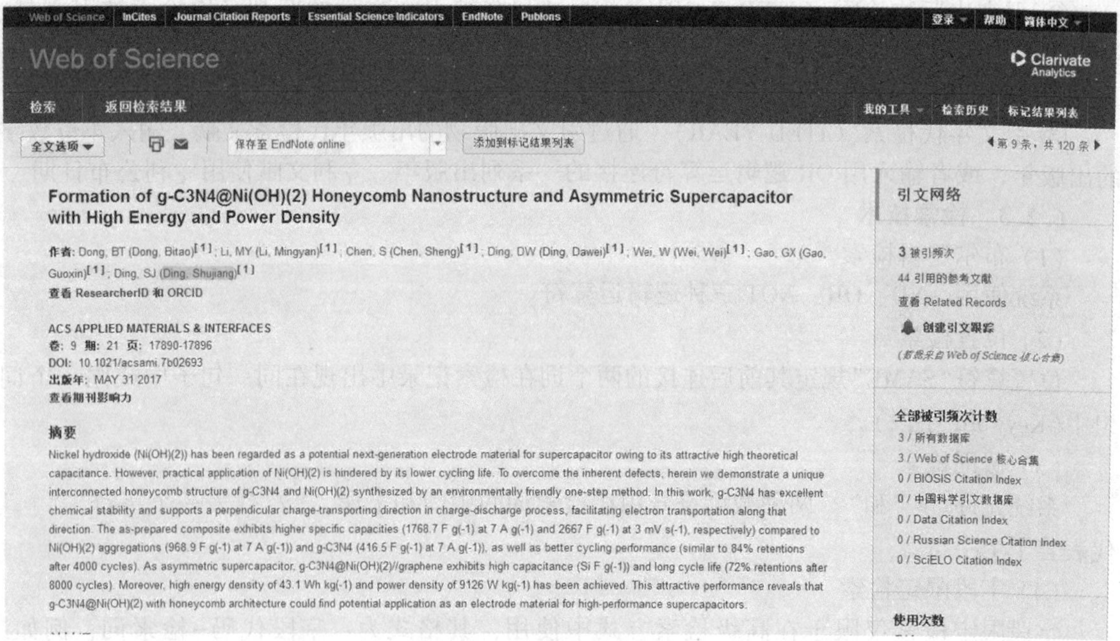

图 6-33　全记录显示界面

(2) 分析结果(ANALYZE RESULTS)

在检索结果的简单格式显示页面右边，设有“分析结果”(Analyze Results)按钮，点击该按钮，出现“结果分析”(Results Analysis)对话页面，在“选择字段排列”(Select field to rank by:)列表中选取分析的字段，系统将对多达 2000 条记录进行分析，给出该字段不同内容所命中的记录数。分析途径包括作者、刊名、主题分类、出版年代、机构名称、语种、文献类型等。

(3) 标记记录(MARKED RECORDS)

在检索结果的简单格式显示页面，点击每条记录左边的复选框标记所需要的记录，或者点击(MARK ALL)按钮，提交选择的记录到标记表(MARKED LIST)中。在全记录显示页面，点击“MARK”按钮，添加显示的记录到“表”中。点击“UNMARK”按钮，可以从“标记表”中消除显示的记录。至少有一条记录被标记后，“标记表”按钮才会被激活。

(4) 打印记录(FORMAT FOR PRINT)

点击“FORMAT FOR PRINT”后进入结果打印状态。通过点击“SELECT FIELDS”并在想要的字段名旁边框中打勾，选择记录中的书目信息进行打印。系统默认的打印字段是著者、篇名、出处、页数、出版日期、IDS 号和来源刊名缩写。这里的 IDS 号是指 ISI 的文献提供号(ISI document delivery number)，即整个期刊在 ISI 中的入藏号。

(5) 保存记录

点击“SAVE TO FILE”，在“文件下载”对话框中指定路径和文件名，保存指定的记录及选定的字段，或点击“EXPORT TO REFERENCE SOFTWARE”，在“文件下载”对话框中指定路径和文件名，保存指定的记录及选定的字段。

在“EXPORT TO REFERENCE SOFTWARE”的输出格式中(见图 6-34)，可以获得论文被 SCI 收录的记录号，例如：UT ISI：000222496500010。这里的 UT 是指 ISI 的唯一论文识别号(ISI unique article identifier)。

```
ER

PT J
AU Huang, JF
   Zeng, XR
   Li, HJ
   Xiong, XB
   Huang, M
TI Al2O3-mullite-SiC-Al4SiC4 multi-composition coating for carbon/carbon
   composites
SO MATERIALS LETTERS
DT Article
DE carbon/carbon composites; coating; oxidation
ID SILICON-BASED CERAMICS; OXIDATION PROTECTION; MULLITE COATINGS;
   HEAT-TREATMENT; ALUMINA
AB A new type of oxidation-protective multi-composition coating for
   carbon/carbon (C/C) composites has been produced by a pack cementation
   technique in an argon atmosphere. XRD analyses shows that the phases of
   the composite coating are composed of Al2O3, mullite, SiC and Al4SiC4,
   and the bonding layer between the coating and C/C composites are
   composed of Al4C3, SiC and Al4SiC4. It is found by SEM surface
   observation and EDS area scanning analyses that the coating has two
   kinds of surfaces that are distinctly different in element content of
   Si and C. In the meantime, cross-section SEM observation of the coating
   also displays a dense microstructure. Oxidation test shows that the
   as-prepared coating characterized by excellent thermal shock resistance
   on the surface of C/C composites during exposure to an oxidizing
   atmosphere at 1773 K could effectively protect the C/C composites from
   oxidation for 41 h. (C) 2004 Elsevier B.V. All rights reserved.
TC 0
SN 0167-577X
PD AUG
PY 2004
VL 58
IS 21
BP 2627
EP 2630
GA 842PF
UT ISI:000223016700015
ER
```

图 6-34 EXPORT TO REFERENCE SOFTWARE 输出格式

6.3 美国《化学文摘》(CA)数据库

6.3.1 《化学文摘》概述

美国《化学文摘》(*Chemical Abstracts*，CA)，于 1907 年创刊，由美国化学学会下属的化学文摘服务社(Chemical Abstracts Service，CAS)编辑出版。其前身为 1895 年创刊的《美国化学研究评论》和《美国化学会志》两种期刊的文摘部分。1969 年合并了具有 140 年（1830～1969 年）历史的著名的德国《化学文摘》。目前收录报道 200 多个国家和地区的 60 多种语言出版的 17000 多种科技期刊、学位论文、科技报告、会议、新书以及 47 个国家和 3 个国际专利组织。内容覆盖化学、化工、生物化学、生物工程、生物遗传、农业和食品化工、医用化学、地球化学、材料科学、无机化学、有机化学、分析化学、物理化学、高分子化学外、冶金学、地球化学、药物学、毒物学、环境化学、生物学以及物理学等领域。在近一个世纪的发展中，CA 逐步成为世界上最全面、最准确的化学信息系统，收录报道的化学化工文献占全世界化学化工文献总量的 98%，其中 70%的文献来自美国以外的国家和地区，每年报道的文献约 50 万条。因此，《化学文摘》是科技工作者查找化学化工及其相关学科文献的重要信息源。

目前，《化学文摘》主要有以下几种出版形式：

① 印刷版。《化学文摘》印刷版为周刊，每年出版 2 卷，每卷 26 期，全年共出 52 期，由文摘和索引两大部分组成。有期文摘、期索引本、卷索引本、累积索引本几种形式。

② 联机数据库。《化学文摘》联机数据库通过 DIALOG、ORBIT 和 STN 等著名国际联机检索系统提供联机检索服务。在 DIALOG 中的数据库是 CA SEARCH，包括 308、309、310、311、312、399 号文档。数据起始于 1967 年，内容与印刷版《化学文摘》相对应。

③ 光盘数据库。《化学文摘》光盘数据库目前有由 Compact Cambridge 科学文献服务社制作的《化学文摘累积索引及文摘》光盘和美国化学学会制作的《CA ON CD》光盘两种。前一种对应印刷版的“第 12 次累积索引”及文摘正文的 106～115 卷，后一种则与当年的印刷版相对应，文摘号也一致，只是内容编排有些区别，提高了可检索性。

④ 网络数据库。《化学文摘》网络数据库称为 SciFinder，是美国化学文摘服务社（CAS）提供的化学文献网上数据库。该数据库是目前全世界最大最全面的化学和科学信息数据库。它可以通过互联网直接检索《化学文摘》自 1907 年以来的所有期刊文献和专利摘要，以及 2000 多万条化学物质记录和 CAS 注册号。利用 SciFinder 可检索多个数据库，其中包括书目参考资料数据库、化学反应数据库、化学物质数据库、商业化学物质数据库、化合物目录数据库和医学数据库等。

6.3.2 《化学文摘》印刷版检索

《化学文摘》创刊初期的印刷版为半月刊，每年一卷，24 期。1961 年第 55 卷改为双周刊，该卷共出 26 期。从 1962 年第 56 卷起改为一年两卷，每卷 13 期。从 1967 年第 66 卷起至今为周刊，每年仍为两卷，每卷 26 期，全年共 52 期。

6.3.2.1 文摘的编排及著录格式

CA 文摘以报道型文摘为主，按分类编排。创刊至今，其类目有过多次变更：1911～1944 年分为 30 大类，1962 年分为 73 大类，1963～1966 年分为 74 大类，1967 年第 66 卷开始分为五大部分 80 个大类，即生物化学部分、有机部分、高分子化学部分、应用化学与化学工程部分和物理、无机与分析化学部分，并且这五大部分按单号期和双号期交替出版。

单号期刊载：第一部分　生物化学（1～20 大类）
　　　　　　第二部分　有机化学（20～34 大类）
双号期刊载：第三部分　高分子化学（35～46 大类）
　　　　　　第四部分　应用化学和化学工程（47～64 大类）
　　　　　　第五部分　物理、无机与分析化学（65～80 大类）

从1997年第126卷起，CA取消了这种单、双号期交替报道的方式，即不论是单号期还是双号期，都将五部分80大类的内容全部报道，使报道周期由2周缩短为1周，为检索者更加快速地检索新文献提供了条件。

CA的文摘按上述80个大类编排，在各类目之前有类目说明，对该类目的内容及其相关的类目做简要的介绍，在各期的目次页上列有各类目的名称及起始文摘号，按此号即可在正文中找到该类目下的全部文摘项目。在同一类目下，文摘的排列顺序按文献类型分为期刊论文、会议论文、科技报告、学位论文等。专利文献和参见项目部分只列出有关类目的类目号、文摘号和文献题目，没有文摘。各类型之间用4条短线(-)隔开。

下面举例说明各种类型文献的文摘著录格式。

(1) 期刊论文文摘著录格式

140：18966r①structuring of self-assembled three-dimensional photonic crystals by direct delectron-beam lithography. ②Ferrand，P.；Egen，M；Zentel，R.；Seekamp，J；Romanov，S. G. ③(Institute of Materials Science and Department of Electrical and Information Engineering，University of Wuppertal，D-42097 Wuppertal，Germany). ④ Applied Physics Letters⑤ 2003，⑥ 83(25)，⑦ 5289-5291⑧(Eng)，⑨American Institute of Physics. ⑩……(文摘略)

说明：①CA卷：文摘号；②论文篇名；③作者姓名；④作者单位；⑤来源期刊名；⑥出版年；⑦卷(期)；⑧页码；⑨语种；⑩出版者。

(2) 会议论文文摘著录格式

140：188779x①Theory of x-ray；laser emission from highly hydrides. ②Miley，George H.；Lipson，Andrei G. ③(University of Illinois，USA). ④ Proceedings-International Conference on Emerging Nuclear Energy Systems，11th，Albuquerque，NM，United States，⑤Spet. 29-Oct. 4，2002⑥2002(Pub 2003)，⑦382-387⑧(Eng)⑨National Technical Information Service：Springfield，Va. ⑩……(文摘略)

说明：①~④同上；⑤会议名称、届次、地址；⑥会议日期；⑦会议录出版年；⑧页码；⑨语种；⑩出版者。

(3) 学位论文文摘著录格式

140：186253x①Chemical kinetics and microphysics of atmospheric aerosols. ②Morris，James Walter. ③(Boston College，Chestnut Hill，MA USA). ④ 2002. ⑤ 161pp. ⑥ (Eng) ⑦ Avail. UMI，Order No. DA3077346. From Diss. Abstr. Int.，B2003，64(1)，228. ⑧……(文摘略)

说明：①~④同上；⑤出版年；⑥总页数；⑦语种；⑧学位论文来源。

(4) 专利文献文摘著录格式

140：175095w①Method for evaluating a compound for its effect on skin. ②Burgeson，Robert；Amano，Satoshi；Kishimoto，Jiro；Nishiyama，Toshio；Ehama，Ritsuko③(The General Hospital Corp.，USA)④U. S. US 6，689，936⑤(CI. 800-3；A01K67/00)，⑥10Feb 2004，⑦US Appl. 70，436，30 Apr 1998；⑧40 pp，⑨Con. -in-part of U. S. Ser. No. 70，436. ⑩(Eng). ⑪

说明：①同上；②专利名称；③专利发明者；④专利权人；⑤专利国别及专利号；⑥美国专利分类号和国际专利分类号(其他国家只给出国际专利分类号)；⑦专利公布日期；⑧专利国别代号、专利申请号和专利申请日期；⑨专利说明书总页数；⑩参见专利号或申请号；⑪语种。

6.3.2.2 索引及其用法

CA 的索引按出版周期可分为期索引、卷索引、累积索引和单独出版的索引。期索引附在每期后面，有关键词索引、专利索引和著者索引；卷索引随卷出版，有主题索引(包括普通主题索引和化学物质索引)、专利索引、著者索引、分子式索引、环系索引、登记号索引、索引指南；累积索引有十年累积索引和五年累积索引，其索引类型与相应期间的卷索引一致；单独出版的索引有来源索引、登记号手册和母体化合物手册等。下面分别介绍各种主要的索引及其使用方法。

(1) 关键词索引(Keyword Index)

CA 从 1963 年第 58 卷起开始编制关键词索引，关键词索引只出现在期索引中，提供快速地从主题途径检索文献，当卷的主题索引出来后关键词索引即基本完成使命。关键词是从文献题目、文摘或正文中抽取出来的能够表达文献实质内容的词，每篇文献可以有几个不同的关键词，词与词之间无语法关系，只是简单地组合构成关键词条目，并按条目中的每一关键词进行字顺轮排。

使用关键词索引时还应注意以下几点：

① 元素符号不作关键词；

② 化合物分子式不能作关键词；

③ 复杂化合物以母体结构作关键词，或采用其商品名、俗名；

④ 表示有机化合物取代基位置及立体异构现象的数字或词省略，如 4-polyisoprene 应为 polyisoprene；

⑤ 大量采用缩写字，缩略符号后的圆点也省略，如 purificationxie 写作 purifn。

(2) 专利索引(Patent Index)

CA 从 1981 年第 94 卷开始，将 1938 年开始编制的专利号索引(Numerical Patent Index)和 1963 年开始编制的专利对照索引(Patent Concordance)合并，并改名为专利索引。专利索引出现在期索引、卷索引和累积索引中，按专利国别代号的顺序排列，在每一国家下面再按专利号的顺序排列。通过专利索引可查出文摘号，了解专利的大致内容，还可了解同族专利情况，掌握专利在世界上的申请范围，以便根据文种和馆藏加以选择。同族专利包括基本专利、相同专利、相关专利和无优先权专利。基本专利是指在同族专利中最早批准公布，又为 CAS 最先收到并报道的专利文献；相同专利是指只具有一项优先权，内容与基本专利相同的专利文献；相关专利是指具有一项或多项优先权，内容与基本专利不完全相同的专利文献；无优先权专利是指与同族专利具有相同的发明内容，但不具有优先权的专利文献。

(3) 著者索引

它是 CA 索引体系中历史最悠久的重要索引之一，在期索引、卷索引、累积索引中都有。本索引是将 CA 所收录文献的作者(包括个人作者、团体作者、编辑者、发明人等)，按姓名(姓在前，名在后)的字顺排列。1994 年第 123 卷以前著者索引中的个人著者姓用全称，名用缩写，团体著者用全称；1995 年第 124 卷起，期著者索引改为与卷著者索引相同，个人与团体著者均尽可能著录全称。另外，期著者索引只著录著者姓名和文摘号，合著者同样列出文摘号；卷著者索引著录著者姓名、文献篇名和文摘号；累积著者索引著录著者姓名、文献篇名、卷号和文摘号，而且两者只在第一著者下有详细著录，合著者用“See”引见到第一著者。

(4) 化学物质索引(Chemical Substance Index)

它是检索含有具体化学物质主题文献的工具，它报道经国际理论和应用化学联合会命名，并具有3个已知条件，（即组成原子和分子数已知、价键清楚、立体化学结构明确）的物质。包括所有已知的化学元素和化合物（及其衍生物）、已知金属的合金、已知成分的矿石、已知的抗生素、酶、蛋白质和多糖类、基本粒子（包括一些类名）。该索引出现在卷索引和累积索引中，按化学物质名称的字顺排列，其后注有CAS登记号。

化学物质索引中使用的副标题有如下几种：

① 普通副标题。1991年115卷以前共有7个，按字顺排在化学物质标题后面，他们是：Analysis（分析），Biological studies（生物学研究），Occurrence（存在），Preparation（制备），Properties（性质），Reaction（反应），Use and Miscellancous（用途及其他），1992年116卷起将Use and Miscellaneous分开成两个副标题，将Miscellaneous按字顺排在Occurrence之前。1994年121卷又增加2个普通副标题：Formation（形成、构成、组成）和Processes（过程、方法加工），所以目前共有10个普通副标题。

② 化学功能基副标题。共有15个，按字顺排在普通副标题之后，包括Acetals（缩醛类）、Anhydrides（酐类）、Anhydrosulfides（硫代酐类）、Compounds（化合物）、Derivatives（普通衍生物）、Esters（酯类）、Ethers（醚类）、Hydrazides（酰肼类）、Hydrazones（腙类）、Lactones（内酯类）、Mercaptals（缩硫醛类）、Mercaptoles（缩硫醇类）、Oxides（氧化物）、Oximes（肟类）、Polymers（聚合物）。

③ 合金副标题。共有2个，Base（基本成分）和Nonbase（非基本成分）。设在各个元素合金的标题下。

④ 辐射类副标题。共有2个，Biological effects（生物效应）和Chemical and physical effects（化学和物理效应）。专用于化学物质索引中7个放射性基本粒子标题（如Alpha partical，Proton等）之后。但是自1992年第116卷起取消了这组副标题。

（5）普通主题索引（General Subject Index）

普通主题索引收录所有未收入化学物质索引的主题，包括以下8个方面：化学物质的大类；化学成分未完全确定的物质；物化概念和现象；化学性质和化学反应；化工过程和设备；生物化学主题；动植物名称；矿物岩石。该索引出现在卷索引和累积索引中，基本著录格式和排列方式与化学物质索引相同。

普通主题索引中的副标题有如下几种：

① 普通副标题。与化学物质索引相同。

② 化学功能基副标题。共有14个，用于化学物质索引中的15个化学功能基副标题中除了Derivatives外，其余14个均可用于普通主题索引。但是1994年第121卷起普通主题索引中不再使用这组副标题。

③ 器官组织副标题。1991年第115卷前有5个，按字顺排在26个器官和组织名称标题之后，它们是composition（成分）、disease or disorder（疾病和失调）、metabolism（新陈代谢）、neoplasm（肿瘤）、toxic chemical and physical damage（化学中毒和物理损害）。1992年第116卷起进行调整后的副标题的种类和顺序为composition，metabolisn，toxic chemical and physical danmage，disease，neoplasm。1994年第121卷起又进行了调整，只保留2个器官组织副标题：disease和neoplasm。

④ 辐射副标题。用于普通主题索引中18个辐射性主题（如Gamma ray）之后，同化学物质索引一样，1992年第116卷起也取消了这组副标题。

⑤ 合金副标题。与化学物质索引一样，共有2个。1994年第121卷开始取消了这组副

标题。

（6）环系索引（Index of System）

环系索引自1967年第66卷起随卷开始出版，它是根据环状化合物母体骨架结构编制成的一种索引。利用该索引可查找已知结构式的环状化合物的母体名称，进而转查化学物质索引。该索引将环状化合物先按环的个数排列，环数相同的再按环上元素的个数、种类排列。环系索引不提供文摘号，只提供化合物的名称，由此转查化学物质索引，最终获得文摘号，因此是化学物质索引的一种辅助索引。

（7）分子式索引（Formula Index）

分子式索引始于1920年第41卷，它以化学物质的分子式作为索引标目，在每个标目下按字顺列出与该分子式相同的各异构体的CA选用名称、登记号和文摘号。它对于检索那些结构复杂、不易命名，但异构体较少的化合物特别适用。分子式标目按Hill体系编排，即H_2SO_4在分子式索引中排为H_2O_4S，C_2H_5OH排为C_2H_6O。在使用该索引时，需在分子式下仔细查看各个不同分异构物的名称，以便准确选择。

（8）登记号索引（Registry Number Index）与登记号手册（CAS Registry Handbook Number Section）

CA自1969年第71卷起开始出版登记号索引，它是将已明确化学组成的化合物登记下来，每个化合物给予一个登记号作为永久性识别的标志，每个登记号后面标出该化合物在CA上的规格名称和分子式。该索引开始以卷形式出版，接着又出版72~73合卷（1970年）和74~75合卷（1971年）登记号索引。此后停出登记号索引，改出《美国化学文摘社登记号手册》，其编制方式与使用方法与“登记号索引”相同。登记号索引按登记号数字大小排列而成，利用该索引，可从化合物的登记号查得该化合物在CA中使用的名称和分子式，进而转查化学物质索引和分子式索引。

（9）来源索引（CAS Source Index）

CAS从1970年开始出版来源索引，至今已出版了5次累积本，第5版于1990年出版。每次累积本出版后，在每季度还出季刊补充本（CASSL Quarterly Supplement），报道每季度内CA引用刊物的变化情况。每年第4季度出的补充本包括该年度前3季度补充的内容。CASSI内容包括CA收集的全部刊物的刊名的缩写和全称，刊物情况介绍，出版社名称、地址及收藏单位、馆藏情况等。

6.3.2.3 检索途径与检索步骤

《化学文摘》的检索途径比较多，一方面为用户检索化学化工文献提供方便，另一方面也需要用户熟悉各种索引的用途和使用方法，并弄清楚各索引之间的关系，从而根据已知条件快速检索所需要的文献。

CA的检索途径与检索步骤如图6-35所示。

6.3.3 《化学文摘》光盘数据库

由美国化学学会制作的《化学文摘》光盘数据库（CA on CD）与当年出版《化学文摘》印刷版相对应。该数据库包括题录数据和来自印刷版的索引，每月更新，每年新增50万条记录。

6.3.3.1 检索方式

《化学文摘》光盘数据库（CA on CD）提供四种主要检索方式，即索引浏览、词条检索、化学物质等级和分子式等级。

① 索引浏览（Index Browse）。单击Browse按钮或在Search下拉菜单中选择Browse命令，

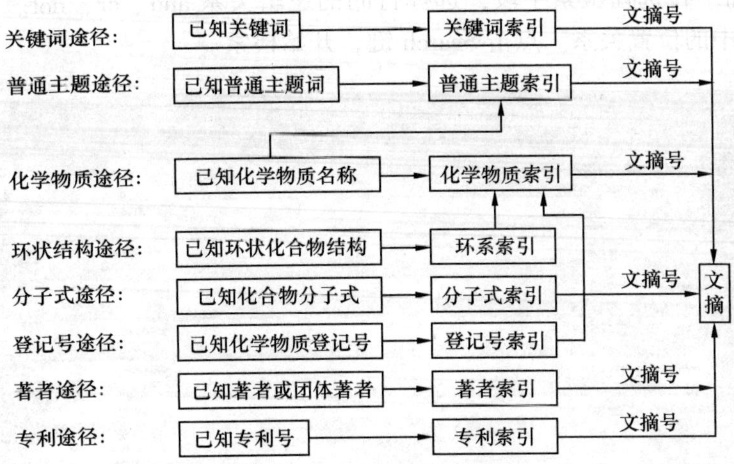

图 6-35 CA 检索途径示意

即进入索引浏览检索界面(见图 6-36)。Index(索引)字段的默认值为 Word。可以点击索引框中的下拉菜单选择检索字段，选择字段后，系统自动打开对应的词典。可以上下翻动词典，也可以键入检索词的前几个字符，词典会自动定位到相应的位置，并在最左边一列中显示文献篇数(如选择的是 Word 或 CAS RN 字段，则显示“文献篇数/检索词出现次数”)。可以一次选中一个检索词，也可以选中多个检索词，方法是按住“Ctrl”键的同时用鼠标左键单击选中检索词，多个检索(如果仅选一个检索词，双击该词条则开始检索)。检索结果如果只有一条记录，自动显示全部记录；如果多于一条记录，则显示题目列表。双击题目，可以进入该篇全记录格式。

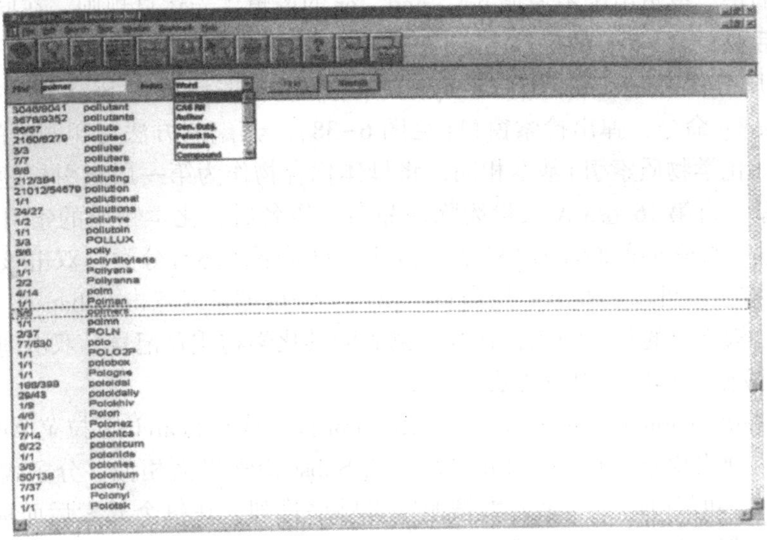

图 6-36 索引浏览界面

Browse 方式利用词典选词准确，但只能进行单一字段的单一词条或词条的逻辑“或”检索，不能进行不同字段的逻辑组配。

② 词条检索(Word Search)。单击 Search 按钮或在 Search 下拉菜单中选择 Word Search 命令，弹出检索窗口(见图 6-37)。检索字段 Search 的默认值为 Word，行间的默认值为

“and”。可以为每一行选择检索字段，选择行间的逻辑关系 and、or、not。还可以设定各检索词在文献记录中的位置关系。点击 Search 键，开始检索。

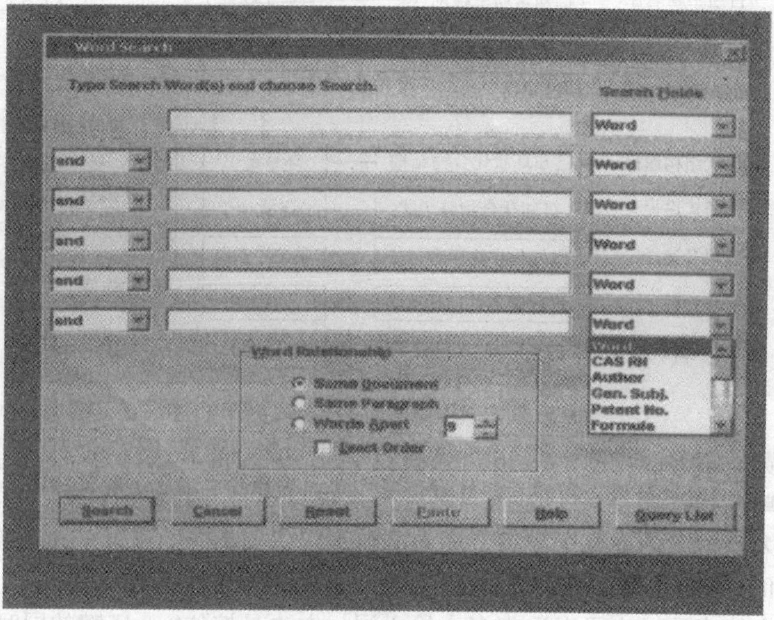

图 6-37　词条检索界面

在使用 Search 窗口进行逻辑组配的时候，可以进行同一字段或多字段的逻辑组配检索，逻辑组配符为 and、or、not，代字符“?”代表一个字符，截词符“*”代表任意多个字符。需要注意的是，逻辑组配不遵循 not、and、or 的逻辑优先运算规则。在同一行之间的逻辑组配从前到后执行。

③ 化学物质等级(Substance Hierarchy)。单击 Subst 按钮或在 Search 下拉菜单中选择 Substance Hierarchy 命令，弹出检索窗口(见图 6-38)。其编制方法与印刷版的 CA Chemical Substance Index(化学物质索引)基本相同，将母体化合物作为第一层索引标题，下面有各种副标题及取代基。自第 16 卷 CA 大量废除商品名、俗名后，化学物质的索引标题基本上采用化学结构命名。检索词前面加号“+”表示该化学物质下面还有分类，双击该词条或点击右上角的 Expand 按钮，可以展开下一层类目，双击上一层词条或点击 Collapse，可以返回上一层。对组成和结构确定的化学物质，在其右侧表明其化学物质登记号。双击词条或点击右上角的 Document 按钮，则显示相关文献。

④ 分子式等级(Formula Hierarchy)。单击 Form 按钮或在 Search 下拉菜单中选择 Formula Hierarchy 命令，弹出检索窗口(见图 6-39)，与 Subst 检索界面相似。分子式写法遵循 Hill 规则，先写碳(C)和氢(H)，其余元素按照字母顺序排列，在每个元素后面标明原子个数。例如乙醇的分子式写为 C_2H_6O。检索词前面有加号“+”表示该化学物质下面还有分层，双击该词条或点击右上角的 Expand 按钮可以展开下一层类目，双击上一层词条或点击 Collapse 可以返回上一层。其编制方法与印刷版的 CA Formula Index(分子式索引)相同。对组成和结构确定的化学物质，在其右侧标明其化学物质登记号。双击词条或点击右上角的 Document 按钮，则显示相关文献。

分子式索引是通过分子式查找该物质在化学物质索引中的索引标题的最好工具。对于一

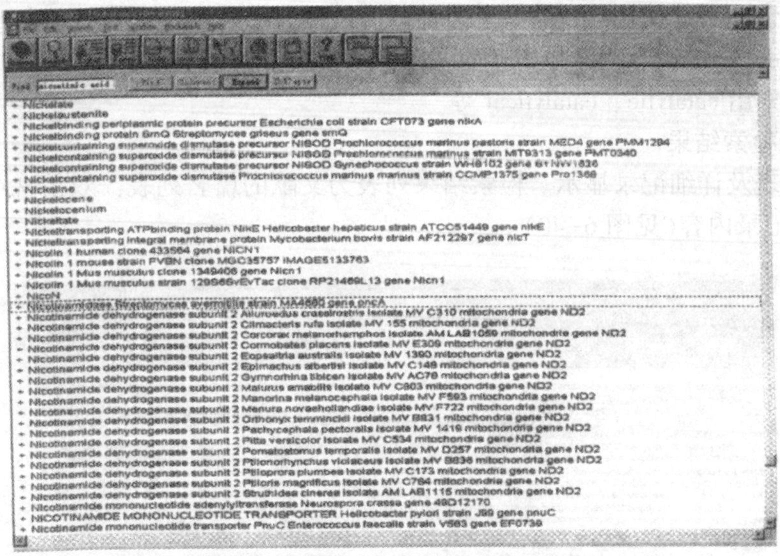

图 6-38　化学物质等级检索界面

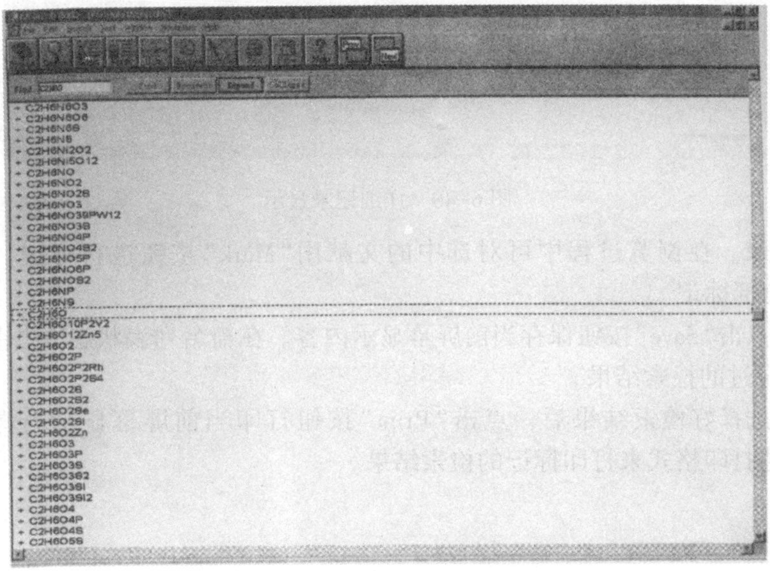

图 6-39　分子式等级检索界面

些分子结构复杂、相对分子质量大、异构体少的特殊化合物，更显示出其优越性。对未命名的化合物在化学物质索引中查不到，而在分子式索引中可以查到。

6.3.3.2 检索技术

① 布尔逻辑检索。系统设置的布尔逻辑算符为 and、or、not。

② 位置检索：

a. Same Document：表示检索词在同一文献中；

b. Same Paragraph：表示检索词在同一段落中；

c. Words Apart：可以设定词间距，最多可间隔 9 个词；

d. Exact Order：表示严格按照检索词的输入顺序执行检索，该命令只有在选择 Words Apart 选项时使用。

③ 截词检索。系统使用“?”和“ * ”两种截词符号。每一个“?”只代替一个字符，如t? re即可检索到 tore、tyre。“ * ”符号表示词的前方一致，即词的后方可变化任意个字符，如catalytic * 可检索出 catalytic、catalytical 等。

6.3.3.3 检索结果

① 结果列表及详细记录显示。检索结果列表为文献的篇名列表，双击选中的文献篇名，可以得到详细记录内容(见图 6-40)。

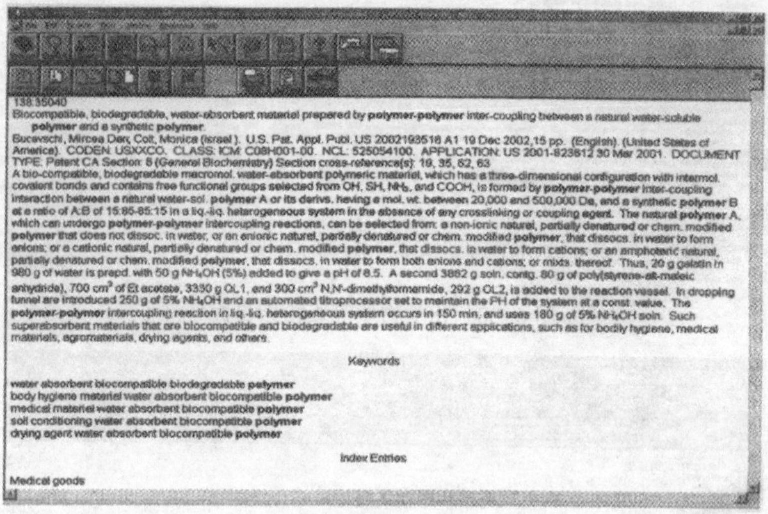

图 6-40 详细记录显示

② 标记记录。在浏览过程中可对选中的文献用“Mark”按钮进行标记，也可用“Mark All”按钮进行全部标记。

③ 存盘。点击“Save”按钮保存当前屏幕显示内容。在篇名列表状态下点击“Save Mk”按钮保存所有标记过的检索结果。

④ 打印。选择好检索结果后，点击“Print”按钮打印当前屏幕显示内容。点击“Print Mk”按钮，可选打印格式来打印标记的检索结果。

7 专利文献及其检索

7.1 专利

7.1.1 专利概述

(1) 专利和知识产权

专利从法律上来说是一项产权，产权有三种：可动产权、不动产权和知识产权。知识产权(intellectual property)又叫智力成果权，是指人们创造性智力劳动成果依照知识产权法享有的专有权利。智力劳动成果主要指科学技术、文学艺术、文化知识等精神产品。知识产权作为一种商品是因为进行智力劳动需要耗费心血并投入大量的时间与资金，所以智力劳动所创造的成果是具有价值的；另一方面，智力劳动成果还能够创造物质财富和精神财富，推动生产的发展和社会进步，因而这种成果又具有使用价值，所以智力劳动成果应当作为商品加以保护。

知识产权是一种无形产品的财产权，保护这种财产权免受侵犯就不像保护有形财产权免受侵犯那么明确、那么容易实现或做到。所以为了实现对知识产权的保护，必须通过特殊的法律措施。所以就产生了不同以往的财产法的新的法律制度，在与商品生产直接相关的科学技术发明领域出现了专利权(patent right)；与商品销售活动密切关联的商品标记方面出现了商标权；在文学艺术创作及科学作品以商品形式流通的领域出现了著作权(copy right)；这些法律形式最后逐步扩大为知识产权。

知识产权包括著作权和工业产权两大类。著作权，也叫版权，是指文学、艺术、科学作品的作者，对其创作的作品，依照法律享有的专有权利。工业产权(industrial property)包括专利权、商标权和制止不正当竞争等方面。

专利(patent)是指一个国家授予创造发明人或设计人在一定时间内对该发明创造或设计的独占实施权，包括专利产品的生产、使用和销售，专利通常包括三个涵义：专利权(patent right)，以法律的形式保护发明人在一定期限内享有对其发明的专有权；获得专利权的发明创造(patent technology)；专利文献(patent document/literature)。专利权是专利的核心，亦称独占权、垄断权，专利权人在法律保护下享有一定期限的制造、使用或销售专利产品的独占权，如果他人要使用该项专利，应取得专利人的许可，并给付报酬；如果未经专利权人的同意而擅自使用其专利，则视为侵权，要受到法律追究。保护期满后，专利即从个人占有变为共有，成为社会的公共财产。

(2) 专利制度

专利制度是国际上通行的一种利用法律和经济的手段鼓励发明创造、保护知识产权、推动技术进步的管理制度。其基本内容是依据专利法，对申请专利的发明，经过审查和批准，授予专利权。同时把申请专利的发明内容公诸于世，以便进行无偿技术情报交流和技术有偿转让。其作用是国家利用法律手段保护发明权益、鼓励发明的技术公开、促进竞争、激发人们的创造精神、打破技术封锁、促进新技术成果的推广应用。法律保护、科学审查、公开通报、国际交流是专利制度的四个基本特征。

专利制度起源于西方国家，目前全世界已有近200个国家和地区建立了专利制度。现在各国的专利事业表现出强烈的国际化趋势。专利申请的国际化以1883年在巴黎签订的《保护工业产权巴黎公约》(Paris Convention for the Protection of Industrial Property)为标志。《专利合作条约》《Patent Cooperation Treaty》是在巴黎公约原则的基础上缔结的专利领域的专门性国际条约，由世界知识产权组织(World Intellectual Property Organization)国际局管辖。世界知识产权组织简称WIPO是一个政府间组织，是联合国组织系统的16个专门机构之一。1970年成立，1974年成为联合国的一个专门机构，其总部在日内瓦，我国于1980年6月3日正式成为第90个成员国。

(3) 专利的特征

专有性(独占性)：专利中最主要的特征，专利权与其他产财权不一样，一项发明的专利只能授予一次，具有独占性，专利权人对专利产品的制造、使用、销售等具有独占性。

地域性：一个国家依照其本国专利法授予的专利权，仅在该国法律管辖的范围有效，对其他国家没有任何约束力，外国对其专利权不承担保护的义务。这是世界各国普遍遵循的一项准则。

时效性：专利权只有在法律规定的时间内有效。超过规定的有限期限，专利权自行消失，专利权人对其发明创造就不再享有制造、使用、销售和进口的专有权。专有权的期限，各国专利法都有明确的规定，我国现行专利法规定的发明、实用新型及外观设计专利的保护期限自申请日起分别为20年、10年、10年。

(4) 专利的类型

根据专利的保护对象及特性可分为发明专利、实用新型专利和外观设计专利。

发明专利：对产品、方法或其他改进所提出的新的技术方案。产品发明如机器、仪器、设备等；方法发明如制造方法等。

实用新型专利：对产品的形状、构造或其结合所提出新的实用技术方案，与发明专利相比，其审查手续简单，保护期较短，范围较窄，创造性较低，俗称“小发明”。

外观设计专利：对产品形状、图案、色彩或其结合做出的富有美感并适于工业上应用的新设计。外观设计必须与产品相关，并以产品作为它的载体，它只涉及产品的装饰性或艺术性外表而不涉及技术思想。

实用新型专利和外观设计专利都涉及产品的形状，两者的区别是：实用新型专利主要涉及产品的功能，外观设计专利只涉及产品的外表。

(5) 专利的申请、审批和授予

专利的申请采用书面请求原则、先申请与先发明原则和单一性原则，专利局依照法律规定的程序进行形式审查制、实质审查制、早期公开延迟审查等审查方式审查后决定是否合格并授予专利权。我国发明专利的申请审批程序：专利申请——初步审查(合格)——公布专利申请(自申请日或优先权日起18个月内予以公布)——实质审查(3年内)——授权公告、授予专利权。

(6) 授予专利权的条件

授予专利权必须具备三个基本条件，即新颖性、创造性与实用性。

新颖性：就是发明的内容在申请日以前，没有同样的发明或者实用新型在国内外公开出版过或公开使用过，即发明创造必须是新的、前所未有的技术。

创造性：与申请日以前已有的技术相比，该发明有突出的实质性特点和显著的进步。而不是简单的比例大小的改变，数量的叠加，颜色、位置的改变。

实用性，是指能够制造或者使用并能产生积极效果，即带来更好的经济效益。

上述三条件为实质性条件(专利性)，专利申请文件还必须符合专利法所规定的有关形式条件。形式条件是指专利局对专利申请进行初步审查、实质审查及授予专利权所必须的文件格式和应履行的必要手续。如：专利申请文件撰写要求、缴纳专利申请费用等。

7.1.2 专利文献

(1) 专利文献的概念

专利文献是指实行专利制度的国家及国际性专利组织在审批专利过程中产生的官方文件及其出版物的总称。专利文献从狭义上讲是指与专利有关的专利文件，包括专利申请说明书、专利说明书、专利证明书以及申请、批准专利的其他文件等。从广义上讲还包括专利局和有关机构出版的各种专利文献检索工具，如专利公报、专利索引、专利分类表等，专利文献的核心是专利说明书。专利文献占全世界每年各种图书期刊总出版量四分之一的出版物。

(2) 专利文献的类型

现代专利文献可分为三大类型：一次专利文献、二次专利文献、三次专利文献。

一次专利文献：指各种类型的专利说明书，即专利申请人为申请专利而递交的一份详细说明其发明目的、用途、特点、原理、方法及效果等的说明书。

二次专利文献：刊载专利文献、专利题录、专利索引以及各种专利事务的专利局官方出版物，主要指专利公报及专利索引。

三次专利文献：用于按发明技术主题分类和检索一次专利文献的工具，即专利分类表及分类表索引等。

(3) 专利文献的特点

① 内容广泛、连续系统。专利文献是一种数量巨大、内容广博的信息资源，专利文献几乎涵盖人类生产活动的全部技术领域，专利系统地记录了各技术发展的整个过程，如同是一部技术发展史。

② 内容新颖、反映新技术快。申请的专利必须满足新颖性的要求，要求申请的专利内容在国内外没有公开发表或使用过。而且大多数国家专利局采用优先申请原则，致使发明人在发明完成之后尽早提交申请，以防他人捷足先登。

③ 叙述准确，质量较高。专利文献必须经过接受专利申请国家专利机构的严格审查，这样经过层层审查后，申请专利的发明一般技术水平比较高。

④ 内容详尽，实用性强。为了使发明创造满足专利的要求，申请人必须在说明书上详细阐述发明的技术内容，有时还需要用图表来帮助说明。因此，专利文献对发明内容的叙述是详细而具体的，其详细到行业内一般普通技术人员可根据说明书所介绍的方案进行制造和使用的程度。世界各国专利法明确规定，申请专利的发明创造必须具备工业实用性，即能够生产或使用并能产生积极效果。

(4) 专利文献的作用

专利文献可以提供技术、法律和经济等多方面的情报信息，对于发明爱好者、科技工作者和企业及生产者有重要作用，可以节省时间，避免人力、财力浪费。

据统计，世界上90%~95%的发明成果，均可以在专利文献中找到。世界知识产权组织(WIPO)有关统计表明，充分利用专利文献能节约40%的科研开发经费，同时缩短60%的科研周期。

专利文献传播专利信息，有利于科技进步，同时专利文献也为经济、贸易活动提供参考信息。同时专利文献也是对专利实施法律保护的依据。

7.1.3 专利说明书

专利说明书是专利文献的核心，其主要作用，一是公开技术信息；二是限定专利权的范围。任何专利信息用户在检索专利文献时，最终要获取的也是这种全文出版的专利文件。目前各国专利说明书的内容已逐渐趋于一致，并形成了固定的格式，一般可由三部分组成，即：标头部分(扉页)、正文部分和附图。

(1) 扉页(front page)——专利文献著录项目

主要内容是与一件发明及法律有关的各种著录项目，包括专利申请人(或专利权人)、申请日期、申请公开日期、审查公告日期、批准专利的授权日期、发明创造的名称、发明技术内容的摘要，以及具有代表性的附图或化学公式等，对享有优先权的申请，还有优先权的申请日、申请号及申请国等内容。如图 7-1 所示。

[19] 中华人民共和国国家知识产权局

[12] 发明专利说明书

专利号 ZL 200510009075.7

[51] Int. Cl.
B29C 69/00 (2006.01)
F16L 11/08 (2006.01)
B29K 27/06 (2006.01)
B29K 267/00 (2006.01)
B29K 277/00 (2006.01)
B29K 309/08 (2006.01)

[45] 授权公告日 2008 年 2 月 27 日

[11] 授权公告号 CN 100371158C

[51] Int. Cl. (续)
B29L 23/00 (2006.01)
[22] 申请日 2005.2.17
[21] 申请号 200510009075.7
[30] 优先权
[32] 2004.2.17 [33] US [31] 60/545265
[73] 专利权人 固特异轮胎和橡胶公司
地址 美国俄亥俄州
[72] 发明人 E·P·内托 L·R·F·桑彻斯
A·R·达 西尔瓦
[56] 参考文献
EP0782502 A1 1997.7.9
US4495018 A 1985.1.22
JP7260052 A 1995.10.13
US6227249 B1 2001.5.8

审查员 王新力
[74] 专利代理机构 中国专利代理(香港)有限公司
代理人 刘维升 王景朝

权利要求书 2 页 说明书 4 页 附图 1 页

[54] 发明名称
软质 PVC 软管的制备方法
[57] 摘要
本发明涉及一种柔韧性软管的制备方法，该方法包括步骤：将第一聚(氯乙烯)化合物挤出形成管，该管有与其共同扩张的内圆柱体空腔：a)在该管上施用织物增强材料；b)在织物增强材料上挤出第二聚(氯乙烯)化合物，形成覆盖层，所述的管、增强材料和涂层确定了软管复合材料；c)在内圆柱体空腔中插入刚性型芯；d)在软管复合材料涂层外部缠绕织物包层；和 e)在温度 130－160℃和 30－70 磅/平方英寸压力下，缠绕软管复合材料处理 5－40 分钟。

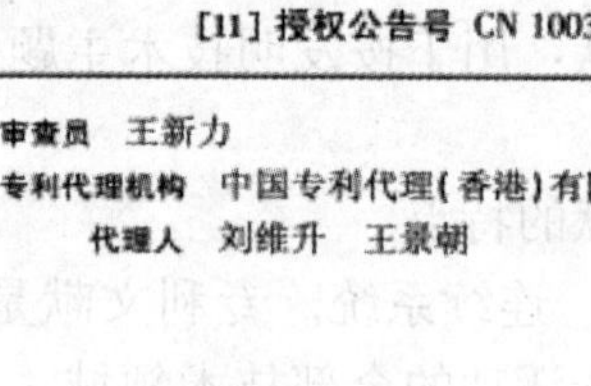

图 7-1 专利说明书的扉页

为便于识别各著录项目与便于计算机处理和检索，各著录事项前标有巴黎联盟专利局情报检索国际合作委员会(ICIREPAT)制定的国际标准代码 INID(Internationally Agreed Numbers for the Identification of Data)，由括号及两位数字构成，主要著录项目及代号如下：

[11] 文献号(或专利号)
[12] 文献类别
[19] 公布文献的国家或机构
[21] 专利申请号
[22] 专利申请日期
[30] 国际优先权案项目
[31] 优先申请号
[32] 优先申请日期
[33] 优先申请国家
[40] 公布日期
[51] 国际专利分类号或工业品外观设计国际分类
[54] 发明名称
[55] 关键词
[57] 文摘或权利要求
[71] 申请人姓名(或公司名称)
[72] 发明人姓名
[73] 受让人姓名(或公司名称)
[74] 专利律师或代理人姓名
[75] 既是申请人也是发明人的姓名
[81] 专利合作条约的指定国

(2) 正文部分(包括权利要求)

正文是对发明创造的全部信息作出清楚完整的说明。正文部分内容一般有以下几个方面：

① 发明背景　指出本发明所属的技术领域，指出现有技术存在的问题。

② 发明概述　介绍本发明的概括及如何实现本发明，概要说明本专利要解决的问题及其优点。

③ 专利内容　对原料、制造条件等进行说明，有时还通过实例对发明进行说明。

④ 权利要求　一般是将发明的内容概括成若干条，第一条是总的介绍专利的主要内容，后几条是具体的内容。权利要求用词严谨，是专利局审查确定授予专利权的主要依据，它确定专利技术要保护的具体特征和范围，是法律信息的集中反映，也是处理专利纠纷的法律依据。

专利说明书说明和权利要求见图 7-2 和图 7-3。

(3) 附图

附图用于解释发明的实质内容，见图 7-4。

200510009075.7　　**说　明　书**　　第1/4页

软质PVC软管的制备方法

技术领域

本发明涉及一种软质PVC软管及其制备方法。

背景技术

制备软质聚(氯乙烯)(即PVC)软管用于液体和气体(例如水和空气)的一般应用。典型地，软质PVC软管有三层结构，即PVC内管、织物增强材料和PVC涂层。为了改善PVC层与增强材料的粘附作用，有时在增强材料上涂布粘合剂。但是，依然需要改善软质PVC软管的粘附作用和爆破强度。

发明内容

本发明涉及柔韧性软管的制备方法，该方法包括多个步骤：将第

图 7-2　说明书

200510009075.7　　**权　利　要　求　书**　　第1/2页

1.一种柔韧性软管的制备方法,该方法包括步骤：

将第一聚(氯乙烯)化合物挤出形成管,该管有与其共同扩张的内圆柱空腔;

a)在该管上使用织物增强材料;

b)在织物增强材料上挤出第二聚(氯乙烯)化合物,形成覆盖层,所述的管、增强材料和覆盖层确定了软管复合材料;

c)在内圆柱体空腔中插入刚性型芯;

d)在软管复合材料的覆盖层外部缠绕织物包层;和

e)在温度130-160℃和30-70磅/平方英寸压力下,将缠绕的软管复合材料处理5-40分钟;

2.根据权利要求1所述的方法,其中第一和第二聚(氯乙烯)化合物是相同的配方。

图 7-3　权利要求书

200510009075.7　　**说　明　书　附　图**　　第1/1页

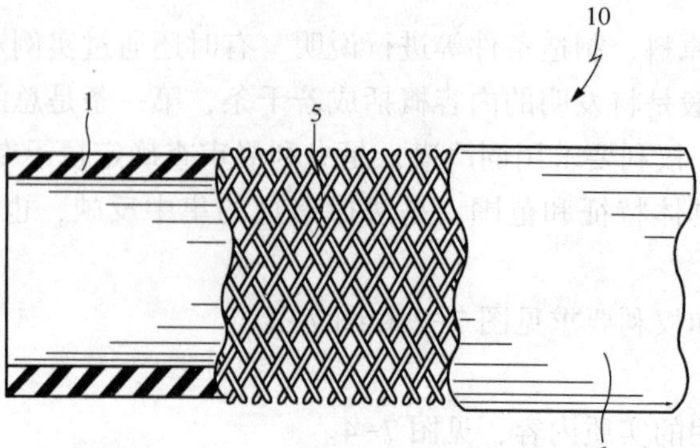

图 7-4　说明书附图

7.1.4 专利文献说明书的标准缩写

为便于检索各国专利，1978年世界知识产权组织(WIPO)制定了称为ICIRERAT的一套各国标准缩写代号。各国标准缩写均由两字母组成。世界主要国家代号见表7-1。

表7-1 世界主要国家代号

AF—阿富汗	CN(RC)—中国	FR—法国	NL—荷兰
AU—澳大利亚	CZ—捷克	GB—英国	RU—俄罗斯
AT(AN)—奥地利	CU—古巴	HU—匈牙利	SK—斯洛伐克
BR—巴西	DK—丹麦	IN—印度	US—美国
CA—加拿大	EP—欧洲专利局	IT—意大利	WP—世界知识产权组织(PCT)
CH—瑞士	FI(SF)—芬兰	JP(JA)—日本	

注：括号内的代号为英国德温特专利检索工具1981年前曾使用的代号。

7.1.5 专利的写作实例

发明专利申请

(10) **申请公布号** CN 104304245 A

(43) **申请公布日** 2015.01.28

(21) **申请号** 201410480788.0

(22) **申请日** 2014.09.19

(71) **申请人** 仲恺农业工程学院

地址 510225 广东省珠海市纺织路东沙街24号

(72) **发明人** 周新华 龚圣 周红军

(74) **专利代理机构** 广州粤高专利商标代理有限公司 44102

代理人 陈卫

(51) Int. Cl.

A01N 25/28(2006.01)

A01N 57/16(2006.01)

A01N 43/90(2006.01)

A01N 53/02(2006.01)

权利要求书1页 说明书6页

(54) **发明名称**

一种农药缓释微胶囊及其制备方法

(57) **摘要**

本发明公开了一种农药缓释微胶囊及其制备方法，涉及缓释微胶囊农药的技术领域。本发明的制备方法中将油溶性农药加入到有机溶剂中，再与丙烯酸酯类和/或丙烯酰胺类的不饱和单体、引发剂和交联剂混合均匀，然后分散到羧甲基纤维素水溶液中形成乳液；再将乳液加热后，施加微波辐射，并补充不饱和单体、引发剂和交联剂，反应结束后保温、过滤、干燥得到农药缓释微胶囊。本方法使用 CMC 作为基础壁材，通过控制微波辐射和不饱和单体等的添加工艺条件，能够有效地制备所需微胶囊粒径的农药缓释微胶囊，实现对农药缓释速率的调控。

CN 104304245 A　权利要求书

1. 一种农药缓释微胶囊的制备方法，其特征在于，包括以下步骤：

S1. 将油溶性农药加入到有机溶剂中，再与不饱和单体、引发剂和交联剂混合均匀后，分散到羧甲基纤维素水溶液中形成乳液；

S2. 将 S1 中的乳液加热后，施加微波辐射，并补充不饱和单体、引发剂和交联剂，反应结束后保温、过滤、干燥得到农药缓释微胶囊；

所述不饱和单体为丙烯酸酯类、丙烯酰胺类中的一种或多种；

所述 S1 中加入的不饱和单体、引发剂、交联剂的质量分别占各自总加入量的 20%~30%，S2 中补充不饱和单体、引发剂、交联剂的质量分别占各自总加入量的 70%~80%；

所述 S2 中待乳液温度升至 40~100℃后，施加微波辐射 0.5~2.5h，微波的能量密度为 0.01~0.08W/cm^2。

2. 根据权利要求 1 所述制备方法，其特征在于，所述 S1 中油溶性农药与有机溶剂的质量比为 1~3:2~9。

3. 根据权利要求 1 所述制备方法，其特征在于，油溶性农药与不饱和单体的质量比为 0.01~2。

4. 根据权利要求 1 所述制备方法，其特征在于，所述羧甲基纤维素水溶液中羧甲基纤维素的质量分数为 5%~20%。

5. 根据权利要求 1 所述制备方法，其特征在于，所述交联剂的用量为羧甲基纤维素与不饱和单体质量之和的 1%~10%。

6. 根据权利要求 1 所述制备方法，其特征在于，所述不饱和单体还包括苯乙烯。

7. 根据权利要求 1 所述制备方法，其特征在于，所述引发剂为偶氮类引发剂、过氧化物类引发剂中的一种或多种。

8. 根据权利要求 1 所述制备方法，其特征在于，所述有机溶剂为苯、甲苯、二甲苯、二氯甲烷、乙酸乙酯、乙酸丁酯、乙二醇甲醚乙酸酯、乙二醇乙醚醋酸酯、丙二醇甲醚醋酸酯、丙二醇乙醚醋酸酯、二乙二醇乙醚醋酸酯中的一种或多种。

9. 根据权利要求 1 所述制备方法，其特征在于，所述交联剂为乙二醇二丙烯酸酯、乙二醇二甲基丙烯酸酯、*N*,*N*′-亚甲基双丙烯酰胺、二乙烯基苯中的一种或多种。

10. 一种权利要求 1~9 任意一项所述制备方法制备得到的农药缓释微胶囊。

CN 104304245 A　说明书

一种农药缓释微胶囊及其制备方法

技术领域

[0001]　本发明涉及缓释微胶囊农药的技术领域，更具体地，涉及一种农药缓释微胶囊及其制备方法。

背景技术

[0002] 缓释剂是具有控制释放能力的各种剂型的总称，是根据有害生物的发生规律、危害特点及环境条件，通过农药加工手段，使农药按需要的剂量、特定的时间、持续稳定地在靶标上释放，以达到经济、安全、有效地控制有害生物的剂型。3M公司Sengupta等人研发了一种黏附性农药微囊和Thies等人开发了一种通过温度变化控制释药的微囊，前者是把拟除虫菊酯等生物活性成分包裹于含有黏附剂的材料中，目标可以黏附在基底上而降低了粉尘飘移的可能性；后者的作用原理是当环境温度高于材料的熔点时，材料开始熔化并释放药物，温度降低后材料变硬而停止释药。巴斯夫公司的Dexter等开发了一种pH敏感型微囊剂，将药物包裹于含有游离羧基的材料中，使微囊接触到pH大于5.5的土壤才开始降解并释放药物，而在pH小于5.5的土壤中不降解。先正达公司研制了一种酸(碱)触发释放型农药微囊，该微囊在接触酸(碱)性物质时释放药物，这样可以通过人为改变环境的酸碱性来控制药物释放的速度。

[0003] 羧甲基纤维素(CMC)是天然纤维素经过化学改性得到的一种具有醚结构的衍生物，分子链中含有大量的羟基和羧基，是一种阴离子型高分子化合物，其分子量从几千到百万不等。随着现代化工业的进步，以稻草、地脚棉等试制生产CMC获得成功，由于CMC工业产业化生产，其成本大大降低。

[0004] 现有农药微胶囊制备方法中CMC主要用于以下两个方面：(1)直接使用CMC作为壁材，通过与有机溶剂、表面活性剂和农药等混合搅拌后除去溶剂，固化成囊；(2)将CMC作为表面活性剂，与农药、不饱和单体、引发剂和交联剂等混合后进行聚合以制备农药微胶囊。然而，这些方法均无法制备得到有效控制缓释效果的微胶囊。

发明内容

[0005] 本发明要解决的技术问题是克服现有农药缓释微胶囊的制备方法的不足，提供一种农药缓释微胶囊的制备方法，本方法采用羧甲基纤维素作为壁材原料，并对其进行改性，通过调节改性条件，制备得到农药缓释速率可控的农药缓释微胶囊。

[0006] 本发明的另一目的在于提供一种所述制备方法制备得到的农药缓释微胶囊。

[0007] 本发明的目的通过以下技术方案实现：

一种农药缓释微胶囊的制备方法，包括以下步骤：

S1. 将油溶性农药加入到有机溶剂中，再与不饱和单体、引发剂和交联剂混合均匀后，分散到羧甲基纤维素水溶液中形成乳液；

S2. 将S1中的乳液加热后，施加微波辐射，并补充不饱和单体、引发剂和交联剂，反应结束后保温、过滤、干燥得到农药缓释微胶囊；

所述不饱和单体为丙烯酸酯类、丙烯酰胺类中的一种或多种；

所述S1中加入的不饱和单体、引发剂、交联剂的质量分别占各自总加入量的20%~30%，S2中补充不饱和单体、引发剂、交联剂的质量分别占各自总加入量的70%~80%；

所述S2中待乳液温度升至40~100℃后，施加微波辐射0.5~2.5小时，微波的能量密度为0.01~0.08W/cm^2。

[0008] 羧甲基纤维素是天然纤维素经过化学改性得到的一种具有醚结构的衍生物，分子链中含有大量的羟基和羧基，是一种阴离子型高分子化合物。本发明采用CMC作为基

础壁材，其具有分散效果，制备过程中不使用小分子表面活性剂，可实现对油溶性农药的乳化，制备的微胶囊粒径可控。另外，CMC 分子链上的羟基和羧基，使其对油溶性农药具有良好的界面相容性，形成的微胶囊也易于分散于水中，便于使用。

[0009] 本发明中，将 CMC 大分子与不饱和单体、油溶性农药、引发剂和交联剂等进行分散、乳化后，在微波辐射作用下，促进 CMC 大分子中的吡喃环开环，生成自由基，易于与不饱和单体聚合，并通过改变聚合时不饱和单体以及交联剂等的比例、加入顺序和反应温度和时间等工艺条件，调节交联密度，控制基于羧甲基纤维素的壁材大分子的通孔大小，改善对油溶性农药的包封效果，获得粒径、载药量可控的接枝共聚物复合微球颗粒，实现对农药缓释速率的调控。

[0010] 本发明选择原料成本低且环境污染小的丙烯酸酯类、丙烯酰胺类作为不饱和单体，由其制备的微胶囊树脂具有容易降解等有益效果。

[0011] 本发明的反应原理为：

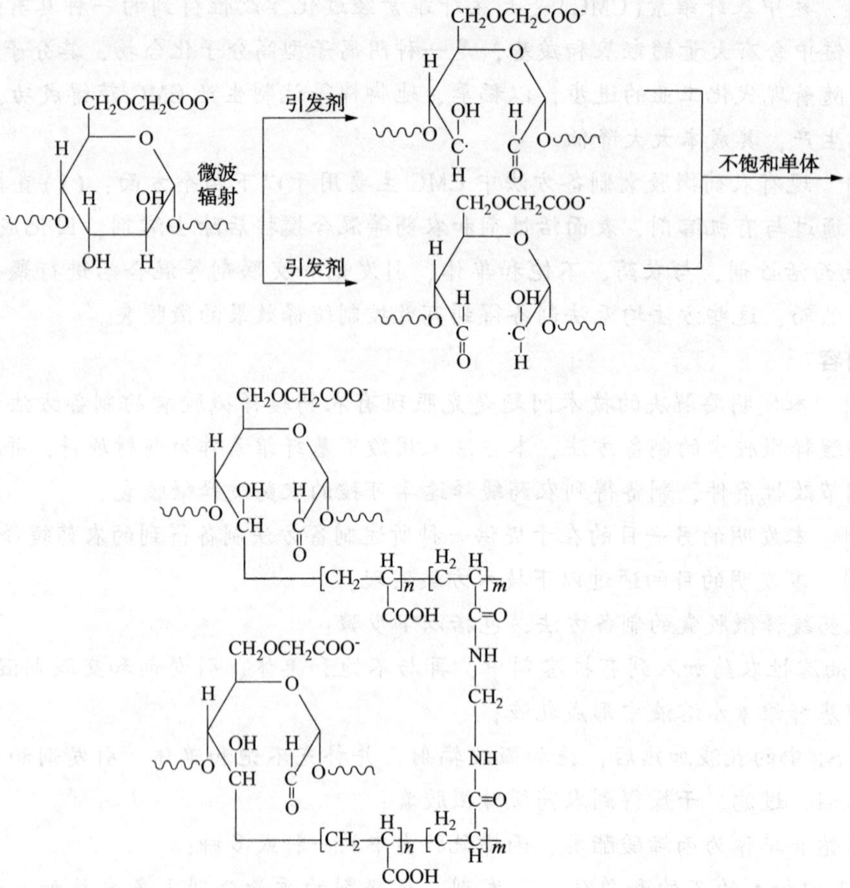

本发明中油溶性农药与不饱和单体的质量比为 0.01~2，以确保取得较好的药物包封率。

[0012] 本发明 S1 中所述羧甲基纤维素水溶液中羧甲基纤维素的质量分数为 5%~20%。

[0013] 所述油溶性农药为任意油溶性农药，包括毒死蜱、2、4-D、氯氰菊酯、吡虫啉、阿维菌素、拟除虫菊酯、甲氨基阿维菌素等。

[0014] 所述羧甲基纤维素的黏度为200~800mPa·s，以确保羧甲基纤维素具有合适的分子量与水溶性。

[0015] 本发明S1中油溶性农药与有机溶剂的质量比为1~3:2~9。

[0016] 本发明中所述交联剂的用量为羧甲基纤维素与不饱和单体质量之和的1%~10%，用于调节微胶囊壁的交联密度。

[0017] 本发明S2中补充不饱和单体、引发剂和交联剂所用时长为1~3h。

[0018] 本发明S2中保温的时长为1~4h。其中保温的作用为确保聚合反应充分。

[0019] 所述不饱和单体为丙烯酸酯类、丙烯酰胺类等中的一种或多种，优选的，不饱和单体为甲基丙烯酸甲酯、丙烯酸丁酯、甲基丙烯酸。

[0020] 优选地，所述不饱和单体还可以为苯乙烯。

[0021] 所述引发剂为偶氮类引发剂和/或过氧化物类引发剂，优选地，所述引发剂为偶氮二异丁腈、偶氮二异戊腈中的一种或两种；或为过氧化苯甲酰、过氧化苯甲酸叔丁酯、过氧化苯甲酸叔戊酯、过氧化二叔丁基、过氧化二叔戊基、叔丁基过氧化氢、叔戊基过氧化氢中的一种或多种。

[0022] 所述有机溶剂为苯、甲苯、二甲苯、二氯甲烷、乙酸乙酯、乙酸丁酯、乙二醇甲醚乙酸酯、乙二醇乙醚醋酸酯、丙二醇甲醚醋酸酯、丙二醇乙醚醋酸酯和二乙二醇乙醚醋酸酯中的一种或多种。

[0023] 所述交联剂为乙二醇二丙烯酸酯、乙二醇二甲基丙烯酸酯、*N*,*N*′-亚甲基双丙烯酰胺、二乙烯基苯等中的一种或多种。

[0024] 一种上述制备方法制备得到的基于羧甲基纤维素壁材的农药缓释微胶囊。所述农药缓释微胶囊以羧甲基纤维素/丙烯基单体共聚物为壁材，以油溶性农药为芯材，具有良好的缓释性能。

[0025] 相对于现有技术，本发明具有如下有益效果：

(1) 本发明采用CMC作为基础壁材，CMC具有分散效果，制备过程中不使用小分子表面活性剂；CMC分子链上的羟基和羧基，使其对油溶性农药具有良好的界面相容性，形成的微胶囊也易于分散于水中，便于使用。

[0026] (2)本发明引入微波辐射技术，促使CMC大分子中吡喃环开环，生成自由基，易于与不饱和单体聚合，并可调节控制CMC的接枝率。

[0027] (3)本发明通过控制微波辐射条件，以及不饱和单体、交联剂等的加入量、加入顺序、反应温度和时间等工艺条件，获得壁材通孔大小，农药包封效果，粒径和载药量可控的农药缓释微胶囊。

[0028] (4)本发明在常压下进行，温度在100℃以内，条件温和，操作更简单，便于工业化生产，同时可适用于一些热敏性农药微胶囊，应用面宽。

具体实施方式

[0029] 下面结合具体实施例进一步说明本发明。除非特别说明，本发明实施例中采用的原料和方法为本领域常规市购的原料和常规使用的方法。

[0030] 实施例1

(1) 称取5g CMC溶于100mL去离子水中，搅拌充分溶解。

[0031] (2)取毒死蜱10g溶于10g苯中得到50%的农药溶液，然后再与甲基丙烯酸甲

酯 30g、丙烯酸丁酯 20g、甲基丙烯酸 10g、乙二醇二甲基丙烯酸酯 5g 以及偶氮二异丁腈 0.3g 混合均匀后，在高速剪切力作用下加入到 CMC 溶液中，充分分散形成乳液。

[0032]（3）在装有温度计、搅拌装置和冷凝器的 250mL 四口瓶内，加入 30mL 乳化液并升温，待瓶内温度升至 80℃后，施加微波辐射 1.5h，微波能量密度 0.05W/cm^2，并开始滴加剩余的甲基丙烯酸甲酯 60g、丙烯酸丁酯 50g、甲基丙烯酸 20g 和偶氮二异丁腈 0.7g 的混合乳化液，于 1.5h 内滴完。然后补加乙二醇二甲基丙烯酸酯 12g，继续保温 2h 后降温，过滤、干燥即得到 CMC 复合微胶囊。

[0033] 制得的载药微胶囊为粒径 0.1~50μm 不规则颗粒，载药量约为 10%，30 天释放约 95%。

[0034] 实施例 2

（1）称取 10gCMC 溶于 100mL 去离子水中，搅拌充分溶解。

[0035]（2）取阿维菌素农药 5g 溶于 45g 甲苯中得到 10%的农药溶液，然后与甲基丙烯酸甲酯 15g、丙烯酸丁酯 18g、乙二醇二丙烯酸酯 2g 以及 1.5g 偶氮二异戊腈混合均匀后，在高速剪切力作用下加入到 CMC 溶液中，充分分散形成乳液。

[0036]（3）在装有温度计、搅拌装置和冷凝器的 250mL 四口瓶内，加入 30mL 乳化液并升温，待瓶内温度升至 70℃后，施加微波辐射 2.5h，微波能量密度 0.03W/cm^2，并开始滴加剩余的甲基丙烯酸甲酯 75g、丙烯酸丁酯 85g 和偶氮二异戊腈 0.1g 的混合乳化液，于 2h 内滴完。然后补加乙二醇二丙烯酸酯 5g，继续保温 2h 后降温，过滤、干燥即得到 CMC 复合微胶囊。

[0037] 制得的载药微胶囊为粒径 0.5~20μm 不规则颗粒，载药量约为 10%，30 天释放约 90%。

[0038] 实施例 3

（1）称取 15gCMC 溶于 100mL 去离子水中，搅拌充分溶解。

[0039]（2）取拟除虫菊酯农药 9g 溶于 21g 乙酸乙酯中得到 30%的农药溶液，然后与甲基丙烯酸甲酯 20g、二乙烯基苯 3g 以及 0.15g 过氧化苯甲酰混合均匀后，在高速剪切力作用下加入到 CMC 溶液中，充分分散形成乳液。

[0040]（3）在装有温度计、搅拌装置和冷凝器的 250mL 四口瓶内，加入 30mL 乳化液并升温，待瓶内温度升至 50℃后，施加微波辐射 0.5h，微波能量密度 0.05W/cm^2，并开始滴加剩余的甲基丙烯酸甲酯 70g 与过氧化苯甲酰 0.6g 的混合乳化液，于 0.5h 内滴完。然后补加二乙烯基苯 7g，继续保温 4h 后降温，过滤、干燥即得到 CMC 复合微胶囊。

[0041] 制得的载药微胶囊为粒径 0.3~30μm 不规则颗粒，载药量约为 15%，30 天释放约 88%。

[0042] 实施例 4

（1）称取 20gCMC 溶于 100mL 去离子水中，搅拌充分溶解。

[0043]（2）取甲氨基阿维菌素农药 14g 溶于 6g 二氯甲烷溶剂中得到 70%的农药溶液，然后与丙烯酸丁酯 8g、甲基丙烯酸 4g、*N*,*N'*-亚甲基双丙烯酰胺 1.5g 以及过氧化苯甲酸叔丁酯 0.12g 混合均匀后，在高速剪切力作用下加入到 CMC 溶液中，充分分散形成乳液。

[0044]（3）在装有温度计、搅拌装置和冷凝器的 250mL 四口瓶内，加入 30mL 乳化液并升温，待瓶内温度升至 95℃后，施加微波辐射 2h，微波能量密度 0.08W/cm^2，并开始滴

加剩余的丙烯酸丁酯 20g、甲基丙烯酸 8g 和过氧化苯甲酸叔丁酯 0.28g 的混合乳化液，于 2h 内滴完。然后补加 N,N'-亚甲基双丙烯酰胺 3.5g，继续保温 2h 后降温，过滤、干燥即得到 CMC 复合微胶囊。

[0045] 制得的载药微胶囊为粒径 1~50μm 不规则颗粒，载药量约为 30%，壁材大分子的通孔在 140nm 左右，30 天释放约 91%。

[0046] 对比例 1

(1) 称取 0.1g CMC 溶于 100mL 去离子水中，搅拌充分溶解得到 0.1%的乳化剂水溶液；

(2) 取毒死蜱农药 10g 溶于 10g 苯中得到 50%的农药溶液，然后将甲基丙烯酸甲酯 30g、丙烯酸丁酯 20g、甲基丙烯酸 10g、乙二醇二甲基丙烯酸酯 5g 以及偶氮二异丁腈 0.3g 混合均匀后，在高速剪切力作用下加入到 CMC 溶液中，充分分散形成乳液。

[0047] (3) 在装有温度计、搅拌装置和冷凝器的 250mL 四口瓶内，加入 30mL 乳化液并升温，待瓶内温度升至 80℃后，施加微波辐射 1.5h，微波能量密度 0.05W/cm^2，并开始滴加剩余的甲基丙烯酸甲酯 60g、丙烯酸丁酯 50g、甲基丙烯酸 20g 和偶氮二异丁腈 0.7g 的混合乳化液，于 1.5h 内滴完。然后补加乙二醇二甲基丙烯酸酯 12g，继续保温 2h 后降温，过滤、干燥即得到 CMC 复合微胶囊。

[0048] 制得的载药微胶囊为粒径 0.1~160μm 不规则颗粒，载药量约为 10%，15 天释放约 95%。

[0049] 对比例 2

(1) 称取 10g CMC 溶于 100mL 去离子水中，搅拌充分溶解。

[0050] (2) 取阿维菌素农药 5g 溶于 45g 甲苯中得到 10%的农药溶液，然后将甲基丙烯酸甲酯 15g、丙烯酸丁酯 18g、乙二醇二丙烯酸酯 2g 以及 1.5g 偶氮二异戊腈混合均匀后，在高速剪切力作用下加入到 CMC 溶液中，充分分散形成乳液。

[0051] (3) 在装有温度计、搅拌装置和冷凝器的 250mL 四口瓶内，加入 30mL 乳化液并升温，待瓶内温度升至 70℃后，并开始滴加剩余的甲基丙烯酸甲酯 75g、丙烯酸丁酯 85g 和偶氮二异戊腈 0.1g 的混合乳化液，于 2h 内滴完。然后补加乙二醇二丙烯酸酯 5g，继续保温 2h 后降温，过滤、干燥即得到 CMC 复合微胶囊。

[0052] 制得的载药微胶囊为粒径 0.1~180μm 不规则颗粒，载药量约为 10%，18 天释放约 95%。

[0053] 对比例 3

(1) 称取 15g CMC 溶于 100mL 去离子水中，搅拌充分溶解。

[0054] (2) 拟除虫菊酯农药 9g 溶于 21g 乙酸乙酯溶剂中得到 30%的农药溶液，然后将甲基丙烯酸甲酯 90g、二乙烯基苯 3g 以及 0.15g 过氧化苯甲酰混合均匀后，在高速剪切力作用下加入到 CMC 溶液中，充分分散乳化。

[0055] (3) 在装有温度计、搅拌装置和冷凝器的 250mL 四口瓶内，加入 30mL 乳化液并升温，待瓶内温度升至 50℃后，施加微波辐射 0.5h，微波能量密度 0.05W/cm^2，反应完成后，继续保温 4h 后降温，过滤、干燥即得到 CMC 复合微胶囊。

[0056] 制得的载药微胶囊为粒径 0.5~150μm 不规则颗粒，载药量约为 18%，15 天释放约 85%。

[0057]　对比例4

(1) 称取20gCMC溶于100mL去离子水中，搅拌充分溶解。

[0058]　(2)取甲氨基阿维菌素农药14g溶于6g二氯甲烷溶剂中得到70%的农药溶液，然后与丙烯酸丁酯8g、甲基丙烯酸4g、*N*,*N'*-亚甲基双丙烯酰胺1.5g以及过氧化苯甲酸叔丁酯0.12g混合均匀后，在高速剪切力作用下加入到CMC溶液中，充分分散形成乳液。

[0059]　(3)在装有温度计、搅拌装置和冷凝器的250mL四口瓶内，加入30mL乳化液并升温，待瓶内温度升至95℃后，施加微波辐射2.5h，微波能量密度0.1W/cm^2，并开始滴加剩余的丙烯酸丁酯20g、甲基丙烯酸8g和过氧化苯甲酸叔丁酯0.28g的混合乳化液，于2h内滴完。然后补加*N*,*N'*-亚甲基双丙烯酰胺3.5g，继续保温2h后降温，过滤、干燥即得到CMC复合微胶囊。

[0060]　制得的载药微胶囊为粒径1~150μm不规则颗粒，载药量约为30%，30天释放约62%。

[0061]　对比例5

(1) 称取20gCMC溶于100mL去离子水中，搅拌充分溶解。

[0062]　(2)取甲氨基阿维菌素农药14g溶于6g二氯甲烷溶剂中得到70%的农药溶液，然后与丙烯酸丁酯8g、甲基丙烯酸4g、*N*,*N'*-亚甲基双丙烯酰胺1.5g以及过氧化苯甲酸叔丁酯0.12g混合均匀后，在高速剪切力作用下加入到CMC溶液中，充分分散形成乳液。

[0063]　(3)在装有温度计、搅拌装置和冷凝器的250mL四口瓶内，加入30mL乳化液并升温，待瓶内温度升至95℃后，施加微波辐射0.2h，微波能量密度0.005W/cm^2，并开始滴加剩余的丙烯酸丁酯20g、甲基丙烯酸8g和过氧化苯甲酸叔丁酯0.28g的混合乳化液，于2h内滴完。然后补加*N*,*N'*-亚甲基双丙烯酰胺3.5g，继续保温2h后降温，过滤、干燥即得到CMC复合微胶囊。

[0064]　制得的载药微胶囊为粒径1~90μm不规则颗粒，载药量约为30%，15天释放约94%。

[0065]　从上述实施例与对比例的工艺条件和所对应制备的农药缓释微胶囊的技术效果来看，在本发明限定的工艺条件下，制备得到的微胶囊粒径分布范围更小，微胶囊的大小趋于一致。可见采用本发明的工艺能有效控制微胶囊粒径的分布范围，有利于农药缓释微胶囊在使用中农药缓释规律的调控，农药缓释效果好。

7.2　国际专利分类系统和德温特分类系统

7.2.1　国际专利分类(IPC)系统

世界上很多国家有本国的专利分类法，但随着专利制度走向国际化，需要一种国际通用的专利分类法。国际专利分类法(International Patent Classification，IPC)是一种国际通用的管理和检索专利文献的工具，是国际统一化、标准化管理专利文献的科学、系统、完善的专利分类体系，在编排、传递和查找专利说明书的过程中提供了方便。IPC于1968年出版第一版，每五年修订一次，以适应新形势的发展需要。《国际专利分类表》简写为标志为“Int. cl”。根据分类表的不同版本加上一个阿拉伯数字，如该专利文献是根据第八版分类则分类号前应加"Int. cl8"。

截至2024年初，IPC联盟拥有193个成员国，包括众多发达国家和发展中国家，以及不同地区和文化背景下的经济体。我国于1996年6月递交《IPC协定》的加入书，1997年6月我国正式加入IPC。

国际专利分类采取了功能分类与应用分类相结合，以功能分类优先的原则。IPC分类体系是由高至低依次排列的等级形式。IPC形式为部（Section）、大类（Class）、小类（Subclass）、主组（Main Group）、分组（Subgroup）。

（1）部

IPC把涉及发明专利的整个技术领域分八个大部：

A：人类生活需要（Human Necessities）

B：作业，运输（Performing Operation，Transporting）

C：化学，冶金（Chemistry，Metallurgy）

D：纺织和造纸（Textiles & Paper）

E：固定构造（Fixed Constructions）

F：机械工程、照明、加热、武器、爆破（Mechanical Engineering，Lighting，Heating，Weapons，Blasting）

G：物理（Physics）

H：电学（Electricity）

每一个部的类名都概括指出该部所包含的技术范围。为帮助使用者对部的内容有概括性了解，帮助使用者了解技术主题的归类情况，部内设置了由情报性标题构成的分部，分部没有类号。例如B部下设有分离、混合；成型；印刷；交通运输四个分部。

（2）大类

每一个部按不同的技术主题范围进一步分为若干个大类，每一个大类的类号是由部的类号及在其后加上的两位阿拉伯数字组成，如A61医学或兽医学；C01无机化学；C07有机化学。

（3）小类

每一个大类包括一个或多个小类，小类号由大类符号后面加一个大写字母表示，但A、E、I、O、U、X六个字母不用，如A01B、C08F等。小类的类名尽可能确切地表明小类的技术主题内容，如A61M将介质输入人体内或输到人体上的器械；C01B非金属元素及其化合物。

（4）组

每一个小类分成许多组，包括主组和分组。主组类号由小类号加上1~3位数字，后再加/00来表示，如H05K1/00。分组类号是由主组类号加上一个除00以外的至少两位的数字组成，即斜线后面用2~5位数字表示，如A01C1/02，G06F3/04等。分组是主组的展开类目，如A61M1/00医用吸引或汲送器械，抽取、处理、或转移体液的器械；A61M1/02输血装置；C01B11/00卤素的氧化物或含氧酸及其盐类；C01B11/08 · 亚氯酸。分组类号后的圆点数表示各分组的从属关系。从IPC号上等级关系只能判断至主组，分组以下等级关系靠缩位圆点表示，最多有7个"·"，细分至12级，"·"数目越多其类目等级越低。

现用 C08F112/12 为例说明分类等级和小组命名。

部	C	化学、冶金
大类	C08	有机高分子化合物；其制备或化学加工；以其为基料的组合物
小类	C08F	仅用碳—碳不饱和键反应得到的高分子化合物
主组	C08F112/00	具有 1 个或更多不饱和脂族基化合物的均聚物，每个不饱和脂族基只有 1 个碳—碳双键，并且至少有 1 个是以芳族碳环为终端
一点小组	112/02	· 只含有 1 个不饱和脂族基的单体
二点小组	112/04	· · 含 1 个环
三点小组	112/06	· · · 烃
四点小组	112/08	· · · · 苯乙烯

用户可利用《IPC 使用指南》(Guide to the IPC)或《IPC 关键词索引》(Official Catchword Index to the International Patent Classification)查找到检索主题词的主组号，再按 IPC 分类表的相应分册找到合适的分组号。

7.2.2 德温特分类系统

英国德温特出版公司(Derwent Patent Ltd.)是一家专门从事专利文献搜集、摘录、标引、报道和提供原文等服务的出版公司。Derwent Innovations Index(DII)整合了 Derwent 最著名的 World Patent Index(世界专利索引) 与 Patent Citation Index(专利引文索引)，是收录较全面的专利文献数据库，可以综合检索世界各国的专利文献；每周新增来自 40 多个专利机构的 2 万 5 千多个专利；该数据库按学科分为化学(Chemical Section)、电子电气(Electrical & Electronic Section)、工程技术(Engineering Section)三大部分，为研究人员提供世界范围内的化学、电子电气以及工程技术领域内综合全面的发明信息。

德温特检索系统收录全面、报道广泛、体系完整，已为各国普遍采用，成为系统查找世界各国专利文献的最重要的检索工具。德温特公司出版报道的专利文献除利用 IPC 分类外，还使用德温特自编分类系统对其进行分类。德温特分类系统是应用于所有专利的一个独特的系统，德温特分类系统属于应用性分类系统，非常适合大众查找专利的需求。

德温特分类表首先将所有的技术领域划分为三部分(Section)：化学(Chemical)、工程(Engineering)、电子与电气(Electronic & Electrical)。

部之下再分为主类(Class)，并以大写英文字母表示，如 A ~ M 字母代表化学的 12 个主类。

A　聚合物和塑料

B　药学

C　农业化学

D　食品、洗涤剂、水处理和生物技术

E　一般化学

F　纺织和造纸

G　印刷、涂层、照相

H 石油

J 化工

K 核子学、炸药及保护

L 耐火材料、陶瓷、水泥和电有机物

M 冶金

主类之下再细分为层级与次类，其中化学的12个主类再分为138个次类。

P、Q分别代表工程的一般(General)和机械(Mechanical)两个主类(P又分为P_1~P_8层级，Q分为Q_1~Q_7层级)。

P 一般

P_1 农业、食品、烟草(A01除N，A24外)

P_2 个人、家庭用品(A41~A47)

P_3 健康、娱乐(A61~A63，除A61K外)

P_4 分解、混合(B02~B09)

P_5 金属成型(B21~B23)

P_6 非金属成型(B24~B28)

P_7 压缩、印刷(B30~B32，B41~B44)

P_8 光学、照相；一般(G02，G03，G09，G10)

Q 机械

Q_1 一般车辆(B60)

Q_2 特殊车辆(B61~B64)

Q_3 传输、包装、存储(B65~B68)

Q_4 建筑、建造(E)

Q_5 工程、泵(F01~F15)

Q_6 工程元件(F16~17)

Q_7 照明、加热(F21~F28，F41~F42)

工程的两个主类有103个次类。

S~X则是表示电子与电气的6个主类。

S 仪器仪表；测量和测试

T 计算和控制

U 半导体和电路

V 电子元件

W 通信

X 电能工程

电子与电气的6个主类则进一步分为50个次类。

Derwent分类法的分类格式采用层级方式，即从大类、次类、主目到次目。大类的分类格式为Z##(Z代表Derwent分类法中的主类英文字母，##代表两位阿拉伯数字)；次类为大类后加上"-"记号，以一个英文字母及两位阿拉伯数字表示；次类下再区分为主目及次目，主目为一英文字母，次目则为一个阿拉伯数字再加上一个英文字母来表示。若以A代表英文字母，n 代表阿拉伯数字，一个完整的 Derwent 分类号应该表示为：Ann-AnnAnA。例，分类号 U13-C04B1A，U13 为大类“Integrated circuits”，C04 为次类“With repetitive structures”，B 为主目“For RAM's and electrically alterable ROM's”，1A 为次目“Dynamic RAM”。

Derwent 专利分类表的分类层次相当清楚，其分类架构及编排格式与 IPC 相当类似，如大类均为由一英文大写字母加上两位阿拉伯数字组成。

在检索时，首先根据主题查找其所属的主类，然后再在其下查大类。如查找有关沙发、床、椅方面的课题，首先利用 Derwent 分类表确定其所属主类为 P：人类生活必需品；在 P 下继续查，找到 P2：个人用品、家用产品；在 P2 下即可查到 P26 为“沙发、床、椅”，其大类号即为 P26。根据大类号 P26 就可到 Derwent 检索工具相应的类目去查有关的专利文献了。

7.3 中国专利及其检索方法

7.3.1 概述

1985 年 4 月 1 日中华人民共和国专利法正式生效并开始受理专利申请，1985 年 9 月 10 日正式向全社会公布第一批专利并出版第一批中国专利文献。经过 30 多年的发展，中国的专利事业蓬勃发展。1991 年全国的专利申请量是 4 万件，2015 年全年专利申请量为 279.9 万件，2016 年中国三种专利申请 346.5 万件，其中发明专利申请量为 133.9 万余件。截至 2015 年底，中国累计共受理专利申请 1649.7 万件，其中发明 485.3 万件，实用新型 657.7 万件，外观设计 506.6 万件。

7.3.2 中国专利文献的编号系统

一件实用新型专利或外观设计专利有 3 个号码：申请号、公告号、专利号；而一件发明专利从申请到授权有 4 个号码：申请号、公开号、审定号、专利号。

申请号：专利申请时，由专利局按照申请文件的先后顺序给的一个号码。是专利局处理某一专利事物的唯一依据，同时也是申请人与专利局有关事务联系的唯一依据。自 1993 年专利法修改后，中国专利的申请号采用 9 位数字编排，号码由申请公元年号(2 位数字)、专利类型代码(1 为发明专利；2 为实用新型专利；3 为外观设计专利)、顺序号(5 位数字)和计算机校验码(1 位数字或英文字母 X)组成。如：99116017.7 表示：申请年代，1999；专利类型，1 为发明专利；当年申请的顺序号，16017；计算机校验码，7。自 2003 年 10 月 1 日起，申请号升级，由 9 位升级为 13 位编号，如：200610034011.7。

公开(告)号：专利经形式审查合格后，专利局公开(告)其申请说明书时给予的一个号码。专利申请阶段代码中，A—发明专利申请公开；U—实用新型专利申请公告；S—外观设计申请公告。

审定号：发明专利经实质审查合格后，专利局公布其申请审定说明书时给予的编号。代码 B—专利申请审定。

专利号：专利申请经审查合格后，授予专利权时给予的编号，该号码与申请号相同，在号码前冠以 ZL 代码，ZL 是专利两字汉语拼音首字母。

授权公告号：1993 年起，专利局对授予专利权的专利做公告时给予的一个号码。专利授权公告号代码：C—发明专利；Y—实用新型专利；D—外观设计。

为了便于专利文献的管理和应用，中国专利的编号有过几次变更，具体见表 7-2~表 7-5。

表 7-2 1985~1988 年

种类	申请号	公开号	公告号	审定号	专利号
发明专利	88100001	CN88100001 A		CN 88100001 B	ZL 88100001
实用新型专利	88210369		CN 88210369 U		ZL 88210369
外观设计专利	88300457		CN 88300457 S		ZL 88300457

表 7-3 1989~1992 年

种类	申请号	公开号	公告号	审定号	专利号
发明专利	89100002. X	CN1044155 A		CN 1014821 B	ZL 89100002. X
实用新型专利	89200001. 5		CN 2043111U		ZL 89200001. 5
外观设计专利	89300001. 9		CN 3005104 S		ZL 89300001. 9

表 7-4 1993 年以后

种类	申请号	公开号	授权公告号	专利号
发明专利	93100001. 7	CN1089067 A	CN1033297 C	ZL 93100001. 7
进入中国国家阶段的 PCT 发明专利	94190008. 8 96180555. 2 98805245. 8	CN1101484 A CN1242105 A CN1258422 A	CN1044447 C	ZL 94190008. 8
实用新型专利	93200001. 0		CN 2144896 Y	ZL 93200001. 0
进入中国国家阶段的 PCT 实用新型专利	94290001. 4 98900001. X		CN 2402101 Y CN 2437102 Y	ZL 94290001. 4 ZL 98900001. X
外观设计专利	93200001. 0		CN 3021827 D	ZL 93300001. 4

表 7-5 申请号升位(2003 年 10 月 1 日)

申请种类	申请号
发明专利申请	2004 1 0000001. 4
进入中国国家阶段的 PCT 发明专利申请	2004 8 0000001. 0
实用新型专利申请	2004 2 0000001. 9
进入中国国家阶段的 PCT 实用新型专利申请	2004 9 0000001. 3
外观设计专利申请	2004 3 0000001. 5

7.3.3 中国专利文献印刷型检索工具及检索方法

中国专利文献主要的印刷型检索工具有《中国专利公报》和《中国专利索引》。

7.3.3.1 中国专利公报

中国专利公报由中国专利局编辑出版，负责公布和公告专利申请、审查、授权等有关的事项和决定，也是中国专利文献的主要检索工具。专利公报分为《发明专利公报》《实用新型专利公报》《外观设计专利公报》三个分册，均为周刊。它们的内容主要有三部分：

(1) 公布专利申请审定与授权，以文摘的形式对发明和实用新型、外观设计专利申请进行公开或公告。发明和实用新型包括 IPC 号、申请号、文献号(公开或公告号)，优先权数据、申请人及其地址、发明人、专利代理机构、发明名称、说明书摘要。文摘均按 IPC 号顺序编排。

(2) 专利事务，记载了与专利申请的审查及专利法律状态有关的事项，如申请撤回、专利权的终止、专利权的继承或转让等。

(3) 索引，包括申请公开索引，审定公告索引和授权公告索引，每一部分索引又分别按照国际专利分类号(IPC)、申请号和申请人名的顺序进行编排，提供了三种不同的检索方法。

7.3.3.2 中国专利索引

《中国专利索引》为年度累计索引，分为《分类年度索引》《申请人、专利权人索引》《申请号、专利号索引》(1997 年新增)。

(1) 分类年度索引

将发明、实用新型和外观设计按年度，根据 IPC 号或国际外观设计分类顺序编排，其内容依次为 IPC 号(或外观设计分类号)，公开号 GK(或审定号 SD，专利名 ZL，公告号 GG)、申请号、申请人(或专利权人)、专利名称、刊登该专利公报的“卷号”和“期号”(如 8-7 代表第 8 卷第 7 期)。

根据专利公报的卷期号可查阅文摘或到有关部门索取专利说明书。

(2) 申请人、专利权人年度索引

按照申请人或专利权人姓名或译名的汉语拼音字母顺序按年进行编排，按发明专利、实用新型专利和外观设计专利编成三个部分。

如果已知申请人或专利权人的姓名或译名，可查找《申请人、专利权人索引》，得到专利申请公开号(专利号)、发明名称等及相应的卷、期号，并由此找到所需专利说明书。

(3) 申请号、专利号索引

以申请号或专利号数字顺序进行编排。

如已知某发明的申请号或专利号，可以直接查《申请号、专利号索引》，得到专利申请公开号(专利号)、发明名称等及相应的卷、期号，并由此找到所需专利说明书。

7.3.4 中国专利数据库

随着网络技术的发展，Internet 上专利信息越来越多，国内已有多家网站提供中国专利的免费检索，有些还可以免费下载全文。如中国国家知识产权局网站、中国专利信息网、中国知识产权网、中国知网(CNKI)、万方数据服务平台，这些网站为科技工作者充分利用专利信息提供了方便快捷的平台。

7.3.4.1 国家知识产权局网站专利检索系统

网址：http：//epub. sipo. gov. cn/

该网站检索系统内容包括自 1985 年 9 月 10 日以来公布的全部中国专利信息，包括发明、实用新型和外观设计三种专利的著录项目及摘要，并可浏览到各种说明书全文及外观设计图形，提供免费全文下载。

(1) 检索方式

进入网站主页，页面如图 7-5 所示。

图 7-5　国家知识产权局专利公布公告检索主页

网站提供多种查询方式，一般采用高级查询，在图 7-5 所示网页上点击高级查询，进入高级查询界面，如图 7-6 所示。

图 7-6　国家知识产权局专利检索高级查询网页

① 选择专利类型

共有 4 种选择，可选择全部类型，也可选择发明公布、发明授权、实用新型专利或外观设计专利中的一种或几种。

② 选择检索字段

该检索系统提供了 16 个字段的关键词检索。关键词检索包括申请(专利)号、名称、摘要、申请日、公开(告)日、公开(告)号、分类号、主分类号、申请(专利权)人、发明(设计）人、地址、国际公布、颁证日、专利代理机构、代理人、优先权。可以选择其中之一或多个检索字段输入相应的检索内容，各检索字段有不同的规定，可点击帮助进行查看。

（2）检索结果

输入检索词后，按“查询”按钮，检索结果显示页显示匹配的检索项的所有专利申请号和专利名称。如在专利检索主页检索界面中的“摘要”中输入检索词“纳米复合材料”，点击“查询”按钮，输出检索结果如图 7-7 所示。

图 7-7　检索结果

在类型中，选择发明公布、发明授权、实用新型专利或外观设计专利的一种，则检索结果变成某一种类型的专利，如选择“发明授权”，则结果中的专利均为已授权的发明专利。在显示模式上，有公布模式、列表模式和附图模式可供选择，系统默认为公布模式。点击列表模式，则检索结果如图 7-8 所示。

图 7-8　列表模式显示检索结果

点击专利申请号或者专利名称，即可进入专利著录项显示页，如图 7-9 所示。

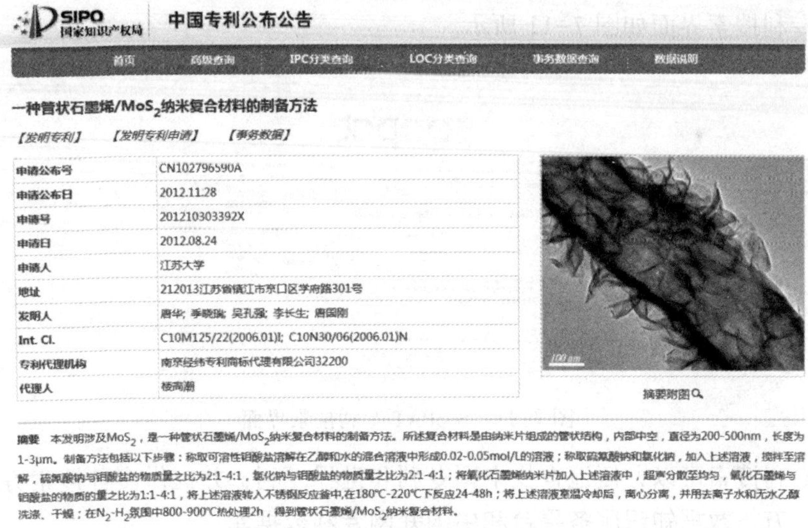

图 7-9 专利著录项显示页

点击页面上方的发明专利则可查看说明书全文及下载。

7.3.4.2 中国专利信息网

网址：http：//www. patent. com. cn/

中国专利信息网于 1997 年 10 月建立，是国内较早提供专利信息服务的网站。网站具有中国专利文摘检索、中国专利英文文摘检索，以及中文专利全文下载功能，并采用会员制管理方式向社会公众提供网上检索、网上咨询、检索技术、邮件管理等服务。要进入中国专利信息网，用户必须先注册，注册后凭用户名、密码登录。

7.3.4.3 中国知识产权网

网址：http：//www. cnipr. com/

点击上述网址，然后找到高级检索并点击，则进入高级检索界面，如图 7-10 所示。

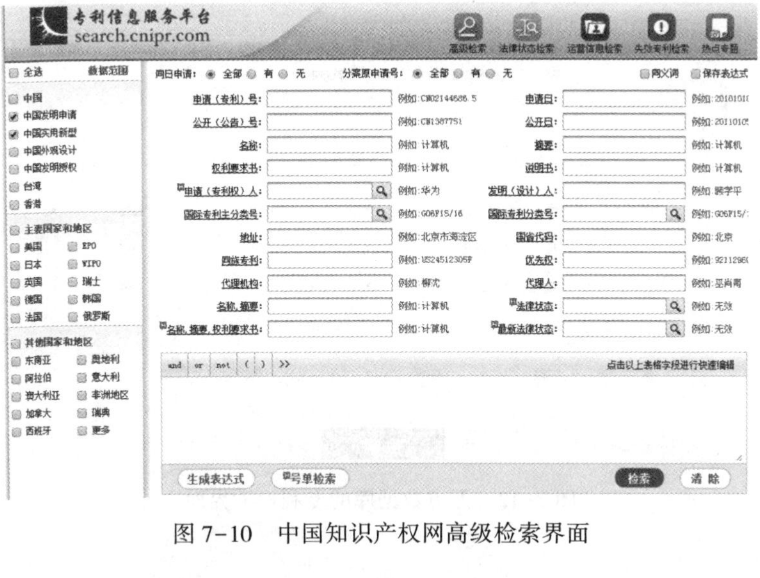

图 7-10 中国知识产权网高级检索界面

7.3.4.4 SooPAT 专利搜索

网址：http：//www. soopat. com/

SooPAT 专利搜索界面如图 7-11 所示。

图 7-11　SooPAT 专利搜索界面

SooPAT 专利搜索可以方便地查找中国专利和世界专利，并提供多种搜索方式。

7.3.4.5　万方数据知识服务平台和中国知网专利数据库

万方数据知识服务平台和中国期刊网也分别提供了专利检索，其网址分别为：万方数据知识服务平台，http：//www. wanfangdata. com. cn/；中国知网，http：//www. cnki. net/。

图 7-12 为万方数据库的专利高级检索界面，在检索信息中选择下拉框中的检索项，输入相应的检索词，结合运用逻辑算符，然后点击检索，就能检索到相关专利。万方数据知识服务平台中的中外专利数据库（Wanfang Patent Database，WFPD），收录始于 1985 年，截至 2017 年，共收录中国专利 1500 万余条，国外专利 3700 万余条，年增 25 万条，收录范围涉及 11 国两组织，其中 11 国为：中国、美国、澳大利亚、加拿大、瑞士、德国、法国、英国、日本、韩国、俄罗斯；两组织为：世界专利组织、欧洲专利局。

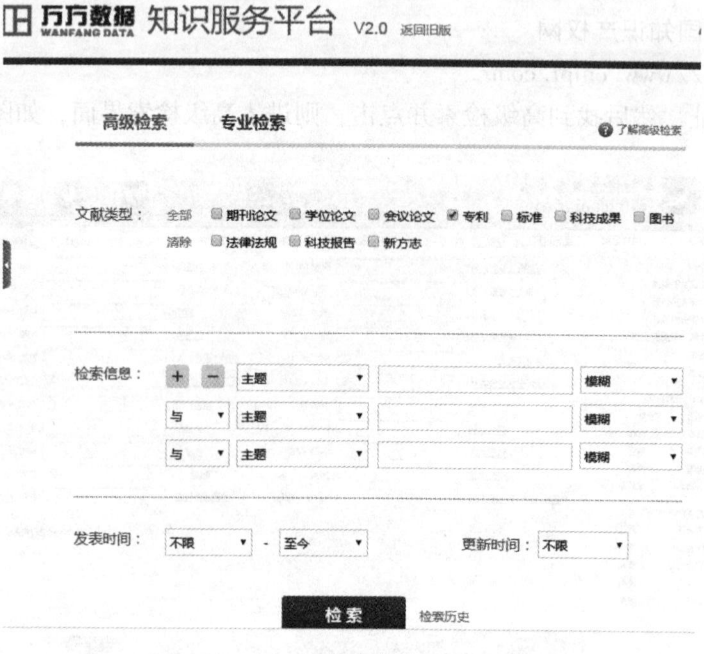

图 7-12　万方数据库的专利检索界面

图 7-13 为中国知网专利检索界面。

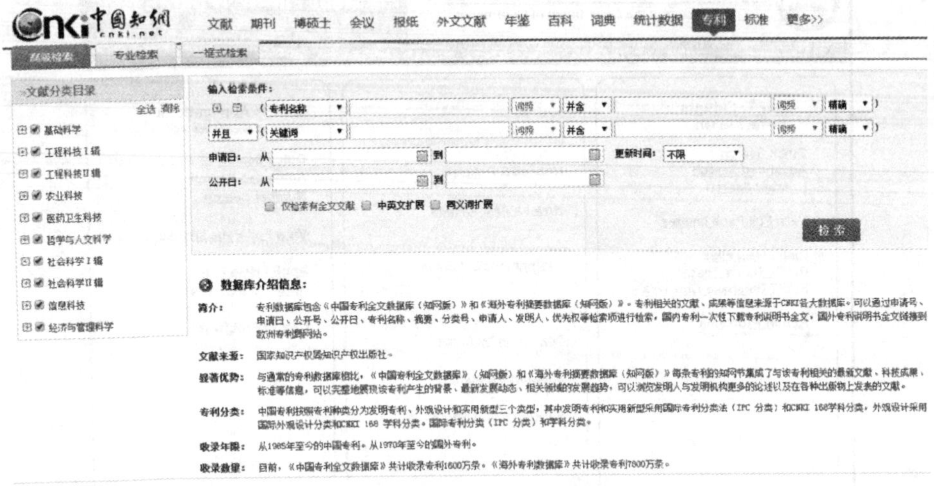

图 7-13　中国知网专利检索界面

7.4　美国专利

美国是世界上建立专利制度较早的国家之一，也是世界上拥有专利数量最多的国家。目前美国专利形式主要有：发明专利(Invention Patent)、再版专利(Reissued Patent，独立编号，并在号码前加："Re")、植物专利(Plant Patent，单独编号，号前加 Plant 字样)、设计专利(Design Patent，即外观设计，专利号前冠有"Des"单独编号)、防卫性公告(Defensive Publication，专利号前加"T")和再审查专利(Reexamination Certificate，沿用原来的专利号，前冠以"BI")等。

美国专利文献印刷型检索工具主要有《美国专利公报》(*Official Gazette of the Untied States Patent and Trade Mark Office*，美国专利商标局官方公报)、《专利索引》(*Index Patents*)、《美国专利分类手册》(*Manual of Classification*)、《美国专利类目索引》(*Index to Classification*)、《美国化学专利单元词索引》(*Uniterm Index to Chemical Patents*)等。美国专利网络型检索主要通过美国专利商标局网站进行检索，限于篇幅，这里主要介绍美国专利商标局专利数据库的检索。

7.4.1　美国专利商标局专利数据库概述

美国专利商标局(The US Patent and Trademark Office，USPTO)通过 Internet 免费提供自 1790 年以来到最近一周发表的美国专利的检索服务。该库每周更新一次数据，专利库由授权专利库[Issued Patent (PATFT)]和申请专利库[Patent Application (AppFT)]组成。所有网络用户可免费检索该数据库，并可浏览检索到专利题目、文摘及包括附图在内的专利说明书等信息。

用户通过网址 http://www.uspto.gov/进入 USPTO 的主页，点击主页左侧"Patents"下的"Search"，即进入美国专利数据库检索界面，或直接输入 http://patft.uspto.gov/也可进入检索界面，如图 7-14 所示。

在这个界面上，左边为授权专利库，右边是申请专利库，两数据库的检索方法基本相同，有快速检索、高级检索和专利号检索三种方法。

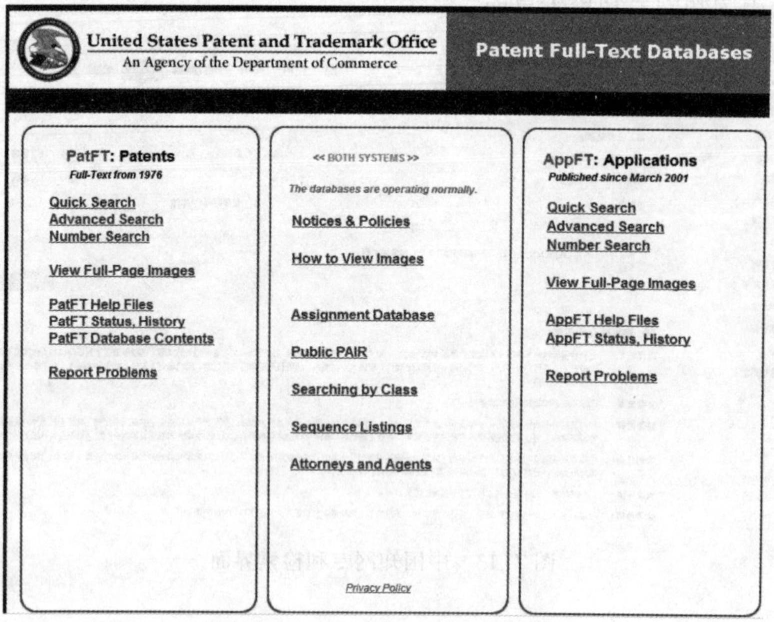

图 7-14　美国专利数据库检索界面

7.4.2　数据库检索

（1）快速检索（Quick Search）

快速检索界面如图 7-15 所示。

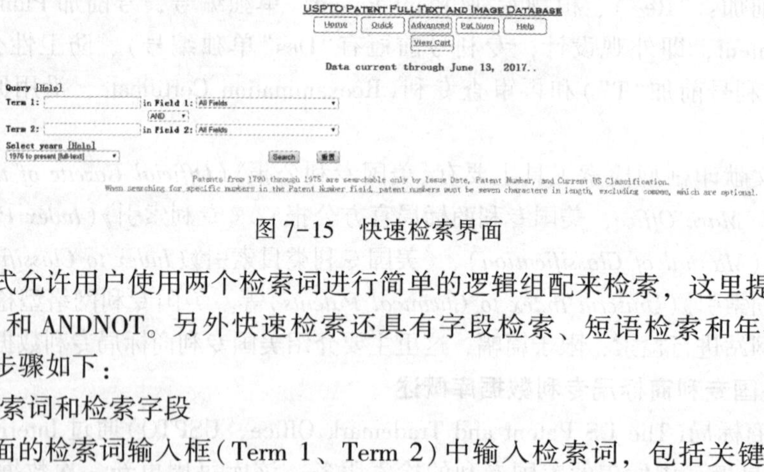

图 7-15　快速检索界面

该检索模式允许用户使用两个检索词进行简单的逻辑组配来检索，这里提供三个逻辑算符：AND、OR 和 ANDNOT。另外快速检索还具有字段检索、短语检索和年代范围检索功能。具体检索步骤如下：

① 输入检索词和检索字段

在检索界面的检索词输入框（Term 1、Term 2）中输入检索词，包括关键词、号码、人名、地名、分类号等，也可以是短语。在 Term 1、Term 2 对应的下拉列表框 Field 1、Field 2 中选择合适的检索字段，如 All Field（全字段）、Title（名称）、Abstract（摘要）和 Patent Number（专利号）等 30 个字段，用检索字段对检索词进行限定。

② 选择逻辑运算符

在上下两个框之间的下拉菜单中，根据需要选择逻辑运算符 AND、OR 和 ANDNOT。

③ 选择检索年份

在检索界面的 Select Years 下拉菜单中点击检索年份，可选择全部年份或某一时间段。

④ 点击“Search”按钮，进行检索。注意：1790～1975 年的专利只能以专利号和当前美

国专利分类号进行检索。

(2) 高级检索(Advanced Search)

高级检索又称指南检索(Manual Search)，可通过逻辑运算符把检索式、不同字段、词组等灵活组配进行检索，也具有字段检索、短语检索和年代范围检索的功能。点击主界面上的“Advanced Search”按钮或其他界面上的“Manual”按钮，进入高级检索界面，如图 7-16 所示。

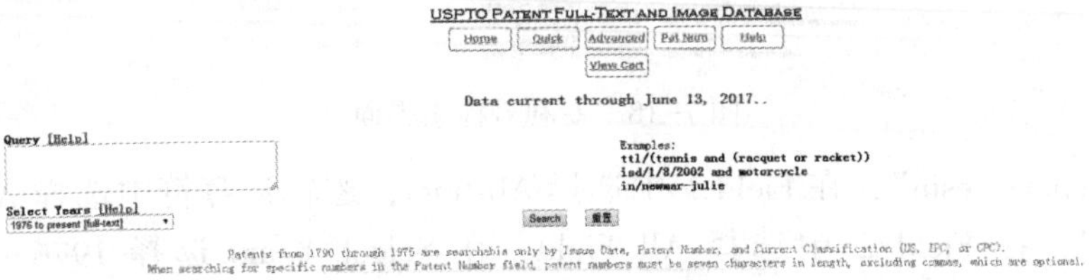

图 7-16　高级检索界面

具体检索方法如下：

① 从 Select Years 下拉菜单中点击检索年份。

② 在 Query 提问框中输入检索式。检索式可以是检索词、短语、各字段加检索词、逻辑运算符，也可以是通过逻辑运算符把检索式进行组配的各种组合。在 Query 右边有检索示例，可供参考。字段的输入格式是字段名代码/检索词，如 ttl / nanocomposite，isd/10/12/2008。在检索提问框下有各字段的代码和含义，见图 7-17。

Field Code	Field Name	Field Code	Field Name
PN	Patent Number	IN	Inventor Name
ISD	Issue Date	IC	Inventor City
TTL	Title	IS	Inventor State
ABST	Abstract	ICN	Inventor Country
ACLM	Claim(s)	AANM	Applicant Name
SPEC	Description/Specification	AACI	Applicant City
CCL	Current US Classification	AAST	Applicant State
CPC	Current CPC Classification	AACO	Applicant Country
CPCL	Current CPC Classification Class	AAAT	Applicant Type
ICL	International Classification	LREP	Attorney or Agent
APN	Application Serial Number	AN	Assignee Name
APD	Application Date	AC	Assignee City
APT	Application Type	AS	Assignee State
GOVT	Government Interest	ACN	Assignee Country
FMID	Patent Family ID	EXP	Primary Examiner
PARN	Parent Case Information	EXA	Assistant Examiner
RLAP	Related US App. Data	REF	Referenced By
RLFD	Related Application Filing Date	FREF	Foreign References
PRIR	Foreign Priority	OREF	Other References
PRAD	Priority Filing Date	COFC	Certificate of Correction
PCT	PCT Information	REEX	Re-Examination Certificate
PTAD	PCT Filing Date	PTAB	PTAB Trial Certificate
PT3D	PCT 371c124 Date	SEC	Supplemental Exam Certificate
PPPD	Prior Published Document Date	ILRN	International Registration Number
REIS	Reissue Data	ILRD	International Registration Date
RPAF	Reissued Patent Application Filing Date	ILPD	International Registration Publication Date
AFFF	130(b) Affirmation Flag	ILFD	Hague International Filing Date
AFFT	130(b) Affirmation Statement		

图 7-17　美国专利检索字段

(3) 专利号检索(Patent Number Search)

专利号检索界面简单，如图 7-18 所示。如用户已知所要检索专利的专利号，则可直接在专利号检索框中输入专利号进行检索。使用时系统自动对 1790 年至今的数据库进行检索，无需限定年限。用户可以一次输入一个或多个专利号，专利号之间用空格隔开。

(4) 检索结果

输入检索词后，按“检索”按钮，检索结果显示界面显示篇名列表。如用简单检索，在

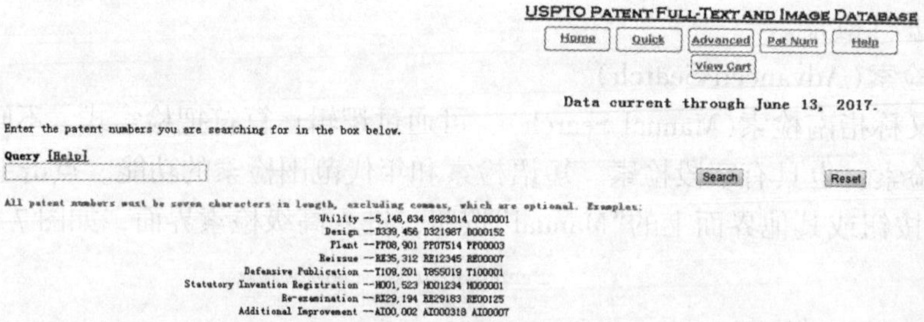

图 7-18　专利号检索界面

term 1 中输入“epoxy resin”，在 Field 1 中选择 Abstract，逻辑运算符中选择 AND，在 term 2 中输入“tough”，在 Field 2 中选择 All Field，在 Select Years 选择 1976 - Present，点击“Search”按钮，检索结果如图 7-19 所示。如欲缩小检索结果的范围，结果显示界面提供 Refine Search(精确检索)，可以在此框中输入对原检索式进一步限定的检索词或检索式。点击专利号或专利名可以显示该专利的文本格式的全记录，如图 7-20 所示，包括著录项、摘要、引用专利(可链接到原文)、权利要求、说明书全文。如要看专利的全文扫描图像，点击“Images”按钮，可看全文扫描图像，但必须安装专用浏览器插件。

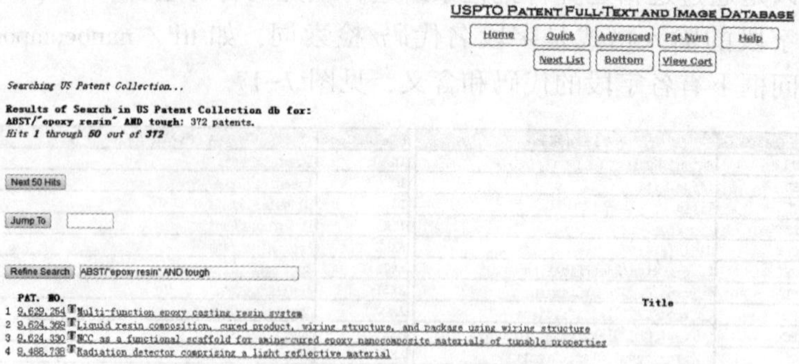

图 7-19　美国专利检索结果

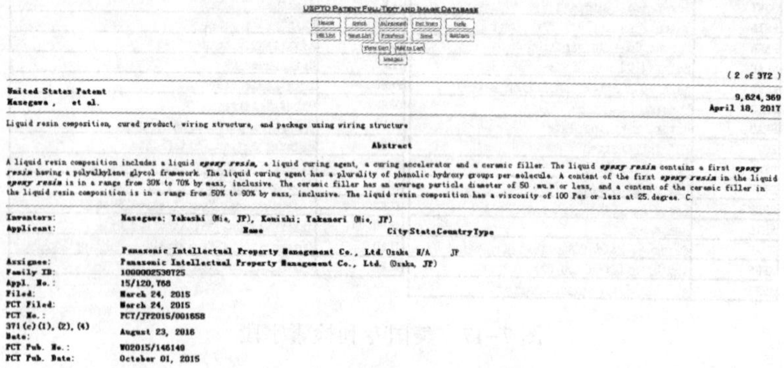

图 7-20　美国专利检索详细结果

7.5　欧洲专利

限于篇幅，这里对欧洲专利印刷型检索工具不做介绍，着重介绍欧洲专利局专利信息网(esp@ cenet)。

7.5.1 esp@ cenet 概述

esp@ cenet 是欧洲专利局与欧洲专利组织(European Patent Organization，EPO)的成员国于 1998 年在 Internet 上推出的免费专利信息服务系统。它不仅提供欧洲专利的免费检索，而且可以检索世界上其他一些国家的专利信息。esp@ cenet 网站的目的是促进专利信息的利用和拓展专利传播渠道，使用户便捷、有效地获取免费的专利信息资源，提高整个国际社会获取专利信息的意识。

7.5.2 esp@ cenet 的收录范围

日前，esp@ cenet 包括以下三个专利数据库。

(1) 欧洲专利(The European Patent Office，EPO)

欧洲专利是欧洲专利局出版的专利，可检索资料的著录信息，并可显示和下载资料全文的扫描图像，图像格式为 PDF，可用 Adobe 公司的浏览软件 Acrobat Reader 浏览。该数据库每周更新一次。

(2) 世界知识产权组织专利(The World Intellectual Property Org.，WIPO)

该专利的图像文件由 WIPO 提供，数据每周更新一次，可通过关键词、申请号、公开号、优先权、公开日期、申请人、发明人、IPC 分类号等途径进行检索。

(3) 各国专利(Worldwide Patents)

该数据库是欧洲专利局收集的专利信息的总和，包括 70 多个国家和地区和专利机构的专利著录项目，不同国家的专利可检索到的专利结果详细程度不一，其中欧洲专利组织(EPO)、法国、德国、瑞士、美国、英国、WIPO 有最近 30 年来的专利全文，中国和中国台湾地区则只有摘要。

7.5.3 esp@ cenet 的检索

网址：https：//worldwide. espacenet. com/，打开网站，进入主界面，如图 7-21 所示。该界面可以有不同国家文字显示(右上角有个 chang country)，如选择 China，则界面变成如图 7-22 所示。

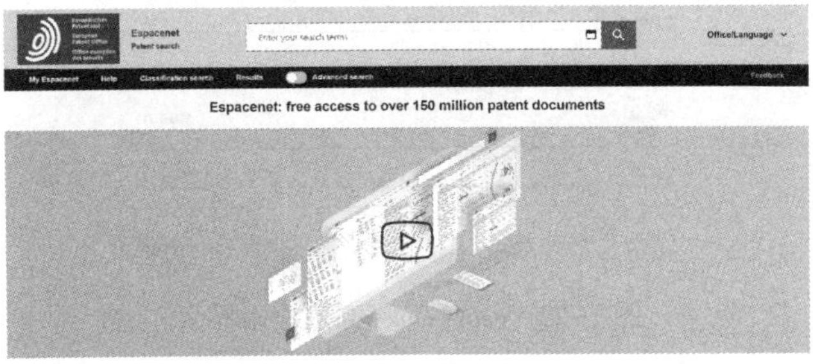

图 7-21 esp@ cenet 检索界面

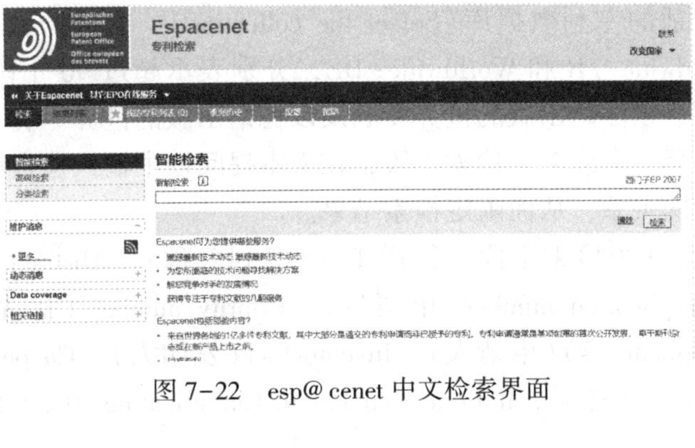

图 7-22 esp@ cenet 中文检索界面

esp@ cenet 共提供三种检索方式。

(1) 智能检索(Smart Search)

智能检索检索的界面如图 7-21 所示，在检索框中可输入不多于 20 个检索词，检索词之间用空格隔开。

(2) 高级检索(Advanced Search)

高级检索方式中，用户可以将多个检索项进行组合检索，检索界面如图 7-23 所示。

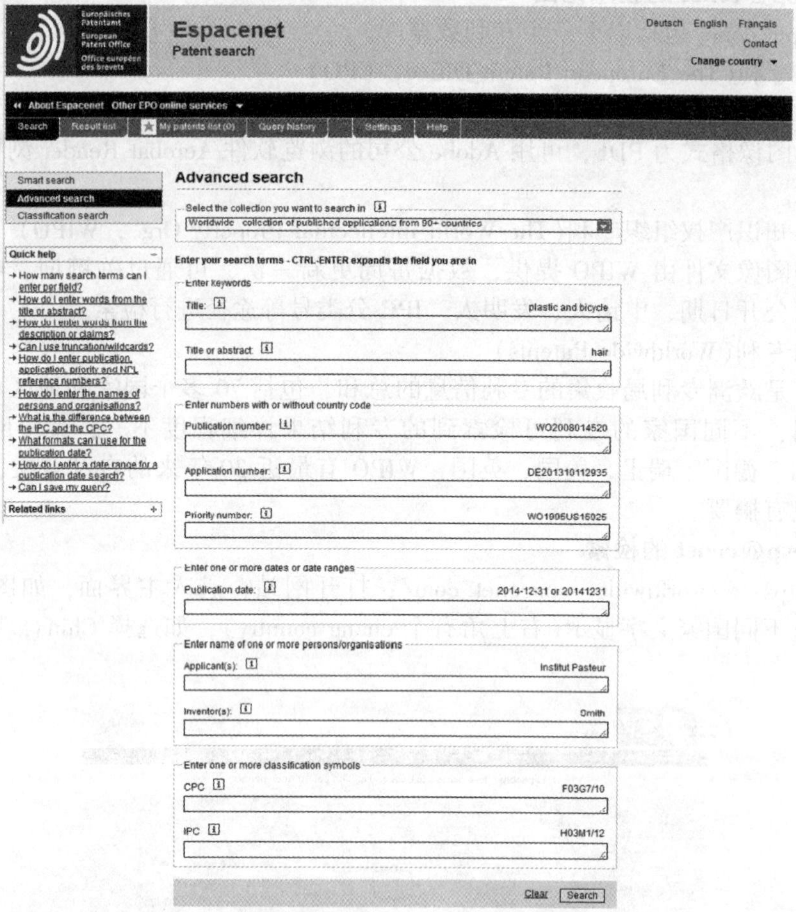

图 7-23 esp@ cenet 高级检索界面

高级检索步骤分两步进行：

第一步，选取合适的专利数据库(Select the collection)，提供的数据库有：Worldwide、Worldwide-EN、Worldwide-FR 和 Worldwide-DE，分别表示超过 90 个国家的专利集合、以英语出版的世界专利、以法语出版的世界专利及以德语出版的世界专利。

第二步，可以选择一个或多个检索字段，在文本提问框中输入检索词，各个检索词之间的关系是布尔逻辑与的关系，从而限定检索结果。

高级检索提供了 10 个检索字段，包括 Title(专利名称)、Abstract(摘要)、Publication number(专利号)、Application number(申请号)、Priority number (优先权号)、Publication date(出版日期)、Applicant(s)(申请人)、Inventor(s)(发明人)、Cooperative Patent Classification(CPC) 联合专利分类体系、International Patent Classification(IPC) (国际分类号)等。

（3）专利分类号检索（Classification Search）

esp@ cenet 可以使用 CPC 进行主题检索。其检索界面如图 7-24 所示。利用此检索方式，用户可以通过关键词（Keywords）检索相应的 CPC 分类号及其含义，也可通过浏览 CPC 分类表，逐级查找确定所查主题的 CPC 分类号。

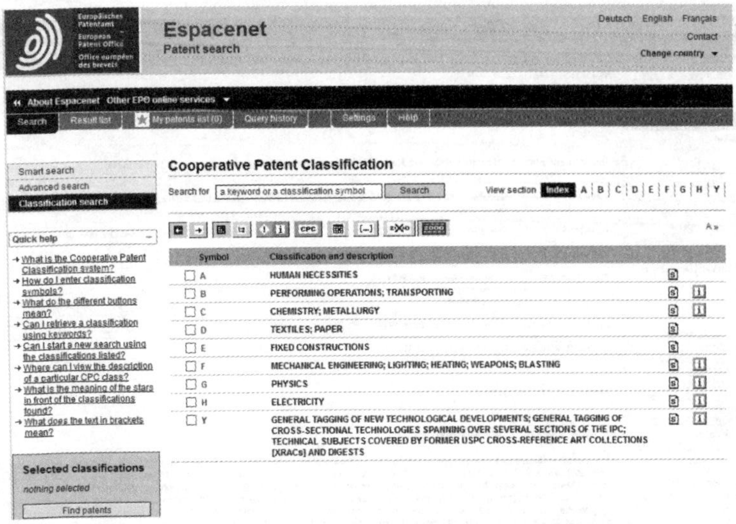

图 7-24 esp@ cenet 专利分类号检索界面

（4）检索结果

以高级检索为例，如要检索 2016 年清华大学公开的复合材料（composite）方面的专利文献，先选取世界专利数据库（Worldwide），在发明名称或摘要“Title or abstract”字段的文本框中输入“composite”，在出版日期（Publication date）字段的文本框中输入“2016”，在申请人［Applicant（s）］字段的文本框中输入“Tsinghua University”，点击“SEARCH”按钮即可检索，检索结果如图 7-25 所示。

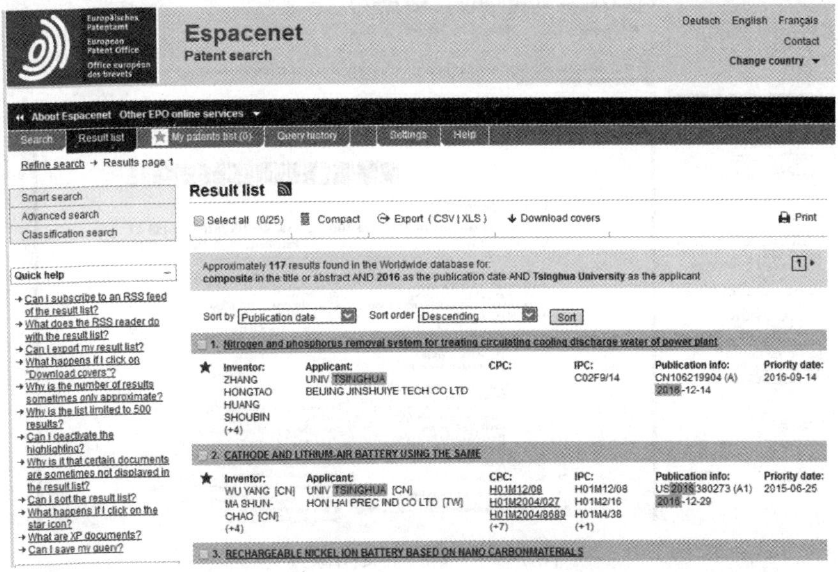

图 7-25 esp@ cenet 专利检索结果

检索结果页面包括命中记录的数量、使用的检索式、专利名称、发明人、申请人、IPC等简要数据。点击专利名称则显示该专利的详细著录信息及专利摘要，如点击“Nitrogen and phosphorus removal system for treating circulating cooling discharge water of power plant”就出现如图7-26的专利详细信息。

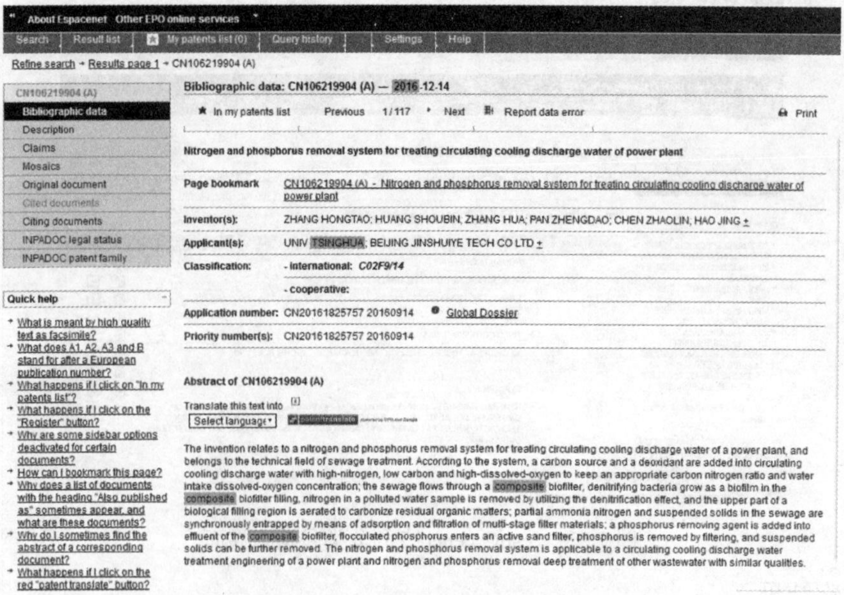

图7-26　esp@cenet专利检索详细信息

如是欧洲专利组织或美国等国家和组织的专利可点击“Original document”按钮查看专利全文，如图7-27所示。中国专利不能查阅全文。

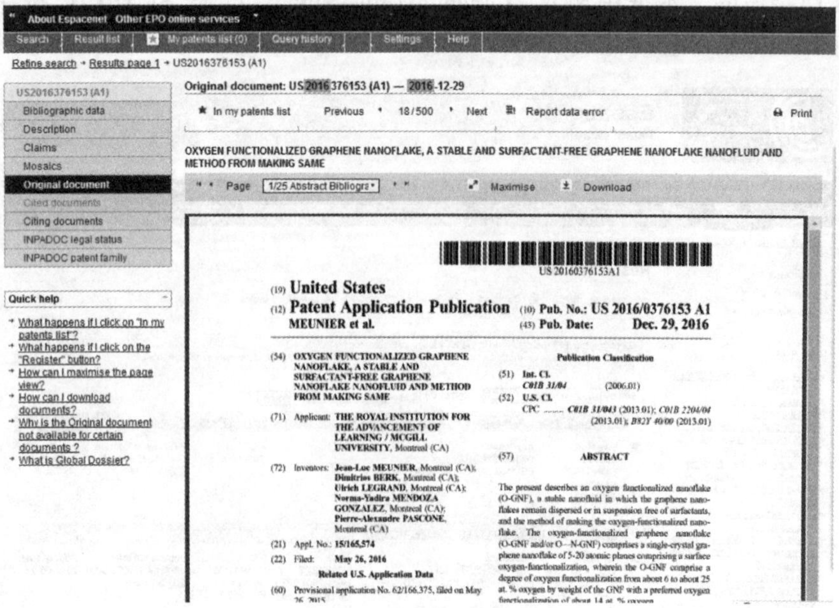

图7-27　专利全文图像页

7.6 德温特专利检索工具及其检索方法简介

7.6.1 概述

英国德温特出版公司(Derwent Patent Ltd.)是英国一家专门从事专利情报的出版公司，创立于1951年，是世界上最大的专利文献出版公司。其工作是从报道本国的专利文献开始的，首先创办了《英国专利文摘》，随后又创办了《比利时专利文摘》《法国专利文摘》。随着这种按国别划分专利文摘的陆续增加，它的报道范围也逐步扩大到整个工业技术领域，现出版的有《世界专利索引》(*World Patent Index*，WPI)、《世界专利文摘》(*World Patent Abstracts*，WPA)、《化工专利索引》(*Chemical Patent Index*，CPI)、《电气专利索引》(*Electrical Patent Index*，EPI)、《优先权周报》(WPI *Weekly Priority Concordance*)、《WPI累积索引》及按国别出版的专利摘要等。

目前德温特公司每年整理和加工世界上40个国家和国际组织的专利文献，德温特主要专利检索印刷型出版物有各种专利目录、文摘、累积索引等专利检索工具，同时提供各种文摘卡片、计算机检索磁带、缩微平片、胶片，以及联机信息产品和WEB产品。

1995年英国德温特出版公司首次建立了专利引文索引（Patent Citation Index，PCI)数据库，1998年德温特公司与美国科学情报研究所(ISI)联合成立Thomson Scientific公司共同开发德温特创新索引(Derwent Innovations Index，DII)数据库。DII整合了Derwent的世界专利索引(World Patent Index)与专利引文索引(Patent Citation Index)，利用ISI的平台，在ISI的Web of Knowledge网站上提供网络检索服务。

英国德温特公司出版的专利索引体系具有报道广、专业面全、出版迅速、检索体系完善、检索途径多、文种单一等优点，在世界上各种专利检索工具中占有重要的地位。目前全球的科研人员、全球500强企业的研发人员、世界各国几乎所有主要的专利机构(知识产权局)、情报专家、业务发展人员都在使用Derwent所提供的情报资源。

限于篇幅，这里将简要介绍印刷型专利索引和德温特创新索引(DII)数据库的使用。

7.6.2 《世界专利索引》(WPI)

《世界专利索引》出版物系列有：索引系列，即《世界专利索引周报》(或称《WPI周报》)；

文摘系列，即《一般与机械专利索引》(*General & Mechanical Patents Index*，GMPI)、《化工专利索引》(CPI)和《电气专利文摘》(EPI)。

(1)《世界专利索引周报》(*World Patents Index Gazette*，WPI)

该刊是CPI、GMPI、EPI和各种按国家出版的专利文献的总索引，按P(General综合分册)、Q(Mechanical机械分册)、R(Electrical电气分册)、CH(Chemistry A~M化工分册)4个分册出版。见表7-6。

表7-6 《世界专利索引周报》分类

P分册(综合)	包括农业、轻工、医药和一般工业加工工艺和设备
Q分册(机械)	包括运输、包装、建筑、机械元件和动力机械等
R(S-X)分册(电气)	包括仪器和仪表、光学和声学、计算机和自动控制、电工和电子元件、电力和通信等
CH(A-M)分册(化工)	包括聚合物、药物、农药、食品、轻化工、一般化学、纺织、造纸、印刷、涂料、照相、石油、燃料、化学工程、核工程、爆炸与防护，以及冶金等

《世界专利索引周报》每分册均包括 4 种索引方式，专利权人索引（Patentee Index）、国际专利分类索引（IPC Index）、登记号索引（Accession Number Index）和专利号索引（Patent Number Index）。另外，还单独出版《优先权索引》（NPI *Number Index*）。

（2）世界专利文摘周报

《WPI 文摘周报》以文摘形式报道专利信息，其出版时间比《题录周报》晚 3 周左右，主要有：《一般和机械专利索引》（GMPI）、《化工专利索引》（CPI）、《电气专利索引》（EPI）、对应《WPI 题录周报》四个分册。从形式上分为两种，一是快报型文摘（Alerting Abstracts Bulletin），报道所有专业范围的专利，每条文摘 100 个词左右。文摘内容简单明了，叙述发明的主要特点、用途和优点，有时也摘录实施例。二是文献型文摘（Documentation Abstracts Journals），主要用来报道化工专业的基本专利，每条文摘约在 250~400 个词左右。所摘录的内容比快报型专利文摘详细得多。通过这种文摘能够比较具体地了解专利的实质内容，能较准确地判断原文的参考价值；原文无法取得或语言看不懂的，可以通过它得到主要数据和某些启发，它比较适合科研单位使用。

①《化工专利索引》（CPI *Alerting Abstracts Bulletin*） 原名《中心专利索引》，1986 年改为现名，简称 CPI。报道化学化工和材料冶金领域的专利文献。该系列有数十个分册。比较重要的有《CPI 文摘周报》和《文献工作文摘杂志》。

②《一般与机械专利索引》（GMPI *Alerting Abstracts Bulletin*） 其前身是《世界专利文摘》（*World Patent Abstracts*，WPA），1988 年改为现名，简称 GMPI。包括有《GMPI 文摘周报》的 4 个分册和《速报文摘胶卷：一般与机械部分》。

③《电气专利索引》（EPI *Alerting Abstracts Bulletin*） 于 1988 年改称为《EPI 文摘周报》，有分国排序本和分类排序本两种各 6 个分册。分别用英文字母 S-X 来表示。用于专门查电气电子方面的专利文献。

④ 德温特累积索引 该累积索引有季度、年度、三年度、五年度等累积索引。包括：专利权人累积索引；国际专利分类号累积索引；登记号累积索引；相同专利累积索引和优先权累积索引。

（3）德温特印刷型检索工具的检索方法与途径

用德温特专利检索工具，一般从索引周报开始入手，查处与课题相关的题目，再根据索引周报提供的线索转查文摘周报，找出专利文摘，进行筛选后索取专利说明书。具体而言，如果已知专利权人、专利号、登记号和优先申请项等线索，可从这些途径进行检索。如果不知道任何线索，可通过分类途径进行。分类途径的主要步骤为：分析课题确定 IPC 号→查 WPI、IPC 索引→确定德温特分类号、专利号→查 CPI、GMPI、EPI 文摘→选择记录专利号→根据专利号查专利说明书。举例如下：

检索课题：查找关于“用氧化法处理废水”的专利文献；

检索工具：《目录周报》；

检索途径：分类；

检索步骤：

① 利用 WPI《目录周报》中的国际专利分类法中的关键词索引，用“水”（Water）在关键词索引中查到国际专利分类号：

Water

Obtaining or treating—：distilling B01D

treating foul or waste—heaters C02F

C02F 这个类号与课题有关，其主题内容是关于“污水与废水处理”。

② 据此分类号可在国际专利分类表中核对：

C02F TREATMENT OF WATER，WASTER WATER，SAWAGE，OR SLUDGE

1/00 Treatment of water，waste water，or sewage(3/00 to 9/00 take precedence)

1/02 ·by heating

1/04 ··by distillation or evaporation

⋮

1/72 ·by oxidation(用氧化法)

从分类表中确定符合课题的国际专利分类号为 C02F1/72。

③ 据此号在 WPI《目录周报》中查专利分类索引，其格式是：

C02F—01

☆wast—water sludge treatment using pressurised reaction

vessels—Which expose sludge to aeration，oxidising agent

and lime D

Process RWS DEV & M30.09.82

84-116343☆GB2128-980-A72

这是一篇论述“用密封反应器处理废水污水”的专利文献。破折号后是德温特公司对原专利文献题目的补充说明。说明废水处理采用的是用氧化剂和石灰充气方法。

7.6.3 德温特创新索引(Derwent Innovations Index，DII)数据库

DII 数据库收录来自世界 40 多个专利机构的 1500 多万个基本发明专利，3 千多万个专利，数据可回溯至 1963 年。分为化学工程(Chemical Section)、电气电子(Electrical & Electronic Section)、机械工程(Engineering Section)三部分，为研究人员提供世界范围内的化学、电子电气以及工程技术领域内综合全面的发明信息。DII 数据库是一个全面反映世界专利信息的综合性数据库，除了提供专利检索外，还可以提供专利引文索引，包括专利发明人和专利审查人引用的专利文献的信息。

(1) 检索方式

Derwent Innovations Index 提供四种检索方式：一般检索(General Search)、高级检索(Advanced Search)、被引专利检索(Cited Patent Search)、化合物检索(Compound Search)。

① 一般检索　一般检索是在至少一个检索字段(即检索范围)中进行检索，多个输入框之间的逻辑关系可以选择。检索字段包括主题(Topic)、专利权人(Assignee)、发明人(Inventor)、专利号(Patent Number)、国际专利分类号(International Patent Classification)、德温特分类代码(Derwent Class Code)、德温特手工代码(Derwent Manual Code)、专利入藏登记号(Derwent Primary Accession Number)、环系索引号(Ring index number)、德温特化合物号(Derwent compound number)、德温特登记号(Derwent registry number)。可以对入库时间和数据库进行限定。

② 被引专利检索　被引专利检索(Cited Patent Search)：许多专利发明人在提交专利申请说明书时，会列出自己发明过程中所参考过的论文及已有专利；同时有的专利授予机构的专利审核员也会列出自己审核某一项专利授予权过程中所参考过的文献及已有专利。DII 中会有专门的链接，显示这些有关某一项专利的参考文献及参考专利情况(来自于发明者和专

利审核员的）。同时，DII 中还会有 Citing Patent 的链接，显示某一项专利发明以来，被哪些专利引用过，借助专利与专利间，以及专利与论文间的引用与被引用关系，可以揭示出一项专利的理论、技术起源。并且利用 Citing Patent 的链接，可以迅速追踪到一项技术自诞生以来最新的进展情况。被引专利检索有四个检索字段：被引专利号（Cited Patent Number）、被引专利权属人（Cited Assignee）、被引专利发明人（Cited Inventor）、被引专利德温特入藏号（Cited Derwent Primary Accession Number）。

③ 化合物检索　可以绘制化学结构，可以选择化学结构相似度。检索字段包括：化合物名称（Compound Name）、物质说明（Substance Description）、结构说明（Structure Description）、标准分子式（Standardized Molecular Formula）、分子式（Molecular Formula）、分子量（Molecular Weight）、德温特化学资源号（Derwent Chemistry Resource Number）。

④ 高级检索　其采用的是命令检索方式，使用两个字母的字段标识、布尔逻辑运算符、括号和检索式引用来创建检索式。可以进行入库年限和数据库的限定。结果显示在页面底部的“检索历史”中。可以进行检索历史的组配。引文检索中使用的字段（被引专利权人等）不能在高级检索中使用。可以使用发明人索引、IPC 代码索引、德温特分类代码索引、德温特手工代码索引、专利权人名称和代码索引等检索辅助工具。

（2）检索设置及结果处理

① 精炼检索结果。如果对检索结果不满意，可以选择“精炼检索结果”（refine your search）；可从以下角度进行结果提炼：学科类别、专利权人名称、专利权人代码、发明人、IPC 代码、德温特分类代码和德温特手工代码几方面进行精炼。也可以输入检索词在结果内检索。

② 检索结果标记、EMAIL、输出、保存、打印。Derwent Innovations Index 对检索结果的处理提供结果浏览、标记记录（“Mark Page”或“Mark All”）等功能，还可对检索结果进行保存、打印或通过 Email 发送到用户的邮箱。注册用户可以将检索结果保存到我的文件夹中。

③ 保存检索。在检索历史“Search History”界面，对于有价值的检索式，可保存检索历史并创建邮件定题服务，如果有新的文献符合设定的检索式，系统可自动发送邮件提醒（限注册用户）。

8 特种文献及其检索

8.1 会议文献及其检索

8.1.1 概述

会议是人们交流知识信息的重要渠道之一。学术会议是指各种学会、协会、研究机构、学术组织等主持举办的各种研讨会、学术讨论会等与学术相关的会议。学术会议为从事研究工作的学者提供了接触和交流的机会和场所。据统计，科技会议对本学科领域重大事件的首次报道率最高，约有30%科技成果的首次公布是在科技会议上。学术会议的类型有国际性会议、全国性会议、地区性会议。学术会议数量众多，形式多样，名称各异，有会议(Conference)、代表大会(Congress)、大会(Convention)、专业讨论会(Symposium)、学术讨论会(Colloquium)、研究讨论会(Seminar)、专题讨论会(Workshop)等。

会议文献(conference literature)是指在各类学术会议上形成的资料和出版物，包括会议论文、会议文件、会议报告、讨论稿等。其中，会议论文是最主要的会议文献，许多学科中的新发现、新进展、新成就以及所提出的新研究课题和新设想，都是以会议论文的形式向公众首次发布的。

会议文献具有专业性强、学术水平高、内容新颖、信息量大、可靠性强、出版速度快及发行方式灵活等特点。学术会议文献是进行学术交流的重要知识资源。

会议文献按出版时间的先后可分为会前、会间和会后三种类型。

会前文献(Pre-conference Literature)是指在会议进行之前预先印发给与会代表的会议论文预印本(Preprints)、会议论文摘要(Advance Abstracts)或论文目录。会间文献(Literature Generated During the Conference)是指会议期间发给与会者的文献，包括会议的开幕词、讲演词、闭幕词、讨论记录、会议决议、行政事务和情况报道性文献。会后文献(Post-Conference Literature)是指会议后正式出版的会议论文集，它是会议文献中的主要组成部分。

会后文献经过会议的讨论和作者的修改、补充，其内容会比会议前文献更准确、更成熟。会后文献的名称形形色色，常见的如下：会议录(Proceeding)、会议论文集(Symposium)、学术讲座论文集(Colloquium Papers)、会议论文汇编(Transactions)、会议记录(Records)、会议报告集(Reports)、会议文集(Papers)、会议出版物(Publications)、会议辑要(Digest)等。

会议文献主要以图书、期刊、科技报告及其视听资料等方式出版。多数会后文献都以图书形式出版，称为会议录或会议论文集(proceedings)；不少会后文献发表在期刊上，包括专门刊载会议文献的期刊的相关学(协)会的特刊、增刊、附刊和专栏；有些会议文献常常编入科技报告中；还有些做成视听资料如录音带和录像带等。

会议文献的主要检索工具包括手工检索工具和数据库。中国会议文献的手工检索工具主要是《中国学术会议文献通报》；国外会议文献的手工检索工具有《世界会议》(*World Meetings*, WM)、《科技会议录索引》(ISTP)、《会议论文索引》(CPI)等。数据库分国内和国外两种，国内主要有万方会议论文数据库、中国重要会议论文全文数据库、中国会议论文数据库、中国学术会议论文联合数据库；国外主要有 ISI Proceedings、OCLC Papers First 与 Proceedings、美国会议论文索引数据库(CPI 的网络检索平台)等。

8.1.2 国内会议文献检索

(1)《中国学术会议文献通报》

由中国科技信息研究所和中国农业大学主办，科学技术文献出版社出版。1982 年创刊，原名为《国内学术会议文献通报》，1987 年改为现名。它是报道我国各类专业学术会议的检索性刊物，内容涉及数理科学和化学、医药卫生、农业科学、工业技术、交通运输、航天航空、环境科学及管理科学。该刊报道方式以题录为主，兼有简介和文摘。每期报道约 2000 条，论文按会议名称集中排列。

通报每期附有《会议名称分类索引》，该索引按《中国图书资料分类法》编排。该刊自 1990 年起将每期的主题索引改为年度索引，在每年的最后一期中报道。《中国学术会议文献通报》可通过分类和主题途径检索。通报在每年的第一、第二期后附有各学会学术会议预报，旨在征集论文，促进交流。

(2) 其他检索工具

《全国报刊索引》《人大复印(报刊资料)》《内部资料索引》等也是检索会议信息的工具。年鉴类检索刊物，如全国性经济会议收录在《中国经济年鉴》《中国经济科学年鉴》等大型年鉴中。

8.1.3 国外会议文献检索

(1) 世界会议

《世界会议》(*World Meetings*，简称 WM)是由美国世界会议信息中心(World Meetings Information Center Inc.)编辑，麦克米兰出版公司(MacMilan Publishing Company)出版，专门报道未来两年内将要召开的国际学术会议信息。它共有 4 个分册。World Meetings: United States & Canada，1963 年创刊，只预报美、加两国当年和次年将要召开的各种世界性会议；World Meetings: Outside United States & Canada，1968 年创刊，专门预报美、加两国以外当年和次年将要召开的各种世界性会议；World Meetings: Medicine，1978 年创刊，专门报道医学方面的国际会议；World Meetings: Social & Behavioral Science, Education & Management，1971 年创刊。这 4 个分册都是季刊，而且编排方法和著录格式都相同。

《世界会议》每期都由正文(Main Entry Section)和 6 个索引构成。正文部分较详细地著录了即将召开的各种会议消息，每个会议消息将在《世界会议》中连续报道 3 次，这 3 次包括修改、增删的次数。《世界会议》的内容每年翻新一次，每期则把内容已重复报道了 3 次的会议消息删除，补入最新的消息。这样动态地构成其报道内容的主体。正文部分内容有登记号、会议名称、会址、主办单位、联系人或单位、讨论内容、出席人数、论文提交日期与截止日期和寄送地址、预定出版的会议资料以及有无同时举办展览等。

索引部分有以下 6 大类：

关键词索引(Keyword Index)：关键词一般是从会议名称或其内容中抽取出来的具有实质意义的词汇，它能表达会议的主题内容。关键词索引的著录格式：关键词(地点，日期)……会议登记号。

日期索引(Date Index)：会议日期索引首先按年、再按月份编排，著录项由会议日期(地点)(关键词)……登记号组成。

地址索引(Location Index)：按照会议召开国的字母顺序排列，同一个国家的会议按城市名字顺序排列，同一城市的会议又按关键词的字母顺序。

出版物索引(Publication Index)：按关键词字顺排列，在关键词后的括号中注明该会议出版物类型，包括文摘(Abstracts)、论文(Papers)、会议录(Proceedings)、录音带(Audio Tapes)或录像带(Video Tapes)。

截止期索引(Deadline Index)：这是按照会议提交论文或论文摘要的截止期限的时间顺序编排的索引。日期后有该会议的关键词和登记号。

会议主办单位索引(Sponsor Directory and Index)：按会议主持者(或主办者)的单位名称排列。

(2)《会议论文索引》

《会议论文索引》(*Conference Papers Index*，简称 CPI)，1973 年由美国数据快报公司创刊，原名为《近期会议预报》(Current Programs)，1978 年改为现名，月刊。1981 年改由美国剑桥科学文摘社(Cambridge Scientific Abstracts Co.，CSA)编辑出版。本索引每年报道约 10 万篇会议论文，及时提供有关科学、技术和医学方面的最新研究进展信息，是目前检索会议文献最常用的检索工具之一。

CPI 主要报道会议论文。这些论文可能已经收集在会议录中，也可能还只是一个预告，不过都有论文的标题，是一种题录式报道工具。

CPI 由正文和索引两大部分组成，正文部分是会议消息和会议论文的标题，按 17 个学科专业分类排列，每一类目下列出该类的各种会议的名称、召开日期及地点、订购消息等项。紧接着会议消息之后著录了会议上即将宣读或已经宣读的多篇论文、著者及其单位等。

CPI 的索引体系分期索引和年度索引两种。期索引(按类编排)包括主题索引(Subject Index)和著者索引(Author Index)。主题索引按主题词字顺编排，主题词来自论文题目，而且每个主题词都将被轮排一次。在被抽取的各个主题词后还著录了相应的标题说明语(注意它不是论文标题本身，而是抽取了主题词之后把剩下的其他词稍稍规整一下的结果)。

年度索引每个年度(从上年 8 月到次年 7 月)自成一册(一卷)。除了累积的主题索引和著者索引，还附加了两种索引：会议日期索引(Index by Date of Conference)，按会议召开日期的先后顺序排列，著录项包括会议名称、本卷期号、该期的起始页码；会议议题分类索引(Index by Topic of Conference)，在 17 个类目下按会议名称的字顺列出该年内召开的所有会议，其后给出会议日期，本卷期号和该期的起始页码。

(3)《科技会议录索引》

《科技会议录索引》(*Index to Scientific and Technical Proceedings*，ISTP)，现改名为 CPCI (Conference Proceedings Citation Index)，是一份综合性的科技会议文献检索刊物，由美国科学情报研究所(Institute for Scientific Information，ISI)编辑出版，1978 年创刊，月刊。ISI 于 1992 年被美国 Thomson Scientific 公司收购。该刊报道的学科范围广，收录会议文献齐全，汇集了世界上最新出版的会议录资料，且检索途径多、速度快，其声誉已盖过其他同类检索工具而成为检索正式出版的会议文献的主要工具。

《科技会议录索引》月刊本由正文部分(会议录目录 Content for Proceeding)和索引部分组成。正文部分报道以图书或期刊形式出版的会议录，按会议录登记号顺序排列。索引部分共有 7 种索引，每期按照刊载的前后顺序依次为：类目索引(Category Index)、会议录目录(正文）(Contents of Proceedings)、著者/编者索引（Author/Editor Index)、会议主办单位索引（Sponsor Index)、会议地点索引（Meeting Location Index)、轮排主题索引（Permuterm Subject Index)、团体机构索引（Corporate Index)。

8.1.4 国内会议文献数据库

8.1.4.1 中国学术会议文献数据库

（1）概况

中国学术会议文献数据库（China Conference Paper Database，CCPD）是万方数据资源系统的科技信息子系统所提供的会议论文数据库，会议资源包括中文会议和外文会议，中文会议收录始于1982年，截至2017年，收录中文会议论文共计538万多篇，年收集4000多个重要学术会议，年增20万篇全文，每月更新；外文会议主要来源于外文文献数据库，收录了1985年以来世界各主要学协会、出版机构出版的学术会议论文，共计766万多篇。范围涵盖自然科学、工程技术、农林、医学等多个领域，内容包括数据库名、文献题名、文献类型、馆藏信息、馆藏号、分类号、作者、出版地、出版单位、出版日期、会议信息、会议名称、主办单位、会议地点、会议时间、会议届次、母体文献、卷期、主题词、文摘、馆藏单位等。

（2）检索方式

从万方数据资源系统网站 http：//new. wanfangdata. com. cn/index. html 进入，点击“会议”进入万方会议论文数据库 http：//c. wanfangdata. com. cn/Conference. aspx。

万方会议论文数据库提供以下检索方法。

① 快速检索。检索界面见图 8-1。

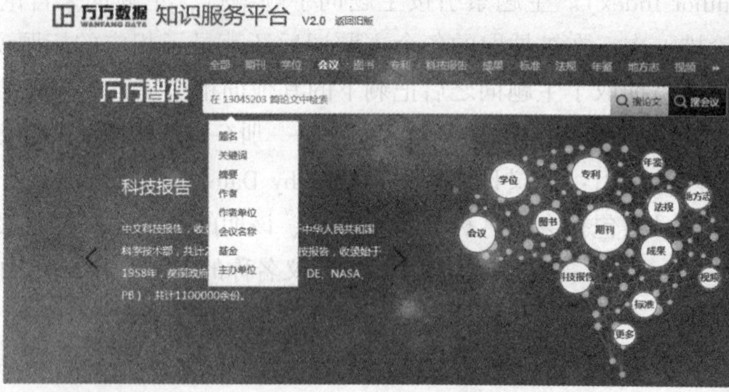

图 8-1 快速检索界面

先在最上方文献类型中选择会议，然后在下拉框中选择检索项，在检索框中输入相应检索词，点击“搜会议”即可。

② 高级检索。检索界面见图 8-2。

检索方法：第一步，选择文献类型，点击会议论文；第二步，选择语种，共有中文、英文等5种语言供选择；第三步，选择检索项，输入检索词，并用逻辑算符进行组合；第四步，点击“检索”，即得检索结果。

③ 专业检索。检索界面见图 8-3。

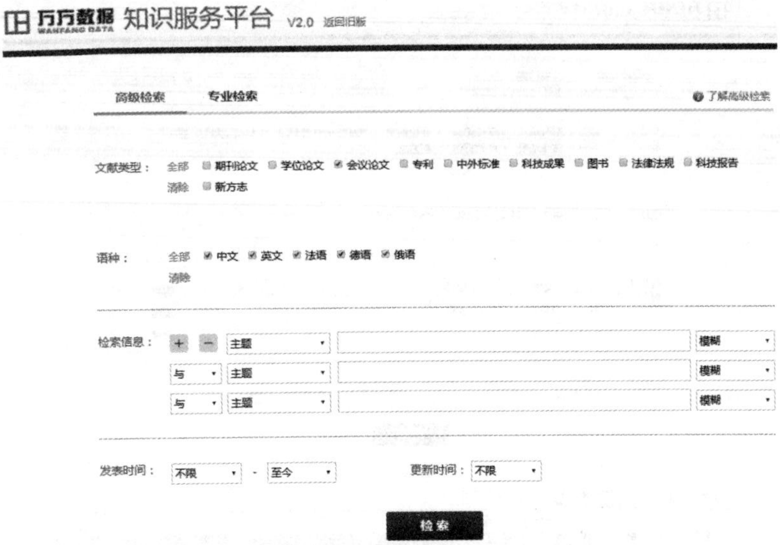

图 8-2　高级检索界面

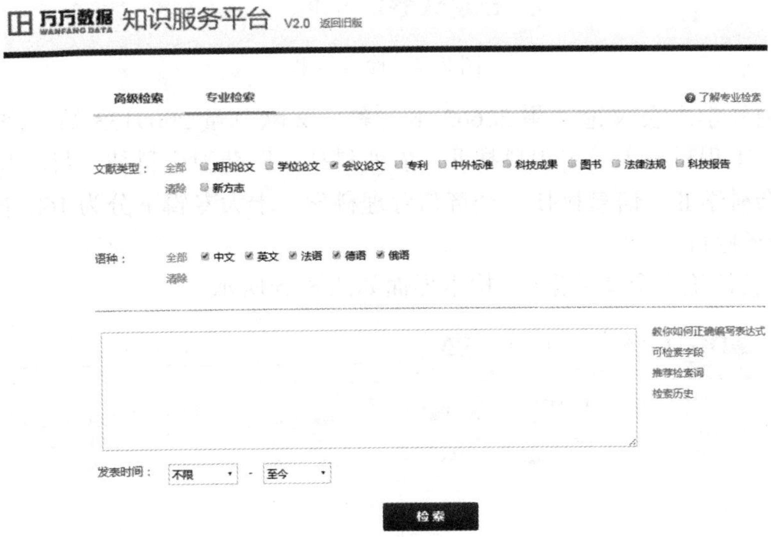

图 8-3　专业检索界面

（3）检索结果

以高级检索为例，如要检索 2000—2017 年有关缓释农药的会议论文，可在"摘要中输入"缓释+农药"，在"发表时间"检索字段中选择"2000 年—至今"，点击"检索"，得到检索结果如图 8-4 所示。

检索结果界面显示符合检索条件论文篇数，并显示论文在各个领域和时间段的分布，如工业技术(26)，近三年(4)。点击论文标题可以查看论文摘要或全文。

8.1.4.2　中国重要会议论文全文数据库

《中国重要会议论文全文数据库》是中国知网(CNKI，http：//www. cnki. net/)的会议论文数据库，收录我国 1999 年以来国家二级以上学会、协会、高等院校、科研院所、学术机构等单位的论文集，收录范围为 1999 年至今，并部分收录 1999 年以前的文献。至 2017 年，

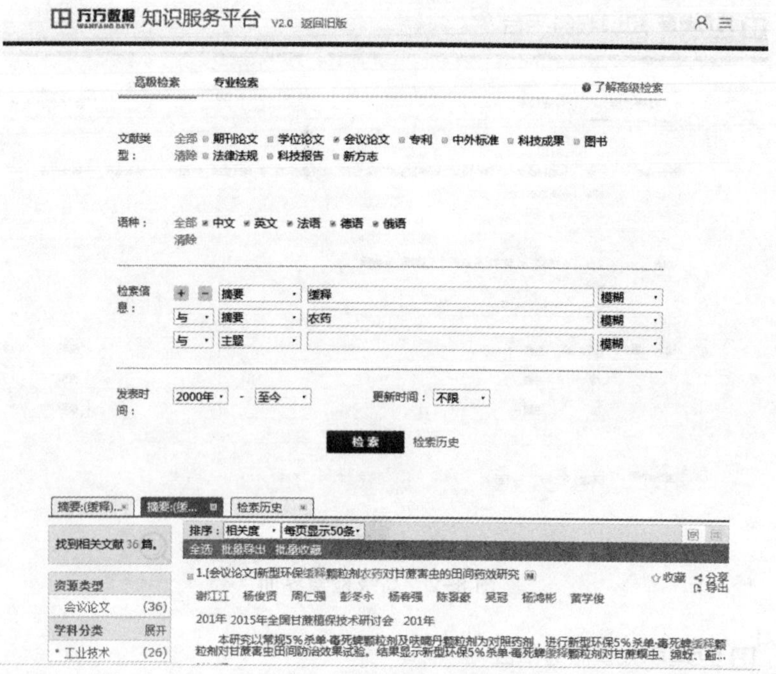

图 8-4 检索结果

已收录出版国内外学术会议论文集 32662 本，累计文献总量 2909133 篇。产品分为十大专辑：基础科学、工程科技Ⅰ、工程科技Ⅱ、农业科技、医药卫生科技、哲学与人文科学、社会科学Ⅰ、社会科学Ⅱ、信息科技、经济与管理科学。十大专辑下分为 168 个专题文献数据库和近 3600 个子栏目。

《中国重要会议论文全文数据库》检索界面如图 8-5 所示。

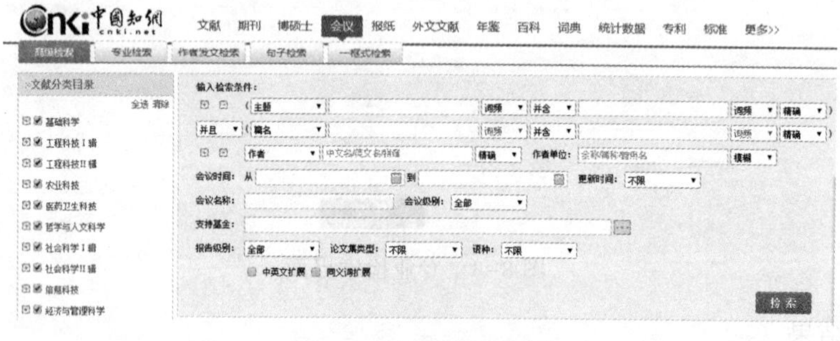

图 8-5 检索界面

该数据库提供了 6 种检索方式，包括快速检索、高级检索、专业检索、作者发文检索、句子检索、一框式检索。检索方法和期刊论文及万方数据库检索方法类似，这里不再赘述。

8.1.4.3 国家科技图书文献中心会议文献数据库

国家科技图书文献中心（NSTL，http：//www.nstl.gov.cn）的中文会议论文数据库主要收录了 1985 年以来我国国家级学会、协会、研究会以及各省、部委等组织召开的全国性学术会议论文。数据库的收藏重点为自然科学各专业领域，每年涉及 600 余个重要的学术会议，年增加论文 4 万余篇，每季或月更新。截至 2017 年 6 月，共收录中文会议论文 232 万余篇。外文会议论文数据库主要收录了 1985 年以来世界各主要学协会、出版机构出版的学术会议论文，部分文献有少量回溯。学科范围涉及工程技术和自然科学各专业领域。每年增加论文约 20 余万篇，每周更新。截至 2017 年 6 月，共收录外文会议论文 846 万余篇。

国家科技图书文献中心会议文献数据库检索界面如图 8-6 所示。

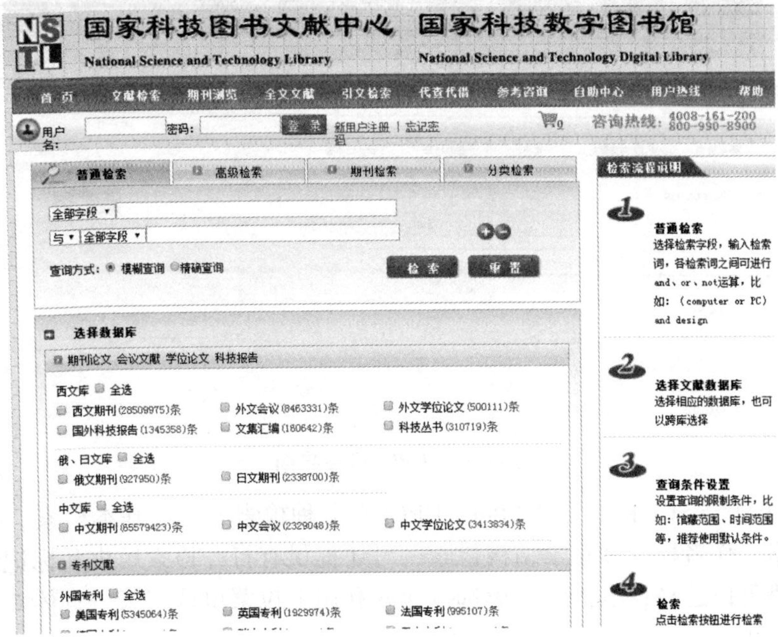

图 8-6　国家科技图书文献中心会议文献数据库检索界面

8.1.5　国外会议文献数据库

8.1.5.1　CPCI(原名 ISTP)

(1) 概述

美国 Thomson Scientific 公司基于 ISI Web of Knowledge 检索平台将 Conference Proceedings Citation Index-Science(科技会议录索引，简称 CPCI-S)和 Conference Proceedings Citation Index-Social Science & Humanities(社会科学与人文会议录索引，简称 CPCI-SSH)两大会议录索引集成为 ISI Proceedings，提供会议论文的文摘索引信息。ISI Proceedings 是收录最多、覆盖学科最广泛的学术会议录文献数据库，是查找国外会议文献的首选数据库之一。CPCI-S 创刊于 1978 年，每月更新，收录了所有自然科学与工程技术领域，包括数学、物理、化学、生物学、医学、农业科学、环境科学、生物化学与分子生物学、生物技术、计算机科学和工程技术等领域会议，以及包括专著、期刊、报告、增刊及预印本等形式出版的各种一般会议、座谈、研究会和专题讨论会的会议录文献。CPCI-SSH 创刊于 1994 年，季度更新，收录了来自社会科学、艺术与人文领域的所有学科，包括心理学、社会学、公共健康、管理学、经济学、艺术、历史、文学与哲学等领域的会议，以及包括专著、期刊、报告、增刊及预印本等形式出版的各种一般会议、座谈、研究会和专题讨论会的会议录文献。ISI Proceedings 收录 1990 年以来超过 6 万个会议的 410 多万条记录，每年收录 1 万多个会议的文献，年增加 38 万多条记录，数据每周更新。所收录的会议有一般性会议、座谈会、研究会、专题讨论会等。索引内容的 65%来源于专门出版的会议录或丛书，其余来源于以连续出版物形式定期出版的系列会议录。2008 年 10 月 20 日，ISI Proceedings 数据库并入 Web of Science。

(2) 检索

在 ISI Web of Knowledge 主页，即可进行会议论文的检索。检索界面见图 8-7。

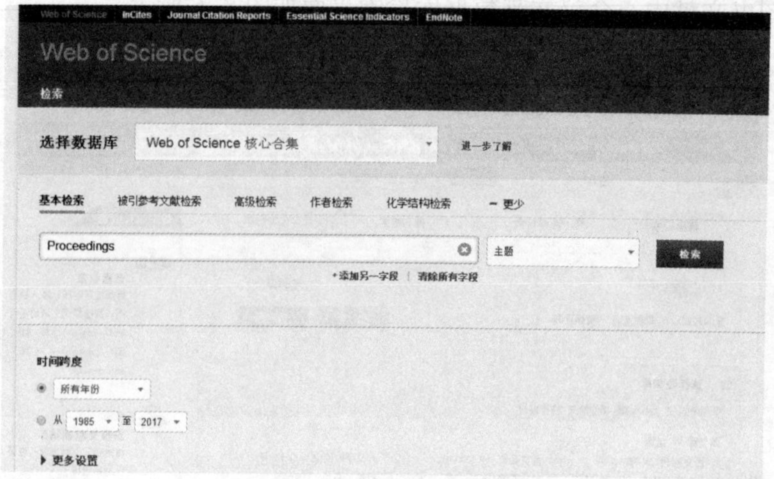

图 8-7　CPCI 检索界面

CPCI 检索方法与 SCI 检索方法相同。CPCI 有五种检索方法：基本检索、被引参考文献检索、高级检索、作者检索和化学结构检索，另还提供有打开检索历史和标记结果列表等功能。检索时间段可以选择；点击年份单选按钮并利用下拉菜单选定某一具体年；利用下拉菜单分别选定起止年。

① CPCI 基本检索

检索可以通过主题、标题、作者、出版物名称、编者和会议信息等进行检索。可以通过使用 AND，OR，NOT 等逻辑运算符连接词或词组，一次性最多可检索 50 个词或词组。其检索界面如图 8-7 所示。

② CPCI 被引参考文献检索。其检索界面见图 8-8。

图 8-8　CPCI 被引参考文献检索界面

第一步，通过对被引作者、被引年份、被引著作等，以及通配符、布尔逻辑算符的设定来进行检索。

第二步，在初次检索后出现的检索结果-概要(Search Result-Summary)页面，检索者可通过主题(标题、文摘、关键词和词组)在检索结果中进行二次检索，提高检准率，并生成另一个检索结果页面。

第三步，提炼检索结果(Refine Results)。检索者可以通过点击任意一个字段链接对检索结果进一步完善(出现频率最高的条目会在列表最上方，括号中的数字表示了出现在概要页面上的包含该条目的记录数)。

第四步，选中某一检索结果点击显示其全记录(Full Record)页面。ISI Proceedings 记录中的字段包括：标题(Title)、作者(Author)、参考文献(Cited References)、相关记录(Related Records)、会议信息(Conference Information)、作者地址(Address)、摘要(Abstracts)、附加关键词(Keywords Plus)、作者关键词(Author Keywords)、作者电子邮件地址(Author Email Address)、学科分类(Subject Category)。检索者在此页面可以通过点击 Citation Alert 创建引文跟踪服务来跟踪这篇文章未来的被引用状况。通过 View in Web of Science 可以连接到 Web of Science 中浏览被引用情况。

第五步，参考文献。在 ISI Proceedings 的全记录页面上点击 Citing Articles 可以浏览在 Web of Science 中引用了这篇文献的文献列表(仅限 ISI Proceedings 与 Web of Science 的同时订户)。参考文献由被引期刊论文、被引用图书、被引专利、被引团体作者、被引报告组成。检索者可以根据需要在该页面对参考文献的相关信息作进一步详细了解。

普通检索中的特色服务是引文跟踪服务(Citation Alerts)，检索者可以通过设置引文跟踪服务来追踪某一篇文献的最新被引用情况。如果该文献被新加入 Web of Science 中的一条记录所引用，检索者将收到一封包含了该记录的电子邮件。使用引文跟踪服务的前提是同时订购了 Web of Science 数据库并在 ISI Web of Knowledge 上注册了邮件信箱和密码。

③ CPCI 高级检索。检索界面见图 8-9。

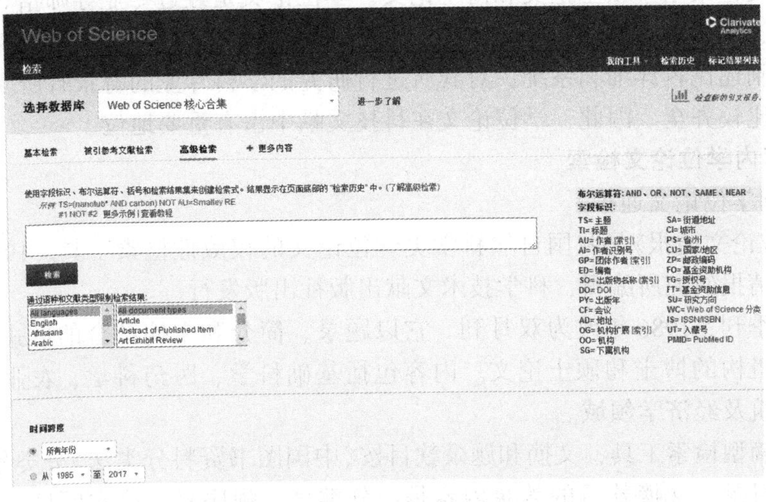

图 8-9　CPCI 高级检索界面

高级检索页面允许检索者使用两个字符的字段标识符和集合号码建一个复杂的检索式，但不可以在同一个检索式中同时使用字段标识符和集合号。例如：检索者想要检索在 2003

年 Washington, D. C 召开的 82nd Annual Meeting of the Transportation Research Board 会议的有关 intelligent transportation systems 的会议录，可以使用字段标识符组配检索的方式输入以下检索式：ts = intelligent transport * and cf = (transport * and Washington and 2003。

保存检索历史和创建定题跟踪服务(Saving Histories and Creating Alerts)，检索者可以将检索策略保存在本地计算机或者 ISI 的服务器上。保存在服务器上则允许检索者创建定题跟踪服务并更容易管理检索者的检索历史。该功能既可用于普通检索也可用于高级检索。点击 Save History 保存检索历史并可同时创建定题服务。如果希望定题服务中包含前面所有的检索式，检索者必须将前面的检索结果集合组配起来创建一个新的检索式，检索者可以在左侧的复选框中勾选并选用 AND 或者 OR 逻辑算符将其组配起来。如果检索者想获得检索历史中最后一个检索操作的定题服务，点击 Send Me E-Mail Alerts 复选框并输入邮件地址。检索者可以每周或者每月收到按照其检索式检索得到的检索结果，可以通过点击邮件中给出的超链接到 Web of Science 浏览全记录。

检索者可以通过"管理检索历史和定题服务(Managing Histories and Alerts)"功能来对定题跟踪服务的类型、邮件格式、邮件发送频率、接收者邮件地址以及定题跟踪服务有效期等进行管理。

在"记录标记与检索结果的处理(Marking and Processing Records)"中，检索者可以对需要输出记录、需要的数据字段、输出选项进行不同的选择。

8.2 学位论文及其检索

8.2.1 概述

学位论文是高等院校或研究机构的学生为获得学位资格而提交并通过答辩委员会认可的学术性研究论文，它是随着学位制度的实施而产生的。英国习惯称之为 Thesis，美国则称之为 Dissertation。学位论文包括学士学位论文、硕士学位论文和博士学位论文三种类型。但一般情况学位论文检索限于硕士论文和博士论文。学位论文是经过专业导师指导，由有一定权威的同行专家、学者审查的原始研究成果，是具有一定独创性的一次文献。探讨问题比较专一，对问题的阐述比较详细和系统，对其所进行研究的学科专业的背景有所回顾，在参考文献方面搜集得比较齐全。因此，学位论文在科技文献中占有重要地位。

8.2.2 国内学位论文检索

(1)《中国学位论文通报》

《中国学位论文通报》是我国自然科学类学位论文的权威性检索工具。1985 年创刊，由中国科学技术情报研究所编辑，科学技术文献出版社出版发行。

该刊原为季刊，1986 年改为双月刊。它以题录、简介和文摘结合的形式，报道我国高等院校和科研机构的博士和硕士论文。内容包括基础科学、医药科学、农业科学、工业技术、交通与建筑及经济学领域。

该刊是文摘型检索工具，文摘和题录款目按《中国图书资料分类法》分类号的顺序编排，正文前有分类目录。文摘款目的著录内容是：分类号、顺序号、论文题目、学位名称、文种、著者姓名、学位授予单位、总页数、发表年月、文摘、图表及中国科学技术情报研究所馆藏资料索取号等。

检索者可按分类途径查找所需文献，按馆藏索取号向中国科学技术情报研究所借阅。对过去未曾报道的论文，补收在《中国博士硕士学位论文通报》中。

该刊自1993年起停止出版，代之以发行《中国学位论文书目数据库》数据光盘。1995年由万方数据公司制成《中国学位论文数据库(CDDB)》光盘。

(2)《中国博士学位论文提要》

《中国博士学位论文提要》由北京图书馆(现国家图书馆)学位论文收藏中心编，书目文献出版社(现北京图书馆出版社)1992年开始出版，最早回溯到1981年。

该书以文摘形式全面报道我国各高等院校和科研机构授予答辩通过的博士论文，包括社会科学、自然科学、技术科学、农业、医学等学科范围。社会科学部分和自然科学部分分别出版，社会科学部分为1册，自然科学部分则分为理学、工学、农学医学等3册。每册均按学科专业顺序分类编排，并附有"著者索引"和"英文题名索引"，全书最后还附有总目录。

该书是目前检索中国博士学位论文最全的工具书。但由于以图书形式出版，出版周期较长，而且是不定期出版，使用起来不是很方便，还不能算是一种成熟的检索工具。

8.2.3 国外学位论文检索

(1)《国际学位论文文摘》

《国际学位论文文摘》(*Dissertation Abstracts International*, DAI)是查找国外博士论文的检索工具。该刊于1938年创刊，刊名几度变更，1969年7月第30卷改用现名，由美国大学缩微品国际出版公司(University Microfilms International, USA.，简称UMI)出版。目前该刊分为3个分册：A辑是人文与社会科学；B辑是科学与工程；C辑是欧洲文摘。该刊报道美国、加拿大等国500多所大学的博士论文。其中A、B两辑是月刊，报道北美洲一些大学的博士论文摘要，而C辑是季刊，既包括欧洲有关大学人文和社会学科的博士论文文摘，又包括欧洲理工科的博士论文文摘。

该刊的文摘较详细，平均每条约350字，它基本反映了论文的主要内容。文摘款目按分类编排，正文前有分类目次表。

对工程技术人员而言，B辑最有用，其次是C辑。B辑分生物科学、地球科学、卫生与环境科学、物理科学、心理学共5大类。物理学科之下分自然科学(化学、数学、物理……)、应用科学(工程、计算机……)等。

B辑各篇论文摘要的著录内容有论文题目、订购号、著者姓名(全称)、颁发的学位名称、授予学位的大学名称、授予学位的年份、总页数、导师姓名(全称)、论文内容摘要。B辑正文后有两种索引：关键词主题索引与著者人名索引。

大学缩微品国际出版公司还出版《硕士学位论文摘要》，用于查找美国硕士论文。

(2)《美国博士学位论文》(*American Doctoral Dissertation*)

该刊为年刊，以题录形式报道美国和加拿大各大学一年中发表的博士论文，是DAI的一种重要补充性工具，覆盖面较DAI宽，该目录是根据各大学发行的学位授予计划汇编的，但由于没有文摘，其使用效果受到一定局限。在内容上与DAI有部分重复。

8.2.4 国内学位论文数据库

8.2.4.1 中国学位论文全文数据库(万方)

(1) 概述

网址：http：//new.wanfangdata.com.cn/index.html

中国学位论文全文数据库(China Dissertation Database, CDDB)，学位论文资源包括中文学位论文和外文学位论文，中文学位论文收录始于1980年，收录我国各高等院校、研究生院及研究所的硕士研究生、博士及博士后论文，内容包括论文题名、作者、专业、授予学位、导师姓名、授予学位单位、馆藏号、分类号、论文页数、出版时间、主题词、文摘等信息。截至 2017 年 6 月，收录中文学位论文总计 524 万多篇，年增 30 万篇，涵盖理学、工业技术、人文科学、社会科学、医药卫生、农业科学、交通运输、航空航天和环境科学等各学科领域；外文学位论文收录始于 1983 年，累计收藏 11. 4 万余册，年增量 1 万余册。

（2）检索方式

从万方数据资源系统网站 http：//new. wanfangdata. com. cn/index. html 进入，点击“学位”。

万方学位论文数据库检索方法和会议论文检索方法类似，也提供快速检索、高级检索和专业检索。具体检索方法见万方数据库期刊检索与会议论文检索。其检索界面分别见图 8-10~图 8-12。

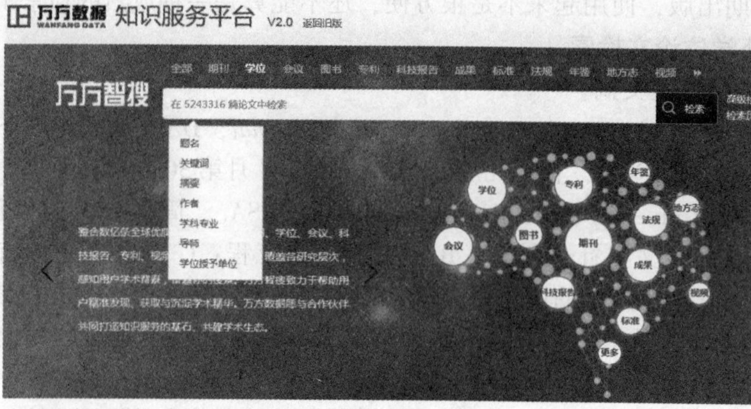

图 8-10 万方学位论文快速检索界面

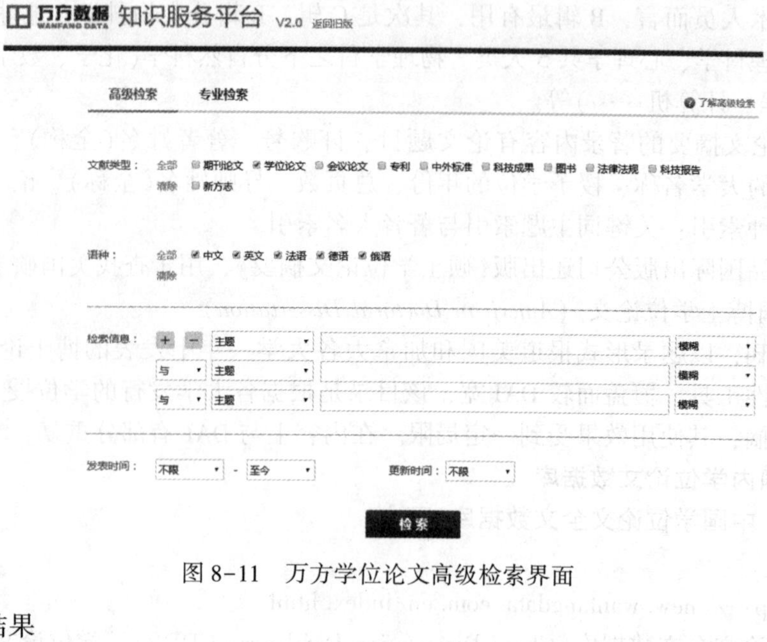

图 8-11 万方学位论文高级检索界面

（3）检索结果

以高级检索为例说明。如要检索 2010—2016 年仲恺农业工程学院生物化工专业的学位

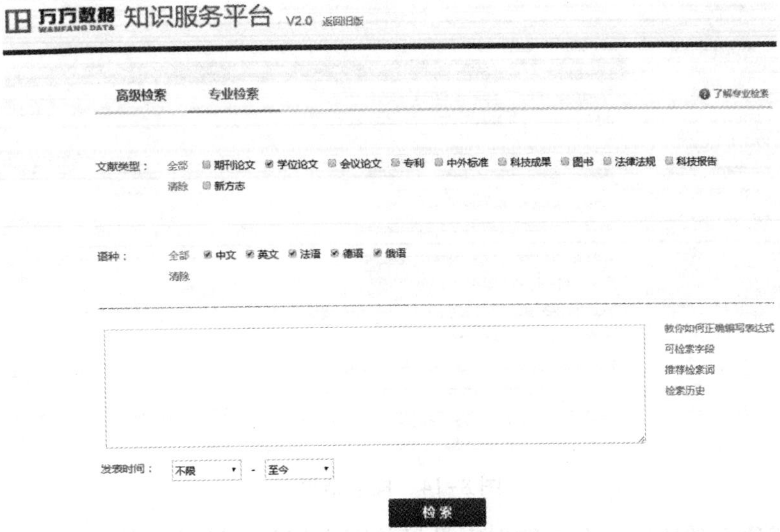

图 8-12　万方学位论文专业检索界面

论文，可在“作者单位”检索字段中输入“仲恺农业工程学院”，在“专业”检索字段中输入“化工”，选择“模糊”模式，在“发表时间”检索字段中的选择“2010 年—2016 年”，点击“检索”，检索示例界面见图 8-13。

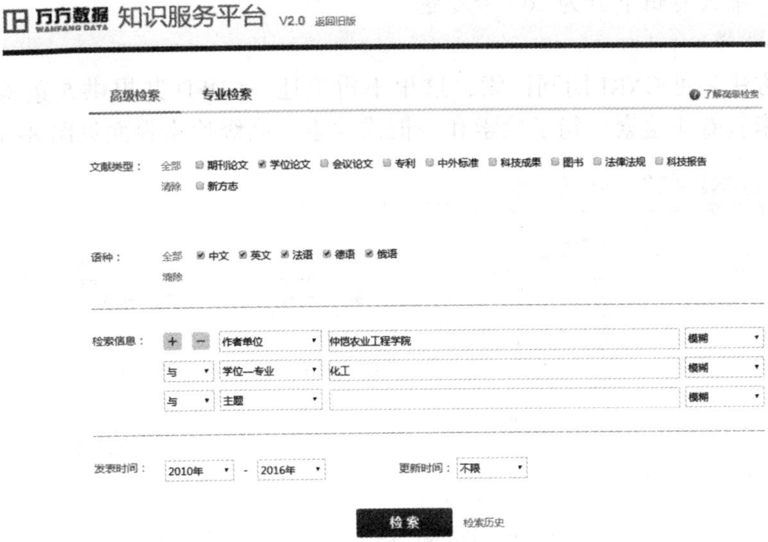

图 8-13　检索示例界面

检索结果可选择排序方式（相关度，发表时间，被引量，热度），选择每页显示论文篇数（20，30，50），检索结果如图 8-14 所示。检索结果显示符合检索条件论文篇数，并显示论文在各个领域和时间段的分布，如工业技术（12），近三年（13）。点击论文标题可以查看论文摘要或全文。

8.2.4.2 中国优秀博硕士学位论文全文数据库（**CDMD**）

（1）概述

网址：http：//www.cnki.net/

图 8-14 检索结果

中国优秀博硕士学位论文全文数据库是目前国内相关资源最完备、高质量、连续动态更新的学位论文数据库。数据库收录从 1984 年至今的博硕士学位论文，截至 2017 年 6 月，累计博硕士学位论文全文文献 300 万篇。共收录全国 433 家培养单位的博士学位论文和 722 家硕士培养单位的优秀硕士学位论文。产品分为十大专辑：基础科学、工程科技Ⅰ、工程科技Ⅱ、农业科技、医药卫生科技、哲学与人文科学、社会科学Ⅰ、社会科学Ⅱ、信息科技、经济与管理科学。十大专辑下分为 168 个专题。

（2）检索

具体检索方法参见 CNKI 期刊检索，这里不再赘述。CDFD 共提供 5 条检索途径：快速检索、高级检索、专业检索、句子检索和一框式检索。高级检索界面见图 8-15。

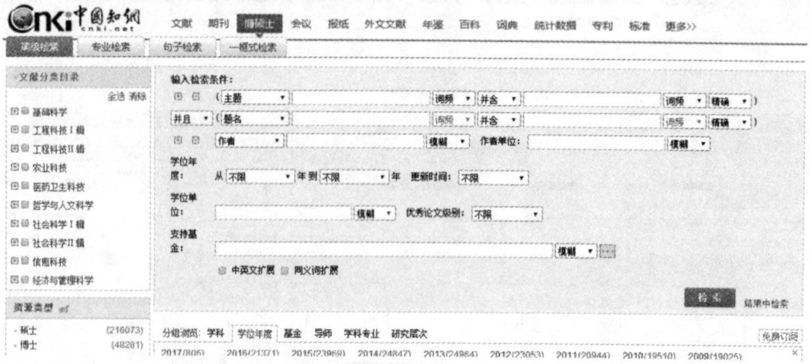

图 8-15 中国知网博硕士论文高级检索界面

8.2.4.3 CALIS 高校学位论文数据库

网址：http：//www. calis. edu. cn

中国高等教育文献保障系统（China Academic Library&Information System，CALIS），是经国务院批准的我国高等教育“211 工程”总体规划中两个公共服务体系之一。作为国家经费支持的中国高校图书馆联盟，主要通过信息资源共建、共知、共享，为中国的高等教育服务。

高校学位论文数据库是由 CALIS 全国工程文献中心（清华大学图书馆）牵头组织，协调全国高校合作建设的文摘索引数据库，内容涵盖自然科学、社会科学、医学等各个学科领域。到目前为止有 83 个 CALIS 成员馆提供的硕士、博士学位论文，收录加工数据 42 万多条。该库提供简单检索(基本搜寻)和高级检索(进一步的搜寻)两种检索方式，用户可以分别从题名、论文作者、导师、作者专业、作者单位、摘要、分类号、主题和全字段等不同角度进行检索，还可使用逻辑与、或、非等进行组配检索。

8.2.5 国外学位论文数据库

(1) PQDT

网址：http：//proquest. umi. com

PQDT (ProQuest Dissertations & Theses) 是美国 ProQuest 公司的博硕士论文数据库，目前，它已收录了欧美 1000 余所大学的 200 多万篇学位论文，每年约增加 7 万篇论文摘要，是目前世界上最大和最广泛使用的学位论文数据库。其中 1997 年以来的部分论文不但能看到文摘索引信息，还可以看到前 24 页的论文原文。该数据库是 ProQuest 检索平台上的一个重要子库，也是检索国外学位论文最主要的数据库。是目前世界上最大和最广泛使用的学位论文检索工具。其检索界面见图 8-16。

图 8-16　PQDT 检索界面

(2) PQDT 国内全文版

PQDT 国内全文版为 PQDT 数据库中部分记录的国内全文版，国内主要是通过集团联合采购的方式，形成 PQDT 国内全文版数据库。目前收录有欧美 1000 余所大学文、理、工、农、医等领域的博士、硕士学位论文，是学术研究中十分重要的信息资源。其检索界面见图 8-17。

图 8-17　PQDT 国内全文版界面

8.3 科技报告检索

8.3.1 概述

科技报告(Scientific & Technical Reports)是关于科研项目或科研活动的正式报告或情况记录，是研究、设计单位或个人以书面形式向提供经费和资助的部门或组织汇报其研究设计或项目进展情况的报告。

科技报告是最重要最特殊的一类科技文献。说它特殊，一是指它的出版形式非书非刊；二是指产生于二战期间的历史根源；三是指它往往还带着不同程度的保密性质，是世界各先进国家在进行经济竞争中竞相搜求/猎取的对象；四是难于搜求。重要性体现在：第一，科技报告内容大多专深、新颖，往往涉及尖端学科或世界最新研究课题；第二，内容丰富、信息量大，科技报告对问题研究的论述往往既系统又完整，并针对问题的难点技术，不但有包括技术研究的整个试验过程，而且记录有各种数据和图表甚至对试验失败也有穷究原因的详尽分析；第三，此类文献数量巨大、形式多样。据报道每年产生的科技报告在 100 万件以上，其中最多的是美国。

科技报告的出版类型见表 8-1。

表 8-1　科技报告的出版类型

简写	名称	说明
TR	技术报告（Technical Report）	科研成果的总结，公开出版
TN	技术札记（Technical Notes）	报告新的技术工艺等，公开出版
TM	技术备忘录（Technical Memorandum）	试验报告、数据资料、会议记录等，不出版
TP	技术论文（Technical Papers）	准备在会议上宣读的论文的前身材料
TT	技术译文（Technical Translation）	翻译国外有价值的新技术
CR	合同户报告（Contractor Reports）	完成合同过程中的进展报告、研制报告等
SP	特殊出版物（Special Publications）	会议文集、总结报告、资料汇编等

科技报告按研究进展划分有初步报告、进展报告、中间报告、总结报告或最终报告。如对那些涉及技术机密的科技报告按密级划分则有绝密、秘密、非密级限制发行、解密、非密公开等各种密级的科技报告。

8.3.2　国内主要科技报告数据库

（1）国家科技报告服务系统

网址：http：//www.nstrs.cn/。主界面见图 8-18。

图 8-18　国家科技报告服务系统的主界面

国家科技报告服务系统的网络检索还可通过万方数据库查询，网址 http：//new.wanfangdata.com.cn/index.html。点击“科技报告”进入科技报告检索。

国家科技报告和万方会议论文一样共提供三种检索方法。检索方法基本一致，这里仅给出检索界面，具体检索方法不再赘述。图 8-19~图 8-21 为国家科技报告的不同检索方法的检索界面。

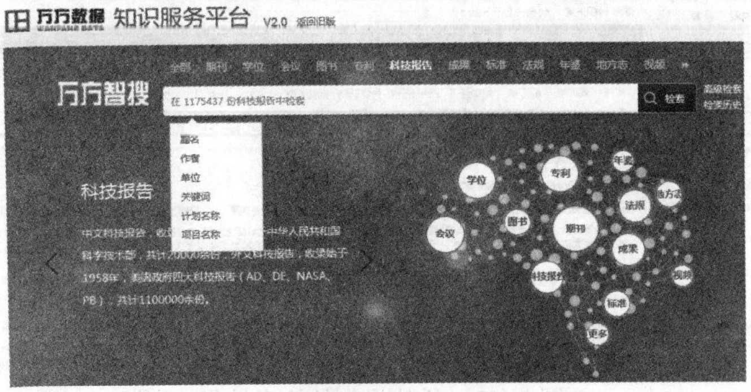

图 8-19 科技报告的快速检索界面

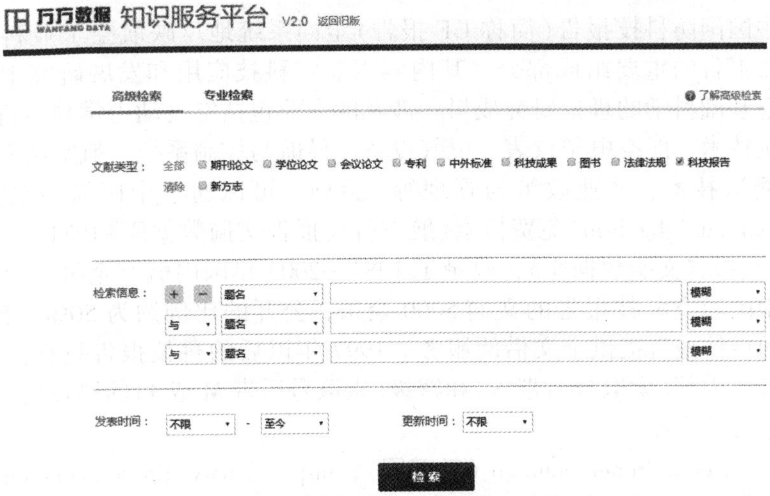

图 8-20 科技报告的高级检索界面

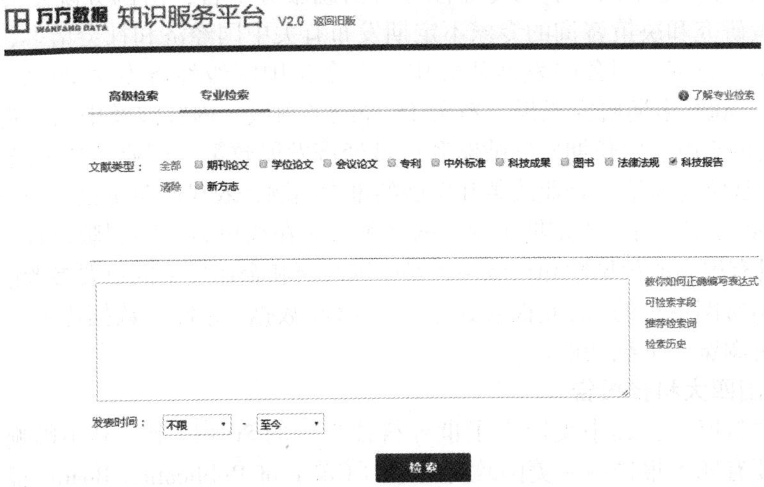

图 8-21 科技报告的专业检索界面

如检索有关复合材料领域的科技报告，可在高级检索中做如下检索。在“摘要”检索字段中输入“复合材料”，点击“检索”，得检索结果如图 8-22 所示。

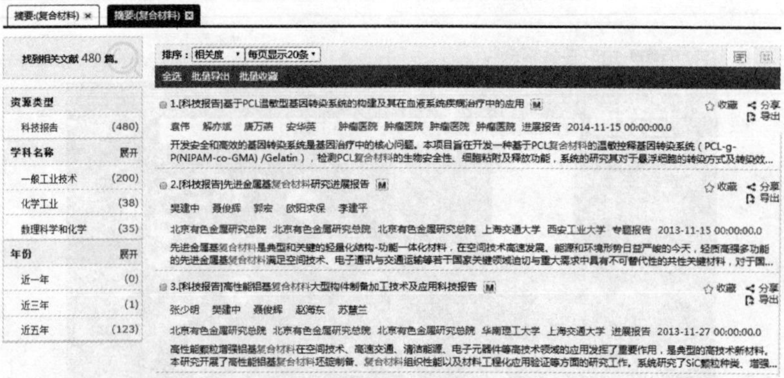

图 8-22　科技报告的检索结果

（2）中国国防科技报告

工信部的中国国防科技报告（简称 GF 报告）全面系统地反映航空工业科学技术发展水平，是我国科技报告的重要组成部分。其内容以航空科技应用和发展研究中取得的成果为主，也反映航空基础科学的理论研究成果。涉及的专业包括空气动力学与飞行力学、飞机结构强度、发动机技术、航空电子仪表、电气设备、导航与控制系统、航空武器、航空材料与工艺、试验与测试技术、产业政策与管理等。目前，可以通过中国航空信息网（http：//www. aeroinfo. com. cn/kjbg. htm）免费检索《航空科技报告文摘数据库》1981—1996 年的数据。其中的《航空科技报告文摘数据库》，收录了 1981—2003 年国内航空企事业单位具有很高专业技术水平的中国航空科技报告的文摘 5000 余条，公开的比例约为 50%。数据每年更新。1981～1996 年的科技报告提供全文借阅服务。1997 年以后的科技报告只有公开级的全文报告提供借阅服务，内部（索取号后带 N）和密级（索取号后带 M 或 J）的科技报告暂不借阅。

（3）国研报告数据库

网址：http：//edu. drcnet. com. cn（教育网），http：//www. drcnet. com. cn（公众网）。

国研报告数据库是目前国内唯一的《国务院发展研究中心调查研究报告》全文数据库，创建于 1998 年 3 月，是中国著名的专业性经济信息服务平台，由国务院发展研究中心专门从事综合性政策研究和决策咨询的专家不定期发布有关中国经济和社会诸多领域的调查研究报告，内容丰富，总汇了国务院发展研究中心百余位国家级经济专家 20 多年的研究成果。该数据库积累了 3000 多期研究成果，覆盖 15 种经济领域，内容涉及中国宏观经济政策走向及其对经济发展的影响、中长期发展战略和区域经济发展政策、产业及技术经济的发展动态、中国对外开放的战略与对策、企业改革和发展的重大问题、农村改革等诸多经济热点问题。每年约 240 期，160 万字左右。不定期出版，网络版每天在线更新，印刷版每月初出版。国研报告的研究成果具有很高的预见性和权威性，是中国政府和企业决策的重要参考依据。

直接点击国研网主页的“研究报告数据库”“财经数据”等各个数据库的文章，也可浏览要点提示，具有浏览、下载功能。

8. 3. 3　美国四大科技报告

科技报告数量巨大，其中美国占了世界科技报告的 80%以上，其中影响最广泛、参考价值最大的主要有四大报告——美国政府的 PB（Office of Publication Board）报告、军事系统的 AD（ASTIA Documents）报告、国家宇航局的 NASA（National Aeronautics and Space Administration）报告、能源部的 DOE（U. S. Department of Energy）报告。

(1) PB 和 AD 报告及其检索工具——美国《政府报告通报索引》(GRA & I)

PB 报告产生于二战结束之后，当时美国政府为了整理和利用从战败国获得的数以千吨计的秘密科技资料，于 1945 年 6 月成立了一个专门的出版局，即美国商务部出版局(Publication Board)，负责收集、整理、报道利用这些资料。每件资料都先编上顺序号，并冠以 PB 字样，报告由此得名。而从 1970 年 9 月开始由美国商业部国家技术情报服务处(NTIS)负责管理这批报告，并继续使用该报告号。1980 年使用新的编号(PB+年代-顺序号)，这样使收藏号中含有时间信息，例如 PB81-11789。PB 报告早已编完战时资料，但其机构仍然存在，后来的报告来源就转向美国政府机构、军事科研和情报部门、公司和国家合同单位、高校、研究所和实验所的科技报告等。从 20 世纪 60 年代开始，报告的内容才侧重于民用工程技术，如土建、环境污染、城市规划、生物医学、社会科学等。PB 报告均为公开资料，无密级。

AD 报告也产生较早，1951 年开始出版。由美国国防技术情报中心(DTIC：Defense Technical Information Center)负责收集整理和出版。报告以国防部各个合同户的研究报告为主，内容涉及与国防科技有关的各个方面，其报告号前都冠以 AD。资料主要来源于美国国防部所属的陆海空三军的科研单位、公司、大专院校和外国研究机构及国际组织等。其内容不仅包括军事方面，也广泛涉及许多技术领域，如生物医学、环境污染和控制、行为科学、社会科学、航空航天、地球、物理、材料工程技术等。

PB 和 AD 报告的主要检索工具是美国《政府报告通报及索引》(*Government Report Announcements & Index*，GRA & I)，由美国商务部国家信息技术服务处(National Technical Information Service，NTIS)编辑出版。这名称是从 1971 年开始使用的，其编排也实际上是《政府报告通报》和《政府报告索引》两部分。前者是文摘、后者是索引，是同一种检索工具的两个部分，相互配合使用。现为双周刊。

GRA & I 以文摘形式报道美国政府机构及其合同户提供的研究报告和科技文献，报道全部 PB 和 AD 报告、部分 NASA 报告和 DOE 报告。

从 1987 年始，GRA & I 按 NTIS 的新分类表编排，把全部报告分为 38 个大部类(Subject Category)(以前是 22 大类)、363 个小类(Subcategory)，按类目名称排序，大部类下又分小类，同时它们都不再使用类号。

GRA & I 的检索途径主要有：分类途径检索、主题检索、作者检索、团体著者检索、合同号或资助号检索。

(2) NASA 报告及其检索工具——美国《航空航天科技报告》(STAR)

《航空航天科技报告》(*Scientific and Technical Aerospace Reports*，STAR)是美国国家航空航天局 NASA (National Aeronautics and Space Administration)科技情报处编辑、出版的专业性检索刊物，它是检索航空航天科技报告的重要工具。该刊除收录全部 NASA 报告外，四大报告中的其他 3 种也部分转载。造成与 GRA & A 和《能源研究文摘》的大量重复。但重复处多以题录报道，并指引到 GRA 或 ERA 中去。STAR 的文摘按 NASA 的入藏号顺序(N+年份+顺序号)编排。STAR 的每期均有分类目次表、进行中的研究项目、文摘正文及 5 种索引构成。这 5 种索引都有各自的年度累积。

这 5 种索引为主题索引(Subject Index)、个人作者索引(Personal Author Index)、团体作者索引(Corporate Author Index)、合同号索引(Contract Number Index)、报告号/入藏号(Report/Accession Number Index)。

(3) DOE 报告及其检索工具——美国《能源研究文摘》(ERA)

Energy Research Abstracts，简称 ERA，是美国能源部(Department of Energy，DOE)技术

情报中心编辑出版的半月刊。ERA 收录能源部部属科研机构和各大学等一切与能源有关的科技文献，但以科技报告为主。

ERA 的文摘是按能源方面的主题分类编排的，共有 40 个一级类(First-level Subject Categories)和 284 个二级类。在每期文摘的卷首分别以数字和字顺两种形式列出两级类目。

ERA 的文摘条目的著录项由两部分组成，一部分是文献篇名和一些文献的外表特征，另一部分是文摘内容。

ERA 有 5 种索引，其编排结构与 GRA & I 以及前面介绍的 STAR 等都非常相似，因此不再详述。

(4) 美国科技报告数据库

① 美国政府报告数据库(简称 NTIS 数据库)

网址：http://www.ntis.gov

由美国国家技术情报社(National Technical Information Service)创建，为题录文摘数据库，主要收录美国政府立项研究及开发的项目报告，少量收录西欧、日本及世界各国(包括中国)的科学、技术、工程和商业研究的科学研究报告，包括项目进展过程中所做的一些初期报告、中期报告、最终报告等，反映最新的政府项目进展。涉及学科范围有数、理、化、生物、天文、地理、农、医、工程、航空航天、军工、能源、交通运输、环境保护及社会科学等许多领域，是一个重要的政府信息资源。可免费浏览或检索 1990 年以来的文献文摘信息，部分报告提供原文。

② AD 报告数据库

网址：http://stinet.dtic.mil/

资料主要来源于美国国防部所属的陆海空三军的科研单位、公司、大专院校和外国研究机构及国际组织等。检索 AD 报告的专门数据库是 AD 报告全文检索系统。

③ 行政系统 PB 报告数据库

网址：http://www.osti.gov/bridge/

资料主要来源于美国国内各研究机构的技术报告，内容逐步侧重于工农业生产和民用工程方面。可提供摘要，也可免费看到全文。

④ 原子能和能源管理系统的 DOE 报告

网址：http://www.osti.gov/bridge/

资料主要来源于能源部直属机构及合同户，内容主要为原子能及其应用方面，但也涉及其他各门学科。该库为题录和全文混合型技术报告数据库，内容涉及物理、化学、材料、生物、环境科学、能源技术、工程、计算机、信息科学、再生资源等其他相关学科。可以检索并获得美国能源部提供的研究与发展报告全文。

⑤ 航空与宇航系统的 NASA 报告

网址：http://ntrs.nasa.gov/

NASA 技术报告服务中心的综合性网站(http://ntrs.nasa.gov/)，分 20 多个子库，提供航空航天方面的科技报告的摘要。系统报道 NASA 报告及其他有关航天科技文献(不包括期刊)的文摘刊物、NASA 合同户提供的科技报告；美国其他政府机构、国内外学术机构、大学及私营公司发表的科技报告；NASA 所拥有的专利、学位论文和专著；外国公开发表的科技报告。报道的学科范围包括 10 大类、76 小类。10 大类分别为 Aeronautics(航空学)、Astronautics(宇航学)、Chemistry and Materials(化学和材料)、Engineering(工程学)、Geosciences(地球科学)、Life Sciences(生命科学)、Mathematical and Computer Science(数学和计算机科学)、Physics(物理)、Social and Information Sciences(社会科学)和Space Sciences(空间科学)。提供NASA报告的题录、文摘及PDF格式的报告全文。

8.4 标准文献及其检索

8.4.1 概述

8.4.1.1 标准和标准文献的概念

标准是对重复性事物和概念所作的统一规定，它以科学、技术和实践经验的综合成果为基础，经有关方面协商一致，由主管机构批准，以特定形式发布，作为共同遵守的准则和依据。

标准文献是按照规定程序编制并经过一个公认的权威机关批准，供在一定范围内广泛而多次应用，包括一整套在特定活动领域必须执行的规格、定额、规划、要求等方面的技术文件。标准文献是标准的载体和表现形式，技术标准是标准文献的主体。

标准文献除了以标准命名，还常以规范、规程、建议等名称出现，国外标准文献常以standard(标准)、specification(规格、规格)、Rules、Instruction(规则)、Practice(工艺)、Bulletin(公报)等命名。

8.4.1.2 标准文献的类型

(1) 按使用范围分

国际标准：指国际间通用的标准，主要有国际标准化组织(International Organization for Standardization，ISO)标准和国家电工委员会标准(International Electrotechnical Commission，IEC)。

区域性标准：指世界某一区域通用的标准，如欧洲标准化委员会(European Committee for Standardization，CEN)，欧洲电工标准化委员会(European Committee for Electrotechnical Standardization，CENELEC)。

国家标准：对一个国家的经济技术和社会发展有重大意义的，必须在全国范围内统一和实施的标准。我国国家标准由各专业(行业)标准化技术委员会或国务院有关主管部门提出草案，由国家标准化主管机构批准发布。主要包括：有关通用术语、互换配合等方面的标准；有关安全、卫生和环境保护方面的标准；有关广大人民生活、跨部门生产的重要工农业产品标准；基本原料、材料、通用零部件、元器件、配件和工具、量具标准、通用的试验方法和检验方法标准等。如美国国家标准(ANSI)，我国的国家标准(GB)。

行业标准：由行业标准化主管部门或行业标准化组织批准、发布，是某行业范围内统一的标准。如我国轻工业部的部颁标准(QB)。

企业标准：是由企业批准发布的标准。如营口电火花机床厂的标准Q/YD 1001。

地方标准：是由省、自治区、直辖市标准化主管部门发布，在当地范围内统一的标准。如上海市的标准，沪Q/SG 4-25—82。

(2) 按标准化对象的特征分

基础标准：有关术语、词汇、符号、代号、标识、定义、命名、方法等方面的标准。

产品标准：有关制品的形状、尺寸、材料、质量、性能、要求、分类等方面的标准。

方法标准：有关实验、检查、分析、抽样、统计、计算、测定与作业等方面的标准。

安全与环境保护标准：以保护人、物与环境的安全或利用而制定的标准。

(3) 按内容及性质分

技术标准：对标准化领域中需要协调统一的技术事项而制定的标准，主要是技术性内容。

工作标准：对标准化领域中需要协调统一的工作事项而制定的标准。

管理标准：对标准化领域中需要协调统一的管理事项而制定的标准。

8.4.2 标准文献分类体系与代号

8.4.2.1 标准文献分类体系

标准文献的分类主要采用《中国标准文献分类法》和《国际标准分类法》(ICS)等分类系统。

《中国标准文献分类法》1984 年由国家标准局编制，是目前国内用于标准文献管理的一部工具书。该分类法以专业划分为主，共由 24 个一级大类目组成，用英文字母(除 I 和 O)表示，每个一级类目下分 100 个二级类目，二级类目用二位数字表示。一级类目表如表 8-2 所示。

表 8-2 《中国标准文献分类法》一级类目表

A 综合	G 化工	N 仪器、仪表	U 船舶
B 农业、林业	H 冶金	P 工程建设	V 航空、航天
C 医药、卫生、劳动保护	J 机械	Q 建材	W 纺织
D 矿业	K 电工	R 公路、水路运输	X 食品
E 石油	L 电子元器件与信息技术	S 铁路	Y 轻工、文化与生活用品
F 能源、核技术	M 通信、广播	T 车辆	Z 环境

《国际标准分类法》(International classification for standards，ICS)用作国际、区域性和国家以及其他标准文献的分类。

ICS 分类法由三级类构成。一级类包含标准化领域的 40 个大类，每一大类号以二位数字表示。如 01，03，07。二级类号由一级类号和一个被点隔开的三位数字组成。全部 40 个大类分为 335 个二级类，335 个二级类中的 124 个被进一步分成三级类。三级类的类号由二级类的类号和一个被点隔开的二位数组成。如，43. 040. 02(照明和信号设备)，ICS 一级类目表见表 8-3。

表 8-3 ICS 一级类目表

01 综合、术语、标准化、文献	49 航空与航天工程
03 社会学、服务、公司组织和管理、行政、运输	53 材料储运设备
07 数学、自然科学	55 货物的包装和分发
11 医疗、卫生技术	59 纺织和皮革技术
13 环境和保健、安全	61 服装行业
17 计量学和测量、物理现象	65 农业
19 试验	67 食品技术
21 机械系统和通用部件	71 化工技术
23 流体系统和通用部件	73 采矿和矿产
25 制造工程	75 石油及有关技术
27 能源和传热工程	77 冶金
29 电工技术	79 木材技术
31 电子学	81 玻璃和陶瓷工业
33 电信	83 橡胶和塑料工业
35 信息技术、办公设备	85 造纸技术
37 成像技术	87 涂料和颜料工业
39 精密机械、珠宝	91 建筑材料和建筑物
43 道路车辆工程	93 民用工程
45 铁路工程	95 军事工程
47 造船和船用设备	97 服务性工作、文娱、体育

8.4.2.2 标准文献代号

（1）我国标准代号与编号

我国技术标准的代号为：标准代号+标准发布顺序号+标准发布代号。

其中：

国家标准分为强制性标准和推荐性标准，《标准化法》规定："保障人体健康、人身、财产安全的标准和法律、行政法规规定强制执行的标准是强制性标准，其他标准是推荐性标准。"强制性国家标准的代号为GB，推荐性国家标准的代号为GB/T。格式为GB ×××—×××，如GB 19741—2005；GB/T ×××—×××，如GB/T 10007—1988。

行业标准也分为强制性标准和推荐性标准。行业标准的代号由两位拼音字母组成，例如轻工业部标准QB。

企业标准代号以"Q"为分子，以企业名称代码为分母，例如Q/JB 1-89。

（2）国际标准和技术报告的代号、编号

国际技术标准的代号由标准代号、标准发布顺序号、标准发布代号组成。标准代号分为以下四种。

国际标准化组织正式标准：1972年以后发布的国际标准化组织标准，用ISO做代号，如ISO-10047—1993。

国际标准化组织技术报告：课题进展中的阶段性报告，ISO/TR为其代号。

国际电工委员会标准代号：用IEC做代号，IEC-TS 62398—2004。

国际标准化组织和国际电工委员会联合发布的标准：用ISO/IEC为代号。

8.4.3 中国标准文献检索工具

8.4.3.1 印刷型检索工具

（1）《中国标准化年鉴》

由国家标准局编辑，1985年创刊，以后逐年出版一本。内容包括我国标准化事业的现状、国家标准分类目录和标准序号索引三部分。

（2）《中华人民共和国国家标准目录及信息总汇》

1995年2月，中国标准出版社出版，收录了强制性国家标准，推荐性国家标准和降为行业标准的原国家标准共19000多项，以专业分类顺序编排，书末附有标准顺序号索引。

（3）《中国标准导报》

由中国标准出版社主办，双月刊，1992年6月1日创刊，导刊除刊载标准化学术论述、报道标准化动态、普及标准化知识外还提供标准审批、发布、出版等信息，可以通过此及时了解新发布的标准情况。

（4）《标准化通讯》

由中国标准化协会编辑出版，月刊，报道国内最新标准及标准化工作动态。

（5）《中国国家标准汇编》

该汇编由中国标准出版社自1983年起陆续出版。

（6）《中华人民共和国工农业产品国家标准和部标准目录》

该目录1997年由国家技术监督局标准化司主编，由中国标准出版社出版。

8.4.3.2 网络检索

（1）万方数字资源系统

网址：http：//new. wanfangdata. com. cn/index. html

综合了由国家市场监督管理总局、住房和城乡建设部情报所、中国建筑材料科学研究总院等单位提供的相关行业的各类标准题录。包括中国标准、国际标准以及各国标准等 43 万多条记录。更新速度快，保证了资源的实用性和时效性。目前已成为广大企业及科技工作者从事生产经营、科研工作不可或缺的宝贵信息资源。此数据库为文摘型数据库，无全文。

（2）国家标准化管理委员会

网址：http：//www. sac. gov. cn/

可检索国家标准目录，获得标准的题录信息，并了解标准化动态、国家标准制定计划、国标修改通知等信息。可以免费下载或阅览中国国家强制性标准的 PDF 全文。

（3）标准网

网址：http：//www. standardcn. com/

可免费检索 ISO、IEC、主要国家标准、欧洲标准、中国行业标准等。提供标准动态信息和标准公告信息，提供在线订购标准全文和会员咨询服务等。

（4）中国标准服务网

网址：http：//www. cssn. net. cn/

免费注册用户可以检索标准目录，但阅读标准全文需要付费。

（5）标准信息平台

网址：http：//www. zjsis. com/

免费检索标准目录。

（6）国家标准频道

网址：http：//www. chinagb. org/

可提供质检公告、WTO/TBT（关贸总协定贸易技术壁垒）以及多种行业的标准光盘数据库产品的有关信息。用户注册成为 B 级会员后，点击“标准查询”进入查询主页，只能免费查询国家标准数据库和标准书目。

8.4.4 国际标准文献检索工具

8.4.4.1 ISO 标准及检索工具

（1）ISO 标准

国际标准化组织（简称 ISO）是目前世界上最大的、最有权威的国际标准化机构。该机构成立于 1947 年，现有 90 多个成员国，下设 180 多个技术委员会（TC）。ISO 标准包括化工、机械、冶金、农业等类，但不包括电子类。ISO 标准分为正式标准（ISO）、推荐标准（ISO/R）、技术报告（ISO/TR）、技术数据（ISO/DATA）、建议草案（ISO/DP）和标准草案等。

（2）ISO 标准的主要检索工具

①《国际标准化组织标准目录》（ISO Catalogue）

年刊，每年 2 月出版，报道 ISO 的现行标准（包括新近批准生效或废止的标准）。该目录用英文、法文对照出版，其报道范围几乎包含所有领域的技术标准。

目录分五个部分：主题索引、分类目录、标准号索引、作废标准目录、国际十进分类号（UDC）与 ISO 技术委员会（TC）编号对照表。

用户可按主题途径，利用“主题索引”查找需要的标准；也可按分类途径，利用“分类目录”查找所需标准；也可按号码途径，根据已知标准号，利用“标准号索引”查到标准的 TC 号页号，登记页号查检该标准的各项著录。

②《ISO 通报》（ISO Bulletin）

由国际标准化组织（ISO）编辑出版，月刊。该刊主要介绍国际标准的制定情况。

③ ISO 在线

网址：http：//www. iso. ch

国际标准化组织(ISO)于 1995 年在 Internet 上开通了 ISO 在线。该网站具有国际标准数据库的全文检索和标准号检索功能，提供国际标准的分类目录浏览，提供各种关于该组织标准化活动的背景及最新信息，各技术委员会(TC)、分委员会(SC)的目录及活动，国际标准目录(包括各种已出版的国际标准、撤销标准和其他标准出版物)。可以按国际标准分类法(ICS)、标准名称、关键词、文献号、委员会代码等多种途径进行检索。所提供的检索结果包括相关标准的 ICS 类号、类名、标准号、标准名称、版次、页数、编制机构、价格等订购信息。

8.4.4.2 IEC 标准及其检索工具

(1) IEC 标准

国际电工委员会(International Electrotechnical Commission，IEC)统一制定的。IEC 成立于 1906 年，现与 ISO 并列为两大国际性标准化组织，IEC 专门负责研究和制定电工、电子技术方面的国际性标准，包括综合性基础标准、电工材料、电工设备、日用电器、仪器仪表及工业自动化标准、安全标准等，IEC 设有 19 个技术委员会(TC)和 27 个分委员会(SC)。

IEC 标准号的结构形式有以下几种：

① IEC 230—1966

IEC—标准代号；230—顺序号；1966—年代号

② IEC 268-1—1985

IEC—标准代号；268—顺序号；1—第一部分；1985—年代号

③ IEC 127A—1980

IEC—标准代号；127—顺序号；A—补充标准；1980—年代号

(2) IEC 标主要检索工具

①《国家电工委员会出版物目录》(catalogue of IEC publications)

该目录由 IEC 每年年初以英、法对照文本形成编辑出版。这由两大部分组成：标准序号目录(Numerical list of IEC publications)和主题索引(Subject Index)，另该目录正文之前有目录表，按 TC 顺序排列，TC 号后列出标准名称和页码。利用主题索引可由主题词先查出 IEC 标准号，再利用 IEC 出版物序号表查出标准的名称和内容。《IEC catalogue》的中译本是《IEC 国际电工标准目录》。

②《国际电工委员会年鉴》(IEC Yearbook)

由 IEC 中央秘书处以英、法两种文字编辑出版。该年鉴将 IEC 标准按技术委员会 TC 顺序编排。附有主题索引、IEC 其他出版物以及提供给成员国投票表决的 IEC 标准草案目录等。

③ IEC 网站

网址：http：//www. iec. ch

由 IEC 中央秘书处建立。该网站提供电工标准出版物的多功能检索界面，包括标准、出版号码、全文等，并提供布尔逻辑检索功能。其检索方式如同 ISO 在线。

8.4.4.3 其他国外标准文献检索

(1) 其他国外标准文献手工检索工具

世界主要工业国都编辑出版有本国标准文献，如美国国家标准 ANSI、英国标准 BS、日本工业标准 JIS、法国标准 NF，可利用相应的标准目录如《ANSI Catalogue》《BSI Catalogue》《JIS 标准总目录》和《JIS 标准年鉴》《法国标准目录》中译本等检索。

（2）其他国外标准文献网络数据库

① 开放标准网

网址：http：//www. open-std. org/

目前主要包括了 ISO（国际标准化组织）和 IEC（国际电工委员会）的 JTC1（联合技术委员会）发布的信息技术相关标准（ISO/IEC JTC 1）全文，内容涉及编码字符集、编程语言、操作系统、用户界面等。

② 美国国家标准协会

网址：https：//www. ansi. org/

该网站提供美国国家标准的免费检索服务。

③ 英国标准协会

网址：https：//www. bsigroup. com/en-GB/

英国标准在线网站是覆盖有关 BSI 所有出版物服务的权威性站点，包括产品、规格、性能的描述，提供英国标准的免费检索，用户可以通过免费注册成为合法用户，并获取 BSI 的标准文献的详细信息。

④ 德国标准化协会

网址：http：//www. din. de/de

该站点为德文版，提供德国标准的免费检索。

⑤ 美国机械工程师学会

网址：http：//www. asme. org/cns/

该网站提供所有美国机械标准的信息和一些标准研究报告，同时提供标准文献的检索服务。

⑥ 美国材料与实验协会

网址：http：//www. astm. org/Standard/DOMnewstandards. shtml

该网站提供 ASTM 标准的免费检索、标准的年度手册、标准的在线订购、光盘产品的服务，还提供标准的跟踪服务。

⑦ 电气电子工程师协会标准

网址：http：//standards. ieee. org/

该网站是一个为当今工业提供完整化标准服务的国际性成员组织，其在线服务包括新标准的在线连续展示、标准的网上检索和订购、新闻、产品发行、在线帮助等。

⑧ IEEE/IET Electronic Library 全文数据库

网址：http：//ieeexplore. ieee. org/Xplore/guesthome. jsp

美国电气电子工程师学会（IEEE）和英国工程技术学会（IET）出版的标准全文信息。查找 IEEE/IEE 出版的 1350 余种标准可通过 IEEE/IEE Electronic Library 全文库检索并获取全文。

9　人工智能助力文献检索

9.1　人工智能技术概述

人工智能(Artificial Intelligence, AI)作为计算机科学的一个分支，致力于开发能够执行需要人类智能任务的系统。人工智能的主要技术包括机器学习、自然语言处理、计算机视觉、机器人技术和深度学习。机器学习通过数据训练使算法自动优化；自然语言处理让计算机理解和生成语言；计算机视觉帮助机器“看”并分析图像，机器人技术则结合感知和控制执行任务；深度学习则利用多层神经网络进行复杂数据处理，如图像和语音识别。

9.1.1　人工智能简介

人工智能目标是创建能够模拟、扩展甚至超越人类智能的系统。自20世纪中期首次被提出以来，人工智能已从一个理论概念演变为实际应用中的重要技术，并在许多领域展示了其巨大的潜力。人工智能的核心目标是让机器能够进行感知、推理、学习和决策，这些能力通常是需要人类智能才能完成的。人工智能技术涵盖多个子领域，其中最重要的包括语言处理、计算机视觉、深度学习和机器人技术。机器学习是人工智能的一个关键分支，旨在通过数据训练算法，使其能够自动改进和优化性能。机器学习的核心思想是通过让计算机从数据中学习，而不是依赖于明确的编程规则。机器学习方法主要包括监督学习、无监督学习和强化学习。

9.1.2　人工智能主要技术

机器学习(Machine Learning, ML)是人工智能(AI)的一个重要领域，专注于通过数据驱动的算法让计算机从经验中学习并改进性能。机器学习技术已经广泛应用于各个行业，包括金融、医疗、交通、零售和娱乐等，推动了数据驱动决策和自动化系统的进步。机器学习的基本理念是通过算法分析和建模数据，从中提取模式和规律，从而使系统能够进行预测或进行机器学习。人工智能、机器学习和深度学习之间的关系如图9-1所示。(图源为：人工智能学习库，https://easyai.tech/，一文看懂机器学习)

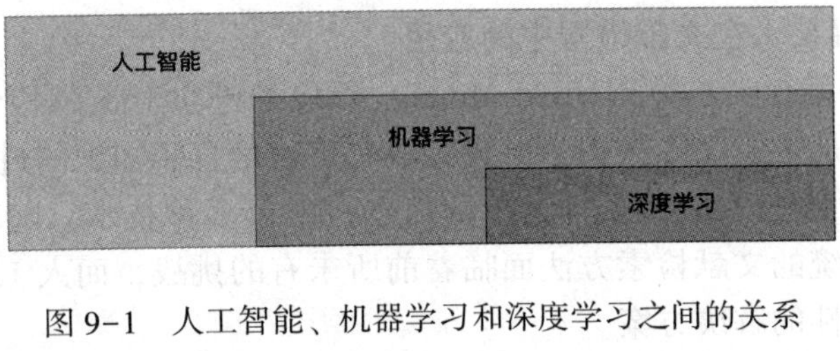

图9-1　人工智能、机器学习和深度学习之间的关系

机器学习算法主要分为三大类：监督学习、无监督学习和强化学习。监督学习(Supervised Learning)是一种通过已标注数据进行训练的方法。其基本过程包括输入数据的特征提取和标签标注，然后利用这些数据训练模型以找到输入与输出之间的映射关系。无监督学习(Unsupervised Learning)则用于处理没有标注的数据，其目标是从数据中发现潜在的

模式或结构。强化学习(Reinforcement Learning)是一种通过奖励和惩罚机制优化决策过程的学习方法。强化学习算法通过与环境的互动，学习如何采取行动以最大化累积的奖励。监督学习与无监督学习的部分差异如图 9-2 所示。

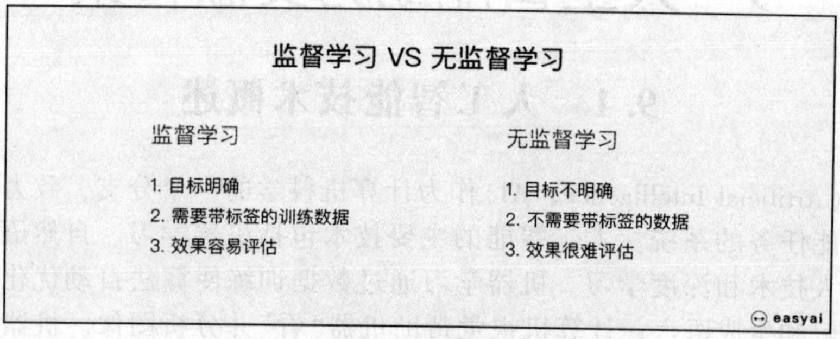

图 9-2　监督学习与无监督学习的部分差异

9.2　人工智能在文献检索中的应用

人工智能(AI)在文献检索中的应用正在彻底改变学术研究和信息获取的方式。传统的文献检索依赖基于关键词的搜索引擎，这种方法虽然可以找到大量相关文献，但常常面临关键词匹配不准确、检索效率低下和信息过载等问题。人工智能技术的引入为这些挑战提供了新的解决方案，通过提升检索的准确性和效率，极大地增强了研究人员获取信息的能力。人工智能在文献检索中的应用主要包括自然语言处理(NLP)、机器学习(ML)和深度学习(DL)等技术，这些技术可以提高检索系统的智能化水平。此外，人工智能还可以通过智能化的数据挖掘技术，从大规模的文献数据库中提取有价值的信息，发现潜在的研究热点和趋势。

尽管人工智能在文献检索中展现出强大的潜力，但其应用仍面临一些挑战。首先，人工智能系统的准确性和可靠性仍然是关键问题，特别是在多语言环境下和处理复杂查询时。其次，数据隐私和安全问题也是重要的考虑因素，尤其是涉及敏感研究领域时。最后，人工智能技术的高成本和复杂性也可能限制其在某些领域的应用。总体而言，人工智能技术的进步为文献检索提供了更加智能化和高效的解决方案，推动了学术研究和信息获取方式的变革。随着技术的不断发展和优化，未来的文献检索系统将能够更好地满足研究人员的需求，提升信息获取的效率和准确性。

9.2.1　文本挖掘技术在文献检索中的应用

人工智能(AI)技术在文本挖掘(Text Mining)领域的进步对文献检索的方式产生了深远的影响。文本挖掘是从大量文本数据中自动提取有价值信息和知识的过程，它结合了自然语言处理(NLP)、机器学习(ML)、统计分析和信息检索等多种技术。随着数据量的激增和信息复杂性的增加，传统的文献检索方法面临着前所未有的挑战，而人工智能技术的应用正在为这些挑战提供创新性的解决方案。

文本挖掘技术利用人工智能对文献进行深层次的分析和理解，从而提高检索的准确性和效率。传统的文献检索系统通常依赖基于关键词的搜索引擎，这种方法虽然能够找到大量相关的文献，但在面对复杂的查询和大规模数据时往往显得力不从心。人工智能通过引入先进的文本挖掘技术，能够更好地理解文献的内容和上下文，提高信息检索的质量和速度。

首先，人工智能通过自然语言处理技术提升了对文献内容的理解能力。自然语言处理是文本挖掘的核心技术之一，它使得计算机能够理解和处理人类语言。NLP技术在文献检索中的应用包括语义分析、实体识别、情感分析等。通过语义分析，人工智能系统能够理解文献中的实际含义，而不仅仅是字面上的关键词匹配。例如，语义分析可以识别出同义词和上下文中的细微差别，从而提高检索结果的相关性。实体识别技术则可以自动提取文献中的关键实体，如人名、地点名、机构名等，帮助用户快速定位相关的信息。

机器学习技术在文本挖掘中的应用则体现在智能化的文献推荐和分类上。传统的文献检索系统通常使用静态的检索算法，而机器学习可以通过分析用户的历史行为和兴趣，动态地调整检索策略。比如，通过用户的点击历史、阅读偏好和评价反馈，机器学习模型能够自动学习用户的兴趣，并在此基础上进行个性化的文献推荐。这种智能推荐系统可以大幅提高检索的相关性和用户满意度。（来源：Web of science，https：//webofscience. clarivate. cn/wos/alldb/basic-search，自动化文献分类）

机器学习算法还可以应用于文献的自动分类和聚类。例如，基于分类算法的系统可以将文献按照主题、领域或研究方向进行分类，帮助用户快速找到所需的信息。聚类算法(clustering algorithm，一种用于将数据集划分为多个组或簇的方法，使同一簇内的数据相似度较高，而不同簇间的数据相似度较低)则能够将相似的文献自动分组，发现文献之间的潜在关系和研究趋势。这些技术的应用不仅提高了检索的精度，也大大减少了用户手动筛选和分类的工作量。Web of science 中就有对于文献的自动化分类如图9-3所示。（Web of science，https：//webofscience. clarivate. cn/wos/alldb/basic-search）

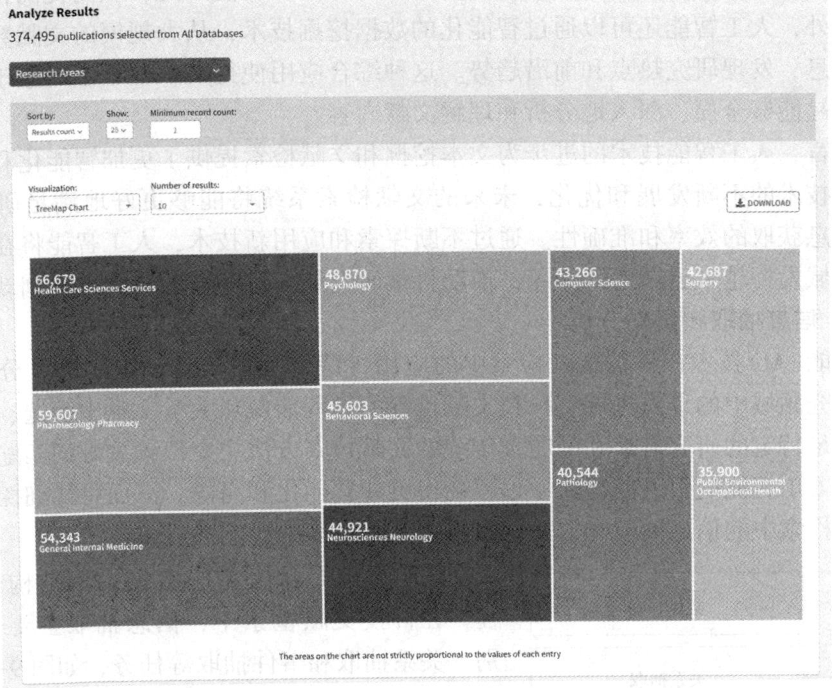

图9-3　自动化文献分类

深度学习技术进一步提升了文本挖掘的能力，尤其是在处理复杂的语言理解任务方面。深度学习模型，特别是基于神经网络的模型，如卷积神经网络(CNN)、循环神经网络

(RNN)以及更先进的Transformer模型(如BERT和GPT)，在文本挖掘中展现出了强大的能力。这些模型通过大量的数据训练，能够捕捉语言中的深层次语义关系，从而实现更为准确的文献检索。

例如，BERT(Bidirectional Encoder Representations from Transformers)模型通过双向编码的方式，能够理解上下文中的词汇关系，从而提高了文献检索的语义理解能力。GPT(Generative Pre-trained Transformer)模型则以其生成能力著称，能够生成符合上下文的自然语言文本，辅助文献的自动摘要和信息提取。这些深度学习模型不仅在理解和生成文本方面表现出色，还能够处理大规模的文献数据，发现其潜在的知识和趋势。BERT模型的主要内容如图9-4所示。

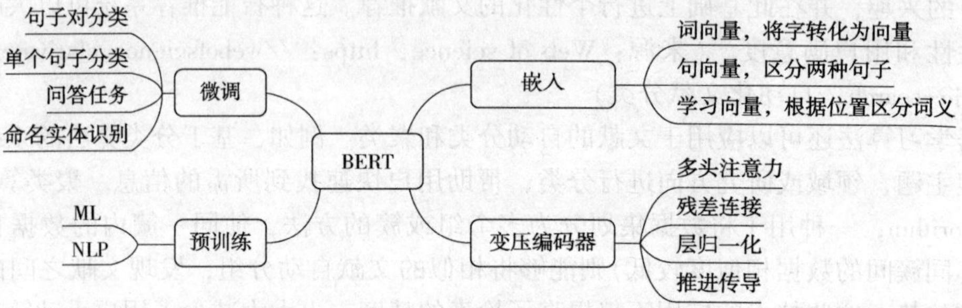

图9-4　BERT模型的主要内容

人工智能技术的融合应用进一步推动了文献检索系统的智能化发展。例如，结合NLP、机器学习和深度学习技术，可以实现自动化的文献筛选和智能匹配，从而提高检索系统的整体性能。此外，人工智能还可以通过智能化的数据挖掘技术，从大规模的文献数据库中提取有价值的信息，发现研究热点和前沿趋势。这种综合应用使得文献检索不局限于简单的关键词匹配，而是能够全面、深入地分析和理解文献内容。

总体而言，人工智能技术的进步为文本挖掘和文献检索提供了更加智能化和高效的解决方案。随着技术的不断发展和优化，未来的文献检索系统将能够更好地满足研究人员的需求，提高信息获取的效率和准确性。通过不断探索和应用新技术，人工智能将在文本挖掘和文献检索领域发挥越来越重要的作用，推动科学研究和信息获取的方式不断创新和进步。

9.2.2　信息抽取和语义分析

人工智能(AI)技术在科技文献检索中的应用，特别是在信息抽取和语义分析方面，正逐渐成为研究领域中的重要进展。科技文献检索的过程涉及从大量文献中筛选、提取和分析信息，以满足特定的研究需求和问题。传统的文献检索方法主要依赖关键词匹配和简单的统计分析，而人工智能的引入使得这一过程变得更加智能化和高效。下面将详细探讨人工智能在科技文献检索中的信息抽取和语义分析作用及其带来的影响和挑战。

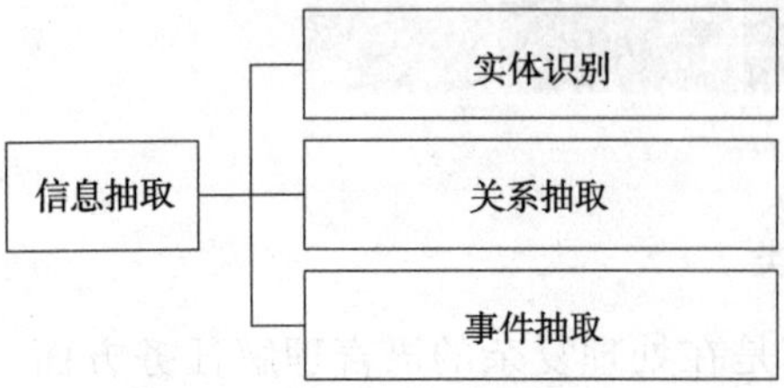

图9-5　信息抽取主要内容

信息抽取是从文本中自动提取结构化信息的过程。在科技文献检索中，信息抽取主要包括实体识别、关系抽取和事件抽取等任务，如图9-5所示。

实体识别(Named Entity Recognition，NER)旨在从文献中识别出重要的实体，如作者、机构、科研成果、术语等。通过NER技术，研究人员可以迅速找到相关的作者和机构，提高检索的精度。例如，在医学领域的文献中，NER 可以帮助识别疾病名称、药物名称等，从而为进一步的研究提供支持。

关系抽取(Relation Extraction)则关注于识别和提取文献中实体之间的关系。例如，在科技文献中，关系抽取可以揭示出不同研究之间的引用关系、合作关系或研究成果的影响关系。这种信息对于了解研究领域的动态、发现潜在的研究合作机会和识别重要的研究趋势至关重要。关系抽取通常依赖于深度学习模型，如卷积神经网络(CNN)和长短期记忆网络(LSTM)，这些模型能够从复杂的文本中捕捉到实体间的关系。

事件抽取(Event Extraction)则是从文献中识别和提取描述事件的文本片段。这些事件通常涉及科学实验、发现、技术进展等。事件抽取能够帮助研究人员了解某项科技进展的背景、过程和结果。例如，通过事件抽取，研究人员可以追踪某一技术的发展历程，发现相关领域的突破和挑战。深度学习技术，如双向编码器表示(BERT)和生成对抗网络(GANs)，在事件抽取中也展示了优异的表现。

语义分析是理解文本中隐含意义和上下文的过程，在科技文献检索中扮演着重要角色。传统的检索系统通常依赖关键词的匹配，这种方法忽略了文本的语义信息，可能导致检索结果的相关性不足。人工智能通过引入语义分析技术，能够更好地理解文献的内容和上下文，从而提高检索的精准度。

语义分析技术主要包括词义消歧、上下文理解和语义角色标注，如图 9-6 所示。

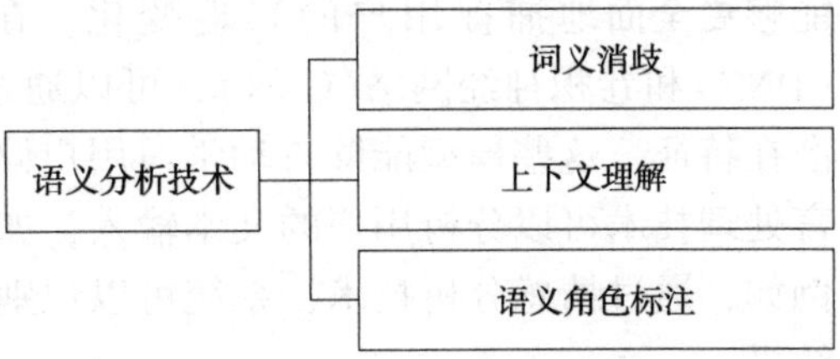

图 9-6　语义分析技术主要内容

词义消歧(Word Sense Disambiguation，WSD)旨在解决词汇的多义性问题，即在不同的上下文中确定词汇的确切含义。例如，词汇“网络”在计算机科学文献中可能指的是网络结构，而在社会学文献中可能指的是社会关系网络。通过词义消歧技术，人工智能系统能够准确理解词汇的具体含义，从而提高检索结果的相关性。

上下文理解是指人工智能系统能够理解文本中词汇和句子的语境。通过深度学习模型，如 Transformer 模型，人工智能系统能够捕捉文本中的长距离依赖关系，从而更好地理解句子的含义。这种技术特别适用于处理长篇文献和复杂的科学论文，在这些文献中，单独的词汇往往不能完全表达其含义，需要结合上下文进行综合分析。

语义角色标注(Semantic Role Labeling，SRL)则是识别文本中句子的语义角色，并将其标注出来。语义角色标注可以帮助理解文本中各个成分的语义关系，如动作的执行者、受害者、工具等。在科技文献中，语义角色标注能够揭示实验方法、研究对象和结果之间的关系，从而帮助研究人员更好地理解文献内容和研究背景。

人工智能在科技文献检索中的应用，不仅提高了检索的准确性和效率，也推动了科学研究的创新和发展。通过信息抽取和语义分析技术，研究人员能够更快速、全面地获取相关文献中的关键信息，发现研究趋势和知识图谱，从而支持科研决策和创新。

然而，人工智能在科技文献检索中的应用也面临一些挑战。首先，人工智能系统对训练数据的质量和数量要求较高，若训练数据不足或质量不高，可能影响模型的表现。其次，文献中的专业术语和领域特有的表达方式可能导致信息抽取和语义分析的难度增加。因此，需要对模型进行领域适配和优化，以提高其在特定领域的表现。

总的来说，人工智能技术在科技文献检索中的应用极大地提升了信息抽取和语义分析的能力，推动了文献检索的智能化发展。随着技术的不断进步，未来的文献检索系统将能够更好地满足研究人员的需求，提高信息获取的效率和准确性。通过持续探索和应用新技术，人工智能将在科技文献检索领域发挥越来越重要的作用，为科学研究提供更加有力的支持。

9.2.3 文献推荐系统及其原理

人工智能（AI）在文献推荐系统中的应用，正变得越来越普遍且重要。这些系统利用人工智能技术来分析用户需求，挖掘和推荐相关的文献，从而帮助用户高效地获取信息，尤其在学术研究和专业领域中尤为重要。文献推荐系统的核心在于通过智能化的算法和模型，提供个性化的文献推荐服务。下面将探讨人工智能在文献推荐系统中的作用及其原理，详细介绍其关键技术、应用场景及其带来的影响。

文献推荐系统的基本目标是根据用户的兴趣和需求，自动推荐相关的文献。这一过程涉及多个步骤，包括用户建模、文献建模、匹配与推荐。人工智能技术在这些步骤中发挥了重要作用，特别是在数据处理和模式识别方面。

首先，用户建模是文献推荐系统中的关键步骤。用户建模的目的是了解用户的兴趣、需求和行为，以便提供个性化的推荐。传统的方法主要依赖于用户的历史行为，如阅读历史、搜索记录和点击行为。然而，这些方法往往存在局限性，因为用户的兴趣和需求可能会随时间变化。人工智能通过引入更为复杂的用户建模技术，如深度学习和自然语言处理（NLP），能够更全面地捕捉用户的兴趣变化。在用户建模中，深度学习模型，如深度神经网络（DNN）和卷积神经网络（CNN），可以通过对用户行为数据的深度挖掘，提取出用户兴趣的潜在特征。这些模型能够自动学习用户偏好，从而生成更为准确的用户画像。此外，自然语言处理技术可以分析用户的文本输入，如搜索查询或评论，从中提取用户的兴趣点和需求。例如，通过情感分析技术，系统可以识别用户对某些主题的积极或消极情感，从而优化推荐结果。

文献建模是文献推荐系统的另一个重要环节。文献建模的目标是将文献的内容和特征转化为计算机可处理的形式。传统的方法主要依赖关键词提取和基于内容的检索，而现代的方法则借助人工智能技术来实现更为精细的文献建模。例如，基于深度学习的文本表示技术，如词嵌入（word embeddings）和文档嵌入（document embeddings），能够将文献内容转化为高维向量，这些向量可以捕捉文本的语义信息。

词嵌入技术如 Word2Vec 和 GloVe 通过将词汇映射到一个高维空间中，使得相似的词汇在空间中距离较近。这种表示方式不仅考虑了词汇的语法信息，还捕捉了词汇的语义关系。例如，在文献推荐系统中，词嵌入可以帮助识别文献中的重要术语和概念，从而提高文献的相关性匹配。近年来，预训练语言模型如 BERT 和 GPT 进一步提升了文本表示的能力，通过对上下文的深度理解，能够生成更加精准的文献表示。

在匹配与推荐过程中，人工智能技术发挥了重要作用。匹配算法的目标是根据用户模型和文献模型之间的相似性，进行文献推荐。传统的匹配算法主要包括基于内容的推荐和协同过滤推荐。基于内容的推荐通过比较用户兴趣与文献内容的相似性来进行推荐，而协同过滤推荐则依赖于用户之间的相似性和行为模式。人工智能技术通过引入更为复杂的模型，如深度协同过滤和图神经网络（GNN），使得匹配过程更加精准和智能。

深度协同过滤（Deep Collaborative Filtering）结合了传统的协同过滤和深度学习模型，通过对用户和文献的高维表示进行匹配，能够捕捉到更复杂的用户兴趣模式。例如，神经协同过滤模型利用深度学习技术对用户文献评分矩阵进行建模，从而挖掘潜在的兴趣关系。图神经网络则通过对用户和文献的图结构进行建模，能够有效地处理用户之间的社交关系和文献之间的引用关系，从而提供更为准确的推荐结果。协同过滤的基本逻辑如图 9-7 所示。(图源为：博客园@ ostin)

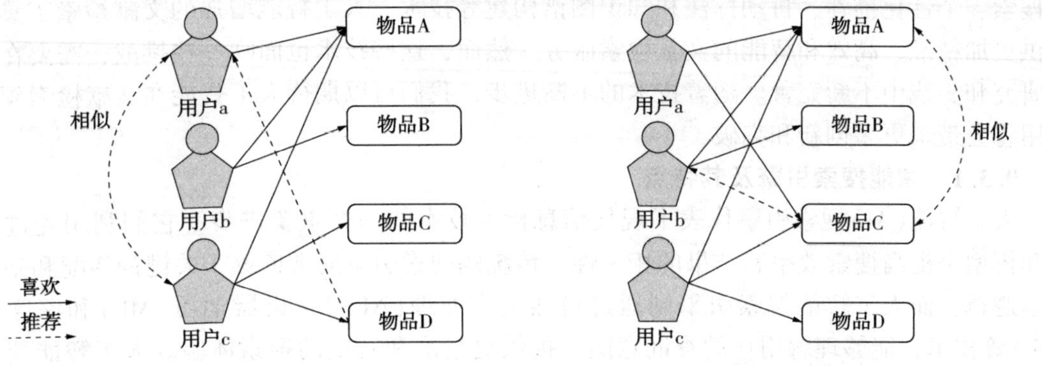

图 9-7　协同过滤的基本逻辑

人工智能在文献推荐系统中的应用也带来了许多挑战和问题。首先，数据隐私和安全问题是一个重要的挑战。在处理用户数据时，必须遵循相关的隐私保护法规，如 GDPR，以确保用户的个人信息不被泄露或滥用。其次，模型的解释性问题也需要重视。深度学习模型的“黑箱”特性使得其推荐结果难以解释，这可能影响用户对推荐系统的信任。因此，开发可解释的推荐算法也是当前的研究热点之一。

此外，推荐系统的公平性和偏见问题也需要关注。推荐系统可能会放大已有的偏见或不平等，如对某些文献的过度推荐或忽视。这要求在系统设计和训练过程中，引入公平性约束，以确保推荐结果的公正性和多样性。例如，研究人员可以通过引入公平性指标，来评估和调整推荐算法的结果，减少潜在的偏见。

综上所述，人工智能在文献推荐系统中发挥了重要作用，其技术原理涵盖了用户建模、文献建模和匹配推荐等多个方面。通过引入深度学习、自然语言处理和图神经网络等先进技术，文献推荐系统能够提供更加个性化和精准的推荐服务。然而，随着技术的不断进步，相关的挑战和问题也需要得到充分的关注和解决。未来，文献推荐系统将在学术研究和信息检索领域发挥越来越重要的作用，推动知识的发现和应用。

9.3　人工智能增强的文献检索工具

人工智能(AI)在文献检索工具中的应用正变得越来越重要。传统的文献检索方法依赖关键词匹配和布尔逻辑，然而，这些方法常常无法准确捕捉用户的查询意图和文献的深层次关系。随着人工智能技术的发展，特别是自然语言处理(NLP)和机器学习(ML)技术的进步，现代文献检索工具变得更加智能和高效。人工智能驱动的文献检索工具能够更好地理解用户的查询意图，自动生成相关文献的推荐，并提供更为精准的检索结果。

虽然人工智能增强的文献检索工具具有许多优势，但仍面临一些挑战。首先，人工智能模型的训练需要大量的高质量数据，而这些数据的获取和标注可能是一个复杂且昂贵的过程。其次，人工智能模型的解释性和透明性也是一个重要问题。尽管人工智能技术能够提供准确的结果，但其内部机制往往是黑箱的，这可能导致用户对结果的信任度下降。因此，提升人工智能模型的可解释性和透明度是未来研究的重要方向。

总的来说，人工智能技术正在为文献检索工具带来显著的提升。通过自然语言处理、语义搜索、个性化推荐、自动标注和知识图谱构建等技术，人工智能增强的文献检索工具能够提供更加精准、高效和智能的文献检索服务。然而，这些技术也面临一些挑战，需要在未来的研究和实践中不断完善。随着技术的不断进步，我们可以期待人工智能在文献检索领域的应用将会带来更多创新和突破。

9.3.1 智能搜索引擎及其特点

人工智能(AI)搜索引擎代表了现代信息检索技术的一个重要进步，它们利用先进的算法和模型来提高搜索效率和结果的相关性。传统的搜索引擎通常依赖于关键词匹配和基本的布尔逻辑，而人工智能搜索引擎则通过自然语言处理(NLP)、机器学习(ML)和深度学习(DL)等技术，能够理解用户的查询意图，提供更精准和智能的搜索体验。人工智能搜索引擎的核心特点包括语义理解、个性化推荐、上下文分析以及自学习能力，这些特点使其在处理复杂查询和动态信息时表现尤为突出。

首先，人工智能搜索引擎通过自然语言处理技术提高了对用户查询意图的理解。传统的搜索引擎通常依赖于用户输入的关键词进行检索，这种方法往往忽视了查询背后的实际意图。而人工智能搜索引擎能够处理自然语言查询，通过解析语句中的上下文和语义关系，准确捕捉用户的真实需求。例如，基于 BERT(Bidirectional Encoder Representations from Transformers)模型的搜索引擎能够理解双向上下文，从而在处理模糊或复杂的查询时提供更相关的结果(Devlin et al.，2018)。

其次，人工智能搜索引擎具有强大的个性化推荐功能。通过分析用户的搜索历史、点击行为和偏好，人工智能能够生成个性化的搜索结果。这种个性化推荐不仅提高了搜索结果的相关性，还能够帮助用户发现他们可能感兴趣的内容。例如，使用协同过滤和内容推荐算法，人工智能搜索引擎可以根据用户的兴趣和行为模式推荐相关的文献、产品或服务(Ricci et al.，2015)。万方数据能够通过关键词智能化给出检索结果，具体页面如图 9-8 所示。

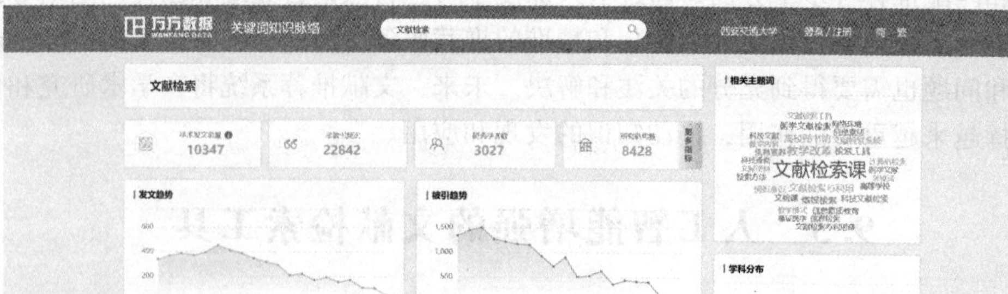

图 9-8 智能化关键词检索

上下文分析是人工智能搜索引擎的另一项重要功能。传统搜索引擎通常无法处理查询中的隐含信息，而人工智能搜索引擎通过上下文分析能够理解用户查询的背景。例如，深度学习模型能够通过对大量数据的训练，识别出用户在特定上下文中的意图，从而提供更加准确的搜索结果（Vaswani et al.，2017）。这种能力特别适用于处理多义词、同义词以及复杂的查询结构。

人工智能搜索引擎的自学习能力使其能够随着时间的推移不断优化搜索结果。通过机器学习算法，人工智能搜索引擎能够从用户的反馈和行为中学习，并根据这些数据调整其搜索算法和策略。例如，强化学习算法可以根据用户的点击行为和满意度调整搜索排名，从而提高整体的搜索效果（Sutton & Barto，2018）。

尽管人工智能搜索引擎在许多方面表现出色，但它们也面临一些挑战。首先，数据隐私和安全问题是人工智能搜索引擎需要解决的重要问题。由于人工智能搜索引擎需要收集和分析大量的用户数据，这可能引发用户隐私泄露的风险。因此，如何在提供个性化服务的同时保护用户隐私，是一个亟待解决的问题（Shokri et al.，2017）。其次，人工智能搜索引擎的算法和模型通常是复杂且不透明的，这可能导致结果的可解释性差。用户和开发者可能难以理解人工智能模型的内部机制，这对系统的信任度和可靠性产生影响。因此，提高人工智能搜索引擎的透明度和可解释性也是未来研究的一个重要方向（Doshi-Velez & Kim，2017）。

总体而言，人工智能搜索引擎通过利用自然语言处理、个性化推荐、上下文分析和自学习能力等先进技术，显著提升了搜索效率和结果的相关性。尽管存在数据隐私和算法透明性等挑战，人工智能搜索引擎的不断发展和创新有望为用户提供更智能、高效的搜索体验。

9.3.2 人工智能驱动的文献管理工具

人工智能（AI）驱动的文献管理工具正在迅速改变学术研究和专业工作中的信息处理方式。这些工具利用机器学习、自然语言处理和深度学习等技术，帮助研究人员高效地组织、检索和分析大量文献，显著提升了学术工作的效率和质量。传统的文献管理方法往往依赖手动输入和简单的分类系统，而人工智能驱动的工具则通过自动化和智能化的功能，提供更为精确和个性化的服务。

首先，人工智能驱动的文献管理工具在文献检索和推荐方面表现出色。这些工具通过自然语言处理技术，能够理解复杂的查询意图并提供相关的文献。例如，基于 BERT 等深度学习模型的检索系统，能够处理复杂的查询语句并提供更相关的搜索结果（Devlin et al.，2018）。人工智能工具可以分析文献的内容、上下文和主题，自动识别和推荐与用户研究兴趣相关的文章，极大地提高了文献检索的效率。

其次，人工智能驱动的工具在文献组织和管理方面展现出强大的自动化能力。这些工具可以自动提取文献中的关键信息，如标题、作者、摘要和关键词，并将其结构化存储在数据库中。此外，利用机器学习算法，人工智能工具能够根据文献的内容和引用关系自动生成分类标签和主题聚类。例如，基于主题建模技术，如 Latent Dirichlet Allocation（LDA），人工智能工具可以将大量文献按主题自动分类，帮助用户更好地组织和管理文献（Blei et al.，2003）。

在文献分析方面，人工智能驱动的工具也显示出显著的优势。这些工具能够通过文本挖掘和数据分析技术，对文献进行深入的内容分析，识别趋势、模式和关系。例如，通过情感分析和趋势分析，人工智能工具可以揭示特定领域的研究热点和发展方向，从而为研究人员提供有价值的洞察（Pang & Lee，2008）。

此外，人工智能技术还能够帮助用户进行引文分析，追踪文献的引用情况和影响力，支持文献的综合评估和分析(Garfield, 2006)。人工智能驱动的文献管理工具还具有智能化的文献推荐功能。这些工具能够根据用户的阅读历史和研究兴趣，提供个性化的文献推荐。例如，通过协同过滤和内容推荐算法，人工智能工具可以分析用户的行为数据，推荐可能感兴趣的文献，从而帮助用户发现相关的研究成果(Ricci et al., 2015)。这种个性化推荐不仅提高了文献检索的效率，还为用户提供了更多的研究视角和资源。

总的来说，人工智能驱动的文献管理工具通过智能化的文献检索、自动化的组织管理和深度的内容分析，极大地提升了学术研究的效率和质量。尽管面临数据隐私和算法透明性等挑战，这些工具的不断发展和创新将为研究人员提供更加高效、智能的文献管理解决方案。

9.3.3 智能推荐系统在文献检索中的应用

智能推荐系统在文献检索中的应用是信息技术和数据科学领域的重要进展。随着学术研究和知识管理的复杂性增加，传统的文献检索方法已经显得不够高效。智能推荐系统通过利用先进的算法和技术，为用户提供更精准和个性化的文献检索体验。以下将详细探讨智能推荐系统在文献检索中的应用，包括其工作原理、技术实现、实际应用场景以及面临的挑战和未来发展方向。

智能推荐系统的核心功能是通过分析用户的兴趣和需求，为其推荐相关的文献。这些系统通常结合了多种技术，包括自然语言处理(NLP)、机器学习(ML)、深度学习(DL)和数据挖掘等。推荐系统的基本目标是通过预测用户可能感兴趣的文献，提高信息检索的效率和效果。为了实现这一目标，推荐系统需要处理大量的数据，包括用户的历史行为、文献的内容以及文献之间的关系。

在智能推荐系统中，内容推荐和协同过滤是两种主要的推荐方法。内容推荐基于文献的内容特征和用户的兴趣进行推荐。例如，通过分析文献的主题、关键词和摘要，系统可以识别与用户当前兴趣相关的文献。内容推荐算法可以包括基于模型的方法，如基于潜在语义分析(LSA)和基于主题建模的方法，如 Latent Dirichlet Allocation (LDA) 模型(Blei et al., 2003)。这些算法通过对文献内容进行建模，识别潜在的主题结构，从而提供相关的推荐。

协同过滤是另一种重要的推荐方法，它基于用户的历史行为和其他用户的行为来进行推荐。协同过滤可以分为基于用户的协同过滤和基于物品的协同过滤两种方法。基于用户的协同过滤通过比较用户的行为模式，推荐与其他相似用户喜欢的文献。例如，如果用户 A 和用户 B 有相似的文献阅读历史，系统可能会推荐用户 B 阅读过的文献给用户 A(Sarwar et al., 2001)。基于物品的协同过滤则关注文献之间的相似性，推荐与用户当前阅读的文献相似的其他文献。例如，如果某篇文献被许多用户与另一篇文献一起阅读，系统可能会推荐这两篇文献(Koren et al., 2009)。

近年来，深度学习技术的引入为推荐系统的发展带来了新的机遇。深度学习模型，如卷积神经网络(CNN)和循环神经网络(RNN)，可以自动从文献中提取特征，并对其进行更复杂的建模。例如，CNN 可以用于从文献的文本中提取局部特征，而 RNN 可以捕捉文本中的序列信息(LeCun et al., 2015; Hochreiter & Schmidhuber, 1997)。这些模型能够更好地处理长文本和复杂的语义结构，提高推荐的准确性和相关性。

在实际应用中，智能推荐系统已被广泛应用于各种文献检索平台和学术数据库中。例如，Google Scholar 和 Semantic Scholar 等学术搜索引擎利用推荐系统为用户提供个性化的文献推荐。这些平台通过分析用户的搜索历史和阅读行为，推荐相关的学术论文、会议论文和专利等文献。例如，Semantic Scholar 使用一种名为“Semantic Search”的技术，通过分析文献的语义内容，提供与用户查询相关的推荐(Ammar et al.，2018)，其搜索网页如图 9-9 所示。(图源为：Semantic Search，https：//www. semanticscholar. org/)

图 9-9 智能推荐系统搜索网页

智能推荐系统还可以应用于学术社交网络，如 ResearchGate 和 Academia. edu。这些平台利用推荐系统根据用户的研究兴趣和社交网络中的活动，为用户推荐相关的研究人员、研究项目和学术资源。这种应用可以帮助用户建立学术联系，发现新的研究机会，促进学术合作。

尽管智能推荐系统在文献检索中具有显著的优势，但也面临一些挑战。数据隐私和安全是一个重要的关注点。由于推荐系统需要收集和分析大量的用户数据，如何保护用户的隐私和确保数据的安全是一个关键问题(Shokri et al.，2017)。此外，推荐系统的算法和模型通常是复杂且不透明的，这可能导致结果的可解释性差。用户和开发者可能难以理解推荐系统的内部机制，从而影响系统的信任度和使用效果(Doshi-Velez & Kim，2017)。

另一个挑战是推荐系统的冷启动问题，即当系统缺乏足够的用户行为数据时，如何提供有效的推荐。冷启动问题可以分为用户冷启动和物品冷启动两种情况。用户冷启动指的是新用户没有足够的历史数据来生成推荐，而物品冷启动指的是新添加的文献缺乏足够的数据来进行推荐。为解决这些问题，研究者们提出了各种方法，如利用外部数据源和迁移学习技术。

未来，智能推荐系统在文献检索中的应用有望进一步发展和优化。首先，推荐系统将越来越多地结合多模态数据，如文本、图像和视频等，以提供更全面和丰富的推荐内容。例如，结合图像数据的推荐系统可以根据文献中的插图和图表提供更多的视觉信息(Miao et al.，2019)。其次，推荐系统将更加注重个性化和情境化的推荐。通过结合用户的情境信息，如研究领域、学术背景和项目需求，系统可以提供更加精准的推荐(Cai et al.，2018)。此外，解释性推荐将成为一个重要的发展方向。通过提高推荐系统的可解释性，用户可以更好地理解推荐结果，从而提高系统的透明度和信任度(Ribeiro et al.，2016)。

总的来说，智能推荐系统在文献检索中的应用通过利用先进的算法和技术，提高了文献检索的效率和准确性。尽管面临数据隐私、算法透明性和冷启动等挑战，智能推荐系统的不断发展和创新有望为研究人员提供更加智能和个性化的文献检索体验。未来，随着技术的进步和应用场景的拓展，智能推荐系统将在文献检索领域发挥越来越重要的作用。

9.4 人工智能在学术研究中的应用实例

9.4.1 人工智能在各学术领域中的应用

人工智能(AI)在学术研究中的应用已经成为当代科学研究中的一个重要趋势。人工智能的快速发展为各领域的研究提供了前所未有的机会和挑战。以下是关于人工智能在学术研究中实际应用的介绍，涵盖了多个领域的具体案例，展示了人工智能如何在实际应用中推动学术研究的进步。

人工智能的应用在生物医学领域表现得尤为显著。传统的生物医学研究往往需要大量的数据分析和复杂的模型建构，而人工智能技术的引入大大提高了研究效率和准确性。例如，在癌症研究中，深度学习技术被用来分析医学影像，以便更早地发现癌症病变。美国斯坦福大学的研究团队开发了一种基于深度学习的算法，能够准确地检测皮肤癌。这种算法通过训练大量的皮肤病变图像，学习到如何识别不同类型的皮肤癌。研究结果表明，这种算法的准确性与皮肤科医生相当，甚至在某些情况下超过了医生的诊断水平(Esteva et al., 2017)。这种技术的进步不仅提高了癌症早期诊断的准确性，还可能在未来改变整个癌症筛查和治疗的模式。人工智能在医疗行业的应用场景实例如图 9-10 所示。

图 9-10 人工智能在医疗行业的应用场景实例

在社会科学领域，人工智能的应用也在不断扩展。例如，在经济学和社会学研究中，机器学习算法被用来分析社会现象和经济数据。美国普林斯顿大学的研究人员利用机器学习技术分析社交媒体数据，以研究公众对经济政策的反应。通过分析推特上的讨论和情感，研究人员能够实时跟踪公众对政策变化的态度，并预测政策对社会的潜在影响(Bollen et al., 2011)。这种方法为政策制定者提供了新的数据来源，使得政策调整能够更好地反映公众的需求和情感。

人工智能在气候科学研究中的应用也引起了广泛关注。气候变化是一个复杂的系统问题，需要处理大量的气候数据和模拟结果。人工智能技术，尤其是深度学习模型，被用来提高气候模型的准确性。例如，哈佛大学的研究团队利用深度学习技术改进气候模型的预测能力。通过分析历史气候数据和模拟结果，研究人员训练了一种深度神经网络模型，能够更准确地预测未来气候变化的趋势。这项研究不仅提高了气候模型的预测精度，还为制定应对气候变化的策略提供了更加可靠的依据(Rasp et al., 2018)。

在材料科学领域，人工智能技术也展示了其强大的潜力。材料科学研究通常需要探索大量的材料组合和实验数据，而人工智能的引入使得这一过程变得更加高效。麻省理工学院的研究团队开发了一种基于机器学习的材料发现平台，该平台能够通过预测材料的性质来指导实验室的研究方向。研究人员利用机器学习算法分析已知材料的数据，以预测新材料的性能，并通过实验验证这些预测结果。这种方法大大缩短了新材料的发现周期，并提高了研究效率(Xie & Grossman, 2018)。

此外，人工智能在天文学研究中的应用也取得了显著成果。天文学研究通常需要处理大量的观测数据和复杂的模型计算，而人工智能技术能够帮助研究人员更有效地从数据中提取有价值的信息。加州大学伯克利分校的研究团队利用人工智能技术分析来自天文望远镜的数据，以识别和分类不同类型的天体。通过训练深度学习模型，研究人员能够自动识别和分类超新星、星系和其他天体，大大提高了数据分析的效率和准确性(Mahabal et al.，2016)。

总的来说，人工智能在学术研究中的应用已经成为推动科学进步的重要力量。无论是在生物医学、药物研发、社会科学、气候科学、材料科学还是天文学领域，人工智能技术的引入都极大地提高了研究效率和精确度。随着技术的不断发展，人工智能在学术研究中的作用将会更加重要，推动科学发现和技术进步的步伐也将不断加快。

9.4.2 企业与机构人工智能文献检索应用

人工智能(AI)在文献检索领域的应用已经在技术公司和学术研究机构中取得了显著进展。这些应用不仅提升了信息检索的效率和准确性，还促进了创新和科学研究的进展。本部分将详细探讨技术公司和学术研究机构在人工智能文献检索中的应用实践，包括具体的案例研究。

在技术公司方面，谷歌是利用人工智能技术进行文献检索的杰出代表。谷歌通过其学术搜索引擎 Google Scholar，利用人工智能技术进行智能文献推荐和检索优化。谷歌使用机器学习算法分析用户的搜索历史和文献阅读模式，提供个性化的文献推荐服务。这种个性化推荐不仅基于用户的搜索关键词，还结合了用户的领域兴趣和以往的阅读行为，从而提高了检索的相关性和精度。例如，谷歌通过其深度学习模型可以识别用户的研究主题，并推荐相关领域的最新研究成果和高影响力文献。该技术还利用自然语言处理(NLP)来自动提取文献中的关键信息和主题标签，进一步优化文献的检索和分类。

在学术研究机构方面，斯坦福大学和麻省理工学院在人工智能文献检索的应用中也取得了显著成果。斯坦福大学的斯坦福人工智能实验室(SAIL)利用人工智能技术进行大规模文献数据分析。SAIL 开发了多个基于深度学习和自然语言处理的工具，用于分析学术文献中的语言模式和研究趋势。例如，斯坦福的人工智能系统能够自动识别文献中的主要贡献和研究问题，并生成相关领域的研究综述。这些工具不仅加快了文献检索的速度，还提高了文献筛选的准确性，使得研究人员能够更快速地找到与其研究相关的文献。

麻省理工学院的计算机科学与人工智能实验室(CSAIL)也在人工智能文献检索方面进行了广泛的研究。CSAIL 开发了基于人工智能的文献检索系统，能够通过高级文本分析技术自动生成文献的主题模型和趋势预测。例如，CSAIL 的研究团队开发了一个系统，可以通过分析大量的学术文献，识别出当前研究领域的热点问题和未来发展方向。这种系统通过深度学习模型和文本挖掘技术，从文献中提取有价值的信息，帮助研究人员制定研究计划和发现新的研究机会。

此外，加州大学伯克利分校的数据科学研究所(DSSI)也在人工智能文献检索方面做出了重要贡献。DSSI 开发了基于图神经网络的文献检索系统，能够处理复杂的引文网络和文献关系。该系统通过图算法分析文献之间的引用关系，提供了对学术领域的深入理解。例如，DSSI 的系统能够绘制出文献之间的引用网络图，帮助研究人员识别领域内的关键文献和重要的研究路径。这种分析不仅有助于了解领域内的主要研究趋势，还能揭示研究中的潜在空白和未来的研究方向。

这些技术公司和学术研究机构的实践表明，人工智能在文献检索领域的应用正在不断发展，并且正在显著提升文献检索的效率和智能化水平。通过个性化推荐、引文网络分析、自动化分类和趋势预测等技术，人工智能正在改变学术研究和信息管理的方式，使得研究人员能够更快速、准确地获取所需的信息和文献。这些实践不仅推动了学术研究的进步，也为未来的文献检索技术发展提供了宝贵的经验和借鉴。

9.4.3 应用实例介绍和分析

以 Google Scholar 在文献检索中的人工智能应用为例。Google Scholar，作为一个免费的学术搜索引擎，展示了人工智能技术在文献检索领域的强大潜力。其成功的背后，是自然语言处理（NLP）技术和机器学习算法的综合运用，这些技术不仅提高了检索的效率和准确性，还使得用户能够更加精准地获取所需的文献。

9.4.3.1 Google Scholar 在文献检索中应用的详细分析

（1）自然语言处理技术的应用

Google Scholar 利用自然语言处理技术对文献的内容和结构进行深入分析。具体来说，自然语言处理技术在文献检索中的主要应用包括：

全文分析：Google Scholar 通过 NLP 技术对文献的全文进行自动化分析。这不仅包括对文献标题、摘要、关键词的分析，还涵盖了对全文的深入理解。NLP 技术帮助 Google Scholar 识别文献中的主要主题、重要概念和术语，使得检索结果能够更好地匹配用户的查询需求。

实体识别与关系抽取：在文献内容中，NLP 技术可以识别出特定的实体（如作者、机构、学科领域等）并抽取这些实体之间的关系。这种技术支持 Google Scholar 构建知识图谱，使得用户可以通过点击相关实体（例如特定的研究主题或作者）快速找到相关的文献。

语义理解：NLP 技术还使 Google Scholar 能够理解和处理用户的查询意图，即使用户的查询表达不够准确或详细。通过语义分析，Google Scholar 可以根据上下文来调整检索结果，提供更加相关的文献。

（2）机器学习算法的应用

Google Scholar 结合机器学习算法对文献进行相关性评分和排序，主要包括以下方面：

相关性评分：机器学习算法通过分析文献的内容、结构和引用情况，为每篇文献分配一个相关性评分。这些评分反映了文献与用户查询的匹配程度。相关性评分的计算不仅考虑了文献的主题，还考虑了文献的引用数量和引用质量，确保高影响力的文献排在前面。

引用网络分析：Google Scholar 利用机器学习技术分析文献的引用网络。引用网络是指文献之间的引用关系，通过分析这些关系，可以识别出具有较高影响力的文献。例如，广泛被引用的文献通常被认为是领域内的重要研究成果。机器学习算法帮助 Google Scholar 动态地更新这些网络信息，保持检索结果的准确性和时效性。

个性化排序：机器学习算法还用于个性化排序。Google Scholar 通过分析用户的检索历史、点击记录和阅读习惯，自动调整检索结果的排序，以提供更符合用户需求的文献。这种个性化推荐可以显著提高用户的检索体验，使得他们更容易发现与自身研究兴趣相关的文献。

（3）用户行为数据的利用

Google Scholar 不仅依赖技术来提升检索质量，还通过分析用户行为数据来优化检索结果：

检索历史：通过跟踪用户的检索历史，Google Scholar 能够识别用户的研究兴趣和偏好。这些数据帮助 Google Scholar 在用户进行新的检索时，提供更加精准的文献推荐。

点击记录：用户点击的文献也为 Google Scholar 提供了宝贵的信息。点击记录反映了用户对某些文献的兴趣，这些信息被用于调整相关性评分和推荐系统，以确保用户能够看到最相关的研究成果。

行为模式分析：Google Scholar 通过分析大量用户的行为模式，进一步优化检索算法和推荐系统。例如，通过分析哪些文献经常被点击和引用，Google Scholar 可以动态调整文献的权重，改进检索结果的准确性。

(4) 成功的关键因素

Google Scholar 的成功不仅在于其技术实现，还在于其对用户需求的深刻理解。以下几点是 Google Scholar 成功的关键因素：

高效的技术实现：Google Scholar 结合了先进的 NLP 技术和机器学习算法，实现了对文献内容的深入分析和精确排序。这使得用户能够快速找到相关的文献，并提高了检索的效率。

用户需求导向：Google Scholar 通过个性化推荐和相关性排序，充分考虑了用户的实际需求。对用户行为的分析和反馈机制，使得 Google Scholar 能够持续优化其检索服务，提升用户体验。

广泛的文献覆盖：Google Scholar 致力于覆盖尽可能广泛的学术文献，包括期刊文章、会议论文、学位论文等。这种广泛的覆盖确保了用户能够访问到领域内的重要研究成果。

(5) 存在的局限性

尽管 Google Scholar 在文献检索中展现了强大的人工智能技术优势，但仍存在一些局限：

对非英语文献的覆盖不足：虽然 Google Scholar 包含了大量的学术文献，但其对非英语文献的覆盖仍然不够全面。这限制了全球范围内研究人员获取和分享非英语文献的能力。

系统延迟和数据处理问题：在处理大量数据时，Google Scholar 可能会遇到系统延迟的问题。这种延迟可能影响到文献的实时更新和检索结果的准确性。

数据隐私和安全问题：用户行为数据的收集和分析涉及隐私问题。Google Scholar 需要在提升服务质量和保护用户隐私之间找到平衡。

再以 Web of Science(WOS)为例，WOS 作为一个被广泛使用的学术数据库，在文献检索和分析方面扮演了关键角色。随着人工智能(AI)技术的迅速发展，WOS 已经将人工智能应用于多种功能，以显著提升文献检索的效果和效率，主要包括文献推荐与个性化排序、引文网络分析、自动化文献分类与主题识别、文献影响力评估以及智能文献聚合与数据挖掘，并通过具体案例展示这些应用如何改变学术研究和文献管理的方式。WOS 搜索主页如图 9-11 所示。

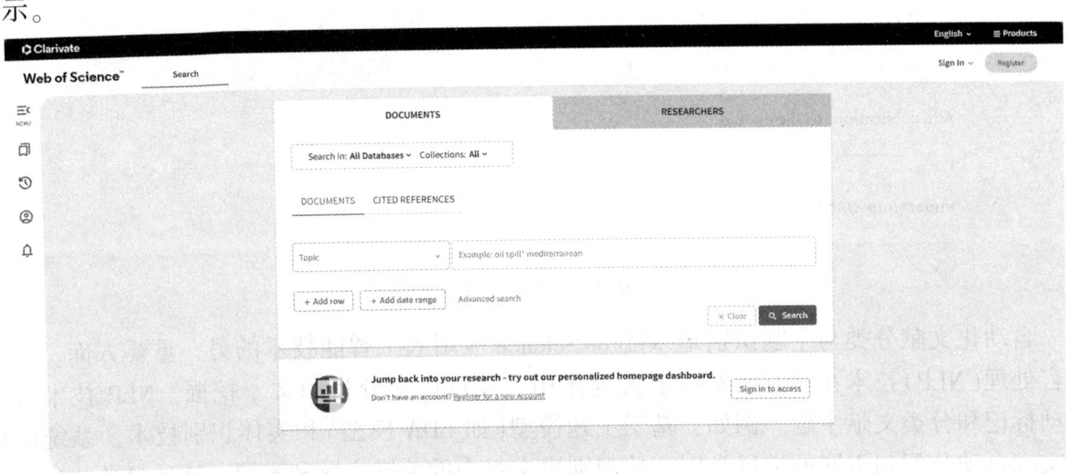

图 9-11 WOS 搜索主页

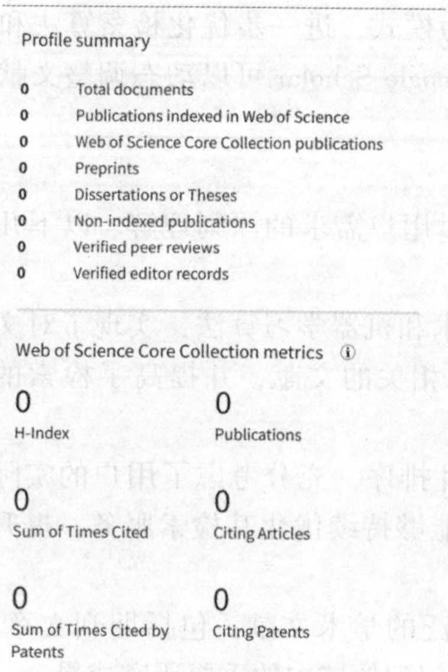

图 9-12　用户个性化资料

首先，Web of Science 利用机器学习算法和推荐系统实现了文献的个性化排序和推荐。传统的文献检索方法依赖关键词和布尔逻辑运算，用户常常需要在大量文献中筛选相关内容。人工智能技术通过分析用户的检索历史、浏览行为和文献阅读模式，自动生成个性化的推荐列表。这些推荐系统基于协同过滤和内容推荐技术，能够识别用户的研究兴趣并推荐与之相关的最新文献和高影响力文章。例如，某用户经常检索生物医学领域的文献，系统将通过分析该用户的行为模式，自动推荐相关领域的高质量研究成果。这种个性化推荐不仅提高了文献检索的效率，也帮助用户迅速找到与其研究兴趣最相关的文献，减少了在大量文献中筛选的时间。如图 9-12 是 WOS 里用户的个性化资料。

其次，引文网络分析是 Web of Science 中另一项重要的人工智能应用。通过图算法和网络分析技术，Web of Science 能够对引用网络进行建模和分析。这些技术识别文献之间的引用关系，揭示文献的引用影响力和研究领域的知识结构。引文分析算法能够绘制出领域内的知识图谱，帮助用户识别重要的研究趋势和核心文献。例如，研究人员可以通过引文网络分析发现某个领域的关键研究者和具有重大影响的文献，这不仅有助于了解领域内的主要研究方向，还能揭示研究主题的演变和发展趋势。这种深度的学术洞察对于制定研究策略和发现潜在的研究空白至关重要。如图 9-13 是 WOS 的引文分析页面。

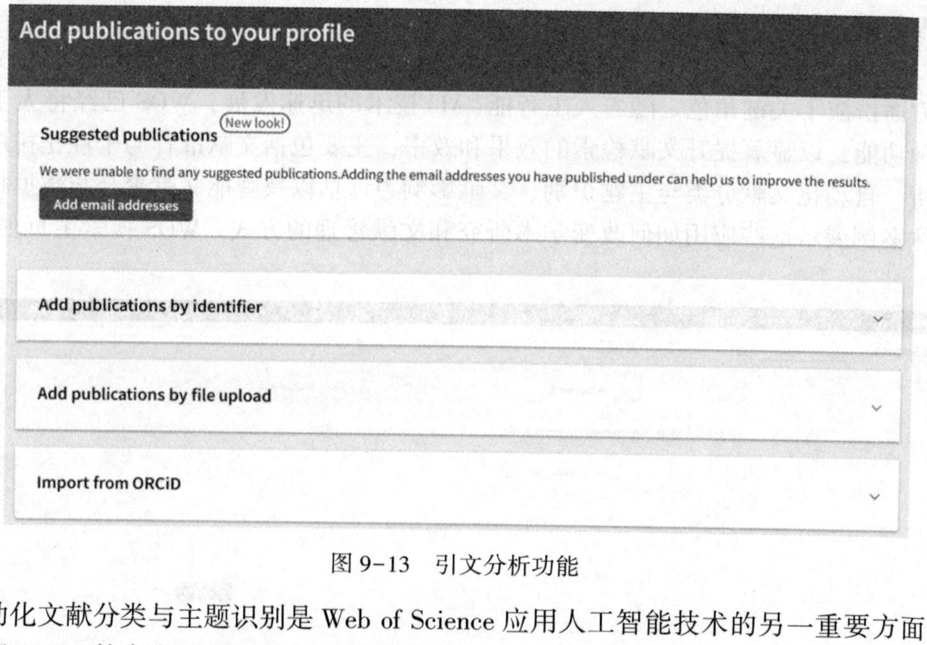

图 9-13　引文分析功能

自动化文献分类与主题识别是 Web of Science 应用人工智能技术的另一重要方面。自然语言处理（NLP）技术在这方面发挥了关键作用。通过语义分析和文本挖掘，NLP 技术可以自动标记和分类文献主题。例如，基于主题模型（如 LDA 模型）和实体识别技术，系统能够将文献自动分配到不同的学科类别，并识别出文献中的关键主题和术语。这种自动化的文献分类和主题识别提高了文献检索的精度，使用户能够更容易地找到特定领域的文献，减少了人工分类的工作量。此外，自动化分类还使得系统能够实时更新分类标准，以适应研究领域的不断变化。

在文献影响力评估方面，Web of Science 通过机器学习技术提供了对文献影响力的量化指标。这些技术包括基于引文的影响力评估模型，如 H 指数和 G 指数，以及预测文献未来影响力的算法。通过分析文献的引用频次和引用模式，系统能够对文献进行综合影响力评分。例如，H 指数衡量的是一个研究者在某一领域内的文献数量与这些文献被引用次数的综合情况，这种评价方法有助于识别领域内的重要研究成果和具有潜力的研究方向。影响力评估不仅为研究人员提供了量化的文献价值指标，也有助于在学术界内评估研究者和机构的影响力。

智能文献聚合与数据挖掘是 Web of Science 中应用人工智能技术的最后一个方面。通过数据挖掘技术，WOS 能够从大量文献中提取有价值的信息。这些技术包括文本挖掘、趋势分析和模式识别。系统通过分析海量文献的数据，能够发现研究热点、趋势和潜在的研究空白。例如，通过对文献数据的深入分析，系统可以识别出当前研究的主要趋势和新兴的研究方向，从而帮助研究人员更好地把握领域动态和前沿研究。这种智能文献聚合和数据挖掘不仅提供了深入的研究分析和洞察，还为制定未来的研究策略提供了宝贵的参考。

总的来说，Web of Science 通过应用人工智能技术，显著提升了文献检索和分析的智能化水平。文献推荐与个性化排序、引文网络分析、自动化文献分类与主题识别、文献影响力评估以及智能文献聚合与数据挖掘等人工智能应用，不仅提高了系统的检索效率和准确性，也为研究人员提供了更加深入和全面的学术洞察。这些技术的应用不仅改变了文献检索和管理的方式，也推动了学术研究的发展和进步。

同时在科研领域，系统化的文献检索工作流程对研究的成功至关重要。以哈佛大学的神经科学研究团队为例，第 9.4.3.2 和第 9.4.3.3 部分分别讲述其文献检索工作流程和经验分享。

9.4.3.2 文献检索工作流程

(1) 确定研究主题和关键问题

科研团队首先明确研究主题和核心问题，这一步骤至关重要。通过与团队成员讨论，定义研究目标，确定需要回答的具体问题，从而设定检索的范围和关键词。例如，在探索新型神经退行性疾病的机制时，团队会确定相关的疾病名称、症状描述、潜在的分子机制等关键字。

(2) 选择适当的文献检索工具

基于研究主题的特性，团队选择合适的文献检索数据库，如 PubMed、Google Scholar、Web of Science 等。每种工具有不同的功能和数据库覆盖范围，例如，PubMed 专注于生物医学领域，而 Web of Science 则提供跨学科的文献数据。使用不同的工具可以确保检索到全面的文献资料。

(3) 制定检索策略

制定详细的检索策略是提高文献检索效率的关键。这包括选择合适的检索词、布尔逻辑运算符(如 AND、OR、NOT)的应用、设置检索过滤器(如时间范围、文献类型等)。例如，使用“神经退行性疾病”AND“机制”AND“分子生物学”进行检索，以便获得相关领域的研究成果。

（4）进行初步筛选

检索结果往往需要进行初步筛选。团队会根据标题和摘要筛选出与研究主题相关的文献，排除那些与研究目标不符的条目。筛选标准通常包括文献的相关性、发表时间、研究质量等。

（5）阅读和整理文献

对筛选后的文献进行详细阅读，提取关键信息，包括研究背景、方法、结果和结论。团队成员会使用文献管理工具（如 Endnote、Zotero）来组织和标记文献，便于后续的引用和整理。两种软件的分类界面如图 9-14、图 9-15 所示。（图源分别为：知乎@ Smilence，CSDN@ Highlight_Jin）

图 9-14　Endnote 的分类界面

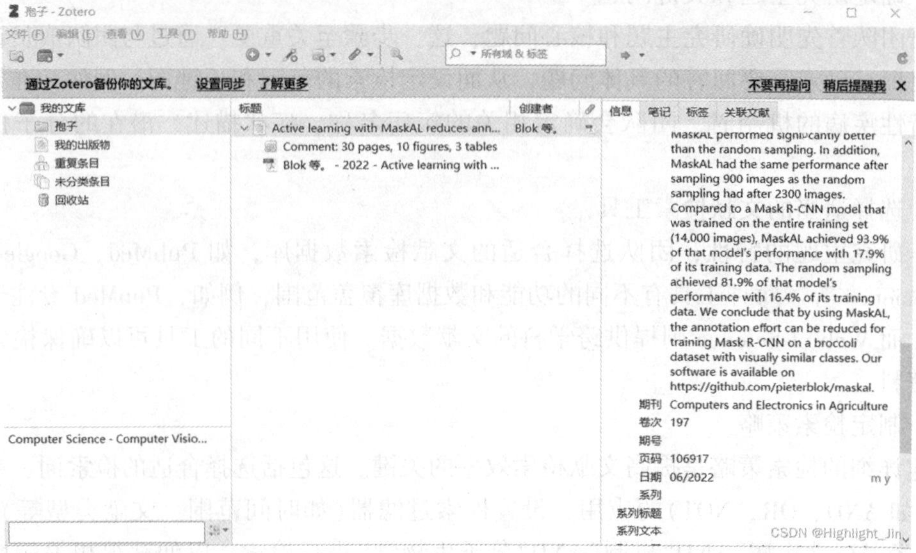

图 9-15　Zotero 的分类界面

(6) 进行文献综述

通过对所阅读文献的综合分析，团队撰写文献综述，概述当前研究领域的现状和进展，识别研究中的空白点和未来的研究方向。这一过程帮助团队更好地理解现有研究，并为自己的研究提供理论支持。

(7) 持续更新文献

文献检索是一项系统而持续的活动，旨在不断更新和扩展研究领域内的知识基础。研究团队应定期进行文献检索，以跟踪最新的研究进展和动态。通过订阅相关学术期刊和数据库的通知服务，团队可以及时获取前沿研究成果和重要动态信息。

9.4.3.3 经验分享

(1) 使用高级搜索功能

利用数据库的高级搜索功能可以显著提高检索的精确度。例如，在 PubMed 数据库中，使用医学主题词(MeSH)能够更准确地定位相关文献。在 Google Scholar 中，利用引文追踪功能，可以发现那些被频繁引用的重要研究成果。通过这种方式，研究人员能够更有效地聚焦于高影响力的文献。PubMed 数据库首页如图 9-16 所示。(图源为：https：//pubmed. ncbi. nlm. nih. gov/)

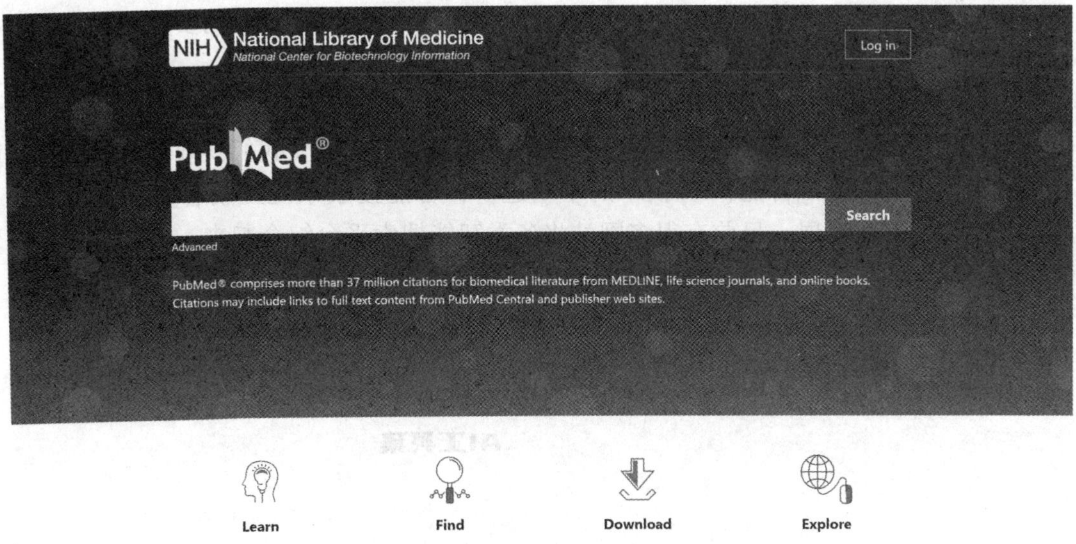

图 9-16　PubMed 数据库首页

(2) 关键词的灵活使用

在文献检索中，关键词的组合应根据具体需求进行灵活调整。初期的检索可能需要使用较广泛的关键词，以获取该领域的总体信息；而在后期，研究人员则可以通过使用更为精准的关键词来缩小检索范围，从而确保获取最相关的文献。

(3) 多数据库检索

仅依赖单一数据库进行检索可能导致重要文献的遗漏。因此，在多个数据库中进行检索，不仅能够覆盖更广泛的研究成果，还能避免信息的遗漏，确保对领域内文献的全面掌握。

(4) 文献管理工具的有效使用

文献管理工具的使用能够极大地提高文献组织与管理的效率。这些工具不仅可以帮助研究人员整理文献，还能自动生成引用和参考文献列表，从而节省时间并减少人为错误。

(5) 团队协作

团队成员之间的协作与讨论是提升文献检索效率的重要因素。通过分享各自的检索策略和发现，并讨论文献的相关性，团队能够更快地整合信息，形成更加全面的研究视角。

(6) 保持批判性思维

在阅读和分析文献时，保持批判性思维至关重要。研究人员应对文献的研究质量和可信度进行评估，避免盲目接受所有信息。这种批判性的态度不仅有助于筛选出高质量的研究成果，也能促进更深层次的理解与应用。

9.5 人工智能文献检索的未来发展趋势

人工智能(AI)在文献检索领域的应用正在不断演进，未来可能会显著改变学术研究和信息获取的方式。随着人工智能技术的不断进步，尤其是在自然语言处理(NLP)、机器学习(ML)和深度学习(DL)领域，文献检索系统的智能化和自动化程度将进一步提高。

总的来说，人工智能将极大地推动文献检索的智能化和自动化进程，使得文献检索更加高效、精准和个性化。然而，这也带来了数据隐私和算法偏见等挑战，需要在未来的发展中予以关注和解决。

9.5.1 智能搜索技术发展趋势

智能搜索技术在信息获取和数据检索领域的快速发展正在改变我们获取信息的方式。随着计算能力的提升和人工智能(AI)技术的不断进步，智能搜索系统正朝着更加智能化、个性化和实时化的方向发展。目前有很多网站将各类智能搜索平台综合起来，人工智能工具集是其中整合较好的一个网站，首页如图 9-17 所示。(图源为：https://ai-bot.cn/)

图 9-17 人工智能工具集首页

以下是智能搜索技术的主要发展趋势及其未来前景。

第一，智能搜索技术正向深度学习和自然语言处理(NLP)技术的更高水平发展。传统的搜索引擎主要依赖关键词匹配和布尔逻辑来进行检索，然而这种方法在处理复杂查询和理解用户意图方面存在局限性。现代搜索系统正越来越多地采用深度学习算法，特别是基于深度神经网络的模型，如卷积神经网络(CNN)和循环神经网络(RNN)，来提升搜索的准确性和相关性。例如，通过对大量语料的训练，双向编码器表征法(Bidirectional Encoder Representations from Transformers，BERT)和生成式预训练转换器(Generative Pre-trained Transformer，GPT)等先进的预训练语言模型能够理解自然语言中的上下文关系，从而提高了搜索引擎对用户查询意图的理解能力。这些模型的引入，使得搜索系统能够更好地处理同义词、词义歧义和复杂句子的理解，提升了搜索结果的相关性和准确性。

第二，个性化搜索成为智能搜索技术的重要趋势之一。传统的搜索引擎通常以通用的算法和标准化的搜索结果来满足所有用户的需求，缺乏个性化和定制化的考虑。随着用户数据的积累和分析技术的发展，搜索引擎能够根据用户的历史搜索记录、行为习惯和偏好，提供个性化的搜索结果。例如，推荐系统可以根据用户的兴趣和需求，主动推送相关的内容和信息。个性化搜索不仅提高了用户的搜索体验，也增强了搜索结果的相关性和实用性。然而，个性化搜索也面临着数据隐私保护的问题，需要在技术实现中充分考虑用户数据的安全和隐私。

第三，语音搜索和对话式搜索的兴起正在改变用户与搜索引擎的互动方式。随着语音识别技术的成熟和智能助手(如Siri、Alexa和Google Assistant)的普及，用户越来越多地使用语音命令进行搜索。语音搜索可以提供更加自然和便捷的搜索体验，特别是在移动设备和智能家居环境中。对话式搜索技术通过对用户的自然语言输入进行理解和响应，能够实现更加流畅的用户交互。例如，智能助手不仅可以回答用户的问题，还可以进行多轮对话，逐步获取用户的需求并提供精准的搜索结果。这种对话式交互的方式，不仅提高了搜索的智能化水平，也增强了用户的使用体验。各大手机厂商基本都推出了自己手机内置的语音助手，各手机品牌语音助手总结如图9-18所示。(图源为：小红书@ DTCHAT)

图9-18 各手机品牌语音助手

第四，图像和视频搜索技术的进步正在扩展智能搜索的应用场景。传统的搜索引擎主要处理文本信息，而随着计算机视觉技术的发展，图像和视频内容的检索变得越来越重要。图像搜索技术通过分析图像的内容特征、颜色、形状等，能够帮助用户找到类似的图像或相关的信息。例如，Google 的图像搜索功能允许用户上传一张图片，并找到与之相关的图像和信息。视频搜索技术也在不断进步，能够对视频内容进行自动标记和索引，帮助用户快速找到感兴趣的片段。图像和视频搜索的进步，不仅丰富了搜索的形式和内容，也为用户提供了更多的检索方式和应用场景。

第五，智能搜索技术正向实时性和动态更新发展。传统的搜索引擎通常依赖于定期更新的索引数据库来提供搜索结果，这种方式难以满足实时信息的需求。随着数据流和信息更新速度的加快，搜索系统需要能够快速响应最新的信息和动态。例如，新闻搜索引擎需要实时更新最新的新闻报道，社交媒体搜索需要及时捕捉和分析用户生成的内容。为此，智能搜索技术正引入流数据处理和实时索引更新的技术，能够在数据生成和变化的瞬间提供最新的搜索结果。这种实时性的提升，不仅增强了搜索的时效性，也提高了对动态信息的处理能力。

第六，搜索引擎的智能化还体现在对多模态数据的处理能力上。多模态搜索技术旨在整合和分析来自不同来源的数据，如文本、图像、视频和音频等，从而提供更全面的搜索结果。例如，用户可以通过输入文字、上传图片或录制语音来进行搜索，系统能够综合分析这些不同形式的数据，提供更加丰富和准确的搜索结果。多模态搜索技术不仅提升了搜索的灵活性，也扩展了搜索的应用范围和场景。

第七，智能搜索技术的发展还需要解决一系列挑战，包括数据隐私、安全性和算法偏见等问题。随着用户数据的不断积累和利用，数据隐私保护成为一个重要的关注点。搜索系统需要在提供个性化服务的同时，充分保障用户的数据安全和隐私。此外，算法偏见问题也需要引起重视，确保搜索结果的公平性和客观性。为此，研究人员和技术开发者需要不断优化算法和技术，确保智能搜索系统的可靠性和公正性。

总之，智能搜索技术正朝着深度学习和自然语言处理、个性化搜索、语音和对话式搜索、图像和视频搜索、实时性和动态更新、多模态数据处理等多个方向发展。这些方向不仅提升了搜索的智能化和自动化水平，也丰富了搜索的形式和应用场景。然而，智能搜索技术的发展也面临数据隐私、安全性和算法偏见等挑战，需要在技术进步的同时，注重解决这些问题，以推动智能搜索技术的健康发展。

9.5.2 文献检索与知识图谱的融合

在信息时代的背景下，文献检索与知识图谱的融合日益成为学术研究和信息管理中的重要趋势。文献检索系统作为获取学术资源的核心工具，面临着海量数据的挑战，而知识图谱的引入则为提升检索的智能化和精准度提供了新的解决方案。文献检索传统上依赖关键词匹配和布尔逻辑，这种方法在面对复杂的查询需求时可能显得力不从心。随着信息量的爆炸式增长，用户对检索系统的要求不仅仅是找到相关的文献，更希望能够理解文献间的关系、主题的演变以及知识的网络结构。在这种背景下，知识图谱作为一种将信息以图形化形式组织和表示的方法，成为解决这些问题的有效工具。

知识图谱是通过实体（如人、地点、事件）和这些实体之间的关系构建的图形结构。这些图谱不仅包含了大量的事实数据，还通过节点和边的方式展示了这些事实之间的复杂关系。将知识图谱应用于文献检索，可以显著提升检索结果的相关性和准确性。一方面，知识图谱可以为文献检索系统提供语义理解的能力，使系统能够识别和处理复杂的查询意图。例如，在传统的基于关键词的检索系统中，如果用户输入的查询词与文献中的实际用词不完全一致，系统可能会错过相关的文献。然而，知识图谱通过建立词汇、概念及其相互关系的语义网络，可以帮助系统更好地理解用户的查询意图，从而返回更加相关的结果。另一方面，知识图谱还能够帮助用户发现潜在的研究方向和相关文献。在一个包含丰富关系的知识图谱中，用户可以通过图谱中展示的节点和边，直观地看到各个主题、概念之间的联系。这种关系网络不仅有助于用户发现与当前研究主题相关的文献，还能够帮助他们了解某一领域的研究趋势和发展动态。例如，如果一个研究人员正在探索某一疾病的治疗方法，知识图谱可以帮助其识别与该疾病相关的最新研究成果、相关的治疗药物以及该领域的主要研究人员。一张知识图谱的一般构建流程如图 9-19 所示。(图源为：知乎@ 罗观猎讯)

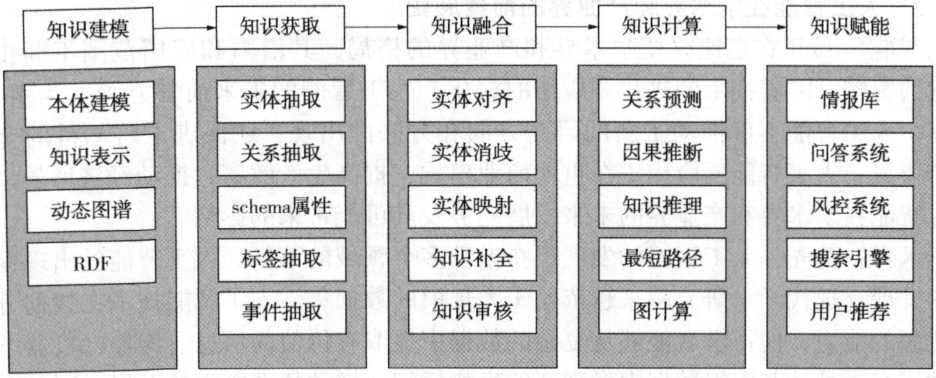

图 9-19　知识图谱的一般构建流程

为了实现文献检索与知识图谱的有效融合，研究者们采用了多种技术手段。自然语言处理(NLP)技术是构建和维护知识图谱的关键之一。通过对文献的文本进行分词、实体识别和关系抽取，NLP 技术可以将文献中的信息转化为知识图谱中可用的结构化数据。此外，机器学习和深度学习技术的应用也在提升知识图谱的构建和更新效率方面发挥了重要作用。例如，通过训练模型来自动识别和分类文献中的重要实体及其关系，研究者可以大幅度减少人工干预，提高知识图谱的构建速度和准确性。中国知网中搜索"卷积神经网络研究综述"时已经可以自动跳出相关的知识图谱供搜索者参考，如图 9-20 所示。

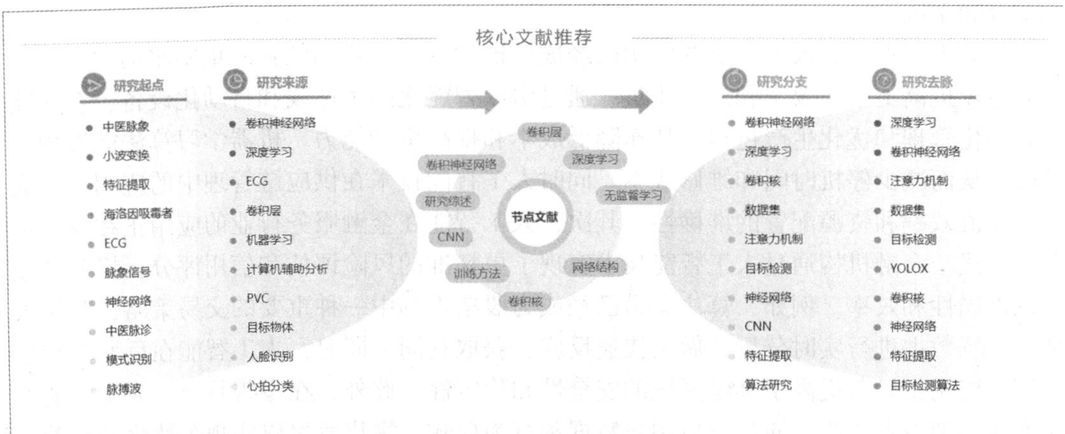

图 9-20　自然语言处理(NLP)技术的应用——构建知识图谱

在实际应用中，将知识图谱应用于文献检索系统还需要解决一些技术挑战。数据的质量和完整性是影响知识图谱效果的重要因素。为了保证知识图谱中的信息准确可靠，需要不断更新和维护图谱中的数据，同时应对来自不同来源和格式的数据整合问题。此外，如何处理图谱中的噪声和不确定性，以及如何保证系统在处理大规模数据时的响应速度，也是需要解决的挑战。

总的来说，文献检索与知识图谱的融合为信息检索系统带来了革命性的改进。知识图谱不仅提升了文献检索的智能化水平，还为用户提供了更为丰富和准确的信息。未来，随着技术的不断进步和应用的不断深入，文献检索系统将更加依托于知识图谱，成为支持学术研究和信息管理的重要工具。

9.5.3 人工智能在学术界和产业界的前景展望

人工智能(AI)正在迅速改变学术界和产业界的格局，其潜力和应用范围不断扩大，带来了深远的影响。随着技术的进步和应用的深化，人工智能的未来前景显得尤为引人注目。在学术界，人工智能不仅推动了新的研究方向和方法的出现，还促进了跨学科的合作与创新。在产业界，人工智能的应用正在重塑商业模式，提高生产效率，推动经济增长。以下分别是人工智能在学术界和产业界的未来发展趋势及其可能带来的影响。

在学术界：首先，人工智能的发展正在推动多个领域的革新。人工智能的出现促进了数据科学的发展。现代学术研究越来越依赖于大规模的数据集，人工智能技术在数据分析和模式识别方面的能力，使得学者能够从复杂的数据中提取有价值的信息。例如，机器学习算法可以帮助研究人员从基因组数据中发现新的生物标记，推动精准医学的发展。同时人工智能在自然语言处理(NLP)方面的进步，使得文本挖掘和信息检索变得更加高效，极大地促进了文献分析和综述的工作。其次，人工智能的应用还带动了理论研究的进步。许多学科开始利用人工智能进行复杂的计算和模拟，从而获得更精确的理论预测。例如，物理学中的量子计算正在通过人工智能优化计算模型，化学中的药物发现过程也在借助人工智能加速新药的研发。人工智能技术的应用不仅提高了研究效率，也推动了科学理论的发展和验证。此外，人工智能技术的发展推动了跨学科的合作。许多研究领域需要多学科的知识和技术才能解决复杂的问题。例如，生物信息学、社会网络分析和认知科学等领域都依赖于人工智能技术的支持。这种跨学科的合作不仅拓宽了研究视野，也促进了创新方法的出现，使得学术研究变得更加综合和系统。

在产业界：首先，人工智能的应用已经成为推动经济增长和创新的重要驱动力。人工智能在制造业提高了生产效率和产品质量。通过引入智能化的生产线和自动化设备，企业能够实现精细化管理和优化生产过程，从而降低成本和提高生产能力。机器学习算法能够预测设备故障，从而减少停机时间和维修成本。同时人工智能技术在供应链管理中的应用也极大地提高了物流效率和资源配置的准确性。其次，人工智能在金融服务行业的应用正在改变传统的业务模式。金融机构通过人工智能技术实现了更精准的风险评估和信用评分，提升了投资决策的准确性和效率。例如，算法交易已经成为股票市场中一种重要的交易策略，利用人工智能对市场数据进行实时分析，做出快速反应，获取利润。同时，人工智能在反欺诈和反洗钱方面的应用也显著提高了金融系统的安全性和稳定性。此外，在零售行业，人工智能的应用正在重塑消费者体验。通过分析用户数据和行为模式，零售商可以实现个性化的推荐系统和精准的营销策略，从而提升客户满意度和销售额。聊天机器人和虚拟助手的应用也使得客户服务变得更加高效和便捷，降低了运营成本。不仅如此，人工智能在医疗行业的潜力同样巨大。通过分析医疗数据和影像，人工智能能够帮助医生更准确地进行诊断和预测疾病的发展。智能化的医疗设备和远程监测技术也不断发展，推动了个性化医疗和远程医疗的普及。这不仅提高了医疗服务的质量，也为患者提供了更多的治疗选择。

未来，人工智能的发展将继续推动学术界和产业界的进步。随着技术的不断成熟和应用的深入，人工智能将会带来更多的创新和机会。在学术界，人工智能将继续促进科学研究和理论发展的革新；在产业界，人工智能的应用将不断优化生产和服务，提高经济效益。与此同时，相关的政策和法规也需要不断完善，以应对人工智能技术带来的挑战和问题。总的来说，人工智能的前景充满了机遇和挑战，它将深刻地影响我们的生活和工作方式，塑造未来的发展方向。

10 科技论文写作

写作是文字写作、论文撰写的俗称，是文字表达能力的一部分，属于技能性的能力，是对科技人员的才华和素质考察的一个重要方面，是用于记载科研结果的。

10.1 科技论文的概念

论文又称议论文、论说文，是讨论或研究某种问题的文章。它的研究范围相当广泛，无论是社会科学的问题，或是自然科学的问题，都可以成为专题论文的研究对象；无论是与实践密切相关的应用科学，或是抽象思维特性突出的基础研究，均可容纳和兼论不悖。

科技论文(Scientific Paper)是自然科学学术论文的总称，是创造性科学技术研究工作成果的科学论述，是理论性、实验性或观测性新知识的科学记录，是已知原理应用于实际中取得新进展、新成果的科学总结。也就是说，科技论文是对某一学科某些问题进行创造性的科学实验和理论分析，并运用逻辑思维方法揭示其客观规律和本质的一种论说性文章。

10.2 科技论文的分类

10.2.1 按其发挥的作用分类

学术性论文：指研究人员提供给学术性期刊发表或向学术会议提交的论文。学术性论文又分为期刊论文与会议论文。

期刊论文：是作者在科学研究的基础上，根据科研结果撰写而成，并在学术刊物上发表的科技论文。

会议论文：是作者未公开发表，在学术会议上交流，会议结束后由会议主办单位汇编而成的会议论文集。

学位论文：指作者提交的用于获得学位的文献。学位论文又分为学士学位论文、硕士学位论文、博士学位论文。

学士学位论文 GB/T 7713.1—2006 指出："学士论文表明作者较好地掌握了本门学科的基础理论、专门知识和基本技能，并具有从事科学研究工作或承担专门技术工作的初步能力。"

硕士学位论文 GB/T 7713.1—2006 指出："硕士论文表明作者在本门学科上掌握了坚实的基础理论和系统的专门知识，并对所研究课题有新见解，并具有从事科学研究工作或独立承担专门技术工作的能力。"

博士学位论文 GB/T 7713.1—2006 指出："博士论文表明作者在本门学科上掌握了坚实宽广的基础理论和系统深入的专门知识，在科学或专门技术上做出了创造性的成果，并具有独立从事科学研究工作或独立承担专门技术开发工作的能力。"

10.2.2 按其论述内容分类

研究报告　是科技论文中最常见的一类，是各学科的专业研究人员把研究的过程与结果用文字的形式加以正式表达的报告，是研究者思想发展的忠实报告，代表着研究者的研究水平与其研究报告的价值高低，是研究者进行学术交流和科研成果推广的重要形式。

理论论证　是研究者对提出的新假说通过数学推导和逻辑推理的方法进行论证后提出新的理论而撰写的论文。

设计计算　是研究者为解决某些工程问题、技术问题和管理问题而把进行的计算机程序设计写成的论文。

专题论述　是研究者通过分析和论证，对某些产业、某一领域、某一学科、某项工程提出的新的独到的见解。

综合论述　综合论述又叫综述。综述是就某一学科或专题，在一定时间内，对所发表的大部分原始文献中有价值的情报进行综合的叙述和评论所编写的文章。

10.2.3　按论文题材分类

研究论文　是研究者将本人所掌握的大量的实验数据、实验体会等进行的科学的逻辑的整理，形成具有一定的创新性、参考价值，能解决一些实际问题的文字材料。

研究简报　是研究论文的研究报道，是研究者对某一科研课题的研究成果所做的阶段性报告。

综述　即综合论述，其内容如上所述。

调查报告　是研究者对某一问题或某一事件调查研究后，将所得的材料和结论加以整理而写成的书面报告。一般都要找出规律性的东西，并提出研究者自己的见解及解决问题的建议。

10.3　科技论文的写作意义

① 科技论文写作是科技工作的重要组成部分。一项科研成果，从选题、资料搜集、科研设计到科研论文的撰写，每一项程序对整个科研项目都起着举足轻重的作用，科技论文的写作是科技工作不可缺少的重要组成部分。

② 科技论文写作是科学研究的必要手段。科学研究是一种复杂的创造性的思维活动，因此用文字来记录整个思维活动的进程就显得尤其重要。

③ 科技论文写作是科技成果的重要标志。科技文献是科技成果的重要标志之一，是衡量某一学科、某一个人、某一个国家科技水平高低的重要标志之一。研究者所发表的某一科学研究的科技论文的数量与质量，是他在某一科学研究中所取得的科研成果的重要体现。

④ 科技论文写作是科技交流的理想工具。科技文献是存储、传递科技信息的良好载体。研究者通过阅读大量的科技文献，掌握前人对这一问题的研究状况、所取得的成就、存在的问题，在前人已有的基础上把科学推向前进。因此科技论文的写作对科技发展与进步起着越来越重要的作用。

10.4　科技论文的写作内容

10.4.1　科研选题

(1) 选题的重要意义

第一，科研选题能使科研人员真正明确科研的目标与任务；第二，科研选题能使科研人员有目的、有计划地调整自己的知识结构；第三，科研选题的正确与否，制约着科研工作的成败；第四，科研选题在一定程度上决定了科研方法与手段的选取。总之，科研选题影响科研工作的全局，影响着科研工作的成败。

（2）选题的来源

第一，从实践活动中寻找科研课题；第二，从文献资料中寻找科研课题；第三，从自然现象的调查和观察中寻找科研课题；第四，从当地具体情况出发，接受上级指定的急需解决的科研课题。

（3）选题的原则

第一，科学性原则。选题必须有科学依据；选题必须符合客观规律；选题设计必须具有逻辑性。第二，创新性原则。科研研究不仅要继承、发扬已有的科学成就，更重要的是要在继承的基础上有所发现、有所发明、有所创新。也就是说要在研究内容上有所创新，研究方法上有所创新。第三，实用性原则。选题的实用性原则，就是选题应为社会服务，选择能提高人们生活水平，推动社会前进的题材。第四，可行性原则。选题的可行性原则，就是选题取得成功的可能性有多大。

10.4.2　科技论文的基本要求

一篇科技论文要求具有学术性、真实性、逻辑性和规范性。

（1）学术性要求

科技论文的学术性是最重要的，科技论文不是科学研究的工作总结；科技论文不是科技报表；科技论文不是文学作品。科技论文的学术性还表现在其语言应是书面语言。

（2）真实性要求

科研方法真实可信，经得起论证；试验数据真实可靠，经得起复核；客观讨论不作夸张，经得起推敲；所作结论站得住脚，经得起提问。

（3）逻辑性要求

科技论文的逻辑性，要求作者撰写论文的过程中要经过周密的思考，严谨而富有逻辑效果的论证。

（4）规范性要求

科技论文的规范性是指科技论文的编写格式要具有一定的规范性，严格按照 GB 7713.3—2014《科技报告编写规则》的要求来编写，科技论文的文后参考文献的著录严格按照 GB/T 7714—2015《信息与文献 参考文献著录规则》来著录。

10.4.3　科技论文的撰写步骤

科技论文的撰写包括确定选题、掌握材料、拟定提纲、撰写初稿、修改定稿等 5 个步骤。

（1）确定选题

选题是科技论文撰写的第一步，选题即确定自己研究的课题，解决“研究什么”的问题，明确研究的目标和范围。科技论文的选题应遵循价值性原则、创新性原则和适宜性原则。

（2）掌握材料

撰写论文前，要充分地搜集材料。搜集材料首先是广泛查找、阅读与课题有关的文献资料，借鉴、继承前人已经取得的成果，吸取前人的经验教训。包括两方面：一方面如果搜集不到拟研究课题的资料，前人没有或很少论述过，说明所选课题新颖，这时就必须搜集本课题所属学科的基础理论和专业知识方面的文献资料，从理论上、原理上下功夫；另一方面如果涉及本课题的文献较多，就必须深入研究，从中发现前人论证的不足或错误，提出新的论点、论据，得出新的更完美的结论。其次，充分利用科研过程中所得的实验结果与数据，编制成表格或图表供写作时备用。作者搜集的大量材料，必须经过严格的选择才能成为写作科技论文的素材。素材应选择那些真实的、典型的、新颖的材料，对筛选过的材料还要进行比较分析，提炼其中的精华加以利用。

(3) 拟定提纲

材料选好后，就可以开始写作了。在开始写作前拟定好提纲，是撰写出好论文的条件。提纲能帮助作者把材料组织成结构严谨的理论体系，提纲可帮助作者使论文的内容与形式统一，材料与观点的统一，提纲可以帮助作者树立全局观念，做到内容服务于主题。

(4) 撰写初稿

提纲只是论文的粗略轮廓，在撰写论文时会随时依据所准备的材料，所要论述论点的需要对提纲作必要的调整或修改。撰写初稿要有全局观念，如何开头、结尾，论点与论据如何展开，各段落的大小标题如何安排，段落之间如何衔接。用数字作为序号来表达论文的结构与内容层次，论文中的引文要严格按照 GB/T 7714—2015 的标准来著录。

(5) 修改定稿

修改文章是撰写科技论文必不可少的重要环节。一篇好的科技论文都是作者长时间准备、搜集资料，不断地修改、调整而成的。修改初稿可以从两方面入手：一是修改篇幅和结构，考查文章内容是否很好地表达了文章的主题思想，论文结构是否合理，段落顺序、文章层次、段落的安排是否恰当。二是修改字句，要用最准确、精练的语言来把文章的主题、论点、论据等表述清楚，做到准确、鲜明生动地表达出论文的主题思想，整篇文章通顺流畅，简明精练。

10.5 科技论文的写作格式

在完成资料查阅收集、科研论证选题和实验研究总结的基础上，经过对实验结果的整理分析，即可着手进行论文的撰写工作。科技论文一般都由题名、作者姓名与工作单位、摘要与关键词、中图分类、文献标识码、正文、引言、结论、致谢、参考文献等部分组成。

10.5.1 题名

又称篇名、题目、标题、文题。是科技论文的总纲，是能反映论文最重要的特定内容的最恰当、最简明的词语的逻辑组合。题名一般有三种表示标法：一是明确规定了论文要研究、论述的问题；二是明确概括了文章的结论；三是从题名显示论文的研究的方法。

对题名的要求主要有：第一，简明。简单明了，便于记忆。题名一般应少于 20 个字。第二，确切。题名应准确表达文章的确切内容，用词专指度高。题名中常见错误：其一是题目笼统泛指，范围过大；其二是标题一般化，没有特点，无法区别与其他文章；其三是有意无意拔高，缺乏分寸感；其四是题名中名词术语要符合检索工具的文献索引要求，尽量避免使用非公知公用的缩略语、字符、代号和公式等。第三，完整。题名一般是完整的句子或一个完整的词组，题名中一般不用标点符号，但可以有副题名。第四，醒目。题名要概括、醒目、有特色。

10.5.2 作者姓名及工作单位

作者姓名的汉语拼音按 GB/T 16159—2012《汉语拼音正词法基本规则》来写。汉语人名中的姓和名分写，姓在前，名在后，复姓连写。双姓中间加连接号。姓和名的首字母分别大写，双姓两个字首字母都大写。笔名、别名等，按姓名写法处理。例如：

Lǐ Huá（李华）　　Wáng Jiànguó（王建国）

Dōngfāng Shuò(东方朔)　　Zhūgě Kǒngmíng（诸葛孔明）

Zhāng-Wáng Shūfāng（张王淑芳）　　Lǔ Xùn（鲁迅）

Méi Lánfāng(梅兰芳)　　Zhāng Sān（张三）

Wáng Mázi(王麻子)

工作单位宜直接排印在作者姓名之下并应写全称，不能简写，以免混淆。单位名称与省市名之间应以逗号“，”分隔。整个数据项用圆括号“(　)”括起。例：广东石油化工学院，广东茂名 525000（Guangdong University of Petrochemical Technology，Guangdong Maoming 525000）

多名作者的署名之间应用逗号“，”隔开；不同工作单位的作者，应在姓名右上角加注不同的阿拉伯数字序号，并在工作单位名称之前加与作者姓名序号相同的数字，以便于建立作者与其工作单位之间的关系；各工作单位之间连排时以分号“；”隔开。

例：李锦兰[1]，柯春媚[2]

（1. 广东石油化工学院图书馆，广东茂名 525000；2. 广东省立中山图书馆，广东 广州 510110）

对于文章的主要作者按如下顺序应给出其简介(Author’s brief)：

姓名(出生年—)、性别(民族——汉族可以省略)、籍贯、职称、学位、简历及研究方向(任选)。在简介前加“作者简介:”或“[作者简介]”作为标识。例：

作者简介：黄军左(1967—　)，女(汉族)，浙江省余姚市人，教授，硕士，主要从事化工教学与研究工作。

同一篇文章的其他主要作者简介可以在同一“作者简介:”或“[作者简介]”的标识后相继列出，其间以分号“；”隔开，最后以“.”或“。”结束。

10.5.3　摘要与关键词

摘要是论文内容的浓缩，读者通过摘要能了解论文的大意。摘要中不用图、表、化学结构、不常见的符号、缩略语和术语等。

摘要的主要内容有论文的研究目的、研究方法、研究结论，具有相对独立性。摘要的编写要依据 GB 7713.1—2006 的规定来写，是论文内容的简要陈述，是一篇具有独立性和完整性的短文，一般以第三人称语气写成，不加评论和补充的解释。篇幅在 100~300 字。必要的英文摘要应与中文摘要相对应。摘要前要加“[摘要]”作为标识，英文摘要前要加“[Abstract]”作为标识。

关键词的定义：国家标准 GB/T 7713.3—2014《科学报告编写规则》规定：关键词是为了文献标引工作从报告、论文中选取出来用以表示全文主题内容信息款目的单词或术语，是反映论文主题内容的叙词或自由词，是一种广泛应用的检索语言。

广义的关键词包括规范的主题词及未规范的自由词(标题词、科技名词、短语及词组等)。

关键词的作用：

(1) 标引关键词的目的就是要准确、客观、完整地揭示论文的主题思想，反映论文的本质内容。关键词是一篇科技论文的重要信息。有些作者的论文具有很高的学术价值，却因关键词不规范而无法让用户检索到它，从而导致论文的真正价值得不到应有的体现。因此，作者应充分认识到关键词标引的重要性，做好关键词规范化工作，从而提高其论文的引用率，相应地提高论文的价值。

(2) 导引作用。关键词能鲜明而直观地表达科技论文的主题，使读者在未看科技论文的摘要和正文之前便能一目了然地知道其论述的主题，从而作出是否要花费时间阅读正文的判断。这样可有效地节省读者的时间，提高阅读效率。

(3) 检索作用。期刊中发表的科技论文一般都会被题录型或文摘型的二次文献(检索工具)所收录，或被收录到书目型文献数据库(如光盘版《中文期刊数据库》)中。检索工具中的关键词索引和数据库文档中的按关键词编制的倒排文档就是根据科技论文提供的关键词编排的。关键词索引和倒排文档提供了快速检索文献的途径。当读者需要查找有关文献时，只要将关键词输入检索系统，就能找出所有涉及该关键词的文献。

关键词的位置：关键词作为科技论文的一个组成部分，列于摘要段之后，以显著的字符另起一行，排在摘要下方。为了国际交流，应在英文摘要之后标注与中文对应的英文关键词。一般是先标引中文关键词，然后再译成英文。翻译时要避免译成中文式英语。中、英文关键词一一对应，中文关键词前应冠以“[关键词]”作为标识；英文关键词前冠以[Key words]作为标识。

关键词间的标点符号：关键词是各自独立的单个语词，相互间无语法或逻辑联系，故在中文情况下宜用空一字隔开，或用分号“;”隔开。而英文期刊约80%用逗号隔开，约近20%用分号，还有极少数用破折号，未见空格代替。

例：

关键词：图书馆；服务危机；集成管理

Key words：library；service crisis；integrated management

对文献内容中的主题词(叙词)的筛选、分析和标引规则：首先，从题名中找，题名是论文主题的浓缩，最容易从题名中找到最关键、最重要的词；其次，在摘要中找，摘要是论文的高度概括，论文的研究目的、研究方法、研究结论等可以在摘要中找到，所以从摘要中能快速找到论文最关键、重要的词；其三，从论文的小标题中找，论文的小标题是反映论文主题层次的，所以从小标题中也能找到最关键的词；其四，从结论中找，在结论里能找到在题名、摘要、小标题中漏选的重要词。

一般每篇文章可以选出3~8个关键词，多个关键词之间应该用分号“;”分隔，以便于计算机自动切分。

10.5.4 中图分类号

为了给读者提供一个从文献的学科分类检索文章的途径，编辑部一般都要求在论文的文摘与关键词后提供一个文献中图分类号。文章一般标识一个分类号，对一篇涉及多学科的论文(或称为多个主题)，可以同时著录几个分类号，把主分类号排在第一位，多个分类号之间应以分号“;”分隔。分类号前应以“中图分类号:”或“[中图分类号]”作为标识。

例：[中图分类号]G253。

10.5.5 文献标识码与文章编号

文献标识码共有5种设置：

A——理论与应用研究学术论文(包括综合报告)

B——理论学习与社会实践总结(社科)，实用性技术成果报告(科技)

C——业务指导与技术管理性文章(包括领导讲话、特约评论等)

D——动态性信息(包括通讯、报道、会议活动、专访)

E——文件、资料(包括历史资料、统计资料、机构、人物、书刊、知识介绍等)

注：不属于上述各类的文章以及篇幅短小的文摘、零讯、补白以及广告、启事等不加文献标识码。

中文文章的文献标识码以“文献标识码:”或“[文献标识码]”作为识别标志，例：[文献标识码]A

英文文章的文献标识码以“Document code:”作为标识。

文章编号是由编辑部审稿决定录用后给定的文章编号。如：1002-1167(2007)01-0054-03。

10.5.6 正文

正文是科技论文的主体部分，是反映作者学术理论水平与创新才能的集中体现。正文部分占据论文最大的篇幅，正文一般由引言、材料与方法、结果与分析、结论等四部分组成。

(1)引言

引言又称前言、导言或绪论。它是科技论文的开场白，主要是介绍研究工作起源、研究目的、范围及相关领域，前人在该领域已经取得的成就及存在的问题，揭示论文的研究方法，拟达到的研究效果。引言的写法其一要突出重点，其二是注意深度，其三是审慎评价，其四是简要阐述论文的研究情况。

(2)材料与方法

论文的材料与方法是向读者介绍作者获得成果的方法与手段。材料与方法一般应包括介绍实验所用的材料、设备、装置和仪器；介绍实验所用的方法与过程；实验过程中出现问题的处理方法；实验操作注意事项等。

(3)结果与分析

实验结果是整个实验过程中所取得的数据或观测到的现象。此部分内容是科技论文的关键部分，是从直观的感性材料上升到理性高度的分析判断的过程，是整篇论文精华之所在。研究结果的表达方式可以用表格、插图、照片、公式等来体现；研究结果的导出方法可以用数理统计、误差分析、公式推导、图表筛选等方法来进行；研究结果应具备：可靠性，令人信服；重现性，可以再现；普遍性，能够通用；客观性，实事求是。应用已有理论和知识对试验结果做整体分析和讨论；对本研究的结果进行价值评价；本研究与他人研究结果的异同点及其原因分析；异常结果的分析和讨论。

(4)结论

此部分内容并非每篇论文所必需，专设“结论”一般限于如下情况：研究结果特别重要，有重大学术价值；研究方法特别新颖，对结果的取得有决定性作用；用同样的材料和方法得出与别人截然相反的结论。

10.5.7 致谢

“致谢”不是学术论文主体部分不可缺少的部分，要视具体情况而定。一般来说致谢的对象一般是曾经帮助过自己进行研究而又不符合论文作者署名条件的那些团体或者个人。如GB/T 7713.1—2014规定：对相关工作的开展或科技报告的编写给予帮助的组织和个人宜致谢，包括：国家科学基金、资助研究工作的奖学金基金、合同单位、资助或支持的企业、组织或个人；协助完成研究工作和提供便利条件的组织或个人；在研究工作中提出建议和提供帮助的人；给予转载和引用权的资料、图片、文献、研究思想和设想的所有者；其他应感谢的组织和人。致谢可放在序或前言中，也可另起一页，单独列出。

10.5.8 参考文献

作者在论文的写作过程中参考的学术著作、重要论文，参考文献按在正文中出现的先后次序列表于文后；文后以“参考文献：”（左顶格）或“［参考文献］”（居中）作标识，参考文献的序号左顶格。

（1）参考文献的作用

参考文献的作用主要有四个方面：

① 参考文献能反映科学研究的真实依据。参考文献注明了被引理论、观点、数据、方法的来源，反映了论文作者的科学态度和论文所具有的真实科学依据，也为论文审阅者、编辑和读者评估论文的水平提供了客观依据。

② 参考文献是尊重他人的研究成果的表现，是著作权的要求。引用一定数量的参考文献，表明了研究的继承性和对他人劳动成果的尊重，也免除了抄袭和剽窃的嫌疑。

③ 参考文献能指明引用资料出处。读者可通过参考文献获取原文，便于读者根据需要进一步阅读。

④ 参考文献可作为文献计量提供依据。文献计量研究机构可通过参考文献查找文献被引统计次数。

（2）参考文献著录的原则

① 要精选参考文献，只著录最必要的、最新的文献。在撰写科技论文时，所撰写的论文的相关文献很多，但不一定将读过的所有文献都在参考文献中著录，要尽力引用最主要的文献；在进行某一专业的研究过程中，要时刻关注国内外该课题研究成果，在撰写论文时要尽可能引用最新的文献，特别是最近5年内的文献，以保证所引用文献的新颖性。

② 只著录公开发表的文献。参考文献应该能够查找到，非正规出版物是内部资料不易查找到。

③ 采用规范化的著录格式。参考文献的著录要严格按GB/T 7714—2015《信息与文献 参考文献著录规则》规定来著录。参考文献的著录格式一般采用顺序编码制。顺序编码制是引文采用序号标注，文后参考文献列表按引文的序号排列的参考文献标注体系。在论文正文引用的参考文献处，标注参考文献的编码，即序号。将阿拉伯数字序号置于方括号中并上标。所有的参考文献按在正文中出现的先后顺序，用阿拉伯数字号连续编码，并与文末参考文献列表的参考文献序号形成一一对应的关系。

同一处引用多篇文献时，只需将各篇文献的序号在方括号内全部列出，各序号用半角逗号“,”空一格表示。如遇连续序号可用“-”标注起止序号。同一文献在文中被引用多次时，只编一个首次引用的序号。如果对一篇页数不多的期刊论文引用多次，每次引用的页码范围都是一样的，则直接重复使用这个文献序号。如果对一本页数较多的专著或学位论文引用多次，每次引用的页码范围是不同的，则在正文中重复使用这个文献序号，但将引文页码或起止页码放在方括号“[]”外与“[]”同为上标。文后参考文献表中不再重复著录页码。

例：但是我国大多数图书馆联盟，在联盟的战略目标、成员管理、资源建设等方面仍存在诸多问题[2]。……有学者通过问卷调查得出，除了少数大型国家级图书馆联盟外，我国多数图书馆联盟在管理模式和运行机制上，仍或多或少地存在不尽人意之处或不科学之处[2]37-45。……

（3）参考文献类型及其标识

GB/T 7714—2015《信息与文献 参考文献著录规则》规定以单字母方式标识各种参考文献类型，见表10-1。

表10-1 文献类型和标识代码

参考文献类型	文献类型标识代码	参考文献类型	文献类型标识代码
普通图书	M	专利	P
会议录	C	数据库	DB
汇编	G	计算机程序	CP
报纸	N	电子公告	EB
期刊	J	档案	A
学位论文	D	舆图	CM
报告	R	数据集	DS
标准	S	其他	Z

对于数据库、计算机程序及电子公告等电子文献类型的参考文献，建议以双字母作为标识。见表10-2。

表10-2 电子资源载体和标识代码

电子资源的载体类型	载体类型标识代码
磁带（magnetic tape）	MT
磁盘（disk）	DK
光盘（CD-ROM）	CD
联机网络（online）	OL

以纸张为载体的传统文献在被引作参考文献时，其参考文献类型以单字母标识。

对于非纸张型载体的电子文献，当被引用为参考文献时，需要在参考文献类型标识中同时标明其载体类型。建议采用双字母表示电子文献载体类型，如：磁带（magnetic tape）—MT，磁盘（disk）—DK，光盘（CD—ROM）—CD，联机网络（online）—OL，并以下列格式表示包括了文献载体类型的参考文献类型标识。

［文献类型标识/载体类型标识］

［DB/OL］—联机网上数据库

［DB/MT］—磁带数据库

［M/CD］—光盘图书

［CP/DK］—磁盘软件

［J/OL］—网上期刊

［EB/OL］—网上电子公告

以纸张为载体的传统文献在引作参考文献时，不必注明其载体类型。

（4）参考文献著录项目

① 主要责任者（专著作者、论文集主编、学位申报人、专利申请人、报告撰写人、期刊文章作者、析出文章作者）。多个责任人之间以“，”分隔，注意在本项数据中不得出现缩写点“.”。主要责任者只列姓名，其后不加“著”“编”“主编”“合编”等责任说明。

② 文献题名及版本(初版省略)。

③ 文献类型及载体类型标识。

④ 出版项(出版地、出版者、出版年)。

⑤ 文献出处或电子文献的可获得地址。

⑥ 文献起止页码。

⑦ 文献标准编号(标准号、专利……)

(5) 几种常见文献类型顺序编码制的书写规则

① 专著、论文集、学位论文、报告

[序号]主要责任人．文献题名[文献类型标识]．出版地：出版者，出版年．起止页码(任选)．

② 期刊文章

[序号]主要责任者．文献题名[J]．刊名，年，卷(期)：起止页码．

③ 论文集中的析出文献

[序号]析出文献主要责任者．析出文献题名[A]．原文献主要责任者(任选)．原文献题名[C]．出版地：出版者，出版年．析出文献起止页码．

④ 报纸文章

[序号]主要责任者．文献题名[N]．报纸名，出版日期(版次)．

⑤ 国际、国家标准

[序号]标准编号，标准名称[S]．

⑥ 专利

[序号]专利所有者．专利题名[P]：专利国别，专利号．出版日期．

⑦ 电子文献

[序号]主要责任者．电子文献题名[电子文献及载体类型标识]．电子文献的出处或可获得地址，发表或更新日期/引用日期(任选)．

⑧ 各种未定义类型的文献

[序号]主要责任者．文献题名[Z]．出版地：出版者，出版年．

参 考 文 献

[1] 阎维兰．信息检索[M]．北京：北京邮电大学出版社，2005.

[2] 袁豪杰．现代信息检索与利用[M]．北京：北京邮电大学出版社，2004.

[3] 王细荣．文献信息检索与论文写作[M]．上海：上海交通大学出版社，2006.

[4] 邓学军．科技信息检索[M]．西安：西北工业大学出版社，2006.

[5] 罗志尧．文献信息检索与利用[M]．北京：科学技术文献出版社，2003.

[6] 赵岩碧．信息检索原理与方法教程[M]．北京：北京工业出版社，2005.

[7] 滕颖．经贸文献信息检索．南京：东南大学出版社，2003.

[8] 朱建亮．文科文献检索(第三版)．武汉：华中科技大学出版社，2002.

[9] 符绍宏．因特网信息资源检索与利用．北京：清华大学出版社，2000.

[10] 陈子康，张连水，李华民．化学文献检索与应用导引．北京：北京师范大学出版社，2008.

[11] 王崇臣，王婷，张元晶等．化学化工专利文献及其检索．北京：化学工业出版社，2005.

[12] 赵乃瑄，冯新．化学化工电子文献检索与分析策略．北京：化学工业出版社，2007.

[13] 周理盛．信息资源检索实务．北京：化学工业出版社，2007.

[14] 许忠锡，姚中平．信息检索与利用新编教材．杭州：浙江大学出版社，2007.

[15] 徐军玲，洪江龙．科技文献检索(第二版)．上海：复旦大学出版社，2007.

[16] 赵岩碧．信息检索原理与方法教程．北京：化学工业出版社，2005.

[17] 魏振枢．化学化工信息检索[M]．北京：化学工业出版社，2002.

[18] 周志高，刘志平．大学毕业设计(论文)写作指南[M]．北京：化学工业出版社，2006.

[19] 魏振枢．化学化工信息检索[M]．北京：化学工业出版社，2002.

[20] 张白影．科技文献检索与利用[M]．武汉：华中理工大学出版社，1996.

[21] 周志高，刘志平．大学毕业设计(论文)写作指南[M]．北京：化学工业出版社，2006.

[22] 常思敏．科技论文写作指南[M]．北京：中国农业出版社，2008.

[23] 崔桂友．科技论文写作与论文答辩[M]．北京：中国轻工业出版社，2015.

[24] 李锦兰．必应搜索引擎特色功能简介[J]．图书情报工作，2014，(S2)：189-192.

[25] 王细荣. 文献信息检索与论文写作[M]. 3 版. 上海：上海交通大学出版社，2012.

[26] 朱建亮. 文科文献检索[M]. 3 版. 武汉：华中科技大学出版社，2008.

[27] 符绍宏. 因特网信息资源检索与利用[M]. 2 版. 北京：清华大学出版社，2005.

[28] 陈子康，张连水，李华民. 化学文献检索与应用导引[M]. 3 版. 北京：北京师范大学出版社，2017.

[29] 魏振枢. 化学化工信息检索[M]. 5 版. 北京：化学工业出版社，2024.

[30] Russell，S. J.，&Norvig，P. (2020). Artificial Intelligence：A Modern Approach(4th ed.). Pearson.

[31] Goodfellow，I.，Bengio，Y.，& Courville，A. (2016). Deep Learning. MIT Press.

[32] Manning，C. D.，Raghavan，P.，& Schütze，H. (2008). Introduction to Information Retrieval. Cambridge University Press.

[33] Devlin，J.，Chang，M. W.，Lee，K.，&Toutanova，K. (2018). BERT：Pre-training of Deep Bidirectional Transformers for Language Understanding.

[34] Mitchell，T. M. (1997). Machine Learning. McGraw-Hill.

[35] Bishop，C. M. (2006). Pattern Recognition and Machine Learning. Springer.

[36] Murphy，K. P. (2012). Machine Learning：A Probabilistic Perspective. MIT Press.

[37] Alpaydin，E. (2020). Introduction to Machine Learning(4th ed.). MIT Press.

[38] Jurafsky, D., & Martin, J. H. (2020). Speech and Language Processing(3rd ed.). Pearson.

[39] Devlin, J., Chang, M. W., Lee, K., &Toutanova, K. (2019). BERT: Pre-training of deep bidirectional transformers for language understanding. In Proceedings of the 2019 Conference of the North American Chapter of the Association for Computational Linguistics: Human Language Technologies(pp. 4171-4186).

[40] Brown, T. B., Mann, B., Ryder, N., Subbiah, M., Kaplan, J., Dhariwal, P., & Shinn, E. (2020). Language models are few-shot learners. In Proceedings of the 34th Conference on Neural Information Processing Systems.

[41] Vaswani, A., Shazeer, N., Parmar, N., Uszkoreit, J., Jones, L., Kaiser, Ł. & Polosukhin, I. (2017). Attention is all you need. In Advances in Neural Information Processing Systems(pp. 5998-6008).

[42] Devlin, J., Chang, M. W., Lee, K., &Toutanova, K. (2019). BERT: Pre-training of deep bidirectional transformers for language understanding. In Proceedings of the 2019 Conference of the North American Chapter of the Association for Computational Linguistics: Human Language Technologies(pp. 4171-4186).

[43] Zhang, Y., & Zhao, Y. (2020). A comprehensive review of deep learning for text mining. Knowledge-Based Systems, 193, 105243.

[44] Liu, J., & Zhang, L. (2021). The impact of machine learning techniques on text mining and document classification. IEEE Transactions on Knowledge and Data Engineering, 33(1), 123-135.

[45] Huang, X., & Li, H. (2022). Advances in text mining: Integrating machine learning and natural language processing. Journal of Computer Science and Technology, 37(2), 215-227.

[46] Blei, D. M., & Lafferty, J. D. (2007). A correlated topic model of Science. The Bayesian Analysis, 1(2), 114-133.

[47] Koren, Y., Bell, R., & Volinsky, C. (2009). Matrix factorization techniques for recommender systems. Computer, 42(8), 30-37.

[48] He, X., &McAuley, J. J. (2016). Fusing similarity models with deep learning for personalized item recommendation. Proceedings of the 25th International Conference on World Wide Web(pp. 69-80).

[49] Wu, L., & Zhang, S. (2021). Graph neural networks for recommender systems: A survey. ACM Computing Surveys, 54(2), 1-38.

[50] Zheng, L., & Wu, H. (2020). Enhancing collaborative filtering with deep learning: A comprehensive survey. IEEE Access, 8, 123457-123470.

[51] Xie, L., & Wang, X. (2021). Fairness in recommender systems: A survey. ACM Computing Surveys, 54(9), 1-35.

[52] Devlin, J., Chang, M. W., Lee, K., &Toutanova, K. (2018). BERT: Pre-training of deep bidirectional transformers for language understanding. arXiv preprint arXiv: 1810.04805.

[53] Blei, D. M., Ng, A. Y., & Jordan, M. I. (2003). Latent Dirichlet Allocation. Journal of Machine Learning Research, 3, 993-1022.

[54] Cheng, X., &Tzeng, W. (2021). AI-powered search and recommendation systems: A survey. IEEE Access, 9, 13412-13425.

[55] Ricci, F., Rokach, L., & Shapira, B. (2015). Recommender systems handbook. Springer.

[56] Sutton, R. S., &Barto, A. G. (2018). Reinforcement learning: An introduction. MIT Press.

[57] Doshi-Velez, F., & Kim, B. (2017). Towards a rigorous science of interpretable machine learning. arXiv preprint arXiv: 1702.08608.

[58] Shokri, R., Stronati, M., Song, L., & Shmatikov, V. (2017). Membership inference attacks against ma-

chine learning models. 2017 IEEE Symposium on Security and Privacy(SP), 3-18.

[59] Garfield, E. (2006). The history and meaning of the journal impact factor. JAMA, 295(1), 90-93.

[60] Pang, B., & Lee, L. (2008). Opinion mining and sentiment analysis. Foundations and Trends® in Information Retrieval, 2(1-2), 1-135.

[61] Ammar, W., Boyd-Graber, J. L., & Resnik, P. (2018). "Semantic Scholar: A Large-Scale Scientific Document Search and Discovery System." arXiv preprint arXiv: 1806.00966.

[62] Cai, X., Liu, Y., & Li, M. (2018). "Context-Aware Recommendation with Multi-Modal Data." Proceedings of the 27th ACM International Conference on Information and Knowledge Management(CIKM '18), 439-448.

[63] Hochreiter, S., & Schmidhuber, J. (1997). "Long Short-Term Memory." Neural Computation, 9(8), 1735-1780.

[64] Koren, T., & Koren, Y. (2009). "Matrix Factorization Techniques with Temporal Dynamics." Proceedings of the 2009 ACM Conference on Recommender Systems(RecSys '09), 106-113.

[65] LeCun, Y., Bengio, Y., & Hinton, G. (2015). "Deep Learning." Nature, 521(7553), 436-444.

[66] Miao, C., Jin, R., & Han, J. (2019). "Deep Learning for Multi-Modal Recommendation." Proceedings of the 28th ACM International Conference on Information and Knowledge Management(CIKM '19), 647-656.

[67] Ribeiro, M. T., Singh, S., & Guestrin, C. (2016). "Why Should I Trust You?: Explaining the Predictions of Any Classifier." Proceedings of the 22nd ACM SIGKDD International Conference on Knowledge Discovery and Data Mining(KDD'16), 1135-1144.

[68] Bollen, J., Mao, H., & Zeng, X. (2011). Twitter mood predicts the stock market. Journal of Computational Science, 2(1), 1-8.

[69] Esteva, A., Kuprel, B., Novoa, R. A., et al. (2017). Dermatologist-level classification of skin cancer with deep neural networks. Nature, 542(7639), 115-118.

[70] Jumper, J., Evans, R., Pritzel, A., et al. (2021). Highly accurate protein structure prediction with AlphaFold. Nature, 596(7873), 583-589.

[71] Mahabal, A., et al. (2016). The ZTF transient discovery and classification system. Proceedings of the 2016 Astronomical Society of the Pacific Conference, 504-510.

[72] Rasp, S., et al. (2018). Data-driven weather forecasting. Journal of Advances in Modeling Earth Systems, 10(2), 378-391.

[73] Xie, T., & Grossman, J. C. (2018). Crystal graph convolutional neural networks for an accurate and interpretable prediction of material properties. Physical Review Letters, 120(14), 145301.

[74] K. Zhang, X. Zhou, and W. Wu, "A survey of recent advances in artificial intelligence for literature retrieval," Journal of Computational Research, vol. 12, no. 3, pp. 245-261, 2023.

[75] J. Lee and S. Kim, "Natural language processing techniques for academic literature review," Information Retrieval Journal, vol. 18, no. 4, pp. 329-346, 2022.

[76] M. Patel, "Machine learning for improving search relevance in academic databases," Journal of Information Science, vol. 29, no. 2, pp. 187-204, 2024.

[77] R. Singh and P. Gupta, "Personalized recommendation systems in academic search engines," Data Mining and Knowledge Discovery, vol. 22, no. 1, pp. 72-89, 2021.

[78] Smith, J., & Brown, A. (2023). Machine Learning Approaches for Academic Search Engines: The Case of Web of Science. Journal of Data Science, 21(4), 312-330.

[79] Garcia, L. (2022). Natural Language Processing in Academic Literature Analysis: Applications in Web of Science. Information Retrieval Journal, 35(2), 158-175.

[80] Nguyen, M., & Patel, K. (2024). Citation Network Analysis and Its Applications in Research Discovery. Library and Information Science Research, 29(1), 45-62.

[81] Google Scholar. (2024). About Google Scholar. Retrieved from https://scholar.google.com.

[82] Microsoft Academic. (2024). Microsoft Academic Graph. Retrieved from https://academic.microsoft.com.

[83] Stanford Artificial Intelligence Laboratory. (2024). Research in AI and Data Science. Retrieved from https://ai.stanford.edu.

[84] Massachusetts Institute of Technology, Computer Science and Artificial Intelligence Laboratory. (2024). AI Research and Applications. Retrieved from https://www.csail.mit.edu.

[85] University of California, Berkeley, Data Science Research Institute. (2024). Advanced Text Analysis and Data Mining. Retrieved from.

[86] PubMed. (2024). Advanced Search. Retrieved from https://pubmed.ncbi.nlm.nih.gov.

[87] Web of Science. (2024). Search and Discovery. Retrieved from https://www.webofscience.com.

[88] EndNote. (2024). Reference Management Software. Retrieved from https://endnote.com.

[89] Zotero. (2024). Free and Open Source Reference Manager. Retrieved from.

[90] Wang, J., & Yang, Y. (2023). Advances in AI-based Literature Retrieval and Recommendation Systems. Journal of Information Science, 49(2), 158-173.

[91] Liu, X., & Zhang, Z. (2022). Semantic Understanding in Literature Retrieval: Current Techniques and Future Directions. IEEE Transactions on Knowledge and Data Engineering, 34(5), 1224-1236.

[92] BERT: Pre-training of Deep Bidirectional Transformers for Language Understanding. (2018). arXiv: 1810.04805. Retrieved from https://arxiv.org/abs/1810.04805.

[93] Radford, A., &Narasimhan, K. (2020). Language Models are Few-Shot Learners. arXiv: 2005.14165. Retrieved from https://arxiv.org/abs/2005.14165.

[94] Zhang, Y., & Li, Y. (2021). Knowledge Graph and Cross-Domain Knowledge Integration: Applications in Literature Retrieval. Semantic Web, 12(4), 789-804.

[95] Li, J., &Xu, Y. (2023). Advances in Deep Learning for Search Engines: A Review. IEEE Transactions on Neural Networks and Learning Systems, 34(4), 1100-1114.

[96] Zhang, L., & Li, W. (2022). Personalized Search: Techniques and Applications. ACM Computing Surveys, 55(1), 1-36.

[97] Hinton, G., &Vinyals, O. (2015). Deep Learning for NLP and Speech Recognition. Communications of the ACM, 58(8), 84-94.

[98] Radford, A., &Narasimhan, K. (2020). Language Models are Few-Shot Learners. arXiv: 2005.14165. Retrieved from https://arxiv.org/abs/2005.14165.

[99] Kiros, R., & Zemel, R. (2014). Multimodal Deep Learning. Proceedings of the International Conference on Machine Learning(ICML), 2, 30-38.

[100] Berners-Lee, T., Fischetti, M., & Connolly, D. (2001). "Principles of Semantic Web Design". World Wide Web Consortium(W3C).

[101] Zhang, Y., &Zheng, Y. (2020). "Knowledge Graphs and Their Applications in Information Retrieval". Information Processing & Management, 57(6), 102343.

[102] Wang, H., & Yang, S. (2018). "The Integration of Knowledge Graphs and Search Engines". ACM Trans-

actions on Information Systems, 36(3), 24.

[103] Russell, S., &Norvig, P. (2020). Artificial Intelligence: A Modern Approach. Pearson.

[104] Goodfellow, I., Bengio, Y., & Courville, A. (2016). Deep Learning. MIT Press.

[105] Mitchell, T. M. (1997). Machine Learning. McGraw-Hill.

[106] Dean, J., &Ghemawat, S. (2008). "MapReduce: Simplified Data Processing on Large Clusters." Communications of the ACM, 51(1), 107-113.

[107] Silver, D., Hubert, T., Schrittwieser, J., et al. (2018). "A general reinforcement learning algorithm that masters chess, shogi, and Go through self-play." Science, 362(6419), 1140-1144.

聚甲醛装置
技术问答

张可伟　贺博伟　严志强　编著

中国石化出版社
·北京·

图书在版编目（CIP）数据

聚甲醛装置技术问答 / 张可伟，贺博伟，严志强编著 . -- 北京：中国石化出版社，2025. 9. -- ISBN 978-7-5114-8038-5

Ⅰ. TQ326.51-44

中国国家版本馆 CIP 数据核字第 2025343C8K 号

中国石化出版社出版发行

地址：北京市东城区安定门外大街 58 号

邮编：100011　电话：(010)57512500

发行部电话：(010)57512575

http://www.sinopec-press.com

E-mail：press@sinopec.com

北京艾普海德印刷有限公司印刷

全国各地新华书店经销

*

710 毫米 ×1000 毫米 16 开本 8 印张 123 千字

2025 年 9 月第 1 版　2025 年 9 月第 1 次印刷

定价：48.00 元

《聚甲醛装置技术问答》编委会

主　编　张可伟　贺博伟　严志强

参与人员　项　栋　赵志鑫　王　闰　高云岗　雒焕峰
李小平　许　凡　贾文杰　王宏强　王小锋
艾丽菲努尔　徐升新　余　江　胡坤坤
田晓龙　张永升　王亚庆　葛广茂　杨国华
何彦强　颜智涛　郭云龙　安文博　张建军
杨永飞　李伟宏　刘忠林　曹明权　续　兵
麻　坚　朱想平　张　野　朱强强　梁海艳
宋　瑶　王　瑾　李国强　卫　鑫　蒲石栋
张兴海　苏　广　马　明　刘前超　钱万江
孙柏栋　胡朝阳　刘　娟　阿布都沙拉木·赛买提
王靖琪　胡伟哲　朱礼林　司　鹏　王新辉
卢永军　吕会祥　杨国武　魏浩龙

前言

PREFACE

聚甲醛（POM）作为五大通用工程塑料之一，以其优异的力学性能、耐磨性、耐化学性及尺寸稳定性，被誉为“超钢”或“赛钢”。自20世纪50年代工业化以来，其应用领域已从传统机械制造延伸至汽车、电子、医疗、3D打印等新兴领域，成为支撑高端制造的核心材料。随着国内煤化工产业的快速发展，聚甲醛的规模化生产与技术创新已成为我国材料工业升级的重要方向。

本书立足聚甲醛产业全链条，系统梳理了其合成工艺、改性技术、加工装备及工程应用的最新进展；以问答的形式详细介绍了聚甲醛装置操作人员应知应会的基本原理、操作技术、分析和处理生产事故的基本方法；既涵盖聚甲醛的分子结构、结晶行为、热稳定机理等基础理论，又聚焦生产实操，如故障处理、设备维护等，深入解析了聚甲醛工艺的技术要点，力求实现“理论－实践”的深度融合。希望通过这本书，能够搭建起技术交流的桥梁，切实推动我国聚甲醛行业发展。

在本书编写的过程中，得到了聚甲醛领域专家的悉心指导和理论支持；感谢聚甲醛行业一线技术人员分享的生产经验，他们的实践案例为本书的实用性提供了重要支撑。同时，感谢参与书稿校对的行业资深工程师，以及为本书出版提供协助的编辑团队。

由于聚甲醛技术不断发展，书中难免存在疏漏，恳请读者批评指正，共同推动行业技术进步。

编　者

2025年6月

CONTENTS

目录

第 1 章

甲醛浓缩的原理

1.1 什么是甲醛真空浓缩？

在水溶液中，甲醛以甲二醇和低聚物的形式出现，游离态的甲醛浓度取决于温度和总甲醛浓度。在平衡状态下，几乎所有甲醛以单水化物 $CH_2(OH)_2$ 和聚合水合物 $OH(CH_2O)_nH$ 的形式存在，游离甲醛的量很小。在 60℃下游离态甲醛的量大约为甲醛总量的 0.1%，在 100℃以下为 1%。

$$CH_2O + H_2O \rightleftharpoons CH_2(OH)_2 \quad (1\text{–}1)$$

$$nCH_2(OH_2) \rightleftharpoons OH(CH_2O)_nH + (n-1)H_2O \quad (1\text{–}2)$$

甲醛和水形成一种伪共沸物，伪共沸物的成分取决于沸腾温度，间接取决于压力。在 100℃温度和真空条件下，伪共沸物中的甲醛含量大约为 21%。当温度和压力升高时，伪共沸物中的甲醛含量也在增高。这就是蒸发溶液中的甲醛或冷凝蒸汽中的甲醛时，甲醛发生异常变化的原因。

在低于 100℃和真空条件下，伪共沸物中的甲醛含量减少。当压力低于 26.6kPa（A）、温度大约为 65℃时，共沸现象消失。

（1）如果要从精馏塔釜液中移除甲醛，精馏应当在加压下进行。

（2）如果需要浓甲醛作为塔底产物，精馏应在减压下进行。

甲醛浓缩工艺中出现的另一个问题是坎尼札罗反应：

$$2CH_2O + H_2O \rightleftharpoons HCOOH + CH_3OH \quad (1\text{–}3)$$

该反应随温度升高而加快，会导致产品质量下降和设备腐蚀。

在真空和低于100℃条件下进行浓缩操作可有效抑制坎尼札罗反应。

在真空条件下，在蒸发器内短时间停留所得到的甲醛在气液相之间的分配好于甲醛－水系统的液－气平衡。

在工艺中，37%的甲醛在25kPa(A)通过蒸发器浓缩，塔底得到60%甲醛，气相为14%甲醛。

1.2 什么是甲醇脱除?

甲醇作为生产甲醛的原料，在甲醛溶液中含有一定数量；此外，甲醇也是甲醛储存和浓缩过程中坎尼札罗反应的产物。为了获得满足工艺要求的甲醛，有必要将多余的甲醇脱除。甲醇的脱除过程是在常压精馏塔中进行精馏分离的。

水溶液中甲醛和甲醇表现出亲和关系，因而气－液平衡关系严重偏离了拉乌尔定律。偏离的主要原因是甲醛同甲醇和水发生了溶剂化反应。

含甲醇的甲醛水溶液中进行的主要反应就是“甲二醇”形成的反应（1–1）和“半缩醛”形成的反应（见下列平衡式）。

$$CH_2O + CH_3OH \rightleftharpoons HO—CH_2O—CH_3 \qquad (1–4)$$

甲醛溶液的液相是由游离的甲醛、甲醇、半缩醛和甲二醇组成的混合物；这就是气相中甲醛和甲醇分压取决于半缩醛和甲二醇分解程度的原因，而分解程度又取决于溶液温度（反应动力学）。实验数据表明，半缩醛的分解程度小于甲二醇的分解程度，特别是在低醇情况下。

将甲醇部分精馏出甲醛溶液的工艺是一个非常复杂的过程。最终馏出物和塔底溶液的组成不仅取决于气－液平衡关系，也在很大程度上取决于液相中进行的反应速率。

1.3 什么是稀甲醛加压浓缩?

甲醛真空浓缩产生甲醛含量为13%的稀甲醛，在塔中采用0.25MPa的压力进行操作。从该塔获得的馏出物，甲醛含量约为36%，又返回到甲醛真空浓缩工段；从加压塔底部排出的液体，甲醛含量在100~300ppm（$1ppm=10^{-6}$），可排到污水处理装置。

第2章

三聚甲醛的生产原理

2.1 三聚甲醛合成的原理是什么?

甲醛三聚反应中三聚甲醛的合成按下列方程进行:

$$3CH_2O \xrightleftharpoons{H^+} (CH_2O)_3 \qquad (2\text{–}1)$$

合成反应在硫酸作催化剂的液态环境下进行,含量为60%的甲醛和含量为1.4%的甲醇是三聚甲醛合成工艺中的原料。

甲醛三聚工艺分多步进行。

随着高分子重组分亚甲基乙二醇的形成开始下列反应:

$$CH_2O + H_2O \rightleftharpoons CH_2(OH)_2 \qquad (2\text{–}2)$$

$$2CH_2(OH)_2 \rightleftharpoons 2HOCH_2OCH_2OH + H_2O \qquad (2\text{–}3)$$

$$HOCH_2OCH_2OH + CH_2(OH)_2 \rightleftharpoons HOCH_2OCH_2OCH_2OH + H_2O \qquad (2\text{–}4)$$

获得的三聚甲醛按以下两个方向反应,形成四聚甲醛:

$$HO(CH_2O)_3H + CH_2(OH)_2 \rightleftharpoons HO(CH_2O)_4H + H_2O \qquad (2\text{–}5)$$

形成三聚甲醛:

$$HO(CH_2O)_3H \rightleftharpoons (CH_2O)_3 + H_2O \qquad (2\text{–}6)$$

在反应器还存在一些副反应:

$$2CH_2O + H_2O \rightleftharpoons HCOOH + CH_3OH \qquad (2\text{–}7)$$

$$HCOOH + CH_3OH \rightleftharpoons HCOOCH_3 + H_2O \qquad (2\text{–}8)$$

$$CH_2(OH)_2+2CH_3OH \rightleftharpoons H_3COCH_2OCH_3+2H_2O \tag{2-9}$$

三聚甲醛合成反应是在沸腾温度103~105℃下进行的。三聚甲醛合成反应的平衡式明显指向甲醛方向。在反应混合物中三聚甲醛的平衡浓度很低，通常不超过4%。为了有利于三聚甲醛的生产，应不断地从反应环境中将反应产品送出。为此，利用形成正三聚甲醛－水共沸混合物的现象。

在大气压下，温度91.3℃时，含有69.8%三聚甲醛的共沸混合物沸腾，因此它的沸腾温度远远低于残余反应混合物组分的温度，由此从反应器带走的蒸汽被富集了三聚甲醛。产量取决于催化剂的浓度。随着催化剂浓度的增加，反应速率（产量）增加，但工艺的选择性下降。工艺的选择性也取决于溶液在反应器中停留的时间。副反应导致形成比三聚甲醛－水共沸混合物更易挥发的物质。为了防止这种不理想的结果出现，必须限制反应物在反应器中滞留的时间。

反应器的最佳容积应确保最大工艺产量，并限制挥发物的形成，使之最小化。

三聚甲醛合成是以浓缩的甲醛连续进入反应器的方式进行的，同时含有蒸汽的三聚甲醛被送出反应器。被送出反应器的蒸汽含有16%~19%的三聚甲醛和39%~43%未反应的甲醛。物料中还含有三聚甲醛形成中的副产品。蒸汽进入蒸馏塔，在此三聚甲醛初步浓缩成36%的三聚甲醛。

2.2 三聚甲醛精馏的原理是什么？

除了三聚甲醛、甲醛和水，合成产品中还含有一些低沸点的副产品，诸如甲缩醛、甲酸甲酯、甲醇和甲酸。为了防止它们在系统中蓄积，必须将这些组分分离出去，因为它们干扰三聚甲醛的结晶和最终净化工艺。低浓度的甲酸甲酯甚至会明显增加三聚甲醛在水中的溶解性。挥发性产物还会引起三聚甲醛物理特性的改变。

挥发物部分的分离在一个具有一定回流比率（约15.5）的精馏塔中完成。底部产品主要是三聚甲醛、甲醇和甲醛水溶液。然后顶部部分未冷凝馏分到另一个蒸馏塔中进行精馏。最大限度地分离甲醛，浓缩三聚甲醛，使其浓度接近三聚甲醛－水共沸混合物的浓度。

主要含有挥发物的未冷凝的蒸汽和一些三聚甲醛直接作为进料到下一个蒸馏塔，在蒸馏塔中所有的三聚甲醛和部分甲醇被回收。这些被回收的物料再循环进入三聚甲醛反应器中，而几乎不含三聚甲醛的低沸点副产品则被送到界区外焚烧。

2.3　三聚甲醛结晶及分离的原理是什么？

因为三聚甲醛（TOX）与水形成共沸混合物，含有 30% 的水，仅通过简单的蒸馏工艺将三聚甲醛从水溶液中分离出来是不可能的。为了从水溶液中分离出三聚甲醛，可以采用不溶于水的溶液萃取、萃取蒸馏、全蒸发、结晶或其他措施。以下选用结晶工艺进行叙述。

结晶工艺适用于分离粗的三聚甲醛，利用的是温度对三聚甲醛的影响。当三聚甲醛溶液被冷却时，其溶解性降低。在超过溶解极限时，三聚甲醛晶体开始沉淀。其溶解性和过饱和曲线如图 2–1 所示。

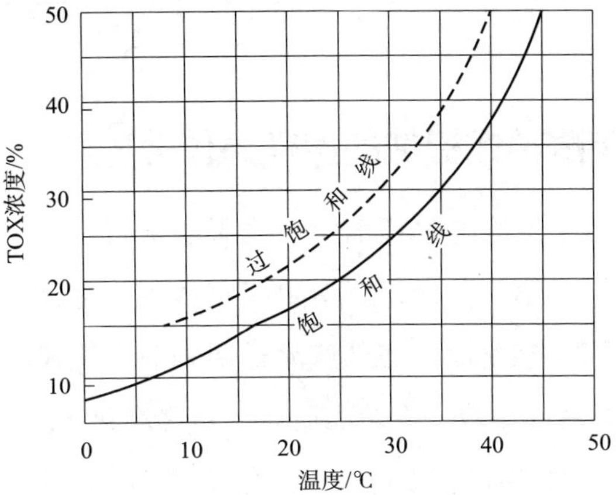

图 2–1　TOX 饱和温度和过饱和温度与其在母液中浓度关系图

于是，得到尺寸为 0.2mm 以上的三聚甲醛结晶体。悬浮液中含有粗糙的结晶体便于晶体状的三聚甲醛的分离。

再者，粗糙的结晶三聚甲醛含有少量的杂质。要将三聚甲醛晶体从离心式过滤器的过滤液中分离出来。另外，要用冷却脱盐水进行冲洗（三聚甲醛晶体），以便将甲醛的含量降到最小。在熔化后，要对三聚甲醛进行进一步的净化。

2.4 三聚甲醛碱液萃取的原理是什么？

在结晶工艺中被分离的三聚甲醛仍然含有一些甲醛、水和甲酸。一些水和甲醛通过蒸馏工艺初步去除。残留的杂质通过浓度为 37% 的氢氧化钠溶液萃取去除。

在约 62℃下，溶液进入一个高效混合萃取器彻底被乳化。

用 NaOH 溶液萃取三聚甲醛的过程中，发生下列反应：

$$2CH_2O + NaOH \longrightarrow HCOONa + CH_3OH \tag{2-10}$$

$$HCOOH + NaOH \longrightarrow HCOONa + H_2O \tag{2-11}$$

$$HCOOCH_3 + NaOH \longrightarrow HCOONa + CH_3OH \tag{2-12}$$

结果是有机杂质分解、中和。离开萃取器的乳化剂分裂成较轻的有机相（三聚甲醛）和较重的水相（NaOH 和 HCOONa）。在 NaOH 溶液处理工艺中，会产生一些糖类产品。这些产品从工艺角度讲是无用的。产生糖类产品的量取决于工艺条件，随着温度的升高和供应到萃取工艺的物料中甲醛浓度的升高，糖类产品的量也随之增加。

2.5 三聚甲醛精馏提纯的原理是什么？

去除有机杂质后，最终通过精馏对三聚甲醛进行净化。最终三聚甲醛的净化由两个阶段组成。在第一阶段，三聚甲醛直接进入蒸馏塔，获得的主要物料作为蒸馏液进入精馏工艺阶段。底部产品返回到前一工段，物料主要由三聚甲醛、氢氧化钠和糖类产品组成。在第二阶段（最终净化），含有三聚甲醛（大于 95%）、水和少量甲醇的物料直接进入精馏塔。底部产品由泵输送到聚合物生产工段，同时，蒸馏液返回到三聚甲醛蒸馏工段。

第3章

二氧戊环的生产原理

3.1 二氧戊环合成的原理是什么？

二氧戊环合成的依据是在甲醛和乙二醇之间发生的反应可分为两个阶段进行。在第一个阶段中，甲醛与乙二醇反应，得到半缩醛，具体反应如下：

$$\begin{array}{l} CH_2-OH \\ | \\ CH_2-OH \end{array} + CH_2O \rightleftharpoons \begin{array}{l} CH_2-OH \\ | \\ CH_2-O-CH_2-OH \end{array} \qquad (3\text{-}1)$$

反应（3–1）在中性介质中于温度 70~80℃下进行，在大约一定时间内甲醛同乙二醇就可达到足够的转化率。半缩醛是无色的，稠度类似于乙二醇，有轻微的甲醛异味。它可以在温度 –22~+50℃的环境中存放一年，不会改变成分和性质。该反应间歇进行。

在第二个阶段，半缩醛在对甲基苯磺酸催化剂作用下以 100~105℃的沸点温度合成二氧戊环，具体反应如下：

$$\begin{array}{l} CH_2-OH \\ | \\ CH_2-OH-CH_2-OH \end{array} \rightleftharpoons \begin{array}{l} CH_2-O \diagdown \\ | \qquad\qquad CH_2 \\ CH_2-O \diagup \end{array} + H_2O \qquad (3\text{-}2)$$

半缩醛合成过程连续进行。反应器是蒸馏罐，其中反应混合物保持沸腾状态。持续地将半缩醛送入反应器，同时气相的反应产物离开反应器。反应（3–2）的产物，亦即二氧戊环和水形成以下成分的共沸混合物：93.1% 二氧戊环，6.9% H_2O。共沸物的沸腾温度为 71.6℃，是所有反应混合物组分中最低的。

这就使得产物可从反应介质中分离出来；二氧戊环合成反应的理论反应产率可在96%左右，为高产率。

3.2　二氧戊环萃取的原理是什么?

利用浓氢氧化钠溶液萃取二氧戊环。这一过程在35℃的温度下进行。由于二氧戊环与水形成共沸混合物，其中水含量是6.9%，所以不可能利用蒸馏的方法脱水。此外，利用蒸馏很难分离甲醛和甲酸之类的杂质。浓氢氧化钠溶液能同二氧戊环溶液中的甲醛和甲酸发生化学反应，直至残存水含量大约是1.5%。

二氧戊环萃取过程：

①粗二氧戊环中含有的甲醛分解，具体反应如下：

$$2CH_2O + NaOH \longrightarrow HCOONa + CH_3OH \tag{3-3}$$

②中和粗二氧戊环中含有的甲酸，具体反应如下：

$$HCOOH + NaOH \longrightarrow HCOONa + H_2O \tag{3-4}$$

3.3　二氧戊环精馏的原理是什么?

二氧戊环最后的蒸馏过程分两个步骤进行。在第一个步骤中，二氧戊环被送入蒸馏塔进一步提纯，馏出液作为最后精馏进料液，塔顶、塔底包括少量二氧戊环和低沸点馏分的部分未凝结蒸汽及塔底包含二氧戊环和高沸点馏分的塔底产物一起被送去燃烧。

最后的精馏过程用于获取质量合格的产品，该过程中，采用共沸精馏的方法控制精馏塔顶部温度在共沸点上，从而将二氧戊环溶液中的少许水分以共沸物的形式从塔顶分离出去，这样二氧戊环溶液就被分成两部分。馏出液部分组成：二氧戊环，90%；H_2O，9%；甲醇，其他部分。馏出液返回到精馏和萃取工序。塔釜液部分作为二氧戊环单元的最终产品。

3.4　二氧戊环碱液再生的原理是什么?

在萃取工序中氢氧化钠成为稀释的溶液。氢氧化钠再生包括蒸发水和有机化合物。定期进行这一过程。部分再生的氢氧化钠溶液在冷却至大约40℃以后返回萃取工艺。在萃取工艺中甲酸钠逐步积聚在氢氧化钠溶液中。为了防止其浓度过大，排出部分再生的氢氧化钠。利用浓度大约是 37% 的新鲜溶液补充丢失的氢氧化钠溶液。

第4章

聚合反应

4.1 聚合反应原理是什么？

共聚甲醛是一种没有侧链、高密度、高结晶性的线型聚合物，共聚反应遵循阳离子聚合机理。共聚甲醛的合成反应可分为阳离子活性中心的形成、链引发、链增长、链转移四个步骤，这四个步骤是在聚合反应器内进行的。共聚单体三聚甲醛、二氧戊环由活性中心引发开始聚合，通过螺杆行程完成由小分子向大分子的增长过程，当遇到丁缩醛、水、甲醇等时，会发生链转移反应从而停止分子链的增长，生成共聚甲醛粗聚物，在这个过程中发生了由液体到固体的相变。

阳离子活性中心的形成：

共聚反应所用的起始剂为 BF_3，BF_3 是典型的路易斯酸，它不能单独作为起始剂，需要与微量质子路易斯碱（如水、醇）一起，才能发挥起始剂作用。TOX 与二氧戊环的共聚合反应开始时，具有四种主要成分，即 BF_3、H_2O、二氧戊环和 TOX，其中 BF_3 和 H_2O 进行反应形成起始剂，具体反应如下：

$$\text{催化剂 } BF_3 + H_2O \longrightarrow H^+BF_3OH^- \text{ 路易斯酸/路易斯碱起始剂} \qquad (4\text{-}1)$$

（催化剂）引发剂（共催化剂）共引发剂（催化剂－共催化剂共聚化合物）

链引发：起始剂（硼酸）先与二氧戊环反应形成活性中间体碳阳离子 $HO-CH_2-CH_2-O-CH_2^+$，即二氧戊环活性中间体。

链增长：活性中间体再与 TOX 进行反应，POM 的链长会不断增加，形成长链碳阳离子。在反应过程中会发生“突然相变化”，由液态变为固态，二氧戊环被完全消耗。

三聚甲醛链增长：

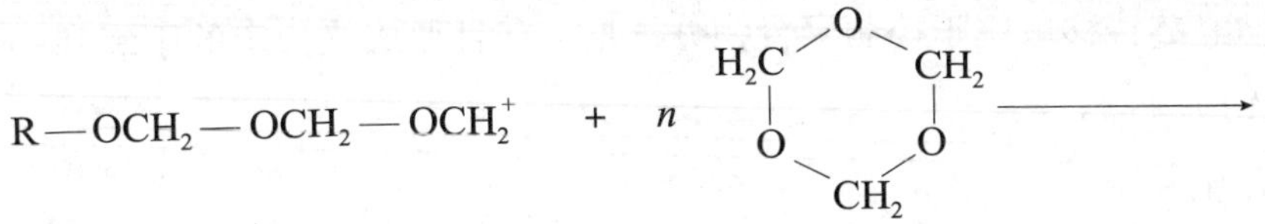

活性中心　　　　三聚甲醛　　　　（4–2）

$$R-(O-CH_2)_{3n}-OCH_2-OCH_2-OCH_2^+$$

活性大分子

二氧戊环链增长：

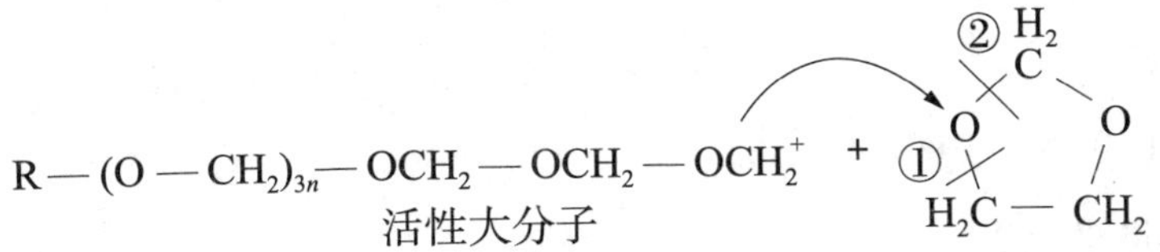

$$\xrightarrow{①断裂} R-(O-CH_2)_{3n}-OCH_2-OCH_2-OCH_2^+-O-CH_2-O-CH_2-CH_2^+$$

$$\xrightarrow{②断裂} R-(O-CH_2)_{3n}-OCH_2-OCH_2-OCH_2^+-O-CH_2-CH_2-O-CH_2^+$$

（4–3）

链转移：

TOX-二氧戊环共聚在绝对没有杂质的情况下，一旦引发链开始，就不能自发进行终止。痕量的水或其他杂质（甲醇，甲酸等），总会有少量存在于反应混合物内，作为链转移剂进行链转移反应终止大分子的增长，从而使聚合反应停止。所以我们要求单体制备时要严格控制单体中的水含量和甲醇含量，聚合体系中总含有微量的水分（30~50ppm），当未加丁缩醛时，水或甲醇起到链转移剂的作用，反应式如下：

$$\sim\sim O-CH_2-O-CH_2^+ + ROH \longrightarrow \sim\sim O-CH_2-O-CH_2OH + R^+ \quad (4\text{–}4)$$

活性大分子　　醇或水　　带半缩醛端基的大分子　氢或甲基离子

得到带有不稳定半缩醛端基的大分子，H^+ 重新引发聚合，又得到带有不稳定端基的聚合产物。

在聚合体系中加入丁缩醛，丁缩醛的含量远大于水的含量，成为主要的链转移剂。丁缩醛链转移可用于控制聚合物分子量，并且形成热稳定的丁氧基，从而起到封端作用。

反应式如下：

$$\sim O-CH_2-O-CH_2+C_4H_9-O-CH_2-O-C4H_9 \longrightarrow \sim O-CH_2-O-CH_2-O-C_4H_9 + C_4H_9-O-CH_2^+ \tag{4-5}$$

4.2 聚合反应原料是什么？

（1）三聚甲醛（Trioxane，1，3，5-trioxane）

①基本化学信息

IUPAC 名称：1,3,5- 三氧杂环己烷

CAS 号：110-88-3

分子式：$C_3H_6O_3$

分子量：90.08

结构式：

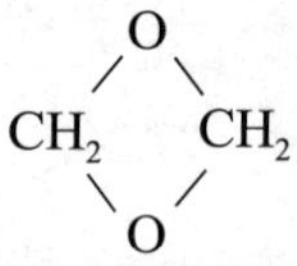

②物理性质

性质	数值 / 描述
外观	无色结晶或白色片状固体
气味	类似甲醛的刺激性气味
熔点	62~64℃（纯品）
沸点	115℃（常压升华）
密度（25℃）	1.17g/cm³（固态）
蒸气压（25℃）	23.5 ± 0.2mmHg（易升华）
闪点	45℃（闭杯）
爆炸极限	3.6%~29%（体积）（粉尘 – 空气混合物）
溶解性	易溶于水、乙醇、乙醚、丙酮、苯

③化学性质

热稳定性：

加热至110℃以上迅速解聚为甲醛单体：

$$(CH_2O)_3 \xrightarrow{\triangle} HCHO$$

在酸性条件下（如 H_2SO_4、HCl）解聚加速。

④反应性

聚合反应：在阳离子催化剂（如 BF_3）作用下可开环聚合生成聚甲醛（POM）。

氧化反应：与强氧化剂（如 $KMnO_4$）反应生成甲酸和 CO_2。

还原反应：氢化生成三甲醇（Trioxane-1，3，5-triol）。

⑤健康危害

吸入：刺激呼吸道，高浓度导致肺水肿（TLV-TWA 0.3ppm）。

皮肤接触：引起皮炎，液态可经皮肤吸收。

眼接触：严重刺激，可能导致角膜损伤。

⑥环境毒性

对水生生物有毒（LC_{50} 鱼类：12mg/L）。

储存要求：密封避光，温度 <30℃，相对湿度 <60%。

与强酸、氧化剂隔离存放。

⑦工业规格（典型指标）

指标	工业级标准	电子级标准
纯度	≥ 99.0%	≥ 99.9%
水分	≤ 0.1%	≤ 0.01%
酸度（以 H^+ 计）	≤ 0.005%	≤ 0.001%
灰分	≤ 0.01%	≤ 0.001%

⑧检测方法

气相色谱（GC）：常用 HP-5 色谱柱，FID 检测器。

红外光谱（IR）：特征峰 1100 cm^{-1}（C—O—C 伸缩振动）。

滴定法：酸催化解聚后测定游离甲醛（碘量法）。

（2）二氧戊环（1，3–Dioxolane）

①基本化学信息

IUPAC 名称：1，3– 二氧杂环戊烷

CAS 号：646–06–0

分子式：$C_3H_6O_2$

分子量：74.08

结构式：

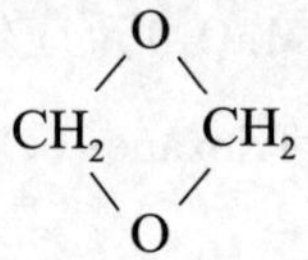

同系物：1，4– 二氧六环（Dioxane）、1，3– 二氧戊环（ethylene glycol formal）

②物理性质

性质	数值 / 描述
外观	无色透明液体
气味	醚样轻微气味
熔点	–95℃
沸点	75.6℃（常压）
密度（20℃）	$1.0 \pm 0.1g/cm^3$
折射率（n_D^{20}）	1.397
蒸气压（25℃）	$114.6 \pm 0.1mmHg$
闪点	–6℃（闭杯，高度易燃）
爆炸极限	2.1%~15.5%（体积）（空气混合物）
溶解性	与水、醇、醚、酮混溶，部分溶于烃类

③化学性质

稳定性：

对碱稳定，遇强酸（如 H_2SO_4）开环分解为甲醛和乙二醇。

高温下可能发生自由基聚合。

反应性：

开环反应：酸性条件下水解生成甲醛和乙二醇：

$$C_3H_6O_2+H_2OH \xrightarrow{H^+} HCHO+HOCH_2CH_2OH$$

亲核取代：与 Grignard 试剂反应生成醚类衍生物。

氧化：可被 $KMnO_4$ 氧化为甲酸和乙二酸。

腐蚀性：对某些塑料（如 PVC）有溶胀作用，需用 PTFE 或金属密封。

④安全与毒性

健康危害：

吸入：高浓度导致中枢抑制（类似乙醚），TLV–TWA 50ppm。

皮肤接触：脱脂作用，长期接触可致皮炎。

眼接触：中度刺激。

环境毒性：$BOD_5/COD \approx 0.3$，难生物降解。

储存要求：阴凉通风，远离火源，使用防爆电器。

添加 BHT（0.01%）防止过氧化物形成。

⑤工业规格（典型指标）

指标	工业级标准	电子级标准
纯度	≥ 99.0%	≥ 99.9%
水分	≤ 0.05%	≤ 0.005%
酸度（以 H^+ 计）	≤ 0.002%	≤ 0.0005%
过氧化物	≤ 10 ppm	≤ 1ppm

（3）三氟化硼

三氟化硼（BF_3，Boron trifluoride）是一种无色、有毒、具有强烈刺激性气味的无机化合物，是硼元素的重卤化物之一。

①物理性质

状态与外观：常温常压下为无色气体，加压或冷却后可液化为无色液体。

沸点：–100.3℃（1atm）。

熔点：–126.8℃。

密度：气体密度为 2.99g/L（标准状况下）；液体密度为 1.57g/cm³（–100℃）。

溶解性：易溶于水（水解生成硼酸和氟化氢）。可溶于有机溶剂（如苯、乙醚、二硫化碳等）。

气味：强烈刺激性气味（类似氯化氢）。

其他：具有高挥发性，易形成白烟（与空气中的水蒸气反应）。

②化学性质

路易斯酸性：

BF_3 是典型的路易斯酸（缺电子化合物），能与路易斯碱（如氨、醚类、胺类）形成加合物（如 $BF_3 \cdot NH_3$）。

广泛用于有机合成中的催化剂（如傅克反应、聚合反应）。

水解反应：

$$BF_3+3H_2O \longrightarrow H_3BO_3+3HF$$

反应剧烈，可释放腐蚀性氟化氢（HF）。

与金属反应：与活泼金属（如钠、镁）反应生成金属氟化物和硼。

稳定性：干燥条件下稳定，但遇水或湿空气迅速腐蚀。与碱性物质剧烈反应。

（4）甲缩醛

甲缩醛（甲醛缩二甲醇，formaldehyde dimethyl acetal）

化学式：$C_3H_8O_2$

结构式：$CH_2(OCH_3)_2$

CAS 号：109-87-5

分子量：76.09

①物理性质

性质	数值
外观	无色透明液体
气味	类似醚的刺激性气味
沸点	42~45℃（常压）
熔点	-104.8℃
密度（20℃）	0.86 g/cm^3（比水轻）
闪点	-26℃（极易燃）
爆炸极限	2.2%~13.0%（体积，空气中）

②化学性质

稳定性：

中性或弱酸性条件下稳定，但遇强酸（如 HCl、H_2SO_4）或强碱（如 NaOH）易分解。

对光稳定，但长期储存可能缓慢分解。

水解反应：

在酸性条件下（如稀硫酸），甲缩醛可逆水解为甲醛 + 甲醇。

平衡常数：约 0.1~0.2（25℃）。

水解速率：受 pH 和温度影响较大（pH 值 <3 时迅速水解）。

氧化还原反应：

氧化反应，可被 $KMnO_4$、CrO_3 等强氧化剂氧化为甲酸（HCOOH）或 CO_2。

与 O_2 在高温下燃烧生成 CO_2 + H_2O。

还原反应，可被 $LiAlH_4$、$NaBH_4$ 还原为甲醇。

4.3　研磨干燥的工艺原理是什么？

含未反应单体的聚合物离开聚合反应机进入聚合物下料输送器。聚合反应机出口通入小流量氮气。含未反应单体的聚合物在 2~3min 内通过聚合物下料输送器，固体落入锤式研磨机。粗聚合物研磨采用两级研磨系统，在氮气保护下运行。氮气通过风机进行循环，通过氮气冷却器冷却至 78℃。

在锤式研磨机内，聚合物被粉碎至 3~4mm，然后聚合物和氮气一同进入销钉研磨机，聚合物最终被粉碎至小于 1mm。新鲜氮气从锤式研磨机的出口引入，作为聚合物的输送介质。聚合物粉料在袋式过滤器中同气体分离，然后通过气封旋转阀排至研磨下料输送器。

进入粉料干燥器的聚合物粉料含有 2%~5% 的未反应单体（三聚甲醛、甲醛、二氧戊环）。经过干燥后，出粉料干燥器的粉料中未反应单体降到 0.2% 左右。实验确定干燥条件：

产品（粉料）温度最高 140℃；

停留时间 30~60min；

推荐聚合物料层厚度范围 15~20mm；

物料流动方式单向流动。

物料干燥通过从加热盘表面直接热传导和气固热交换而进行。粉料干燥器氮气回路自动调节氮气温度，控制加入氮气加热器的 0.45MPa 加热蒸汽量。粉料干燥器用 0.26~0.3MPa 蒸汽加热，该蒸汽由 0.45MPa 蒸汽减压得到。

聚合物粉料沿加热盘径向运动（轻微混合），物料由上一层加热盘输送到下一层加热盘。监测干燥器内聚合物温度分布。聚合物离开干燥器后进入螺旋输送器，正常条件下输送器的输送能力远大于聚合物的流量，保证粉料干燥器底部出口和螺旋输送器进口之间下料管无物料堆积。粉料从螺旋输送器通过氮气输送进入粉料仓。

干燥系统氮气由氮气引风机进行循环。聚合物粉尘通过氮气过滤器和聚合物加料器回收使用。氮气过滤器有差压测量，当达到一定差压时，压缩氮气反吹，将滤布清洗。

从氮气引风机排出的氮气分成两部分：小部分进入吸收塔，余下的气体返回粉料干燥器。

第 5 章

造粒脱气反应

5.1 什么叫造粒脱气反应?

在聚甲醛（POM）生产过程中，造粒脱气反应是一个关键的后处理步骤，主要用于去除聚合物熔体中的挥发性成分（如未反应的单体、低聚物、溶剂等），并形成规整的颗粒状产品。

定义：在聚甲醛聚合反应完成后，熔融状态的 POM 需经过脱气（脱挥）处理，再通过挤出、切粒等工艺制成颗粒。

核心目的：去除残留甲醛、三聚甲醛（TOX）、水等挥发性物质（避免后续加工时产生气泡或降解）；提高产品纯度、稳定性和机械性能；便于储存、运输和后续加工。

5.2 添加剂种类和作用是什么?

聚甲醛稳定化通过加入抗氧化剂、三聚氰胺、润滑剂等来实现。

抗氧剂 Irganox 245 抑制聚甲醛产品中过氧化物的形成，抑制聚合物高温分解，防止聚合物劣化，提高聚合物热稳定性。

三聚氰胺促进不稳定部分分解，并作为离析甲醛或树脂中产生的少量酸的接收剂。它与甲醛在较高温度下反应生成非挥发性产物，不仅限制了气态甲醛对制品性能的破坏，还限制了甲醛的离析而破坏制品性能。

润滑剂和增白剂在稳定组分中起辅助作用。润滑剂的加入可以减少模塑淤积，降低聚合物黏附注射模具的程度。润滑剂还可改善聚合物的表面光滑性。

润滑剂和增白剂有类似的性质。在聚甲醛生产过程中，使用聚酰胺型蜡作润滑剂和增白剂，如 Norwach-C- Prills(Normann Rassmann)，Wachs C (Clariont)，或 Crodamide EBS (Croda Universal) 作为润滑剂，而 BlankoPHor MAN 01 (Bayer) 或 Uvites OB (Ciba-Geigy) 可以用作增白剂。增白剂通过提高聚合物的白度改善外观质量。

添加剂种类分为以下几种。

抗氧剂 Irganox 245：

性质分类	参数 / 描述
化学名称	三乙二醇醚 – 二（3- 叔丁基 -4- 羟基 -5- 甲基苯基）– 丙酸酯
CAS 号	36443-68-2
分子式	$C_{34}H_{50}O_8$
分子量	586.76
外观	白色至淡黄色粉末或颗粒
熔点	76~82℃
沸点	>250℃（分解）
密度（20℃）	1.10~1.15g/cm^3
闪点	>150℃（闭杯）
抗氧化机理	酚类主抗氧剂，通过捕获自由基（ROO·）终止链式氧化反应
热稳定性	分解温度 >250℃，加工温度建议 <200℃（避免挥发损失）

三聚氰胺：

性质分类	参数 / 描述
化学名称	1，3，5- 三嗪 -2，4，6- 三胺
CAS 号	108-78-1
分子式	$C_3H_6N_6$
分子量	126.12
外观	白色结晶粉末
熔点	354℃（分解，升华温度约 300℃）
密度（20℃）	1.573 g/cm^3
pH 值（饱和溶液）	7.5~8.5（弱碱性）
热稳定性	高温下分解生成氰尿酸（cyanuric acid）和氨（NH_3）

润滑剂 *N*，*N*′-次乙基-二硬脂酰胺：

性质分类	参数/描述
化学名称	*N*，*N*′-次乙基-二硬脂酰胺（ethylene bis stearamide）
CAS号	110-30-5
分子式	$C_{38}H_{74}N_2O_2$
分子量	590.99
外观	白色至淡黄色蜡状粉末或颗粒
熔点	142~148℃
沸点	>250℃（分解）
闪点	>200℃（闭杯）
热稳定性	分解温度>250℃，加工温度建议<200℃

5.3　什么是粒料脱除?

聚甲醛（POM）在造粒脱气反应机加工过程中因氧化和热降解会产生游离甲醛、甲酸、三聚甲醛等物质，导致成品甲醛气味大、热稳定性差。为了进一步提升产品性能，脱除粒料表面的游离甲醛和提升热稳定性，需要在聚合物干燥器中使用140℃的加热空气以流化的方式进行干燥脱除处理，停留时间一般在2~4h，最终经过冷却退火得到优质的聚甲醛产品。

第6章

聚甲醛相关基础知识

6.1 什么是聚甲醛?

聚甲醛简称 POM，是一种没有侧链、高密度、高结晶性的线型聚合高分子材料，由“三聚甲醛”聚合而成，规整的分子结构和高结晶性使其具有十分优异的物理机械性能。POM 的机械性能在工程塑料中最接近金属，尺寸稳定性好、耐水、耐油、耐化学试剂，同时具有优良的耐磨性能，是一种综合性能优良的热塑性树脂，在较大的温度范围内具有较高的弹性模数、硬度、刚性和机械性能，在很多场合可以替代钢铁、铜、锌、铝等金属材料，广泛应用于机械、轻工、电子电器、汽车、农用器械等领域，有“塑料中的金属”之称，被誉为“超钢”或“赛钢”。

6.2 均聚甲醛和共聚甲醛的区别是什么?

聚甲醛按其分子链中化学结构的不同可以分为均聚甲醛和共聚甲醛两种。

均聚甲醛具有较高的密度、结晶度、熔点，但是热稳定性差，加工温度范围窄（约 10℃），对酸碱稳定性略低。共聚甲醛由于主链上含有 C—C 结构，与均聚物相比，其密度、结晶度、熔点、强度都较低，具有优良的热稳定性，不容易分解，加工温度范围宽（50℃），对酸碱的稳定性较好，成型加工更为容易。

均聚甲醛以甲醛为单体制备。原料甲醛中常含有大量水和其他杂质，经精制得高纯度甲醛，通入含有阳离子型催化剂（如三氟化硼乙醚络合物）的惰性溶液中聚合成均聚甲醛，再在醋酐存在下将端羟基酯化，得到热稳定的聚甲醛，然后加入抗氧剂等助剂，造粒成均聚甲醛产品。

共聚甲醛主要是由三聚甲醛和其他单体共聚制备。浓度为 60%~70% 的甲醛，在浓硫酸或阳离子交换树脂催化下得到三聚甲醛并精制为高纯品，然后与少量共聚单体（如二氧戊环）在路易斯酸存在下开环聚合为共聚甲醛。共聚甲醛链端大部分是半缩醛端基，对热极不稳定，需进行封端稳定化处理，以成为热稳定的聚甲醛，再加入抗氧剂等助剂，造粒成共聚甲醛产品。

特性	均聚甲醛（POM–H）	共聚甲醛（POM–C）
化学结构	由纯甲醛单体聚合而成，分子链结构更规整	由甲醛与少量共聚单体（如二氧戊环）聚合，分子链存在部分 C—C 键
热稳定性	热稳定性较差，易解聚（高温下易分解）	热稳定性更好，耐温性更高
机械强度	更高的刚性和拉伸强度	韧性更好，抗冲击性更强
耐化学性	耐化学腐蚀性稍差	耐化学腐蚀性更好
加工性能	加工温度范围较窄，易降解	加工更稳定，适合复杂成型
应用领域	高刚性部件（齿轮、轴承）	耐冲击部件（汽车零件、电子外壳）

6.3　聚甲醛的生产工艺有哪些？

常见的生产工艺有本体聚合、溶液聚合和乳液聚合。

本体聚合：是指不加其他介质，仅有单体本身和少量引发剂（或不加）的聚合。

溶液聚合：是指单体和引发剂溶于适当溶剂的聚合。溶液聚合的组分是单体、引发剂和溶剂。

乳液聚合：是单体在乳化剂存在下分散于水中形成乳液，然后被水溶性引发剂引发聚合的方法。

6.4　银催化氧化法制备甲醛技术原理是什么？

银催化氧化法是在甲醇 – 空气的爆炸极限以外操作，即在甲醇过量的条件下操作，在常压和 600~680℃条件下，通过银催化氧化反应将含有甲醇、空气、水蒸气等成分的原料气转化为甲醛气体，利用甲醛溶解于水的性质，通过冷却、冷凝、吸收过程将甲醛气体转变为溶液，控制吸收加水量得到一定甲醛含量的工业甲醛产品。

6.5 甲醛反应中银催化剂的铺装有什么影响?

银法甲醛生产对催化剂床层的要求极为严格，要想有效发挥催化剂的性能，必须仔细设计催化剂的铺装方法，注意床层的严密、平整和均匀性，以使原料气能均匀通过催化剂床层，防止裂缝、短路和阻力不均。

如果铺装不好产生裂缝、短路和阻力不均会造成局部反应过于剧烈，产品中甲酸含量增高等不良后果；铺装不好还易引起床层烧结或断裂，烧结会增大床层阻力降，断裂也会造成副反应增加。两者都会缩短催化剂的使用寿命和增加甲醇单耗，严重的还会造成被迫停产。为此，催化剂在开车过程中也应避免床层因受振动、拨动、骤冷、骤热等因素引起的状态变化。

6.6 甲醛生产方法根据催化剂的不同分为银法和铁钼法两种，这两种方法有什么区别?

银法和铁钼法工艺比较

工艺	银法	铁钼法
反应	$CH_3OH \longrightarrow CH_2O+H_2$	$CH_3OH + 1/2\ O_2 \longrightarrow CH_2O+H_2O$（氧化）
催化剂	电解金属银	氧化钼或氧化铁
建厂投资成本	投资成本较低	投资成本较银法高（因空气用量大则设备及动力较大）
生产成本	生产成本较低	生产成本为银法的1~2倍
主要特征	银法	金属氧化法
MeOH/Air 加料比	爆炸上限之上［37%~50%（体积）］	爆炸下限之下［5%~8%（体积）］
反应温度	约600~700℃，较高	约300~400℃，较低
动力	消耗较低	消耗较高
再生催化剂	金属银可再生	不能再生
甲酸含量	较低，约100ppm	较高，约300~500ppm
转化率	较低，甲醛收率较低	较高，甲醛收率较高
能源利用与环境污染	废气中含H_2约18%，可燃烧回收蒸汽，无空气污染问题	副产蒸汽较多，但废气中含HCOH约500ppm（大于排放标准50ppm），CO约17000ppm（大于排放标准2000ppm）

6.7　铁杂质对银催化剂有何影响?

电解银催化剂对铁质非常敏感，当银催化剂表面含有铁杂质时，不仅使催化剂的活性下降，而且还会促进甲醇的完全燃烧反应，造成甲醇消耗增加，床层温度难以控制，形成所谓的“飞温”。电解银催化剂对纯度要求很高，物料中或银催化剂本身含有铁、硫、磷等杂质，都会造成催化剂中毒。

6.8　甲醛反应温度条件是什么?

甲醛生产的反应温度（或称“氧温”）是指由甲醇氧化反应热维持并能使反应持续进行的催化剂层温度，氧温一般选择在催化剂的活性温度范围（一般控制在600~680℃）。

6.9　银法甲醛生产工艺影响反应温度的因素有哪些?

影响反应温度的因素：①氧醇比；②水醇比。降低蒸发温度或提高蒸发器入口空气压力（空气流量），可提高氧醇比，从而催化反应中放热的氧化反应相对增多，吸热的脱氢反应相对减少，使催化剂层温度上升，反之亦然；提高水醇比，也就是提高了水蒸气的相对加入量，这会带走更多的反应热，使催化剂层温度下降，反之亦然。

6.10　影响催化剂转化率的因素有哪些?

①有害杂质影响；

②电解工艺不严格，电解银质量不合格；

③生产过程不稳定；

④催化剂床层破坏。

6.11　三聚甲醛可溶酸液相合成法机理是什么?

此法是以甲醛水溶液为原料。甲醛易溶于水并主要以甲二醇的形式存在于水溶液中。随着甲醛浓度的增加，甲二醇脱水生成多聚甲醛水合物。甲醛水溶液中主要存在着三个平衡：一是甲醛气和水溶液的气液平衡；二是甲醛和甲二醇的水合平衡；三是甲二醇和多聚甲醛水合物的缩合平衡。一般认为，三聚甲醛的合成机理分两步进行，第一，在强酸性甲醛水溶液中，三聚甲醛水合物发生离解反应，生成质子化三聚甲醛；第二，质子化三聚甲醛经脱质子和环化反应，生成三聚甲醛。

6.12 聚甲醛的分子结构是怎样的?

$$\text{-}\!\!(CH_2O)_n\!\!\text{-} \qquad \text{-}\!\![\!\!\text{-}(CH_2O)_p\text{-}\!\!\text{-}(CH_2CH_2O)_q\text{-}]_n\!\!\text{-}$$

均聚甲醛　　　　共聚甲醛

6.13 聚甲醛生产中的一些辅助材料及其作用是什么?

①氢氧化钠：主要用于二氧戊环的萃取。

②甲缩醛：用作聚甲醛分子量调节剂。

③三乙基胺：用作聚合反应终止剂。

④三聚氰胺：用作聚合过程甲醛吸收剂。

⑤三氟化硼络合物：用作聚合反应引发剂。

⑥添加剂：为了提高成品 POM 的加工和使用性能，在聚合后处理工序需要给 POM 中添加晶核剂、稳定剂、润滑剂等。

6.14 三聚甲醛合成反应的催化机理是怎样的?

甲醛在水溶液中先与水加成生成甲二醇（$HOCH_2OH$）。浓硫酸（三聚合成催化剂）释放的质子（H^+）会与甲二醇中的羟基结合，形成易离去的—OH_2^+基团，使相连的亚甲基碳亲电性增强，进而释放水分子生成羟甲基碳正离子（$^+CH_2OH$）。

该碳正离子作为亲电中心，会与另一个甲二醇分子的羟基（亲核试剂）发生缩合，形成二聚体（$HOCH_2$—O—CH_2OH）；类似地，二聚体经质子活化后生成新的碳正离子，再与第三个甲二醇缩合，得到链状三聚体（$HOCH_2$—O—CH_2—O—CH_2OH）。

随后，链状三聚体末端的羟基被质子化并释放水，生成末端碳正离子；此时分子内另一端的羟基作为亲核试剂进攻该碳正离子，发生环化反应形成稳定的六元氧杂环结构，最终失去质子生成三聚甲醛，而释放的 H^+ 可循环参与催化。

浓硫酸在此过程中既通过提供质子催化反应，又通过吸收生成的水推动平衡向产物方向移动。

6.15　甲醛浓度对三聚甲醛合成反应有什么影响?

作为三聚甲醛合成反应的反应物，甲醛浓度对合成反应的影响至关重要。理论上，甲醛浓度越高，越有利于反应进行。但事实上，若甲醛浓度超过 60%，形成多聚甲醛的概率明显上升，严重时反应液将由正常的浅绿色变化为墨绿色甚至乳白色。

6.16　催化剂浓度对三聚甲醛合成反应有什么影响?

催化剂浓度的高低直接影响着三聚甲醛反应的速率。控制较高的催化剂浓度可大大提高反应速率，但副反应也会明显增加；催化剂浓度控制得较低则反应速率不高，产率低。因此，控制合适的催化剂浓度很关键（一般控制浓度在 6%~8%）。

6.17　三聚甲醛反应器中反应杂质的含量对反应有什么影响?

三聚甲醛的合成反应副产物较多，在正常运行过程中，三聚甲醛合成反应器中的杂质（高沸点物）含量会逐渐积累。低沸点物可以通过甲酸、甲酸甲酯脱出工段将其清除掉，杂质（高沸点物）则很难清除。反应器中杂质甲酸作为反应高沸点副产物不但对设备造成腐蚀，且与甲醛、水三者形成暂时共沸物，使三聚甲醛反应器中的甲醛浓度提不起来，同时降低反应速率。

6.18　三聚甲醛的主要理化性质是什么?

三聚甲醛的主要物理化学性质

性质	数据
熔点 /℃	62~64
沸点 /℃	114.5（升华）
相对密度（水 =1）	1.17（65℃）
饱和蒸气压 /kPa	1.73（25℃）
溶解性	微溶于水，溶于乙醇、乙醚

续表

性质	数据
燃烧性	易燃
闪点 /℃	45
自燃温度 /℃	引燃温度：414
爆炸下限 /%（体积）	3.6
爆炸上限 /%（体积）	28.7

6.19　硫酸的主要理化性质是什么？

硫酸的主要物理化学性质

性质	数据
物质状态	液体
颜色	无色至暗褐色油性，吸水性
性状	油性，吸尘性
气味	无味，加热有窒息性
pH 值	<2
沸点 /℃	315~338
蒸气压 /mmHg	<0.001
蒸汽密度 /（g/cm^3）	3.4（20℃）（空气 =1）
密度 /（g/cm^3）	1.83
溶解度	全溶（水），和水以任意比混合

6.20　氢氧化钠的主要理化性质是什么？

氢氧化钠的主要物理化学性质

性质	数据
物质状态	液体
颜色	无色
气味	无味
沸点 /℃	132
pH 值	>14（5%）
饱和蒸气压 /kPa	0（不挥发）
密度 /（g/cm^3）	1.482
蒸汽密度 /（g/cm^3）	不挥发
溶解度（0℃）	40%

6.21　二氧戊环的主要理化性质是什么？

二氧戊环的主要物理化学性质

性质	数据
熔点 /℃	–95
沸点 /℃	75.6
相对密度（水 =1）	1.060（20℃）
相对密度（空气 =1）	2.6
溶解性	溶于乙醇、乙醚、丙酮
燃烧性	易燃
闪点 /℃	1.7
自燃温度 /℃	274
爆炸下限 /%（体积）	3.6
爆炸上限 /%（体积）	28.7

6.22　乙二醇的主要理化性质是什么？

乙二醇主要物理化学性质

性质	数据
物质状态	液体
颜色	无色
性状	油性
气味	甜味
闪点 /℃	111
沸点 /℃	198
蒸气压 /mmHg	0.05
爆炸极限	3.2%~15.3%
密度 /（g/cm^3）	1.115
溶解度	全溶（水）

第7章

聚甲醛相关生产技术

7.1 甲醛浓缩单元相关生产技术

7.1.1 蒸汽管网建立过程中蒸汽凝液过剩如何处理?

①启动蒸汽凝液泵向50℃/75℃水系统输送，代替脱盐水。

②启动蒸汽凝液泵向公用工程脱盐水装置输送，制作脱盐水。

③打开蒸汽凝液泵入口低点导淋，排放至地坑。

④通过蒸汽凝液泵排到废水槽。

7.1.2 蒸汽冷凝器对空管向外喷水汽如何处理?

①蒸汽凝液槽液位计假导致满罐，凝液进入放空管线。

②蒸汽凝液槽冷凝液温度过高，蒸汽凝液泵汽化不打量，导致蒸汽凝液槽冒罐。

③蒸汽冷凝器冷却水量少或循环水温度过高，冷凝不下来。

7.1.3 甲醛真空蒸发器进料量波动如何处理?

①及时减少甲醛真空蒸发器蒸汽量，防止管线堵塞。

②立即将甲醛真空蒸发器进料流量计打手动操作，阀位开至工况平稳时的开度，防止甲醛真空蒸发器蒸汽联锁停车。

③现场检查新鲜甲醛进料泵运行情况，出口压力稳定在0.35MPa以上，如压力不够，及时调整回流或换备用泵运行。

④联系仪表人员现场检查流量计。

7.1.4 浓甲醛密封罐甲醛浓度指标偏离如何调整?

①联系质检人员进行复核。

②若浓度偏高，稀甲醛循环槽液位上涨趋势明显，浓甲醛密封罐温度高，立即减少蒸汽用量，观察浓甲醛密封罐是否下降，如下降则安排现场人员重新取样分析。

③若浓度偏低，稀甲醛循环槽液位下降趋势明显，缓慢增加蒸汽量，待浓甲醛密封罐温度恢复正常工况后，重新取样分析。

7.1.5 造成甲醛真空蒸发器真空波动可能的原因是什么?

①浓缩真空泵损坏故障。

②真空系统泄漏。

③控制真空度回路的错误操作。

④供给真空泵液环的介质（脱盐水）中断。

⑤进真空泵的介质（脱盐水）温度太高。

⑥进真空泵吸入口的尾气温度太高（甲醛冷凝器的错误操作）。

⑦管道连接堵塞。

⑧甲醛吸收塔中发生拦液。

⑨甲醛吸收塔的除沫网被堵塞。

⑩甲醛冷凝器的冷却水供给波动。

7.1.6 甲醇回收塔的塔釜液中甲醇浓度太高，如何处理?

①检查工况控制指标是否发生偏离。

②联系质检人员对稀甲醛储槽组分中的甲醇浓度进行复核。

③如果稀甲醛储槽组分中甲醇浓度还高，则增加甲醇回收塔灵敏板温度的设定值 1~2℃。

④增加加入甲醇回收塔再沸器的蒸汽量。

⑤通过调整甲醇回收塔再沸器的蒸汽量，调整甲醇回收塔灵敏板温度的设定值。再次分析确定甲醛和甲醇浓度（取样点稀甲醛储槽组分中甲醇浓度）。

7.1.7 甲醇回流罐中甲醇浓度太高，如何处理?

①检查工况控制指标是否发生偏离。

②联系质检人员对甲醇回流罐甲醇浓度进行复核。

③如果稀甲醛储槽组分中甲醇浓度还高，则降低回路甲醇回收塔灵敏板温度的设定值1~2℃。

④减少加入甲醇回收塔再沸器的蒸汽量。

⑤通过调整控制器甲醇回收塔再沸器的蒸汽量，调整甲醇回收塔灵敏板温度的设定值。再次分析确定甲醛和甲醇浓度（取样点甲醇回流罐中甲醇浓度）。

7.1.8 加压蒸馏塔的进料和塔釜甲醛液pH值不正常，如何调整?

①从中和进料泵和加压蒸馏塔回流泵出口取样分析甲醛的pH值进行确定。

②现场检查pH计表是否缺少标液。

③联系仪表人员查看，隔离pH计表进行检查校验。

④调整pH计表设定值。

⑤如pH计表pH值波动还是很大，将自动控制切换为手动控制。现场不间断地从取样点中和进料泵和（或）加压蒸馏塔回流泵出口取样分析pH值。

7.1.9 加压蒸馏塔的塔釜液甲醛超标，如何调整?

①将塔釜液由废水槽改采至稀甲醛排出槽。

②查看工况运行参数是否正常，分析样品组分是否偏离。

③把加压蒸馏塔灵敏板温度的设定值提高0.1~0.2℃。

④提高加压蒸馏塔蒸汽用量。

⑤调整后，再次从取样点加压蒸馏塔回流泵出口取样进行分析。

⑥从稀甲醛储槽组分中取样，确定加压蒸馏塔的进料甲醛浓度；调整加压蒸馏塔的负荷。

⑦达到正常分析结果后，将塔釜液采出改至废液槽。

7.1.10 甲醛回收塔中甲醛超标如何处理?

①甲醛浓度高，减少加压蒸馏塔回流量，增加塔底加热蒸汽流量。

②甲醛浓度低，增加加压蒸馏塔回流量，适当减少加热蒸汽量。

③调整后，重新取样分析塔底甲醛浓度。

7.2　三聚甲醛单元相关生产技术

7.2.1　浓甲醛泵出口管线堵塞，如何处理？

①停下浓甲醛泵，关闭入口阀，在出口甩头接冷凝液管线疏通。

②如长时间处理不通，根据浓甲醛槽液位，真空浓缩单元减负荷运行或停车。

③关闭三聚甲醛合成反应器进料流量计后阀，下线三聚甲醛合成反应器进料调节阀，接冷凝液疏通。

④疏通后根据浓甲醛槽液位，真空浓缩恢复开车。

7.2.2　三聚甲醛合成反应器中甲醛浓度太低，如何调整？

①复核甲醛密封槽和浓甲醛槽的甲醛含量。

②如浓甲醛浓度低于指标，调整甲醛真空蒸发器的蒸汽量。

③调整后，再次取样分析浓甲醛槽甲醛浓度，根据分析结果，进一步调整甲醛真空蒸发器的蒸汽量。

④减少加入三聚甲醛合成冷凝器的 50℃水流量，以适当提高合成蒸馏塔冷凝分离罐出口气相温度。

⑤增加三聚蒸馏塔再沸器的蒸汽，以提高塔底甲醛浓度。

⑥排查甲醛密封槽和浓甲醛槽夹套管、夹套设备、机泵机封、换热器列管等是否存在内漏现象。

7.2.3　三聚甲醛合成反应器中硫酸浓度太低，如何调整？

①重新取样分析三聚甲醛合成反应器中的硫酸含量。

②硫酸含量低于正常值时，从硫酸计量槽向三聚甲醛合成反应器加入一定量的 50% 浓度硫酸，使三聚甲醛合成反应器中的硫酸浓度达到正常值。

③补入硫酸后，再次分析三聚甲醛合成反应器中硫酸浓度；必要时，向反应器再加入一部分硫酸。

④提高三聚甲醛合成反应器中甲醛浓度，通过调整三聚甲醛冷凝器 50℃水流量，增加返回三聚甲醛合成反应器回流量。

7.2.4　在合成蒸馏塔的气体馏分中，三聚甲醛浓度低，如何处理？

①增加到三聚甲醛合成冷凝器的 50℃水流量，使合成蒸馏塔冷凝分离罐出

口的气体温度设定值（PV 值）降低 0.5~1.0℃。

②重复分析合成蒸馏塔冷凝分离罐甲醛浓度，必要时，进行进一步的调节。

③对甲醛真空浓缩单元进行调整，提高反应器进料甲醛浓度。

④由硫酸计量槽向反应器补加硫酸至合适浓度。

7.2.5 脱轻组分塔顶部气相中，甲酸、甲酸甲酯浓度高，如何处理？

①通过逐渐增加脱轻组分塔冷凝器的 50℃水流量，增加回流到脱轻组分塔流量，使脱轻组分塔冷凝器的气体温度控制在 67~68℃。

②约 1h 后，重新取样复核脱轻组分塔顶部轻组分浓度；必要时，进行进一步的调整。

③根据塔底温度控制，稍微降低加热蒸汽量。

7.2.6 三聚甲醛提浓塔气相中三聚甲醛浓度低，如何处理？

①联系现场人员取样对三聚甲醛提浓塔塔顶冷凝器回流液中三聚甲醛浓度进行分析复核。

②根据复核结果，增加三聚甲醛提浓塔的回流量。

③根据复核结果，减少三聚甲醛提浓塔的蒸汽量。

④根据三聚甲醛含量，降低三聚甲醛提浓塔灵敏板温度控制点的设定值（PV 值）0.5~1.0℃。

⑤调整工况 1h 后，重新分析复核三聚甲醛提浓塔塔顶冷凝器回流液中三聚甲醛浓度、甲醛浓度；必要时，进行进一步的调节。

7.2.7 三聚甲醛提浓塔塔釜液中三聚甲醛浓度高，如何处理？

①从三聚甲醛提浓塔塔顶冷凝器回流液中取样，分析复核三聚甲醛浓度。

②根据复核结果，提高三聚甲醛提浓塔灵敏板温度控制点的设定值（PV 值）0.5~1.0℃。

③根据复核结果，通过三聚甲醛提浓塔回流调节阀减小回流进料量。

④通过三聚甲醛提浓塔蒸汽调节阀增加三聚甲醛提浓塔蒸汽用量。

⑤调整工况 1h 后，重新取样复核三聚甲醛提浓塔回流液中三聚甲醛浓度；根据三聚甲醛浓度，再次调整三聚甲醛提浓塔灵敏板温度控制点的设定值（PV 值）。

7.2.8 开车过程中三聚甲醛结晶器的三聚甲醛晶体浓度低，如何操作？

①通过母液流量计调节阀调整，降低返回三聚甲醛结晶器的母液流量，增加悬浮液晶体浓度。

②调整1h后，联系质检人员重新取样复核三聚甲醛结晶器中晶体浓度，根据分析结果，再次调整母液流量。

③从三聚甲醛储槽中取样排查三聚甲醛浓度。如果三聚甲醛浓度太低，再从三聚甲醛提浓塔塔顶冷凝器回流液中取样分析回流中三聚甲醛浓度，依次排查三聚甲醛萃取、三聚甲醛精制、聚合单元返回三聚甲醛浓度。

④根据分析结果，调整相应蒸馏塔的控制灵敏板设定值。

⑤工况调整1h后，对各蒸馏塔再次取样分析；如参数已改变，必要时，对各蒸馏塔进行进一步的调节。

⑥检查进入结晶工段的工艺介质温度、冷冻水控制温度，根据各控制点温度，调整相对应的三聚甲醛悬浮液流量及乙二醇冷冻水流量。

⑦如果是三聚甲醛晶体悬浮液管线堵塞导致的，退去乙二醇冷冻水，走三聚甲醛洗液泵清洗流程，疏通堵塞管线后，投用乙二醇冷冻水至正常量。

⑧排查进入三聚甲醛结晶器物料管线的夹套水是否存在内漏。

7.2.9 开车过程中三聚甲醛结晶器中的三聚甲醛晶体浓度高，如何操作？

①通过母液流量计调节阀调整，增加返回三聚甲醛结晶器的母液流量，稀释悬浮液中的晶体浓度。

②工况调整1h后，从三聚甲醛结晶器中取样复核晶体浓度，根据分析结果，进行流量的进一步调节。

③取样排查三聚甲醛储槽中三聚甲醛的浓度。

④如果三聚甲醛浓度太高，依次再从三聚甲醛萃取、三聚甲醛精制、聚合单元进行取样分析。

⑤根据分析，对相应的蒸馏塔进行控制回路设定值的调整。

⑥工况调整1h后，如参数已改变，对三聚甲醛提浓塔蒸馏塔再次取样分析。必要时，进行进一步调节。

⑦调整结晶系统的参数，分别减少加入结晶器的 –11℃乙二醇冷冻水流量。

7.2.10　三聚甲醛脱水塔的顶部三聚甲醛浓度太高，如何调整？

①通过增加三聚甲醛脱水塔部分冷凝器 50℃水流量，降低三聚甲醛脱水塔回流液温度 0.5~1.0℃。

②根据三聚甲醛脱水塔塔底温度，通过三聚甲醛脱水塔再沸器蒸汽调节阀减少蒸汽加热流量。

③调整工况 1h 后，再次取样复核三聚甲醛脱水塔回流液中三聚甲醛浓度。必要时，进行回流量的进一步调节。

7.2.11　三聚甲醛脱水塔的底部产物中水含量太高，如何调整？

①联系质检人员对三聚甲醛脱水塔的底部三聚甲醛溶液中水含量进行复核。

②提高三聚甲醛脱水塔底部灵敏板温度的设定值（PV 值）0.5~1.0℃。

③在三聚甲醛提纯塔塔釜液中的三聚甲醛浓度低于指标范围的情况下，通过减少三聚甲醛脱水塔部分冷凝器 50℃水流量，降低回流量。

④通过三聚甲醛脱水塔再沸器蒸汽调节阀提高三聚甲醛脱水塔的蒸汽用量。

⑤工况调整 1h 后，对三聚甲醛脱水塔的底部三聚甲醛溶液中水含量进行分析；必要时，进行控制回路设置点的进一步调节。

7.2.12　离心机有哪几大联锁？分别是什么？

八大联锁，分别是门联锁、油温高联锁、油压低联锁、前轴温高联锁、后轴温高联锁、振值高联锁、转速低联锁、氮气流量低联锁。

7.2.13　离心机轴封泄漏，如何处理？

①现场停下三聚甲醛悬浮液输送泵，停止给离心机进料。

②关闭三聚甲醛悬浮液输送泵入口阀，打开出口密排，排净泵腔内三聚甲醛悬浮液，打开脱盐水冲洗至三聚甲醛悬浮液输送泵轴承自转，关闭脱盐水。

③查看轴封蒸汽、凝液压力是否低于 0.2MPa 或 0.02MPa，如是，及时调整蒸汽、凝液压力至 0.02~0.2MPa。

④查看离心机轴封不漏凝液后，启动三聚甲醛悬浮液输送泵重新投料，再次确认机封是否泄漏。

⑤安排现场人员佩戴防毒面具，清理泄漏物料，防止发生着火事故。

7.2.14　离心机转速下降、振值高，如何处理?

①现场停下三聚甲醛悬浮液输送泵，停止给离心机进料。

②关闭三聚甲醛悬浮液输送泵入口阀，打开出口密排，排净泵腔内三聚甲醛悬浮液，打开脱盐水冲洗至三聚甲醛悬浮液输送泵轴承自转，关闭脱盐水。

③现场通过离心机视镜观察筒体内是否堆料，如是，走清洗流程，清洗离心机至筒体干净。

④停清洗流程，启动三聚悬浮液输送泵给离心机投料。

⑤待离心机筒体内物料布匀后，观察转速和振值变化趋势。

7.2.15　三聚甲醛提纯塔的底部产物中水含量太低，如何处理?

①通过调整三聚甲醛提纯塔再沸器蒸汽流量调节阀开度，降低三聚甲醛提纯塔加热蒸汽流量。

②通过调整三聚甲醛提纯塔顶部 50℃冷却水流量调节阀，增加冷却水流量，提高回流到塔底水含量。

③对三聚甲醛提纯塔底部产物中的水含量进行复核。

④分析提浓三聚甲醛槽中三聚甲醛溶液的水含量。

⑤根据进料水含量，调整工况，改变三聚甲醛提纯塔控制参数。

7.2.16　三聚甲醛提纯塔反应不好，蒸汽阀位逐步开大，如何处理?

①通过调整三聚甲醛提纯塔釜液泵变频，增加泵出口流量，将塔底重组分快速置换出。

②打开三聚甲醛提纯塔 B 塔到三聚甲醛提纯塔塔顶清洗冷凝器阀门，给备用三聚甲醛提纯塔 B 塔进蒸汽或加脱盐水进行升温，做三聚甲醛提纯塔倒系列准备。

③将三聚甲醛提纯塔 B 塔到三聚甲醛提纯塔冷凝器的三通阀倒为全开状态（此时该三通阀为全部三通），同时关闭三聚甲醛提纯塔 B 塔到三聚甲醛提纯塔塔顶清洗冷凝器的阀门。

④按三聚甲醛提纯塔开车步骤，逐步给备用三聚甲醛提纯塔 B 塔进料，投蒸汽升温，运行塔三聚甲醛提纯塔缓慢减负荷。

⑤待备用塔三聚甲醛提纯塔B塔运行正常后，将三聚甲醛提纯塔釜液泵的进料来源由三聚甲醛提纯塔改为B塔，停止运行塔三聚甲醛提纯塔进料。

⑥将三聚甲醛提纯塔B塔到三聚甲醛提纯塔冷凝器的三通阀切换为只与三聚甲醛提纯塔B塔相通，同时打开三聚甲醛提纯塔到三聚甲醛提纯塔顶清洗冷凝器的阀门。

⑦不排放，直接加入脱盐水进行煮塔。

7.2.17　三聚甲醛精制塔的塔顶组分中，三聚甲醛甲醛浓度太高，如何调整?

①提高三聚甲醛精制塔灵敏板温度设定值（PV值）0.5~1.0℃，提高塔顶水含量。

②通过三聚甲醛精制塔再沸器蒸汽流量调节阀适当减少三聚甲醛精制塔加热蒸汽。

③工况调整后，联系质检人员复核三聚甲醛精制塔塔顶溶液中的三聚甲醛浓度。

7.2.18　三聚甲醛精制塔的塔底水含量超标，如何处理?

①将三聚甲醛精制塔塔底的采出，由精三聚甲醛储槽改采至浓三聚甲醛槽。

②从三聚甲醛精制塔釜液中取样复核水含量。

③通过三聚甲醛精制塔再沸器蒸汽流量调节阀适当增加三聚甲醛精制塔加热蒸汽。

④降低三聚甲醛精制塔灵敏板温度设定值（PV值）0.5~1.0℃，减少塔顶回流量。

⑤调整工况后，重新从三聚甲醛精制塔釜液中取样分析；必要时，进一步调整相应控制回路的设定值。

⑥当三聚甲醛精制塔塔釜液水含量在正常指标范围内（控制指标：水含量小于30ppm）时，将三聚甲醛精制塔塔底采出由浓三聚甲醛槽改采至精三聚甲醛储槽，可以重新向聚合单元的精三聚甲醛储槽A、B送料。

⑦排查精三聚甲醛冷却器及精三聚甲醛输送泵夹套水是否内漏导致。

7.3　二氧戊环单元相关生产技术

7.3.1　二氧戊环合成反应器转化率下降，如何处理？

①从二氧戊环合成反应器取样分析半缩醛中对甲基苯磺酸的含量，是否在指标控制范围内（正常指标：8%~18%）。

②根据分析结果，从二氧戊环合成催化剂罐向二氧戊环合成反应器补加对甲基苯磺酸催化剂，以增加反应速率。

③根据半缩醛储槽组分中浓甲醛和乙二醇浓度配比，适当提高真空浓缩浓甲醛浓度，降低比值。

④如果反应混合物中滞留物含量高，频繁地向可燃废液槽置换反应混合物，可置换后向反应器补加催化剂。

7.3.2　二氧戊环蒸馏塔冷凝器放空管线堵，如何处理？

①现场检查尾气洗液罐是否满罐，导致甲醛水溶液进入二氧戊环蒸馏塔冷凝器放空管，如是，立即关小补水阀，将液位控制在储罐 2/3 液位处。

②根据系统压力情况，接蒸汽管进行吹扫。

③如果系统泄压阀全开，压力仍没有下降趋势，可组织二氧戊环单元停车，二氧戊环精制塔采出由精二氧戊环储槽改采至粗二氧戊环储槽，隔离二氧戊环蒸馏塔冷凝器，下线二氧戊环蒸馏塔冷凝器放空管线短接疏通。

④疏通后，投用氮气置换保护，二氧戊环单元组织开车。

7.3.3　二氧戊环蒸馏塔塔顶甲醛浓度太高，如何处理？

①通过降低二氧戊环蒸馏塔灵敏板温度的设定值（PV 值）0.5~1℃，来增加二氧戊环蒸馏塔的回流量。

②从二氧戊环蒸馏塔回流罐取样复核甲醛含量，防止因气相甲醛含量超标，造成二氧戊环蒸馏塔冷凝器放空管堵塞。

③如果甲醛浓度高于正常值，则通过二氧戊环蒸馏塔加热蒸汽调节阀，降低二氧戊环蒸馏塔加热盘管的蒸汽量。

④调整工况后，再次从二氧戊环蒸馏塔塔顶、塔底取样进行分析，确定塔顶和塔釜指标处于正常值。若有必要，进一步调整上述串联控制回路的设定值。

7.3.4 三聚甲醛冷却器出口管线堵塞，如何处理？

①第一时间接蒸汽管线吹扫。

②投用三聚甲醛冷却器至三聚甲醛循环泵入口管线 75℃夹套水。

③打开三聚甲醛冷却器密排阀，利用三聚甲醛结晶器内液位压差倒顶。

④如短时间内处理不通，可安排后系统单元减负荷运行，三聚甲醛提浓单元根据三聚甲醛储槽液位，调整三聚甲醛合成单元负荷。

⑤管线疏通后，检查确认三聚甲醛冷却器密排阀关闭，增加三聚甲醛结晶系统负荷，提高三聚甲醛结晶器液位至正常，后系统逐步恢复之前负荷。

⑥待三聚甲醛结晶器进料流量稳定后，关闭三聚甲醛冷却器至三聚甲醛循环泵入口管线 75℃夹套水。

7.3.5 三聚甲醛悬浮液输送泵堵塞如何处理？

①关闭三聚甲醛悬浮液输送泵入口阀。

②打开三聚甲醛悬浮液输送泵出口密排，开脱盐水冲洗。

③拆掉泵壳外保冷，接蒸汽吹扫。

④关闭三聚甲醛结晶器到三聚甲醛悬浮液输送泵根部阀，启动三聚甲醛洗液泵走清洗流程疏通。

⑤根据前后系统液位，调整各单元负荷，平衡储罐液位。

7.3.6 二氧戊环提纯塔的塔顶气相甲酸、甲醛浓度太高，如何调整？

①降低二氧戊环提纯塔塔顶冷凝器冷却水温控器的设定值（PV 值）0.5~1℃，同时观察二氧戊环提纯塔塔顶温度，增加回流量。

②通过蒸汽流量调节阀减少加热蒸汽盘管流量。

③工况调整后，从二氧戊环提纯塔塔顶回流罐冷取样分析；如有必要，进一步调整上述控制回路的设定值。

7.3.7 二氧戊环精制塔的塔釜液中水浓度太高，如何调整？

①将二氧戊环精制塔采出由精二氧戊环储槽 A、B 改采至粗二氧戊环储槽。

②检查系统压力是否在正常控制指标范围。

③通过二氧戊环精制塔蒸汽流量调节阀增加加入二氧戊环精制塔的蒸汽量。

④增加二氧戊环精制塔灵敏板温度设定值（PV 值）0.5~1℃，减少二氧戊环

精制塔的回流量。

⑤从二氧戊环精制塔釜液取样复核水含量。

⑥如果水含量还高，再次增加二氧戊环精制塔的蒸汽量。

⑦从二氧戊环精制塔塔釜冷却器出口取样进行分析。

⑧如果水浓度比允许值高，则通过精二氧戊环输送泵将槽中的溶液输送到二氧戊环储槽。

⑨排查二氧戊环精制塔塔釜冷却器列管是否内漏。

⑩若 SP5308 分析后，组分中水含量在指标控制范围内，打开到精二氧戊环储槽 A、B 的采出阀；关闭到粗二氧戊环储槽的采出阀。

7.3.8　二氧戊环单元系统压力波动大，如何调整?

（1）二氧戊环单元系统压力控制表指示偏高

①二氧戊环单元系统压力控制表调节阀阀位全开，前后系统压力都高，说明二氧戊环单元系统压力控制表调节阀不畅，开调节阀旁路控制系统压力，联系仪表人员处理调节阀。

②二氧戊环单元系统压力控制表调节阀阀位全开，前后系统压力显示前低后高，说明仪表假指示，按前系统显示的压力来调整二氧戊环单元系统压力控制表阀位的开度，然后联系仪表人员处理。

（2）二氧戊环单元系统压力控制表指示偏低

二氧戊环单元系统压力控制表调节阀阀位全关，前后系统压力显示前高后低，说明回收二氧戊环冷凝器不畅，停车疏通回收二氧戊环冷凝器。

7.3.9　二氧戊环单元系统压力高，如何处理?

①排查前后系统压力，是否都处于偏高状态。

②如整个系统压力都高，则打开二氧戊环单元系统压力控制表旁路，如果压力瞬间降低，说明二氧戊环单元系统压力控制表调节阀堵或不畅。

③微开二氧戊环单元系统压力控制表旁路手阀，稳定系统压力。

④隔离二氧戊环单元系统压力控制表调节阀主路，联系仪表人员拆线，下线二氧戊环单元系统压力控制表调节阀，现场疏通。

7.3.10 碱液再生蒸发器蒸发后 NaOH 浓度低，如何调整？

①重新投用蒸汽蒸发。

②将碱液再生蒸发罐温度控制器设定温度提高 2℃。

③蒸发结束，冷却后重新取碱液再生蒸发罐中碱样分析组分。

7.4 聚合单元相关生产技术

7.4.1 高位槽为什么推荐低液位运行？

①因为储槽使用的安全温度是 75℃水做夹套保温的，高液位会增加 TOX 高位槽内精三聚甲醛的挥发量，给后系统回收增加负荷。

②高液位会延长精三聚甲醛的停留时间，三聚甲醛会和微量氧气生成甲酸，甲酸会抑制聚合反应的正向反应，严重时甚至不反应。

③遇紧急停车时高料位留给操作工应急的时间变短，易发生溢罐事故。

7.4.2 二氧戊环、催化剂、甲缩醛储槽为什么使用 −11℃水保存？

①二氧戊环闪点为 -6℃，高温会加快二氧戊环的挥发。

②高温和较长时间的存放会导致催化剂活性降低。

③甲缩醛常压下的沸点只有 42~45℃，低温有利于减少甲缩醛的挥发量。

7.4.3 三聚甲醛高位槽本体和气液相管线为什么用 75℃水做夹套？

①三聚甲醛的熔点为 62~64℃，常温下易结晶固化。若温度低于 65℃，三聚甲醛会在管道或槽体内析出结晶，导致流动阻塞、设备损坏或进料不均。

②三聚甲醛蒸汽与空气混合的爆炸极限为 29%~36%（体积），75℃夹套水可精准控制蒸发量，避免局部浓度超限。

③夹套水温维持在 75℃（高于三聚甲醛熔点 10℃以上），可确保三聚甲醛始终处于熔融液态，避免结晶风险，同时避免过热（>80℃）引发副反应。

7.4.4 三聚甲醛高位尾气吸收加脱盐水的作用是什么？

三聚甲醛易溶于水，故选择脱盐水作为它的吸收剂。

顶部纯净的脱盐水作为不冷凝三聚甲醛的吸收剂，而底部的脱盐水是为了防止三聚甲醛高位尾气吸收塔塔底的三聚甲醛溶液因浓度过高而结晶堵塞管线，起到稀释三聚甲醛溶液浓度的作用。

7.4.5 精三聚甲醛储罐设置两台的作用有哪些?

正常运行时储槽交替使用：一个槽进料，另一个槽生产。如果精三聚甲醛储罐 A 或精三聚甲醛储罐 B 任一槽出故障，两条聚合物生产线仅用一个储槽也能维持正常运行。

7.4.6 聚合原料高位储槽顶部通入少量 N_2 的原因是什么?

这些原料都具有挥发性，加入微量 N_2 主要是为了隔绝空气，防止氧气和水分进入，同时保证罐内压力稳定，也可确保挥发的三聚甲醛和其他不冷凝组分得到正常处理，所以本装置在高位槽都通入小流量 50kPa 的 N_2。

7.4.7 聚合物进料混合器的作用是什么?

聚合物进料混合器作为一台静态混合器，由于没有外力的参与，它的工作原理是利用管道内固定的混合单元，使流体在流动过程中发生分割、移位、重叠以及湍流剪切。确定各种原料最有利的加入点，将对聚合的转化率产生积极影响，也将十分有利于减少聚合工段的波动。如混合不均匀则会造成聚合反应波动大，产品分子量分布宽，聚合反应转化率低。发生上述情况后，更换新的大小静态混合器后再开车。

7.4.8 影响聚合物熔融指数的因素有哪些?

①原料中水分的影响，水分含量高，催化剂诱导期会延长，转化率下降。

②甲酸的影响，甲酸含量高，聚合物的分子含量会降低。

③甲醛的影响，如果甲醛含量过高，甲醛便会氧化为甲酸。

④进料温度低，较高温度的三聚甲醛进入螺杆，很快冷却结晶成固态，大量的三聚甲醛以晶态存在，就不能与其他三种原料充分溶解混合。

⑤聚合机的混合段结垢，混合段筒体内壁结垢后，热量不能充分传给原料，原料三聚氰胺、三聚甲醛很快进入温度较低的螺杆和低温段结晶呈固态，达不到溶解混合效果。

⑥聚合工艺条件的影响，计量系统的稳定与否、反应温度的波动与否、原料的纯度等这些因素都会影响聚合物的分子量。

7.4.9 聚合物下料输送器设置 140℃保温的目的是什么?

聚合初聚物在理论情况下没有经过终止剂封端处理的时候是不允许高温输

送的，这样会使聚合物分解从而降低转化率。聚合物下料输送器俗称“后反应器”，设置140℃主要是为了挥发、降解初聚物的未反应物，从而达到给后系统减负的目的。

7.4.10 配制终止剂需要注意的问题有哪些？

在聚甲醛（POM）生产过程中，终止剂的配制是确保聚合反应可控、产品质量稳定的关键环节。终止剂通常由脱盐水、醋酸镁和三乙醇胺等成分组成，其作用是快速终止聚合反应并稳定聚合物性能。若配制不当，可能导致反应失控、产品性能下降。以下是配制终止剂时需特别注意的四大要点，并附详细说明：

①添加脱盐水时要检查确认底部排放阀和取样点关闭，并记录好累积量。

②称量醋酸镁和三乙醇胺时要准确无误，确保配制的精确度。

③要有充分的搅拌时间，保证固体颗粒融化，最少搅拌20min。

④不要有异物进入系统。

7.4.11 终止剂泵启动和停止的最佳时间是什么？

终止剂的加入直接决定产品性能的优劣，加入太早会因为研磨输送器没有物料而造成粉料结块，严重时甚至会导致后系统堵料，加入太晚会导致产品得不到有效的封端而分解等。

启动时间为撞击式研磨机电流上涨后5min。

停止时间最好在聚合机停进料的时候，停得太晚易导致研磨下料器管道结垢。

7.4.12 研磨氮气回路中设置 O_2 分析仪的作用是什么？

氧含量分析仪的作用主要是检测氮气回路中的氧气含量。聚甲醛粉尘和空气混合极易进入爆炸极限，而聚合反应又是一种厌氧反应，O_2 的加入会抑制聚合反应的正向进行，还会导致甲酸的生产。当检测到氧含量 >1% 时，联锁动作，系统自动补充新鲜氮气，以稀释 N_2 循环的氧气含量；当氧含量 ≥ 2% 时，联锁动作会停止研磨、干燥以及聚合机喂料系统。

7.4.13 研磨回收三聚甲醛槽中的甲醛和三聚甲醛浓度高的原因有哪些？

①聚合反应的转化率过低。

②三聚甲醛尾气吸收塔窜液导致大量三聚甲醛进入研磨回收稀甲醛储槽。

③三聚甲醛精馏塔泛液或其他故障导致蒸馏效率低，未反应物长时间打循环。

④补进系统的脱盐水少，导致研磨回收稀甲醛储槽浓度变高。

7.4.14 影响聚合物干燥器达到理想干燥脱除的要素有哪些?

进入聚合粉料干燥器的聚合物粉料含有 2%~5% 的未反应单体（三聚甲醛、甲醛、二氧戊环）。经过干燥后，出粉料干燥器的粉料中未反应单体降到 0.2% 左右。实验确定干燥条件：

①产品（粉料）温度最高 140℃。

②停留时间在 30~60min，开车前对聚合粉料干燥器转速进行测验，以保证精确。

③推荐聚合物料层厚度 15~20mm。

④物料流动的稳定，要求聚合粉料干燥器耙齿和塔盘必须保持完好。

7.4.15 研磨吸收过滤器经常堵塞的原因有哪些?

①氮气过滤器滤袋破损或滤袋连接不牢固造成漏粉。

②稀甲醛过滤器滤棒破损。

③研磨吸收过滤器滤棒长时间没有清洗（酸洗或碱洗）导致滤棒表面附着一层油脂性聚合物。

④研磨单体吸收塔、真空吸收塔、尾气吸收塔等设备结垢后脱落。

7.4.16 氮气鼓风机出口流量低的原因是什么?

罗茨鼓风机是一种容积式风机，广泛应用于污水处理、气力输送、化工等行业。其效率下降会导致能耗增加、风量不足、运行不稳定等：

①粉料仓氮气过滤器滤网堵塞严重或反吹故障。

②粉料仓氮气过滤器至 1# 氮气鼓风机入口管线不畅通。

③ 1# 氮气鼓风机自身故障（润滑油未更换、冷却水堵或未投用、运行时间长导致内部间隙变大、皮带松动或脱落）。

④ 1# 氮气鼓风机出口返回阀因震动导致自动开大。

⑤ 1# 氮气鼓风机出口安全阀严重内漏。

7.4.17 聚合物加料器料位高的原因有哪些?

①粉料干燥器塔盘脱落导致下料不均匀。

② 1# 氮气鼓风机出口流量低导致料送不出去。

③自力式翻板阀卡涩，导致下料不畅。

④设备自身故障，导致无法送料（轴断、螺杆磨损严重、转速异常）。

⑤聚合物加料器50℃水夹套内漏或粉料干燥器塔盘内漏，导致粉料潮湿挂壁。

7.4.18　配制添加助剂现场和中控需要注意的事项有哪些?

①现场需要注意助剂不能加错、混加，添加时注意个人防护，佩戴好防毒面罩和橡胶手套，注意不要让异物进入系统。如果工艺需要的情况下必须过筛，添加完盖好防护盖，清理现场并汇报中控。

②中控需要注意的是配制过程需要全程监护，避免因监盘不到位而导致助剂配比失调造成事故，下料时也要看好1#稳定聚合物料仓的涨幅和称料斗的净重，发现异常状况及时处理。

7.4.19　造粒脱气反应机的稳定脱除需要哪些条件?

①原料质量稳定，质量合格的粉料是保障脱除的必要条件。

②加料系统工作平稳，聚合物粉料称量器的平稳运行至关重要。

③造粒温控系统无故障，合理稳定的段温是必不可少的。

④真空系统运行正常，稳定的真空压力能加速甲醛的脱除。

⑤主要参数准确无误，如添加剂种类和配比、熔融料在螺杆内的滞留时间，都是影响脱除的重要因素。

7.4.20　助剂的种类及作用有哪些?

抗氧剂：可抑制聚甲醛产品中过氧化物的形成，抑制聚合物高温分解，防止聚合物劣化。

三聚氰胺：促进不稳定部分分解，并作为离析甲醛或树脂中产生的少量酸的接收剂。

润滑剂：润滑剂的加入可以减少模塑淤积，降低聚合物黏附注射模具的程度。另外，润滑剂还可改善聚合物的表面光滑性。

7.4.21　聚合机工艺温度控制的重要性体现在哪里？如何实现精准控温?

温度控制的重要性：较高温度的三聚甲醛进入螺杆，很快冷却结晶成固态，大量的三聚甲醛以晶态存在，就不能与其他三种原料充分溶解混合，聚合反应属于放热反应，如果热量不能及时移除，会极大地阻碍聚合反应的转化率，温度升高会加速链转移和链终止反应，导致分子量降低。

如何实现温度精准控制：

①定期对筒体水的电磁阀进行检修或更换（因为调节温度的阀门操作频率很高，轻微的卡涩就会导致温度失调）。

②定期检修或更换筒体加热带，加热带也属于常运行的仪表部件，导致损坏的主要原因是长时间运行的热疲劳。

③进料的稳定、螺杆转速以及冷却水的稳定都对实现温度精准控制起到关键作用。

7.4.22　引起聚合机爆聚、机头堵料的现象有哪些？原因有哪些？

当聚合机剧烈波动时，可能会发生机头堵料现象，或者螺杆抱死。出现上述情况时，最明显的现象是聚合机扭矩和电流剧烈波动，锤式研磨机 / 撞击式研磨机电流突然变大或下降至空载电流。现场操作时废料挡板打开困难，如果在降负荷后还不能及时将机头块料移除，发现聚合机电流上涨应立刻停止喂料系统，聚合反应机 BT2 处理。

引起聚合机大量波动的原因有很多，比较常见的有聚合机喂料系统的波动，尤其是催化剂和丁缩醛的进料波动，静态混合器的混合效果变差，原料品质的大幅波动等。

7.4.23　聚合物粉料采用塔盘式塞流干燥器的作用是什么？

塞流式干燥器是一种高效、连续的干燥设备，特别适用于颗粒状、粉体物料的干燥处理，尤其是在化工、制药、食品及聚合物（如 POM、PA、PET 等）行业应用广泛。其核心特点是物料以“塞流”（Plug Flow）形式通过干燥腔体，与热风（或惰性气体）充分接触，实现快速、均匀的干燥效果。

塞流式干燥器的核心优势：

①干燥效率高。

低返混、高传质速率：塞流运动减少物料返混，使每段物料受热均匀，干燥速率快（比流化床干燥快 20%~40%）。

适应高湿含量物料：可处理初始水分 10%~50% 的物料（如湿聚合物颗粒、滤饼等）。

②适用于热敏性物料。

低温精准控制：可采用低温氮气保护干燥（如 POM、PA 等易氧化物料），避免高温降解。停留时间控制范围广（30~70min）。

③节能环保。

热风循环利用：尾气可经冷凝、吸附后循环使用，降低能耗（比喷雾干燥节能 30% 以上）。

封闭式设计：适用于有毒、易燃溶剂（如甲醇、丙酮）的挥发回收。

④适应多种物料形态。

颗粒、粉体、膏状料均可处理，如聚合物切片（PET、PA66），催化剂粉体（Ziegler-Natta 催化剂），医药中间体（湿滤饼）。

⑤自动化程度高。

PLC/DCS 控制：可调节温度、风速、进料速度，实现连续化生产。

塞流式与其他干燥设备对比

干燥器类型	适用物料	干燥效率	热敏性适应	能耗	返混程度
塞流式干燥器	颗粒 / 粉体 / 膏状	★★★★★	★★★★	★★★	★
流化床干燥器	粉体小 / 颗粒	★★★★	★★★	★★	★★★
喷雾干燥器	溶液 / 悬浮液	★★★	★★	★★★★★	★★
回转干燥器	块状 / 高湿物料	★★	★	★★★★	★★★★

7.5 造粒单元相关生产技术

7.5.1 造粒脱气反应机出来的粒料发黄、有黑料的原因有哪些？

①造粒机运行温度过高或者温控系统出现故障导致产品氧化。

②助剂配比失调或者抗氧化剂比例偏离太大。

③开车前螺杆清理不到位或者运行时间过长。

④聚合机配比失调或粉料干燥器温度高导致物料氧化。

⑤原料或系统中酸性物质及氧含量的存在，造成聚合物氧化。

⑥运转设备轴承密封损坏，导致聚合物和轴承接触变质，又经过轴封气吹到系统内部导致。

⑦物料在螺杆或模头中停留时间过长（一般情况是系统负荷过低）。

⑧终止剂配比失调或流量雾化效果差。

7.5.2　真空系统始终建不起来怎么办?

稳定的真空系统是造粒脱除的关键工艺条件，当真空度难以建立时应从以下几个方面进行考虑（排查时应关闭真空球阀分段排查，如果在运行期间查漏的话真空球阀建议不要完全关闭，防止查到漏点后导致系统真空度太高）：

①排除泵的问题，可以选择切换备用泵的方法进行尝试，如果效果依旧，排除此类问题。

②对真空泵的进出口管线以及 PCV–6601/6602 进行排查，排查时现场和中控配合好，现场使用宽度合适的胶带对法兰逐一进行检查，时刻关注中控对压力的变化，发现压力波动的法兰时联系检修紧固。

③对造粒真空口及管线依次进行排查（真空管线的温度较高，选择耐高温的胶带或用水测试）。

④中控调整造粒机负荷和螺杆转速相匹配（低负荷、高转速也会导致真空建不起来）。

⑤检查稀甲醛溶液储槽的隔板和液封管线是否有漏点。

7.5.3　3# 脱气吸收塔尾气吸收塔压力高，降不下来怎么办?

①中控立即查看送风机的运行情况，正常运行时送风机的入口压力一般在 –1~3kPa。

②中控立即查看氮气管网和空气管网的阀位及压力流量有没有大的变化，如果变化明显，现场立即查看各氮气和空气用户（着重查反吹电磁阀）。

③检查系统各处轴封氮气是否在指标范围。

④检查系统各处反吹电磁阀是否正常，检查切粒水冷却器前补气量是否正常。

⑤检查气力输送设备运行是否正常。

7.5.4　稀甲醛储槽内甲醛及甲醇含量高的原因是什么?

①甲醛精馏塔、三聚甲醛回收塔塔顶温度控制过低，导致稀甲醛储槽指标不

合格。

②甲醛精馏塔进料加热器三聚甲醛回收塔再沸器换热器内漏，造成稀甲醛溶液储槽甲醛溶液直接进入稀甲醛储槽。

③三聚甲醛回收塔塔盘损坏，致使精馏塔转化效率低。

④聚合工段转化率过低或负荷过大导致精馏工段负荷过大。

7.5.5　空气加热器 A/B 温度升不起来的原因是什么？

①如果调节阀 TV6504/14 阀门全开温度还达不到指标，现场开旁路阀；如果可以升到指标说明系统负荷过大。

②中控人员检查蒸汽管网压力温度是否正常，如果管网压力低，可联系调度，给管网升压。

③现场人员检查切粒水冷却器疏水器是否堵塞，如有堵塞，开旁路疏通。

④现场人员开壳侧顶部导淋，有可能是长时间运行导致换热器存在不冷凝气造成的。

7.5.6　聚合物干燥器底部温度低的原因及处理方法是什么？

①中控人员检查空气鼓风机风量和切粒水冷却器 A/B 出口温度，如不在指标范围立即调整。

②现场人员从粒料干燥器取样口取样测量判断现场实际温度。

③如果其他指标都在范围内则可以确定聚合物干燥器存在偏流，现场人员停空气鼓风机，中控人员开大粒料给料器加快送料速度，将料位提至 20% 关粒料给料器停止下料，料位涨至 65% 左右时，启动空气鼓风机，缓慢开粒料给料器继续送料。

④降低料位也无法恢复正常工况时，则说明聚合物干燥器底部筛网存在堵塞，则需要停造粒机，排空聚合物干燥器后再进行内部清理。

7.5.7　尾气吸收塔淹塔的现象有哪些？如何处理？

淹塔的现象主要有尾气吸收塔顶底压差变小，稀甲醛溶液储槽长时间处于低液位，严重时甚至有可能导致尾气吸收塔吸收液倒灌至真空管线内，以致发生重大事故。

处理：立即停止向真空吸收塔进液，现场立即开启底部过滤器旁路进行排放，待压差恢复正常后再次投用吸收液，并交出检修进行过滤器清理工作。

7.5.8　造粒机造粒脱气反应机温度波动的原因有哪些?

①聚合物粉料称量器的运行直接关系到造粒机的平稳运行，如果称重器因为机械波动的话，会导致后续一系列波动。

②聚合物稳定混合器和聚合物强制加料器的运行也至关重要，如果搅拌器和加料器因内部构件损坏也会造成造粒机温度波动。

③筒体温度是由加热带和筒体冷却水共同作用下调节的，如发生筒体冷却水内漏或电加热带效率变低同样会导致筒体温度波动。

④ DCS 上对段间温度 PID 的调节同样至关重要，因为筒体温度控制采用加热带和筒体冷却水双作用调节，响应速度、消除静态误差、预测偏差都会造成系统温度波动。

7.5.9　研磨干燥系统氧含量居高不下的原因有哪些?

氧含量增高由两种情况决定：第一种是氧含量缓慢上升的，当中控人员发现氧含量有缓慢上涨的趋势时，应及时去处理。切除联锁后，联系仪表人员先对分析仪进行校验分析，与此同时，现场人员应该现场检查漏点，重点：氮引风机 / 氮气排风机 / 氮气引风机入口以及氮气过滤器，检查的同时要开大新鲜氮气向系统补充。

第二种是上涨较快的，同时伴随着尾气吸收塔压力上涨快，这时中控人员要果断关闭切粒水冷却器补新鲜空气阀，同时开大尾气吸收塔泄压阀迅速处理，这种情况极有可能是空气鼓风机排气倒回到研磨系统。

7.5.10　聚合机电流波动大，加料泵出口压力波动如何操作?

遇到这种问题时中控人员必须果断做出决定，中控和现场人员迅速打开废料球阀和废料挡板，如果波动还在应持续进行减负荷处理，同时现场人员检查料的情况，根据现场实际状况做出相应处理。现场反馈物料特别湿甚至出现流汤时，应加大催化剂量并降低聚合机转速，如果物料结块多甚至在干燥时操作应向反方向调节（调节催化剂的原则是遵循快加慢减）。

7.5.11　聚合物干燥器 A/B 操作的关键点有哪些?

停车后要对聚合物干燥器 A/B 的内部筛网进行清理，防止开车时气相料偏流。

长期停车要对聚合物干燥器 A/B 内壁进行打磨处理，以保持光滑及平整度。

造粒机启动前要对切粒水冷却器 A/B 进行缓慢预热，预热时要遵循蒸汽换热器预热标准进行，先升温，后升压，严防水击的发生。

聚合物干燥器 A/B 进料后应先从取样点排一部分，防止刚开车的不合格料进入包装合格罐。

平时操作时要严防超温，温度严格控制在 140℃。

7.5.12 切粒机的操作重点有哪些?

①造粒机停车后要第一时间打开切粒腔并取下切刀。

②如遇切粒水跳车后开车，必须清理干净切刀及模头的熔融料，切记不能直接投料开车。

③如果需要开车，装上切刀恢复切粒腔后应立即投料开车，防止时间延后造成缠刀；如果超过 10min 未投料，再次投料必须再确认切刀及模头干净。

④启动切刀时转速应设置为 500r/min，启动后发现切刀扭矩超过 40% 时立即停止并检查。

⑤投料时切刀转速应设置在 1800r/min，防止出料时缠刀。

⑥调校切刀时应由专人操作，防止发生刀片掉落或调不平整事故。

7.5.13 造粒厂房日常巡检的重点项目有哪些?

①清理切粒水滤筒并清理切粒水液位计探头浮沫，如遇切粒水混浊或浮沫较多，汇报中控人员并进行置换。

②清理金属分离器排出的粉料，粉料堆积过多会导致金属分离板开关失灵，并用吸铁石检查粉料中的铁含量，从而判断金属分离器的工作状态。

③检查造粒机油系统温度压力是否正常，检查有无漏点。

④检查造粒机筒体水系统压力温度是否正常，有无漏点。

⑤检查振动筛工作是否正常，清理长条筛的磁棒并记录铁屑量。

⑥清理振动筛的废料桶，发现异常及时处理。

⑦检查气力输送器的运行情况

⑧检查筒体及机头的加热带和加热棒。

⑨检查造粒机冷却风机滤网（春季应增加清理频率）。

7.5.14　聚合物干燥器操作的注意事项有哪些?

聚合物干燥器的聚合物粉料含有 2%~5% 的未反应单体（三聚甲醛、甲醛、二氧戊环）。经过干燥后，聚合物干燥器的粉料中未反应单体降到 0.2% 左右。

①干燥器开车前要进行充分预热才能启动，这样做的目的是保护内部塔盘和耙齿的完整性；预热时要稍开 PV–6323/6333，同时全开底部疏水器前导淋，确定有水排出，控制升温速度 3℃ /min ；当导淋无水或极少水量时才可以投用疏水器及调节阀；升温到 130℃时，中控人员就可以通过稍开调节阀进行保温操作。

②现场用大号管钳进行盘车操作，盘车时注意不要损坏到底部的氮气密封管和测速探头。

③检查变速箱的油质油位正常后通知中控或现场人员启动聚合物干燥器。

④中控人员设置转速为 1r/min 启动，启动后分别维持 1、2、3、4r/min 运行，同时现场用秒表等工具测量实际转速偏差。

7.5.15　聚合反应为什么选择双螺杆挤出机?

（1）聚合反应的特殊性

①聚合温度通常控制在 40~130℃，过高会导致链断裂或副反应，过低则反应速率不足。

②反应釜或挤出机需配备多段温控系统，避免局部过热。

③共聚反应属于突然相变反应，要求反应器具备一定的高扭矩。

④聚合反应需要四种原料进行反应，由于其反应的物料种类多，且不具备混合好再聚合的条件，所以要求聚合机必须有混合剪切的功能。

⑤聚合的反应热必须及时移除，以确保反应正向顺利进行。

（2）双螺杆聚合机的优势

①多段独立温控：双螺杆挤出机通常配备多段加热 / 冷却系统（机筒分段控温），可精确调节不同反应阶段的温度（40~130℃），避免局部过热导致的链断裂或副反应。螺杆内部可设计冷却流道，直接对熔体降温，快速移除反应热。

②强剪切与高扭矩驱动：POM共聚反应属于突然相变反应（从液态单体到高黏度聚合物），需要设备具备高扭矩输出（通常为10~20Nm/cm³）。双螺杆挤出机的高扭矩齿轮箱和高强度螺杆（如氮化钢材质）可承受瞬时黏度变化，确保反应持续进行。

③分段混合设计：通过组合输送元件、捏合块、反向螺纹等螺杆元件，实现多组分（如三聚甲醛、共聚单体、催化剂、稳定剂）的原位混合与反应，无须预混步骤。强剪切作用可打破反应界面壁垒，提高催化剂分散性和反应速率。

④连续化反应：传统反应釜需分批混合，而双螺杆挤出机可实现连续进料与反应，适合大规模生产。

⑤熔体输送与热移除协同：双螺杆的正向输送段推动物料前进，同时捏合块区域产生剪切热，可通过机筒冷却或螺杆内冷系统平衡反应放热。

⑥可定制螺杆组合：根据反应需求调整螺杆构型（如增加捏合块强化混合，或延长聚合段提高转化率）。

⑦密闭式连续反应：避免传统釜式反应中甲醛单体的泄漏风险，配合氮气保护系统和真空排气，提升安全性。

⑧副产物回收：通过真空系统回收未反应单体，降低原料损耗和环保压力。

双螺杆反应机与传统反应釜对比

特性	双螺杆反应机	传统反应釜
温度控制	多段精准控温，避免局部过热	依赖搅拌，易产生温度梯度
混合能力	依赖搅拌，易产生温度梯度	需预混，混合效率低
反应热移除	通过剪切与冷却协同散热	依赖外部夹套，散热慢
工艺连续性	连续化生产，效率高	间歇式操作，产能受限
适用黏度	可处理极高黏度熔体（突然相变）	高黏度下搅拌困难

7.5.16　强酸碱反应催化剂为什么选择搪瓷反应器?

①搪瓷层的化学惰性。

搪瓷反应器的内表面为玻璃釉层（SiO_2为主），对强酸（如H_2SO_4、HCl）、强碱（如NaOH）和有机溶剂（如甲醛、三聚甲醛）具有极强的耐腐蚀性，避免金属材质（如不锈钢）被腐蚀导致设备损坏和杂质引入。

②适应甲醛放热反应。

温度稳定性：搪瓷层可耐受 –30~250℃的急变温（如甲醛聚合的放热峰），避免因局部过热导致瓷层开裂或反应失控。配套夹套冷却系统（如循环冷媒）可快速移出反应热，平衡放热效应。

防黏附特性：玻璃釉表面光滑，可减少高黏度聚甲醛的黏壁，便于清洗和维护。

③安全防护。

防爆与密封性：甲醛和三聚甲醛易燃易爆，搪瓷反应器通常设计为密闭结构，可通入 N_2 保护并配备防爆泄压装置。玻璃釉层不产生静电，避免火花引发爆炸。

防泄漏：金属基体（如碳钢）外覆搪瓷层，双重防护避免强酸/碱泄漏风险。

④经济性与寿命。

性价比高：相比纯钛或哈氏合金反应釜，搪瓷设备成本更低，且寿命可达 10 年以上（若避免机械碰撞导致瓷层破损）。

维护简便：定期用稀碱液（如 Na_2CO_3）清洗即可去除残留聚合物，无须复杂的钝化处理。

反应器类型	耐强酸 / 碱	耐高温	防爆性	成本	适用场景
搪瓷反应器	★★★★★	★★★★	★★★★	★★	POM 聚合、强酸催化反应
不锈钢（316L）	★★	★★★★	★★★	★★★	弱酸 / 中性环境
哈氏合金（C–276）	★★★★	★★★★★	★★★★	★★★★★	极端腐蚀环境（如 Cl^- 介质）
PTFE 内衬反应釜	★★★★★	★★★	★★★★	★★★★	HF 或强氧化剂反应

7.5.17　聚合工艺中密相输送的优势有哪些?

在聚合工艺中，氮气密相输送（dense phase nitrogen conveying）是一种高效、安全的粉体或颗粒物料输送方式，尤其适用于高价值、易氧化、易燃易爆或对水分敏感的聚合物（如 POM、PE、PP、PA 等）。优势如下：

①惰性保护，防止物料氧化 / 降解。

隔绝氧气与水分：氮气（N_2）作为惰性气体，可避免聚合物粉体（如催化剂、单体或预聚物）与空气中的 O_2 或 H_2O 接触，防止氧化副反应（如聚甲醛的热氧化降解）或水解。对自由基聚合、配位聚合等敏感反应尤为重要。

维持反应纯度：避免杂质引入导致催化剂失活（如Ziegler–Natta催化剂对O_2敏感）或产品性能下降（如色差、分子量分布变宽）。

②高效输送，适合高固含量物料。

高固气比：密相输送的固气比（固体物料与气体质量比）可达（50∶1）~（200∶1），远高于稀相输送（<15∶1），适合高密度聚合物颗粒（如PE、PP）或黏性粉体（如PA6预聚物）。输送速度低（通常3~10m/s），可减少管道磨损和物料破碎。

节能降耗：因气体用量少，压缩氮气的能耗比稀相输送降低30%~50%。

③安全防爆，适合易燃易爆体系。

消除静电与火花风险：聚合物粉体在输送中易产生静电，而氮气环境可避免形成爆炸性混合物（如单体－空气混合物）。尤其适用于气相聚合工艺（如Unipol工艺的PE生产）或含溶剂回收的体系。

抑制粉尘爆炸：密相输送的低气速减少了粉尘扬起，降低了爆炸极限（如聚甲醛粉尘的MIE<10mJ）。

④温和输送，减少物料损伤。

低剪切力：低速输送和分段压力控制（如栓流式密相输送）可避免聚合物颗粒的机械剪切降解，保持分子量分布（MWD）稳定。对高黏度或热敏性物料（如PVC、PET）尤为重要。

减少结块与黏壁：氮气的干燥特性可防止吸湿性聚合物（如PA66）在输送中结块。

⑤精准控制与自动化集成。

稳定流量调节：通过压力传感器与变频控制实现输送速率精准调节，适配连续聚合工艺的进料需求。

与反应系统无缝衔接：可直接连接流化床反应器、螺杆挤出机等设备，实现闭环生产（如Spheripol工艺的PP生产）。

⑥环保与回收便利。

氮气循环利用：输送后的氮气可通过净化系统（如冷凝、吸附）去除挥发分后循环使用，降低运行成本。

无尾气污染：与空气输送相比，避免了 VOCs（如残留单体）的直接排放。

密相、稀相、机械输送比较

特性	氮气密相输送	稀相输送（空气 /N_2）	机械输送（螺旋 / 皮带）
固气比	高［（50：1）~（200：1）］	低（<15：1）	不适用
输送速度	低速（3~10 m/s）	高速（15~30m/s）	极低速（0.1~1 m/s）
物料损伤	低	高（颗粒破碎风险）	中（机械剪切）
防爆性	★★★★★	★★（空气输送风险高）	★★★（需防静电设计）
适用物料	粉体 / 颗粒 / 高黏度料	轻质粉末	颗粒 / 块状料

7.5.18　聚合机电流的控制要注意什么？

控制范围：聚合机电流控制在 80~140A。

控制目标：聚合机电流目标在 90~120A。

相关参数：聚合机螺杆转速、聚合机负荷。

控制方式：聚合机电流的高低决定了聚合机的反应情况，因此控制合理的聚合机电流是十分必要的，同时聚合机的电流还可以反映出聚合机内物料的反应速率等。正常情况下，聚合机的电流通过调整螺杆转速来控制。

正常调整：

影响因素	处理方法
螺杆转速	正常情况下，聚合机的电流通过调整螺杆转速来控制
四物料配比	控制四物料的配比，保证四物料流量稳定
聚合机筒体温度	保证聚合机筒体温度稳定，没有大幅波动

异常处理：

现象	原因	处理方法
聚合机电流大幅波动	四物料流量波动，导致聚合机反应剧烈	调整好四物料流量，控制四物料流量在正常范围内，防止四物料流量波动
	催化剂加入量少	现场查看粉料质量，确定是否为转化率引起的电流波动，增加 2~3g 催化剂
	催化剂和甲缩醛背压阀卡涩	现场轻轻敲击背压阀，如无效果则停车进行清洗

7.5.19 撞击式研磨机电流的控制有哪些项目?

控制范围：销钉研磨机电流控制在 40~110A。

控制目标：销钉研磨机电流目标在 60~100A。

相关参数：聚合机粉料品质，聚合机负荷。

控制方式：销钉研磨机的电流高低决定了聚合机粉料的品质，因此控制合理的销钉研磨机电流是十分必要的，同时销钉研磨机的电流还可以反映出聚合机下料情况和聚合机的反应效率等。正常情况下，销钉研磨机的电流根据聚合机的负荷变化控制。

正常调整：

影响因素	处理方法
聚合机负荷	正常情况下，聚合机负荷大小影响销钉研磨机电流
聚合机转化率	控制聚合机四物料配比，稳定聚合机转化率
聚合机粉料品质	调整聚合机工况，稳定粉料品质

异常处理：

现象	原因	处理方法
销钉研磨机电流大幅波动	聚合机粉料品质差	调整好四物料流量，控制四物料流量在正常范围内，防止四物料流量波动
	催化剂加入量少	现场查看粉料质量，确定是否为转化率引起的电流波动，增加 2~3g 催化剂

7.5.20 粉料仓底部设计成偏心锥体的原因是什么?

不对称结构破坏粉体静态平衡，强制侧壁粉体向卸料口滑移。其一主要是为了防止物料架桥造成堵塞，其二是为了混合聚合的粉料，让不稳定的聚合物处于相对平稳阶段，还可以将料仓排空率提升至 95% 以上。

7.5.21 影响聚合反应转化率的因素有哪些?

聚甲醛的聚合反应为阳离子引发剂引发的聚合，在数分钟内主要部分的反应即可结束。阳离子聚合反应的特点决定了对此类反应进行研究的四大难题：聚合体系为非均相体系；聚合速率快，数据重现性差；助引发剂、微量杂质对聚合速率影响很大；真正的终止反应不存在，稳态假定难以建立。

原料中的水在聚合反应中作为助引发剂，以提供质子或碳阳离子，一般的引发剂和助引发剂的用量有一个最佳比例，助引发剂量过低难以提供足够的质子或碳阳离子，过高则可能使产生的阳离子溶剂化从而降低助引发活性。助引发活性降低后的直接结果就是使聚合反应的诱导期延长。由于聚合反应的时间基本是恒定的，诱导期的延长直接导致反应时间的缩短。反应时间的缩短以及催化剂活性的降低直接导致聚合反应转化率的下降。当水含量增加到一定程度后，转化率显著下降甚至不能聚合。

原料中水含量超高的常见原因是原料精制单元的运行失调，如精制塔的底部温度控制过低等。发生上述情况后，只能全部返料回单体后精制，做样合格再开车。

由于原料三聚甲醛输送管道是采用75℃或90℃水夹套保温，如果夹套内管泄漏，也会造成精制三聚甲醛中的水含量增加，从而导致聚合转化率的下降。发生上述情况后，应及时停车打压查漏，消除后再开车。

7.5.22 反冲洗过滤器操作维护项目有哪些?

本装置因介质的特殊性，使用反冲洗过滤器的设备比较多，且都属于单机运行设备。开、停车后的检修和日常维护尤为重要，反冲洗过滤器的工作原理是单滤芯反冲洗氮气过滤器工作原理。

①过滤阶段，气体流向：氮气从入口进入过滤器，通过单滤芯后，杂质被截留在滤芯表面，洁净气体从出口输出。压差监测：内置压差传感器实时监测滤芯两侧压力（ΔP），通常设定触发反冲洗的阈值为0.05~0.4MPa。

②反冲洗触发，当ΔP达到设定值时，控制系统（PLC或机械阀）自动启动反冲洗程序。反向气流冲洗：洁净氮气从出口反向流入滤芯，冲击滤芯表面杂质。

③恢复过滤，反冲洗完成后（通常3~10s），入口阀重新打开，系统恢复正常过滤。周期控制：可设置定时反冲洗模式或压差触发模式（更节能）。

开停车注意事项：

①拆开过滤器检查滤芯是否完好（无破损、变形），安装方向正确，滤芯表面无油污或明显颗粒堆积。

②模拟触发压差信号（如短接压差传感器），确认反冲洗阀门动作正常。

③停车后关闭出入口阀门，防止湿气倒灌导致滤芯受潮。

④建立滤袋和反吹电磁阀台账，确保在使用寿命内，如超过设计使用时间，

停车后进行更换。

⑤滤袋安装时要确保紧固牢靠，防止运行过程中脱落。

日常巡检注意事项：

①中控人员关注过滤器压差，超过或接近报警值时进行干预，更改更高频次的冲洗或停车进行检修更换。

②关注过滤器前后压力、温度、流量等工况在正常指标范围。

③现场检查反吹介质无漏点，检查反吹电磁阀动作灵敏无卡涩。

7.5.23 甲酸、甲酸甲酯蒸馏塔塔底温度升不起来的原因有哪些?

甲酸、甲酸甲酯蒸馏塔塔底温度低的主要原因有：

①甲酸、甲酸甲酯蒸馏塔再沸器疏水器故障或冷凝液管网压力过高，现场开导淋进行排液，中控人员联系调度调整冷凝液管网压力。

②甲酸、甲酸甲酯蒸馏塔负荷过大或前系统工况波动造成负荷后移，中控人员需调整系统负荷，适当提高底部温度。

③底部加热蒸汽压力低或系统有不冷凝气体，从甲酸、甲酸甲酯蒸馏塔再沸器壳侧顶部放空阀排放惰气。

④塔盘结构发生变化损坏，或浮阀不回位造成气、液相不接触。

7.5.24 影响三聚甲醛结晶器效率的因素有哪些?

①温度依赖性：三聚甲醛在水或有机溶剂（如乙醇）中的溶解度随温度升高显著增加（如 20℃时溶解度约 30g/100g 水，60℃时可达 120g/100g 水）。

②相平衡与过饱和：实际浓度的高低直接关系到相平衡的温度高低。

③原料中的杂质会影响结晶过程，降低结晶效率和产品质量。

④适当的搅拌可促进传质和均匀结晶，但过高可能导致晶体破碎。

⑤影响晶体生长时间，过长可能导致结块，过短则晶体不完整。

7.5.25 影响二氧戊环萃取塔效率的因素有哪些?

①二氧戊环的纯度与含水量。

高纯度二氧戊环：萃取效率更高，减少杂质干扰。

含水量：少量水可改善极性物质溶解性，但过多会导致相分离困难（二氧戊环与水部分互溶）。

②碱浓度。

浓度过低：无法完全中和酸性物质，萃取不完全。

浓度过高：可能导致乳化、相分离困难或副反应（如二氧戊环在强碱下可能分解）。

③酸性强弱。

酸性越强，越易被碱液萃取。

④萃取温度。

低温（<30℃）：减少溶剂挥发，但可能降低传质速率。

高温（>50℃）：可能加速二氧戊环分解（开环反应）。

⑤杂质干扰。

原料中的油脂、胶体等可能影响相分离，需预处理（如过滤、吸附）。

7.5.26　甲缩醛和丁缩醛的区别是什么？

性质	甲缩醛	丁缩醛
分子式	$C_3H_8O_2$	$C_9H_{20}O_2$
结构式	$CH_3OCH_2OCH_3$	$C_4H_9OCH_2OC_4H_9$
IUPAC 名	二甲氧基甲烷	二丁氧基甲烷
CAS 号	109–87–5	2568–90–3
外观	无色透明液体	无色至淡黄色液体
沸点 /℃	42~45（易挥发）	160~165（高沸点）
熔点 /℃	–105	–50（估值）
密度 /（g/cm^3）	0.86（20℃）	0.83~0.85（20℃）
闪点 /℃	–17.8（高度易燃）	60（可燃）
水溶性	部分混溶（20g/L，20℃）	几乎不溶（疏水性更强）
挥发性	极高（类似丙酮）	低（类似长链醚）
氧化性	易被氧化（如生成甲酸）	较稳定（烷基链抗氧化）
反应活性	活泼（易参与亲核取代、缩合反应）	较低（空间位阻大）
毒性	低毒（但高挥发性，有吸入风险）	低毒（但需防皮肤接触）

因为是共聚单体（链转移剂或封端剂），甲缩醛可能作为链转移剂，导致聚甲醛链提前终止，形成不稳定的半缩醛端基（—OCH2OCH3），易在高温下分

解；丁缩醛的长链烷基可能封端聚甲醛链，形成更稳定的端基（$—OCH_2OC_4H_9$），减少解聚风险。

热稳定性。甲缩醛残留：可能导致聚甲醛端基不稳定，在加工或使用中释放甲醛（热降解温度降低）。丁缩醛残留：长链烷基可提高端基稳定性，延缓热分解（但过量可能降低结晶度）。

7.5.27 聚合物加料器的运行逻辑及重要性是什么？

H631 聚合物加料器的作用是将干燥器出来的合格粉料及时地送至下工段，考虑到前工段是聚合物干燥器，特点是内部结构复杂，物料堆积极易造成耙齿损坏。下游是一个气力输送系统，如给料速度过快，结块物料、粘连物料又极易堵塞管道，同时上下游系统有 -30kPa 的压差，还不能串气。由于聚合物温度很接近其软化点，应设有冷却水夹套，防止输送过程中温度升高而软化结块。结合上述工艺要求，聚合物加料器运行逻辑如下：

在 D631 的出料口设置三个料位开关。

H631 启动时按其设计的最低转速运行。

当料位到最低料位开关时，H631 按一定转速运转（确切的转速在试车期间确定）。

当料位达到高料位开关时，H631 转速升高（升高值根据螺旋设计确定）。

当料位达到高料位开关时，H631 转速进一步升高（升高值根据螺旋设计确定），1min 后，如果开关仍激发，将联锁停 D631。

①螺旋出料器应能连续、均匀地将聚合物粉料输送到气力输送系统。

②能有效阻止气力输送系统的较高压力的氮气返回干燥系统。最大允许泄漏量为 $10m^3/h$。

③含轴封氮气设计，包括接管、流量表和减压阀。

其参数如下：

输送能力	700~2500kg/h
聚合物粉料堆密度	$700kg/m^3$
进口温度	约 140℃
进口压力	3.5kPa（G）
出口压力	40kPa（G）

7.5.28　原料中微量碱性物质的影响是什么?

聚合的两种原料三聚甲醛和二氧戊环在精制过程中都要与氢氧化钠溶液进行萃取，以除去其中的部分杂质。如果在萃取及后续工段运行中出现严重的波动，就可能导致微量的 NaOH 带入聚合用的精制原料中。众所周知，聚合反应所用的催化剂，其活性中心实际是 H^+。如果聚合用的精制原料中含有 NaOH 等的碱性物质，会造成聚合转化率的大幅下降。发生上述情况后，只能全部返料回单体后精制，做样合格后再开车。

第 8 章

聚甲醛加工相关技术

8.1 热塑性塑料和热固性塑料有什么区别?

热塑性塑料和热固性塑料比较

项目	热塑性塑料	热固性塑料
加工特性	受热软化、熔融塑制成一定形状，冷却后固化定型	未成型前受热软化，熔融可塑制成一定形状，在热或固化剂的条件下，一次硬化定型
重复加工性	再次受热仍可软化、熔融反复多次加工	受热不熔融，达到一定温度分解破坏，不能反复加工
溶剂中情况	可溶	不溶
化学结构	线型高分子	由线型分子变为体型分子
举例	PE、PP、POM、PVC、ABS、PMMA、PC	PF、UF、MF、EP、UP

8.2 不同熔融指数的共聚甲醛产品，产品牌号及相应性能有什么区别?

性能	单位	产品规格					检验
		MC25	MC90	MC130	MC270	MC450	ASTM
熔融指数	g/10min	2.5 ± 1	9 ± 1	13 ± 1	27 ± 3	45 ± 5	D1238
硬度		75	75	80	80	80	D785
抗折强度	kgf/cm^2	850	850	850	850	850	D790
弹性系数	kgf/cm^2	24000	27000	27000	27000	27000	D790
拉伸强度	kgf/cm^2	610	620	610	620	620	D638
延伸率	%	45	45	45	40	40	D638

续表

性能	单位	产品规格					检验
		MC25	MC90	MC130	MC270	MC450	ASTM
冲击强度	（kgf·cm）/cm	7.5	6.5	6.0	5.0	4.0	D256
吸水率（23℃）	%	0.22	0.22	0.22	0.22	0.22	D570
成型收缩率	（3mmt，4in 圆盘）%	1.8~2.2	1.8~2.2	1.8~2.2	1.8~2.2	1.8~2.2	
色度	B 值	≤ 2.0	≤ 1.5	≤ 1.5	≤ 1.5	≤ 1.5	
热稳定性	%/min	≤ 0.04	≤ 0.04	≤ 0.04	≤ 0.04	≤ 0.04	

8.3　未来聚甲醛市场应用和需求量怎样?

（1）全球聚甲醛市场需求现状（2023 年基准）

市场规模：2023 年全球聚甲醛市场规模约 40 亿美元，年需求量约 120 万吨（中国占 50% 以上产能）。

应用结构：

汽车工业（35%）：燃油系统部件、门锁、安全带扣等。

电子电器（25%）：连接器、齿轮、开关。

消费品（20%）：拉链、笔尖、厨房用具。

工业机械（15%）：轴承、泵阀、管道配件。

医疗（5%）：手术器械、药物输送装置（需 FDA 认证牌号）。

（2）未来 10 年需求驱动因素

①汽车轻量化与电动化。

燃油车替代需求：聚甲醛在燃油系统（油箱盖、喷油嘴）的耐油性不可替代，短期内仍占主导。

预测：2025—2030 年燃油车用聚甲醛需求年均下降 2%~3%，但存量市场支撑明显。

电动车增量机会：电池模块绝缘件、充电枪外壳（需阻燃聚甲醛），轻量化齿轮（替代金属，减重 30%）。

预测：电动车领域聚甲醛需求年增 8%~10%（2030 年占比升至 15%）。

②电子电器微型化与高性能化。

5G/6G 设备：高频连接器（LCP 替代竞争，但 POM 成本优势显著）。

智能家居：耐磨齿轮（扫地机器人传动部件）、耐用铰链。

预测：电子电器领域年增 6%~8%（2030 年市场规模超 30 亿美元）。

③医疗与可持续发展。

（3）医疗应用拓展

一次性手术器械（成本低于 PEEK）、可重复使用消毒托盘。

瓶颈：需解决生物相容性（ISO 10993 认证）和长期植入降解问题。

环保法规推动：

生物基聚甲醛研发（如日本旭化成开发生物质甲醛路线）。

回收技术改进（化学解聚回收率提升至 80% 以上）。

（4）区域市场预测

①中国（主导供应与需求）。

产能扩张：2025 年中国聚甲醛产能将突破 80 万吨 / 年（云南云天化、宝理塑料扩产）。

内需增长：汽车后市场（替换零件）、新能源基建（充电桩部件）。

预测：2030 年中国需求占比达 60%，年增 5%~7%。

②欧美（高附加值应用）。

欧洲：汽车减排法规推动轻量化（POM-CF 复合材料需求上升）。

北美：医疗级聚甲醛（如杜邦 Delrin® HP 系列）年增 10%~12%。

③东南亚（新兴制造中心）。

成本转移：越南、泰国电子组装业带动 POM 进口需求（2025 年东南亚市场年增 8%）。

（5）技术创新方向与替代威胁

高性能改性：纳米复合材料（SiO_2 增强，冲击强度提升 50%）；低摩擦牌号（摩擦系数 <0.1，替代 PTFE 涂层部件）。

替代材料竞争：PPS，耐高温性更优（但成本高 3 倍）；LCP，高频电子领域替代（价格敏感市场仍倾向聚甲醛）。

3D 打印应用：SLS 工艺聚甲醛粉末开发（2025 年或进入小批量商用）。

（6）需求预测

应用领域	需求量 / 万吨	年增长率 /%	关键驱动
汽车	45~50	3~4	电动车轻量化部件
电子电器	35~40	6~8	5G 设备、智能家居
工业机械	20~22	2~3	耐磨件升级需求
医疗	8~10	10~12	一次性医疗器械普及
全球统计	150~160	4~5	新兴市场渗透 + 高附加值应用

8.4　聚甲醛从中端到高端需要突破哪些技术壁垒？

聚甲醛（POM）作为高性能工程塑料，在汽车、电子、医疗、工业等领域广泛应用。但国内聚甲醛产品仍以中低端通用料为主，高端市场（如耐高温、高韧性、低摩擦等）长期被杜邦（Delrin®）、宝理（Duracon®）、塞拉尼斯（Hostaform®）等国际巨头垄断。要实现从中端到高端的突破，需攻克以下核心技术壁垒。

（1）材料改性技术壁垒

①耐高温聚甲醛（长期使用温度≥ 120℃）。

★技术难点：

POM 热稳定性差，易热分解（起始分解温度约 220℃）。

高温下机械性能（强度、模量）下降明显。

★突破方向：

共聚改性：引入环氧乙烷（EO）或二氧戊环，降低端基不稳定性。

端基封端技术：采用乙酸酐、异氰酸酯封端，抑制甲醛释放。

纳米复合增强：添加 SiO_2、碳纤维、石墨烯，提升热变形温度（HDT）。

②高抗冲 / 高韧性聚甲醛（缺口冲击强度≥ $10kJ/m^2$ ）。

★技术难点：

聚甲醛脆性大，低温冲击性能差。

★突破方向：

弹性体共混：与 TPU、POE、EMA 共混增韧（需解决相容性问题）。

核壳结构设计：如聚甲醛 / 硅橡胶纳米复合，实现韧性 – 刚性平衡。

超高分子量聚甲醛：提高分子链缠结度（需优化聚合工艺）。

③低摩擦/耐磨聚甲醛（摩擦系数≤0.2）。

★技术难点：

聚甲醛自润滑性不足，高PV值（压力×速度）下易磨损。

★突破方向：

PTFE/石墨/二硫化钼填充：提升自润滑性（但需避免强度损失）。

表面改性：等离子处理或涂覆类金刚石碳（DLC）薄膜。

分子结构优化：引入含氟单体（如四氟乙烯）降低表面能。

（2）生产工艺壁垒

①高纯度聚甲醛（金属离子含量≤5ppm）。

★技术难点：

杂质（如Fe^{3+}、Cl^-）会加速POM热降解。

★突破方向：

高精度聚合控制：采用连续本体聚合替代间歇法。

超纯单体精制：甲醛/三聚甲醛的深度纯化技术。

②窄分子量分布（PDI≤1.5）。

★技术难点：

分子量分布宽导致加工稳定性差。

★突破方向：

茂金属催化剂：精确控制聚合反应（如LyondellBasell的专利技术）。

分级萃取技术：去除低分子量组分。

③高流动性聚甲醛（熔指≥30g/10min）。

★技术难点：

高流动性聚甲醛通常伴随强度下降。

★突破方向：

可控降解技术：过氧化物降解优化流变性能。

支化结构设计：引入长链支化聚甲醛（如杜邦Delrin® 300系列）。

（3）应用场景适配壁垒

①汽车燃油系统聚甲醛（耐汽油/乙醇）。

★技术难点：

普通聚甲醛在乙醇汽油中易溶胀、开裂。

★突破方向：

交联改性：辐射交联或化学交联提升耐溶剂性。

氟化聚甲醛：引入含氟基团（如与PVDF共混）。

②医疗级聚甲醛（ISO 10993认证）。

★技术难点：

聚甲醛释放出甲醛可能引发生物毒性。

★突破方向：

超低甲醛残留工艺（≤50ppm）。

抗菌改性：添加银离子或有机抗菌剂。

③电子级聚甲醛（介电强度≥20kV/mm）。

★技术难点：

聚甲醛易静电积聚，影响精密电子件。

★突破方向：

抗静电改性：添加碳纳米管（CNT）或离子液体。

高纯度填料：如氮化硼（BN）增强绝缘性。

（4）国产聚甲醛高端化的关键路径

①产学研协同攻关。

联合中科院化学所、四川大学等机构，突破茂金属催化、纳米复合等核心技术。

参考杜邦Delrin® H系列（耐高温）、宝理Duracon® M系列（高流动）的研发路线。

②设备与工艺升级。

引入连续聚合反应器（如瑞士Buss公司的捏合机）。

采用超临界CO_2萃取去除低分子量杂质。

③市场策略。

替代进口：先切入汽车燃油模块、高端齿轮等对价格敏感度较低领域。

定制化服务：与特斯拉、比亚迪等车企合作开发专用料。

8.5 聚甲醛茂金属催化剂理论知识是什么？

聚甲醛（POM）的合成通常采用阳离子聚合，而茂金属催化剂（metallocene catalysts）作为高效、可控的催化体系，近年来在聚甲醛聚合中展现出潜力。以下是关于聚甲醛茂金属催化剂的技术解析。

（1）茂金属催化剂概述

茂金属催化剂是一类有机金属配合物，以环戊二烯基（Cp）配位过渡金属（如Ti、Zr、Hf）为核心，具有高活性、高立体选择性。

POM聚合的传统催化剂与茂金属催化剂对比

催化剂类型	传统催化剂（BF_3/$SNCl_4$等）	茂金属催化剂
活性	中低活性，需助催化剂（如水、醇）	超高活性［$>10^6$g POM/（mol Cat·h）］
分子量控制	较难精确调控	可通过配体设计精确控制
立构规整性	无规为主	可合成等规/间规POM
副反应	易发生链转移（甲醛释放）	副反应少，产物更纯净

（2）茂金属催化聚甲醛的聚合机理

聚甲醛的茂金属催化聚合属于配位插入聚合（coordination-insertion polymerization），基本步骤如下。

引发阶段：

茂金属催化剂（如Cp_2ZrMe_2）与助催化剂（如MAO，甲基铝氧烷）反应，生成活性阳离子物种$[Cp_2ZrMe]^+[MAO]^-$。

甲醛单体（或三聚体三氧六环）通过配位插入Zr—C键，形成增长链。

链增长：

甲醛分子连续插入金属—碳键，形成—CH_2—O—重复单元。

茂金属的立体位阻效应可控制聚甲醛的立构规整性（等规/间规）。

链终止：

通过β-H消除或链转移反应终止（可控性优于传统催化剂）。

（3）典型茂金属催化剂体系

①锆基催化剂（Zr–mctallocene）。

代表化合物：Cp_2ZrCl_2/MAO、$(C_5Me_5)_2ZrCl_2$

特点：高活性［$>10^6$g POM/（mol Zr·h）］，适合均聚聚甲醛。可通过环戊二烯基（Cp）修饰调控立体选择性。

②钛基催化剂（Ti–metallocene）。

代表化合物：Cp_2TiCl_2/MAO

特点：适用于共聚聚甲醛（如与环氧乙烷共聚），降低热降解倾向。

③稀土金属催化剂（Ln–metallocene）。

代表化合物：$(C_5Me_5)_2$LnR（Ln=La，Nd，Y等）

（4）技术挑战与解决方案

①甲醛单体的高活性问题。

挑战：甲醛易发生副反应（如歧化、缩醛化）。

解决方案：使用三氧六环（trioxane）作为单体来源（更稳定）。低温聚合（–20~0℃）抑制副反应。

②助催化剂成本高。

挑战：MAO（甲基铝氧烷）用量大（Al/Zr ≥ 1000∶1），成本高。

解决方案：开发非MAO活化体系（如硼酸盐类助催化剂）。固载化茂金属（如SiO_2负载催化剂）提高回收率。

③工业化放大难度。

挑战：茂金属催化对杂质敏感（H_2O、O_2等）。

解决方案：严格脱氧脱水预处理（反应器惰性化）；连续聚合工艺（如管式反应器）替代釜式聚合。

④应用前景。

茂金属催化聚甲醛在以下领域具有潜力：

a. 高性能工程塑料：高立构规整性聚甲醛（等规结构）可提升熔点（185℃→200℃+）。

b. 医用材料：低金属残留聚甲醛适合植入器械（传统催化剂含Sn/B等有毒

金属）。

c. 功能化共聚物：引入乙烯基、硅氧烷等单体，改善聚甲醛的柔韧性或表面性能。

8.6 超临界 CO_2 萃取（去除低分子量甲醛）技术是什么？

聚甲醛（POM）在加工或储存过程中会释放低分子量甲醛（LMWF），影响材料性能和安全性。超临界 CO_2 萃取（supercritical CO_2 extraction，SC–CO_2）是一种高效、环保的去除方法，但设备投资较高。以下是技术细节、经济性分析和优化建议。

（1）超临界 CO_2 萃取原理

①超临界 CO_2 的特性。

临界点：31.1℃、7.38 MPa（温和条件，适合热敏性聚合物）。

溶解能力：类似液体，扩散性类似气体，可渗透 POM 内部提取小分子。

环保性：CO_2 可循环使用，无有机溶剂残留。

②去除甲醛的机制。

渗透阶段：超临界 CO_2 渗入 POM 非晶区，溶胀聚合物链。

萃取阶段：甲醛（HCHO）与 CO_2 形成氢键或偶极作用，被“携带”出材料。

分离阶段：降压后 CO_2 汽化，甲醛被收集或分解（如催化氧化）。

（2）工艺流程与关键参数

参数	典型范围	对萃取效率的影响
温度	40~80℃	高温提高甲醛扩散速率，但超过 100℃可能导致 POM 热降解
压力	10~30MPa	高压增加 CO_2 密度，提升溶解能力，但能耗和设备成本显著上升
时间	1~4h	延长时间可提高萃取率，但边际效益递减（需平衡生产效率）
CO_2 流速	1~5L/min（视反应器体积）	高流速加快传质，但可能导致通道效应（CO_2 未充分接触 POM）
夹带剂	乙醇 / 水（5%~10%）	提高甲醛极性分子的溶解度（如添加 1% 水可使萃取率提升 20%）

（3）典型工艺流程

预处理：POM 颗粒或制品在 50℃真空干燥 2h（减少游离水干扰）。

萃取阶段：SC–CO_2 在 20MPa、60℃下循环处理 2h。

后处理：降压至常压，CO_2 回收，POM 在 80℃退火 2h（消除残余应力）。

（4）技术优势与局限性

①优势。

高效性：可去除 90% 以上的游离甲醛（传统热风处理仅 50%~70%）。

材料友好：低温操作避免 POM 热降解，保持机械性能。

环保性：无 VOCs 排放，CO_2 可循环利用。

②局限性。

设备投资高：超临界系统需耐高压反应釜（≥ 30MPa）、压缩机和精密控温装置，单套设备成本为 50 万 ~200 万元（视规模）。

运行成本：能耗主要来自 CO_2 压缩和恒温系统，处理 1t POM 需 800~1500 元（含折旧）。

残留问题：对结晶区甲醛去除效果有限（需结合退火或水解处理）。

（5）技术优化方向

①降低设备成本。

模块化设计：采用标准化反应釜（如 10L 单元组合），减少定制成本。

CO_2 循环优化：集成高效压缩机与冷凝回收系统（能耗降低 30%）。

②提升萃取效率。

梯度压力法：先高压（25 MPa）渗透→再低压（15 MPa）洗脱，减少 CO_2 用量。

动态萃取：脉冲式 CO_2 流动（如间歇加压）增强传质效果。

③耦合其他技术。

SC-CO_2^+ 催化氧化：在萃取阶段加入 TiO_2 催化剂，将甲醛分解为 CO_2 和 H_2O。

8.7　生物基 POM（开发甲醛替代单体）

生物基 POM：甲醛替代单体技术开发（三聚甲醛衍生品为核心）。

聚甲醛（POM）的传统合成依赖甲醛（HCHO）作为单体，但其毒性、挥发性和石油基来源限制了可持续发展。生物基聚甲醛的开发聚焦于替代单体，尤其是三聚甲醛（Trioxane）及其衍生品，通过生物质原料（如糖类、木质纤维素）合成绿色单体。以下是技术路径、挑战与前景分析。

（1）生物基聚甲醛的核心替代单体

①三聚甲醛（Trioxane，$C_3H_6O_3$）。

传统石油基：甲醛催化环化（H_2SO_4 或离子液体催化）。

生物基：

葡萄糖/果糖脱水→羟甲基糠醛（HMF）→（氧化裂解）→甲醛→三聚甲醛。

木质素解聚→愈创木酚→甲醛衍生化。

优势：

稳定性高（沸点 115℃），避免甲醛直接处理的危险性。

三聚甲醛可直接通过开环聚合（ROP），生成POM，其链结构为（—CH_2—O—）。

②三聚甲醛衍生单体。

单体	合成路径	特点
二氧戊环（Dioxolane）	生物基甲醛＋乙二醇缩合	改善聚甲醛柔韧性，降低结晶度（适用于共聚）
三氧六环（Tetraoxane）	三聚甲醛＋甲醛缩合	更高环张力，聚合活性强，可提升聚甲醛分子量
呋喃基单体	生物质呋喃衍生物（如HMF）氧化改性	引入芳环结构，增强热稳定性（但可能降低结晶性）

（2）生物基单体的合成技术

①生物质→甲醛→三聚甲醛。

路径示例：

葡萄糖→（酸催化脱水）→5-羟甲基糠醛（HMF）→（氧化裂解）→甲醛→（环化）→三聚甲醛。

关键催化剂：

脱水阶段：固体酸（如磺化碳）、离子液体（[BMIM] Cl）。

氧化裂解：Au/TiO_2、$NaIO_4$（选择性断裂 C—C 键）。

环化：H_2SO_4、杂多酸（如磷钨酸）。

②直接生物基三聚甲醛合成。

微生物发酵法（前沿研究）：

改造大肠杆菌代谢路径，C_6 糖→甘油醛→甲醛→三聚甲醛（需解决甲醛细胞毒性）。

光催化重整：

木质素在 TiO_2/UV 下解聚生成甲醛，原位环化（收率待提升）。

（3）生物基聚甲醛的聚合工艺

①阳离子开环聚合（CROP）。

催化剂：

传统：$BF_3 \cdot OEt_2$、$SnCl_4$（但含金属残留）。

绿色替代：酸性离子液体（如［HSO_4-BMIM］［OTf］）、固体超强酸（SO_4^{2-}/ZrO_2）。

条件优化：

低温（0~40℃）抑制副反应（如解聚）。

添加链转移剂（乙酸酐）控制分子量。

②共聚改性。

生物基共聚单体选择

单体	作用	来源
环氧乙烷	降低结晶度，提高韧性	生物基乙烯氧化
乳酸酯	引入可降解链段（部分生物降解 POM）	玉米淀粉发酵
异山梨醇	增强热稳定性（芳环结构）	葡萄糖氢化

（4）技术挑战与解决方案

①单体纯度与成本。

挑战：生物基甲醛含杂质（甲酸、水），影响聚合。

解决方案：膜分离纯化（如纳滤膜去除甲酸）。开发一步法生物质→三聚甲醛（减少中间步骤）。

②聚合控制。

挑战：生物基单体活性差异大，分子量分布宽。

解决方案：采用茂金属催化剂（如 Cp_2ZrCl_2/MAO）提升选择性；在线监测（NIR 光谱）实时调整聚合参数。

③性能平衡。

挑战：生物基聚甲醛的机械强度/热稳定性可能下降。

解决方案：纳米增强（纤维素纳米晶须填充），交联改性（如过氧化物处理）。

（5）应用前景

①高端领域。

医用材料：低毒性聚甲醛（符合 ISO 10993）用于手术器械、植入物。

食品包装：生物基聚甲醛薄膜（替代石油基材料）。

②可持续工业。

汽车部件：生物基共聚聚甲醛燃油管（耐乙醇汽油）。

3D 打印：高流动性生物基聚甲醛线材（低碳足迹）。

8.8 聚甲醛注塑银纹问题的系统性解决方案是什么？

（1）银纹的定义与特征

宏观表现：制品表面出现放射状或云雾状银色条纹（非颜色问题，是光散射现象）。

微观本质：材料内部微裂纹或分子链取向差异导致的光折射（与应力发白不同）。

形成机理分析

形成原因	科学解释
材料降解	聚甲醛在 240℃以上会释放甲醛气体，气体滞留形成微气泡层
剪切过热	高注射速度导致剪切热，使表层材料瞬间过热降解（常见于薄壁件）
模具温差	模温 <80℃时表层冷却过快，与芯层收缩率差异 >2% 引发内应力
水分挥发	含水率 >0.2% 时，水分汽化在流动前沿形成气纹（聚甲醛吸湿率为 0.22%~0.25%）

（2）关键影响因素与解决措施

干燥工艺：①必须采用除湿干燥机（普通热风干燥无效）；②温度 90±5℃/漏点 –40℃/时间≥4h；③含水率≤0.15%（需用卡尔费休法检测）。

材料选择：①高流动牌号（如杜邦 Delrin® 570HP，熔指 27g/10min）可减少剪切热；②添加 0.3%~0.5% 抗降解剂（如氰特 Anox 20）可延长热稳定时间。

温度控制

区段	标准设定范围	银纹敏感件调整建议
料筒后段	165~175℃	降低至 160℃
料筒中段	175~185℃	170℃（减缓降解）
射嘴	185~195℃	加装低温喷嘴（180℃）

注射参数：

速度控制：前段 30% 行程用 40% 速度，后段切换至 25% 速度，以免 V/P 切换点过早（建议充填至 95% 时切换）。

压力控制：保压压力≤注射压力的 60%，保压时间按壁厚计算（1mm 壁厚对应 1.5s）。

模具系统改进：

模温控制：必须使用油温机（水温机控温不稳定），理想模温：90~110℃（需实测型腔表面温度）。

排气设计：增加排气槽至 0.03~0.05mm 深（标准 0.02mm 不足），在熔接痕位置加装真空排气系统。

浇口优化：避免采用针点浇口（高剪切易降解），优先选择扇形浇口（$L/t \geqslant 5:1$）。

螺杆清理：每个月用 PE 清理料 purge（防止聚甲醛碳化残留），检查止逆环磨损（间隙 >0.15mm 需更换）。

热流道维护：热电偶校准偏差 <±2℃，歧管内部做镜面抛光（R_a<0.2μm）。

（3）典型案例分析

案例 1：汽车门锁机构银纹

背景：某 Tier1 供应商生产聚甲醛门锁件，浇口附近出现放射状银纹。

解决方案：①将针点浇口改为潜伏式浇口（剪切速率从 12000s^{-1} 降至 8000s^{-1}），模温从 80℃提升至 105℃；②添加 0.1% 成核剂（缩短结晶时间）。

结果：不良率从 15% 降至 0.3%。

案例 2：电子连接器气纹

背景：薄壁（0.8mm）聚甲醛连接器流动末端出现云雾纹。

关键改进：①在末端增加真空排气阀（真空度 -0.08MPa）；②采用气体辅助注射（氮气压力 3MPa）。

效益：节省后续抛光工序，单件成本降低 18%。

8.9 高流动性聚甲醛材料开发技术（熔指 >50g/10min）有哪些内容？

（1）高流动性 POM 的应用价值

微型化趋势需求：电子连接器（0.2mm 壁厚）、微齿轮等精密件要求超高流动性能。

节能生产优势：熔指（MI）>50g/10min 的 POM 可使注塑周期缩短 30%，能耗降低 25%（对比常规 MI=27g/10min 牌号）。

特殊工艺适配：适用于 MuCell 微发泡、IMD 模内装饰等先进工艺。

（2）技术挑战分析

挑战维度	具体问题
材料性能平衡	高流动性与机械强度的矛盾（MI 提升 1 倍，拉伸强度通常下降 15%~20%）
热稳定性控制	MI>50g/10min 时加工窗口变窄（分解温度与熔融温度差值仅剩 25~30℃）
结晶行为调控	高速结晶导致制品尺寸稳定性恶化（各向收缩率差异可达 1.8%）

（3）共聚物架构优化

分子量分布调控：①采用双峰分布设计（M_w/M_n=8：12）；②低分子量部分（M_n=15000~20000）提供流动性；③高分子量部分（M_n=60000~80000）维持强度。

通过 GPC 测试验证：确保 >50% 的分子量处于 20000~50000 区间。

端基封端技术：乙酸酯封端替代常规羟基封端（热失重 TGA 显示分解温度提升 12℃）；②添加 0.5%~2% 的环氧化合物（如 ADR-4468）进行扩链反应。

第三单体引入：①加入 1%~3% 的丁二醇二缩水甘油醚（BDDE）改善熔体弹性；②采用 2-ethylhexyl glycidyl ether（EHGE）降低熔体黏度（可降 30%）。

结晶抑制剂：①添加 0.1%~0.3% 的苯甲酸钠（成核剂）使结晶度控制在 55%~60%；②引入 0.5% 的聚乙二醇（PEG-400）延缓结晶速率。

（4）基础配方组成

组分	比例范围 /%	功能说明
POM 共聚物基料	82~88	特性黏度 0.8~1.0dL/g（220℃，酚酞溶剂）
纳米增强剂	5~8	羟基磷灰石纳米线（直径 20~50nm，长径比 >100）
流动促进剂	2~4	聚硅氧烷 -g- 马来酸酐共聚物
热稳定体系	1.5~2.5	三聚氰胺氰尿酸盐 + 亚磷酸酯复合体系
润滑剂	0.3~0.8	褐煤酸酯蜡（E 蜡）与硬脂酸锌复配

关键助剂作用机理：

纳米增强剂：

通过 SEM 观察显示纳米线沿流动方向取向排列。

在 MI=55 时仍能保持拉伸强度 >55MPa（常规材料仅为 40~45MPa）。

流动促进剂：

降低熔体黏度的同时可提高熔体强度（毛细管流变仪测试显示）。

在 280℃ /$5000s^{-1}$ 条件下，表观黏度可降至 80Pa · s。

（5）反应挤出改性

双螺杆挤出机配置：

采用 *L*/*D*=40：44 的同向双螺杆

温度分区设定（从加料口到机头）：

螺杆组合优化：

在熔融段设置 2 组 45° 错列角捏合块。

混炼段使用 3 组 ZME 反向元件（提高分散性）。

8.10　包装控制系统常见故障及处理方法是什么？

部机	常见故障	可能原因	处理方法
装袋机	吸盘吸不住料袋	吸盘有裂纹	及时更换
		吸盘粉尘过多	及时清理
		过滤器中杂质过多	清理过滤器
	抓手夹不住料袋	钳口板磨损过大	更换

续表

部机	常见故障	可能原因	处理方法
供袋机	吸盘吸不住料袋	吸盘有裂纹	及时更换
		吸盘粉尘过多	及时清理
		过滤器中杂质过多	清理过滤器
夹口整形机	料袋在输送过程中前倾或后倾	输送带的速度与立袋输送机不同步	调整夹口整形机的变频器
	皮带脱落或松弛	输送带被拉长	调整从动带轮使输送带张紧适度
	挂袋、料袋挤住	夹持皮带不能有效张开	调整拉杆挡圈螺钉及气缸
		夹持皮带不能有效压紧	更换失效的弹簧，紧固松动的拉杆挡圈螺钉
		料袋过长	根据实际情况调整夹口整形机的工作高度
	齿轮传动有异响	齿轮润滑不好	及时添加润滑脂
	注意：在操作过程中，当遇到挂袋和料袋挤住时，严禁用手去硬拉料袋，一定要先停机后处理。切记！		
缝口机	缝纫机的维护	参见其说明书	
	料袋两侧线头过长或过短	光电开关位置不正确	调整其位置并清洁表面
热封机	热封效果不好	检查加热温度	调整加热温度
		检查压紧辊的压力	调整弹簧压缩量或更换失效弹簧
		压紧辊磨损	更换压紧辊
	热封后胶带与袋顶间隙大	折纸带器的安装高度	降低折纸带器的安装高度
	胶带切不断	检查切刀是否卷刃或定切刀与动切刀间距	刃磨切刀或调整弹簧片压力
立袋输送机	输送速度与缝口速度不同步	变频器输送值不正确	调整变频器输出值
	输送带打滑	输送带张紧不够	使输送带张紧
	输送带跑偏	主、从动滚筒轴线不平行	调节从动滚筒的位置
轴承	声音异常、发热 运行不平稳	磨损严重或到达使用寿命	更换
		需清洗或填加润滑脂	清洗、填加润滑脂
输送带	出现毛边，表面有划痕	皮带跑偏	调偏张紧
		滚筒滞留物料	清理滚筒的黏料

续表

部机	常见故障	可能原因	处理方法
链条	声音异常	传动不好	检查传动系统，清洗链条
	张口、死节、爬齿	链节磨损严重	链节重新铆轴或换链节
气动系统	噪声太大	气动管路或接头有漏气	更换破损的气动软管及紧固接头
		消音器损坏或堵塞	更换或清理
	压力表指示值不稳定	压力表损坏	更换
		调压阀损坏	维修或更换
		气源压力不稳定	检查并处理
		过滤器堵塞	清理
	气缸运行过快或过慢	节流器开度不合理	调节
	气缸运动不平稳	气缓冲大小不合适	调整
	气缸爬行	气源压力过低	提高气源压力
	气缸内泄大	密封失效	更换密封圈或检查活塞配合面
	减压阀工作不正常	膜片或弹簧断裂	更换
		阀座有异物或伤痕	清理
		阀杆变形	更换
		复位弹簧损坏	更换
	油雾器工作不正常	节流阀工作不正常	调整或更换
		不滴油或油量太小	清理油道，调整节流阀
	电磁阀－主阀故障	弹簧、密封件、阀芯或阀套损坏	更换
		主阀内有异物	清理
		气源压力不合适	找出原因并处理
		密封件损坏	更换
	电磁阀－先导阀排气漏气	有异物	清理
		动铁芯或弹簧锈蚀	排放冷凝水
		电压太低	找出原因并处理
		环境温度过低	提高环境温度
		弹簧损坏	更换

8.11 包装机运行中常见故障处理对策是什么？

序号	故障名称	原因	处理对策
以下第 1 条至第 14 条故障现象引起包装机不能启动，或在运行中停止，触摸屏上有故障提示。此时需要按“复位”按钮确认故障信息，消除蜂鸣器报警，参照触摸屏上的故障提示，按本节故障处理方法将故障排除，然后重新启动设备			
1	变频器故障（包括导向、热封、立袋）	相应回路有接线松动或线路有人为改动； 变频器本身故障	检查处理。 检查变频器面板输出的错误代码，参考变频器说明书处理
2	电机保护跳闸	打开控制柜，确认跳闸断路器，分析故障原因，排除故障后，将断路器重新合闸即可。 如果某一个回路的断路器频繁出现跳闸现象，需要检查此回路是否有短路、接线松动等现象，排除后若还是跳闸，则需要增大断路器过载电流或检查相应的电机是否有故障	
3	真空泵电机保护跳闸	断路器跳闸。 真空泵电机保护检测装置接线松动	查明跳闸原因，处理。 检查处理
4	真空泵冷却液位过低	真空泵冷却水箱水位低于正常要求。 如果误报或不报警，则液位计线路接线松动或故障	向水箱内注入清洁水，满足水位要求。 检查调整，若损坏则更换
5	安全门限位开关故障	安全门未关闭或未关到位。 限位开关故障或开关线路故障，开关松动	关闭安全门。 检查并排除故障
6	停止信号故障	包装机操作盘上的停止按钮接线松动。 按钮本身故障	检查并排除故障。 更换按钮
7	急停或控制电源未接通	控制电源钥匙开关未接通或急停按钮处于锁定状态。 控制电源钥匙开关或急停按钮接线松动	接通控制电源钥匙开关或释放急停按钮。 检查并处理
8	真空泵未启动	触摸屏上的自动运行界面“真空泵”按钮没有按下	按下按钮，启动真空泵
9	夹袋器释放超时	夹袋器释放到位检测磁环开关故障。 夹袋气缸或电磁阀故障	处理方法 3。 处理方法 4
10	抱夹半开位故障	抱夹半开位检测接近开关故障	检查并排除
以下为控制单元联锁故障			
11	输送检测单元异常	输送单元未能跟随包装系统正常启动。 联锁信号线松动	检查输送检测单元未正常启动原因并排除。 检查并排除
12	码垛联锁停车	码垛停机。 联锁信号线松动	检查停机原因并排除。 检查并排除
出现以下异常现象时，系统可以正常启动，如果系统正处于运行状态，也不会转入停止状态			
13	抱夹闭合位故障	抱夹闭合位置接近开关故障。 抱夹闭合未到位，机械卡住或物料过满。 抱夹气缸或电磁阀故障	处理方法 1。 检查并排除。 处理方法 4

续表

序号	故障名称	原因	处理对策
14	抱夹全开位故障	抱夹全开位置接近开关故障。 抱夹气缸或电磁阀故障	处理方法 1。 处理方法 4
15	斜板下光电遮光超时	有异物或位置不正的包装袋遮挡。 光电开关故障	检查并排除。 处理方法 2
16	斜板上光电遮光超时	有异物或位置不正的包装袋遮挡。 光电开关故障	检查并排除。 处理方法 2
17	夹袋压力不足	夹袋压力检测开关设置值偏大。 正压检测管路、元器件故障	适当调小设置值。 检查，有损坏则更换
18	开袋真空不足	真空检测开关设置值偏大。 检测管路、元器件故障。 真空泵到储气罐、储气罐到各真空阀间有漏气现象	适当调小设置值。 检查，有损坏则更换。 检查并排除
19	供袋盘包装袋不足	供袋盘中无包装袋。 如果供袋盘中有包装袋，则是其下的包装袋检测光电开关故障	放入包装袋。 处理方法 2
20	操作盘上按钮开关失效	接线脱落或按钮开关损坏	检查接线或更换
21	操作盘上指示灯故障	接线脱落或指示灯损坏	检查接线或更换
22	当工作盘无袋，备用盘有袋时，供袋盘不移动换盘	工作盘光电开关故障。 气缸两端的磁环开关（A 盘工作位、B 盘工作位）故障。 备用盘侧电磁阀故障	处理方法 2。 处理方法 3。 处理方法 4
23	工作盘有袋，但取袋器不取袋子	取袋气缸回到位磁环开关故障。 工作盘光电开关故障。 取袋电磁阀故障	处理方法 3。 处理方法 2。 处理方法 4
24	取袋器取袋后不向斜板送袋	斜板上光电开关故障。 取袋气缸回到位磁环开关故障。 送袋电磁阀故障	处理方法 2。 处理方法 3。 处理方法 4
25	斜板上有袋，但抓袋气缸不抓袋	袋子没下到位。 斜板上位光电开关故障。 斜板下位光电开关故障。 抓袋回磁环开关故障。 抓袋电磁阀故障	人工移走。 处理方法 2。 处理方法 2。 处理方法 3。 处理方法 4
26	吸盘吸不住包装袋现象	吸嘴堵塞。 吸盘损坏。 相关真空电磁阀损坏	清洗真空过滤器，检查真空管路。 更换吸盘。 处理方法 4

续表

序号	故障名称	原因	处理对策
27	包装机经常吹袋子	夹袋压力不足。 开袋真空不足。 台车送袋位接近开关故障。 抱夹开阀 PLC 的 I/O 口是否正常。 包装气源没达到设计要求压力 0.5MPa	按故障序号 25 处理。 按故障序号 26 处理。 处理方法 1。 若 I/O 口触点损坏，更换相应输出单元。 与供气部门沟通
28	放料门不打开	抱夹半开位接近开关故障。 开袋真空不足。 夹袋压力不足。 缩口阀、吹袋阀、抱夹开阀、料门阀 PLC 的 I/O 口是否正常。 缩口气缸、抱夹气缸速度调整不合适	处理方法 1。 按故障序号 25 处理。 按故障序号 26 处理。 若 I/O 口触点损坏，更换相应输出单元。 调整相关调速阀，使其正常工作
29	小车将满料袋送入夹口整形机入口导入时，袋口不整齐	抱夹上夹板夹袋太紧。 夹口气缸开口慢。 导入中心和抱夹板中心不在同一铅垂面内	放松上夹板。 调整夹口气缸开口速度。 调整对正

第9章

聚甲醛性能测试与评估

9.1 成品聚甲醛熔融指数如何测定?

①将熔融指数仪调节水平。

②打开设备电源线旁开关“ON”。点击“确定”让仪器自检。

③将口模挡板、口模，安放到料筒中与料筒一起加温，将料斗放在料筒加料口上。

④设备显示温度到达预设温度后保持15min再进行操作。

⑤称6~8g的试样，放入加料槽中，做好加料准备。

⑥将活塞杆从料筒中取出，放入设备上部的孔中。

⑦点击“开始”将加料槽中的料用漏斗分2~3次加入料筒中，每次加入后要用导料杆压紧试样，整个加料过程不能超过1min。

⑧活塞杆放入料筒，点击操作面板上“开始”按钮进行预热。

⑨在预热过程中，如果加料过多，可以在预热前2min适当用手向下挤压活塞杆，2min过后禁止用手挤压。

⑩预热300s后，点击操作面板上“继续”按钮即可开始取样。用剪刀切割每10s取一段，共取4段。逐一收集挤出物切段，冷却称重，将数据输入仪器中，得出结果。

9.2 成品聚甲醛性能中色度如何检验?

①打开计算机，打开色度仪电源。

②打开软件，在工具栏中点击“校正”，依次按照弹出的提示界面操作校正。先用黑玻璃校正，后用标准白板校正，每4h校准一次。

③把样品放入石英杯，大约八分满；将石英杯放入测量口处，盖上零点杯。

④在工具栏中点击“测量试样”，按计算机显示点击“可以”。

⑤屏幕上显示“L*/a*/b*”就是测量值，记录分析数据。

⑥倒回样品，关闭仪器，清理仪器卫生。

9.3 聚甲醛性能测试中冲击强度如何检验?

①打开主机电源和电脑电源，点击测试程序。

②对仪器进行校准，打开软件，点击“menu”按1进入校准界面之后按“TEST”键，摆锤找零点，将摆锤挂起，按“TEST”键，点击“menu”按7进入界面之后按3次“TEST”键，校准完成。

③将注塑机注出的样条放进恒温恒湿箱内（温度控制在23±2℃，湿度控制在50%±5%范围内）至少18h，将样条放入切割机切出8mm的切口。

④点击“添加”在电脑中输入“试样宽度”“切口下方试样深度”，将制好的试样对中放入，缺口背对摆锤下落一方，关闭安全门，按“TEST”键。

⑤手动将摆锤回到起始位置，试验完成，回收试样，开始下一次测试。

⑥仪器记录实验结果。风力和摩擦修正值都要从未修正的指示破裂能量值中减去，以得到一个新的破裂能量的净值，除以样品的宽度得到在切口下的冲击阻力，单位用J/m表示。

⑦关闭测试程序，关闭电源。结果计算以5个试样的算术平均值表示并记录数据。

9.4 聚甲醛熔融指数测试结果出现不稳定的原因是什么?

聚甲醛的熔融温度范围较窄（190℃），若测试时温度控制不精准，可能导致熔体流动速率（MI）测试结果不准确，甚至出现毛斑、褶皱等加工缺陷。

材料不均：原料预混时增加高速搅拌（>1000r/min，5min）或改用双螺杆造粒工艺。

温度控制：使用二级温度传感器校准，并定期验证加热炉 PID 参数（如比例带设为 5℃）。

测试流程：严格执行 ISO 1133 标准：预加热 7min →预压 5min →间隔 30s 切样 3 次取平均值。

设备维护：每月用标准样品（如 PE 参考料）校验设备重复性（偏差 >5% 时停用检修）。

9.5 可能会导致聚甲醛性能测试中拉伸与冲击强度不达标的原因是什么？

聚甲醛的力学性能对分子结构和结晶度敏感。若材料吸湿或加工过程中残留应力未消除，测试时可能出现拉伸强度、弯曲模量或冲击强度偏低的现象。

9.6 在成品聚甲醛性能测试中水分对测试结果有何干扰？

聚甲醛吸湿性强，未充分烘干的材料在测试中可能因水分残留导致气泡、银纹等缺陷，影响表面质量和力学性能的准确性。建议烘干温度控制在 80~100℃，时间根据材料状态进行调整。

9.7 在成品聚甲醛性能测试中出现翘曲变形的原因是什么？

聚甲醛成型时若模具温度或冷却速率控制不当，制品内部易产生残余应力，测试时可能出现尺寸偏差或翘曲，影响热变形温度（HDT）和维卡软化点的测定。

9.8 性能测定所用仪器校准不足可能会出现什么后果？

万能试验机、熔体流动速率仪未定期校准，可能导致拉伸强度、MI 等关键参数产生误差。

9.9 测试中操作流程不规范会造成什么后果?

如未按标准预处理样品（如平衡时间不足），或测试过程中未严格控制环境温湿度（推荐湿度为50%±5%），均可能引入系统性误差，应严格遵循国家相关标准，定期校准设备，并确保测试环境温湿度符合要求。

9.10 聚甲醛断裂伸长率的检验方法是什么?

① 将制成的样片试样放置在恒温恒湿箱中（温度在23±2℃，湿度在50%±5%）至少24h。

② 打开主机电源和电脑电源。

③ 主机预热数秒，进行系统检测（主机控制器上向上向下指示灯熄灭）。

④ 打开软件，根据被测试样选取拉伸测试程序，在“文件”中选取测试程序。单击“打开”，显示所有程序。双击所选程序或单击“确定”，进入测试界面，按主机“ON”按钮，以使主机与程序相连。

⑤ 机器预热30min，确认当前夹具间距与软件下部显示的初始位置相符。点击“起始位置”图标以使夹具恢复到设定值。

⑥ 用游标卡尺测量试样尺寸并输入计算机。

⑦ 用夹具夹持试样上端，保证垂直性，在夹具的中心位置。

⑧ 点击“力清零”图标，以使力值清零。

⑨ 用夹具夹持试样另一端。点击“开始”图标，开始测试。

⑩ 测试进行到预载达到后，机器自动夹持引伸计臂。试样断裂后，机器自动张开引伸计臂。

⑪程序自动计算测试结果并作出图表。

⑫取出试样，并点击“文件”选择“另存为”填写名称保存结果。如果调用已存结果则点击文件单击打开后选日期键进入。

⑬点击“起始位置”图标以使夹具恢复到设定位置（或自动恢复到设定值），开始下一次测试。

⑭测试结束先退出程序，关闭主机电源。

9.11　聚甲醛样品预处理不当会造成什么后果？

①熔体流动不连续，测试值偏高或偏低。

②样品熔融时发出爆裂声（水分汽化）。

9.12　熔融指数测定中同一批次样品测试结果离散性大的原因是什么？

①熔体流动不连续，测试值偏高或偏低。

②样品熔融时发出爆裂声（水分汽化）。

9.13　熔体流动前出现长时间延迟，测试数据波动大，尤其是初始阶段。出现这一现象的原因是什么？

①样品颗粒大小不一或装填松散，导致熔融过程受热不均匀。

②未压实样品，残留空气形成热阻层。

9.14　可以通过什么措施提高聚甲醛熔融指数测试的准确性和重复性，减少因操作或材料特性导致的误差？

①严格按相关国家标准规范操作，控制升温速率和负荷精度。

②确保样品充分干燥（含水率 $<0.02\%$）。

③定期校准温度、负荷系统，并清洁关键部件（口模、料筒）。

9.15　拉伸强度测定中出现拉伸断裂位置集中在样条边缘或缺陷处而非均匀段的原因是什么？

①样条加工时未按标准尺寸切割。

②注塑成型时冷却不均匀或残留内应力（如模具温度过低导致表面收缩痕）。

9.16　吸湿性对力学性能有何影响？

聚甲醛吸湿后水分起增塑作用，降低分子链间作用力，导致拉伸强度、模量下降。主要影响：

①未烘干样品的拉伸强度比干燥样品低 15%~20%。

②断裂伸长率异常升高，呈现韧性断裂而非典型脆性断裂。

9.17 测试速度与夹具对测试结果有何影响？

①拉伸速度过快（如 >50 mm/min）导致材料未充分响应应力，呈现脆性断裂。

②夹具夹持力过大或对中不良，造成样条局部损伤或偏心拉伸。

③应力 - 应变曲线出现锯齿状波动（夹具打滑或样条局部撕裂）。

④断裂面倾斜，偏离样条中心线。

9.18 万能试验机未按时定期校准会引起哪些问题？

①测试结果与标准样品标称值偏差 >5%。

②应力 - 应变曲线初始段呈现非线性（传感器零点漂移）。

9.19 环境温度的变化是否会对样品分析产生干扰？

环境温度不稳定会对样品分析产生一定的影响，夏季（高温）测试时模量略低，冬季（低温）时断裂伸长率下降。

9.20 聚甲醛性能测试与评估依据的标准有哪些？

GB/T 22271.2 塑料　聚甲醛（POM）模塑和挤塑材料　第 2 部分：试样制备和性能测定

GB/T 22271.3 塑料　聚甲醛（POM）模塑和挤塑材料　第 3 部分：通用产品要求

GB/T 3682.1 塑料　热塑性塑料熔体质量流动速率（MFR）和熔体体积流动速率的测定　第 1 部分：标准方法

GB/T 1043.2 塑料　简支梁冲击性能的测定　第 2 部分：仪器化冲击试验

GB/T 1040.1 塑料　拉伸性能的测定　第 1 部分：总则

GB/T 1634.1 塑料　负荷变形温度的测定　第 1 部分：通用试验方法

第 10 章

聚甲醛关键设备的操作和维护

10.1 聚合机结构是怎样的？如何操作和维护？

（1）结构

聚合机是采用玛瑞斯（Maris）公司生产的双螺杆挤出设备，其双螺杆聚合机专为高性能工程塑料设计，尤其适用于共聚甲醛（POM）的连续聚合与改性。该设备通过同向啮合双螺杆系统，结合精确的温度控制、高效稳定剪切，可实现 2t/h 的 POM 连续化生产，满足汽车、电子、医疗等行业对高纯度、高耐热 POM 的需求。

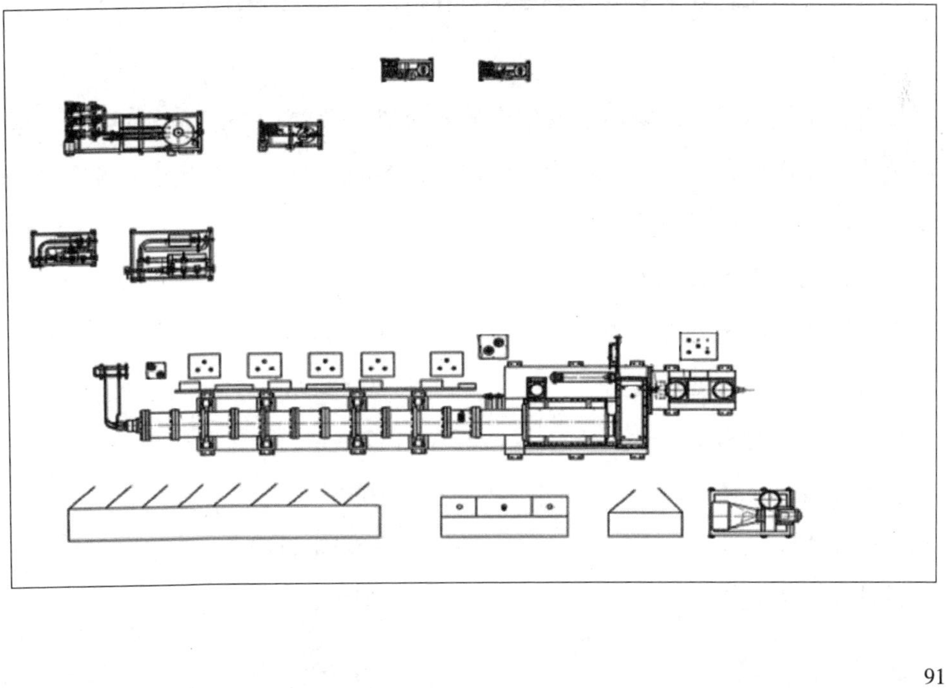

（2）操作和维护

①检查聚合机齿轮箱润滑油系统正常，冷却器投用，润滑油液位在视镜中央。

②检查筒体水、螺杆水引液排气正常，阀门位置正常，称量器校验准确置换合格，关注聚合机的电流，波动范围控制在 ±20%。

③前系统原料置换合格，后系统运行正常，具备接收物料条件。

④检查聚合机主电机风冷却系统入口过滤器是否干净。

⑤聚合机出口换向阀处于“离线”位置，废料球阀打开。

⑥聚合机在启动时应低转速启动，平时操作时螺杆转速和负荷相应匹配。

⑦关注筒体温度变化，控制在 ±1℃。

⑧定期检查螺杆磨损情况，长期停用应涂防锈油保护。

⑨聚合机电流波动超过正常时的 25% 时，振动值稳定在 0.5~4mm/s，且振动恒定且规律，调整工况聚合机可以正常运行。当振动值在一个较宽的范围内连续波动，并且伴随着强烈的噪声出现时应检查原料，如果通过调整未见好转，停车检查机械部分。

10.2 聚合物干燥器结构是怎样的？如何操作和维护？

（1）结构

聚合物干燥器是由石家庄工大生产的塞流式干燥器（Plug Flow Dryer），是一种高效连续干燥设备，适用于粉状、颗粒状物料的干燥。其特点是干燥均匀、热效率高、能耗低，广泛应用于化工、食品、医药等行业。

干燥器的操作参数如下：

聚合物粉料额定处理能力	1620kg/h
聚合物粉料最大处理能力	2000kg/h
操作温度（粉料）	120~145℃
设计温度（壳体）	160℃
操作压力（壳体）	3.5kPa（G）
设计压力（壳体）	8kPa（G）

干燥需要的停留时间	可调，范围为 30~75min
加热盘（夹套）操作温度	140℃
加热盘（夹套）设计温度	200℃
加热盘（夹套）操作压力	0.26MPa（G）
加热盘（夹套）设计压力	0.60MPa（G）

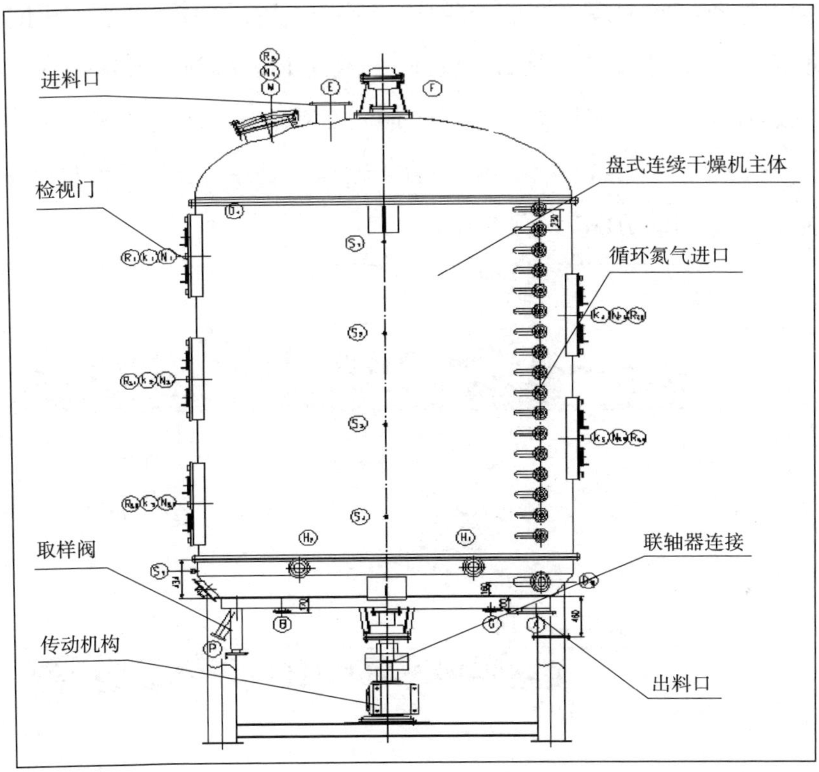

（2）操作和维护

①检查干燥器内部是否清洁，有无残留物料或异物，检查传动系统（电机、减速机、链条 / 皮带）是否正常，确认轴承润滑良好。

②启动前确认轴封气投用正常，盘车无卡涩。

③对塔盘和加热器进行缓慢充分预热后才能启动，严防热变形损坏。

④运行过程中要实时监控电机电流、转速、温度等指标，出现异常及时停车检查。

⑤检修期间对干燥器内件进行检查和维护。

⑥长时间停车要对内部进行彻底清理，并做防潮措施。

10.3　造粒脱气反应机结构是怎样的？如何操作和维护？

（1）结构

造粒脱气反应机是由玛瑞斯公司提供，双螺杆造粒脱气反应机是一种高效聚合物加工设备，集混炼、反应、脱挥、造粒功能于一体，广泛应用于：塑料改性（填充、增强、阻燃），聚合物脱挥（去除单体、溶剂、水分）。核心特点：①异向双螺杆设计；②多段温控系统（最高 240℃）；③真空脱气系统（真空度可达 –0.098MPa）；④模块化螺杆组合（输送、混炼、剪切元件自由配置）；⑤智能控制系统（PLC/HMI 人机界面）。

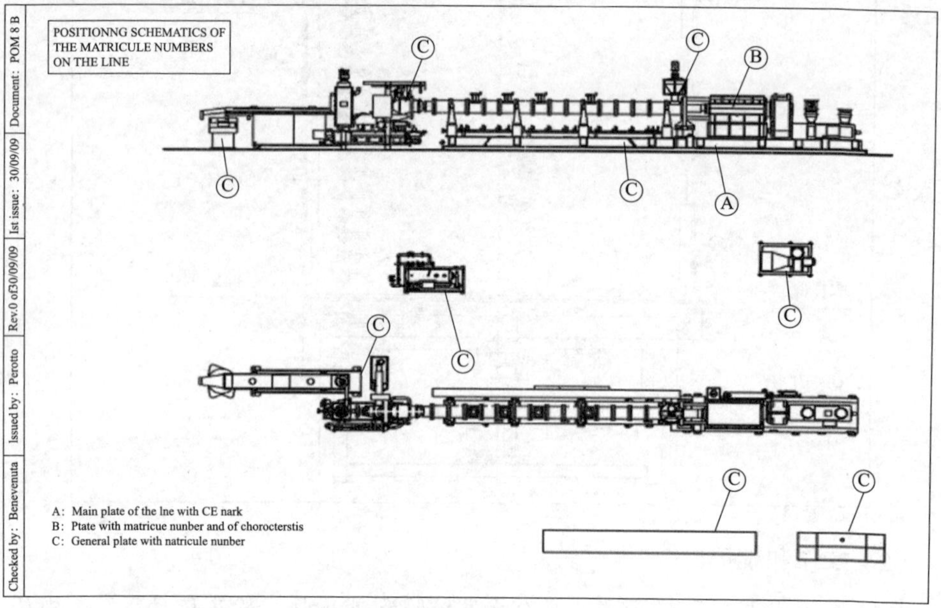

（2）操作和维护

①启动前检查油系统、筒体冷却水系统、主电机风冷系统正常，随时具备启动条件。

②造粒机温度达到设定值时严禁立即启动，恒温至少 1h 后能启动。

③投料时电流超过 800A 时，立即停止进料，待电流降至 200A 后再进料开车。

④模头压力上涨至 35bar 时，应考虑减负荷运行或者停车更换模头。

⑤停车时要将螺杆物料尽可能清理干净，待主电机电流降至最低且稳定后再停主电机。

⑥停车后对真空口、模头、设备粉尘进行彻底清理，对加热带、主电机碳刷、切粒水探头等电仪项目进行检查维护。

⑦长期停车要对螺杆进行防锈维护。

10.4 离心风机如何操作和维护？

本装置的离心风机种类繁多（意大利 FERRARI、重庆两江鼓风机有限责任公司、Twin City 美国双城等），且基本都是单台运行联锁较多，在无备机的情况下，离心风机的维护检查尤为重要。

操作和维护：

①轴承润滑脂的加注要有明确的台账，详细记录油品型号、注油量、时间。

②备品备件的储备（润滑脂、电机、皮带、轴封、叶轮等）。

③启动前对风机进行盘车检查，检查联轴器 / 皮带状态（径向偏差 <0.1mm），清理进风口杂物（防护网完好）。

④运行过程中严格按规定检查电流：不超过电机额定值（通常为铭牌值的 90%）；轴承温度：滚动轴承 <80℃，滑动轴承 <65℃；振动速度：超过日常的 15% 时就要进行在线检查。

⑤停车后对叶轮进行检查确认，如轴承皮带等易损部件达到临界使用寿命，要考虑更换，防止运行中停车。

⑥长期停车也要对风机进行维护和 180° 盘车。

10.5 搪瓷反应器结构是怎样的？操作注意事项是什么？

搪瓷反应器刮刀套筒式结晶器是一种常用于化工、制药、食品等行业的结晶设备，主要用于溶液冷却结晶、蒸发结晶或反应结晶过程。它结合了刮刀搅拌和套筒换热技术，能够高效控制结晶过程，提高晶体质量和产量。

（1）主要结构

①套筒换热系统。

外层为夹套或盘管，通入冷却介质（如冷水、冷冻液）或加热介质（如蒸汽、导热油），控制结晶温度。

内层为结晶腔，物料在其中进行结晶。

②刮刀搅拌系统。

旋转刮刀（通常由电机驱动）不断刮擦内壁，防止晶体团聚，使结晶均匀分布。

刮刀材质可根据物料腐蚀性选择不锈钢、聚四氟乙烯（PTFE）等。

③驱动装置。

电机＋减速机，控制刮刀转速（通常低速运行，避免晶体破碎）。

④进出料系统。

进料口（溶液或熔融物料）、出料口（晶浆或晶体产品）。

（2）操作注意事项

①启动阶段。

低速启动：先以低速（如10~20r/min）运行刮刀，观察设备是否平稳，无异常振动或噪声。

逐步升速：根据工艺要求调整至目标转速（通常30~100r/min，视物料而定）。

冷却结晶：缓慢降低温度，避免过快冷却导致细小晶体或结块。

蒸发结晶：控制加热速率，防止局部过热或暴沸。

②运行监控。

温度：确保结晶温度稳定（如 ±1℃波动）。

搅拌速度：过高可能导致晶体破碎，过低易结垢。

压力（如有密闭操作）：防止超压或真空泄漏。

晶体是否均匀生长，有无结块或“挂壁”现象。

晶浆浓度是否适中（过稠可能堵塞，过稀影响收率）。

10.6 石墨换热器的优点是什么？注意事项是什么？

石墨换热器是一种以石墨为主要材料的换热设备，其优点有以下几方面。

①耐腐蚀性强：石墨对大多数酸、碱、盐溶液（如盐酸、硫酸、氢氟酸等）

具有极好的耐腐蚀性，适用于强腐蚀性介质的换热。

②导热性能好：石墨的导热系数较高，约 100~130W/（m·K），换热效率优于许多金属材料。

③耐高温：不透性石墨可耐温 −20~400℃(具体取决于石墨类型和黏接剂)。

④结构稳定：采用块孔式、管壳式或板式结构，抗热振性较好，但需避免剧烈的温度变化。

注意事项：

①避免机械冲击：石墨脆性较大，安装或维修时需防止碰撞。

②控制温度变化：升温或降温速率不宜过快，以防热应力导致开裂。

③定期检查密封：石墨与金属部件的连接处易因腐蚀或老化发生泄漏，需定期维护。

④介质匹配：氢氟酸、强氧化剂等会腐蚀石墨，需谨慎选型。

10.7 板式换热器的特点是什么？注意事项是什么？

板式换热器是一种高效、紧凑的换热设备，由一系列波纹金属板片叠装而成。主要特点有以下几点。

①高效换热：波纹板片设计增大了换热面积，湍流效果强，传热系数高（可达管壳式的 3~5 倍）。

②结构紧凑：相同换热量下，体积仅为管壳式换热器的 1/5~1/3，节省空间。

③易于维护：可拆卸设计，便于清洗、更换板片或增减板片数量以适应不同工况。

④适应性强：适用于液－液、气－液换热，耐温范围 −30~200℃（特殊型号可达更高）。

注意事项：

①观察密封垫片是否老化、开裂或变形。

②调节阀门时缓慢操作，防止水锤效应损坏板片。

③定期清洗板式过滤器。

④避免超压或温度骤变导致板片变形。

⑤长期停机，需排尽内部液体（尤其是腐蚀性介质或易结晶介质）。

10.8 精馏塔的基本原理是什么？注意事项是什么？

精馏塔是化工、石油等行业中最核心的分离设备之一，利用混合物中各组分的沸点差异（挥发性差异），通过多次部分汽化与冷凝，实现高纯度分离。

（1）精馏塔的基本原理

精馏过程基于气液平衡（vapor–liquid equilibrium，VLE），通过以下关键步骤实现分离。

加热汽化：混合物在再沸器（reboiler）中加热，低沸点组分优先汽化。

冷凝回流：蒸汽上升至塔顶，经冷凝器（condenser）冷却后部分回流（reflux），部分采出（product）。

多级分离：塔内设置塔板（trays）或填料（packing），提供气液接触表面，增强传质效率。

（2）注意事项

①开车暖塔时注意控制升温速率≤ 5℃ /min 升温至操作温度。

②建立回流：先全回流 2~4h 稳定组成分布。

③逐步采出：当塔顶温度波动 <0.5℃时开始产品采出。

④正常运行时应缓慢控制温度、负荷，防止因操作不当引起塔盘泛液或指标偏离等。

10.9 萃取塔的结构特点是什么？操作注意事项是什么？

二氧戊环（1，3– 二氧戊环，Dioxolane）是一种优良的极性溶剂，常用于液 – 液萃取过程，特别适用于分离醛类、酯类、酚类等有机物。其萃取塔的设计和操作需结合其化学特性进行优化。

（1）结构特点

①塔体材料通常采用特种不锈钢（如 304/316）或玻璃钢材质，因二氧戊环对碳钢有腐蚀性，且需避免金属离子催化其分解。内壁可能衬覆聚四氟乙烯（PTFE）以增强耐腐蚀性。

②内部构件，填料型萃取塔：常用陶瓷或不锈钢规整填料（如丝网填料、波纹板填料），提高传质效率。筛板塔 / 转盘塔：适用于高流量或易乳化体系，需设计防堵塞结构。混合－沉降段：部分塔型在顶部 / 底部设置机械搅拌或静态混合器，强化两相接触。

③辅助系统，温度控制：夹套或盘管加热 / 冷却，维持温度在 30~60℃（避免二氧戊环高温分解）。惰性气体保护：氮气覆盖系统，防止二氧戊环与空气接触形成过氧化物。

（2）操作注意事项

①原料预处理，水分控制：二氧戊环易吸水，进料需干燥（水分 <0.1%），否则可能水解生成甲醛和乙二醇。杂质过滤：固体颗粒可能堵塞填料，需前置过滤器。

②操作参数优化，流量比：调节两相（有机相 / 水相）流量比，避免乳化或夹带。温度控制：温度过高（>80℃）会加速二氧戊环分解，温度过低（<20℃）可能降低溶解度。

③安全措施，防爆设计：塔体需接地，电气设备采用防爆型（二氧戊环蒸汽易燃）。过氧化物监测：定期检测二氧戊环中过氧化物含量，超标时需用还原剂（如硫酸亚铁）处理。

④维护要点，定期清洗：停机时用惰性溶剂（如乙醇）冲洗塔内残留物，防止聚合物沉积。

⑤填料检查：长期运行后填料可能结垢或破损，需更换或再生。

第11章

聚甲醛装置危险化学品

（一）甲醇

名称	甲醇	英文名称	methyl alcohol；methanol			
别名	木酒精	化学式	CH_3OH			
相对密度（水=1）	0.79	稳定性	稳定	熔点/℃	–97.8	
蒸汽相对密度（空气=1）	1.11	爆炸极限/%	5.5~44	闪点/℃	11	
饱和蒸气压/kPa	16.66（125℃）	最高允许浓度/（mg/m^3）	50	沸点/℃	64.8	
外观与性状	无色透明液体，有酒精气味，与水互溶，溶于乙醇、乙醚、苯、酮、氯仿等多种有机溶剂					
危险特征	①危险特性：易燃，其蒸汽与空气可形成爆炸性混合物。遇明火、高热能引起燃烧爆炸。与氧化剂接触发生化学反应或引起燃烧。在火场中，受热的容器有爆炸危险。其蒸汽比空气重，能在较低处扩散到相当远的地方，遇明火会引起回燃。燃烧（分解）产物：一氧化碳、二氧化碳。毒性：属中等毒类。 ②侵入途径：吸入、食入、经皮肤吸收。 ③健康危害：对中枢神经系统有麻醉作用；对视神经和视网膜有特殊选择作用，引起病变；可致代谢性酸中毒。急性中毒：短时大量吸入出现轻度眼及上呼吸道刺激症状（口服有胃肠道刺激症状）；经一段时间潜伏期后出现头痛、头晕、乏力、眩晕、酒醉感、意识朦胧、谵妄，甚至昏迷。视神经及视网膜病变，可有视物模糊、复视等，重者可引起失明。代谢性酸中毒时出现二氧化碳结合力下降、呼吸加速等					
操作储运注意事项	①操作注意事项：储存于阴凉、通风的库房内。远离火种、热源。库温不宜超过30℃。防止阳光直射。保持容器密封。应与氧化剂分开存放。储存间内的照明、通风等设施应采用防爆型，开关设在库房外。配备相应品种和数量的消防器材。桶装堆垛不可太大，应留墙距、顶距、柱距及必要的防火检查走道。罐储时要有防火防爆措施。 ②防爆技术措施。露天储罐夏季要有降温措施。禁止使用易产生火花的机械设备和工具。灌装时应注意流速（不超过3m/s），且有接地装置，防止静电积聚					

续表

个体防护措施	①呼吸系统防护：可能接触其蒸汽时，应该佩戴过滤式防毒面罩（半面罩）。紧急事态抢救或撤离时，建议佩戴空气呼吸器。 ②眼睛防护：戴化学安全防护眼镜。 ③身体防护：穿防静电工作服。 ④手防护：戴橡胶手套。 ⑤其他：工作现场禁止吸烟、进食和饮水。工作完毕，淋浴更衣。实行就业前和定期的体检
溢漏处理	迅速撤离泄漏污染区人员至安全区，并进行隔离，严格限制出入。切断火源。建议应急处理人员戴自给正压式呼吸器，穿防毒服。不要直接接触泄漏物。尽可能切断泄漏源，防止进入下水道、排洪沟等限制性空间。 小量泄漏：用砂土或其他不燃材料吸附或吸收。也可以用大量水冲洗，洗液稀释后放入废水系统。 大量泄漏：构筑围堤或挖坑收容；用泡沫覆盖，降低蒸汽灾害。用防爆泵转移至槽车或专用收集器内；回收或运至废物处理场所进行处置
急救措施	①皮肤接触：脱去被污染的衣着，用肥皂水和清水彻底冲洗皮肤。 ②眼睛接触：提起眼睑，用流动清水或生理盐水冲洗。就医。 ③吸入：迅速脱离现场至空气新鲜处。保持呼吸道通畅。 如呼吸困难，给予吸氧。如呼吸停止，立即进行人工呼吸。就医。 ④食入：饮足量温水，催吐，用清水或 1% 硫代硫酸钠溶液洗胃。就医
灭火方式	灭火方法：尽可能将容器从火场移至空旷处。喷水保持火场容器冷却，直至灭火结束。处在火场中的容器若已变色或从安全泄压装置中产生声音，必须马上撤离。 灭火剂：抗溶性泡沫、干粉、二氧化碳、砂土

（二）天然气

名称	天然气	英文名称	methane；marsh gas		
别名	沼气	化学式	CH_4		
相对密度（水 =1）	0.42	稳定性	稳定	熔点 /℃	–182.5
蒸汽相对密度（空气 =1）	0.55	爆炸极限 /%	5.3~15	闪点 /℃	–188
饱和蒸气压 /kPa	53.32kPa/（–168.8℃）	最高允许浓度 /（mg/m^3）	300	沸点 /℃	–161.5
外观与性状	无色无臭气体				
危险特征	①危险特性：易燃，与空气混合能形成爆炸性混合物，遇热源和明火有燃烧爆炸的危险。与五氧化溴、氯气、次氯酸、三氟化氮、液氧、二氟化氧及其他强氧化剂接触剧烈反应。燃烧（分解）产物：一氧化碳、二氧化碳。 ②侵入途径：吸入。 ③健康危害：甲烷对人基本无毒，但浓度过高时，使空气中氧含量明显降低，易使人窒息。当空气中甲烷达 25%~30% 时，可引起头痛、头晕、乏力、注意力不集中、呼吸和心跳加速、共济失调。若不及时脱离，可致窒息死亡。皮肤接触液化本品，可致冻伤				

续表

操作储运注意事项	①易燃压缩气体。储存于阴凉、通风的库房。库温不宜超过30℃。远离火种、热源。防止阳光直射。应与氧气、压缩空气、卤素等分开存放，切忌混储混运。 ②储存间内的照明、通风等设施应采用防爆型，开关设在库房外。配备相应品种和数量的消防器材。罐储时要有防火防爆技术措施。 ③露天储罐夏季要有降温措施。禁止使用易产生火花的机械设备和工具。验收时要注意品名，注意验瓶日期，先进库的先发用。搬运时轻装轻卸；防止钢瓶及附件破损
个体防护措施	① 呼吸系统防护：一般不需要特殊防护，但建议特殊情况下，佩戴自吸过滤式防毒面具（半面罩）。 ②眼睛防护：一般不需要特别防护，高浓度接触时可戴安全防护眼镜。 ③身体防护：穿防静电工作服。 ④手防护：戴一般作业防护手套。 ⑤其他：工作现场严禁吸烟。避免长期反复接触。进入罐、限制性空间或其他高浓度区作业，须有人监护
溢漏处理	迅速撤离泄漏污染区人员至上风处，并进行隔离，严格限制出入。切断火源。建议应急处理人员戴自给正压式呼吸器，穿消防防护服。尽可能切断泄漏源。合理通风，加速扩散。喷雾状水稀释、溶解。构筑围堤或挖坑收容产生的大量废水。如有可能，将漏出气用排风机送至空旷地方或装设适当喷头烧掉。也可以将漏气的容器移至空旷处，注意通风。漏气容器要妥善处理，修复、检验后再用
急救措施	①皮肤接触：若有冻伤，就医治疗。 ②吸入：迅速脱离现场至空气新鲜处。保持呼吸道通畅。如呼吸困难，给予吸氧。如呼吸停止，立即进行人工呼吸，就医
灭火方式	灭火方法：切断气源。若不能立即切断气源，则不允许熄灭正在燃烧的气体。喷水冷却容器，条件允许的情况下，将容器从火场移至空旷处。 灭火剂：雾状水、泡沫、二氧化碳、干粉

（三）磷酸

标识	中文名：磷酸	英文名：phosphoric acid ；orthophosphoric acid	
	分子式：H_3PO_4	分子量：98.00	CAS 号：7664-38-2
	危规号：81501		
理化性质	性状：纯磷酸为无色结晶，无臭，具有酸味		
	溶解性：与水混溶，可混溶于乙醇		
	熔点 /℃ ：42.4（纯品）	沸点 /℃ ：260	相对密度（水 =1）：1.87（纯品）
	临界温度 /℃ ：无意义	临界压力 /MPa ：无意义	相对密度（空气 =1）：3.38
	燃烧热 /（KJ/mol）：无意义	最小点火能 /mJ ：无意义	饱和蒸气压 /kPa ：0.67（25℃，纯品）
燃烧爆炸危险性	燃烧性：不燃	燃烧分解产物：氧化磷	
	闪点 /℃ ：无意义	聚合危害：不聚合	
	爆炸下限 /% ：无意义	稳定性：稳定	
	爆炸上限 /% ：无意义	最大爆炸压力 /MPa ：无意义	
	引燃温度 /℃ ：无意义	禁忌物：强碱、活性金属粉末、易燃或可燃物	

续表

燃烧爆炸危险性	危险特性：与金属反应放出氢气，能与空气形成爆炸性混合物。受热分解产生剧毒的氧化磷烟气。具有腐蚀性 灭火方法：用雾状水保持火场中容器冷却。用大量水灭火
毒性	LD_{50}　1530mg/kg（大鼠经口） 2740mg/kg（兔经皮）
对人体危害	侵入途径：吸入、食入、经皮肤吸收。 蒸汽或雾对眼、鼻、喉有刺激性。口服液体可引起恶心、呕吐、腹痛、血便和休克。皮肤或眼接触可致灼伤。 慢性影响：鼻黏膜萎缩、鼻中隔穿孔。长期反复皮肤接触，可引起皮肤刺激
急救	皮肤接触：立即脱去被污染的衣着，用大量流动清水冲洗至少 15min。就医。 眼睛接触：立即提起眼睑，用大量流动清水或生理盐水彻底冲洗至少 15min。就医。 吸入：迅速脱离现场至空气新鲜处，保持呼吸道通畅。如呼吸困难，给予吸氧。如呼吸停止，立即进行人工呼吸。就医。 食入：误服者立即漱口，给饮牛奶或蛋清。就医
防护	工程防护：密闭操作，注意通风。尽可能机械化、自动化。提供安全淋浴和洗眼设备。 个人防护：可能接触其蒸汽时，必须佩戴自吸过滤式防毒面具（半面罩），可能接触其粉尘时，建议佩戴自吸过滤式防尘口罩。戴化学安全防护眼镜。穿胶布耐酸碱服。戴橡胶耐酸碱手套。工作现场禁止吸烟、进食和饮水，饭前要洗手。工作完毕，淋浴更衣。单独存放被毒物污染的衣服，洗后备用。保持良好的卫生习惯
泄漏处理	隔离泄漏污染区，限制出入。建议应急处理人员戴自给式呼吸器，穿防酸碱工作服。不要直接接触泄漏物。小量泄漏：用洁净的铲子收集于干燥、洁净、有盖的容器中。大量泄漏：收集回收或运至废物处理场所进行处置
储运	包装标志：20　　UN 编号：1805　　包装分类：Ⅱ 包装方法：小开口塑料桶；玻璃瓶、塑料桶外木板箱或半花格箱；塑料瓶、镀锡薄钢板桶外满底花格箱。 储运条件：储存于阴凉、干燥、通风良好的仓间内。远离火种、热源。防止阳光直射。保持容器密封。应与碱类、H 发泡剂等分开存放。分装和搬运作业要注意个人防护。搬运时轻装轻卸，防止包装及容器损坏

（四）硫化氢

标识	中文名：硫化氢	英文名：hydrogen sulfide	
	分子式：H_2S	分子量：34.08	CAS 号：7783-06-4
	危规号：21006		

续表

理化性质	性状：无色有恶臭的气体		
	溶解性：溶于水，乙醇		
	熔点 /℃：-85.5	沸点 /℃：-60.4	相对密度（水 =1）：无资料
	临界温度 /℃：100.4	临界压力 /MPa：9.01	相对密度（空气 =1）：1.19
	燃烧热 /（kJ/mol）：无资料	最小点火能 /mJ：0.077	饱和蒸气压 /kPa：2620.5（25.5℃）
燃烧爆炸危险性	燃烧性：易燃	燃烧分解产物：氧化硫	
	闪点 /℃：无意义	聚合危害：不聚合	
	爆炸下限 /%：46.0	稳定性：稳定	
	爆炸上限 /%：4.0	最大爆炸压力 /MPa：0.490	
	引燃温度 /℃：260	禁忌物：强氧化剂、碱类	
	危险特性：易燃，与空气混合能形成爆炸性混合物，遇明火、高热能引起燃烧爆炸。与浓硝酸、发烟硝酸或其他强氧化剂剧烈反应，发生爆炸。气体比空气重，能在较低处扩散到相当远的地方，遇明火会引着回燃		
	灭火方法：消防人员必须穿戴全身防火防毒服。切断气源。若不能立即切断气源，则不允许熄灭正在燃烧的气体。喷水冷却容器，可能的话将容器从火场移至空旷处。灭火剂、雾状水、抗溶性泡沫、干粉		
毒性	中国 MAC（mg/m^3）：10 苏联 MAC（mg/m^3）：10 美国 TVL-TWA：OSHA 20ppm，$28mg/m^3$（上限值）；ACGIH 10ppm，$14mg/m^3$ 美国 TLV-STEL：ACGIH 制定为 15ppm，$21mg/m^3$ LD_{50}：无可靠经口毒性数据（硫化氢主要毒性途径为吸入，经口暴露场景罕见且无权威记载） LC_{50}：$618mg/m^3$（4 小时，大鼠吸入）		
对人体危害	侵入途径：吸入。 健康危害：本品是强烈的神经毒物，对黏膜有强烈刺激作用。急性中毒：短期内吸入高浓度硫化氢后出现流泪、眼痛、眼内异物感、畏光、视物模糊、流涕、咽喉部灼热感、咳嗽、胸闷、头痛、头晕、乏力、意识模糊等		
急救	皮肤接触：立即脱离污染环境，脱去被污染的衣物；用大量流动清水冲洗接触部位至少 15 分钟；若出现皮肤红肿、灼痛等症状或全身不适（如头晕、呼吸困难），需立即就医。救援人员需做好防护，避免二次暴露。 眼睛接触：立即提起眼睑，用大量流动清水或生理盐水彻底冲洗至少 15min。就医。 吸入：迅速脱离现场至空气新鲜处，保持呼吸道通畅。如呼吸困难，给予吸氧。如呼吸停止，立即进行人工呼吸。就医。 食入：立即用清水漱口，稀释残留物质；避免催吐（防食道损伤）；迅速就医，告知摄入情况，由专业人员对症处理（如吸氧、防治中毒等）。过程中注意避免吸入挥发的硫化氢气体，救援者做好防护		
防护	工程防护：严加密闭，提供充分的局部排风和全面通风。提供安全淋浴和洗眼设备。 个人防护：空气中浓度超标时，建议佩戴直接式防毒面具（半面罩）。紧急事态抢救或撤离时，佩戴空气呼吸器；眼镜防护：戴化学安全防护眼镜；身体防护：穿防静电工作服；手防护：戴防化学品手套。其他：工作现场禁止吸烟、进食和饮水。工作完毕，淋浴更衣。及时换洗工作服。作业人员应学会自救互救。进入罐、限制性空间或其他高浓度区作业，必须有人监护		

续表

泄漏处理	迅速撤离泄漏污染区人员至上风处，并立即进行隔离，小泄漏时隔离 150m，大泄漏时隔离 300m，严格限制出入。切断火源。建议应急处理人员戴自给正压式呼吸器，穿防毒服。从上风处进入现场。尽可能切断泄漏源。合理通风，加速扩散。喷雾状水稀释、溶解。构筑围堤或挖坑收容产生的大量废水。如有可能，将残余气或漏出气用排风机送至水洗塔或与塔相连的通风橱内。或使其通过三氯化铁水溶液，管路装止回装置以防溶液吸回。漏气容器要妥善处理，修复、检验后再用
储运	包装标志：4　UN 编号：1053　包装分类：Ⅱ　包装方法：钢质气瓶 现行管理依据：《危险化学品安全管理条例》（2013 修订）、《危险货物分类和品名编号》（GB 6944—2012）、《化学品分类和标签规范》（GB 30000 系列）。 易燃性：GB 30000.3—2013 划为易燃气体类别 1（爆炸极限 4.0%~46.0%）。 毒性：GB 30000.18—2013 列为急性毒性类别 1。 危险货物运输：GB 6944—2012 定为第 2.1 类易燃气体，附加第 6.1 类毒性物质标识。 目录归属：《危险化学品目录》（2015 版）编号 21006，明确为易燃气体和剧毒化学品。 储存：阴凉通风库房（≤ 30℃），与氧化剂、碱类隔离，防爆设施。 运输：UN 1053，Ⅱ 类包装（钢瓶），禁止与强氧化剂混运，车辆需配阻火装置

（五）硫酸

名称	硫酸	英文名称	sulfuric acid		
别名	磺镪水	化学式	H_2SO_4		
相对密度（水 =1）	1.83	稳定性	稳定	熔点 /℃	10.4
蒸汽相对密度（空气 =1）	3.4（20℃）	爆炸极限 /%	—	闪点 /℃	—
饱和蒸气压 /kPa	<0.001mmHg(25℃）	最高允许浓度 /（mg/m^3）	2	沸点 /℃	315~338

外观与性状	纯品为无色至暗褐色油性液体，无臭；与水混溶
危险特征	①危险特性：与易燃物（如苯）和有机物（如糖、纤维素等）接触会发生剧烈反应，甚至引起燃烧。能与一些活性金属粉末发生反应，放出氢气。遇水大量放热，可发生沸溅。具有强腐蚀性。燃烧（分解）产物：氧化硫。 ②毒性：属中等毒性。 ③侵入途径：吸入、食入。 ④健康危害：对皮肤、黏膜等组织有强烈的刺激和腐蚀作用。对眼睛可引起结膜炎、水肿、角膜混浊，以致失明；引起呼吸道刺激症状，重者发生呼吸困难和肺水肿；高浓度引起喉痉挛或声门水肿而死亡。口服后引起消化道的烧伤以致溃疡形成。严重者可能有胃穿孔、腹膜炎、喉痉挛和声门水肿、肾损害、休克等。慢性影响有牙齿酸蚀症、慢性支气管炎、肺气肿和肺硬化
操作储运注意事项	①操作注意事项：操作人员必须经过专门培训，严格遵守操作规程，密闭操作，注意通风。穿橡胶耐酸碱服，戴橡胶耐酸碱手套。远离火种、热源，工作场所严禁吸烟。避免与还原剂、碱类、碱金属接触。稀释或制备溶液时，应把酸加入水中，避免沸腾和飞溅。 ②储运注意事项：储存于阴凉、干燥、通风良好的库房内；应与易燃或可燃物、碱类、金属粉末等分开存放；不可混储混运；轻装轻卸，防止包装及容器损坏
个体防护措施	①呼吸系统防护：可能接触其蒸汽或烟雾时，必须佩戴防毒面具或供气式头盔；紧急事态抢救或逃生时，建议佩戴自给式呼吸器。 ②眼睛防护：戴化学安全防护眼镜。 ③防护服：穿工作服（防腐材料制作）。 ④手防护：戴橡皮手套。 ⑤其他：工作完毕后，淋浴更衣，单独存放被毒物污染的衣服，洗后再用，保持良好的卫生习惯

续表

泄漏处理	小量泄漏：合理通风，不要直接接触泄漏物，勿使泄漏物与可燃物质（木材、纸、油等）接触，用砂土、干燥石灰或苏打灰混合，进行收集处置。也可以用大量水冲洗，经稀释的洗水放入废水系统。防止进入下水道、排洪沟等限制性空间
急救措施	①皮肤接触：脱去被污染的衣着，立即用水冲洗至少15min；或用2%碳酸氢钠溶液冲洗。就医。 ②眼睛接触：立即提起眼睑，用流动清水或生理盐水冲洗至少15min。就医。 ③吸入：迅速脱离现场至空气新鲜处；呼吸困难时给予吸氧；给予2%~4%碳酸氢钠溶液雾化吸入。就医。 ④食入：误服者给牛奶、蛋清、植物油等口服，不可催吐；立即就医
灭火方式	灭火剂：干粉、二氧化碳、砂土；禁止用水

（六）氢氧化钠

名称	氢氧化钠	英文名称	sodium hydroxide；caustic soda		
别名	苛性钠；烧碱；火碱；固碱	化学式	NaOH		
相对密度（水=1）	2.13	稳定性	稳定	熔点/℃	318.4
蒸汽相对密度（空气=1）	3.4（20℃）	爆炸极限/%	—	闪点/℃	176~178
饱和蒸气压	24.5mmHg at 25℃	最高允许浓度/（mg/m^3）	0.5	沸点/℃	1390
外观与性状	纯品为纯白色的颗粒或小球状固体，质地均匀，具有极强的潮解性，暴露在空气中会迅速吸收水分并表面溶解，同时与二氧化碳反应生成白色碳酸钠粉末				
危险特征	①危险特性：本品不会燃烧，遇水和水蒸汽大量放热，形成腐蚀性溶液。与酸发生中和反应并放热。具有强腐蚀性。燃烧（分解）产物：可能产生有害的毒性烟雾。 ②侵入途径：吸入、食入。 ③健康危害：本品有强烈刺激和腐蚀性。粉尘或烟雾刺激眼和呼吸道，腐蚀鼻中隔；皮肤和眼直接接触可引起灼伤；误服可造成消化道灼伤，黏膜糜烂、出血和休克				
操作储运注意事项	①操作注意事项：操作人员必须经过专门培训，严格遵守操作规程，密闭操作，稀释或制备溶液时，应把碱加入水中，避免沸腾和飞溅。远离易燃、可燃物。避免产生粉尘，避免与酸类接触。 ②储运注意事项：储存于干燥清洁的库房内。注意防潮和雨淋。应与易燃或可燃物及酸类分开存放。分装和搬运作业时要注意个人防护。轻装轻卸，防止包装及容器损坏。雨天不宜运输				
个体防护措施	①呼吸系统防护：必要时佩戴防毒口罩。 ②眼睛防护：戴化学安全防护眼镜。 ③防护服：穿工作服（防腐材料制作）。 ④手防护：戴橡皮手套。 ⑤其他：工作完毕后，淋浴更衣。注意个人清洁卫生				
泄漏处理	小量泄漏：不要直接接触泄漏物，用清洁的铲子收集于干燥洁净有盖的容器中，以少量加入大量水中，调节至中性，再放入废水系统。防止进入下水道、排洪沟等限制性空间				

续表

急救措施	①皮肤接触：立即用水冲洗至少 15min。若有灼伤，就医。 ②眼睛接触：立即提起眼睑，用流动清水或生理盐水冲洗至少 15min。或用 3% 硼酸溶液冲洗。就医。 ③吸入：迅速脱离现场至空气新鲜处。必要时进行人工呼吸。就医。 ④食入：患者清醒时立即漱口，口服稀释的醋或柠檬汁，就医
灭火方式	灭火方法：雾状水、砂土。但须防止物品遇水产生飞溅，造成灼伤

（七）盐酸

标识	中文名：盐酸；氢氯酸	英文名：hydrochloric acid；chlorohydric acid	
	分子式：HCl	分子量：36.46	CAS 号：7647-01-0
	危规号：81013		
理化性质	性状：无色或微黄色发烟液体，有刺鼻的酸味		
	溶解性：与水混溶，溶于碱液		
	熔点 /℃ ：-114.8（纯）	沸点 /℃ ：108.6（20%）	相对密度（水 =1）：1.20
	临界温度 /℃ ：	临界压力 /MPa ：	相对密度（空气 =1）：1.26
	燃烧热 /（kJ/mol）：无意义	最小点火能 /mJ ：	饱和蒸气压（kPa）：30.66（21℃）
燃烧爆炸危险性	燃烧性：不燃	燃烧分解产物：氯化氢	
	闪点 /℃ ：无意义	聚合危害：不聚合	
	爆炸下限 /% ：无意义	稳定性：稳定	
	爆炸上限 /% ：无意义	最大爆炸压力 /MPa：无意义	
	引燃温度 /℃ ：无意义	禁忌物：碱类、胺类、碱金属、易燃或可燃物	
	危险特性：能与一些活性金属粉末发生反应，放出氢气；遇氰化物能产生剧毒的氰化氢气体。与碱发生中和反应，并放出大量的热；具有较强的腐蚀性		
	灭火方法：消防人员必须佩戴氧气呼吸器、穿全身防护服。用碱性物质如碳酸氢钠、碳酸钠、消石灰等中和；也可用大量水扑救		
毒性	接触限值：中国 MAC/（mg/m^3）：15　　苏联 MAC/（mg/m^3）：未制定标准 美国 TVL-TWAOSHA ：5ppm，7.5（上限值）　美国 TLV-STEL　ACGIH ：5ppm，7.5 mg/m^3		
对人体危害	侵入途径：吸入、食入。 健康危害：接触其蒸汽或烟雾，可引起急性中毒，出现眼结膜炎，鼻及口腔黏膜有烧灼感，鼻衄，齿龈出血，气管炎等。误服可引起消化道灼伤、溃疡形成，有可能引起胃穿孔、腹膜炎等。眼和皮肤接触可致灼伤。慢性影响：长期接触，可引起慢性鼻炎、慢性支气管炎、牙齿酸蚀症及皮肤损害		
急救	皮肤接触：立即脱去被污染的衣着。用大量流动清水冲洗，至少 15min。就医。 眼睛接触：立即提起眼睑，用大量流动清水或生理盐水彻底冲洗至少 15min。就医。 吸入：迅速脱离现场至空气新鲜处，保持呼吸道通畅。如呼吸困难，给予吸氧。如呼吸停止，立即进行人工呼吸。就医。 食入：误服者用水漱口，给饮牛奶或蛋清。就医		

续表

防护	工程防护：密闭操作，注意通风。尽可能机械化、自动化。提供安全淋浴和洗眼设备。 个人防护：可能接触其烟雾时，佩戴自吸过滤式防毒面具（全面罩）或空气呼吸器。紧急事态抢救或撤离时，建议佩戴氧气呼吸器，穿橡胶耐酸碱服，戴橡胶耐酸碱手套。工作现场严禁吸烟、进食和饮水。工作完毕，淋浴更衣。单独存放被毒物污染的衣服，洗后备用；保持良好的卫生习惯
泄漏处理	迅速撤离泄漏污染区人员至安全区，并进行隔离，严格限制出入。建议应急处理人员戴自给正压式呼吸器，穿防酸碱工作服。不要直接接触泄漏物。尽可能切断泄漏源。防止进入下水道、排洪沟等限制性空间。小量泄漏：用砂土、干燥石灰或苏打灰混合。也可以用大量水冲洗，洗水稀释后放入废水系统。大量泄漏：构筑围堤或挖坑收容；用泵转移至槽车或专用收集器内。回收或运至废物处理场所进行处置
储运	包装标志：20　UN 编号：1789　包装分类：I　包装方法：螺纹口玻璃瓶、铁盖压口玻璃瓶、塑料瓶或金属桶（罐）外木板箱；耐酸坛、陶瓷罐外木板箱或半花格箱。 储运条件：储存于阴凉、干燥，通风良好的仓间。应与碱类、金属粉末、卤素（氟、氯、溴）、易燃或可燃物分开存放。不可混储混运。搬运要轻装轻卸，防止包装及容器损坏。分装和搬运作业要注意个人防护。运输按规定路线行驶

（八）三氟化硼醋酸丁酯

标识	中文名：三氟化硼醋酸丁酯	英文名：boron trifluoride；butyl acette	
	分子式：	分子量：67.82	CAS 号：No7637-07-2
	危规号：3286		
理化性质	性状：无色气体，有窒息性，在潮湿空气中产生浓密白烟		
	溶解性：溶于冷水		
	熔点 /℃：无资料	沸点 /℃：无资料	相对密度（水 =1）：1.15-1.16
	临界温度 /℃：-12.26	临界压力 /MPa：4.98	相对密度（空气 =1）：无资料
	燃烧热 /（kJ/mol）：无意义	最小点火能 /mJ：	饱和蒸气压 /kPa：无资料
燃烧爆炸危险性	燃烧性：遇明火会发生爆炸危险	燃烧分解产物：受热或燃烧产生一氧化碳、二氧化碳、氟化氢	
	闪点 /℃：无意义	聚合危害：	
	爆炸下限 /%：无资料	稳定性：稳定	
	爆炸上限 /%：无资料	最大爆炸压力 /MPa：	
	引燃温度 /℃：无资料	禁忌物：水、胺类、醇类、碱类	
	危险特性：本品可燃，能与氧化剂发生强烈反应，遇明火燃烧爆炸		
	灭火方法：本品具有腐蚀性。可用水冷却设备、容器，用蒸汽控制火势，用砂土、干粉和二氧化碳进行灭火。 灭火及注意事项：消防人员必须穿戴全身防火防毒服，须佩戴自给式呼吸器在上风向灭火，在无任何危险情况下从火场移走本品并用水冷却至灭火		
毒性	急性毒性：LD_{50}　小鼠 LD_{50}=158mg/kg 亚急性和慢性毒性：动物亚急性和慢性毒性试验，主要引起呼吸道刺激、肺炎及肾小管变性；尿氟含量增加，可发生氟斑牙		

续表

对人体危害	侵入途径：吸入迅速脱离现场至空气新鲜处。保持呼吸道畅通。呼吸困难时给予吸氧。呼吸停止时，立即进行人工呼吸。就医。 健康危害：吸入后可引起呼吸道损害。溅落眼睛内，刺激结膜，重者致灼伤。刺激皮肤。浓溶液或结晶对皮肤有腐蚀性。口服腐蚀口腔和消化道，出现口内烧灼感、上腹痛、恶心、呕吐、口咽肿胀等。口服剂量大者，口腔黏膜呈棕黑色、肿胀糜烂，剧烈腹痛，呕吐，血便，休克，最后死于循环衰竭
急救	皮肤接触：立即脱去被污染的衣着，用肥皂或大量流动清水冲洗，至少 15min。就医。 眼睛接触：立即提起眼睑，用大量流动清水或生理盐水彻底冲洗，至少 15min。就医。 吸入：迅速脱离现场至空气新鲜处，保持呼吸道通畅。如呼吸困难，给予吸氧。如呼吸停止，立即进行人工呼吸。就医。 食入：饮足量温水，催吐。用清水或 1% 硫代硫酸钠溶液洗胃。就医
防护	工程防护：严加密闭，提供充分的局部排风和全面通风，提供安全淋浴和洗眼设备。 个人防护：可能接触其粉尘时，建议佩戴头罩型电动送风过滤式防尘呼吸器。 身体防护：穿戴面罩式胶布防毒衣。 手防护：戴橡胶手套。 其他：工作现场禁止吸烟、进食和饮水。工作完毕，淋浴更衣。保持良好的卫生习惯
泄漏处理	迅速撤离泄漏污染区人员至上风处，并立即隔离 150m，严格限制出入，建议应急处理人员戴自给正压呼吸器，穿防毒服。尽可能切断泄漏源。合理通风，加速扩散。喷雾状水稀释、溶解。构筑围堤或挖坑收容产生的大量废水。如有可能，将残余气或漏出气用排风机送至水洗塔或与塔相连的通风橱内。漏气容器要妥善处理，修复、检验后再用
储运	包装标志：无资料　　UN 编号：无　　包装分类：Ⅱ 包装方法：塑料桶包装。 储运条件：运输前应先检查包装容器是否完整、密封，运输过程中要确保容器不泄漏、不倒塌、不坠落、不损坏。严禁与强碱类、强氧化剂混运。运输车辆应有危险货物运输标志，安装具有行驶记录功能的卫星定位装置。运输时运输车辆应配备相应品种和数量的消防器材及泄漏应急处理设备。未经公安机关批准，运输车辆不得进入危险化学品运输车辆限制通行的区域。常温运输。运输途中应防曝晒、雨淋，防高温。中途停留时应远离火种、热源。公路运输时要按规定路线行驶，勿在居民区和人口密集区停留
废弃处置方法	产品：用控制焚烧法处置。 不洁的包装：把倒空的容器归还厂商或根据国家和地方法规处置。 废弃注意事项：处置前应参照国家和地方有关法规

（九）甲醛

标识	中文名：甲醛；福尔马林	英文名：formaldehyde	
	分子式：CH_2O	分子量：30.03	CAS 号：50-00-0
	危规号：83012		
理化性质	性状：无色，具有刺激性和窒息性的气体，商品为其水溶液		
	溶解性：易溶于水，溶于乙醇等多数有机溶剂		
	熔点 /℃：-92	沸点 /℃：-19.4	相对密度（水 =1）：0.82
	临界温度 /℃：137.2	临界压力 /MPa：6.81	相对密度（空气 =1）：1.07
	燃烧热 /（kJ/mol）：2345.0	最小点火能 /mJ：	饱和蒸气压 /kPa：13.33（-57.3℃）

续表

燃烧爆炸	燃烧性：易燃	燃烧分解产物：一氧化碳、二氧化碳
	闪点 /℃：50（37%）	聚合危害：聚合
	爆炸下限 /%：7.0	稳定性：稳定
	爆炸上限 /%：73.0	最大爆炸压力 /MPa：
	引燃温度 /℃：430	禁忌物：强氧化剂、强酸、强碱
危险性	危险特性：其蒸汽与空气可形成爆炸性混合物。遇明火、高热能引起燃烧爆炸。与氧化剂接触会猛烈反应	
	灭火方法：用雾状水保持火场容器冷却，用水喷射溢出液体，使其稀释成不燃性混合物，并用雾状水保护消防人员。 灭火剂：雾状水、抗溶性泡沫、干粉、二氧化碳、砂土	
毒性	急性毒性　LD_{50}　800mg/kg（大鼠经口）　270mg/kg（兔经皮） LC_{50}　590mg/kg（大鼠吸入）	
对人体危害	健康危害：本品对黏膜、上呼吸道、眼睛和皮肤有强烈刺激性。 接触其蒸汽，引起结膜炎、角膜炎、鼻炎、支气管炎；重者发生喉痉挛、声门水肿和肺炎等，肺水肿较少见；对皮肤有原发性刺激和致敏作用，可致皮炎；浓溶液可引起皮肤凝固性坏死。口服灼伤口腔和消化道，可发生胃肠道穿孔、休克，肾和肝脏损害。慢性影响：长期接触低浓度甲醛可有轻度眼、鼻、咽喉刺激症状，皮肤干燥、皲裂、甲软化等	
急救	皮肤接触：脱去被污染的衣着，用大量流动清水冲洗至少 15min。就医。 眼睛接触：立即提起眼睑，用大量流动清水或生理盐水彻底冲洗至少 15min。就医。 吸入：迅速脱离现场至空气新鲜处，保持呼吸道通畅。如呼吸困难，给予吸氧。如呼吸停止，立即进行人工呼吸。就医。 食入：用 1%碘化钾 60mL 灌胃。常规洗胃。就医	
防护	工程控制：严加密闭，提供充分的局部排风。提供安全淋浴和洗眼设备。 呼吸系统防护：可能接触其蒸汽时，建议佩戴自吸过滤式防毒面具（全面罩）。紧急事态抢救或撤离时，佩戴隔离式呼吸器。 眼睛防护：呼吸系统防护中已作防护。 身体防护：穿橡胶耐酸碱服。 手防护：戴橡胶手套。 其他防护：工作场所禁止吸烟、进食和饮水。工作完毕，彻底清洗。注意个人清洁卫生。实行就业前和定期的体检。进入罐、限制性空间或其他高浓度区作业，必须有人监护	
泄漏处理	迅速撤离泄漏污染区人员至安全区，并进行隔离，严格限制出入。切断火源。建议应急处理	
	人员戴自给正压式呼吸器，穿防毒服。从上风处进入现场。尽可能切断泄漏源。防止进入下水道、排洪沟等限制性空间。小量泄漏：用砂土或其他不燃材料吸附或吸收，也可以用大量水冲洗，洗水稀释后放入废水系统。大量泄漏：构筑围堤或挖坑收容。用泡沫覆盖，降低蒸汽灾害。喷雾状水冷却和稀释蒸汽，保护现场人员，把泄漏物稀释成不燃物。用泵转移至槽车或专用收集器内，回收或运至废物处理场所进行处置	

续表

贮运	包装标志：20　　UN 编号：1198　　包装分类：Ⅲ 包装方法：小开口钢桶；小开口塑料桶；螺纹口玻璃瓶、铁盖压口玻璃瓶、塑料瓶或金属桶（罐）外木板箱；安瓿瓶外木板箱；塑料瓶、镀锡薄钢板桶外满花格箱。 储运条件：储存于阴凉、通风仓间内。远离火种、热源，防止阳光直射。保持容器密封。应与氧化剂、酸类、碱类分开存放。储存间内的照明、通风等设施应采用防爆型，开关设在仓外。配备相应品种和数量的消防器材。禁止使用易产生火花的机械设备和工具。搬运时要轻装轻卸，防止包装及容器损坏

（十）甲酸

标识	中文名：甲酸；蚁酸	英文名：formic acid	
	分子式：CH_2O_2	分子量：46.03	CAS 号：64-18-6
	危规号：81101		
理化性质	性状：无色透明发烟液体，有强烈的刺激性酸味		
	溶解性：与水混溶，不溶于烃类，可混溶于醇		
	熔点 /℃ ：8.2	沸点 /℃ ：100.8	相对密度（水 =1）：1.23
	临界温度 /℃ ：306.8	临界压力 /MPa ：8.63	相对密度（空气 =1）：1.59
	燃烧热 /（kJ/mol）：254.4	最小点火能 /mJ ：	饱和蒸气压 /kPa ：5.33（24℃）
燃烧爆炸危	燃烧性：可燃	燃烧分解产物：一氧化碳、二氧化碳	
	闪点 /℃ ：68.9（开杯）	聚合危害：不聚合	
	爆炸下限 /% ：18.0	稳定性：稳定	
	爆炸上限 /% ：57.0	最大爆炸压力 /MPa ：	
	引燃温度 /℃ ：410	禁忌物：强氧化剂、强碱、活性金属粉末	
危险性	危险特性：可燃。其蒸汽与空气可形成爆炸性混合物。遇明火、高热能引起燃烧爆炸。与强氧化剂接触可发生化学反应。具有较强的腐蚀性		
	灭火方法：消防人员须穿全身防护服，佩戴氧气呼吸器灭火。但用水保持火场容器冷却，并用水喷淋保护去堵漏的人员。灭火剂：抗溶性泡沫、干粉、二氧化碳		
毒性	急性毒理：LD_{50} 1100mg/kg（大鼠经口），LC_{50} 15000mg/m^3 亚急性和慢性毒理：小鼠饮水中含 0.01% ~0.25%游离甲酸，2~4 个月内无任何影响；0.5%则影响食欲并使其生长缓慢。小鼠吸入 10g/m^3 以上时，1~4 天后死亡		
对人体危害	侵入途径：吸入、食入、经皮肤吸收。 健康危害：主要引起皮肤、黏膜的刺激症状。接触后可引起结膜炎、眼睑水肿、鼻炎、支气管炎，重者可引起急性化学性肺炎。浓甲酸口服后可腐蚀口腔及消化道黏膜，引起呕吐、腹泻及胃肠道出血，甚至因急性肾功能衰竭或呼吸功能衰竭而致死。皮肤接触可引起炎症和溃疡。偶尔有过敏反应		
急救	皮肤接触：立即脱去被污染的衣着，用大量流动清水彻底冲洗至少 15min。就医。 眼睛接触：立即提起眼睑，用大量流动清水或生理盐水冲洗至少 15min。就医。 吸入：迅速脱离现场至空气新鲜处。保持呼吸道畅通。如呼吸困难，给予吸氧。如呼吸停止，立即进行人工呼吸。就医。 食入：误服者用水漱口，给饮牛奶或蛋清。就医		

续表

防护	工程控制：生产过程密闭，加强通风。提供安全淋浴和洗眼设备。 呼吸系统防护：可能接触其蒸汽时，必须佩戴自吸过滤式防毒面具（全面罩）或自吸式长管面具。紧急事态抢救或撤离时，建议佩戴空气呼吸器。 眼睛防护：呼吸系统防护中已作防护。 身体防护：穿橡胶耐酸碱服。 手防护：戴橡胶耐酸碱手套。 其他防护：工作场所禁止吸烟、进食和饮水。工作完毕，淋浴更衣。注意个人清洁卫生
泄漏处理	迅速撤离泄漏污染区人员至安全区，并进行隔离，严格限制出入。切断火源。建议应急处理人员戴自吸正压式呼吸器，穿防酸碱工作服。不要直接接触泄漏物。尽可能切断泄漏源，防止进入下水道、排洪沟等限制性空间。小量泄漏：用砂土或其他不燃材料吸附或吸收。也可以将地面撒上苏打灰，然后用大量水冲洗，洗水稀释后放入废水系统。大量泄漏：构筑围堤或挖坑收容；用泡沫覆盖，降低蒸汽灾害。喷雾状水冷却和稀释蒸汽。用泵转移至槽车或专用收集器内，回收或运至废物处理场所进行处置
储运	包装标志：20　　UN 编号：1779　　包装分类：I 包装方法：小开口塑料桶；螺纹口玻璃瓶、铁盖压口玻璃瓶、塑料瓶或金属桶（罐）外木板箱；玻璃瓶、塑料桶外木板箱或半花格箱；塑料瓶、镀锡薄钢板桶外满底花格箱。 储运条件：储存于阴凉、干燥、通风良好的仓间。远离火种、热源。保持容器密封。应与氧化剂、碱类分开存放。分装和搬运作业要注意个人防护。搬运时要轻装轻卸，防止包装及容器损坏

（十一）乙二醇

标识	中文名：乙二醇		英文名：ethylene glycol	
	分子式：$C_2H_6O_2$	分子量：62.07	CAS 号：107-21-1	化学类别：
	危险性类别：		危规号：	UN 编号：
理化性质	性状与用途：无色、无臭、有甜味、黏稠液体 用于制造树脂、增塑剂、合成纤维、化妆品和炸药，并用作溶剂，配制发动机的抗冻剂			
	临界温度 /℃：无资料 临界压力 /MPa：无资料 饱和蒸气压 /kPa：6.21（20℃） 燃烧热 /（kJ/mol）：281.9 熔点 /℃：-13.2		沸点 /℃：197.5 相对密度（水 =1）：1.11 相对密度（空气 =1）：2.14 自燃温度 /℃：无资料	
燃爆物性与消防	燃烧性： 闪点 /℃：110 爆炸下限 /%（体积）：3.2 爆炸上限 /%（体积）：15.3 稳定性：		聚合危害： 建筑火险分级： 燃烧（分解）产物：一氧化碳、二氧化碳 禁忌物：强氧化剂、强酸	
	危险特性：遇明火、高热可燃。与氧化剂可发生反应。若遇高热，容器内压增大，有开裂和爆炸的危险			
	灭火方法：尽可能将容器从火场移至空旷处。喷水保持火场容器冷却，直至灭火结束。处在火场中的容器若已变色或从安全泄压装置中产生声音，必须马上撤离。灭火剂：雾状水、泡沫、干粉、二氧化碳、砂土			

续表

毒性	LD_{50} 8000~15300mg/kg（小鼠经口），5900~13400mg/kg（大鼠经口）；LC_{50} 无资料
健康危害	侵入途径： 健康危害：国内未见本品急慢性中毒报道。国外的急性中毒多系误服引起。吸入中毒表现为反复发作性昏厥，并可有眼球震颤，淋巴细胞增多。口服后急性中毒分三个阶段：第一阶段主要为中枢神经系统症状，轻者似乙醇中毒表现，重者迅速产生昏迷、抽搐，最后死亡；第二阶段主要是心肺症状明显，严重病例可有肺水肿、支气管肺炎、心力衰竭；第三阶段主要表现为不同程度的肾功能衰竭。本品一次口服致死量估计为 1.4mL/kg（1.56g/kg），即总量为 70~84mL
急救	皮肤接触：脱去被污染的衣着，用大量流动清水冲洗。 眼睛接触：提起眼睑，用流动清水或生理盐水冲洗。就医。 吸入：迅速脱离现场至空气新鲜处。保持呼吸道通畅。如呼吸困难，给予吸氧。如呼吸停止，立即进行人工呼吸。就医。 食入：饮足量温水，催吐。洗胃，导泄。就医
防护措施	安全卫生标准： 工程控制：提供良好的自然通风条件。 呼吸系统防护：一般不需要特殊防护，高浓度接触时可佩戴自吸过滤式防毒面具（半面罩）。眼睛防护：空气中浓度较高时，佩戴化学安全防护眼镜。身体防护：穿一般作业防护服。手防护：戴防化学品手套。其他防护：工作完毕，淋浴更衣。避免长期反复接触。定期体检
泄漏处理	迅速撤离泄漏污染区人员至安全区，并进行隔离，严格限制出入。切断火源。建议应急处理人员戴自吸过滤式防毒面具（全面罩），穿一般作业工作服。尽可能切断泄漏源，防止流入下水道、排洪沟等限制性空间。小量泄漏：用砂土、蛭石或其他惰性材料吸收，也可以用不燃性分散剂制成的乳液刷洗，洗液稀释后放入废水系统。大量泄漏：构筑围堤或挖坑收容。用泵转移至槽车或专用收集器内，回收或运至废物处理场所进行处置
储运包装	储运注意事项：储存于阴凉、通风的库房。远离火种、热源。应与氧化剂、酸类分开存放，切忌混储。配备相应品种和数量的消防器材。储区应备有泄漏应急处理设备和合适的收容材料。 运输前应先检查包装容器是否完整、密封，运输过程中要确保容器不泄漏、不倒塌、不坠落、不损坏。严禁与氧化剂、酸类等混装混运。船运时，应与机舱、电源、火源等部位隔离。公路运输时要按规定路线行驶

（十二）三乙醇氨

标识	中文名：三乙醇氨	英文名：triethanolamine	
	分子式：$C_6H_{15}NO_3$	分子量：74.12	CAS 号：102-71-6
	危规号：		
理化性质	性状：无色油状液体或白色固体		
	溶解性：易溶于水		
	熔点 /℃：20	沸点 /℃：335	相对密度（水 =1）：1.12
	临界温度 /℃：	临界压力 /MPa：	相对密度（空气 =1）：5.14
	燃烧热 /（kJ/mol）：	最小点火能 /mJ：	饱和蒸气压 /kPa：0.67（190℃）

续表

燃烧爆炸危险性	燃烧性：易燃	燃烧分解产物：
	闪点 /℃：185	聚合危害：
	爆炸下限 /%：	稳定性：
	爆炸上限 /%：	最大爆炸压力 /MPa：
	引燃温度 /℃：	禁忌物：氧化剂、酸类
	危险特性：遇明火、高热可燃	
	灭火方法：消防人员须佩戴防毒面具、穿全身消防服，在上风向灭火。尽可能将容器从火场移至空旷处。喷水保持火场容器冷却，直至灭火结束。处在火场中的容器若已变色或从安全泄压装置中产生声音，必须马上撤离。用水喷射溢出液体，使其稀释成不燃性混合物，并用雾状水保护消防人员。灭火剂；水、雾状水、抗溶性泡沫、干粉、二氧化碳、砂土	
毒性	LD_{50}　50>1.69mg/kg（大鼠经口）；LC_{50}　无资料	
对人体危害	侵入途径： 健康危害：本品对局部有刺激作用。皮肤接触可致皮炎和湿疹，与过敏有关。本品蒸汽压低，工业接触中吸入中毒的可能性不大	
急救	皮肤接触：立即脱去被污染的衣着，用肥皂水和清水彻底冲洗皮肤。 眼睛接触：立即提起眼睑，用大量流动清水或生理盐水彻底冲洗至少 15min。就医。 吸入：迅速脱离现场至空气新鲜处，保持呼吸道通畅。就医。 食入：饮足量温水，催吐。就医	
防护	工程控制：生产过程密闭，注意通风。 呼吸系统防护：空气中粉尘浓度超标时，必须佩戴自吸过滤式防尘口罩；可能接触其蒸汽时，应该佩戴自吸过滤式防毒面具（半面罩）。 身体防护：穿防毒物渗透工服。 手防护：戴橡胶手套。 其他防护：工作场所禁止吸烟、进食和饮水，工作完毕，淋浴更衣	
泄漏处理	迅速撤离泄漏污染区人员至安全区，并进行隔离，严格限制出入。切断火源。建议应急处理人员戴自吸式呼吸器，穿防毒服。尽可能切断泄漏源，若是液体，防止进入下水道、排洪沟等限制性空间。小量泄漏：用砂土、碎石或其他惰性材料吸收，也可以用大量水冲洗，洗水稀释后放入废水系统。大量泄漏：构筑围堤或挖坑收容；用泵转移至槽车或专用收集器内，回收或运至废物处理场所处理，若是固体，用洁净的铲子收集于干燥、洁净有盖容器中	
储运	包装标志：UN 编号：无资料　　包装分类： 包装方法：无资料 运输注意事项：运输前应检查包装容器是否完好、密封，运输过程中要确保容器不泄漏、不倒塌、不坠落、不破损。严禁与氧化剂、酸类、食用化学品等混装混运。运输车船必须彻底清洗、消毒，否则不得装运其他物品。公路运输时按规定路线行驶	

（十三）三聚甲醛

<table>
<tr><td rowspan="3">标识</td><td colspan="2">中文名：三聚甲醛</td><td colspan="2">英文名：metaformaldehyde</td></tr>
<tr><td colspan="2">分子式：$C_3H_6O_3$</td><td>分子量：90.08</td><td>CAS 号：110-88-3</td></tr>
<tr><td colspan="4">危规号：</td></tr>
<tr><td rowspan="5">理化性质</td><td colspan="4">性状：无色油状液体或白色固体</td></tr>
<tr><td colspan="4">溶解性：微溶于水，溶于乙醇、乙醚</td></tr>
<tr><td>熔点 /℃：62~64</td><td colspan="2">沸点 /℃：114.5（升华）</td><td>相对密度（水 =1）1.17（65℃）</td></tr>
<tr><td>临界温度 /℃：</td><td colspan="2">临界压力 /MPa：</td><td>相对密度（空气 =1）：3.1</td></tr>
<tr><td>燃烧热 /（kJ/mol）：</td><td colspan="2">最小点火能 /mJ：</td><td>饱和蒸气压 /kPa：0.67（190℃）</td></tr>
<tr><td rowspan="7">燃烧爆炸危险性</td><td colspan="2">燃烧性：易燃</td><td colspan="2">燃烧分解产物：</td></tr>
<tr><td colspan="2">闪点 /℃：45</td><td colspan="2">聚合危害：</td></tr>
<tr><td colspan="2">爆炸下限 /%：3.6</td><td colspan="2">稳定性：</td></tr>
<tr><td colspan="2">爆炸上限 /%：28.7</td><td colspan="2">最大爆炸压力 /MPa：</td></tr>
<tr><td colspan="2">引燃温度 /℃ 414</td><td colspan="2">禁忌物：氧化剂、酸类</td></tr>
<tr><td colspan="4">危险特性：遇明火、高热或与氧化剂接触，有引起燃烧爆炸的危险。接触强酸或受热分解放出有毒的甲醛气体</td></tr>
<tr><td colspan="4">灭火方法：消防人员须佩戴防毒面具，在安全距离以外，在上风向灭火。
灭火剂；水、雾状水、抗溶性泡沫、干粉、二氧化碳、砂土</td></tr>
<tr><td>毒性</td><td colspan="4">LD_{50}　50>1.69mg/kg（大鼠经口）；LC_{50}　无资料</td></tr>
<tr><td>对人体危害</td><td colspan="4">健康危害：吸入、摄入或经皮肤吸收对身体有害。本品具有强烈刺激性，高浓度接触严重损害黏膜、上呼吸道、眼和皮肤。接触后引起烧灼感、咳嗽、喘息、喉炎、气短、头痛、恶心和呕吐</td></tr>
<tr><td>急救</td><td colspan="4">皮肤接触：立即脱去被污染的衣着，用肥皂水和清水彻底冲洗皮肤。
眼睛接触：立即提起眼睑，用大量流动清水或生理盐水彻底冲洗至少 15min。就医。
吸入：迅速脱离现场至空气新鲜处，保持呼吸道通畅，如呼吸困难，给予吸氧，如呼吸停止，立即进行人工呼吸。就医。
食入：用水漱口，给牛奶或蛋清。就医</td></tr>
<tr><td>防护</td><td colspan="4">工程控制：严加密闭，提供充分的局部排风。尽可能机械化、自动化。
呼吸系统防护：可能接触其粉尘时，必须佩戴防尘面罩（全面罩）。紧急事态抢险或撤离时，应该佩戴空气呼吸器。　身体防护：穿胶布防毒衣。
眼睛防护：呼吸系统防护中已作防护。　手防护：戴橡胶手套。
其他防护：工作场所禁止吸烟、进食和饮水。工作完毕，彻底清洗，工作服不准带至非作业场所。单独存放被毒物污染的衣物，洗后备用</td></tr>
<tr><td>泄漏处理</td><td colspan="4">隔离泄漏污染区，限制出入。切断火源。建议应急处理人员戴防尘面具（全面罩），穿防毒服。用砂土、干燥石灰或苏打灰混合。收集于干燥、洁净、有盖的容器中，转移至安全场所。若大量泄漏，收集回收或运至废物处理场所进行处置</td></tr>
<tr><td>储运</td><td colspan="4">包装标志：UN 编号：无资料　包装分类：　包装类别：053
包装方法：塑料袋或二层牛皮纸袋外全开口或中开口钢桶；塑料袋或二层牛皮纸袋外普通木箱；螺纹口玻璃瓶或金属桶（罐）外普通木箱；螺纹口玻璃瓶、塑料瓶或镀锡薄钢板桶（罐）外满地板花格箱、纤维板箱和胶合板箱</td></tr>
</table>

（十四）三聚氰胺

标识	中文名：三聚氰胺	英文名：melamine	
	分子式：$C_3H_6N_6$	分子量：126.12	CAS 号：108-78-1
	危规号：		
理化性质	性状：白色、单斜晶体		
	溶解性：不溶于水，微溶于乙二醇、甘油、乙醇，不溶于乙醚、苯、四氯化碳		
	熔点 /℃：300（升华）	沸点 /℃：	相对密度（水 =1）：1.57
	临界温度 /℃：	临界压力 /MPa：	相对密度（空气 =1）：4.34
	燃烧热 /（kJ/mol）：	最小点火能 /mJ：	饱和蒸气压 /kPa：6.66
燃烧爆炸危险性	燃烧性：	燃烧分解产物：一氧化碳、二氧化碳、氮氧化物、氰化氢	
	闪点 /℃：45	聚合危害：	
	爆炸下限 /%：	稳定性：	
	爆炸上限 /%：	最大爆炸压力 /MPa：	
	引燃温度 /℃：	禁忌物：氧化剂、酸类	
	危险特性：遇明火、高热或与氧化剂接触，有引起燃烧爆炸的危险。接触强酸或受热分解放出有毒的甲醛气体		
	灭火方法：消防人员须佩戴过滤式防毒面具（全面罩）穿防毒服、用洁净的铲子收集于干燥、洁净有盖的容器中，转移至安全场所。若大量泄漏收集回收或运至废物处理场所处理。 灭火剂：水、雾状水、抗溶性泡沫、干粉、二氧化碳、砂土		
毒性	LD_{50}　45509mg/kg（小鼠经口），3000mg/kg（大鼠经口）；LC_{50}　无资料		
对人体危害	健康危害：未见职业中毒报告。注意，本品在高温下能分解产生高毒物的氰化物气体		
急救	皮肤接触：脱去污染的衣着，用大量流动清水冲洗。 眼睛接触：立即提起眼睑，用大量流动清水或生理盐水彻底冲洗至少 15min。就医。 吸入：脱离现场至空气新鲜处，就医。 食入：饮足量温水催吐。就医		
防护	工程控制：严加密闭，提供充分的局部排风。尽可能机械化、自动化。 呼吸系统防护：可能接触其粉尘时，必须佩戴防尘面罩（全面罩）。紧急事态抢险或撤离时，应该佩戴空气呼吸器。 身体防护：穿胶布防毒衣。 眼睛防护：戴化学安全防护眼镜。 手防护：戴橡胶手套。 其他防护：工作场所禁止吸烟、进食和饮水。工作完毕，彻底清洗，工作服不准带至非作业场所。单独存放被毒物污染的衣物，洗后备用		
泄漏处理	隔离泄漏污染区，限制出入。切断火源。建议应急处理人员戴防尘面具（全面罩），穿防毒服。用砂土、干燥石灰或苏打灰混合。收集于干燥、洁净、有盖的容器中，转移至安全场所。若大量泄漏，收集回收或运至废物处理场所进行处置		
储运	包装标志：　UN 编号：无资料　包装分类：　包装类别：Z01 储运注意事项：存储于阴凉、通风的库房。远离火种、热源。应与氧化剂、酸类分开存放，切忌混储。储区应备有合适的材料收容泄漏物		